現代アメリカ経済史
「問題大国」の出現

American Economic History, 1929-2008
The Emergence of a Troubled Superpower

谷口明丈・須藤 功 編

有斐閣

目　次

序　章　「問題大国」アメリカの出現 ……………………………………………… 1
　　　　　　　　　　　　　　　　　　　　　　　　　　　　　　須藤　功

1　本書のねらい …………………………………………………………………… 1
2　本書の構成 ……………………………………………………………………… 3
　　第1部「経済と経済政策」　3
　　第2部「金融市場と金融政策」　6
　　第3部「企業と経営」　8
　　第4部「社会保障・労働と経済思想」　10

第1部　経済と経済政策

第1章　繰り返される歴史 ………………………………………………………… 14
　　　――大恐慌と世界経済危機　　　　　　　　　　　　　　　萩原伸次郎

はじめに　14
1　大恐慌勃発の世界経済的条件 ………………………………………………… 15
2　アメリカにおける金融大恐慌の発生 ………………………………………… 17
　　1　大恐慌の勃発　17
　　2　公的資金導入策は成功したのか　20
3　ニューディール政策の歴史的意義――金融封じ込めによる安定的経済
　　体制の確立 …………………………………………………………………… 22
　　1　金融封じ込め政策の実施　22
　　2　安定的な国際経済体制の創設　24
4　戦後ケインズ政策とドル危機 ………………………………………………… 27
　　1　戦後ケインズ主義とケネディ政権　27
　　2　ケインズ政策による不況克服　30
　　3　国際収支危機の顕在化　31
5　世界経済危機勃発の世界経済的条件――新自由主義的経済体制の構築 … 34
　　1　金ドル交換停止と変動相場制への移行　34
　　2　アメリカ型金融システムの形成　36
6　アメリカにおける経済危機の発生 …………………………………………… 37
　　1　世界経済危機の勃発と危機対策　37

i

  2 オバマ政権による危機対策 38
 おわりに 40

第2章　成長と破綻のジレンマ ──────────── 44
──景気循環の背景と要因　　　　　　河内信幸

 はじめに 44
1　景気変動と景気循環のモメント ························ 44
  1 市場と政府の対立 45
  2 政治と政策の関係──大統領と連邦議会 46
  3 経済政策と経済指標 49
  4 外生的要因・ショック 55
2　景気循環の推移 ·· 56
3　景気循環の特徴と矛盾 ······································ 58
  1 景気拡大 58
  2 景気縮小 64
 おわりに 66

第3章　決められない政治 ──────────────── 71
──政策形成プロセスの変容と経済政策　　　藤木剛康

 はじめに──アメリカ政治の分極化と政策形成プロセス 71
1　政党再編成論と政策形成プロセスの転換 ················ 76
  1 ニューディール体制と「解決不能な紛争」 76
  2 委員会による政府──ニューディールと「制度化した多元主義」 77
  3 南部民主党の解体 79
  4 議会・党組織改革と政策プロセスの流動化 81
  5 保守主義運動の台頭 82
2　「流動化した多元主義」の特徴 ···························· 85
  1 政治的分極化のもとでの政治行動 86
  2 アイディアの政治 87
  3 二大政党制と非対称イデオロギー的対立 88
  4 「流動化した多元主義」の特徴 90
3　「流動化した多元主義」の展開 ···························· 91
  1 レーガン政権 91
  2 クリントン政権 92
  3 ブッシュ（子）政権 93
  4 オバマ政権 94

おわりに——評価と展望　95

第4章　葛藤するエネルギー多消費社会 ——————————— 102
　　　　——環境エネルギー政策の成立と模索　　　　　　　　小林健一

はじめに　102

1　環境保護運動の発展 ·· 103
　1　環境保護運動の2大源泉　103
　2　第2次世界大戦後の経済的社会的変化　104
　3　現代的環境保護運動の台頭　105

2　1970年代の環境エネルギー政策の成立 ···························· 107
　1　環境保護政策の成立　107
　2　現代的エネルギー政策の成立　110
　3　レーガン「反革命」　111

3　1990年代以降の環境エネルギー政策の模索 ······················ 113
　1　1990年大気汚染防止改正法　113
　2　京都議定書離脱から原発復活へ　116
　3　電力自由化の進展と再生可能エネルギー　118
　4　シェール革命の衝撃　120
　5　CO_2削減の地域的取り組み　122

おわりに　124

第5章　自由化と生産調整の狭間で ——————————————— 130
　　　　——農業大国の展開　　　　　　　　　　　　　　　名和洋人

はじめに　130

1　生産調整政策の成立と強化——1933～54年 ···················· 132
　1　大恐慌下のアメリカ農業と生産調整政策の成立　132
　2　生産調整政策の強化　134

2　生産調整政策の展開——1954～73年 ···························· 135
　1　1954年農業法成立と価格支持水準の後退　135
　2　公法480号　138
　3　1964年農業法の成立　139
　4　世界的農産物価格高騰と1973年農業・消費者保護法　141

3　農産物輸出の拡大と停滞——1973～96年 ······················· 142
　1　ドル危機・貿易収支赤字化と農産物輸出　142
　2　競争相手国の出現とバルク農産物輸出の停滞　145
　3　GATTにおける農業の特例的地位の見直し　146

4 グローバル時代の農業政策と農産物輸出——1996年以降　147
1　GATT ウルグアイ・ラウンド農業合意と1996年農業法　147
2　1996年農業法成立にみる農業内各部門の利害　149
3　高付加価値生産物の輸出拡大　150
4　アグリビジネスの発展と技術研究における公共性の喪失　151

おわりに　152

第6章　貿易自由化への懐疑　157
——関税障壁から非関税障壁へ　　　　　　　　　小山久美子

はじめに　157

1　1934年までのアメリカ貿易政策　159
1　1934年以前——高関税の時代　159
2　1934年——現行の大統領権限の誕生と低関税化　161

2　1934年以降における貿易障壁の変遷　163
1　1934年〜60年代——関税障壁　163
2　1970年代〜80年代——非関税障壁　165

3　1990年代以降における大統領権限　169
1　1990年代——大統領権限の失効　169
2　2000年代——大統領権限の一時復活　172
3　2010年代——大統領権限復活へ向けて　173

おわりに　178

第7章　変化する市場への対応　184
——反トラスト政策の変遷　　　　　　　　　水野里香

はじめに——反トラスト3法の成立　184

1　錯綜するトラスト規制——ニューディール期　187
1　NIRAと反トラスト法をめぐる混乱　187
2　1933年証券法と連邦取引委員会　188
3　公益事業持株会社法による競争制限　189

2　規制強化の時代——1945年〜60年代　191
1　ニューディールの継承　191
2　反トラスト法の改正と適用の強化　192
3　変化の兆し　193

3　トラスト規制政策の転換——1970年代〜90年代　195
1　競争力の確保とシカゴ学派の影響　195

2 想定外の企業合併の動き　196
   3 司法か行政か——規制政策を主導するのは誰か　199
   4 変化する市場　201
 おわりに——産業の発展とトラスト問題　203

第2部　金融市場と金融政策

第8章　危機に直面して ———————————— 210
　　　——連邦準備制度のミッションと統治機構の変容　　　須藤　功

 はじめに——誰が連邦準備制度を統治しているのか　210
 1 大恐慌と統治機構改革——古参銀行家支配の終焉 ……………… 212
   1 二頭経営責任体制　212
   2 古参銀行家の「大掃除」　213
   3 統治機構の集権化——地区連銀は解体すべし　216
 2 財務省支配からの独立——1951年「アコード」 ……………… 218
   1 財務省の下部機関からの離脱　218
   2 通貨供給の規制——「すべての労働者」のために　219
 3 フロート制と金融政策目標の転換——新自由主義の影響力 …… 221
   1 ドル価格決定の自由化——インフレ管理の失敗　221
   2 マネタリストの勝利？——誰がどこに通貨を供給するのか　222
   3 マネタリズムの「終焉」？　224
   4 政府からの独立性か，政府内の独立性か　226
 4 金融システム危機——バブル事後処理戦略の結末 ……………… 227
   1 バブル「事後処理戦略」　227
   2 システミック・リスクへの備えはあったはず　230
 おわりに——ウォール・ストリート支配は続くか　231

第9章　金融の肥大化 ———————————————— 236
　　　——金融市場の構造変化とファンド資本主義の展開　　　三谷　進

 はじめに　236
 1 アメリカ金融市場の歴史的な変化とファンド資本主義の形成 …… 238
   1 アメリカ金融市場の歴史的な変遷　238
   2 ファンド資本主義の基本的性格　240
   3 ファンド資本主義の歴史的な展開　242
 2 金融市場の機関化現象とファンド資本主義の展開 ……………… 243

       1　機関投資家の発展と金融市場の構造変化　243
       2　管理通貨制度下における金融資産の累積　245
       3　金融市場の不安定化とファンド資本主義　246
   3　ファンド資本主義とシャドー・バンキングの展開 ········· 248
       1　商業銀行システムとファンドシステムの二重化　248
       2　ファンド資本主義の拡大と金融規制のあり方　251
   おわりに　254

第10章　二分化された金融 ─────────────── 258
　　　　── 低所得層の金融アクセスとフリンジ・バンキング　　大橋　陽
   はじめに ── メイン・ストリーム金融とフリンジ・バンキング　258
   1　ローン・シャークから消費者信用へ ········· 259
       1　高利禁止法とローン・シャーク　259
       2　ローン・シャークへの革新主義期の対応　261
       3　統一少額ローン法と高利禁止法　263
       4　ニューディール期における消費者信用への銀行の参入　265
   2　「ゆたかな社会」の消費者信用問題と金融自由化への道 ········· 267
       1　分離され，しかも不平等な2つの社会 ── 郊外中間層と都市低所得層　267
       2　都市低所得市場における商慣行と消費者信用　269
       3　全国消費者金融委員会による勧告　274
   3　低所得層の金融アクセスとペイデイ・ローン ········· 275
       1　規制緩和・自由化により排除された低所得層　275
       2　ペイデイ・ローンの登場と発展　278
       3　高利禁止法から解き放たれたペイデイ・ローン　279
   おわりに ── 構造としての二分化された金融　282

第3部　企業と経営

第11章　ミクロ基礎の崩壊 ─────────────── 288
　　　　──「競争的経営者資本主義」の盛衰　　谷口明丈
   はじめに ── 問題としてのビッグ・ビジネス　288
   1　ニューディールとビッグ・ビジネス ········· 289
       1　ビッグ・ビジネスの登場と専門経営者の台頭　289
       2　ウェルフェア・キャピタリズムの蹉跌　292
       3　ニューディールとビッグ・ビジネス　293

2 「競争的経営者資本主義」の勝利 ………………………… 294
- 1 成長戦略の展開　294
- 2 団体交渉型労使関係の定着　297
- 3 アメリカ的会社主義　298
- 4 全盛期の「競争的経営者資本主義」　299

3 オールド・エコノミーの凋落とニュー・エコノミー ……… 301
- 1 オールド・エコノミーの競争力喪失と「競争的経営者資本主義」の動揺　301
- 2 リストラクチャリング　303
- 3 情報革命とニュー・エコノミー，そしてオールド・エコノミー　305
- 4 株主反革命と「スター経営者」　309

おわりに──格差社会のミクロ基礎　310

第12章　オフショア・アウトソーシングへ ─────── 316
── IT 多国籍企業の史的展開　　　　　　　　　夏目啓二

はじめに　316

1 経営者資本主義とアメリカ多国籍企業 ………………………… 317
- 1 大規模な統合企業の多角化戦略と海外事業展開──1930 年代～40 年代　317
- 2 第2次世界大戦後のアメリカ多国籍企業──1950 年代～70 年　319

2 統合企業の衰退と専業企業の台頭──リストラクチャリングとアウトソーシングの時代，1980 年代 …………… 322
- 1 統合企業の衰退と多国籍企業の相互浸透　322
- 2 大規模な統合企業から専業企業へ　325

3 インターネットの普及と新しい企業モデル──グローバリゼーションの新段階，1990 年代 …………… 328
- 1 インターネット時代の新しい企業モデル　328
- 2 大規模な統合企業と新たな企業モデルとの衝突　330

4 21 世紀のアメリカ多国籍企業──2000 年代以降 ………… 333
- 1 変貌するアメリカ多国籍企業　333
- 2 グローバルな IT 産業とアメリカ多国籍企業　337

おわりに　340

第13章　壊れゆく関係 ───────────────── 345
──「労使関係」の成熟と衰退　　　　　　　　関口定一

はじめに　345

1 歴史的概観 ………………………………………………………… 346

2　「労使関係」の制度化 ………………………………………………………… 349
1　大恐慌，ニューディール　349
2　第2次世界大戦　351
3　戦後労使関係の確立　351

3　経済成長と「労使関係」 ……………………………………………………… 353
1　「労使関係」の成熟と普及　353
2　「労使関係」あるいは「労使関係論」の普及　356

4　「労使関係」の衰弱と「労使関係論」の終焉 ……………………………… 357
1　「労使関係」の衰退の萌芽　357
2　「労使関係」の衰弱　358

おわりに　362

第14章　三重構造 ─────────────────────── 367
──中小企業政策の展開と"ベンチャー"　　　　　　　浅野敬一

はじめに──三重構造としてのアメリカ経済　367

1　アメリカ型二重構造の拡張 …………………………………………………… 369
1　シャーマン（反トラスト）法の制定と中小企業　369
2　流通分野における中小企業と大企業の闘争　370
3　ニューディール体制の始まりと中小企業　371

2　アメリカ型二重構造の定着と中小企業政策の成立 ………………………… 372
1　「二重構造」の概要　372
2　第2次世界大戦後の中小企業　374
3　中小企業政策の形成に向けた議論　376
4　SBAの設立　378
5　二方面への施策の拡充──SBIC創設とマイノリティ企業支援　380

3　大企業体制の再編とベンチャーの登場 ……………………………………… 383
1　ハイテク・ベンチャーとその雇用　383
2　公的ベンチャー支援策の限界　384
3　近年における中小企業と中小企業政策の意義　386

おわりに──三重構造の意味　388

第4部　社会保障・労働と経済思想

第15章　格差と貧困 ─────────────────────── 394
──アメリカ型福祉国家の形成と変容　　　　　　　佐藤千登勢

はじめに　394
1　社会保障制度の設立——二層構造の生成 ……………………………… 395
　　1　ニューディールと1935年社会保障法　395
　　2　社会保障制度の基本的な枠組み　397
2　社会保障制度の中核としての老齢遺族年金保険 ……………………… 399
　　1　老齢遺族年金保険の拡充　399
　　2　年金財政の悪化　400
　　3　「聖域化」されるOASDI　401
3　社会福祉の発展 …………………………………………………………… 402
　　1　貧困の「再発見」とAFDCの拡大　402
　　2　AFDCへの批判　405
　　3　家族支援法の成立　406
4　1990年代の福祉改革 ……………………………………………………… 407
　　1　社会福祉財政の新たな転換　407
　　2　1996年福祉改革法　409
　　3　福祉改革の成果　410

　　おわりに　412

第16章　運動体と利益集団のあいだで ———————————— 417
　　　　——漂流する労働運動　　　　　　　　　　　　　　中島　醸

　　はじめに　417
1　ニューディール期から戦時期のコーポラティズムへ ………………… 418
　　1　ニューディール期の労働運動の高揚　418
　　2　第2次世界大戦期におけるコーポラティズムの試み　420
2　戦後労使関係の成立とビジネス・ユニオニズム ……………………… 421
　　1　労使憲章と戦後ストライキの挫折　422
　　2　労使関係枠組みの登場と不均等な浸透　423
　　3　労働運動の政治要求　424
　　4　政治への期待の後退　426
　　5　ビジネス・ユニオニズムへ　427
3　労働運動と社会的課題との乖離 ………………………………………… 428
　　1　知識人の評価　428
　　2　労働運動と公民権運動の乖離　429
　　3　ベトナム戦争をめぐる労働運動内部の対立　431
4　労働運動の衰退と再活性化への試み …………………………………… 431
　　1　労働組合の基盤の侵食と譲歩交渉　432

目次　ix

2　政府による反労働組合政策の展開　433
　　3　組織化の停滞と政治への期待　434
　　4　労働運動再活性化をめざして　435
　おわりに　437

第17章　〈希少性〉と〈余剰〉 ―――― 444
　　　　　――経済学は経済成長をどのようにとらえてきたか　　本田浩邦
　はじめに　444
　1　新古典派経済学――〈希少性〉の経済学 ……………… 445
　　1　生産関数の理論――ポール・H.ダグラス　445
　　2　ダグラス批判　447
　2　ジョン・メイナード・ケインズ ………………………… 450
　　1　ケインズにおける〈余剰〉の経済学　450
　　2　ケインズ政策の限界　451
　　3　〈希少性〉の超克　453
　3　新古典派経済成長理論 …………………………………… 453
　　1　〈希少性〉の経済学の復位　453
　　2　ロバート・ソロー　454
　　3　ソロー・モデルに対する批判　456
　4　政治経済学――現代マルクス経済学と制度学派 ……… 459
　　1　現代マルクス経済学――独占的停滞　459
　　2　競争的過剰のメカニズム――ジェイムス・クロティとロバート・ブレナー　463
　　3　制度派経済学　465
　おわりに　469

終　章　現代アメリカ経済史の歴史像 ―――――――― 473
　　　　　　　　　　　　　　　　　　　　　　　　　　谷口明丈
　はじめに　473
　1　ニューディール体制の成立 ……………………………… 475
　　1　ニューディール――現代アメリカ経済史の起点　475
　　2　戦　時　期　478
　　3　戦後体制の確立――ニューディール体制の確立　478
　2　ニューディール体制下の繁栄と危機 …………………… 479
　　1　"黄金の60年代"へ　479
　　2　ニューディール体制の危機　481

3 **新自由主義の時代**……………………………………………………… 483
         1 転換──ニューディール体制との決別　483
         2 新自由主義とニュー・エコノミー　486
         3 リーマン・ショックへの道　489
      4 **展　　　望**………………………………………………………………… 490

統計資料　493

年　　表　511

あとがき　521

事項索引　525

人名・会社名・団体名索引　542

執筆者紹介 (執筆順)

須藤　功（すとう　いさお）　序章，第8章，[巻末] 統計資料
明治大学政治経済学部教授
主要著作：『アメリカ巨大企業体制の成立と銀行』名古屋大学出版会，1997年。『戦後アメリカ通貨金融政策の形成』名古屋大学出版会，2008年。

萩原　伸次郎（はぎわら　しんじろう）　第1章
横浜国立大学名誉教授
主要著作：『アメリカ経済政策史』有斐閣，1996年。『新自由主義と金融覇権』大月書店，2016年。

河内　信幸（かわうち　のぶゆき）　第2章
中部大学国際関係学部教授
主要著作：『ニューディール体制論』学術出版会，2005年。『現代アメリカをみる眼』丸善プラネット，2012年。

藤木　剛康（ふじき　たけやす）　第3章
和歌山大学経済学部准教授
主要著作：『G・W・ブッシュ政権の経済政策』（共編）ミネルヴァ書房，2008年。『オバマ政権の経済政策』（共編）ミネルヴァ書房，2016年。

小林　健一（こばやし　けんいち）　第4章
東京経済大学名誉教授
主要著作：『アメリカの電力自由化』日本経済評論社，2002年。『米国の再生エネルギー革命』日本経済評論社，2021年。

名和　洋人（なわ　ひろひと）　第5章
名城大学経済学部教授
主要著作：「カリフォルニア州における大規模水資源開発事業とその地域的インパクト」『歴史と経済』第196号，2007年。「アメリカ合衆国における戦時農林資源政策」野田公夫編『農林資源開発の世紀（農林資源開発史論Ⅰ）』京都大学学術出版会，2013年。

小山　久美子（こやま　くみこ）　第6章
長崎大学経済学部准教授
主要著作：『米国関税の政策と制度』御茶の水書房，2006年。『標準化と国際貿易』御茶の水書房，2016年。

水野　里香（みずの　りか）　第7章
横浜国立大学経済学部兼任講師他
主要著作：「シャーマン反トラスト法の成立（1890年）」『エコノミア』（横浜国立大学）第54巻第1号，2003年。「アメリカにおける連邦取引委員会の設立（1914年）」『アメリカ経済史研究』第6号，2007年。

三谷　進（みたに　すすむ）　第 9 章
　立教大学経済学部教授
　　主要著作：『アメリカ投資信託の形成と展開』日本評論社，2001 年。「アメリカ金融市場の発展と投資信託システム」『名城論叢』第 4 巻第 2 号，2003 年。

大橋　陽（おおはし　あきら）　第 10 章
　立命館大学経済学部教授
　　主要著作：「アメリカの対外経済政策と成長モデル」矢後和彦編『システム危機の歴史的位相』蒼天社出版，2013 年。「フリンジバンキングの市場と規制」『証券経済学会年報』第 49 号，2014 年。

谷口　明丈（たにぐち　あきたけ）　第 11 章，終章
　東北大学名誉教授，中央大学企業研究所客員研究員
　　主要著作：『巨大企業の世紀』有斐閣，2002 年。『総合電機企業の形成と解体』（編）有斐閣，2023 年。

夏目　啓二（なつめ　けいじ）　第 12 章
　龍谷大学名誉教授
　　主要著作：『現代アメリカ企業の経営戦略』ミネルヴァ書房，1994 年。『21 世紀の ICT 多国籍企業』同文舘出版，2014 年。

関口　定一（せきぐち　ていいち）　第 13 章
　前・中央大学商学部教授
　　主要著作：『ニューディール労働政策と従業員代表制』（共編著）ミネルヴァ書房，2009 年。「アメリカ『ホワイトカラー』雇用史研究序説」『企業研究』（中央大学企業研究所）第 26 号，2015 年。

浅野　敬一（あさの　けいいち）　第 14 章
　大阪経済大学経済学部教授
　　主要著作：「小売業」大橋陽・中本悟編『現代アメリカ経済論』日本評論社，2023 年。「ポピュリズムとしての中小企業政策」『西洋史学』第 277 号，2024 年。

佐藤　千登勢（さとう　ちとせ）　第 15 章
　筑波大学人文社会系教授
　　主要著作：『アメリカ型福祉国家の形成』筑波大学出版会，2013 年。『アメリカの福祉改革とジェンダー』彩流社，2014 年。

中島　醸（なかじま　じょう）　第 16 章
　愛知県立大学外国語学部准教授
　　主要著作：『アメリカ国家像の再構成』勁草書房，2014 年。「労使関係と労働組合代表選挙」『アメリカ研究』第 48 号，2014 年。

本田　浩邦（ほんだ　ひろくに）　第 17 章
　獨協大学経済学部教授
　　主要著作：『現代アメリカ経済分析』（共著）日本評論社，2013 年。『アメリカの資本蓄積と社会保障』日本評論社，2016 年。

本書のコピー,スキャン,デジタル化等の無断複製は著作権法上での例外を除き禁じられています。本書を代行業者等の第三者に依頼してスキャンやデジタル化することは,たとえ個人や家庭内での利用でも著作権法違反です。

序章

「問題大国」アメリカの出現

須藤　功

1　本書のねらい

　本書の目的は，世界大恐慌およびニューディール期を起点に 20 世紀末あるいは今日に至るアメリカ経済の各分野における歴史的展開を検討し，それらを総合することによってこの期間の歴史像――それを「現代アメリカ経済史の歴史像」と呼ぶことにする――を描くことにある。

　アメリカ経済の構造や世界史的位置がこの間に大きな変化を経験してきたことは間違いのない事実であろう。世界大恐慌や第 2 次世界大戦の打撃から復興したのち，アメリカ経済は景気循環の波を経験しつつも着実に経済成長を実現し，経済大国・軍事大国として世界をリードしてきた。本書の巻末に掲載した統計資料 図 3 が示すように，実質 GDP の前年比変化率は 1930 年代前半や終戦直後に激しい落ち込みを示したが，その後の変動は小さく，また 1 人当たり実質 GDP も上昇基調を堅持している（統計資料 図 2）。一方で戦後はヨーロッパや日本が高度成長を経験し，冷戦終結後にはグローバリゼーションや情報革命が進展し，そして中国を中心とする新興諸国の急成長があった。こうした世界経済の展開過程で多くの問題が顕在化し，アメリカはまさに「問題大国」のごとき状況を抱えるに至った。

　現代アメリカ経済が抱える諸問題のいくつかを列挙してみよう。まず，エネルギー消費の推移（統計資料 図 19）をみれば石油や天然ガスへの依存度はなお高いままであり，貨物・旅客輸送における自動車依存は依然として強く（統計資料 図 20〜21），環境・エネルギー問題に暗い影を投げかけている。さらに，

ピケティ（Piketty [2014]）が改めて注意を喚起したように（統計資料 図29～30），1980年代以降アメリカは他の主要国をはるかに上回る著しい所得格差をもたらし，低所得層の貧困問題をきわめて深刻なものにしている。

こうした問題の背景にはいろいろなことが考えられる。1つには，いわゆる金融危機を引き起こした「カジノ資本主義」（Strange [1986]）化がその根底にあった。金融の自由化・グローバル化が進んで，1980年代末から90年代初頭には大恐慌期を彷彿させる金融機関の倒産が発生し（統計資料 図14），2008年にはアメリカ発の世界経済金融危機を引き起こした。政治的にいうならば，いわゆる政労使の「ケインズ連合」が解体され，これまで維持されてきた社会契約は放棄された。その結果，政治は二極分解して政策決定過程を麻痺させ，「決められない政治」状況を作り出しているようにみえる。

産業の世界に目を転じれば，20世紀アメリカの繁栄を支えてきたビッグ・ビジネス（巨大企業）の体制は崩壊の危機に瀕し，この分野における国際競争力はきわめて弱いものになっている。国民所得に占める製造業の割合は1930年の21.5％から2000年の14.7％に急速に低下する一方で，金融・保険・不動産産業の割合は同じ期間に14.7％から18.2％に上昇した（統計資料 図5～6）。農業の国民所得に占める割合は低下し続け，貿易収支・経常収支赤字が拡大するなかで（統計資料 図10），農産物の輸出依存度は高まり続けている（統計資料 図23）。たしかにIT産業ではアメリカがその優位性を維持しているようにみえる。しかし，グローバル化の進展によってその地位は必ずしも安泰とはいえなくなっている。この間，中小企業も旧来の伝統的なものといわゆるベンチャー企業とに二極化し，前者はいうまでもなく後者も多くの困難を抱えている。こうした経済状況は地域社会に大きな影響を与え，「ラスト・ベルト（Rust Belt）」を生み出すことになった。働く人々に目を向けると，かつて「ケインズ連合」の一翼を担った労働組合の影響力は見る影もなく失われ（統計資料 図12），非正規の雇用形態が増大している。ぶ厚いミドル・クラス（中間層）の中核を形成していたホワイトカラーも上下に分断され，かつての面影は失われてしまった。そして，このような事態を理解するための経済思想も混迷を深めている。

本書は，こうした問題群を噴出させるに至った歴史的背景を，大恐慌・ニューディール期以降の歴史過程について検討しようとするものである。

2 本書の構成

　以下では本書の編別構成に従って，各章が取り上げる現代アメリカ経済史の諸「問題」をそれぞれの文脈に即して紹介しよう。

第 1 部「経済と経済政策」

　第 1 部は 7 章からなり，ニューディール期以降のアメリカ資本主義の変遷と各領域の政策に焦点が当てられている。最初の 2 つの章はいずれも，アメリカ資本主義経済の長期的変化における「繰り返し」を論じている。

　1980 年代に入って，新自由主義に立脚した市場原理主義的な経済政策が日米欧先進諸国で猛威をふるい，金融の自由化とグローバル化が進んで金融危機の頻発をみた。アメリカが国内外の金融システムの管理を放棄した結果，西側世界の金融システム（IMF 体制）は急速に巨大な「カジノ」と化し，2008 年には世界大恐慌以来のアメリカ発世界経済金融危機を招来した。第 1 章「繰り返される歴史——大恐慌と世界経済危機」（萩原伸次郎）はこの危機を取り上げ，それが 1929 年世界大恐慌の再来としてとらえることができるか否かを問う。この問題を解く鍵は，経済社会の格差構造によって発生した金融投機であった。ローズヴェルト政権は金融危機を封じ込め，安定的な経済成長路線を可能にする産業的基礎のもとに「ケインズ連合」を形成した。しかし，レーガン政権以降の新自由主義的経済政策によってケインズ連合を支えた産業的基盤が崩壊し，「金融封じ込め」体制が瓦解して大恐慌を再来せしめることになった。アメリカは再び金融危機を封じ込める体制を築くことができるのか，同章の展望やいかん。

　第 2 章「成長と破綻のジレンマ——景気循環の背景と要因」（河内信幸）は，資本主義経済に固有の景気循環がニューディール期以降のアメリカ経済史においてどのように発現したのかを探りつつ，アメリカ経済がいかなる矛盾やジレンマを抱えるに至ったのかに焦点を当てている。世界大恐慌に見舞われて多くの国々が金本位制を離脱するとともに，管理通貨制を導入することで，金準備量に拘束されずに景気循環を調整する道を選択した。アメリカも例外ではなく，ローズヴェルト政権以降，金融政策や財政政策に依拠しつつ政府の市場介入を強めた。戦後は積極的な財政支出や減税が景気拡大を牽引し，金融緩和政策を

含めたマクロ経済管理政策によって長期の景気拡大を実現することに成功する。しかし，市場のインフレ圧力が高まってスタグフレーションや度重なるバブルの形成とその崩壊が引き起こされた。同章は，第2次世界大戦直後からリーマン・ショックに至るアメリカの12の景気循環を取り上げ，市場の欠如あるいは失敗，政府の失敗，そして対外的要因（ショック）に着目して描くことで，経済成長と破綻のジレンマ，景気循環の背後に潜む矛盾や不安的化要因を探っている。

経済政策分野を扱った第1部7章のなかで，第3章「決められない政治——政策形成プロセスの変容と経済政策」（藤木剛康）はやや特殊な位置づけにある。同章は政策を扱った第1部の全章に共通する政策形成プロセスを正面から取り上げ，国内外の研究史を整理しつつ，民主・共和二大政党間での激しい党派対立によって政策形成プロセスの停滞が発生するようになった歴史過程を理論的に跡づけようとしている。ニューディール期に成立した経済政策の決定プロセスは，有力議員や利益集団，そして行政機関が大統領の働きかけを受けつつ閉鎖的・漸進的になされた。こうした「制度化した多元主義」は，しかし，1990年代半ば以降，連邦議会や大統領などの政策アクターの流動化と分極化とによって，経済問題に加えて環境や人権などの文化的・社会的問題を含むイデオロギー的論点が，たとえば貿易などの政策形成過程に入り込み，「流動化した多元主義」へと変容していった。「流動化した多元主義」のもとでは保守主義とリベラルとが激しく理念を対立させ，超党派の合意形成はますます困難となった。同章は，こうした政策形成過程の変貌を，アメリカ政治の民主化と分極化を反映したものであるにもかかわらず，政治が所得格差の拡大といった深刻な問題に対応できていないことの重要な要因ではないかとみている。

温室効果ガスの2大排出国アメリカと中国が，「気候変動枠組条約第21回締約国会議」（COP21）で採択したパリ協定を批准した。これは，レーガン政権期から停滞が指摘されてきたアメリカ環境政策の転換を意味するものであろうか。第4章「葛藤するエネルギー多消費社会——環境エネルギー政策の成立と模索」（小林健一）は，建国以来エネルギー多消費をその生産方法・消費様式として組み込んできたアメリカの環境エネルギー政策を，環境保護運動との関わりで位置づけようとしたものである。都市化が深刻化しつつあった19世紀末，環境保護運動は自然環境と生活環境の悪化を食い止めようとする2つの潮流を生み出した。しかし，自然環境運動は資源保全運動と対立し，また都市の

生活環境問題は，公衆衛生などの専門化・制度化が進展して，社会運動の対象から消えた。こうして，環境保護運動が再びアメリカで市民権を得るのは1950～60年代に入って大気汚染や水質汚濁が深刻度を増し，国民の所得水準が増して「生活の質」を求めることが可能になってからのことであった。1970年代の石油ショックを起点とするエネルギー政策は，環境政策と結びついて環境エネルギー政策を成立させた。高価なエネルギーに対する産業界の反対は保守政治を抱き込んで環境政策の「行き詰まり」を招く一方で，電力の自由化は天然ガスやシェール・ガスの開発を促進することになった。同章では州レベルの環境保護政策の進展を見据えつつ，環境エネルギー政策の行く末を展望する。

　農業大国アメリカの農業政策もまた，生産調整や補助金などに依拠した規制と自由化の狭間で揺れ動いてきた。第5章「自由化と生産調整の狭間で——農業大国の展開」(名和洋人)はこの問題に焦点を当てたものである。膨大な余剰生産力を抱えて価格の急落と低迷に直面した農業を救済するべく，ローズヴェルト政権は生産調整と価格支持の政策を打ち出した。広大で豊穣な国土と技術開発に裏づけられ，農業は戦後も一貫して過剰生産能力を保持し続けることになった。連邦政府は土地を農業生産から隔離し，過剰農産物の輸出を推進することでこれに対処した。しかし，世界市場での競争力確保を背景に農業自由化を求めるトウモロコシなどの部門とそうした背景を欠く小麦・綿花などの部門間・農業地帯間の利害対立が激突し，連邦財政の逼迫がこれと重なって，1990年代半ばにはニューディール型農政からの離脱が完了するかにみえるところにまで到達した。同章では，アメリカ農業政策を世界市場の動向や国際間貿易交渉の展開を踏まえて議論を組み立て，21世紀アメリカ農政の行方を問う。

　TPP協定の批准をめぐる混乱が物語るように，「決められない政治」の典型的な領域の1つが貿易政策であろう。第6章「貿易自由化への懐疑——関税障壁から非関税障壁へ」(小山久美子)は貿易政策に焦点を当て，貿易促進権限(TPA)あるいはファスト・トラック(早期一括採決方式)とも呼ばれる「大統領権限」——連邦議会が貿易協定締結に関する一切の権限を大統領に委譲し，議会は修正なしに一括して批准するか否かを採決する——の歴史的展開を追ったものである。大統領権限の登場はニューディール期までさかのぼり，世界大恐慌の影響で打撃を受けた輸出貿易の打開策の1つであった。しかし，連邦議会が建国以来固守してきた通商規制の権限は強固で，通商交渉に関する大統領

権限は期限付きで大統領に委譲されるにとどまった。同章は，ニューディール期以降アメリカが推し進めてきた貿易自由化政策の歴史過程で大統領権限の獲得が機動力として機能したこと，しかし1990年代半ば以降，貿易障壁の中心が関税から労働・自然環境，また食品安全や人権といった非関税障壁に移行して大統領権限がたびたび失効するようになった事実に着目する。自由貿易世界の盟主を自認してきたアメリカのリーダシップを揺るがす事態が，どのような道をたどってきたのかが問われている。

現在，企業活動のグローバル化はアメリカ政府の反トラスト政策をも揺るがしている。19世紀末の巨大法人企業の出現は自由な市場競争を阻害するとして，連邦政府はいち早く反トラスト法を制定した。第7章「変化する市場への対応——反トラスト政策の変遷」（水野里香）は，経済復興と自由主義の狭間で揺れたニューディール期から，グローバル化への対応を余儀なくされた1990年代までの反トラスト政策の展開に焦点を当てたものである。産業の成長と競争的市場の確保を両輪とする戦後の反トラスト政策は，公益や消費者利益との緊張関係，イノベーションと知的所有権との間の，また環境保全と企業利益との間のバランスといった諸問題に直面して，その運用や規制のあり方を変えてきた。同章は市場構造の変化が反トラスト法の運用に与えた影響を検討しつつ，国境を越えた巨大企業の統合がもたらす問題へと議論を進める。

第2部 「金融市場と金融政策」

2008年のアメリカ発世界経済金融危機では，未曽有の金融危機を未然に防止できず，しかも巨大金融機関を公的資金で救済したことから，金融当局は痛烈な社会的批判を浴びることになった。第2部は金融関係の3つの章で構成される。まず第8章「危機に直面して——連邦準備制度のミッションと統治機構の変容」（須藤功）は，連邦準備制度の設立目的とその統治機構の変容に着目して大恐慌期からリーマン・ショックに至る歴史過程を整理し，アメリカにおける金融危機と金融システム変容の特質を示そうとしたものである。1930年代前半の金融システム危機に直面して，連邦準備制度理事会（FRB）はウォール・ストリート支配からの解放，財務省からの独立を意図して大胆な統治機構改革を実現しようと奮闘した。第2次世界大戦で頓挫した構想の一部は，戦後に財務省国債管理優先政策からのFRB政策の解放（1951年「アコード」）として実現する。しかし，内外経済情勢の激動にさらされながらも，21世紀初頭

の金融システム危機に至るまで統治機構の抜本的改革がなされることはなかった。およそ1世紀あまりを隔てた2つの金融システム危機がなぜ連邦準備制度の統治機構改革を提起したのか，同章は1970年代以降に急速に進展したグローバル化とその背景をなす「新自由主義」を視野に入れつつ，連邦準備制度の再編期にさかのぼって，これを検証している。

連邦準備制度の統治機構改革は，1980年代以降に本格的に展開する金融市場主導型の経済システム（＝ファンド資本主義）の構造と，メイン・ストリームの金融から排除された低所得者が包摂されるフリンジ・バンキングの世界と不可分の関係をなしていた。そこで第9章「金融の肥大化——金融市場の構造変化とファンド資本主義の展開」（三谷進）は，ケインズ連合によって封じ込められたはずの「金融主導型」経済システムが再び表舞台に登場してくる過程に焦点を当てる。ニューディール期の管理通貨制度（FRBの流動性供給）と金融規制の整備を裏づけとし，各経済主体から集積された投資信託・年金基金を運用する機関投資家の投資行動は，金融市場や実態経済に重要な影響力を行使する基礎を形成する。戦後は家計の金融資産が急増して，金融仲介機関の資産運用行動が金融資産の累積と重層化を促進し，「金融主導型」経済システムが再び発展する基盤となった。1980年代には，機関投資家の投資行動が企業統治をも左右するに至り，「法人資本主義」は「ファンド資本主義」へと変貌する。金融の自由化・グローバル化とファンド資本主義の進行の両者が，金融市場の不安定化の原因であり結果でもあったのである。それゆえ同章は，リーマン・ショックは「自由な」金融市場の維持に財務省や中央銀行などの公信用が不可欠であることを再確認せしめたにすぎないのではと問う。

第10章「二分化された金融——低所得層の金融アクセスとフリンジ・バンキング」（大橋陽）は消費者信用，とりわけ少額ローンに着目し，「メイン・ストリームの金融」と「フリンジ・バンキング」に「二分化された金融」の形成過程を跡づけたものである。ニューディール期以前は「債務は悪」とされ，身の丈に合わない生活は矯正されるべきものであった。しかし，社会保障制度が欠如するなかで，賃金労働者の収入の途絶や予期せぬ支出の切迫性が常態化し，19世紀末に非合法のローン・シャークが広がった。革新主義期には少額ローンの高利禁止法が緩和された。そしてニューディール期に，ローン・シャークなどの領域に商業銀行が進出して消費者信用は正当なビジネスとして確立することになる。戦後の「ゆたかな社会」に入ると，郊外の中間層と都市の低所得

層の間の信用アクセス格差が露呈し，公民権運動を経た1970年頃に女性，黒人，貧困層にも公正な信用アクセスを保障すべきとの共通了解が形成されると，その手段として規制緩和が位置づけられた。ところが，規制緩和で所期の目的が達成されるどころか，低所得層の信用アクセスはフリンジ・バンキングでしか確保できなくなった。1990年代以降，高利禁止法の制約を免れたペイデイ・ローンは，低所得者に3桁もの金利を課し，濫用的・収奪的慣行の餌食としてしまった。同章は，金融自由化が信用の機会均等の破綻を白日のもとにさらしたにすぎないのではないかと問題点を指摘する。

第3部「企業と経営」

　第3部はビッグ・ビジネス，多国籍企業，中小企業，そして労使関係を扱った4つの章からなる。まず第11章「ミクロ基礎の崩壊——『競争的経営者資本主義』の盛衰」（谷口明丈）は，第3部の総括的な位置を占める。戦後アメリカの経済的繁栄，「ケインズ連合」に基づく政治的安定，パックス・アメリカーナと呼ばれる国際秩序の維持を支えたミクロ基礎は，アルフレッド・チャンドラーが「競争的経営者資本主義」と表現したアメリカのビッグ・ビジネスの体制であったが，いまや安定的マクロのミクロ基礎はみる影もなく崩壊し，諸問題を噴出させている。繁栄の象徴であったビッグ・ビジネスは解決されるべき問題となったのである。

　かつて「競争的経営者資本主義」においては，圧倒的な技術的優位を基礎に，経営者革命による安定的な経営者支配型コーポレート・ガバナンス，企業経営を支える効率的な官僚的企業組織，ミドル・マネジメント＝ホワイトカラー層の会社主義，安定的な労使関係といった要素がうまく機能し，1960年代の黄金時代を出現させた。しかし，1970年代には繁栄を支えた要素にほころびがみえ始め，80年代に入ると技術的優位性の喪失，情報革命の進展，グローバリゼーションとによってチャンドラー的世界はオールド・エコノミーと称されるほどに凋落し，ニュー・エコノミーが台頭した。繁栄のミクロ基礎は崩壊し，弱肉強食の格差社会が出現したかにみえた。そこに新たな繁栄のミクロ基礎を形成する動きがダイナミックに展開していることを見失ってはならないが，しかし，その動きは明確に未来を指し示すほどには収斂していない。同章では企業を，マクロを支えるミクロ基礎ととらえ，その変遷とマクロの変化に対する影響を検討する。

第2次世界大戦後アメリカ政府は，開かれた自由な世界市場を旗印に各国に商品および資本市場の開放を求める一方で，アメリカの巨大統合企業は直接投資も積極的に展開した。第12章「オフショア・アウトソーシングへ──IT多国籍企業の史的展開」（夏目啓二）は，多国籍企業の事業展開を大規模な統合企業から専業企業への転換に焦点を当てて描いている。世界大恐慌の時代，政治経済両面の不安定化が世界を覆うなかでアメリカ企業の海外展開は停滞した。戦後ブレトンウッズ体制の構築と東西冷戦体制の形成とは国際政治経済体制の安定性を高め，アメリカ統合企業の国際的事業展開を後押しした。ところが1980年代以降，IT産業が台頭して統合企業に対抗する形で海外事業分野にも集中的投資を開始し，90年代にはIT産業を中心にオフショア・アウトソーシングを積極的に活用して国際分業体制を拡張していった。同章は，こうした国際的な産業組織の再編がアメリカにおける労働市場の不安定性と所得格差の拡大を推し進めたことを重視している。

　第13章「壊れゆく関係──『労使関係』の成熟と衰退」（関口定一）は，20世紀に生成・発展した集団的労働関係のアメリカ的発現形態としての「労使関係」を俎上に載せている。すなわち，ビジネス・ユニオニズムとクラフト・ユニオンの伝統，そして産業別組合主義の接合のうえに成り立つアメリカに固有の労使関係は，巨大製造企業の経営者支配のもとで発展し，そうしたビジネスモデルの後退とともに「衰退」してゆく歴史的産物であった。大恐慌期と大戦直後に吹き荒れた労働争議や職場秩序の混乱を大企業経営者が長期的に封じ込める解決策として構築した「労使関係」制度は，その歴史的条件の変質とともに発展し，やがて衰退していった。同章は，「労使関係」諸制度がその外部に広がる「社会問題」との接点を希薄化させ，その役割を低下させていったとみる点で，第16章の労働運動と接合することになる。

　アメリカにおける巨大企業体制の成立が中小企業の消滅を意味しなかったことはいうまでもない。21世紀に入ってもなお，就業者全体のほぼ半数は自営業を含む中小企業で働いている。しかし，日本の中小企業とは違って，アメリカの中小企業は当初から産業政策の対象として位置づけられることはなかった。第14章「三重構造──中小企業政策の展開と"ベンチャー"」（浅野敬一）は，多くの人々に職を提供し，地域の経済や社会を支える「普通の企業」としての中小企業と中小企業政策に焦点を当てる。大恐慌期や戦後再転換期に中小企業が支援対象として浮上する機会も出現したが，錯綜した利害関係から自らを組

織化して政治的影響力を行使することはできなかった。シャーマン反トラスト法やロビンソン・パットマン法などによる競争政策もまた，大企業との競争の防波堤となることはなかった。ようやく1950年代に中小企業庁の設置と中小企業に対する直接的な支援政策が確立するものの，60年代に入ると中小企業政策の重点はマイノリティを対象とするものへとシフトした。さらに，1970年代以降になると基幹産業の国際競争力の低下が浮上し，「ハイテク・ベンチャー」の支援も開始された。同章は，大企業と中小企業の二重構造に「ハイテク・ベンチャー」を加えた「三重構造」の形成ととらえ，大企業との格差縮小と中小企業の雇用維持を目的に出発した中小企業政策がどこに帰着することになるのかを明らかにしようとする。

第4部「社会保障・労働と経済思想」

　第4部は，所得・資産格差が拡大しつつあるアメリカ社会で社会保障や労働運動がどのように展開してきたのか，アメリカの経済学はこれをどう説いてきたのかを問うている。

　第15章「格差と貧困——アメリカ型福祉国家の形成と変容」(佐藤千登勢)は，アメリカ社会保障制度の変容を歴史的に考察し，セーフティネットが直面している問題を抉り出そうと試みたものである。アメリカの社会保障制度はニューディール期に端緒を開き，労使のみの拠出を財源とする社会保険と，連邦政府が規制し主要な財源を提供する公的扶助との二層構造をもって発展した。戦後1970年代に経済的格差の拡大や社会的上昇の制約が指摘されるなかで，この二層構造は相異なる道をたどる。同章は，とりわけ要扶養児童家族扶助(AFDC)——1996年以降は貧困家庭一時扶助(TANF)——の変容に着目し，社会福祉制度における「現金」移転プログラムが限定的で，普遍性や包括性に欠けることの問題点を掘り下げている。AFDCは，1930年代に児童扶助として社会保障制度に導入され，60年代までは拡充されてきた。この間，AFDCを普遍性の高いプログラムに押し上げる契機はあったが，頓挫した。その後，アメリカ経済の悪化に伴い，AFDCは財政赤字の元凶として厳しい批判を受け，1980年代以降は給付削減の波にのみ込まれてしまった。さらに1996年の福祉改革法は勤労や二親家族の形成という伝統的規範を前面に押し出し，政策の重点を直接的な現金給付から結婚や保育の支援などの「現物」給付へとシフトさせた。同章は，こうした福祉と労働との接近を強化するアメリカ型の公的

扶助が果たしてセーフティネットとして機能しているのかと問題を提起する。

アメリカにおける所得格差の拡大とその背後にある中間層の解体は，雇用環境の悪化と結びついていた。労働運動は，これに歯止めをかけることができないできた。しかし，自らの存在意義を模索する過程で労働組合は旧来の運動のあり方を見直し，新たな取り組みを開始した。第16章「運動体と利益集団のあいだで──漂流する労働運動」（中島醸）は，労働組合が格差などの社会的課題にどのような立場を取ってきたかを振り返り，その新たな運動の歴史的展開を問うている。ニューディール期から第2次世界大戦期まで，労働組合は不熟練・半熟練労働者への組織化の拡大や社会的政治的影響力の拡大を進めてきた。しかし，戦後の労働組合は「ソーシャル・ユニオニズム」の路線を放棄し，「ビジネス・ユニオニズム」路線を選択した。それは普遍的社会保障の追求といった政治課題から後退し，社会運動との協力関係も希薄化し，1つの利益集団として行動する傾向を強めるものであった。ところが，産業構造の変化や経済のグローバル化，新自由主義政策の展開に直面して，労働組合は再活性化をめざして模索を開始した。それは新たな手法で組織の拡大，地域・移民組織や社会運動との協力関係の構築を目標とする「社会運動ユニオニズム」であるが，果たして労働運動の退潮を逆転できるのか，と同章は問う。

著しく拡大した所得・資産格差を経済学者たちはどのように説いてきたのであろうか。世界大恐慌に直面して多くの人々は仕事と所得を失って路上に投げ出されたが，J. M. ケインズは「過剰のなかの貧困」に言及して「希少性」と「余剰」の逆説的な関係に注意を喚起した。第17章「〈希少性〉と〈余剰〉──経済学は経済成長をどのようにとらえてきたか」（本田浩邦）は，ケインズの提起したこの命題がアメリカ経済思想の歴史的枠組みのなかでどのように位置づけられてきたのかを問うている。世界で最も裕福な国アメリカでさえ多くの人々が教育や医療，ときとして生活の基本的必要さえ満たせない（「希少性」が生み出されている）のは，技術革新等による経済成長＝「余剰」と連結する経路が遮断されているからである。同章は経済の「希少性」と「余剰」が結びついた「二重らせん構造」に着眼し，この問題に意識的に取り組んできたのは主流派経済学ではなくマルクス派や制度学派であったと指摘し，格差拡大社会アメリカの抱える問題の深刻さを提示している。

以上，4部17章で構成する本書の問題意識について簡略に紹介してきた。

本書が到達した現時点での「現代アメリカ経済史の歴史像」については終章で示されている。また，本書の各章で示すことのできなかった長期的な経済指標については，巻末の統計資料（図）に掲載しているので適宜参照されたい。

参考文献

Piketty, T. (translated by A. Goldhammer) [2014] *Capital in the Twenty-First Century*, Belknap Press of Harvard University Press.（山形浩生・守岡桜・森本正史訳 [2014]『21世紀の資本』みすず書房）。

Strange, S. [1986] *Casino Capitalism*, B. Blackwell.（小林襄治訳 [1988]『カジノ資本主義——国際金融恐慌の政治経済学』岩波書店）。

第1部

経済と経済政策

第1章

繰り返される歴史
―― 大恐慌と世界経済危機 ――

萩原伸次郎

はじめに

　アメリカは，19世紀の後半，イギリスの工業生産に追いつけ追いこせの生産力の急激な展開を行った。鉄鋼業における銑鉄生産において，1880年代末にイギリスに追いつき，1890～95年には完全に追い抜き，鋼鉄生産においても90年以降，アメリカの優位は動かなかった。石炭生産においても同様であって，工業生産においても，すでに世紀転換期にイギリスの優位を脅かす地位にまで上昇することになったのである。
　しかしながら，アメリカでは，国際金融センターとしての貨幣・金融的整備は遅れていた。この国に金本位制が確立したのは，共和党マッキンレー大統領のもと，1900年3月14日のことであった[1]。統一的な国内の中央銀行制度も成立してはおらず，1907年にアメリカは激しい金融恐慌に襲われ，証券市場の崩壊，銀行預金の取付けなど，金融構造の脆弱性がはしなくも露呈された[2]。こうした事態に，国際投資銀行業者J. P.モルガンが積極的にその収拾にあたったことはよく知られた歴史的事実である。しかし，巨大な規模で展開する金融危機にその対応できる範囲は限られたものであった。信用が崩壊し，現金決済，現金取引が急増する金融恐慌時には，緊急の通貨増発が望まれる。当時の国法銀行制度では，銀行券を，国債を担保に発行するという仕組みにしたため，その発行には限度があり，金融制度上の欠陥が白日のもとにさらされたのであった。こうして，商業手形の再割引による銀行券の発行という柔軟な通貨発行原理のもと，国内に統一的な中央銀行制度が，連邦準備制度として，1913年に成立し，翌14年にその活動は開始された。

連邦準備制度を国際金融センターとしての金融的整備という観点からみると，銀行引受手形機構の創設による国際金融への積極的対応という点に重要さがあった。イギリスでは，マーチャント・バンカーによる手形引受機構が古くから存在し，ロンドン・ロンバート街における国際金融市場の形成が，19世紀パックス・ブリタニカを金融的に支えていた。アメリカの場合，手形引受機構は，意識的に創設する必要があったといえるだろう。世紀転換期からそれ以降のアメリカ貿易の活発化，とりわけ商品輸出の増大は，アメリカ商業銀行の国際的活動を必要としたからであった。連邦準備法で規定された国法銀行の在外支店設置および手形引受の認可という事態は，アメリカの国際的地位の変化に対応する金融的整備の重要な一環をなすものであったといえるだろう。

　本章では，「繰り返される歴史」として，アメリカにおける1929年大恐慌の勃発と2008年世界経済危機を取り上げ，現代アメリカ経済史の長いスパンのなかで，いかにして経済危機が繰り返されたのかを分析することを課題とする。

1　大恐慌勃発の世界経済的条件

　大恐慌は，1929年10月24日ニューヨーク株式市場の大暴落から始まった。金融危機から経済恐慌が始まったということで，サブプライム危機から始まった世界経済危機との類似性が指摘される。だが，株式崩落に始まる大恐慌が，2008年9月のリーマン・ショックに始まる世界経済危機と決定的に異なるのは，その時代におけるアメリカの世界経済における位置づけにある。大恐慌が始まったとき，アメリカは，世界最大の債権国だった。今日の世界最大の債務国であるアメリカとはまったく立場が異なるのである。世界最大の債権国とは，世界一の金貸し大国ということだが，それはどのような意味合いをもつのだろうか。

　日本が，世界最大の債権国になってから久しい。それは，戦後輸出志向型の経済戦略をとり，世界の諸国を相手に輸出で稼ぎまくったからである。アメリカも同じことである。第1次世界大戦において，はじめ中立を装っていたアメリカは，1917年に参戦し，イギリス，フランスなどの協商国側についた。ドイツ，オーストリアなどを敵に回して，協商国側に戦争物資を売りまくったのである。アメリカの輸出超過額は，1915年に初めて10億ドルを超えたが，16年にそれは30億ドルを超えた。正式に参戦した後は，自由貸付法の制定によ

って，アメリカ政府は，協商国側に戦争遂行のための物資を大量に輸出し，大々的に貸し付けていった。イギリス，フランス，イタリアの順に貸付額が大きく，1917年から22年にかけて93億8670万ドルも記録している。第1次世界大戦後，アメリカは債権国としての地位を盤石なものとした。つまり，かつて世界経済のリーダーだったイギリスに代わり，戦後世界経済の中心は，アメリカへ移動し始めたのである。

イギリスは，第1次世界大戦後どうなったのだろうか。イギリスは，ポンド体制の復活を夢見て1925年にポンドを旧平価で金本位制に復帰した。当時は，金本位制による通貨の安定こそ，国際経済の安定に資する制度であると考えられていた。イギリスにとって，もともと旧平価で金本位制に復帰するには無理があった。だから，これを維持するには，高金利で，資本を引き寄せることが必要だった。19世紀の後半のように，金本位制に基づいて低金利によって資本を貸し付けるということはもはやできなくなっていたのである。ポンド・スターリングは，基軸通貨の地位から滑り落ちていた。

第1次世界大戦後，世界経済に資金を提供するのはアメリカの役目となった。1920年代，アメリカは，地域的には，ドイツを中心とするヨーロッパへ貸付を増加させた。1920年から29年の10年間にアメリカは，ヨーロッパへ33億5700万ドルの証券投資を行ったが，そのうち，ドイツへは10億3700万ドルを新規に投資した。第1次世界大戦で敗北したドイツは，多額の賠償支払いを負っていた。だから，戦後の経済復興の資金はアメリカに頼らざるをえなかったし，ドイツによる，イギリスやフランスへの賠償資金の支払いは，めぐりめぐって協商国側のアメリカへの借入金返済を可能とした。つまり，戦後の世界経済の資金循環は，アメリカを出発点とし，ドイツへ流入し，ドイツからイギリス，フランス，そしてまたアメリカへ戻るという構造を有していたのである。

だが，この世界の資金循環構造に異変が生じる。なぜなら，1927年末から28年にかけて，アメリカ株式市場に一大ブームが訪れたからである。1920年代のアメリカには，自動車の普及，電化の進展，建築ブームがあった。さらに，1920年代末になると株式ブームが起こる。こうして，アメリカは，世界の資金をウォール街へと集中させることになってしまったのである。アメリカにおける株式発行額は，社債市場，外債市場の停滞を尻目に，1928年初頭から急上昇を開始した。この時期のアメリカでは，富の一部の者への集中と過度の貯蓄が進んでいた。その貯蓄の多くは，遊休し，また，外国への貸付に使われて

いたのだが，国内株式ブームは，その過剰資本を証券市場へとひきつけた。アメリカの証券市場は，国内の遊休資本を集中させただけではなかった。本来，世界最大の債権国として，資本供給を世界に対して行うべきアメリカが，逆に多くの資本を世界から集中させてしまったのである。

2　アメリカにおける金融大恐慌の発生

1　大恐慌の勃発

　1920年代末，株式市場の異常ともいうべきブームを伴うアメリカ景気の高揚は，冷静に考えれば，終焉が近かった。当時，ソビエト連邦における著名な経済学者，E. S. ヴァルガは，次のように述べたものである。「現在の好景気は夏には若干衰微するだろう。その兆候はもう既に出ている。だが，おそらく好景気は秋まで，たぶん年末まで続くだろう。だがしかし，来るべき恐慌の要素はもう既に見えている。（中略）従来の経験によっても，おそらく非常な好景気の後には深刻な恐慌が来るものだ。いつ来るか？　それは正確には断定し得ない。だが，一年後より遅くはないだろう」（ヴァルガ［1929］169〜170頁）。ヴァルガの言葉どおり，恐慌は，1929年10月株式大暴落となって出現したのであるが，証券投機による株式価格の急騰は，29年9月3日で終えていたという事実はここで指摘しておく必要がある。10月24日，29日の瓦落は，株式相場の下降線上に出現した事態だった。さらに，株式暴落寸前，ニューヨーク金融市場の金利は低下傾向さえ示していた。この時期，鉄鋼，自動車，非鉄金属など主要産業部門の生産は，1929年第2四半期を最高にして生産低下が起こり，設備の稼働率の低下が起こっていた。この崩壊の根底的要因は，工業部門の過剰生産によるものだったのである[3]。

　ニューヨークでの証券市場崩落に始まるこの世界恐慌は，国際的に大きな影響を与えた。とりわけ，南米諸国を中心とする低開発諸国は，従来からその一次産品の価格低迷に苦しんでいたが，恐慌を契機に一気に，コーヒー，砂糖，羊毛，小麦，ゴムなどの価格が急落した。保護主義的関税政策の影響もあり，単一作物に依存する，いわゆるモノカルチャーの産業構造を有する低開発諸国は，深刻な輸出不振に陥り，結果として国際収支危機から金本位制からの離脱となり，為替の管理体制へと入っていった。巨額なアメリカ資本の流入でかろうじて戦後の経済復興を成し遂げてきたドイツ資本主義も例外ではなかった。

オーストリアの銀行，クレジット・アンシュタルトの崩壊を期に，1931年7月13日，全ドイツ銀行の支払停止宣言があり，ドイツからの資本逃避は，事態をいっそう深刻なものとした。

　そうした，経済恐慌の世界的な広がりと同時に，アメリカ内部においても，都市の中小商工業企業の破産や農業地帯での経営破綻の増加があり，銀行倒産の急増をもたらしていた。もちろん，アメリカ金融資本の牙城，ニューヨークの巨大金融機関にもその影響は及んだ。株価暴落は，株式取引を支えていた，証拠金取引を危機に陥れた。証拠金取引とは，一定の証拠金以外の株式買付金を，株式を担保とする借入によって調達する機構である。しかし，株式の相場変動の損失額は，証拠金から差し引かれなければならず，その残金が約定価格の一定比率（証拠金維持率という）を割り込めば，その分，追証といわれる証拠金の積み増し，もしくは担保の増額が要求される。支払いができなければ，株式を売却せざるをえず，株式価格のさらなる下落を引き起こしていく。もちろん，株式暴落は，ブローカーズ・ローンといわれるこうした株式取引に関わる銀行貸付の引上げの契機ともなった。こうして，金融逼迫がアメリカ金融市場の中心地においても引き起こされることになった。

　しかし，この時期，アメリカ金融市場の中心地における金融困難は，かろうじて回避されることとなった。なぜならこの深刻な金融危機を解消すべく，金融市場へのニューヨーク都市銀行による大量の信用貨幣の投入があったからである。また，そうした行動をニューヨーク連邦準備銀行は積極的に支えたのである[4]。カール・マルクスはいっている。「銀行の信用が揺らいでいない限り，銀行は，このような場合には信用貨幣の増加によってパニックを緩和するが，しかし信用貨幣の引きあげによってはパニックを増加させるということは明らかである」（マルクス［1988］894頁）。

　ところで，こうした金融資本の牙城を除く，中小商工業資本や農業部門では，経営破産の増加が顕著になり，とりわけ1930年末から翌年初めにかけて，深刻な銀行破産が引き起こされる要因となった。1930年12月11日に起こった，合衆国銀行の倒産は，この時期の商業地帯における銀行破産の1つの典型だった。1929年大恐慌の到来を予言し，みごと言い当てたヴァルガは，次のようにその本質を語っている。「合衆国銀行は，その立派な名とその大きな規模にも拘らず，大銀行の仲間に入ってはいない。それは，2500万ドルの株式資本を持ったニューヨーク出来合服商の銀行で，その預金者は殆ど小裁縫師や裁縫

労働ばかりだ」(ヴァルガ[1931]150頁)。この銀行は，ニューヨーク手形交換所に加入できなかった。つまり，ウォール街の金融資本グループから排除されていたのである。かくしてこの銀行は，信用状況の悪化にもかかわらず，金融資本からの援助を受けることができなかった。ファースト・ナショナル銀行および手形交換所組合総裁，ジャクソン・レイノルズは，合衆国銀行の倒産を受けて，「その銀行閉鎖の影響は，単なる"局地的"なものにすぎないであろう」(Friedman and Schwartz [1963] p.310) と語ったといわれる。また，ヴァルガはいう。「大銀行による救済が行われなかったのは，全く次の理由からだ。すなわち合衆国銀行が大体貧乏人の銀行であり，その破産によって金融資本の利害が直接影響されなかったからである」(ヴァルガ[1931]151頁)。

だが，以上のような楽観的な事態への把握とは裏腹に，事態は悪化の方向へと展開する。なぜなら，1931年中頃から，大量の貨幣退蔵 (currency hoarding) がアメリカの金融中心地に起こったからである。貨幣退蔵という現代では聞き慣れない言葉は何を意味するのだろうか。これは，経済恐慌の激化によって金融資産の価値が減価し，銀行資産の不良債権化から引き起こされる銀行の経営状況を訝る公衆が，大量に預金取付けに走ることを意味する。当時は，預金保険機構が整備されていなかったから，銀行が倒産すれば，預金は戻ってはこない。したがって，銀行経営への不信は，預金取付けを誘発し，多くの預金者が危ないと噂される銀行へ殺到した。だから，当然ながら貨幣逼迫が引き起こされたのである。

また，この年，1931年9月21日に起こったイギリスにおける金兌換停止による不換紙幣制への移行は，この貨幣逼迫に拍車をかけた。というのは，イギリスの金兌換停止が，アメリカも同じように金兌換を停止するのではないかとの思惑を生み，アメリカからの多額の短期資本の流出となったからである (Nadler and Bogen [1933] p.78, Friedman and Schwartz [1963] pp.315-316)。こうした，ニューヨーク金融市場における国内的にも国際的にも深刻化した信用破綻とそれによって引き起こされた貨幣逼迫に対して，諸銀行は従来一定の価値を保ってきた一流債券類も含めて大量の有価証券類を売却せざるえない羽目に陥った。こうして，1931年後半からアメリカ有価証券市場の全面的崩壊が引き起こされることになった[5]。

かつて，マルクスは次のように述べたことがある。「貨幣市場の逼迫時には，これらの有価証券の価格は，二重に下落するであろう。なぜなら，第一には，

利子率が上がるからであり，第二には，これらの証券が，換金のために大量に市場に投げ出されるからである。この価格低下は，これらの証券がその所有者に保証する収益が，国庫債券の場合のように不変であろうと，または，これらの証券が代表している現実資本の価値増殖が，産業的企業の場合のように，ときによっては再生産過程の攪乱によって影響されるようなことがあろうと，それにはかかわりなく起こる」（マルクス［1988］809頁）。

　1931年末から32年初頭にかけて，大量の銀行破産が集中的に起こった。こうした事態に，ニューヨークの金融資本の中枢部は，かつてイギリスの銀行家ウォルター・バジョットが，金融パニックのときに理想とした中央銀行行動に打って出たのだった。すなわち，それは，連邦準備銀行適格手形割引利率および銀行引受手形購入利率の引上げという古典的金利政策の採用と同時に，多額の貸付による金融逼迫の緩和という二面作戦だった。金流出を防ぐには，金利の上昇が必要なのだが，金融危機を防止するには，多額の貸付による金融緩和が必要だった。金本位制における金融政策の苦肉の策ともいうべき手段であった。

2　公的資金導入策は成功したのか

　しかし，それでもこの金融危機は，収まる様相を示さなかった。かくして，フーバー政権は，公的資金の導入による経済危機突破という新たな手段に打って出る。それが，「復興金融公社」（RFC）の設立であり，「連邦準備法」の改正法案として制定された「グラス・スティーガル法」の制定だった。RFCは，1932年1月22日，金融諸機関へ緊急の金融的便宜を与え，農業，商業，工業への金融的援助を目的とした「復興金融公社法」によって設立された。一方，「グラス・スティーガル法」は，それに遅れること1カ月，2月27日に制定された。

　RFCは，まったくの政府機関であった[6]。なぜなら，この公社は，5億ドルの資本を全額政府出資で「一般基金」から払い込まれ，加えて15億ドルを限度として，公社自らの手形，社債，その他有価証券を発行することができたが，それらは，完全に元金・利子とも政府によって保証されていたからである。つまり，公的資金をこの公社を通じて困窮した経済諸機関へ注入することが目的だったのである。また，「グラス・スティーガル法」は，加盟銀行が適格手形を所有しない場合でも，政府証券によっても貸出が受けられるようにして，連

邦準備銀行の信用創造能力を高めることを目的とした。

　こうして，アメリカの中央銀行である連邦準備銀行の信用創造能力は高まり，金融恐慌時の巨額の金流出とともに出現する金融逼迫に対して貨幣供給を増強し，それに応じる体制が確立されたのである。RFC は，困窮する都市の銀行や信託銀行などへ積極的に貸付事業を展開した[7]。また，信用創造能力を高めた連邦準備銀行は，大々的な買いオペレーションを実施し，金融緩和と国債価格の安定が図られた。「1932 年の最も際立った信用展開は，連邦準備銀行の 3 月から 7 月にかけての公開市場操作であった。それは，連邦財政の危機によって引き起こされ悪化した金流出に対抗する主要手段であった」(Crum and Hubbard [1933] p.17) と W. L. クラムとハバードは指摘している。

　しかしながら，こうした大々的な公的資金の注入，また，連邦準備銀行による積極的金融緩和政策は，1932 年末から 33 年にかけて，全般的な新たな銀行危機を引き起こす構造的要因となった。なぜなら，金本位制を前提とする国債発行の継続と金融緩和政策は，銀行券価値への不安を一般大衆に与えるものとなったからである。金兌換停止とドルの金平価切下げを見越した貨幣退蔵が，1931 年末の規模をはるかに超える形で出現したのである。つまり，かつての銀行恐慌は，預金の取付け，すなわち，預金者が預金を銀行券に転換するという行動によって引き起こされたものであったが，今回の危機は，銀行預金を銀行券のみならず金へ転換するという「金恐慌[8]」の様相を呈したのである。

　フーバー政権を引き継ぎ，1933 年 3 月 4 日に政権を樹立した，フランクリン・ローズヴェルト大統領の最初の仕事は，金流出という深刻な状況を伴う全般的な銀行破産の危機に対処するため，6 日に 4 日間の銀行休業声明を発表することであった。金本位制をとり，金兌換を制度的に認めている以上，国債発行による資金の投入，財政赤字の累積，グラス・スティーガル法による連邦準備銀行の積極的信用創造は，連邦準備券そのものの価値について不安を作り出し，信用主義から重金主義への急激な転化を引き起こしたからであった[9]。ローズヴェルトは，全国銀行休業声明を発し，3 月 9 日までアメリカのすべての銀行を閉鎖し，貴金属の輸出入禁止，外国為替取引の全面的禁止を行った。

3　ニューディール政策の歴史的意義
　　　──金融封じ込めによる安定的経済体制の確立

1　金融封じ込め政策の実施

　2009年1月に共和党ブッシュ（子）政権にかわり民主党オバマ政権が誕生したが，その最初の100日間が注目された。ローズヴェルト大統領の最初の100日間において矢継ぎ早に出された政策展開との比較が，人々の心にあったからである。いうまでもなくローズヴェルトは，その100日間でニューディール政策を開始し，大統領選においては空前の4選を果たした，今風の言葉でいえば，「超」人気の大統領であった。しかし，この100日間における政策を景気回復策として評価すれば，落第だといわれている。つまり，積極的財政支出政策を採用し，景気を浮揚させることができなかったというのが，現在のニューディール評価だといってよいであろう。たしかに，財政政策からのみ評価すれば，均衡財政を正しいと信じて疑わなかったローズヴェルト政権の初期の政策は，景気浮揚策としては限界があった。また，1935年初めの予算教書で明らかにされた補正的財政政策への転換は，アメリカ経済政策史上重要な意義を有するのであるが，37年における連邦財政支出の削減は，鋭さにおいて29年恐慌の上をいく37年経済恐慌を引き起こすきっかけとなったのである。しかし，ニューディール政策を財政政策からのみ評価して論じるのは間違いであろう。とりわけ，今日の経済危機に対して，再びこうした事態を起こさないようにという観点から教訓を引き出すことを考えれば，なおさらのことである。

　1933年3月9日木曜日まで4日間閉鎖された銀行の再開は，3月13日月曜日に始まった。ローズヴェルトは，その前日の日曜日，後に有名となる「炉辺談話」をラジオを通じて行い，明日からの銀行業の再開を告げ，国民に沈着冷静な行動をとることを呼びかけた。月曜日から再開された銀行業務は，炉辺談話が功を奏したのか，一件の取付け騒ぎもなく順調に行われた。ローズヴェルトは9日に緊急銀行法を成立させ，銀行休業を正当化させていたが，4月19日アメリカは正式に金本位制を離脱した。すでにイギリスは，1931年9月に金本位を離脱していた。フランスなど金本位制をとる国と，英米の離脱組との世界経済を二分する状況が，ここに生み出されたのである。

　ところで，こうした緊急な銀行対策はさておき，ローズヴェルトの100日間

で最も重要な改革は，金融の構造的改革に関してのものだろう。単に緊急な銀行対策を講じただけではなく，その後アメリカ経済を根本から規定する構造改革が実施されたのである。既述のように，1929年大恐慌は株式大暴落として始まった。空売りを利用しての大儲けだとか，税金逃れであるとか，大恐慌を契機としたさまざまな証券市場を通じた非倫理的・犯罪的行為が，ペコラ委員会を通じて明らかにされた。こうした調査結果をもとに，1933年5月27日には証券法が成立，「連邦取引委員会」に証券の新規発行の監督権限が与えられ，さらに金融情報の公開が義務づけされるなどの改革となった。さらにそれは，翌年1934年証券取引所法の制定につながり，証券取引委員会（SEC）が証券市場の監督機関として創設された。

　1933年6月16日に成立したグラス・スティーガル法（銀行法）は，32年に成立した法とは別物であるが，証券業と商業銀行業を分離した。1929年大恐慌において明らかになった事実は，証券業と商業銀行との兼業による常軌を逸した投機の横溢であった。モルガンなどウォール街勢力の執拗な反対にもかかわらず，ペコラ委員会を通じて明らかにされた事実が，金融業の規制への政策転換の力となったことはいうまでもない[10]。また，この法は，連邦預金保険公社（FDIC）の創設を準備した。1億5000万ドルの運営資金を，連邦資金と加盟銀行からの保険料によって調達し，FDICは1934年1月1日から暫定的に業務を開始したのである。一連のすばやいこれらの改革によって，ローズヴェルト政権は金融資本勢力を封じ込めることに成功し，またこれらの改革は，第2次世界大戦後，寡占産業の利害と組織労働組合を中心とするケインズ的な経済政策実施の立法的基盤となったのである。

　こうした，産業優位の政治経済関係を連邦準備制度の強化という形によって，財務省と連邦準備制度との関係で築いた立法が，1935年銀行法であった。この銀行法は，まずFDIC加盟銀行の保険料を引き下げ，暫定的に運営を開始したFDICが，1935年7月1日に正式に運営開始することを援助した。さらに，連邦準備局を廃止し，大統領によって指名され上院の承認による7名の理事によって構成される連邦準備制度理事会に置き換えた。連邦公開市場委員会を刷新し，その運営において，連邦準備制度理事会の権限を強めた。こうした一連の改革によって，その後，銀行倒産は影を潜めたし，連邦準備銀行の政策は理事会によって集中的に管理統制され，政府の経済政策との緊密な連携がとられるようになったのである。

当時，連邦準備局総裁であったマリナー・エクルズは，上院銀行通貨委員会小委員会において，次のように証言した。「政府のコントロールの必要は，政府が経済・金融諸政策の立案実行の主要機関になっているからであります。通貨そして預金の形態をとった支払供給手段の諸変化は，重要な要因であり，時には経済変化における決定的な要因となりますから，中央銀行が政府の政策に敵対的な政策を選ぶとすると，それは政府の目的達成に対して重大な障害となるのであります。中央銀行諸機関の権力は政府に由来し，事実上政府による創造物でありますから，事柄の性質上政府に対して対立する政策をとることは，……できません」(U. S. Senate [1935] p. 284)。

2 安定的な国際経済体制の創設

　一般には，1930年代大恐慌などといわれるが，20年代の後半にはすでに多くの国で経済恐慌が始まっていた。たとえば，日本をとってみれば，1927年，震災手形の処理から明らかにされた一部銀行の深刻な経営状況が取付け騒ぎを引き起こすという事件があった。このときの金融恐慌は，田中義一内閣が支払猶予令のモラトリアムを発し，日本銀行からの巨額の融資によってかろうじて鎮めることができた。その後，日本は1930年1月，よせばよいのに旧平価による金輸出解禁を行い外国為替相場の安定による国際信用の確立に尽力し，国内経済の安定を犠牲にした。つまり，多くの国が金本位制を離脱しようというときに金本位制に復帰したのである。1929年に始まった世界恐慌の嵐をまともに受けた日本経済は，深刻な恐慌，いわゆる昭和恐慌へと突入していく。

　1930年代世界恐慌を深刻にさせた要因の1つとして，貿易における保護主義があげられる。アメリカの場合，1930年6月17日フーバー大統領の署名によって成立したスムート・ホーリー法が悪名高いものである。農産物の保護を主張する，ユタ州選出の上院議員リード・スムートが強力に進めたものであるが，繊維，鉄鋼はじめ多くの国内市場に販路を求める産業の支持があった。しかし，この保護貿易主義は，多くの国からの報復的な保護主義によって反発されることは容易に理解できた。イギリスは，のちにイギリス特恵関税圏の確立へと進み，ドイツは，ナチス政権の確立とともに侵略政策と結びついた独自の経済圏の拡大へ走った。しかし，そもそも貿易依存度の低いアメリカでは，外国による製品の輸入攻勢には，保護主義をもって対抗するという考えが存在する。これはとりわけ，産業の貿易依存度の低い産業では，今日のアメリカにお

いても変わることはない。

　世界恐慌の深刻化とともに，国際経済の立て直しの必要が叫ばれるに至った。かくて，1933年6月12日ロンドンに64カ国の代表が集まり，世界的な恐慌対策を協議するロンドン世界経済会議が開かれた。この国際会議は，金本位制を離脱し，国内の経済政策を優先させようとするイギリス，そしてアメリカと，金にあくまで固執し，通貨の安定こそが経済回復の基本であるという旧来の考えにしがみつくフランス，イタリアなどの金ブロック諸国との対立から，結局は何の成果もないまま終わってしまった。イギリスは，1931年に金本位を離脱していたし，アメリカも33年4月19日には金本位制を離脱していた。その後の歩みは，周知のように世界経済の分断と第2次世界大戦ということになり，国際経済の安定的な発展とはまさに逆行する世界経済の状況となってしまったのである。このロンドン世界経済会議の後，世界各国が一堂に会した国際経済会議は，1944年7月，アメリカ・ニューハンプシャー州ブレトンウッズにおける会議を待たなければならなかったが，この会議に招待された国はいうまでもなく連合国側の44カ国のみであった。

　金融利害の封じ込めによる安定的な経済体制の確立という考えは，アメリカにおいて，大恐慌後，ニューディール政策の実施において貫かれたものだったといってよいだろう。1934年互恵通商協定法は，ローズヴェルト政権において長らく国務長官の任にあったコーデル・ハルによって進められたものであるが，33年6月のロンドン世界経済会議においても，実は彼は関税引下げについての提案をしようとしていた。しかし，それは既述のとおり国際通貨問題の意見の相違から実現しなかった。アメリカ政府が，国際貿易の拡大を2国間の互恵通商協定を結ぶことによって実現しようと法案を通したのは，1934年6月のことであった。

　互恵通商協定法は，関税引下げについて各国と個別に交渉し，相互にその引下げを行うというものである。コーデル・ハルは当初，関税交渉を，広範囲にかつ一斉に多くの国と協調して多国間で行うことを考えていた。しかし，アメリカ議会の保護主義グループや外国政府がこうした方式を容認しないとみるや，品目ごとに個別的に交渉をする方式へと切り替えた。一部には，この協定法は，アメリカの保護主義の現れだとする見解もあるが，この協定法によって相互に関税が引き下げられ，最恵国待遇を協定国間で与え合った事実をみると，むしろ，スムート・ホーリー法による超保護関税体系から自由貿易主義への転換点

になったと位置づけたほうがよいだろう．この通商法は，3度の延長を経て，期限切れを迎えて新たに1945年互恵通商協定法が成立するまで，実に27カ国と結ばれ，すべての有税輸入品のほぼ64%にわたり相互の関税の引下げが実現されたのである．

ここで考えるべきは，多くの国が保護主義的政策をとり世界経済がブロック化していったなかで，なぜアメリカは，互恵通商協定法によって自由主義的転換を図ったかということである．1934年2月には，ワシントン輸出入銀行が創設され，この時期にアメリカにおいては，輸出促進が国家的目標とされた事実がある．既述のように，アメリカの保護主義の背景には，輸出依存度の低い，国内を基本的販売市場とする産業グループがあったことが指摘されている．繊維，鉄鋼などが，そうした産業の中心的なものである．しかし，第1次世界大戦後，アメリカが債権国になった最大の要因が，輸出の増強にあった事実を想起してほしい．たしかに，マクロ的にみれば，アメリカ経済の輸出依存率は当時は低いものであったが，輸出比率の高い産業が1920年代に急速に展開し，ローズヴェルト政権の後ろ盾になるまで成長した事実があったのである．機械，電気機械，公益産業，自動車などの新興産業が，国内市場依存の保護主義的産業グループに対して，政策的にも対抗し始めたといってよいだろう．しかも，こうした産業グループは株式投機を主導して，挙げ句の果てには金融危機から大恐慌を引き起こした金融資本グループとは一線を画していた．

輸出を積極的に進めるグループが，ブロック経済を打破し，国際貿易の活発化を多角的で自由な貿易システムによって実現しようと考えるのは当然だろう．1933年のロンドン世界経済会議は失敗に終わり，世界経済は，ブロック経済から第2次世界大戦へと崩壊の道をひた走ったが，連合国側の勝利が目前となった1944年には，既述のようにブレトンウッズに44カ国の代表を集め，国際会議が開かれた．ここで結ばれた協定がブレトンウッズ協定であり，それをもとに国際通貨基金ならびに国際復興開発銀行（世界銀行）が創設された．国際通貨基金が想定された機能を果たすのは1950年代末のことであるが，この基金こそ1971年8月15日まで，固定相場制のもとで，戦後の国際貿易の拡大を金融面から支える国際通貨システムにほかならなかった．

しかしながら，完全雇用を目的として，国際貿易をドルにより金融的に支え，拡大強化するこの国際通貨基金の創設には，アメリカの金融界から強い反対の声があがった．彼らの見解によれば，国際通貨システムは，金本位制によるべ

きであって，この制度こそ今まで人類が作り出してきた決済システムにおいて最も合理的で優れたものだという。外国為替の交換比率を人間による恣意的な判断によらないという点で，金本位制が優れているというのである[11]。また，国際通貨基金の流動性条項が，「健全な事業原則」に反するというものだった。金融界では貸し手が貸付の条件を決定できるのが常識であり，それが「健全な事業原則」なのであるが，この条項によれば，その権限を国際通貨基金に委譲してしまうことになり，自分たち，つまり貸し手の権限が無視されてしまうというのである。まさに貸付資本らしい論理で反対したのだが，財務省は，輸出を刺激するシステムとしてのブレトンウッズ協定という性格を強調した。

　国際通商体制についての担当は，国務長官のハルだったが，国際通貨体制については，財務長官のヘンリー・モーゲンソーだった。「死体置き場のヘンリー」（Henry the Morgue）という異名をもった彼だったが，1934年から45年7月にトルーマン大統領に解任されるまでの11年間，財務長官の地位にあった。モーゲンソーはいう。「もしブレトンウッズ協定が成立したら，世界貿易は為替制限や為替切下げ競争から自由になり，アメリカ自動車産業は，年間100万台以上の輸出市場を常時確保できることになるだろう。国際通貨基金と世界銀行は，アメリカ労働者に500万もの就業機会を追加して提供することになるのである」。ブレトンウッズ協定は，下院において圧倒的多数で承認され，上院では国際通貨基金設立延期の提案があり，すぐには通過せず，1945年7月18日，上院はこの法案を承認したのだった[12]。

4 戦後ケインズ政策とドル危機

1 戦後ケインズ主義とケネディ政権

　第2次世界大戦後，アメリカは，GATTを軸とする国際通商システム，IMFを軸とする国際通貨システムのもとで，戦後アメリカ型ケインズ体制を作り上げた。もちろん，1947年に始まるいわゆる「冷戦」は，アイゼンハワー政権時にみられたように，「鉄鋼とモルガン」に象徴される金融独占（マネー・トラスト）の中軸勢力の利害に沿った政策体系への回帰を思わせる時代もあった。しかし，1961年に政権を樹立した民主党ケネディ政権は，明確にアメリカにケインズ政策を定着させることを狙って，次々と新たな政策を展開しようとした。政権誕生とともに大統領経済諮問委員会委員長の任についたウォ

ルター・ヘラーは，彼らの政策の本質を，新経済学の創造というよりは，むしろジョン・メイナード・ケインズが30年前に砲撃の火ぶたを切って開始した「ケインズ革命」の完成であるという点を明確にした[13]。

　戦後アメリカ型ケインズ体制は，米ソ「冷戦」を背景に，軍事ケインズ主義ともいわれるほど，大規模な財政支出における軍需依存体制を作り出した。アイゼンハワー政権は，世界戦争に対応して，「核抑止力」に依存する「ニュー・ルック戦略」を採用したが，ケネディ政権は，局地的反乱から世界戦争に至るあらゆる脅威に柔軟に対応できる新戦略をとった。すなわち，この新戦略の立案者は，「社会主義の野望は世界的であり，ソ連のフルシチョフも述べたように，戦争には，世界戦争，局地戦争，国民解放戦争と種々のものが現実的にありうるのであって，そのあらゆる戦争に対してアメリカが積極的に対応しなければ，世界資本主義の体制維持は不可能になり，それはアメリカの利益に反する」(U. S. Congress [1963] pp. 78-79)と考えた。こうして，軍事予算の組み方も従来の部局別予算にかわって，戦略任務別軍事経費によって行われることになった。就任早々のケネディは，国防省に対して，戦略的必要を満たすための「軍事組織」の開発について，財政シーリングを課さず，かつ効率的にという条件で命じた結果，軍事予算の急膨張が始まる。1962会計年度において，国防費は朝鮮戦争期を超え，ついに510億9700万ドルを示すこととなった。共産圏封じ込め政策に照応するアメリカ軍事戦略の完成に伴う軍事費の膨張であった。

　この軍事支出大膨張を支えたのは，戦後アメリカにおけるケインズ税制であった。この軍事ケインズ主義は，連邦政府による個人所得税の徴収によって可能となった。アメリカにおける個人所得税の徴収は，憲法違反とされ，長らく認められるところではなかったが，1913年になって初めて導入された。個人所得税が，一般収入における比率において，法人所得税，内国消費税，関税を上回ったのは，第2次世界大戦期のことであった。1940年から44年にかけて毎年のように改定された「歳入法」において，個人所得税の免税点の切下げと税率の引上げが行われたからである。この事態は戦争期の特殊事情に基づくものではなく，戦後の税制に引き継がれケインズ税制として定着した。戦後の物価上昇にもかかわらず，免税点の切上げは行われず，1948年から69年まで据え置かれたままであった。また，連邦個人所得税は，所得に応じた税の累進課税が進行した。

ケインズ税制は，国民経済に政府部門を定着させ，連邦政府の意識的な財政運営，すなわち裁量的財政支出政策を個人所得税によって支える体制を創出したのである。過度の貯蓄とその結果としての貨幣退蔵がデフレをもたらし，不平等な所得分配が不況を導いたとするケインズの認識は，累進課税によって高額所得者における過度の貯蓄形成を防ぎ，彼らの限界消費性向を高め，連邦政府の裁量的財政支出政策の駆使によって，経済の完全雇用を実現するというのが，その意図するところであったといえるだろう。

　このケインズ税制において，企業の投資活動を活発化させるという観点から，法人所得税の減税政策がとられた。戦時期には，超過利潤税などによって法人所得税は急増し朝鮮戦争期にも復活したが，ケネディ政権の投資優先政策においては，一般収入において法人所得税が主流となる時代は過ぎ去った。戦後のアメリカ連邦財政では，個人所得税中心の徴税体系とともに，歳入不足は国債発行によってフレキシブルに資金調達をするというケインズ税制が確立した。

　ケネディ政権期の金融政策は，ケインズ政策を支える重要なものであるが，長期金利の引下げと短期金利の引上げという「ねじれた」(twist) 政策であった。アイゼンハワー政権期の金融政策は，公開市場操作の対象証券を短期の財務省証券に限るという，ビルズ・オンリー政策であった。それは1951年，財務省と連邦準備制度理事会との「アコード」（詳しくは第8章参照）によって確立された財政政策と金融政策との協調を一歩金融政策の自立性のほうへ傾かせ，連邦準備銀行の公開市場操作を短期の国債に限るというものであったが，ケネディ政権は，1961年，国際収支危機と投資活動の不活発化という事態を金融政策的に乗り切るために，オペレーション・ツイスト (operation "twist") という政策を採用したのである。

　1961年2月2日，ケネディ大統領は，大統領経済報告で，「国際収支に直接影響を与える短期利子率の低下を阻止する一方，国内経済の回復を促進する長期金利を低下させるべく資本市場に信用フローを増加させること」(*Econimic Report of the President*, 1962, p.86) の重要性を強調した。アメリカからの資本輸出（長期・短期）が，経常収支の黒字幅を大きく超え，諸外国が対米ドル債権の金交換を求め，アメリカの金保有額が減少する一方であったのを，短期金利を上げることで，短期資本の流出を食い止めようとする作戦だった。この政策は，連邦準備制度理事会の公開市場操作ならびに財務省の国債管理政策の新展開によって可能となった。連邦準備銀行は，短期財務省証券を売った。また

3年から6年の長期の国債を購入することによって商業銀行へマネタリー・ベース（＝ハイパワード・マネー）を供給した。満期1年以上の国債の連銀による購入は，1961年で29億ドルに及び，財務省も満期10年以上の国債の購入を行い，長期債券の利回りは61年5月まで低下し，その後，ようやく徐々に上昇を始めたのであった（*Economic Report of the President*, 1962, pp. 86-88）。

2　ケインズ政策による不況克服

　ところで，ケネディ大統領と経済諮問委員会が1961年1月に直面した経済政策的課題とは，57～58年経済恐慌から完全には立ち直っていない経済停滞であった。この経済停滞は，第2次世界大戦後初めての循環的経済恐慌に伴う不況であった。寡占企業の過剰投資・過剰生産がその原因であり，寡占企業は，利潤率の低迷から設備投資を減少させ，労働者を解雇したものの，一定の売上利益率は確保していた。1957～58年経済恐慌の場合，実質GNP統計でみると，58年4月に底を打ったあと，59年末まで回復を示し，その後また61年初めにかけて低落するという状況であった。アイゼンハワー政権時代から失業率は4.9％の水準であったが，経済安定化政策の目標値4.0％からするとかなり高く，1961年2月の政権発足時の失業率は，8.1％もの高率であった。

　こうした停滞に，ケネディ政権の経済政策担当者たちは，「完全雇用財政均衡」という考えのもと不況克服の作業に取りかかるのであった。その概念について，ヘラーは次のように説明した。「安定化政策を再びつくるにあたって，われわれの財政政策の目標を，生産高の『完全』あるいは『高』雇用水準，すなわち4％失業率でのGNP水準にあわせて計算し直さなければならない。そこでの目標は，各年や循環を通した財政均衡ではなく，完全雇用での財政均衡でなければならない」（Heller [1967] p.66）。1962年大統領経済諮問委員会報告は，「4％失業率水準という完全雇用状況のもとで，現段階の財政計画によっては連邦財政の大幅な黒字が生み出され，それゆえ，より積極的な減税計画と財政支出計画が必要とされる」とした。

　1955年中頃以降，現実のGNP成長率は潜在GNP成長率よりかなり低くなってきたことが問題であった。経済諮問委員会は，1961年において，現実のGNP成長の潜在GNPに対する遅れをほぼ400億ドルと推定した。このGNPギャップを委員会は，ケインジアンらしくアイゼンハワー政権における制限的な財政支出の政策によって説明した。かくして，ケネディ政権は，大胆な減税

政策と財政支出政策を採用することとなった。ヘラーによれば、1960年後半から65年後半にかけて、完全雇用財政均衡を達成すべく展開された減税と財政支出額は、前者が160億ドルであり、後者が320億ドル、あわせて480億ドルであった（Heller [1967] p.71）。

こうした財政政策の効果は、どのようなものだったのだろうか。まず、現実のGNPと潜在GNPのギャップは、縮小した。1961年第1四半期のギャップは、500億ドルもあったのであるが、65年第1四半期には、100億ドルへと減少した。失業率は、1966年には3.8%になったのである。第2に、この財政政策によってGNPの増加が顕著になった。1964年では、前年の323億ドルのGNP増加額を上回る429億ドルもの増加を示したのである。そして第3に、減税にもかかわらず、税収が伸びたことであった。この事実は、減税によって経済成長をもたらすことに成功すれば、連邦収入は減少ではなく、増加するということを示したのであった。経済に潜在的成長能力がある場合には、有効需要がGNP水準を決定するというケインズ的経済観が経済政策にみごとに適用される時代であったといえるだろう。

3　国際収支危機の顕在化

戦後「ケインズ連合」の時代では、金融危機は鳴りを潜めた。金融封じ込めによる安定的な経済体制が実現できたからである。しかしながら、ケネディ政権は、国際収支危機、いわゆる「ドル危機」という問題に直面することとなった。戦後IMF体制によって国際通貨となったドルは、外国通貨当局との間では1オンス＝35ドルというレートで、金との交換を約束していた。民間との金交換は行わなかったから、この制度は金本位制ではなかったが、外国通貨当局の所有するドル短期債権は、いつでも金との交換が可能であった。ドルが国際通貨である以上、アメリカからの適度なドル供給は国際貿易の促進のためには必要であった。しかしながら、1958年から61年の4年間のアメリカの国際収支の赤字、すなわち経常収支黒字を超える大幅な資本流出は、アメリカからの金流出を巨額なものとし、61年末にはアメリカの対外短期債務額が金保有額を超過することとなった。1オンス＝35ドルの交換レートを維持できないとみて、ロンドン自由金市場では金価格の高騰が起こった。

1967年から68年にかけては、イギリスのポンド切り下げを契機に、再びロンドン自由金市場でのゴールド・ラッシュが引き起こされた。このときは、11

月だけで金プール協定に基づき 8 億ドル以上の金が売却され，アメリカ政府は取引時間に間に合わせるために金輸送に米軍機を使用したほどであった（Solomon [1977] p. 117）。しかし，1968 年になるとゴールド・ラッシュはいよいよその度を増し，金プール諸国は，もはやロンドン自由金市場やその他いかなる金市場にも金を供給しないと決定したのである（*Federal Reserve Bulletin* Vol. 54, No. 3, March, 1968, p. 254）。金プール諸国とは，自由金市場での金価格の上昇があった場合，市場に金を放出することを約束していた国のことであるが，金プール協定は破棄され，自由金市場の金価格は市場の需給関係に任され，金 1 オンス 35 ドルは通貨当局間のみの公定レートになった。いわゆる金の二重価格制であるが，1 オンス 35 ドルの交換レートを基軸として固定相場制を採用してきた戦後 IMF 体制の終焉は，もはや避けることができなくなったといえるだろう。

　この「ドル危機」は，いかなる要因によって引き起こされたのであろうか。その第 1 の要因は，アメリカの軍事的覇権維持コストにあったことは明らかだった。米ソ冷戦を基軸とする軍事ケインズ主義は，海外軍事支出の巨額化をもたらした。その第 1 は，米軍の海外軍事施設の維持コストであり，ベトナム戦争が「ドル危機」の要因として特筆されなければならないだろう。第 2 が，人件費として支払われる軍隊への支出である。これら費用は，国際収支における移転収支項目の支出として，経常収支黒字を大幅に縮小させる要因であった。その第 2 の要因は，アメリカ企業の海外進出と長期資本輸出の増大であった。アメリカ企業は，1950 年代後半からとりわけヨーロッパ諸国に進出した。アメリカ企業は，対ヨーロッパ輸出を戦後強力に進めたが，ヨーロッパ企業の復興とともに，ヨーロッパにおける現地生産・現地販売の路線をとり始めた。かくして，経常収支黒字を大幅に超える資本流出は，諸外国に短期対米ドル債権を蓄積させ，それらドル債権が金との交換を求め，アメリカからの金流出が急増したのであった。

　ケネディ政権は，この「ドル危機」を，直接投資を抑制し，国内投資を積極化する政策で乗り切ろうと考えた。これが，海外法人所得税の納税猶予（tax deferral）の廃止という政策であった。アメリカの法人所得税は，しばしば，世界に広がる所得に課税される「全世界所得課税」といわれ，外国所得を課税から外す「所得源泉地課税」と区別される。しかしアメリカ企業は，外国における所得を本国に持ち帰らなければ課税されることはない。これを海外法人所

得税の納税猶予というのであるが，ケネディ政権はそれを廃止してアメリカ企業の海外進出のインセンティブをそぎ，資本収支赤字の削減を図ろうとしたのであった。しかしこの政策は，当時，積極的に海外進出を試みていたアメリカ主力企業の猛反対にあい，海外法人所得税の納税猶予の廃止という法案が成立することはなかった。1962年歳入法は，財務省が認めた「納税回避」(tax haven)活動によるアメリカ企業海外子会社所得への直接課税制度となった。

　1962年歳入法をめぐる産業界からの予期せぬ猛反発を経験したケネディ政権は，すぐさまその政策を直接投資抑制政策から貿易黒字拡大政策へと転換させ，62年6月に期限切れになる互恵通商協定法にかわる通商拡大法案を用意した。この法律は，1962年9月19日上院を通るや否や，ケネディ大統領が署名し成立した。そしてさらに，ケネディ政権は，1963年7月18日議会にアメリカからの証券投資を抑制する目的で金利平衡税を提起し，ケネディ暗殺後の64年9月に成立した。外国株式・債券発行に税を課すというこの法案は，外国株式への投資には，15％の税を課し，外国債券への投資には，満期の長短によって3年物債券の2.75％から28.5年物債券の5％まで，税率は段階的に増大した。金融機関や株式ブローカーたちは，この法案に反対したが，金融機関の封じ込めが成功していたこの当時は，彼らにこの法案成立を阻止する力はなかった。この金利平衡税法が廃止されるのは，1974年1月のことであった。

　1967年11月のイギリスにおけるポンド切り下げが，アメリカに連動し，ドルと金との交換が急速に展開し，さらには，自由金市場での金価格の上昇という「ドル危機」の深化は，ジョンソン政権をして新たな直接投資抑制策を打ち出させた。この政権の直接投資規制策は，世界を3つの地域に区分し，最も規制の緩いスケジュールA諸国からその中間のB諸国，そして，最も規制の厳しいC諸国まで，明確な直接投資基準を定めて規制した点で従来の規制策とはまったくやり方が異なっていた。A諸国は発展途上諸国，B諸国は日本，イギリス，オーストラリア，ニュージーランドや産油国であったが，C諸国は大陸ヨーロッパ諸国が多くを占めた。A諸国への規制が緩かったのは，アメリカ多国籍企業による収益の本国への持ち帰りが多かったからであり，C諸国に厳しかったのは，現地での競争が厳しく，アメリカ多国籍企業は収益の現地再投資に余念がなく，それを本国に持ち帰るどころではなかったからである。直接投資の国際収支勘定への影響が，政策を分けたといってよいだろう。

　ところで，ベトナム戦争による費用を削減すれば，直接投資抑制策の実施は

ともかく,「ドル危機」は回避されたはずである。なぜなら,レナード・ダッドリーとピーター・パッセルの推計によれば,ベトナム戦争が1967年の国際収支に与えた赤字要因としての影響は,ほぼ40億ドルとされ (Dudley and Passell [1968] p.442),67年のアメリカ国際収支は,流動性ベースで35億7100万ドルの赤字であったからである (Lederer and Parrish [1969] p.34)。1967〜68年のゴールド・ラッシュを引き起こしたアメリカ国際収支赤字の張本人は,ベトナム戦争であった。戦争終結によって「ドル危機」は,回避できたはずだった。しかし,軍事ケインズ主義による覇権維持を展開するケネディ政権を引き継いだジョンソン政権にとっては,それは困難な課題であったといえるだろう。

5 世界経済危機勃発の世界経済的条件
―― 新自由主義的経済体制の構築

1 金ドル交換停止と変動相場制への移行

　1971年8月15日アメリカは,金とドルとの交換を停止した。1973年固定相場制の崩壊,そして,金利平衡税の撤廃に始まるアメリカにおける国際資本取引の自由化は,たしかに戦後の国際経済体制を崩壊させた。しかしそれは,チャールズ・キンドルバーガーが指摘したように,アメリカがドルで国際決済ができなくなるということを意味はしなかった。キンドルバーガーはいう。「われわれは,1950年代から60年代前半のアメリカは,不均衡状況に陥っているのではないと確信をもって言い続けてきた。アメリカは,国際金融仲介業に従事してきたのであり,長期で貸し,短期で借り,世界に流動性を供給してきたのだ。外国にドル・バランスが蓄積されたのはアメリカが経常収支赤字を出したからではなく,経常収支黒字を超えて外国に貸付・援助したからなのだ」(Kindleberger [1985] p.43)。

　しかし,国際経済におけるアメリカの役割という観点からみると,その戦後国際経済体制の崩壊は,キンドルバーガーがいうドルを基軸とする「世界の銀行」から,国際的資本取引を基軸に編成されるドルを基軸とする「世界の投資銀行」への転換であるといえるだろう。1950年代以降の世界経済は,アメリカ商業銀行の国際業務の活発化によってもたらされた。アメリカ商業銀行が国際金融上重要な役割を担うようになったのであるが,その金融の中心は,貿易

金融であった。それは戦後の混乱期を経て，戦後ケインズ体制の理想とする多角的貿易システムがドルを基軸に形成されることを意味した。一方，国際資本取引は規制されていたから，国際投資が自由に展開されるということはなかったし，ましてや投機資本が国境を越えて自由に行き来することもなかった。しかし，世界経済において多国籍企業の動きが無視できなくなると，国際資本取引の自由化が要求されるようになった。アメリカが「世界の銀行」の位置にあったときは，資本収支は，基本的に経常収支を反映する形で動いたのだが，国際資本取引が活発化するなかで，国際投資が決定的な意味をもつように変容する。国際投資を基軸に国際収支取引が形成されるようになるのである。

　国際収支における資本取引の自由化は，変動相場制への移行を必然化した。資本取引の自由を認めながら，固定相場制を維持することは，資本の流出入に対して為替相場を維持するために通貨当局は常に外国為替市場に介入せざるをえないことになる。そうなれば，国内のマネー・サプライ（マネー・ストックともいう）に多大なる影響が出ることが予想され，一国の金融政策の自立性が保てなくなるのである。

　資本取引の自由化と変動相場制への移行は，アメリカ国際収支の金融（投資）勘定取引の巨額化をもたらすこととなった。かつて，ウラジミール・レーニンは，『帝国主義論』のなかで，次のように指摘したことがある。「自由競争が完全に支配する古い資本主義にとっては，商品の輸出が典型的であった。だが，独占体の支配する最新の資本主義にとっては，資本の輸出が典型的となった」（レーニン［1961］80頁）。このアナロジーに従えば，次のように言い換えることができるだろう。「ケインズ主義が支配していた古い資本主義にとっては，商品の輸出が典型的であった。だが，新自由主義が支配する最新の資本主義にとっては，資本の輸出が典型的となった」と。

　このプロセスをアメリカの商品輸出額と資本輸出額との比較によって示してみよう。1960年のアメリカの商品輸出額は，196億5000万ドルだった。民間資本輸出額は，51億4400万ドル，商品輸出額／民間資本輸出額は，3.8だった。一方2000年のアメリカの商品輸出額は，7719億9400万ドル，民間資本輸出額は，5592億9200万ドル，商品輸出額／民間資本輸出額は，1.38だった。すなわち，1960年において，商品輸出は，民間資本輸出の3.8倍もあったのだが，2000年には，1.38倍と相対的地位が激減したのである。この40年間で，商品輸出が39.3倍の伸びを示したのに対して，民間資本輸出はなんと，108.7倍の

伸びを示したのである。

2　アメリカ型金融システムの形成

　1973年の変動相場制への移行と74年アメリカにおける資本移動の規制の撤廃は，多国籍企業を基軸とする国際資本移動を国際経済取引の中軸へと押し上げる制度的改革であったことを理解しなければならない。しかも，この国際的経済システムの変化がアメリカの金融制度改革と連動し，金融自由化の波が証券化となって1980年代以降急速に展開し，90年代には商業銀行の行動に決定的な変化を引き起こしたのである。それは投資銀行と商業銀行の同質化であり，1999年には金融サービス近代化法（グラム・リーチ・ブライリー法）が成立し，ニューディール以降のその分離が完全に融合されていくこととなった。

　このアメリカ型金融システムの形成が，世界経済危機勃発の経済条件を作り出したといってよい。ここでは，銀行貸付の証券化に関して，まずモーゲージ担保証券市場について説明することとしよう。モーゲージとは，住宅・商業・農業用不動産を担保とする貸付債権を有価証券化したものをいう。当然そのモーゲージは，住宅を購入した人が融資を受ける際にその住宅を担保として差し出したものが有価証券化したものをいうから，モーゲージは本来融資を行った金融機関が保有する。しかし，アメリカでは，このモーゲージを買い取る機関が設立され，買取りが行われることとなった。もちろん，この買取りは1970年代以降の新自由主義的経済政策とともに盛んになったのであるが，買取り機関は，買い取ったモーゲージをプールし，見返りにモーゲージ担保証券を発行し売りさばくのである。この売りさばきは，ウォール街大手投資銀行が，その担保証券を引き受けて行うこととなる。したがって，証券の大口の購入者のなかには最大級の年金基金や保険会社が含まれ，さらに国際資本取引の自由化によって，海外へも大量の証券化商品が売りさばかれるのである。アメリカの住宅金融は，したがって，地方の小規模な金融市場から抜け出し，アメリカの巨大な証券市場の一角に組み込まれ，世界的に拡大していくことになったのである。

　住宅金融を実際に行う金融機関は，地元で住宅販売や元利の取立てその他の金融業務に関わらなければならないが，モーゲージ担保証券を購入した最終投資家は，なんらそうした業務に煩わされることはないのであるが，いうまでもなく，債務不履行のリスクは負わなければならない。

6 アメリカにおける経済危機の発生

1 世界経済危機の勃発と危機対策

　アメリカのみならず世界を恐怖のどん底に陥れた経済危機は，2008年9月15日，アメリカ投資銀行4番手のリーマン・ブラザーズの倒産に始まるといってよい。しかし，この世界経済危機は，2007年の夏から引き起こされたものが，最終的に08年9月の金融危機につながったとみるのが正当であろう。

　2007年夏，アメリカ住宅市場の縮小がいっそう進み，信用市場が大きく混乱した。これは明らかにサブプライム・ローンの破綻を示すものであった。サブプライム・ローンとは，信用力の低い人のローンのことで，信用力が低いということで金利が高く設定されている。住宅価格が上向きであれば，住宅を販売して借金を返済しても剰余が生まれるのだが，住宅価格が下がり始めた2006年から07年にかけてはそうはいかない。住宅を販売しても借金を返済することができず，結局，債務不履行が続出し，貸し手の金融機関が貸倒れをつくり，倒産の連鎖が起こってしまったのである。ブッシュ（子）政権と連邦準備制度理事会（FRB）は，サブプライム危機にそれぞれ独自に対応した。FRBは，2004年半ばからフェデラル・ファンド・レート（FFレート）を，景気過熱を抑えるとして上昇させ，06年末に，FFレートは，5.25％の水準にまで上昇していた。2007年8月の信用市場の混乱をみて，FRBは，FFレートを下げはじめ，08年1月22日には，世界同時株安に起因する金融市場の混乱を回避するということで，3.5％，さらに30日には3％の水準に引き下げた。

　ブッシュ（子）政権は，サブプライム危機に，まず連邦住宅局保証（FHA Secure）とホープナウ（HOPE NOW）によって，住宅市場と信用市場の長期的機能の改善を図った。連邦住宅局保証は，連邦住宅局にいっそうの柔軟性を与えることでモーゲージ・ローンの借換えの選択肢を提供するFHAの権限を拡大させるものである。ホープナウは，債務不履行危機にある借り手を特定して援助し，より多くの世帯が自分たちの家に留まることが可能になるように民間セクターに政府が働きかけるものである。

　ところで金融危機は国際的連関を有していた。アメリカ信用市場にみられた混乱は，グローバルにも起こっていたということである。なぜなら，証券化によって創出されたサブプライム関連商品がヨーロッパ金融機関に販売され，そ

の焦げ付きが危機勃発の要因となったからである。アメリカ型金融システムによって作り出された証券化商品の価値崩壊が，まずヨーロッパにおいて金融危機を引き起こしたのである。しかし，アメリカ政府は，この事態を危機の分散として楽観的にみていたきらいがある。というのは，サブプライムの損失の影響がアメリカ投資家と金融機関だけに集中するのではなく，共有されることで明らかに利益をもたらすと考えていたからである。

しかし，2008年9月になると危機はいよいよ金融機関の中枢を襲うようになる。まず，連邦住宅金融監督局が，経営不振の巨大モーゲージ会社2社を管理下に置くと発表，それは，政府支援会社であるファニーメイとフレディマックであった。さらに，9月14日になると，投資銀行のリーマン・ブラザーズが破綻を申告した。そして，メリルリンチがバンク・オブ・アメリカに買収されることで危機脱出を図った。9月16日には，大手保険会社アメリカン・インターナショナル・グループ（AIG）が，連邦準備制度による救済措置によって破綻を免れる。

こうした金融危機の連鎖についに議会が動き出す。2008年10月3日，2008年緊急経済安定化法が議会を通過，ブッシュ（子）大統領の署名を得て成立した。この安定化法は，不良債権買入れと金融機関への資本注入のため7000億ドル規模の不良資産救済措置（TARP）を規定したのである。

2 オバマ政権による危機対策

オバマ大統領の危機対策は，2009年2月17日に署名して成立した「2009年アメリカ復興・再投資法」（ARRA）によるといってよい。それは，積極的財政政策に基軸を置いたものだった。総額7870億ドルは，当時のアメリカのGDP約13兆ドルの6％にもあたる大規模なものだった。対策全体のほぼ3分の1，約2880億ドルは，勤労者1人当たり最大400ドルの税金還付や企業の設備投資を促進するための減税であった。残りは，不況対策の支出であり，失業保険の増額，低所得者向けの公的医療保険の拡充や教員の雇用維持などを目的とした州・地方財政への補助であった。また，公共事業関係は対策全体の約4分の1を占めた。しかも，この事業費は中長期的な展望をもたせ，21世紀にふさわしい科学技術の振興，運輸システム，エネルギー・環境対策を進めるという連邦政府主導の投資拡大作戦の一部をなしていた，といえるだろう。

もちろん，オバマ政権の経済危機対策はこれにとどまったわけではない。想

定規模が2兆ドルという不良債権対策などの金融安定化計画，約2750億ドルの住宅ローン対策などである。

　これらオバマ政権の経済危機対策で最も即効性が発揮されたのは，金融危機対策であったといってよい。金融危機対策は，既述のように，ブッシュ（子）政権時に開始された政策であり，膨大な公的資金の投入によって，かろうじて危機を脱出したアメリカ大手金融機関は，2009年中頃にははや公的資金返済が認められ，最高経営責任者（CEO）たちの報酬は，いち早く危機前の水準に戻ったのであった。実質経済成長も，7月からの第3四半期にはプラスとなり，それ以降，プラス成長が続くのであるが，雇用がはかばかしく回復せず，膨大な財政赤字が形成され，失業率の劇的低下をもたらすことに成功はしなかった。ブッシュ（子）政権時代を超える，より大きな貧富の格差を生み出してしまうこととなった。

　オバマ政権の経済政策への失望感が2010年11月中間選挙で，歳出削減を金科玉条のごとく主張する共和党，「ティー・パーティ」の台頭を生み出した。これ以降，オバマ政権の政策は，ことごとく議会の拒否にあうことなり，オバマ政権の苦難の道が始まることとなった。もちろん，オバマ政権の政策は，「復興法」の実施で終わったわけではなかった。復興法以後の主な支援措置をあげれば，「2010年税軽減・失業保険再認可・雇用創出法」，また，「2012年中間層税軽減・雇用創出法」，そして，「2012年アメリカ納税者救済法」ということになるだろう。これら「復興法」以後の財政的経済支援を全部あわせると2009年から19年にかけて，7090億ドルの規模になると議会予算局は見積もった。

　こうした積極的財政政策によって，アメリカ経済は，大恐慌以来の危機的状況から回復過程へと転化し始めた。たしかに，世界経済危機後貧富の差がますます開き，また，移民，黒人問題，銃の乱射事件の頻発など社会問題が頻発している。しかしながら，オバマ大統領はぶれることなく，中間層を強化するさまざまな政策を実行してきたことも事実である。2012年11月の大統領選挙では，共和党候補，ミット・ロムニーにかなりのところまで追い込まれはしたが，何とか再選に持ち込むことに成功した。しかし，アメリカ議会は，下院は共和党が多数を占め，上院も民主党がかろうじて多数を維持できたというありさまだった。また，2014年11月の中間選挙では，与党民主党は，上下両院でいずれも少数派となってしまった。

オバマ大統領再選後，いわゆる「財政の崖」(fiscal cliff) 問題が，現実味を帯び，2013年3月から，11年8月に制定されていた予算統制法が発動され，裁量的財政支出の一律削減が行われた。「財政の崖」とは，2012年末に切れるブッシュ減税と予算統制法の発動による裁量的支出の削減による支出減によって陥る可能性のあるアメリカ経済のリセッションを，12年初めに連邦準備制度理事会議長のベン・バーナンキが指摘して，話題となったものである。2013年10月には，連邦債務上限問題が再燃し，野党共和党の嫌がらせによって，予算が決定されないところから，一部の政府機関が一時閉鎖され，連邦公務員の一時解雇という危機的事態にまで追い込まれた。しかし，2014年はそうした逆風も去り，日本やヨーロッパのゼロ成長諸国と異なり，着実な経済成長が記録された。2014年9月末，連邦準備制度理事会（FRB）は，連邦準備銀行による量的緩和政策を停止すると発表，15年12月には，中央銀行の本来の金融政策である金利政策に戻ることとなった。

おわりに

2008年9月アメリカ経済を襲った金融危機は，1929年に始まった大恐慌の再来であった。この大恐慌が始まる前には，経済社会の格差構造が定着し，金融の自由化から金融の投機的現象が起こっていた。その後，第2次世界大戦を経て，金融が産業に封じ込められるというケインズ主義の時代が続いた。しかし，この体制も1970年代以降の新自由主義の流れのなかで，金融優位の時代を迎え，経済社会の格差構造とともに発生した大々的な金融投機は，世界経済金融危機の勃発につながった。まさに，繰り返される歴史なのである。

オバマ政権の経済政策は，「中間層重視の経済学」(middle-class economics) であり，「賢明な政府論」に基づく経済政策であった。その意味では，レーガン政権以降の新自由主義的経済政策との決別が基本理念となっていた。だからこそ，オバマ政権の経済政策を議会共和党は，ほぼ嫌がらせというべき妨害によってその実施を阻止したのである。

オバマ大統領の不運は，かつて大恐慌を乗り切ったローズヴェルト大統領のように，金融封じ込めの実体的基盤を欠いていたことだったといえるであろう。新自由主義的経済政策からの決別を図るには，金融覇権からの自由が求められる。ローズヴェルト大統領は，20世紀型の新興産業を基盤に，「ケインズ連

合」を形成させ，戦後の安定的な経済成長路線の基礎を築くことに成功した。

　しかしながら，オバマ政権は，抜本的な金融封じ込め作戦を成功させることはできなかった。金融危機が開始されて早々，ブッシュ（子）政権が救済に乗り出し，一時は国民の暴利をむさぼる金融業に対しての反発から法案の成立が危ぶまれはしたが，不良資産救済措置プログラムが成立し，実施された。大恐慌以来の深刻な金融危機を伴う経済危機だったことは明らかだったが，政府による膨大な金額の救済措置によって，金融業はいち早く立ち直り，長期の失業がいつまでも継続したのと著しい対照を示した。

　オバマ政権は，たしかに，単に金融機関を救済するだけではなく，アメリカ金融機関の構造的な問題にもメスを入れるべく，実行に移したことは事実である。2010年「ウォール・ストリート改革および消費者保護法」（ドッド・フランク法）を成立させ，証券化が急速に進んだアメリカ金融業のトータルな規制をめざした。金融機関の健全性を明示させるストレス・テストや金融派生商品市場の透明性の向上などが試みられたが，なんといっても，オバマ大統領の肝いりで導入された，預金保険に加盟している金融機関とその子会社が，その自己資本によって投機的な業務を行うことを禁じた「ヴォルカー・ルール」が，今後いかに働くかが金融投機から発生する危機を防げるか否かの鍵となりそうである。

　かつて，大恐慌下で，投資銀行と商業銀行を構造的に分離させたグラス・スティーガル法が，第2次世界大戦後の金融安定化に大きな役割を果たしたことは，既述のとおりであるが，この「ヴォルカー・ルール」は，投資銀行と商業銀行の業務上の機能的分離を前提に組み立てられているにすぎない。「グラム・リーチ・ブライリー法」による金融持株会社による商業銀行，投資銀行などアメリカ金融業の包括的支配は，依然として禁止されてはおらず，「ヴォルカー・ルール」が証券業における投機的活動それ自体の抑制に働くには多くの疑問が寄せられている。

注────
1) アメリカで金本位制成立が遅れたのは，イギリスの世界市場支配に屈することを潔しとせず，また，正貨兌換・通貨収縮から起こるデフレーションにより経済的損失をこうむる階級が力をもっていたからであった。これらの詳細については，鈴木［1980］第3章を参照。
2) 2008年のリーマン・ショックに始まる世界経済危機は，100年に一度であるとか大恐慌以来であるとかいわれた。1929年の大恐慌が，その後金融の封じ込めに成功し，安定的な経済システ

ムを形成したことに比較すると，2008 年の危機は，依然として金融封じ込めのシステム構築には成功していない。そうしたことを考慮すると 2008 年の世界経済危機は，大恐慌というよりは，100 年前 1907 年金融恐慌との比較で論じるべきだとする見解が成り立つ。詳細は，谷口 [2010] 第 2 章を参照。
3) 1929 年アメリカの経済状況については，とりあえず，*Review of Economic Statistics*, 1930 を参照。
4) 連銀各種の具体的数値については，*Federal Reserve Bulletin*, 1930, p. 10 を参照。
5) より詳しくは，次の文献を参照されたい。*Federal Reserve Bulletin*, 1932, Burgess [1936] p. 286, Friedman and Schwartz [1963] p. 318.
6) RFC については，Nadler and Bogen [1933] p. 107 を参照。
7) 1932 年における RFC の貸付の詳細は，*Commercial and Financial Chronicle*, 1933, p. 952 を参照。
8) この「金恐慌」を含むアメリカにおける全面的均衡崩壊の実態については，Ballantine [1948] を参照。
9) 金融恐慌の理論的把握とアメリカにおける大恐慌の金融的側面についての詳細は，Hagiwara [1993] を参照。
10) 1933 年銀行法を通じてのアメリカ銀行制度改革について，より詳しくは，吉田 [2008] を参照。
11) この辺りの議論については，Gardner [1969] p. 130 を参照。
12) アメリカにおける IMF 法案の成立事情については，Gardner [1969] pp. 133-143 を参照。
13) ケネディ政権の経済政策の理論とその実施については，Heller [1967] を参照。

参考文献

ヴァルガ，E.（経済批判会訳）[1929，1931]『世界経済年報』(6)，(12)，叢文閣。
鈴木圭介 [1980]『アメリカ経済史の基本問題』岩波書店。
谷口明丈 [2010]「100 年に 1 度の危機とは——アメリカ経済史・経営史の視点から」斎藤叫編著『世界金融危機の歴史的位相』日本経済評論社。
マルクス，K.（資本論翻訳委員会訳）[1988]『資本論』第 3 巻第 4 分冊，新日本出版社。
吉田佳名子 [2008]「ニューディール期アメリカ銀行制度改革の経済史的意義——1933 年銀行法を中心として」『アメリカ経済史研究』第 7 号。
レーニン，V. I.（副島種典訳）[1961]『改訳 帝国主義論』大月書店。
Ballantine, A. A. [1948] "When All the Banks Closed," *Harvard Business Review*, Vol. 26, No. 2, March.
Burgess, W. R. [1936] *The Reserve Banks and the Money Market*, revised edition, Harper.
Crum, W. L. and J. B. Hubbard [1933], "Review of the Year 1932," *Review of Economics and Statistics*, Vol. 15, No. 1, February.
Dudley, Leonard and Peter Passell [1968] "The War in Vietnam and the United States Balance of Payments," *Review of Economics and Statistics*, Vol. 50, No. 4, November.
Friedman, M. and A. J. Schwartz [1963] *A Monetary History of the United States, 1867-1960*, Princeton University Press.
Gardner, R. N. [1969] *Sterling-Dollar Diplomacy: The Origins and the Prospects of Our International Economic Order*, McGraw-Hill.
Hagiwara, S. [1993] "Fictitious Capital, Over-sensitiveness and the Crisis: A Marxist Financial Crisis Theory and the Great Depression," *Economia*, Vol. 44, No. 1.
Heller, W. W. [1967] *New Dimensions of Political Economy*, Norton.

Kindleberger, C. P. [1985] *International Capital Movements: Based on the Marshall Lectures given at the University of Cambridge*, Cambridge University Press.
Lederer, W and Evelyn M. Parrish [1969] "The U. S. Balance of Payments: Fourth Quarter and Year 1968," *Survey of Current Business*, Vol. 49, No. 3, March, p. 34.
Nadler, M. and J. I. Bogen [1933] *The Banking Crisis*, Dodd Mead.
Solomon, R. [1977] *The International Monetary System, 1945-1976: An Insider's View*, Harper & Row.
U. S. Congress, Joint Economic Committee, Staff Materials and other Submissions [1963] *The United States Balance of Payments: Perspective and Policies*, GPO.
U. S. Senate, Subcommittee of the Committee on Banking and Currency, Hearings [1935] *Banking Act of 1935*, GPO.

第2章

成長と破綻のジレンマ
――景気循環の背景と要因――

河内信幸

はじめに

　景気循環（business cycle）とは，ある時は一定の周期をもちつつ，好況と不況を繰り返す経済現象であり，資本主義特有のものであるとともに，広く資本主義市場経済に共通する現象である[1]。本章では，1930年代のニューディール期から現代までのアメリカを振り返り，景気循環の推移と特徴を取り上げることによって，景気変動の背景と主な要因を探りながら，アメリカ経済がいかなる矛盾やジレンマに陥ってきたかを検証する。

　アメリカでは，ウェズリー・ミッチェルを源流とする全米経済研究所（NBER）が景気基準日付を設定し，それが景気循環の伝統的な分析方法として公準化されており，本章でも，NBERによる景気循環の設定を前提に景気拡大や景気後退の推移を考察する（田原［2006］Ⅱ，21頁，Burns and Mitchell［1946］邦訳3頁）。とくにアメリカの場合，先進諸国のなかで国内総生産（GDP）に占める個人消費の割合が約7割と高率であり[2]，経済成長率が市場と競争にリンクしてきわめて景気感応的である。そのため，アメリカでは「GDPが2四半期連続して低下すれば景気後退」という目安が一般化しているが，これはあくまでアメリカの経験則であることも忘れてはならない（田原［2008］Ⅴ，106頁，Matthews［1960］邦訳303～305頁）。

1　景気変動と景気循環のモメント

　景気変動や景気循環には，「市場」と「政府」の対立，連邦政治と経済政策

の動向が関係し，金融政策や財政政策，さらには対外的要因が多くの経済指標を変動させる。まず最初に，景気循環をもたらすモメントや要因を取り上げる。

1　市場と政府の対立

　アメリカは自由競争と市場原理を国是とする国であり，市場経済のダイナミズムが経済成長と景気循環，さらには構造変化をもたらす原動力になってきた。しかし，第2次世界大戦後のアメリカ経済は，資源配分を達成するための市場による調整機能が有効に機能したとはいいがたく，景気の矛盾や歪みが拡大し，市場経済そのものが多くの「失敗」を繰り返すジレンマに陥ってきた。

　そのため，不況が長期化して貧困や失業，さらには格差などの社会問題が深刻になり，政府は「市場の失敗」に対処する経済政策を展開してきた。しかし，政府の役割が増大するにつれて，今度は，効率的な資源移動を阻害する「政府の失敗」が問題になってくる。その結果，規制緩和や構造改革が重要視されるようになるのであり，景気循環の背後には，インフレ，失業，バブルなどの高進が「市場の失敗」と「政府の失敗」と深く絡んでいる[3]。政府の役割は，「市場の失敗」に対応して，資源配分（公共財の供給），経済安定（政策の実施），および所得分配（再分配）の分野で必要になる（八田［2008］3～19頁）。

　市場と政府のどちらを重視するか，あるいは市場と政府のバランスをどのようにとるかは，大統領や政権党の政策，さらには時代状況によっても変わってくる。民主党は相対的に失業を重大視するため，政府にケインズ主義的な積極主義を期待し，「大きな政府」になりやすいのに対して，共和党は相対的にインフレを重視し，政府にマネタリスト的な非介入主義を求め，「小さな政府」を主張する傾向があるといわれる[4]。ケネディ＝ジョンソン大統領の"黄金の60年代"が前者をよく表し，レーガン＝ブッシュ（父）大統領の1980年代は後者を代表するということができる。

　また，市場か政府かの選択は，経済状況の変化に左右されることが多い。第2次世界大戦後のアメリカ経済の成長率は，1973年を境に明らかな屈折をみせる。すなわち，1946～73年までの平均成長率が3.7%なのに対して，73～95年までの平均成長率は2.5%となっている。これは，自発的ではない失業の状態（不完全雇用）から出発した第2次世界大戦後のアメリカ経済が，1973年頃までにほぼ完全雇用の状態に到達したことが影響している。そのため，需要サイドの問題よりも，景気後退をもたらす石油ショックのような供給ショックや

生産性の伸び悩みに対応して，供給サイドをいかに活性化するかという問題へ政策の重点が移った。それとともに，とくに1980年以降は「大きな政府」のマイナス面が強調されるようになり，レーガン，ブッシュ（父）と続く共和党政権のもとで「小さな政府」への志向が強まった（宮本［1997］9～10頁）。

このような推移は経済思潮の変化にも表れている。1960年代には，ニューディールの教訓もあって，「ニュー・エコノミクス」の基礎をなすケインズ主義が一世を風靡したが，70年代にはインフレと不況に対処するマネタリズムが強まり，さらに80年代になると，生産性を上げる供給サイドのインセンティブを重視する考え方（サプライサイド・エコノミクス）が優勢となった[5]。その結果，政策目標としては失業よりもインフレを，所得再分配よりも経済成長を重視する方向性が強まった。こうして，政策方針としては，財政による刺激よりも金融引締めを行い，政府規制よりも自由な市場のインセンティブに期待する考え方が有力になった（宮本［1997］14～15頁）。

そして，今日では政府よりも市場の役割を重視する政策理念が強まり，グローバリゼーションのもとで，市場原理，「小さな政府」，規制緩和などを柱とする新自由主義（ネオリベラリズム）の社会理念が広がった。しかし，2008年9月のリーマン・ブラザーズの破綻を契機に金融危機と景気後退が深まったため，新自由主義が所得格差や雇用不安を拡大しているとの批判も強まり，インフレの抑制よりも失業対策に取り組み，所得再分配を重視する政府の役割に期待する動きも出てきている。

2 政治と政策の関係──大統領と連邦議会

アメリカでは4年ごとに大統領選挙が行われ，その中間に2年ごとの中間選挙がある。そのため，これらの選挙結果が社会経済政策に影響し，景気循環を生み出す一因になることがある。

現職大統領と与党は，再選または後継者に有利な情勢を生み出すため，大統領選挙の年の景気をよくする政策運営を行い，翌年にインフレが悪化すれば引締めを実行する傾向がある。たしかに，第2次世界大戦後に行われた，オバマ再選まで17回の大統領選挙を振り返ると，選挙年の経済成長率は翌年よりも高く，選挙年が景気回復期だった14回のうち，政権与党は8回まで自党の大統領候補を当選させており，再選にも与党は7回成功している。与党が敗北したのは6回であるが，そのうち1968年はベトナム戦争の泥沼化，76年はウォ

ーターゲート事件の政治混乱などが大きく影響している。反対に大統領選挙が景気後退期にあった2回は，いずれも政権与党が敗北している。

なお，第2次世界大戦後17回の大統領選挙のなかで，民主党が8回，共和党が9回勝利している。そのうち再選された大統領は，民主党がクリントンとオバマだけであるが，共和党はアイゼンハワー，ニクソン，レーガン，ブッシュ（子）が再選を果たした。ただし，1930年代にニューディールを推進し，史上初めて4選を果たしたF. ローズヴェルトまで視野にいれると，民主党は，トルーマンの52年まで20年間連続して政権を維持し，その後アイゼンハワーとニクソンの共和党政権が挟まれるものの，80年の大統領選挙でレーガンが当選するまで長期間政権を維持した。一方，共和党は，レーガンからブッシュ（父）まで12年間政権を維持し，「強いアメリカ」と冷戦の終焉への道を開いた（河内 [1991] 253 頁）。その意味では，アメリカ経済が1973年頃に成長率の分岐点を迎えたとすると，政治の転換点は，強い保守体制の構築をめざす「レーガン革命」に向かった80年ということができる。

一般的な傾向として，共和党は市場の役割を重視し，個人や企業の自由競争が社会や経済の活性化をもたらすと考え，民主党は反対に政府の役割を重視しつつ，政府の介入や規制によって社会的歪みの是正と所得再分配を実現することを強調する。もともと，共和党は「機会の平等」，民主党は「結果の平等」を主張する政党といわれ，共和党は経済成長とインフレ対策，民主党は雇用拡大と失業対策を重視する傾向が強い。アメリカでは，表2-1にあるように戦後11回の景気後退が発生しているが，大半は表2-2のように共和党政権のもとで起きている（Hibbs Jr. [1994] pp. 44-45，田原 [2009] Ⅶ，141～142 頁）。

しかし，政策運営を考えると，大統領と連邦議会との関係も重要であり，大統領選挙と中間選挙の両方が政治動向を左右することはいうまでもない。

第2次世界大戦後，大統領選挙と中間選挙があわせて35回行われたが，多数派を形成した回数は，上院では民主党23回，共和党12回，下院では民主党24回，共和党11回となっており，民主党が上院も下院も7割近く選挙で勝利したことになる。とくに，上院では1954～80年の26年間，下院では54～94年の40年間にわたって，民主党が多数派を維持したことは特筆に値する。

ところが，大統領の政党と上下両院の多数派政党とが異なると，大統領と連邦議会が激しく対立して政策決定が滞ったり，妥協によって政策運営が曖昧になったりする場合がある。その最も激しい事態としては，民主党のクリントン

表 2-1 戦後アメリカの景気循環

循環	谷（年・月）	山（年・月）	谷（年・月）	期間：月数（年数）
第 1 循環	1945・10	1948・11	1949・10	48（ 4.0）
第 2 循環	1949・10	1953・ 7	1954・ 5	55（ 4.6）
第 3 循環	1954・ 5	1957・ 8	1958・ 4	47（ 3.9）
第 4 循環	1958・ 4	1960・ 4	1961・ 2	34（ 2.8）
第 5 循環	1961・ 2	1969・12	1970・11	117（ 9.8）
第 6 循環	1970・11	1973・11	1975・ 3	52（ 4.3）
第 7 循環	1975・ 3	1980・ 1	1980・ 7	64（ 5.3）
第 8 循環	1980・ 7	1981・ 7	1982・11	28（ 2.3）
第 9 循環	1982・11	1990・ 7	1991・ 3	100（ 8.3）
第10循環	1991・ 3	2001・ 3	2001・11	128（10.7）
第11循環	2001・11	2007・12	2009・ 6	91（ 7.6）
第12循環	2009・ 6	—	—	

出所）　全米経済研究所（NBER）より作成〈http://www.nber.org/cycles.html〉。

政権下で行われた1994年中間選挙の結果，40年ぶりに共和党が上下両院の多数を握った104議会（95～97年）の対立がよく知られている。共和党は，下院議長のニュート・ギングリッチを中心に「アメリカとの契約」を掲げるとともに，保守系グラスルーツ（草の根）団体を大同団結させ，クリントン政権とも激しく対立した（吉原［2001］，河内［2012］245～247頁）。

このようなねじれ関係は「分割政治」とも呼ばれ，ニクソン＝フォード政権（共和党）の8年間，ブッシュ（父）政権（共和党）の4年間，そしてオバマ政権（民主党）の2期目がそれに当たる。表2-1と表2-2のように，ニクソン＝フォード政権の時代には第5・第6循環，ブッシュ（父）政権のときは第9循環の景気後退が起き，オバマ政権もさまざまな政策決定のうえで「分割政治」の壁に阻まれ続けた。

反対に，大統領と連邦議会の多数派政党が一致しており，政策運営が安定していたのは，ケネディ＝ジョンソン政権（民主党）の8年間，カーター政権（民主党）の4年間，ブッシュ（子）（共和党）の1期目である（田原［2009］Ⅶ，141～142頁）。ケネディ＝ジョンソン政権下の"黄金の60年代"はいうまでもないが，カーター政権は第7循環，ブッシュ（子）政権は第11循環の景気拡大期に当たっている。

表 2-2　戦後の大統領と景気後退

大統領名	政党	就任年	景気後退期（年・月）			主な社会事象（年・月）
			山	谷	月数	
トルーマン	民主	1949	1948・11	1949・10	11	朝鮮戦争（1950・6～53・7）
アイゼンハワー	共和	1953	1953・7	1954・5	10	
アイゼンハワー	共和	1957	1957・8	1958・4	8	
ケネディ	民主	1961	1960・4	1961・2	10	キューバ危機（1962・10）
ジョンソン	民主	1963・11	—	—	—	ケネディ暗殺（1963・11）
ジョンソン	民主	1965	—	—	—	ベトナム戦争（1962・2～73・1）
ニクソン	共和	1969	1969・12	1970・11	11	
ニクソン	共和	1973	1973・11	1975・3	16	第1次石油ショック（1973・10）
フォード	共和	1974・8	—	—	—	ニクソン辞任（1974・8）
カーター	民主	1977	1980・1	1980・7	6	第2次石油ショック（1979・2）
レーガン	共和	1981	1981・7	1982・11	16	
レーガン	共和	1985	—	—	—	
ブッシュ(父)	共和	1989	1990・7	1991・3	8	貯蓄貸付組合（S&L）危機（1989～92），湾岸戦争（1991・1）
クリントン	民主	1993	—	—	—	
クリントン	民主	1997	—	—	—	アジア通貨危機（1997・7），ヘッジファンドLTCM危機（1998・9）
ブッシュ(子)	共和	2001	2001・3	2001・11	8	ITバブルの崩壊，同時多発テロ事件（2001・9），アフガン戦争（2001・10）
ブッシュ(子)	共和	2005	2007・12	2009・6	18	イラク戦争（2003・3）
オバマ	民主	2009	—	—	—	サブプライム危機（2007），世界金融恐慌（2008）
オバマ	民主	2013	—	—	—	

出所）全米経済研究所（NBER）の資料と，田原［2009］Ⅶ，157～158頁を参考に作成。

3　経済政策と経済指標

　政治の動向は経済政策に反映され，景気の変動に影響を与える諸機関の姿勢や方針と深く関わってくる。そして，景気の動向は経済指標に現れ，政治姿勢や政策方針に深く影響することは確かである。
　ところが，大統領府と大統領経済諮問委員会（CEA）や連邦準備制度理事会（FRB），さらには財務省・商務省などが対立し，経済政策や景気対策に関して政府内での齟齬が表面化することがある。FRBの議長は大統領によって任命されるものの，FRBは大統領に対して政府機関のなかで強い独立性を有し，連邦議会の下にある機関である。しかし，大統領が失業や雇用を重視しがちであるのに対して，FRBはインフレ抑制と物価安定に神経質になる傾向があるため，両者の方針にバランスや比重を欠くこともある。またCEAも，大統領

によって任命される委員長と2名の委員で構成され，大統領に経済政策を提言する行政府の一部門であるが，ほとんど経済学者ばかりの集まりであり，時には閣僚と対立することもある（宮本［1997］16頁）。そのため，財政政策と金融政策，為替政策と金融政策などの間に矛盾が生まれることもあり，市場との関係で景気変動・景気循環の引き金や要因となる場合もある。

たとえば商務省は，財政収支の変動を景気要因，インフレ要因，政策要因のファクターによって推計しているが，レーガン政権下の急激な財政赤字の拡大は，減税の実施（経済再建税法），過大な歳入見積もり，国防費の増大など，政府の政策に主な原因があるとみた。その一方で，政府の行政管理予算局は，1985，87年の「均衡予算・緊急赤字抑制法」（グラム・ラドマン・ホリングス法）によって赤字が抑制され，93年度には財政均衡を実現することができるという，明るい期待を込めた見通しを立てていた。しかし，超党派で構成され，比較的公正な展望を示す議会予算局は，1993年度になっても依然として1200億ドルを超える財政赤字が居座っていると推計していた（河内［1991］180〜190頁）。

また，貿易赤字もレーガン政権下で急激に拡大し，アメリカの産業競争力の低下もあって，1984年には1200億ドルを超えるまでになった。そのため，競争力強化と貿易赤字の削減を目的とした「1984年通商関税法」「1988年包括通商・競争力強化法」が制定されたが，政府の経済政策閣僚会議では，「不公正貿易国」として対象国を特定すべきとする「市場開放重視派」と，対象国の特定を見送るべきとする「国際関係重視派」とが激しく対立した[6]。

次に，主な経済政策と経済指標を景気動向と関連づけてみていくことにする。

(1) 金融政策

物価の変動は，国内の財・サービスの需給関係のみならず，戦争やエネルギー危機などの対外的要因にも左右されるため，政策的に物価をコントロールする余地はかなり限定的といわれる。しかし，その一方で，物価安定は国民の生活に直結するため，とくに大統領選挙の年には政治的にも重要視されている課題であり，こうした物価安定の政策手段として金融政策が景気変動に深く関わっている。

金融政策の動向を把握する指標は，マネー・サプライ，フェデラル・ファンド（FF）レート，公定歩合，通貨の流通速度など多岐にわたる。そのなかで，フェデラル・ファンドは連邦準備制度に加盟する民間銀行が連邦準備銀行に預

託している無利子の法定準備金であり，FFレートはFFを維持するために加盟銀行が資金を貸し借りする市場金利を指す。またFFレートは，連邦準備制度に設置された連邦公開市場委員会（FOMC）が公開市場操作によって短期金融市場を誘導する政策金利でもある[7]。

一方，公定歩合は，FFレートとの開きが拡大すれば引き上げ，反対に縮小すれば引き下げられるが，FFレートとはタイム・ラグ（遅れ）を置いて連動することが多い。FRBは，景気情勢に即応して短期金利のFFレートを機動的に変動させ，経済の安定拡大を図ることをめざすため，FFレートはFRBの景気判断と金融政策を如実に示すものとなっている。

FFレートが2桁に上昇したのは，1970年代に発生した2回の石油ショック当時であり，原油価格の暴騰が国内物価の高騰を誘発したため，これを抑制するために大幅な金利引上げが行われた。第1回目は，ニクソンの2期目に当たっており，1973年には前年の4.4％から約2倍の8.7％へ，さらに翌74年には10.5％にまで引き上げられた。第2回目はカーター政権の時代であり，1979年に前年の7.9％から11.2％にまで引き上げられると，81年から発足したレーガン政権下では，16.4％という異例の高水準にまで達した。このようなFFレートの引上げはインフレと不況が併存するスタグフレーションを深刻にさせたため，第1回目のときは1975年になって約半分の5.8％にまで引き下げられた。

ところが，第2次石油ショックのときは，インフレが鎮静化した後も金利は高止まりした。たとえば，第1期レーガン政権のFFレートは，1年目にインフレ対策のための引上げ，2～3年目は景気浮揚のための引下げ，4年目は再引上げという曲折を経たが，平均すると，レーガン政権1期目の金利は戦後最高の約12％であった。これは，「強いアメリカ」の復権をめざすレーガン政権にあって，ドナルド・リーガン財務長官などが高金利政策をドルの威信を回復させる絶好の武器と考えたからにほかならない（田原［2009］Ⅶ，168頁）。

しかし，レーガン政権内部では対立があり，CEAのマーティン・フェルドシュタイン委員長は貿易赤字と財政赤字の因果関係を主張し，リーガン財務長官とは対照的に高金利・ドル高の是正を求めた。その結果，レーガン政権は2期目になると，内外からの批判を受けて為替政策を非介入から国際協調へと転換し，1985年9月の「プラザ合意」により，それまでのドル高を是正する方向へと舵を切った（宮本［1997］95～97頁，河内［1991］205～206頁）。

また，クリントン政権の時代には「テイラー・ルール」が提唱され，インフレ率が目標インフレ率を上回り，実質GDP成長率と潜在GDP成長率の差（需給ギャップ）が大きくなるほどFFレートを引き上げ，逆の場合にはFFレートを引き下げる金融政策もFOMCのなかで論議された。クリントン政権のもとでは，当初のFFレートは過去最低の3％台であり，景気拡大基調が進んだ（Taylor［1993］p.202）。しかも，冷戦構造の終焉とともに，アメリカ政府が金融・投資の自由化を国際通貨基金（IMF）や世界銀行などと一体となって推進する「ワシントン・コンセンサス」によって，アメリカ主導のグローバリズムと経済開発政策を世界的に押し広げようとする動きが強まった[8]。

(2) 財政政策

　財政政策は政権党が実行力を発揮できる政策手段であり，景気が失速した場合には財政支出を増やして景気を下支えし，景気循環の波をできるだけ小幅化する役割が期待される。連邦政府支出の年平均増加率は共和党よりも民主党のほうが高く，民主党ではトルーマン，ジョンソン，カーターが年率2桁台の高い伸びを記録し，共和党ではニクソンの2期目が2桁台となっている。これだけをみると，民主党は成長指向型，共和党は安定指向型という特徴を読み取ることができる。しかも，このような財政支出増の背景には対外戦争に伴う軍事費の拡大があり，トルーマン時代の朝鮮戦争，ジョンソン時代のベトナム戦争などが大きく影響している。また，軍事費の伸びだけからすれば，レーガン政権やブッシュ（子）政権も大きく，前者は新冷戦の対ソ強硬姿勢，後者はアフガニスタン・イラクの両戦争が原因である（河内［2012］234～238頁）。

　これに対して，財政支出が最も安定していたのは，民主党のクリントン政権下の8年間であった。当時は「IT革命」の隆盛期であり，第10循環に当たる，10年にも及ぶ史上最長の景気拡大が続いたために歳入も倍増した。このような景気拡大は，1980年代後半の金融自由化，90年代初頭の金融緩和による証券ブーム・金融バブルが背景になっている。しかも，湾岸戦争が共和党のブッシュ（父）政権のときに終わったため，歳出に対する防衛費の割合も約3％にまで低下した。その結果，レーガン政権のもとで深刻化した"双子の赤字"（財政赤字と経常赤字）のうち，財政赤字は1998年度に69年以来29年ぶりで黒字に転換した[9]（瀬川・河内［1999］95～96頁）。

　しかし，共和党のブッシュ（子）政権になり，アフガニスタン・イラク戦争の軍事費が拡大すると，2002年度からは再び財政赤字に転落し，08年度には

赤字幅が 4590 億ドル（対 GDP 比 3.2％）まで拡大した。そして，オバマ政権にあっては，前政権の財政赤字の累積に加え，「100 年に一度の経済危機」に対処する金融安定化策などによって，1 兆ドルを優に超える事態にまで財政赤字が拡大した。そのため，債務不履行の危機までも取りざたされ，オバマ再選直後から，減税停止と歳出削減が重なる「財政の崖」（ベン・バーナンキ FRB 議長）への不安が広がった（河内 [2012] 47～48 頁，URL1）。

(3) 経済成長率

　実質経済成長率は最も代表的なマクロ景気指標であり，経済政策もこれに基づいて決まるといっても過言ではない。第 2 次世界大戦後の平均経済成長率は民主党政権期のほうが共和党政権期よりも高く，ケネディの後継者として「偉大な社会」の建設を提唱したジョンソン政権が，平均すると 5.1％ で最も高い。両政権の時代は，大量生産システムとそれに見合う労使関係のもとで"黄金の 60 年代"の高成長が続いたからであるが，ジョンソン政権の場合はベトナム戦争の拡大による軍事費の急増も影響している。また，「IT 革命」に沸いたクリントン政権の場合も，とくに 2 期目の平均経済成長率が 4％ を超えた。これに対して共和党のなかでは，レーガン政権の 2 期目が平均 3.8％ をあげて，最も高い経済成長率を記録した。その背景には，軍事費の拡大とソ連との軍拡競争が影響していることは確かである（田原 [2009] Ⅶ，162～163 頁）。

　一方，経済成長率の最低は共和党のブッシュ父子の時代であり，いずれも 2％ 強でしかない。ブッシュ（父）政権の場合は，「1990 年包括財政調整法」に基づいてレーガン減税を転換し，個人所得税やガソリン税などの間接税の増税を実施したことが影響している。これは，ブッシュ（父）政権の発足当初から，レーガン政権の 2 期目に減少傾向を示した財政赤字が再び増加に転じたためであり，増税の結果 1990 年後半からは景気後退も始まった。ブッシュ（子）の場合は，「IT バブル」がはじけたことにより，就任早々の 2001 年 3 月から第 10 循環の景気後退が始まり，同年 9 月には"同時多発テロ"が起きて経済不安が高まった。このような経済不安はアフガニスタン戦争，イラク戦争と続き，とくに戦闘終結後のイラク情勢の泥沼化は，ブッシュ（子）政権に膨大な財政赤字の拡大をもたらした（河内 [2012] 30 頁）。

　また，ブッシュ（子）政権は，不況対策として長期にわたる所得税と法人税の大型減税を実施するとともに，FF レートを引き下げて金融緩和を実施した。ところが，2 期目に入るとインフレ懸念の増大から，今度は反対に FF レート

を5％にまで段階的に引き上げたため「住宅バブル」が崩壊し，信用度の低い顧客向けの住宅ローンであるサブプライム問題が顕在化した。その結果，経済成長率は2％台にとどまり，ブッシュ（子）の支持率急落とともに，共和党は2008年の大統領選挙で民主党のオバマに当選を許した。このサブプライム問題が，2008年9月の"リーマン・ショック"を契機にした金融危機へとつながったのである（河音・藤木［2008］第1部，藤木［2012］第1部）。

(4) 悲惨指数

悲惨指数（misery index）は，需給ギャップと失業率との因果関係の研究で知られるアーサー・オークンが考案した経済指標であり，インフレ率と失業率の絶対値を足した数値で表す。インフレ率や失業率が国民生活に直結しているため，悲惨指数は国民の生活困窮度を示す経済指標であり，庶民感覚に沿った経済的な苦痛や幸福度を表すものである（Hunt［1987］邦訳第5・6章）。とくにアメリカでは大統領選挙の年に悲惨指数が注目され，それが10％を超えると政府に対する国民の批判が高まり，20％を超えると現政権の維持や大統領の再選が困難になるといわれている（Tella, MacCulloch, and Oswald［2001］pp. 335-341）。

ところで，第2次世界大戦後の悲惨指数は1980年に20％を超えて最悪となるが，政権別にみると，最も平均悲惨指数が高いのはカーター政権（民主党）の16.26％で，フォード政権（共和党）の16.0％がそれに続く。ほかに2桁台の平均悲惨指数を記録したのは，共和党のニクソン，レーガン，ブッシュ（父）の各政権と，民主党オバマ政権である。カーター，ニクソン，フォード，レーガンの時代には，1970年代半ばから80年代初頭にかけて，2度の石油ショックがインフレと不況を高進させ，スタグフレーションを深刻にさせたからである。また，ブッシュ（父）政権のときは，個人所得税やガソリン税の増税が行われるとともに，貯蓄貸付組合（S&L）による不動産投資の破綻が急増し，約10年ぶりの景気後退が始まったからである。そして，オバマ政権の場合は，"リーマン・ショック"が引き金となった金融危機が深刻な景気後退をもたらしたためである。

反対に平均悲惨指数が低いのは，アイゼンハワー（共和党）の1期目の3.28％を先頭に，ジョンソン（民主党）の6.77％，ケネディ（同）の7.14％，クリントン（同）の7.80％，トルーマン（同）の7.88％と続く。アイゼンハワーの1期目は，朝鮮戦争が終結して軍需景気が鎮静化し，物価も安定していたため

に悲惨指数も低かったのである（田原［2009］Ⅶ，173～174頁）。そして，ケネディ＝ジョンソンの時代は「ニュー・エコノミクス」による"黄金の60年代"であり，クリントンの時代は「IT革命」が史上最長の景気拡大をもたらし，トルーマンのときは政府がマクロ経済に責任をもつ積極主義が定着したため，平均悲惨指数は低く抑えられたのである。

しかし，たとえ平均悲惨指数が低くても，さまざまな矛盾や不安要因が忍び寄っていた。たとえば，アイゼンハワーの時代には，悲惨指数は低くても，1953～54年，57～58年の2回にわたって景気後退が起きている。ケネディ＝ジョンソンの時代には失業率は低下したものの，とくに1960年代後半になると，ベトナム戦争の影響からインフレが加速し始めた。また，トルーマン政権のときにも，朝鮮戦争の影響からインフレが加速したため，1951年の悲惨指数は2桁台に悪化していた。さらに，クリントンの場合も，政権発足当初はブッシュ（父）政権の景気後退を引きずり，インフレ率は低かったものの，所得格差が拡大して失業率が抑えられなかったために，悲惨指数は高かった。

4 外生的要因・ショック

アメリカ経済は，内政・外交を超えた外生的要因からも影響を受ける。第1は，第2次世界大戦期の戦時統制経済から戦後の産業動員体制の解除であり，景気は1945年2月から同年10月まで後退局面に入った。しかし，戦時中に蓄積された金融資産の解放や戦後の大規模な民需拡大などによって不況にまで至らず，1946年から48年にかけて戦後インフレを生んだ。これは，戦後も「ニューディール体制」が受容され，経済政策の積極主義が確立したことの表れであった。

第2は戦争であり，朝鮮戦争（1950～53年），ベトナム戦争（62～73年），湾岸戦争（90～91年），アフガニスタン紛争・戦争（89～2001年，2001年～），イラク戦争（03～11年）がアメリカ経済に大きな影響を与えてきた。一般的に戦争は，朝鮮戦争特需のように軍需経済の比重を高めることになり，重化学工業を中心に軍需産業が軍隊や政府機関と密接に結びつく軍産複合体が形成されるといわれる。しかも，戦争がベトナムやアフガニスタン・イラクのように長期化すると，軍事費関連の政府支出が膨大なものに上り，財政赤字が拡大して経済不安を募らせることになる（西川［1997］第6章）。

第3は，1970年代に2度起きた石油ショックであり，インフレと不況が併

存するスタグフレーションが深刻になった。第1次石油ショックは，1973年10月に原油価格が4倍に高騰したことに起因しており，アメリカは賃金・物価のインフレ・スパイラルに陥り，1973年末から75年まで戦後最長の景気後退に直面した。世界経済は2桁インフレの時代に突入し，各国とも総需要抑制のための強力な引締め政策を断行した。また，1979年には第2次石油ショックが起こり，原油価格の引上げ幅は第1次当時よりも2倍になった。その結果，アメリカは1980年1月から7月，81年7月から82年11月と2回にわたる波状的景気後退が起きた。アメリカはインフレ体質が定着し，西欧諸国や日本では3年以上の不況を経験せざるをえなかった（宮本 [1997] 16～17頁，田原 [2008] V, 104頁)。

2 景気循環の推移

20世紀のアメリカにあって，景気変動がマクロ経済指標全体に顕在化し，重大な社会危機と政策対応をもたらすエポックになったのは，1929年恐慌と30年代のニューディールであった。それは，アメリカが未曽有の恐慌に対してニューディール政策をとり，第2次世界大戦後の経済と社会を大きく規定することになったためである。1929年恐慌は10月の株価暴落に始まり，未曽有の銀行破綻，企業倒産，失業者の急増などが連鎖的に発生し，アメリカは深刻な大恐慌へと落ち込み，景気後退は29年8月から33年3月の43カ月に及んだ。

ローズヴェルト政権は，「呼び水」対策としてニューディール政策を打ち出し，全国産業復興法，農業調整法，テネシー川流域開発公社法をはじめとする多数の法律を制定して画期的な財政・金融政策を実施した。そして，公共投資を軸とした財政支出は増加し，減少したマネー・サプライもしだいに増勢を強め，企業収益も大きく伸びたため，景気回復は1936年にかけて進んだ（田原 [2006] Ⅱ, 31頁，河内 [2005] 第1～2章)。その結果，1933年3月から37年5月の50カ月の景気拡大となった。

ところが，景気循環の振幅まで考えると，1929～33年の落ち込みと33～37年の回復との落差が非常に大きく，しかも37年8月には突如として景気後退に見舞われることになった（河内 [2005] 第8章)。この1937年恐慌は財政支出の削減や金融の引締めが原因であり，それまでのニューディール政策による景気回復を無にするほどの規模であった。ローズヴェルト政権は，再び財政支

出を増加させるとともに，しだいに戦時体制へと移行させることによって経済危機を乗り切った（河村［1998］3～13頁）。

第2次世界大戦後の国際通貨体制は，為替取引の自由を原則とするIMF（国際通貨基金）＝ドル体制として確立された。それは，世界大恐慌の過程で1920年代の再建金本位制が崩壊して失われた世界的な統一通貨体制を，米ドルを基軸として再建するものであった。IMF＝ドル体制は，戦後通商システムのGATT（関税および貿易に関する一般協定）体制と並んで，戦後パックス・アメリカーナの世界政治経済体制における対外的特徴を構成した。

そして，アメリカ政府は積極的なドル散布策の対外援助を行い，アメリカの多国籍企業も大規模な対外直接投資を展開した。こうして海外に流れたドルは，アメリカ産業が競争力の優位を誇り，貿易黒字でファイナンスできていれば問題はなかった。ところが，1971年になると，アメリカは20世紀に入り初めて貿易収支が赤字を記録し，競争力の衰退から急速に赤字幅を拡大させて経常収支にも陰りがみえ始め，アメリカ経済は大きな曲がり角に差しかかる（河村［2003］214～217頁）。

第2次世界大戦後のアメリカは，今日までの約70年の間に，表2-1のように11回の景気循環を経験した。これを平均化すると，1回のサイクルは約69カ月であり，景気の拡大期は約58カ月，縮小期は約11カ月となっている。そのうちで景気後退が1年を超えているのは，1973年と79年から始まった2回の石油ショックがもたらした不況（第6，8循環）と，2007年夏頃から深刻化したサブプライム危機が引き金となった金融不況（第11循環）である。石油ショックの場合は2桁のハイパー・インフレと不況が深刻化してスタグフレーションを起こし，サブプライム・ローンの金融危機は広く世界同時不況へと波及した。しかし，他の景気後退はいずれも1年以内に収まっている。

その一方で，景気拡大としては，第5循環に当たるケネディ＝ジョンソン政権の"黄金の60年代"（1961年2月～69年12月：106カ月）がよく知られ，経済規模は約5割拡大した。また，レーガンからブッシュ（父）と続く共和党政権が「アメリカ経済の再生」を訴え，第9循環に当たる1982年11月から90年7月まで，"黄金の60年代"に次ぐ92カ月に及ぶ長期拡大を実現した。その結果，経済規模は約3割大きくなった。さらに，1990年代のクリントン政権のもとで「IT革命」がもてはやされ，第10循環に当たる91年3月から2001年3月まで，約10年にも及ぶ史上最長の景気拡大が続いた（河内［2012］

29〜32頁)。

3 景気循環の特徴と矛盾

　景気循環は景気の拡大と縮小のサイクルとして表れ，GDPをはじめ，さまざまな経済指標の変動が顕在化して好況・不況のトレンドを形成する。そのため，景気拡大期であってもインフレ圧力や財政不安が忍び寄り，逆に景気縮小期であっても，減税や金融の緩和によって景気が一時的に上昇する場合もある。ここでは，景気の拡大と縮小の時期を取り上げ，経済政策の有効性と実体経済を分析するとともに，それぞれ景気動向の特徴と矛盾を論証する。

1 景気拡大

(1) ケネディ＝ジョンソン政権の"黄金の60年代"

　共和党のアイゼンハワー政権の時代には，第2循環の1953〜54年，第3循環の57〜58年の2回にわたって景気後退が起きたものの，しだいに多角化，多国籍企業化，コングロマリット（複合企業）などの寡占的企業体制が確立した。そのためにはマクロ経済的な需要の安定的拡大が重要な存立条件であり，ケインズ主義的政策だけでなく，福祉国家や軍産複合体も安定的な経済拡大を保証するメカニズムを構成してきた。

　1960年の大統領選挙では民主党に対する期待が高まり，史上最年少のケネディが僅差で当選を勝ち取った。ケネディは，選挙戦の最中から「ニュー・フロンティア」を掲げて経済拡張政策の姿勢を示し，新公民権法案，社会保障関連法案の制定を訴えるとともに，1958年に戦後最高の6.8%になった失業率の改善，公共部門の充実による生活向上，都市部の人口密集地における貧困の解消などの社会政策に取り組む姿勢を示した（Stein [1984] 邦訳，第1章）。

　ケネディ政権が発足した頃，「ニュー・エコノミクス」と呼ばれる，新たな経済理論が生まれていた。これは，CEAによって構築された理論であり，隆盛期を迎えたケインズ経済学を新古典派経済学と結びつけた「新古典派総合」とも呼ばれる考え方である[10]。それは，失業者の増加や在庫累積などの人的・物的資源の利用が不完全な場合は，公共投資による財政支出や減税の実施などのケインズ的な景気対策を推進し，その効果が上がった後には，適切な金融政策によって物価安定と完全雇用を維持する，という政策ビジョンである

(田原［2009］Ⅶ，146 頁，宮本［1997］22 頁）。

　ケネディは暗殺され，その後任となったジョンソンは，1964 年に最高税率，個人所得税，法人税などを含めた総額 140 億ドル，GDP の 2％ を上回る史上最大の減税を実施し，64 年の大統領選挙で地すべり的勝利を果たした。しかもジョンソン大統領は，ケネディが暗殺されたとき審議中であった公民権法を 1964 年 7 月に成立させ，教育機関や公共施設などの人種隔離撤廃が実現することになった。これは，1954 年のブラウン事件判決を受け継ぎ，63 年 8 月のワシントン大行進で最高潮に達した公民権運動の成果であり，人種・国民統合の方向性を示した画期的なものであった。

　ジョンソン大統領の「偉大な社会」構想では，このような人種・国民統合を実現するために「貧困との戦い」を訴え，教育・福祉・環境保全・都市開発などの多岐にわたる社会政策を掲げた。それは「1964 年経済機会法」によって具体化され，ケネディ＝ジョンソン政権は 1960 年代前半まで約 6％ の経済成長をとげるとともに，インフレ率も 1％ 台に抑えられ，60 年代後半にはほぼ完全雇用に近い 3％ 台の失業率を実現した。こうして，後に"黄金の 60 年代"と呼ばれる戦後最大の景気拡大が実現した（末次［2012］）。

　しかし，ジョンソンの積極主義はしだいに行きすぎや矛盾が著しくなる。すでにケネディ政権の頃から国際収支面で基礎収支（経常収支＋長期資本収支）が赤字化しだしており，短期金利を高めに維持しながら長期金利を低めに抑える「オペレーション・ツイスト」政策をとった。しかし，このような金融政策は市場の力学に逆らうものであり，1964 年頃には放棄せざるをえなかった。

　また，ベトナム戦争への本格的介入が重くのしかかってきた。すでに，ケネディ政権の 1963 年までに，ベトナムへ約 1 万 6000 人の軍事顧問団を派遣していたが，65 年に入ると，ジョンソン政権は北爆の開始や兵力の増強を進めた（藤本［2014］24～25 頁）。そのため，国防費が 1968 年までの 3 年間に約 50％ 増大し，財政赤字も 68 年には 250 億ドルに達した。

　これに伴って，1959 年にはわずか 0.8％ にとどまっていた物価上昇がじり高傾向を見せ始め，60 年代後半にはインフレ傾向が強まってきた。連邦議会は，1968 年になってようやく 10％ の付加税を決め，歳出にも上限を課したが，ジョンソンがホワイトハウスを去る 69 年 1 月頃には，消費者物価の上昇率は 5％ 強にまで高まっていた。こうして，1960 年代前半に輝かしい成果を上げた「ニュー・エコノミクス」は，60 年代後半になるとインフレ圧力の進行，財政

赤字の拡大などの矛盾を残すことになり，経済成長率の鈍化，社会保障費の拡大，財政不安などがクローズアップされてきたことも確かであった。

(2) レーガン＝ブッシュ（父）政権の「アメリカ経済の再生」

1970年末のアメリカは，2桁のインフレが猛威を振るうなかで景気が急速に悪化し，不況とインフレが並行する最悪のスタグフレーションに見舞われ，悲惨指数も戦後最悪の20％を超えた。しかも，外交課題としてイランのアメリカ大使館占拠やソ連のアフガニスタン侵攻などに直面し，アメリカは政治・経済両面で国力の低迷に苦悩していた。当時のカーター大統領（民主党）は，1979年7月にこうした情勢を「国家的病」と嘆いたが，国民世論は「政府の失敗」の結果と受け止めた（URL2, 3）。

ハリウッドの元俳優であるロナルド・レーガンは，1980年の大統領選挙で「皆さんの生活は4年前より良くなりましたか」と呼びかけ，「強いアメリカ」の再生を訴えて当選を果たした。レーガン大統領（共和党）は，就任当初の1981年2月に「経済再建計画」を発表し，「小さな政府」をめざすとともに，財政支出の削減，個人所得税の引下げ，企業投資税控除の拡大，政府規制の大幅緩和，インフレ抑制のための金融政策など，「レーガノミクス」と総称される一連の政策体系を打ち出した。

第2次世界大戦後のアメリカでは，ニューディール以後，一般的にケインズ主義的な総需要管理政策が主流であったが，「レーガノミクス」は反対に供給力を重視する「サプライサイド・エコノミクス」の立場であった。しかも，1960年代後半からインフレ圧力が強まり，73年と79年の石油ショックがハイパー・インフレを引き起こしたため，「レーガノミクス」はインフレ抑制のために金融政策を重視するマネタリストの理論を取り入れた（河内［1991］169～173頁）。

第2次石油ショックによる不況は大胆な減税やインフレの抑制によって克服され，1983～84年は急速な景気回復の方向が強まり，84年の実質GDP成長率は7.2％となり，朝鮮戦争以来実に33年ぶりの高成長を記録した。その結果，レーガンは1984年の大統領選挙でも再選され，第9循環に表れているように，後のブッシュ（父）政権の90年半ばまで景気拡大が続き，平時としては戦後最長の記録をつくった。

しかし，レーガンの再任後は景気が一本調子で拡大したわけではなく，1985～86年は，設備投資や住宅投資などが不振となり，実質GDP成長率は85年

4.1％, 86年3.5％へと急激に減速した。そのため，鉱工業生産は伸び悩み，稼働率の低下，雇用環境の悪化が顕著になり，失業率も7〜9％に高止まりするとともに企業収益も大幅減益となった。しかし，この景気悪化を食い止めたのは，政府支出の増加とともに，減税が貯蓄率を引き下げて個人消費を増大させたことであった。しかも，景気鈍化の加速化に伴って大幅な金融緩和が行われ，マネー・サプライの伸びが2桁台になり，公定歩合も7回にわたって引き下げられたことにより景気の中だるみを克服できたのであった（田原［2009］Ⅶ，160〜161頁）。

1980年代後半のアメリカ経済は，証券市場・金融市場のマネーゲームと株式ブームに沸いた。金融オプションや金融派生商品（デリバティブ）がコンピュータを駆使したプログラム売買を促進し，広く株式・債券市場を活性化した。そして，高度な金融工学とコンピュータの普及が金融のグローバリゼーションを加速させ，一定の価格・レート・期間で選択的に取引するオプション市場と先物市場が爆発的な成長をみせた（URL4）。

しかし，レーガン政権のもとで"双子の赤字"が深刻になり，とくに財政赤字は，1985年に「グラム・ラドマン・ホリングス法」が制定されても，毎年2000億ドルを超える規模になった。財政赤字の拡大は，供給サイドの効果が実現しなかったのに加えて，期待したよりも税収が伸び悩み，高金利の国債利払費がかさんだためであった。このように，レーガノミクスの理想と現実は大きく乖離する結果となり，膨大な財政赤字は貯蓄不足を拡大し，それが実質金利高とドル高をもたらした。

ブッシュ（父）政権のもとでも，「1990年包括財政調整法」が制定され，95年度までに累積赤字を約5000億ドル削減する目標が掲げられたが，92年度の赤字は史上最大の2900億ドルにも達してしまい，財政赤字の削減は思いどおりには進まなかった（Dauster［1993］，Stockman［1986］）。しかも，基軸通貨国のアメリカは1985年に65年ぶりで巨大な純債務国に陥る事態となった（河村［2003］328〜330頁，河内［1991］174〜205頁）。さらに貿易赤字は，1987年に1700億ドルを超えるまで拡大し，保護貿易主義や"経済的ナショナリズム"の主張が強まるとともに，国際競争力の低下と産業の空洞化がアメリカ経済に重くのしかかってきた。ドル高は貿易赤字や産業の空洞化をさらに拡大させ，高金利は資本流入を増大させた。財政赤字は，高金利・ドル高というパイプを通じて貿易赤字と不可分の関係にあった。

(3) クリントン政権の「IT革命」

　1990年代のアメリカ経済は不況で幕を開け，財政赤字の拡大，公共投資の遅れ，所得格差の広がり，生産性・実質賃金の伸び悩みなどが顕在化していた。しかし，情報・通信関連の設備投資の促進によって，表2-1のように，アメリカ経済は1991年3月頃を境に第10循環の拡大基調に乗り始めた。

　1992年の大統領選挙では民主党が12年ぶりに勝利し，クリントン大統領は政権発足当初から国内優先の経済政策を強く打ち出した。クリントンは"ニュー・デモクラッツ"を標榜しており，伝統的な民主党の「大きな政府」ではなく，「より効率的な政府」の"第三の道"を掲げた。クリントン大統領は，1993年2月の両院合同会議で「包括的経済計画」を提示し，景気回復を確実なものにするための短期的景気刺激策，投資拡大・生産性向上のための長期的投資促進策，共和党政権下で深刻化した財政赤字の削減などを目標に掲げた（藤本［2001］）。

　雇用創出，競争力強化，財政赤字の削減などを柱とする「クリントノミクス」は，就任早々制定された「1993年包括財政調整法」によって示され，94～98年度に財政赤字を5000億ドル削減するため，政府職員や防衛費の削減，ガソリン税や法人税の引上げが実施された。また，最高限界税率を引き上げて高所得者層に増税するとともに，勤労者所得控除制度を拡充することも進められた。しかも，1994年にはブッシュ（父）政権が合意した北米自由貿易協定（NAFTA）が発効し，クリントンはレーガン政権から続いた通商交渉のウルグアイ・ラウンドも合意にこぎつけた（宮本［1997］44～45頁，大原［1993］）。

　そして，1997年になると，インフレ率が2.3％にまで低下するとともに，失業率が23年ぶりで5％を切って4.9％にまで下がったため，アメリカ経済は高成長，低失業率，低インフレの3拍子揃った，まさに「インフレなき持続的成長」を実現したように思われた。その結果，アメリカ経済は景気循環を克服し，安定した繁栄が持続する構造に転化したとする「ニュー・エコノミー論」が登場した（関下・坂井［2000］，URL5）。このような状況には，副大統領のアル・ゴアが「情報スーパーハイウェイ構想」を推進し，コンピュータや通信インフラへの積極的な投資が促進され，情報通信の「IT革命」が急激に広がったことが大きく影響している。しかも，そこには，巨大な金融機関による「金融主導型」経済システムへの移行が本格化し，「ファンド資本主義」（本書第9章参照）とも呼ぶべき金融のグローバル化が強く働いている。

「ニュー・エコノミー論」の背景には，1980年代以降にアメリカの主要産業がM&A（企業の合併・買収）を通して大規模なグローバル事業展開を実行し，ME（マイクロ・エレクトロニクス）の技術革新によって，硬直的な大量生産システムの組み換え，伝統的な労使関係の転換，雇用・賃金体系の流動化が進んだことがある（河村［2003］302～306頁）。つまり，構造転換によって主要企業の収益性が改善され，金融・貿易・投資のグローバル化にITブームが加わり，労働組合が雇用保障と引換えに団体交渉の枠組みを変更する「譲歩交渉」によって賃金上昇が抑制されたのである（URL5）。

　クリントン政権は，1993年8月の「1993年包括財政調整法」によって財政赤字の削減方針を示し，96年10月には，96年度の財政赤字が前年比34.5%減の1073億ドル（GDP比1.4%）にまで削減されると，98年度には69年以来29年ぶりで財政黒字を実現した。このような財政収支の好転は長期金利を引き下げ，民間の設備投資を押し上げることによって景気拡大をもたらした（渋谷［1992］［2005］）。

　顕著な「IT革命」の情報化投資は企業の生産性を上昇させたが，それはパート労働などの積極的な活用によって労働コストを抑制したためであり，インフレ圧力も抑え込むことになったのである。しかし，その一方で企業のリストラクチャリング，ダウンサイジング，アウトソーシングなどが進み，景気拡大の背後で経営の合理化や所得格差が構造的に拡大していた（New York Times［1996］邦訳，第1章，萩原・中本［2005］）。1993年の貧困線は夫婦と子ども4人家族で，年収1万4654ドルであったが，貧困率は15%を記録し，約4000万の人々が貧困線以下の生活を強いられていた（URL6）。しかも，貧困線以下の低所得で働くワーキング・プアが急増するなかで，要扶養児童家族扶助が60年ぶりに見直され，1996年の福祉改革法によって福祉削減も断行された（第15章参照）[11]。

　このような潜在的な格差と不安定要因のため，2000年に入ると，景気拡大の限界が顕在化し始めた。ナスダックの株価指数は，2000年3月10日の約5100ポイントから下落に転じ，01年には2000ポイントを大きく割り込む事態となった。こうして，多くの情報通信・IT関連企業の業績悪化や経営破綻が広がり，次世代の技術革新ともてはやされた「ITバブル」は崩壊した（河村［2003］354～355頁，Lowenstein［2004］pp.22-29）。

2 景気縮小

(1) 石油危機とスタグフレーションの1970年代

1970年代は，"ニクソン・ショック"と2度の石油ショックという内外の衝撃から，アメリカ経済のパフォーマンスが悪化して混迷を深めた時期である。

ニクソンは1968年の大統領選挙で当選し，アイゼンハワー以来8年ぶりの共和党政権が実現した。ニクソンは，内政面の課題，とくにインフレ圧力に漸進主義で対処した。これは，急激なインフレ抑制策が景気後退をもたらす恐れがあるため，過度な財政・金融政策をできるだけ回避しながら，長期的にみてインフレ率に無関係な「自然失業率」の概念を受け入れ，緩やかな金融引締めによってインフレ抑制をめざすものであった（URL7）。

しかし，1970年には景気後退とインフレ率の上昇が目立ち始め，クレジット・クランチ（信用収縮）のために，ニクソンの漸進主義は政治的に機能しなかった。FRBは，ニクソンが大統領に就任する直前の1969年1月，インフレ対策のために公定歩合の引上げを行っていたが，就任直後の69年4月には再び引上げを実施した。これに連動してFFレートも急激に引き上げられ，1969年夏には当時としては過去最高の9％台に達した。そのため，財政政策も転換せざるをえなくなり，69年6月に廃止する予定になっていた増税を1年間延長し，70年度予算についても，防衛費と社会保障関連経費を削減して黒字化した。このようなインフレ抑制型の金融・財政政策は，ニクソンの思惑とはかけ離れて景気後退の火種となり，第5循環にみられるように，1969年末から9年ぶりの不況に突入した（田原［2009］Ⅶ，148頁）。

しかも，当時のアメリカは，ベトナム戦争の戦費拡大による財政赤字とインフレで国際収支の悪化が著しくなり，外国為替市場が激しく動揺して固定相場制が維持できなくなった。これは，アメリカがドルと交換できる金準備の不足に陥り，ドルのみが金とリンクした通貨体制，つまり第2次世界大戦後のブレトンウッズ体制の維持が困難になった事態の表れであった。そのため，ニクソンは1971年8月に新経済政策を発表し，従来の漸進主義からはもちろん，平時におけるアメリカの伝統的な経済政策からも大きく乖離した統制政策をとる姿勢を示した（宮本［1997］26頁）。

ニクソンの新経済政策は，投資税額控除制度の導入，歳出増の一部延期，自動車税の撤廃，生計費会議の設置とともに，貿易収支対策として金・ドル交換の一時停止，10％の輸入課徴金の導入，インフレ抑制をめざす90日間の賃

金・物価凍結などを柱としていた (URL8, 9)。

　国際収支の赤字を縮小させるためにはドルの切下げが必要であり，しかもインフレを悪化させることなく行わなければならなかった。そのために，第1に財政面からの刺激と金融緩和で景気回復を図る，第2に賃金・物価の凍結でインフレ期待を打破する，第3に対外的にドル切下げの信認を得て国際収支の赤字を削減する，という方針がとられた。当初，これらの新経済政策は大きな成功を収め，1972年には経済成長率が5.4％に高まる一方で，インフレ率は約3.3％に落ちつきをみせた。

　ニクソンは1972年の大統領選挙で地滑り的勝利を得て再選されたが，74年4月まで4段階を経て続けられた経済統制は競争や市場を歪めるもので，インフレ体質を抑え込むことは不可能であり，統制を解除して正常化する道は困難を極めた。しかも，1972年からの世界的な農産物価格高騰，73年10月からの第1次石油ショックが重なり，ニクソン政権の統制政策は大きく破綻し，アメリカ経済はインフレと不況の共存するスタグフレーションに陥った（URL10）。ニクソンは強力な景気引締めを行ったが，効果がなく，1974年の物価上昇率は11％を超え，戦後初めて2桁インフレを記録した。悲惨指数も1974には前年の11.1％から16.6％に上昇し，75年には17.6％にまでなった。その結果，第6循環を構成する，16カ月に及ぶ戦後最大の景気後退となった。しかし，次のフォード政権になると金利が連続して引き下げられ，「1975年減税法」によって史上最大規模の減税が行われたため，75年後半には一時的にスタグフレーションは収まった。

　ところが，1979年2月から第2次石油ショックが始まり，原油価格を第1次の2倍にまで急騰させたため，2桁インフレが79年から81年まで3年間続いて再びスタグフレーションが深刻になった。その結果，FFレートを2桁にするような強い金融引締めが実施され，カーター政権の第7循環，レーガン政権の第8循環の景気後退をもたらすことになった（センチュリ・リサーチ・センタ [1985]）。

(2) サブプライム・ローン危機から金融危機へ

　2001年に「ITバブル」がはじけた一方で，住宅価格は02年7.3％，03年7.7％と上昇を続けていた。そして，2004年になると住宅価格は一気に11.4％も上がり，過去30年間の年平均上昇率約6％の2倍近い上昇率となった（Labaton and Andrews [2008]）。その結果，表2-1にあるように，第10循環の景気後退

も2001年11月頃には底をつき，同年9月の"同時多発テロ"が衝撃を与えたとはいえ，アメリカ経済はサブプライム・ローンの問題が影を落とすまで上昇軌道に乗った。

ところが，その代わりに，アメリカ経済は「住宅バブル」「不動産バブル」の様相が濃くなった。こうした背景には，海外から流入した潤沢な資金を前提に，2001年9月の"同時多発テロ"から2004年末まで，FRBが低金利政策をとっていたことが影響している（Krugman［2005］［2008］）。しかも，2005年8月にニューヨークの原油先物価格（WTI）が1バレル70ドルの史上最高値を記録すると，アメリカ経済にインフレ懸念が広がった。「住宅バブル」のなかで，優良客（プライム層）よりも下位層を対象とするサブプライム・ローン債権が，小口証券化されるとともに，さまざまな金融商品と組み合わされて広がった。しかし，2006年後半から住宅価格が急激に下落し始め，「住宅バブル」の崩壊が著しくなると，またたく間にサブプライム危機が始まった（田原［2011］Ⅷ，107〜109頁，水野［2008］31〜34頁，URL11）。

その結果，サブプライム・ローンを組み入れた金融証券の信用保証が危殆(きたい)に瀕し，2008年9月には，全米証券業界第4位の名門投資銀行リーマン・ブラザーズが，約6130億ドルの負債を抱えて破綻する事態となった（河内［2012］39〜40頁）。この"リーマン・ショック"による急激な金融不安は全米の証券・投資関連企業にも波及し，アメリカ発の金融危機が世界中に広がり，ドル不安も重なって世界同時不況の様相が色濃くなった（浜［2009］，Krugman［2008］邦訳第5・6章）。こうして，サブプライム危機は金融危機へと広がり，第11循環のなかで1年半もの景気後退をもたらしたのである。

おわりに

第2次世界大戦後のアメリカ経済は，何度も景気循環を繰り返してきているものの，景気の後退期よりも拡大期のほうが長く，戦前に比べて景気が安定化したことは確かである。そこには，政府部門の比重の高まり，財政の調整機能強化，預金保険・金融監視制度の整備などのマクロ経済管理政策がとられたことが影響している。しかし同時に，経済が市場からインフレ圧力を受けるようになったことも忘れてはならない。そして，アメリカ経済は1970年代に大きな曲がり角を迎え，2度の石油ショックなどの外因的インパクトも重なり，経

済成長率が鈍化して失業率も上昇するようになった。

　1980年代以降になると，このような経済の屈折を打破するためにグローバル化が推進され，金融ネットワークが世界中に広がった。その結果，レーガン＝ブッシュ（父）政権の第9循環，クリントン政権の第10循環のような，統計面では長期の景気拡大がもたらされた。しかし同時に，このような好況は行き過ぎた「ITバブル」や「住宅バブル」を生み，しだいに矛盾やリスクを高めることになった。

　その結果，2008年9月の"リーマン・ショック"が金融危機を深め，アメリカは「100年に一度の経済危機」に見舞われ，国債の償還や利払いが停止するデフォルトの危機も叫ばれた。約20年近くFRB議長を務めたアラン・グリーンスパンは，長年の超低金利政策がバブルと経済不均衡の原因であると批判されたが，後を継いだバーナンキも事実上のゼロ金利と3度の量的緩和を実施し，オバマ政権も大幅な財政出動に踏み切った。そのため，今日のアメリカでは，またしてもバブルの再燃や景気のピークアウトも懸念され，経済の先行き不安は解消されていない。

　アメリカ経済を振り返ると，積極的な財政支出や減税政策が景気拡大をもたらしても，しだいに背後からインフレ圧力が強まり，スタグフレーションと不況の呪縛に苛（さいな）まれてきた。また，金融緩和が景気を上昇軌道に乗せても，結果的には幾度となくバブルを生み，その崩壊が実体経済に大きなダメージを与えるジレンマを繰り返してきた。これは「政府の失敗」と「市場の失敗」のジレンマでもあるが，そこには戦争や資源価格の変動などの外生的要因も作用している。そして，現在のアメリカは，グローバリゼーションの旗手でありながら，グローバル経済から否応なく影響を受ける存在でもある。そのため，アメリカ経済は常に成長と破綻のジレンマを抱え込んでおり，景気循環の背後にはさまざまな矛盾や不安定要因が忍び寄ってきているのである。

注

1) 第2次世界大戦後における景気循環の測定方法は，大きくアメリカ型の古典循環と西欧型の成長循環の2つに区分される。経済分析の主な対象は趨勢変動（経済成長）と循環変動（景気循環）であるが，古典循環が趨勢変動と循環変動を合成体と捉えるのに対して，成長循環は循環変動を中心に析出する考え方である。本章は古典循環の立場をとる。田原［2006］Ⅱ，21～23頁参照。

2) 日本の場合，個人消費が占める対GDP比は55％前後であり，中国の場合は対GDP比の35％前後を個人消費が占めている。

3) 「失敗」とは行き過ぎによる歪みやひずみを意味しているが，厚生経済学の基本定理のなかに，資源配分に関するパレート効率性という競争均衡概念がある。しかしこれは，政治と政策が複雑化する現代にあっては，長期的にはほとんど不可能な命題である。
4) マネタリストとケインジアンの論争は，1965 年の American Economic Review 上で行われた (Ando and Modigliani [1965])。
5) 同じレーガン政権にありながらも，経済政策諮問委員会のアーサー・ラッファーはラッファー曲線を提唱して限界税率の引下げを重視し，CEA 委員長を務めたマーティン・フェルドシュタインは投資の増加とそれによる技術進歩を主張した (Laffer [1983], Feldstein [1980] 邦訳 85 頁)。
6) 「市場開放重視派」の主張はカーラ・ヒルズ通商代表やロバート・モスバッカー商務長官が代表し，「国際関係重視派」はリチャード・ダーマン行政管理予算局長やマイケル・ボースキン CEA 委員長の立場であった (河内 [1991] 129～133 頁)。
7) 2008 年 10 月に緊急経済安定化法が成立したことにより，FRB は法定準備金とそれを上回る超過準備金に金利を付与することが認められた。
8) ワシントン・コンセンサスは，1989 年にアメリカの国際経済研究所のジョン・ウィリアムソンが初めて使用し，今日ではアメリカン・スタンダードの代名詞となっている [URL12]。
9) レーガン政権の経済再建法では，1984 年度から財政は黒字に転じると予測していた ([URL13])。
10) 当時の CEA 委員長はケインズ経済学者のウォルター・ヘラーであったが，増税なしでベトナム戦争を拡大しようとしたジョンソン大統領と対立して辞任した。(Heller [1966] 邦訳 [1969])。
11) 国勢調査庁は，2011 年 7 月 13 日，2010 年の国民貧困線以下の人々は国民の 15.1% に上ると発表した ([URL6]，瀬川・河内 [1999] 89 頁)。

参 考 文 献

大原進 [1993]『クリントンの米国経済』日本経済新聞出版社。
河内信幸 [1991]『現代アメリカの諸相』中部日本教育文化会。
河内信幸 [2005]『ニューディール体制論──大恐慌下のアメリカ社会』学術出版会。
河内信幸 [2012]『現代アメリカをみる眼──社会と人間のグローバル・スコープ』丸善プラネット。
河音琢郎・藤木剛康編 [2008]『G・W・ブッシュ政権の経済政策──アメリカ保守主義の理念と現実』ミネルヴァ書房。
河村哲二 [1998]『第二次大戦期アメリカ戦時経済の研究──「戦時経済システム」の形成と「大不況」からの脱却過程』御茶ノ水書房。
河村哲二 [2003]『現代アメリカ経済』有斐閣。
渋谷博史 [1992]『レーガン財政の研究』東京大学出版会。
渋谷博史 [2005]『20 世紀アメリカ財政史──レーガン財政からポスト冷戦へ』第 3 巻，東京大学出版会。
末次俊之 [2012]『リンドン・B・ジョンソン大統領と「偉大な社会」計画──"ニューディール社会福祉体制"の確立と限界』専修大学出版局。
瀬川博義・河内信幸編 [1999]『現代国際関係の基礎と課題』建帛社。
関下稔・坂井明夫編 [2000]『アメリカ経済の変貌──ニューエコノミー論を検証する』同文舘出版。
センチュリ・リサーチ・センタ [1985]『NIRA Out Put「第一次・第二次石油危機の経済的分析」に関する基礎研究』総合研究開発機構。
田原昭四 [2006～2011]「アメリカの景気循環史(Ⅰ)～(Ⅷ)」『南山経済研究』第 20 巻第 3 号～第

26巻2号。

西川純子編［1997］『冷戦後のアメリカ軍需産業——転換と多様化への模索』日本経済評論社。
萩原伸次郎・中本悟［2005］『現代アメリカ経済——アメリカン・グローバリゼーションの構造』日本経済評論社。
八田達夫［2008］『ミクロ経済学Ⅰ——市場の失敗と政府の失敗への対策』東洋経済新報社。
浜矩子［2009］『グローバル恐慌——金融暴走時代の果てに』岩波書店。
藤木剛康編［2012］『アメリカ政治経済論』ミネルヴァ書房。
藤本一美［2001］『クリントンの時代——1990年代の米国政治』専修大学出版局。
藤本博［2014］『ヴェトナム戦争研究——「アメリカの戦争」の実相と戦争の克服』法律文化社。
水野和夫［2008］『金融大崩壊——「アメリカ金融帝国」の終焉』NHK出版。
宮本邦男［1997］『現代アメリカ経済入門』日本経済新聞社。
吉原欽一［2001］「共和党多数議会と『新しい権力構造』の創出——アメリカ政治の新しい局面」『国際問題』2001年2月号。
Ando, Albert and Franco Modigliani [1965] "The Relative Stability of Monetary Velocity and the Investment Multiplier," *American Economic Review*, Vol. 55, No. 4.
Burns, Arthur. F. and Wesley C. Mitchell [1946] *Measuring Business Cycles*, National Bureau of Economic Research.（春日井薫訳［1964］『景気循環Ⅱ——景気循環の測定』文雅堂銀行研究社）。
Curry, Timothy and Lynn Shibut [2000] "The Cost of the Savings and Loan Crisis: Truth and Consequences," *FDIC Banking Review*, Vol. 13.
Dauster, William G. [1993] *Budget Process Law Annotated: 1993 Edition*, GPO.
Feldstein, Martin ed. [1980] *The American Economy in Transition*, University of Chicago Press.（宮崎勇監訳［1984・85］『戦後アメリカ経済論——変貌と再生への途』上・下巻、東洋経済新報社）。
Heller, Walter W. [1966] *New Dimensions of Political Economy*, Harvard University Press.（野間英雄・小林桂吉訳［1969］『ニュー・エコノミックスの理論』ぺりかん社）。
Hibbs Jr., Douglas A. [1994] "The Partisan Model of Macroeconomic Cycles: More Theory and Evidence for the United States," *Economics and Politics*, Vol. 6, No. 1.
Hunt, Lacy H. [1987] *A Time to be Rich: Winning on Wall Street in the New Economy*, Scribner.（大沢和人監訳、山岡洋一訳［1988］『アメリカ金融・景気指標の読み方』東洋経済新報社）。
Krugman, Paul [2005] "Greenspan and the Bubble," *The New York Times* (Aug. 29).
Krugman, Paul [2008] *The Return of Depression Economics and the Crisis of 2008*, W. W. Norton.（三上義一訳［2009］『世界大不況からの脱出——なぜ恐慌型経済は広がったのか』早川書房）。
Labaton, Stephen and Edmund L. Andrews [2008] "Reinventing Two Mortgage Giants: A Big Rebuild or a Teardown?" *The New York Times* (Sept. 8).
Laffer, Arthur B. [1983] *Supply Side Economics: Financial Decision-Making for the 80s*, Scott Foresman.
Lowenstein, Roger [2004] *Origins of the Crash: The Great Bubble and Its Undoing*, Penguin Books.
Matthews, Robert C. O. [1960] *The Trade Cycle*, Cambridge University Press.（海老沢道進訳［1961］『景気循環』至誠堂）。
New York Times [1996] *The Downsizing of America*, The New York Times.（矢作弘訳［1996］『ダウンサイジング・オブ・アメリカ——大量失業に引き裂かれる社会』日本経済新聞社）。
Stein, Herbert [1984] *Presidential Economics: The Making of Economic Policy from Roosevelt to Reagan and Beyond*, Simon and Schuster.（土志田征一訳［1985］『大統領の経済学——ルーズベルトからレーガンまで』日本経済新聞社）。

Stockman, David A. [1986] *The Triumph of Politics : Why the Reagan Revolution Failed*, Harper & Row.

Taylor, John B. [1993] "Discretion versus Policy Rules in Practice," *Carnegie-Rochester Conference Series on Public Policy*, No. 39.

Tella, Rafael Di, Robert J. MacCulloch, and Andrew J. Oswald [2001] "Preferences over Inflation and Unemployment: Evidence from Surveys of Happiness," *The American Economic Review*, Vol. 91, No. 1.

ウェブサイト

Congressional Budget Office. ⟨http://www.cbo.gov⟩（2015/8/10 閲覧 URL1 と略）

A National Malaise eText-Primary Source. ⟨http://www.enotes.com/topics/national-malaise⟩（2015/7/31 閲覧 URL2 と略）

Mattson, Kevin "Why Jimmy Carter's Malaise Speech Is More Relevant than Ever". ⟨http://historynewsnetwork.org/article/95308⟩（2015/8/8 閲覧 URL3 と略）

立石剛「アメリカ経済の金融化について」⟨repository.seinan-gu.ac.jp/.../ec-n44v2_3-p225-267-tat.pdf⟩（2015/8/10 閲覧 URL4 と略）

日本貿易振興会「IT革命とニューエコノミー」⟨http://www.jetro.go.jp/jfile/report/⟩（2014/12/11 閲覧 URL5 と略）

U.S. Bureau of Census, "Poverty Threshold 1993". ⟨http://www.census.gov/hhes/www/poverty/data/thresh93.html⟩（2015/1/6 閲覧 URL6 と略）

De Long, J. Bradford "America's Only Peacetime Inflation: The 1970s". ⟨http://de long.typepad.com/peacetime_inflation.pdf⟩（2015/8/1 閲覧 URL7 と略）

Nixon, Richard "264 - Address to the Nation Outlining a New Economic Policy: The Challenge of Peace". ⟨http://www.presidency.ucsb.edu/ws/?pid=3115⟩（2015/8/3 閲覧 URL8 と略）

「70年代の経済的混乱」⟨http://www.ic.nanzan-u.ac.jp/.../Seto-AmerEconomy2013F-Part3.2⟩（2015/8/20 閲覧 URL9 と略）

US Department of State, Office of the Historian, "Milestones: 1969-1976: Nixon and the End of the Bretton Woods System, 1971-1973". ⟨https://history.state.gov/milestones/1969-1976/nixon-shock⟩（2015/6/22 閲覧 URL10 と略）

U.S. Department of Housing and Urban Development, "Subprime Lending". ⟨http://portal.hud.gov/hudportal/HUD?src⟩（2015/8/31 閲覧 URL11 と略）

Williamson, John "What Washington Means by Policy Reform". ⟨http://www.iie.com/publications/papers/paper.cfm?researchid=486⟩（2016/4/23 閲覧 URL12 と略）

稲田義久「レーガノミクスとは何か：バラ色のシナリオ」⟨http://kccn.konan-u.ac.jp/keizai/america/04/01.html⟩（2016/6/20 閲覧 URL13 と略）

第3章

決められない政治
―― 政策形成プロセスの変容と経済政策 ――

藤木剛康

はじめに ―― アメリカ政治の分極化と政策形成プロセス

　近年，アメリカをはじめとする先進各国における共通の問題として，政治の機能不全による経済社会の停滞が注目されている。ニーアル・ファーガソンは，先進各国が経済停滞に陥ったのは，法と制度の劣化によって中高齢者層や既得権益団体の利益保護が経済と政治を支配するようになったためだと批判し，そうした状況を「劣化国家」と名づけた（Ferguson［2013］）。とりわけ，2008年の世界経済金融危機の後，政治的リーダーシップの欠如や既存政党システムの融解（と新たな政党の台頭）といった現象が先進諸国でみられるようになった。
　アメリカの場合，こうした政治の劣化現象としてよく知られているのが民主・共和二大政党間での激しい党派政治である。図3-1は，議員の投票行動に基づき，それぞれの議員のイデオロギー的立場を数値化して政党ごとに集計したものである。1982年においては，所属政党が異なっていてもイデオロギー的立場の重なる議員が多く，政党間でのイデオロギー的異質性が小さかったのに対し，2013年になると二大政党それぞれにおける党内でのイデオロギー的同質化と政党間での異質化が著しく進行していたことが読みとれる。そして，極端な党派対立によって政治が停滞し，議会で成立する法案の数は大きく減少した。図3-2は1973～74年の第93議会から，2013～14年の第113議会までの法案成立数の推移を示したものである。全体として成立法案数は減少傾向にあるが，とりわけ近年における減少が目立っており，108議会の504から直近の113議会では296にまで減っていることがわかる。
　アメリカ政治の分極化の原因や特徴については，すでに膨大な研究や論争の

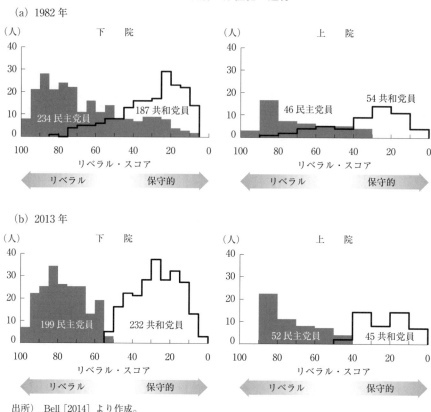

図3-1 政治の分極化の進行

出所）Bell [2014] より作成。

蓄積がある。政治的分極化の原因としては，第1に，共和党保守派の敵対的な政治戦略や政策革新とこれに対する民主党の反発をあげる研究（Hacker and Pierson [2005], Mann and Ornstein [2012] など），第2に，南部民主党の解体を引き金とする二大政党制の歴史的変化を指摘する研究（Pildes [2011], Sinclair [2006] など）に大別される。

また，それらの研究を俯瞰したマイケル・バーバーとノーラン・マッカーティによれば，分極化の特徴は，第1に，分極化の非対称性，すなわち，民主党のイデオロギー的位置はあまり変化していないのに対し，共和党は大きく右傾化したことである。第2に，政治的論争の一元化の進展である。かつては政党間対立と関係のなかった多様な論点が党派対立に吸収され，議会での採決は

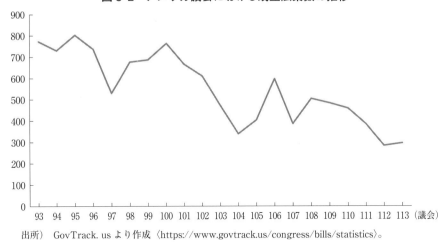

図3-2　アメリカ議会における成立法案数の推移

出所）GovTrack.us より作成〈https://www.govtrack.us/congress/bills/statistics〉。

個々の議員や議員グループでの取引や駆け引きではなく，政党間対立という単一の次元で決まるようになってきた。とはいえ，経済問題についての党派対立こそが主要な問題であり，社会や文化，宗教などの問題は副次的な重要性しかもたないとされる。第3に，有権者の振り分け（sorting），すなわち，多くの有権者はイデオロギー的には穏健派だが，政治の分極化を前提に自らの政治的見解を調整し，支持政党を決めている。つまり，有権者の分極化が政党に影響を与えているのではなく，逆に，有権者が分極化した政党システムに振り分けられているのである。

　本章の課題は，第1に，アメリカにおける政治的分極化の進展を，「制度化した多元主義」から「流動化した多元主義」への政策形成プロセスの歴史的変容という観点から把握し，その変化の過程を概観することである。アメリカの政治システムは権力分立を徹底させた大統領制を採用しており，分厚い人的・制度的インフラに支えられた連邦議会と大統領を中心に，利益団体，シンクタンクやマスコミ，世論などの多様なアクターが政策形成に関与し，政策はそれら諸アクターの相互作用を通じて多元主義的に決定される。政策形成プロセスとは，こうした多様な政策形成主体の理念や利益，それらを取り巻く制度的枠組みからなる一連の過程をさす（河音［2008］13〜16頁，藤木・河音［2012］81〜84頁）。

　また，政策形成プロセスの歴史的変容については，サミュエル・カーネルの

はじめに　73

「制度化した多元主義」（institutionalized pluralism）から「個別化した多元主義」（individualized pluralism）への変化という議論がある。カーネルによれば，「制度化した多元主義」では，議会の委員長や政党指導部，利益集団などの少数のグループが閉鎖的・互恵的・漸進的に政策を形成する。これに対し，「個別化した多元主義」では，数多くの緩やかな小規模のグループが自律分散的に政策形成に関与する（Kernell [1997]）。

　本章では，このカーネルの議論をベースに，カーネルの指摘する「政策形成プロセスの開放化・分散化」に「党派政治の激化」という要因を加え，「制度化した多元主義」から「流動化した多元主義」への歴史的変化として整理する。ニューディール期以降1970年代まで，アメリカ議会では民主党の多数派支配が続いていたが，この時期における政策形成プロセスの特徴はイデオロギー的に同質の少数の有力なアクターのみが閉鎖的に政策形成に関与する点にあった。しかし，1960年代以降のアメリカ政治の大きな変化を受けて，「制度化した多元主義」も「流動化した多元主義」へとしだいに変容していった。流動化した多元主義のもとでは多様なアクターが流動的に政策形成に関与する一方で，それらのアクターは保守主義もしくはリベラリズムという政治的イデオロギーに基づいて党派的に結束するため，政治の停滞を招いている。

　本章では，このような視点から政治的分極化の原因や問題点を捉え返すことにより，これまでの議論では見落としがちであった政治アクターとしての大統領の役割や，「党派政治」の肯定的な側面についても分析の俎上に載せていきたい。なお，アメリカ政治の変化に関する有力な理論としては優位政党の周期的変化を強調する政党再編成論があるが，表3-1に示されるように，近年における民主・共和両党間の勢力関係はおおむね拮抗しており，その有効性をめぐる論争が現在も進められている（飯山 [2013]，坂部 [2003]）。本章では，これらの議論も念頭に置きつつ，政策形成プロセス全体の長期的変化の背景を簡潔にスケッチしていく。

　第2に，政策形成プロセスにおいて，政治的イデオロギーや政策アイディアといった主観的要因がどのような役割を果たしているのかを整理する。かつての「制度化した多元主義」では，各アクターの経済的利害がアクター間の駆け引きによって漸進的に調整されていた。固定的なアクター間で漸進的に調整が進められるため，政策アイディアや論点も固定的だった。これに対し，「流動化した多元主義」では，多様な政策アクターの関与によって政策アイディアや

表3-1 アメリカ連邦議会における議席数の推移

議会会期（年）	大統領（所属政党）	上院			下院		
		民主党	共和党	その他	民主党	共和党	その他
89（1965-67）	ジョンソン（民主党）	68	32	0	295	140	0
90（1967-69）		64	36	0	247	187	0
91（1969-71）	ニクソン（共和党）	57	43	0	243	192	0
92（1971-73）		54	44	2	255	180	0
93（1973-75）		56	42	2	242	192	1
94（1975-77）	フォード（共和党）	61	37	2	291	144	0
95（1977-79）	カーター（民主党）	61	38	1	292	143	0
96（1979-81）		58	41	1	277	158	0
97（1981-83）	レーガン（共和党）	46	53	1	242	192	1
98（1983-85）		45	55	0	269	166	0
99（1985-87）		47	53	0	253	182	0
100（1987-89）		55	45	0	258	177	0
101（1989-91）	ブッシュ（父）（共和党）	55	45	0	260	175	0
102（1991-93）		56	44	0	267	167	1
103（1993-95）	クリントン（民主党）	57	43	0	258	176	1
104（1995-97）		48	52	0	204	230	1
105（1997-99）		45	55	0	206	228	1
106（1999-2001）		45	55	0	211	223	1
107（2001-03）	ブッシュ（子）（共和党）	50	50	0	212	221	2
108（2003-05）		48	51	1	205	229	1
109（2005-07）		44	55	1	202	232	1
110（2007-09）		49	49	2	233	202	0
111（2009-11）	オバマ（民主党）	57	41	2	257	178	0
112（2011-13）		51	47	2	193	242	0
113（2013-15）		53	45	2	201	234	0
114（2015-17）		44	54	2	188	247	0

注）1 各政党の議席数はいずれも，各会期直前の通常選挙結果の数値である。時々の政党議席数は議員の死去や辞任，補欠選挙の実施，議員の所属政党の変更により会期中に変化する。
2 ■部分は各院内において多数派であった政党を示す。
3 第93議会（1973-75年）においては，74年7月にニクソン大統領が辞任したため，それ以降はフォード副大統領（当時）が大統領となっている。
4 第107議会（2001-03年）の上院においては，01年5月までは政権与党であった共和党が多数派であったが，同月に共和党議員1名が独立系（民主党会派所属）に転じて共和党議席数が49となったため，それ以降は民主党が多数派となった。

出所）U. S. House, Office of the Clerk, "Party Divisions of the House of Representatives, 1789 to Present"（http://history.house.gov/Institution/Party-Divisions/Party-Divisions/），U. S. Senate, Party Division in the Senate, 1789 to Present（http://www.senate.gov/history/partydiv.htm）より作成。

論点が多様化・複雑化する一方で，イデオロギー的な党派対立によってそれらのアクターが一元的に分断され，合意形成が進みにくくなっている。したがって，イデオロギーやアイディアなどの主観的要因を政策形成プロセスの分析に組み込んでいく必要がある。本章では「アイディアの政治」といわれる一連の先行研究をもとに，政策形成プロセスにおける主観的要因の機能を整理し，「流動化した多元主義」の特徴を提示する。

「アイディアの政治」とは，政策形成プロセスにおける理念や政策アイディアの役割に注目した理論であり，経済的利益の調整による政策の漸進的な変化を説明する多元主義の理論に対し，政策の目的や手段を規定する政策理念の変化による政策の劇的な転換を説明する（秋吉［2007］）。しかし，今日の「流動化した多元主義」においては，2つの理念，すなわち，保守主義とリベラリズムとの競合によって「決められない政治」に陥っている。そこで，「アイディアの政治」を検討したうえで，「アイディアの政治」と「流動化した多元主義」の相違点を明らかにする。

第3に，以上の議論をもとに，①レーガン政権期，②クリントン政権期，③ブッシュ（子）政権期，④オバマ政権期における経済政策形成プロセスの展開を簡潔に整理し，「流動化した多元主義」の実際の展開を分析する。

1　政党再編成論と政策形成プロセスの転換

1　ニューディール体制と「解決不能な紛争」

アメリカ政治史の有力な議論である政党再編成論によれば，アメリカでは政治対立の基本構造を変えるような決定的選挙が約30年ごとに発生し，紛争の転位，すなわち，主要な争点と二大政党の支持基盤の組み替えにより，新たな優位政党が台頭するとされる。しかし，1960年代以降のアメリカ政治においては，ニューディール体制の解体や変質が進んだとされるものの，決定的選挙も新たな優位政党も出現していない[1]。この点について，ニューディール以前の政党間対立と，それ以降の対立とを区別する議論がある。すなわち，過去の政治対立は，たとえば，南北戦争時における北部の工業利益と南部の農業利益の対立にみられるように，地域的な利害対立に基づく1つの重要争点をめぐるものだった。ところがニューディール以降，ほとんどの地域対立が全国レベルでの政党間対立に組み込まれ，「保守とリベラル」という抽象的・イデオロギ

一的なレベルで対立し，そこに組み込まれる具体的な論点が増え続けるようになった（Epstein and Graham [2007]）。つまり，政治的論争がイデオロギー化・一元化したのである。

では，政治的論争の一元化と政党再編成論とはどのような関係にあるのか。この論点については，エルマー・シャットシュナイダーの「解決不能な紛争」という指摘がある。かつて，シャットシュナイダーは「完全に発達して，確立してしまうことで，紛争が転位できず，解決もできないとしたら，紛争にはどのようなことが生ずるか」という論点を提起した。シャットシュナイダーによれば，政治的紛争は政治に組み込まれる国民を拡大しながら発達していく。ニューディール体制を生み出した政党再編成は，南部の黒人を除くアメリカの一般大衆を全国レベルの政治に組み込んだアメリカ史上最大の政治革命だった（Schattschneider [1960]）。そして，その後も国民の政治参加は拡大し続け，二大政党は多様な具体的論点を柔軟に包含しうる保守主義とリベラリズムという抽象的な理念に基づいて対立し，全国レベルでの政党間競争を進めるようになった。

保守主義とリベラリズムは，「小さな政府」と「大きな政府」あるいは，「価値観の統合」対「価値観の多様化」（鈴木 [2003]）という容易には妥協できない象徴的な対立関係にあると同時に，その内部では多様な要求やイデオロギー的分派を緩やかに統合する役割をも果たしている（渡辺 [2008]）。したがって，かつてのように劇的かつわかりやすい形での政党再編成は生じにくくなっている。アメリカにおける政治的分極化の背景には，以上で述べたような全国的かつ理念的な政党間対立による「解決不能な紛争」の成立があるとみるべきである。

では，イデオロギー的な政党間対立のもとで，政策形成プロセスはどのように変化したのであろうか。以下，本節では，ニューディール期に確立した「制度化した多元主義」の概要を整理し，次に，「制度化した多元主義」から「流動化した多元主義」への変化を，①南部民主党の解体，②1970年代における議会・党組織改革と政策プロセスの流動化，③共和党の保守化と民主党の反発，の3つの観点から整理していく。

2 委員会による政府──ニューディールと「制度化した多元主義」

今日における政策形成プロセスの原型は，フランクリン・ローズヴェルト政

権が構築したニューディール体制のもとで成立した。1933年に大統領に就任したローズヴェルトは，黒人や貧農，下層移民などの社会的弱者を体制に統合するため，国家の行政権を拡大してブローカー的機能を発揮し，利害調整・利益配分に基づくニューディール体制を構築した（河内［2005］34頁）。当時においては「連邦政府こそが国の経済・社会問題を解決できる」というニューディール・コンセンサスが存在し，このコンセンサスが中央集権化した連邦政府の行動主義を促進した（Beer［1978］pp.6-8）。そして，ローズヴェルトは自己の政策目標に基づく政府提案を議会に送り，必要な立法を求めた。ローズヴェルト以降，大統領は立法に対するリーダーシップを期待されるようになるが，ローズヴェルトとジョンソンを除く多くの場合，政策プロセスは大統領と議会とのせめぎ合いに規定されるようになった（砂田［2004］135～138頁）。そもそも大統領には立法権がないため，政策形成プロセスへの影響力は，議会との協調関係を構築したり，巧みなアジェンダ設定で世論に訴えかけたりする大統領の説得力や交渉力に大きく左右される（Neustadt［1991］）。したがって，ニューディール・コンセンサスの存在もこの時期の大統領の権力にプラスに作用していた。

　ニューディール体制下における政策形成プロセスのもう1つの特徴は，議会各委員会の自律性に基づく多元性にある。法案は，強力な権限をもつ委員長に支配された自律的な委員会で作成された。委員長は委員会での先任権でのみ任命され，その権限は小委員会の構成メンバーやスタッフ，議題にまで及んだ。委員会同士はそれぞれの自律性を尊重し合う関係にあり，委員会が本会議に提出したほとんどの法案は成立を見込めた（Sinclair［2006］）。ニューディール体制下での政策決定プロセスの主な舞台は各委員会にあり，このような制度的枠組みは「委員会による政府」（committee government）と呼ばれた。第2次世界大戦後，議会は1946年立法府再編成法を成立させ，ニューディール期に拡大した行政府の権限に対応するため，包括的な組織再編を進めようとした。そのために，上下両院で委員会の数を半分以下に削減し，各委員会の管轄範囲を明文化した（Davidson［1990］p.365）。この制度改革により，各委員長の権限はよりいっそう強化された。

　「委員会による政府」については，セオドア・ロウィによるよく知られた批判がある。ロウィは，委員会ごとに分断された政策形成プロセスの内部に注目し，業界団体や労働組合などの有力な利益集団と担当行政機関，担当委員会の

有力議員が政策プロセスを寡占的に支配していると指摘した。ロウィはこうした寡占的支配を「鉄の三角形」(iron triangle) と呼び，政策決定権が政府から分権的・多元的な鉄の三角形に移行した結果，政府の政策は各種利益団体の私的利益の寄せ集めにすぎなくなっていると指摘した。そして，ロウィは，ニューディール体制の実態は利益団体がそれぞれの私的利益を無政府的に追求する利益集団自由主義にすぎないと批判した。彼の指摘のように，ニューディール体制下での政策形成プロセス，すなわち「制度化した多元主義」では，各委員会の管轄する政策分野ごとに，関連する利益集団や担当行政機関との間での交渉や妥協を通じて多元的かつ閉鎖的に決定されていた。

3　南部民主党の解体

「制度化した多元主義」から「流動化した多元主義」への転換を促した第1の要因は，南部民主党の解体をきっかけとするアメリカ政治の変動である。もともとアメリカの政党は，地方組織の緩やかな集まりにすぎなかった。その主な特徴は，第1に，正式な党員制度が存在しないことである。党員には党費支払いなどの義務がなく，党への入退出も容易な緩やかな組織でしかない。第2に，恒常的な全国組織も存在しない。常設組織は地方レベルでしか存在せず，全国大会は大統領候補を選出するためのセレモニーでしかなかった。第3に，統一的な綱領も存在しなかった。したがって，同じ党であっても地方組織ごとにそれらの政治的主張はバラバラだったが，連邦レベルでは最重要の政治的争点をもとに二大政党が対立していた（岡山 [2011]）。

こうした地方組織のうち，特異な凝集性を発揮して，連邦議会で大きな影響力を発揮していたのが南部民主党である。公民権運動以前の南部諸州では，「堅固な南部」(solid South) といわれた民主党の一党支配体制が存在していた。南部民主党は，暴力や脅迫，収賄，人種差別などによって人口の3分の1に相当する黒人層を政治から排除し，南部における一党支配を維持し続けた。当時の委員長職は先任権に基づいて選任されたため，南部諸州の選出議員は先任権を得やすかった。1950年代においては，19の下院委員会のうち9の委員長が南部民主党の議員だった（Sinclair [2006]）。そして，当時の連邦議会では，最大派閥である中西部など農村部の保守的共和党，北部と西海岸の穏健派共和党，各地のリベラルな民主党と南部の保守的な民主党の4大勢力の合従連衡によって，政治が動いていた。どのグループも単独では法案を成立させられないため，

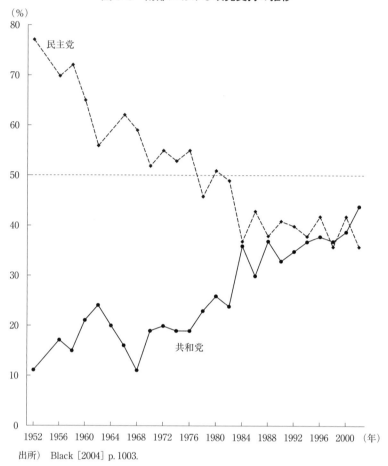

図3-3 南部における政党支持の推移

出所) Black [2004] p. 1003.

妥協や交渉，中道派へのアピールが日常的に行われていた（Pildes [2011] pp. 288-289）。

　しかし，1960年代以降の公民権運動，とりわけジョンソン政権による公民権法の制定は，民主党に対する保守的な南部白人の強い反発を招いた。その一方，南部黒人が民主党支持層としてアメリカ政治に大挙して参入した。図3-3は，南部における政党支持率の推移を示している。1952年における共和党支持率はほぼ10%，民主党支持率は80%近くを占めていたが，その後，民主党支持率は80年代に入るまで傾向的に低下し，逆に傾向的に上昇した共和党支

持率と拮抗するようになったことが読み取れる。「堅固な南部」の解体は，地域政治の集合体としてのアメリカ政治の最終的な消滅でもあった。これを契機に，「保守主義対リベラリズム」というイデオロギー的対立軸に沿った政治的再編が進行していく（Pildes［2011］）。

4　議会・党組織改革と政策プロセスの流動化

　1970年代における議会改革を担ったのは，下院民主党の若手リベラル議員たちだった（中村［1992］）。彼らは，南部出身の保守的な委員長がリベラルな法案の成立を執拗に妨害することに対し不満を高めていた。リベラル派の民主党議員は1950年代末から党内グループを結成し，議会改革をめざす運動を進めた。彼らの活動は1970年代に結実し，委員長選出の民主化やその権限の制限を目的とする一連の議会や党組織の改革が進んだ。第1に，各委員会の委員長や筆頭委員を年功のみで選出するルールが緩和され，さらに，秘密投票によって委員長を解任できるようになった。第2に，小委員会の自律性を強化するために小委員長職の兼任が禁止され，古参議員による小委員長職のたらい回しができなくなった。第3に，党内での民主主義と凝集性を強化するため，院内幹事（whip）制度が拡充された。これにより，多くの議員が幹事に任命され，党指導部と一般議員との間での情報交換や意見集約の役割を果たすようになった（Sinclair［2006］）。その一方で，党指導部が議事日程や委員会人事を支配するようになり，指導部の意向が党全体に強く反映するようになった（Rohde［1991］）。

　また，民主・共和両党で，政党組織の歴史的変化が進行した。かつての政党では党指導部が議員候補者を選出し，優先的な政治課題を決定していた。しかし，候補者が予備選で選出されるようになり，候補者は，一般党員，とりわけ積極的に政治活動に参加する活動家の支持がなければ議員候補にすらなれなくなった。活動家の多くは特定の問題に強い関心をもち，一般の有権者よりも極端な政治的見解をもつ。こうして，以前と比べると格段に多様化した意見が無政府的に議会に持ち込まれるようになっていった（Layman, Carsey and Horowitz［2006］）。また，テレビCMやダイレクト・メールなどの普及によって候補者が直接有権者に支持を訴えられるようになり，選挙戦も党中心から候補者中心に変化した。こうして政党は，かつてのボス支配による階層的組織から，個々の政治家を支持する活動家やアドボカシー団体のネットワークに変質した

(Masket [2013])。政治家の忠誠心は所属政党ではなく，自分を支持するネットワークに向けられ，彼らの政党に対する自律性は高まった（岡山 [2015]）。

さらに，政党と外部の民間団体との関係も変化した。1960年代以降，女性の権利や中絶，環境問題など特定の論点をめぐって市民が自発的に組織したアドボカシー団体が台頭した。これらのアドボカシー団体は，既存の利益団体である財界団体や労働組合とは異なり，経済問題に限定されず，特定のイデオロギーと高度な専門的知識に基づいた単一の争点を追求した。そして，アドボカシー団体の台頭と議会の分権化に促され，高度な専門知識をもつ議会スタッフや政府職員，アドボカシー団体のメンバーが緩やかに結びついたイシュー・ネットワークが形成された。イシュー・ネットワークは既存の鉄の三角形の外に形成され，その開放性や流動性の点で固定的な利益団体に独占された「鉄の三角形」とは対照的な性格をもった（Heclo [1978]，砂田 [1988]）。

アメリカ市民社会の歴史的変容を研究したシーダ・スコッチポルによれば，かつて，アメリカ市民の政治や社会への参加は，地元コミュニティでのつながりを基礎に，全国レベルで組織された自発的結社を通じて促されていた。しかし，1960年代以降の公民権運動やフェミニズム運動，環境運動などの新しい社会運動の台頭を背景に，専門的な知識に基づきそれらの新しい権利を主張するアドボカシー団体が増加し，影響力を強めた。これらのアドボカシー団体は小規模だが熱心な活動家によって組織され，それぞれの主張を政策に反映させるため，連邦政府や議会に対する直接的な働きかけを進めた。このため，「鉄の三角形」を構成する業界団体や労働組合などの影響力は相対化された（Skocpol [2003]）。

以上にみたように，1960年代以降，議会の制度改革や党組織の変化，アドボカシー団体の台頭やイシュー・ネットワークの形成によって，「制度化した多元主義」の解体が進み，政策形成プロセスの流動化と開放化が進行した。このような政策形成プロセスの変容を背景に，アメリカ政治の組織原則としてのニューディール・コンセンサスは衰退した。議会における権力の分散，既存の政党や利益集団への帰属意識の衰退によってアメリカ政治の流動化が進み，当時のアメリカ政治は「砂の中の連合形成」だと指摘された（King [1978]）。

5 保守主義運動の台頭

アメリカにおける保守主義は，ニューディール体制下でのリベラリズムの圧

倒的な優位に押され，長らく周辺的な地位に置かれていた。1964 年に共和党保守派のバリー・ゴールドウォーターが大統領候補に指名されるが，公民権法に反対する差別主義者というレッテルを貼られて歴史的な大敗を喫した。しかし，ゴールドウォーターの敗北は民主党の牙城だった南部に共和党が進出するきっかけとなった。そもそも，ゴールドウォーターが公民権法に反対したのは人種問題への連邦政府の介入を問題視したためであり，人種差別それ自体には反対していた。こうしてゴールドウォーターは，小さな政府の実現をめざす保守主義の立場から人種問題にアプローチする論理を提起し，共和党が南部民主党を吸収する端緒を切り開いた。

同じ時期，保守主義は思想の面でも大きな飛躍を遂げていた。それまでは保守主義の内部でも，個人の自由を最優先するリバタリアニズムと，倫理や宗教の遵守を求める伝統的保守主義とが対立しており，1 つの政治運動としてまとまることはなかった。こうした分裂状況を問題視した元ジャーナリストのフランク・メイヤーは保守主義運動の統一を求める融合主義（fusionism）を提起した。融合主義によれば，伝統主義の求める道徳的秩序の実現は，リバタリアニズムの主張する自由な社会があって初めて可能になる。ゆえに，連邦政府の権限の拡大をめざすリベラリズムこそが共通の敵だということになる。融合主義は，それまでバラバラに存在していた保守主義運動を 1 つの政治運動として結びつけ，具体的な政治問題に関与させるきっかけとなる一方，リベラリズムに対する敵対的性格をもたせるものとなった（中岡［2004］）。

こうして，アメリカ社会の傍流でしかなかった保守主義は，ニューディール体制の打倒をめざす本格的な政治運動に変貌していった。その後，第 1 に，ヘリテージ財団やケイトー研究所など，政策志向の保守主義シンクタンクが相次いで創設された。これら保守的シンクタンクは，技術的・中立的な調査研究を進めてきたそれまでのシンクタンクとは異なり，保守主義活動のための知的インフラとしての使命を与えられ，保守的な政策提言にとどまらず，政治・宣伝活動をも活発に行った。こうして，保守主義の政策立案能力は飛躍的に強化された（Smith［1990］）。第 2 に，草の根レベルでの保守運動も着実に広まった。1979 年には宗教右派を共和党に動員するための政治団体であるモラル・マジョリティが設立され，瞬く間に勢力を拡大し，南部の保守層の動員に成功した（飯山［2013］）。

こうして台頭した保守主義運動の集大成となったのが，1981 年におけるレ

ーガン政権の成立だった。レーガン政権は，小さな政府や強いアメリカ，といった体系的な保守イデオロギーを提示し，伝統的保守主義者やリバタリアン，反共右翼などの多様な保守主義の潮流をレーガン支持層として糾合することに成功した。そして，マネタリズムやサプライサイド・エコノミクスといった新たな経済理論に基づく体系的な経済政策であるレーガノミクスによって，それまでのケインズ経済学に基づく経済政策からの政策転換を進めようとした。そして，インフレーション克服のための金融政策の転換，税制改革などには成功したが，社会保障制度改革などの小さな政府を実現するための改革には失敗し，かえって財政赤字を急増させてしまった。このため，レーガノミクス最大の成果は，実際の政策革新ではなく，経済政策に対する国民の認識を変えたことにあるという指摘がある。すなわち，景気循環に合わせた経済の微調整から，長期的な経済成長の実現というビジョンへの転換である（Boskin [1987]）。

　レーガン政権は「連邦政府こそが国の経済・社会問題を解決できる」というニューディール体制下のコンセンサスを解体することには成功したが，議会を支配する民主党の牙城に阻まれ，小さな政府の実現にはほとんど手をつけられなかった。こうして，保守主義運動の関心の焦点は連邦議会の奪取に移った。1990年，共和党保守派を率いるニュート・ギングリッチが下院院内幹事に当選した。ギングリッチは民主党との対決姿勢を強め，体系的な政策綱領「アメリカとの契約」を発表し，選挙区への利益誘導政治を重視する民主党や穏健派共和党議員を攻撃した。そして，1994年中間選挙の際，共和党下院議員候補者の全員が「アメリカとの契約」に署名した（吉原 [2005] 64頁）。この選挙で共和党は上下両院で多数派を獲得する大勝利を収め，「アメリカとの契約」の実現をめざしてクリントン政権および議会民主党との全面対決を開始した。

　ギングリッチは，議会の制度と運営の両方の側面で党派的な政策プロセスを実現していった。まず，制度については「アメリカとの契約」を実現するために委員長の権限を縮小し，党指導部に権限を集中した（廣瀬 [2004] 150頁）。次に，共和党指導部が各種の圧力団体と直接結びつくために，「木曜会」を創設した。木曜会では，共和党と協力関係にある各種の圧力団体との意見交換が行われたが，参加するには「アメリカとの契約」の全項目に賛成する必要があった（吉原 [2005]）。議会運営の面では，すべての適切な修正条項が認められるオープン・ルールから，担当委員会以外からの修正条項はすべて禁止されるクローズド・ルールでの審議を増加させた。その結果，自党の結束を高めて，

民主党との妥協を拒否する党派的採決が増加した（Sinclair［2006］）。

　ギングリッチの党派的な議事運営に対し，民主党は強く反発した。まず，ギングリッチの保守的プログラムに反対し，議題設定能力を奪い取るためにメディアを積極的に活用した。共和党の提出した法案に対し，多数の修正条項を提出し，逐一メディアに取り上げさせ，穏健派の共和党員に圧力をかけた。さらに，共和党の後を追って圧力団体との関係を集約したため，政府外の圧力団体のレベルでも党派政治による分断が進行した（Sinclair［2006］）。

　こうして，民主・共和両党は，政党間での党派的対立と政党内でのイデオロギー的凝集性を強め，政策プロセスが党派的な性格を強めた。アメリカではもともと，組織化・集権化された近代政党は存在しなかった。しかし，1994年の共和党多数派議会成立以降，党内での議員の政策選好が均質化する一方で，政党間での選好の異質化が進行することによって，擬似的な政党政府が出現した。デイビッド・ロードはこうした擬似的政党政府を条件付き政党政府と呼んだが（Rohde［1991］），保守とリベラルとの激しいイデオロギー対立こそが擬似的政党政府を成立させた条件であった。

　さらに，議会での激しい党派対立の結果，クリントン政権が議会との協調関係を構築することも困難になった。逆に，議会共和党が大統領に対しても対決姿勢で望んだ結果，大統領も党派的なアクターとして位置づけられ，大統領の交渉や説得などの政治的行動それ自体が共和党からの強い反発を招くようになった。こうして，1994年の共和党多数派議会の成立以降，開放的かつ党派的な政策形成プロセス，すなわち「流動化した多元主義」が本格的に始動した。

2　「流動化した多元主義」の特徴

　本節ではまず，政治的分極化のもとでの一般国民の政治行動の特徴を分析し，経済的利益だけではなくイデオロギーやアイディアといった主観的要因の役割が大きくなっていることを示す。次に，政策形成プロセスにおける主観的要因の役割を強調する「アイディアの政治」の議論を整理する。第3に，アメリカにおける党派政治の特徴を民主・共和両党の異質性にみる「非対称なイデオロギー対立論」を紹介し，その含意を分析する。最後に，以上の議論を踏まえ，「流動化した多元主義」の特徴を分析する。

1 政治的分極化のもとでの政治行動

　まず，政治的分極化のもとでの政治行動の特徴について，既存の研究を整理しておく。第1に，イデオロギーとしての保守主義とリベラリズムは多様な論点で対立しているが，実は教育レベルの高い一部の有権者を除き，国民の多くは自らが関心をもつ特定の論点には深くコミットするが，それ以外の論点には関心も一貫性ももたない。つまり，一般国民はさまざまな政治問題に対しイデオロギー的に一貫した態度を保持していない。他方，1970年代の議会改革で，議員候補者が予備選挙で選出されるようになり，党指導部が候補者選出や党のアジェンダに対する支配力を失った。こうして，多様な活動家やアドボカシー団体がさまざまな課題を所属政党に無政府的に持ち込めるようになった。政党は数多くの政治課題を1つの政策パッケージにまとめようとするが，個々の有権者はその一部は支持するものの，その他の課題については関心をもたない。そして，活動家の要求に応じて政党の政策パッケージはさらに拡大していく。このような状況を，ジェフリー・レイマンとトーマス・カーシーは「争点拡大」と名づけた（Layman and Carsey [2002]）。

　第2に，アメリカ国民の多くは自らの一般的なイデオロギー的立場を保守主義だと考えているが，個々の社会問題については政府の対応を要求する。彼らがこのような一貫性のない態度をとる理由は，2つの競合するイデオロギーを異なる問題に対応するために選択的に受容しているためである。すなわち，象徴的なレベルで政治を考える場合には保守主義を選択し，特定の社会プログラムが問題になる場合はリベラリズムを選択している。このような一貫性のない立場は「運用リベラリズム」といわれるが，その含意は，多くの一般国民は直面する政治問題に対応して，保守主義にもリベラリズムにも動員されうる流動的な中間層になっていることである（Ellis and Stimson [2011]）。

　第3に，政治争点のフレーミングである。政治エリートは，複雑な争点についてのわかりやすい解釈枠組みを提示して世論の支持を獲得しようとする。フレーミングとは，世論を有利に変化させるために提示する解釈枠組みをさす（坂部 [2005] ②163〜166頁）。今日，民主・共和両党は重要な政治争点についての魅力的なフレーミングを提示して，流動化した中間層を自陣営に引きつけようと激しく争っている。そして，重要な政治課題や他党の失敗に対して説得的なフレーミングを提示できれば，少なくとも一時的には多くの有権者を引きつけ，支持率や得票に結びつけることができるようになった。とはいえ多くの

場合，現実の政策選択の幅はそれほど大きくはない。しかし，保守主義とリベラリズムの両陣営によるフレーミング競争によって，政策のわずかな差異が誇張され分極化をいっそう強化しがちである一方で，フレーミングの効果も一時的なものにとどまることが多い（藤木［2008］）。

　以上のように，今日の政治的分極化のもとでは多様な政治的争点が保守対リベラルというイデオロギー対立に振り分けられ，無政府的に組み込まれていく争点拡大が進行している。そして，政治に深く関わらない一般有権者は抽象的には保守的イデオロギーを支持するが，自らの関心のある社会問題については政府による対応を求める運用リベラリズムの立場に立つ。したがって，民主・共和両党は個々の政治問題についての知識が乏しい有権者に対し，わかりやすく魅力的なフレーミングを提示し，彼らの支持を得るために激しく争うことになる。

　このように，今日のアメリカ政治では経済的な関心には直接左右されない政治行動が一般化しており，政策形成プロセスの究明に際しても，イデオロギーやアイディアといった主観的要因を組み込んだ分析が不可欠である。こうした事態の背景となったのは，「連邦政府こそが国の経済・社会問題を解決できる」というニューディール・コンセンサスが1970年代以降に解体したことである。その解体は，①ニューディール期以来の経済成長の停滞，②製造業の衰退とこれに伴う労働組合の弱体化，③（逆説的だが）戦後の経済成長によって一定の豊かさが実現し，人々が経済的価値だけではなく，人権や文化，宗教や環境などの精神的・非物質的価値の実現を求めるようになったこと，などがあげられよう（King［1978］，古矢［2006］）。

2　アイディアの政治

　アイディアの政治とは，政策形成プロセスを，経済的な利害の漸進的な調整過程だと前提して分析する多元主義の理論に対し，制度や政策の劇的な転換を説明するための理論である。この立場に立つ論者は，そうした劇的な転換を媒介する要因として，イデオロギーや政策アイディアなどの主観的な要因に注目する。政策アイディアに関する研究の嚆矢は，ピーター・ホールによる「政策パラダイム」の提起である。ホールは，政策に関するイデオロギーやアイディアは階層構造をなしており，個々の政策手段や目標は政策パラダイムのなかで位置づけられ，機能すると主張した。そして，政策の変化には，①政策手段

を調整するレベル，②政策手段を変更するレベル，③政策目的，政策手段，設定基準すべてを変更するレベル，という3つのレベルがあるとした。アメリカの党派政治においては，個別の政治的論点が保守主義やリベラリズムという抽象的なイデオロギーに振り分けられ，組み込まれる争点拡大が進行している。ホールの議論は，こうしたアメリカ政治の現状，とりわけ政策分析に際して有益な視点を提供するものである（Hall [1993]）。

また，政策形成プロセスにおけるアイディアの役割に注目した議論としては，ジュディス・ゴールドスタインとロバート・コヘインの研究がある。ゴールドスタインとコヘインによれば，政策アイディアには，①政策の方向性を指し示す道路地図，②政策アクターを一点に収斂させる準拠点，③過去の政策アイディアが定着しアクターの認識や行動を拘束する制度化，の3つの役割があるという。1960年代以降，アメリカ政治においては多様なアドボカシー団体が台頭し，また，議会や政党の制度改革によってアドボカシー団体の多様な意見が容易に政党内に浸透するようになった。ゴールドスタインとコヘインの議論は，多様な政治アクターを1つにまとめあげる政策アイディアの役割に光を当てたものである（Goldstein and Keohane [1993]）。

以上の議論をまとめておこう。アイディアの政治は，政策形成プロセスにおけるアイディアの機能や役割に注目し，政策の劇的な転換を分析する理論である。今日の政策プロセスでは，イデオロギー的な党派対立の影響が大きくなっており，経済的利益の漸進的な調整過程としてのみ分析するのでは不十分である。

アイディアの政治の見地からは，抽象的かつ一般的な「リベラリズム」あるいは「保守主義」というパラダイムに個々の政策アイディアが位置づけられ，それぞれのパラダイムを支持する政治アクターがアイディアの実現に動員されることになる。他方，アイディアの政治は，既存の政策パラダイムから新たな政策パラダイムへの転換という劇的な政策プロセスを想定している[2]。これに対し，現代アメリカ政治の場合，政治の分極化，すなわち，2つの拮抗するパラダイム対立による政策プロセスの停滞が問題視されている。次に，この後者の問題について検討しよう。

3 二大政党制と非対称なイデオロギー的対立

対立する政策パラダイム，すなわち敵対的な二大政党制は政策プロセスにど

のような影響を与えるのか。この問題は，敵対的な二大政党制は民主主義や統治の質にどのような影響を与えるのか，という観点から研究が積み重ねられてきた。第1に，二大政党制批判論，すなわち，二大政党制は政権交代のたびに反対党の既得権益や支持基盤のつぶし合いになるために社会を疲弊させるとする議論がある。二大政党制批判論では，とりわけ「既得権益の打破」を唱える新自由主義政策は敵対的な二大政党制に適合的だとされる（吉田［2009］130〜134頁）。他方，敵対的な二大政党であっても妥協や合意は可能だとする議論もある。この議論では，まず，多数党が国民の支持を安定的に維持するためには，さまざまな個別利益を国政に反映させる「代表の論理」と，政策課題に効率的に対処する「統治の論理」とをバランスさせなければならないとされる。代表の論理のみに拘泥すれば，大統領や反対党の強い反発を受けて法案の生産性が低下し，国民の支持を失う。したがって，二大政党制であっても妥協や合意は可能であるということになる（待鳥［2009］46〜50頁）。

　これらの議論は，いずれの二大政党も，自党の支持基盤のために効率的な政策形成を進めようとする点で同質的な政党を想定している。これに対し，近年，民主・共和両党のイデオロギーや行動様式，関連団体の機能的異質性に注目した議論が提起されている。たとえば，砂田は「小さな政府」というイデオロギーで結束する保守派と，イデオロギーの戦いでは敗北を認めて社会保障やメディケアなど世論の支持を得られる既得権擁護で結束するリベラルとを対照させ，保守主義とリベラルとのイデオロギー対立は非対称であると指摘している（砂田［2012］107〜110頁）。そこで，以下では，民主党と共和党との非対称なイデオロギー対立をより包括的に検討したマット・グロスマンとデイビッド・ホプキンスの議論をやや詳細に整理していきたい。

　グロスマンとホプキンスによれば，今日の党派対立は理念や組織の面で非対称な対立である。まず，民主党は，個別の社会問題や経済的利益を追求する利益集団の連合体であり，それぞれの集団が政府の具体的行動や政策を要求し，その実現のための妥協や調整を受容する。民主党支持層は，新たな政策や法案の成立を党の業績と考えるため，民主党多数派議会では法案の生産性が高い。そもそも，新たな政策は，通例，政府の責任や予算，規制を拡大するためリベラリズムのイデオロギーに適合的であり，重要な法案や政策変更は民主党多数派議会において実現することが多い。他方，民主党には多様な利益団体全体をまとめるイデオロギー的統一には欠ける。

これに対し，共和党は「小さな政府の実現」というイデオロギー的目標で結束し，イデオロギー的な基準で政策を評価する。このため，既存の政策の縮小や新法案の阻止，政治の行き詰まりをも「成果」とみなすことがある。たとえば，第53代下院議長のジョン・ベイナーは，成立した法案数が議会の成功の尺度だとする既成概念を捨てるべきと公言した[3]。共和党は常に原則や教義への忠誠を求める圧力のもとにあり，妥協や調整を嫌い，象徴的・抽象的な法案を重視する傾向がある。

　グロスマンとホプキンスによれば，民主党と共和党の党派政治は非対称なイデオロギー対立であり，政策プロセスの機能不全もそれぞれの政党の特異な組織原理による。共和党は哲学的には一貫したビジョンを打ち出せるが，個別具体的な政策的解決を求める声には対応できず，個々のプログラムの縮小にもほとんど成功しない。他方，民主党は，提出した個々の法案が支持団体の個別利益にすぎないと評価された場合，全体としては保守化した国民多数の反発を受ける恐れがある。このため，両党ともに効果的な統治の実行に大きな困難を抱えている（Grossmann and Hopkins [2014a] [2014b]）。

4　「流動化した多元主義」の特徴

　最後に，これまでの議論に基づき「流動化した多元主義」の特徴をまとめておく。第1に，今日の政策形成プロセスは，保守とリベラルとのイデオロギー対立に規定されている。したがって，行政府と上院，下院のそれぞれをどちらの政党が支配しているのかがまず問題となる。これら3つの主要な政策形成の場を1つの政党が支配した場合，政策アジェンダの劇的な転換がもたらされる。他方，どれか1つでも別の政党が支配している場合，政策形成は停滞しやすい。ただし，実際にはそれぞれの支配的な政策アクターが政党間，また行政府と議会との間でどのような戦略をもって政策を実現しようとするのかによって大きく左右される。この点では，共和党は個別具体的な問題解決に対応できず，民主党は個別の利害を超えた理念を打ち出せないことが多い。このため，どちらの政党が多数党になっても安定的な政策形成は困難であり，また，双方の議論はそもそも噛み合いにくい。さらに，分極化の進展によって，大統領も党派政治の一翼を担う政治アクターだと認識されるようになったため，大統領が積極的なイニシアティブをとれば議会の反発を招きやすく，そうなれば政策形成プロセスが停滞して無党派層の支持を失い，自らの支持率を低下させてしまう

(松本［2009］)。結局，多数党や大統領が自らの野心的な改革を進めようとするが，世論の支持や党内の求心力を失って政策プロセスを停滞させ，その後の選挙で多数党が交代するというパターンが繰り返されることになる。

　第2に，個々の政策課題のイデオロギー的位置づけの問題である。ある議題が保守対リベラルの理念的対立において重要な問題であると認識された場合，その問題は激しい党派政治に巻き込まれることになる。他方，その問題がイデオロギー対立上，周辺的な重要性しかもたないと判断された場合は，直接的な利害関心をもつ政策アクター間での利害調整，すなわち，「制度化した多元主義」によって政策が形成される。ただし，後者のような論点は漸減している。

　第3に，激しい党派対立を戦うためには，魅力的な政策アイディアやフレーミングを提示し，より多くの民間団体や国民世論を自党に引きつけなくてはならない。民主・共和両党は，議会の調査スタッフやシンクタンクなどの強力な政治的インフラストラクチャーを活用し，国民や民間団体の要求を積極的に汲み上げ，活発な政策アイディア競争を繰り広げている。このように，党派対立は政治の停滞を生み出すが，その一方で，政策プロセスの開放性とも相まって，多様な政策アイディアの創出を促している。

3　「流動化した多元主義」の展開

　本節では，ここまでの議論をもとに党派的・開放的な政策プロセスの実際の展開を簡潔に整理していく。具体的には，①保守勢力を糾合し，体系的な保守イデオロギーを提示したレーガン政権，②民主党中道派でありながら，敵対的な議会共和党との対決を強いられたクリントン政権，③政権も議会も保守派が支配したブッシュ（子）政権，④オバマ政権を対象に，それぞれの政権における全般的な政策形成プロセスの特徴と，財政政策と通商政策における主要な政策事例を取り上げる。

1　レーガン政権

　レーガン政権は保守主義イデオロギーに基づく体系的な政策パラダイム，レーガノミクスを提示した。戦後のアメリカにおける経済政策はケインズ主義，すなわち，経済の安定と雇用の維持のために政府が経済を適切に調整するという考え方に基づいていた。これに対し，レーガン政権はインフレーションを抑

制して力強い経済成長を実現するために,抑制的な金融政策,減税と税制改革,支出抑制と国防費の増額,規制緩和などの政策を進めようとした。ケインズ主義が経済への対処療法にすぎなかったのに対し,レーガノミクスは魅力的なビジョンとそのための体系的な政策手段を提示し,経済政策に対する国民的合意を変え,保守主義のイデオロギー的優位を築いた(Boskin[1987])。

しかし,表 3-1 (75 頁)に示されるように,議会での勢力は,上院では 2 期 8 年のうち 6 年は共和党が多数派を占めたが,下院は一貫して民主党が多数党の座を占めており,また,民主・共和両党ともに,妥協や取引を志向する伝統的な議員が数多く残っていた。このため,金融政策の転換や税制改革,軍事費の増額などには成功したが,支出削減,とりわけ社会保障の削減を議会に否決され,財政赤字を拡大させてしまった。こうして,財政赤字の削減が最重要の政策課題の 1 つとなるが,現実的な解決の第一歩は政権と議会両党幹部との超党派による 1987 年の予算サミット合意によってもたらされた(河音[2006] 86～87 頁)。

同様に,通商政策分野においても,深刻化する貿易赤字問題や諸外国との貿易摩擦問題に対応するために,1988 年包括通商・競争力強化法が成立するが,下院での採決は 376 対 45,上院では 85 対 11 という圧倒的な多数派の支持を得ている。これらの重要法案が議会超党派の合意により成立したことは,レーガン政権期の政策形成プロセスは制度化した多元主義的性格を色濃く残すものであることを示しており,そのゆえに,限界はありつつも大統領の大胆な政治的リーダーシップが発揮されえた。

2 クリントン政権

当初のクリントン政権は,保守派のイデオロギー的優位に挑戦するため,保守主義でもなくリベラリズムでもない「第 3 の道」を提起する民主党中道派が主導した。彼らはニュー・デモクラッツ(new democrats)を名乗り,アメリカ国民が経済のグローバル化や産業構造の変化に対応できるよう,経済成長と公共投資の拡大,医療保険改革を通じた積極的な支援策を打ち出した。しかし,巧妙なフレーミングによる政策パラダイム転換の試みは,政権が政策の目玉として進めた医療保険改革が世論と議会の反発で頓挫し,その後の中間選挙で共和党が 40 年ぶりに上下両院で多数党となる大勝利を収めたことにより,あえなく挫折する。ギングリッチ下院議長を中心とする共和党指導部は党派的な議

事運営によって，選挙綱領「アメリカとの契約」に掲げた諸改革，とりわけ減税と支出削減を強行しようとした。しかし，ギングリッチの強力なリーダーシップもクリントン政権の巧みな対応によって急速に弱体化する。

政権は民主党からも共和党からも一定の距離を置き，議会が成立させた法案のうち受け入れ可能な部分を調整して超党派の合意形成を図り，独自のポジションを確立して政策形成のイニシアティブを議会から奪おうとした。財政政策においては，財政赤字削減という論点では共和党と歩調を合わせつつ，個別の支出削減については拒否権を発動して対決し，政策形成プロセスの停滞の責任は共和党にあると世論にアピールした（河音［2006］）。こうしたクリントン政権の議会戦略は，民主・共和両党とは異なる3つめの政治的位置を確立する「三角戦略」（triangulation）といわれ，党派的な政策形成プロセスへの優れた対応策だと評価されている。

議会の分極化や大統領の党派アクター化にみられるように，クリントン政権期において「流動化した多元主義」が本格的に始動した。しかし，保守主義とリベラリズムとのイデオロギー対立に位置づけられない政策課題の場合，それがたとえ重要な論点であっても党派的な政策プロセスは成立しない。たとえば，2000年に中国のWTO加盟の前提となる対中恒久最恵国待遇付与法案が議会で成立するが，同法案への賛成票は，下院では共和党164，民主党73，上院では共和党46，民主党37であり，超党派で成立している。また，審議の内容についても，中国の市場アクセスや人権状況の監視，中国への武器移転の制限などの多様な論点が個別に調整され，法案に盛り込まれていた。つまり，「制度化した多元主義」の性格を強くもつものだった（藤木［2011］）。

3　ブッシュ（子）政権

ブッシュ（子）政権期においては，2期8年の任期のうち最初の6年間，行政府と上下両院を共和党が支配した。強固な政治基盤を背景に，ブッシュ（子）政権は減税による小さな政府の実現，さらには年金，医療，住宅など，従来は社会政策の対象とされた分野における個人所有を促進するオーナーシップ社会構想を掲げ，保守主義改革の完成をめざした。そして，こうした野心的な政策を実現するため，支持基盤強化戦略（base strategy）と呼ばれるきわめて党派的な政治戦略を強行した。支持基盤強化戦略とは，アメリカ社会の二極分化を前提に，選挙に向けて中間層を切り崩して保守の基盤を固め，僅差での

勝利を確実に得ようとする戦略である。3つの主要な政策形成の場をすべて支配し，さらに，2001年の同時多発テロやその後のイラク戦争による高い支持率を得ていた政権だからこそ採用しえた強硬策といえよう。

通商政策においても，アメリカ政府が諸外国との貿易自由化交渉を進めるための貿易促進権限を含む2002年通商法が成立するが，下院では215対212という僅差での党派的採決となった。ただし，2002年通商法の政策プロセスでは，民主党が強く求めてきた労働および環境問題に関する規定の一部がごく少数の民主党議員との妥協の結果として取り上げられたが，民主党も党派的姿勢を強めており，同党からの支持拡大には寄与しなかった。

しかし，一見強固な政治基盤に基づく強硬策は長続きしなかった。早くも再選後の2005年半ばにオーナーシップ社会構想が世論の批判を受けて挫折し，最初の躓きとなる。さらにその後，イラク戦争の泥沼化などの失敗を重ねた結果，政権と議会共和党の支持率は急落した。さらに，減税策の一方で財政支出の抑制には失敗したため，小さな政府をめざす保守派は内部で分裂し，ブッシュ（子）政権は野心的な保守主義改革を進める推進力を失ってしまう。こうして，2006年の中間選挙で共和党は敗北し，上下両院で多数党の座を民主党に明け渡す。その後のブッシュ（子）政権は，議会民主党との協調関係を新たに構築して政策形成のイニシアティブを回復しようとしたがうまくいかず，支持率を歴代最低レベルにまで落として急速にレイムダック化した（藤木［2008］）。ブッシュ（子）政権は，一貫したビジョンのゆえに具体的な政治的解決策を見出せないという保守主義の典型を示す政権だった。

4 オバマ政権

オバマ政権は，イラクやアフガニスタンでの秩序回復や2008年金融危機への対応など，前ブッシュ（子）政権の積み残した課題を引き継いで登場した。当初，保守とリベラルの和解を訴えるオバマには国民的人気があり，また，上下両院で民主党が多数派を占めていたため政治基盤も強固だった。オバマは史上最大規模の景気対策法案や医療保険改革，金融制度改革など，リベラル色の強い法案を次々に成立させた。これに対し共和党は強く反発し，これらの法案はほぼ民主党議員しか賛成しない党派的な採決で成立した。さらに，草の根レベルでもティー・パーティ運動が組織され，オバマ政権に対する抗議行動を開始した。結局，オバマ政権も共和党との党派的対立をさらに激化させ，とくに

目玉法案とした医療改革法案の政策プロセスを著しく停滞させてしまった。また，雇用の回復もはかばかしくなく，政権に対する支持率も下落した。これらの結果，2010年の中間選挙で民主党は敗北し，下院多数党の座を共和党に明け渡した（藤木・河音［2012］）。

　2010年の選挙の敗北により，オバマ政権は自ら望む政策課題を進められなくなった。財政再建を求める世論を背景に，歳出削減による再建を主張する共和党と増税を通じた再建を求める政権および民主党は激しく対立し，政策形成プロセスは麻痺状況に陥った。2011年には共和党が債務上限の引上げを拒否し，国債のデフォルトを人質にする形で歳出削減を要求した。2013年には歳出法案が成立しなかったために一部の政府機関が一時閉鎖された。こうした政治の停滞に対する国民の批判を受けてオバマ政権の支持率も低迷し，2014年の中間選挙では，ついに上院でも共和党が多数党となった。オバマは，自らの政治的リーダーシップのゆえに，大統領の党派アクター化をよりいっそう推し進めてしまったといえよう。

　その後，財政政策では民主・共和両党間での調整がまとまらなかった結果，歳出削減が機械的に強制されて財政再建が進んだ（安井［2014］）。また，通商政策では上下両院で共和党が多数派を占めたことにより，それまで議会民主党の反対で審議の進まなかった貿易促進権限法案が8年ぶりに成立した。しかし，これらの大きな成果も，「流動化した多元主義」のもとでの政治の停滞という現状に何らの変化ももたらさなかった。

おわりに——評価と展望

　本章では，アメリカにおける「決められない政治」を，「制度化した多元主義」から「流動化した多元主義」への歴史的変容という観点から検討し，その形成過程や特徴，実際の展開についての先行研究をレビューした。ニューディール期に成立した「制度化した多元主義」は，①南部民主党の解体に伴う政治的再編成の進行，②1970年代における議会・党組織改革と政策形成プロセスの開放化・流動化，③保守主義運動の台頭と連邦議会の分極化によって衰退し，90年代半ば以降，「流動化した多元主義」に変容した。

　「流動化した多元主義」の肯定的な評価としては，第1に，党内民主主義の進展があげられる。幹事システムの普及によって一般議員でも自らの意見を表

明し，委員会や指導部もそれらの意見に留意するようになった。また，予備選のオープン化によって一般党員の多様な要求が党内に浸透しやすくなった。

　第2に，一般国民に対する説明責任の強化である。民主・共和両党は，自党の政策を強力かつ明確に主張し，有権者にわかりやすい選択肢を提示するようになった。このため，選挙の際にどのような政策を期待し，それが実現したか否かについての責任，つまり政治的な委任関係も明確化した。

　第3に，より長期的な視野でアメリカ政治をみた場合，そもそも，多数の中間派の支持する政策が本当に望ましいものであったのか，という問題がある。奴隷制の廃止やニューディールなど，アメリカ政治史における歴史的な成果はその時点での中道派が支持する政策ではなかった。したがって，多数派が支持するのか否かという基準だけではなく，経済的効率性や分配の正義といった別の基準でも政策を評価すべきではないかという指摘もある（Epstein and Graham [2007]）。

　次に，否定的な評価としては，第1に，少数意見の徹底的な排除と政策形成の停滞，という問題がある。そもそも，アメリカの政治制度は分権的に設計されているため，政策形成を効率的に進めるためには圧倒的多数派による合意の形成が必要になる（Mann and Ornstein [2012]）。たとえば，上院では5分の3，すなわち60票以上の賛成が得られなければ，反対派の議員はフィリバスターによって審議を停止させ，その法案を廃案に持ち込める。したがって，制度的には少数派の排除は困難であり，超党派の合意がなければ政策形成プロセスが停滞しやすい。しかし，「流動化した多元主義」によって超党派の合意形成が妨げられ，政策形成が滞るようになった。

　第2に，激しい党派政治によって，政治から長期的視野が失われていることを問題視する指摘がある。それぞれの議員は，とりわけ下院では2年という短い任期で選挙を戦わなくてはならない。したがって，長期的な経済成長や健全な財政を犠牲にして，短期的な実績を優先するインセンティブが働く（Hubbard and Kane [2013]）。しかも，民主党は既存の政府プログラムの死守で譲らず，共和党は歳出削減抜きの減税を主張して対立しているため，財政赤字問題やその原因となっている社会保障などの政府プログラムは放置されがちで，他方，経済成長や新たな経済社会問題に対応するための新規のプログラムに取り組むインセンティブが存在しない（Friedman and Mandelbaum [2011]）。

　第3に，本章ではほとんど議論できなかったが，対外政策も党派政治に巻き

込まれた結果,行政府への超党派の支持が失われ,アメリカの対外的影響力を弱体化させる一因となっている。本章では通商政策の一部の事例を検討したが,民主党は行政府への貿易促進権限の委譲を認めないため,アメリカの通商政策を停滞させる主要因になっている。対外政策への党派政治の波及は通商政策にとどまらない。一般に,共和党は軍事力による問題解決を志向し,民主党は多国間協調による対応を選好する。双方が対外関与のあり方をめぐって党派的に争った場合,アメリカの対外政策からは一貫性が失われ,対外的な信頼を大きく損ねることになる(Kupchan and Trubowitz [2007])。

政治的分極化に関する多くの先行研究では,政治アクターとしての大統領の役割が軽視されている。しかし,大統領は演説や記者会見,教書の発表などを通じて政治的課題を設定したり,民主・共和両党の指導部や関係する議員と交渉したりして,自らの重視する法案の成立をめざそうとする。こうした大統領の政治的影響力は,法律や制度で定められたものではなく,それぞれの大統領の威信や政治戦略,支持率などに支えられた非制度的パワーであり,理論的に分析しにくい。しかし,第3節で検討したように,とりわけ重要な政策については,その法案の成否を左右するほどの影響力を発揮してきた。こうした大統領の非制度的なパワーについて,緻密な実証研究を積み重ねていくことが今後の研究課題の1つであろう。

今日における政治的分極化の背景は,1960年代以降のアメリカ政治の発展,すなわち,経済成長と福祉国家を前提としたニューディール・コンセンサスの解体により,既存の政党や利益団体がその影響力を相対化させる一方で,新しい社会運動を牽引するリベラリズムとそれに反発する保守主義のアドボカシー団体が台頭し,政策形成プロセスの民主化と分極化が進行したことにある。こうした長期的なプロセスの帰結である以上,党派政治の克服を訴えて当選したオバマがいっそうの分極化を促してしまったことが示すように,個々の大統領の取組みや制度改革では打開の見込みはない(Pildes [2011])。

他方,経済に目を転じると,この間,所得格差の拡大や中間層の縮小といった変化が進行した。しかし,アメリカ経済が抱えるこれらの深刻な問題に,「流動化した多元主義」はこれまでのところ適切に対応できていない。2016年の大統領予備選は,共和党ではホワイトカラー層の支持を得た不動産王のドナルド・トランプが,民主党では「民主社会主義者」を自称するバーニー・サンダースが若年層の支持を得て台風の目となった。いずれも以前は党員ですらな

かった非主流派の候補であり，両党の主流派とはかけ離れた主張を掲げているため，この予備選では「既成政治家対アウトサイダー」が重要な争点となっていた。そうしたアウトサイダーが有力候補の一角を占めているということそのものが，「流動化した多元主義」の開放性とその綻びを示しているとも考えられよう。では，こうした綻びは，よりいっそうの「決められない政治」をもたらすのであろうか，それとも硬直した政治からの脱却の第一歩となるのであろうか。

注

1) 1960年代以降のアメリカの政治的再編成の評価については膨大な論争がある。国内における代表的な見解としては，①決定的な政治的変化は発生せず，今日の秩序を「分裂的政治秩序」だと評価する見解（古矢 [2006]），②決定的選挙や新たな優位政党ではなく，主要な争点の交代と政党支持基盤の変化こそが再編成の本質だとする見解（飯山 [2013]），③共和党主導の再編成が進行中であるとする見解（坂部 [2003]）などがある。
2) たとえば，Blyth [2002] では，1970年代以降のケインズ主義からマネタリズムへの経済政策思想の転換過程が分析されている。
3) "… we should not be judged on how many new laws we create. We ought to be judged on how many laws we repeal. We've got more laws than the administration could ever enforce." 2013年7月21日のCBSのニュース番組 Face the Nation でのインタビューに答えての発言。

参 考 文 献

秋吉貴雄 [2007]『公共政策の変容と政策科学――日米航空輸送産業における2つの規制改革』有斐閣。
飯山雅史 [2013]『アメリカ福音派の変容と政治――1960年代からの政党再編成』名古屋大学出版会。
岡山裕 [2011]「政党」久保文明編『アメリカの政治（増補版）』弘文堂。
岡山裕 [2015]「アメリカ二大政党の分極化は責任政党化につながるか」日本比較政治学会編『日本比較政治学会年報第17号 政党政治とデモクラシーの現在』ミネルヴァ書房。
河内信幸 [2005]『ニューディール体制論――大恐慌下のアメリカ社会』学術出版会。
河音琢郎 [2006]『アメリカの財政再建と予算過程』日本経済評論社。
河音琢郎 [2008]「現代アメリカ経済政策を分析する視角」河音琢郎・藤木剛康編『G. W. ブッシュ政権の経済政策――アメリカ保守主義の理念と現実』ミネルヴァ書房。
河音琢郎・藤木剛康編 [2008]『G. W. ブッシュ政権の経済政策――アメリカ保守主義の理念と現実』ミネルヴァ書房。
坂部真理 [2003, 2005, 2006]「アメリカにおける『政党システム』の再編――『ポスト』リベラリズム的公共哲学の模索」①～⑦『名古屋大学法政論集』第197, 208～212, 214号。
鈴木透 [2003]『実験国家アメリカの履歴書――社会・文化・歴史にみる統合と多元化の軌跡』慶應義塾大学出版会。
砂田一郎 [1988]「アメリカ利益集団政治の変容と多元主義論――1960～80年代」『行動科学研究』第27号。
砂田一郎 [2004]『アメリカ大統領の権力――変質するリーダーシップ』中央公論新社。

砂田一郎［2012］「アメリカ政治におけるイデオロギー対立の非対称性──現状と歴史的背景」『学習院大学法学会雑誌』第47巻第2号。
中岡望［2004］『アメリカ保守革命』中央公論新社。
中村泰男［1992］『アメリカ連邦議会論』勁草書房。
廣瀬淳子［2004］『アメリカ連邦議会──世界最強議会の政策形成と政策実現』公人社。
藤木剛康［2008］「G. W. ブッシュ政権の経済政策と新政策への展望」河音琢郎・藤木剛康編『G. W. ブッシュ政権の経済政策──アメリカ保守主義の理念と現実』ミネルヴァ書房。
藤木剛康［2011］「アメリカの通商政策と中国のWTO加盟──対中関与政策とは何か」『歴史と経済』第53巻第2号。
藤木剛康・河音琢郎［2012］「政治システム」藤木剛康編『アメリカ政治経済論』ミネルヴァ書房。
古矢旬［2006］「概説」アメリカ学会編『原典アメリカ史 8 衰退論の登場』岩波書店。
待鳥聡史［2009］『〈代表〉と〈統治〉のアメリカ政治』講談社。
松本俊太［2009, 2010］「アメリカ連邦議会における二大政党の分極化と大統領の立法活動」①②『名城法学』第58巻第4号，第60巻第1～2号。
松本俊太［2010］「オバマ政権と連邦議会──100日と200日とその後」吉野孝・前嶋和弘編『オバマ政権はアメリカをどのように変えたのか──支持連合・政策成果・中間選挙』東信堂。
安井明彦［2014］「米国における財政健全化」『フィナンシャル・レビュー』第120号。
吉田徹［2009］『二大政党制批判論──もうひとつのデモクラシーへ』光文社。
吉原欽一［2005］『現代アメリカ政治を見る眼──保守とグラスルーツ・ポリティクス』日本評論社。
渡辺将人［2008］『見えないアメリカ』講談社。
Barber, Michael and Nolan McCarty [2013] "Causes and Consequences of Polarization," Jane Mansbridge and Cathie Jo Martin eds., *Negotiating Agreement in Politics: Report of the Task Force on Negotiating Agreement in Politics*, American Political Science Association.
Beer, Samuel H. [1978] "In Search of a New Public Philosophy," Anthony King ed., *The New American Political System*, American Enterprise Institute.
Bell, Peter [2014] "The Chasm in the Center of Congress," *National Journal*, February 6.
Black, Merle [2004] "The Transformation of the Southern Democratic Party," *The Journal of Politics*, Vol. 66, No. 4.
Blyth, Mark M. [1997] "Any More Bright Ideas?: The Ideational Turn of Comparative Political Economy," *Comparative Politics*, Vol. 29, No. 2.
Blyth, Mark M. [2002] *Great Transformations: Economic Ideas and Institutional Change in the Twentieth Century*, Cambridge University Press.
Boskin, Michael J. [1987] *Reagan and the Economy: The Successes, Failures and Unfinished Agenda*, Institute for Contemporary Studies.（野間敏克監訳，河合宣孝・西村理訳［1991］『経済学の壮大な実験──レーガノミックスと現代アメリカの経済』HBJ出版局）．
Davidson, Roger H. [1990] "The Legislative Reorganization Act of 1946," *Legislative Studies Quarterly*, Vol. 15, No. 3.
Ellis, Christopher and James A. Stimson [2011] "Pathways to Ideology in American Politics: the Operational-Symbolic 'Paradox' Revisited".
Epstein, Diana and John D. Graham [2007] "Polarized Politics and Policy Consequences," *Occasional Paper*, RAND Cooperation.
Ferguson, Niall [2013] *The Great Degeneration: How Institutions Decay and Economies Die*, Penguin Books.（櫻井祐子訳［2013］『劣化国家』東洋経済新報社）．
Friedman, Thomas L. and Michael Mandelbaum [2011] *That Used to be Us: How America Fell Behind in the World It Invented and How We Can Come Back*, Farrar, Straus and Giroux.（伏

見威蕃訳［2012］『かつての超大国アメリカ——どこで間違えたのか どうすれば復活できるのか』日本経済新聞出版社）．

Goldstein, Judith and Robert O. Keohane [1993] "Ideas and Foreign Policy: An Analytical Framework," Goldstein and Keohane eds., *Idea and Foreign Policy: Beliefs, Institutions, and Political Change*, Cornell University Press.

Grossmann, Matt and David A. Hopkins [2014a] "The Ideological Right vs. the Group Benefits Left: Asymmetric Politics in America," 2014 Annual Meeting of the Midwest Political Science Association.

Grossmann, Matt and David A. Hopkins [2014b] "Policy Making in Red and Blue: Asymmetric Partisan Politics and American Governance," American Policical Science Association 2014 Annual Meeting Paper.

Hacker, Jacob S. and Paul Pierson [2005] *Off Center: The Republican Revolution and the Erosion of American Democracy*, Yale University Press.

Hall, Peter [1993] "Policy Paradigm, Social Learning, and the State: The Case of Economic Policymaking in Britain," *Comparative Politics*, Vol. 25, No. 3.

Heclo, Hugh [1978] "Issue Network and the Executive Establishnment," Anthony King ed., *The New American Political System*, American Enterprise Institute.

Hubbard, Glenn and Tim Kane [2013] *Balance: The Economics of Great Powers from Ancient Rome to Modern America*, Simon and Schuster.（久保恵美子訳［2014］『なぜ大国は衰退するのか——古代ローマから現代まで』日本経済新聞出版社）．

Kernell, Samuel [1997] *Going Public: New Strategies of Presidential Leadership*, CQ Press.

King, Anthony [1978] "The American Polity in the Late 1970's: Building Coalitions in the Sand," Anthony King ed., *The New American Political System*, American Enterprise Institute.

Kravitz, Walter [1990] "The Legislative Reorganization Act of 1970," *Legislative Studies Quarterly*, Vol. 15, No. 3.

Kupchan, Charles A. and Peter L. Trubowitz [2007] "Dead Center: The Demise of Liberal Internationalism in the United States," *International Security*, Vol. 32, No. 2.

Layman, Geoffrey C. and Thomas M. Carsey [2002] "Party Polarization and 'Conflict Extension' in the American Electorate," *American Journal of Political Science*, Vol. 46, No. 4.

Layman, Geoffrey C., Thomas M. Carsey and Juliana Menasce Horowitz [2006] "Party Polarization in American Politics: Characteristics, Causes and Consequences," *Annual Review of Political Science*, Vol. 9.

Lowi, Theodore J. [1969] *The End of Liberalism: Ideology, Policy, and the Crisis of Public Authority*, W. W. Norton.（村松岐夫監訳［2004］『自由主義の終焉——現代政府の問題性』木鐸社）．

Mann, Thomas E. and Norman J. Ornstein [2012] *It's Even Worse Than It Looks: How the American Constitutional System Collided with the New Politics of Extremism*, Basic Books.

Masket, Seth [2013] "The Networked Party: How Social Network Analysis Is Revolutionizing the Study of Political Parties," Raymond J. La Raja ed., *New Directions in American Politics*, Routledge.

Neustadt, Richard E. [1991] *Presidential Power and the Modern Presidents: The Politics of Leadership from Roosevelt to Reagan*, Free Press.

Pildes, Richard H. [2011] "Why the Center Does Not Hold: The Causes of Hyperpolarized Democracy in America," *California Law Review*, Vol. 99, No. 2.

Rohde, David W. [1991] *Parties and Leaders in the Postreform House*, The University of Chicago Press.

Schattschneider, Elmer Eric [1960] *The Semisovereign People: A Realist's View of Democracy in*

America, Holt, Rinehart and Winston. (内山秀夫訳 [1972]『半主権人民』而立書房)。

Sinclair, Barbara [2006] *Party Wars: Polarization and the Politics of National Policy Making*, University of Oklahoma Press.

Skocpol, Theda [2003] *Diminished Democracy: From Membership to Management in American Civic Life*, University of Oklahoma Press. (河田潤一訳 [2007]『失われた民主主義——メンバーシップからマネージメントへ』慶應義塾大学出版会)。

Smith, James A. [1990] *The Idea Brokers: Think Tanks and the Rise of the New Policy Elite*, Free Press. (長谷川文雄・石田肇訳 [1994]『アメリカのシンクタンク——大統領と政策エリートの世界』ダイヤモンド社)。

第4章

葛藤するエネルギー多消費社会
―― 環境エネルギー政策の成立と模索 ――

小林健一

はじめに

アメリカでは1960年代に環境保護運動が盛り上がり，70年代にマスキー法など多くの環境保護立法が制定された。また，カーター大統領のエネルギー政策も需要抑制を基調とする画期的なものであった。こうして，アメリカは1970年代に現代的な環境保護政策やエネルギー政策を成立させ，これらの分野で世界をリードしていたのである（Vig and Faure [2004] p.17）。

しかし，アメリカは地球温暖化問題を取り上げた1992年のリオ・サミットにおいて消極的な姿勢を示し，2001年に京都議定書離脱を宣言すると，環境保護政策において決定的に消極的と思われるようになった。建国期以来，広大な国土を手に入れたアメリカ人は，事実上，エネルギー資源は無限であると考えてきた（Katz [1984] p.5）。そのため，アメリカ経済社会にはエネルギー多消費的な製造工程，製品，そして消費様式が深く組み込まれている。このようなアメリカは環境保護政策やエネルギー政策の本格的展開に際して，多くの困難を抱えざるをえない。事実，最近のアメリカの環境保護政策について，多くの研究書がその「行き詰まり」（gridlock）を指摘している（Klyza and Sousa [2008] p.xiv, Rabe [2010] pp.16-19）。日本でも多くの研究者がアメリカの環境保護政策の停滞を指摘している[1]。

本章では，こうした研究状況を踏まえ，1960年代までの環境保護運動の盛り上がり（第1節）が，環境エネルギー政策を成立させた（第2節）が，1990年代以降は環境エネルギー政策の推進派と反対派がせめぎ合っていること（第3節）を記述し，「おわりに」において停滞する環境エネルギー政策を打開する

可能性を探りたい。

なお，本章では環境保護政策とエネルギー政策を同時に論じるので，両者の関係に触れておく。積極的な環境保護政策と，供給（生産）を重視しすぎるエネルギー政策は対立するが，需要（消費）を抑制し再生可能エネルギーを育成するエネルギー政策は調和しやすい。したがって，レーガン政権以来の共和党のエネルギー政策は積極的環境保護政策と対立し，カーター政権以来の民主党のエネルギー政策は積極的環境保護政策と調和しやすいと整理される。

1 環境保護運動の発展

1 環境保護運動の2大源泉

アメリカの環境保護運動の源泉は，主に2つあるといわれている（Gottlieb [2005] chap. 1-2)。その1つは，1890年頃からの革新主義期に現れた自然保護運動である。19世紀の公有地関係法のもと，とくに西部で広大な土地が鉄道会社，放牧業者，木材・石材会社，投機業者の手に渡り，乱開発が大きな問題となっていた。そこで，1891年に「一般改正法」が制定され，一部の公有地は払い下げるのではなく，連邦所有のままに据え置き適切な管理を行うことになった。それらの管理に関し，国立公園にみられるように保護を重視する自然保護運動と，自然の「賢い利用」を強調し資源の効率的管理と最大限の生産を追求する資源保全運動が対立した（Andrews [2006] pp. 104-106)。

資源保全運動は，河川の水量を調節できる河川ダム建設事業，科学的森林管理をめざす国有林事業，連邦公有地の使用をめぐる放牧業者の競争・紛争を適切な方法で管理する国有林リース事業などを推進した。これらは公有地全体の資源管理問題に発展し，のちに河川流域の水，森林，放牧地などの資源を一体的に開発管理するという構想に発展していった（Hays [1959] chap. V-VI)。資源保全運動はセオドア・ローズヴェルト政権に強く支持され，河川開発構想が推進されたが，権限が連邦政府の資源保全行政機関に集中することを恐れた連邦議会の反発により，実現されなかった。この資源保全運動と対立した自然保護運動は，国立公園などを拡張していくのに成功し，現代的な環境保護運動の直接の源流となる。初期の自然保護団体として，シエラ・クラブ（1892年創設)，全米オーデュボン協会（1905年創設）が創設されている。

環境保護運動のもう1つの源泉は，都市工業化に伴う工場内外における公害

問題への反対運動にあった。19世紀末から20世紀初頭にかけて，鉄鋼，ゴム，そして化学工業のような新産業が拡大し，それらの工場からの廃棄物が人間と環境に大きな被害をもたらした。主に東部，中西部の工業都市で，水質汚染，下水汚濁，そして煤煙などの大気汚染が拡大した。

こうした問題に対処しようと新しい社会運動が生まれ，地方自治体，州政府，そして連邦政府に「公衆衛生」を改善する委員会や部局を新設するように働きかけた。この社会運動には専門化していこうとする潮流と，社会改革を志向する潮流が混在していた。1912年に連邦政府に「公衆衛生局」が新設されると，公衆衛生専門家の地位が高くなり，科学を応用した水質改善策などが実践に移されていった。煤煙などの大気汚染問題でも，専門家たちが煤煙を削減する方法を提案することが主流となった。こうした専門化によって，社会改革に一貫して取り組むという姿勢がこの社会運動から失われていった（Gottlieb [2005] pp. 88-89, 92-97）。しかし，第2次世界大戦後は新たな環境問題が激化し，再び，社会改革を求める環境保護運動を推進し始めるのである。

環境保護運動はこうした2大源泉から生じてきたが，ニューディール期には河川流域開発が大不況脱出への対策として大規模に実施された。まず，1933年のテネシー川流域開発公社の設立は，水運改善，洪水管制，水力発電，再植林などを中心に，農業の近代化と工業発展による雇用創出という長期的な農村地域政策となった（小林 [1994] 212～214頁）。北西部ではコロンビア川が開発対象流域となり水運改善，灌漑，水力発電が大規模に行われ，ボンネビル電力管理庁が1937年に設立された。南西部では，1937年にコロラド川流域開発事業の開始が決まったが，これは乾燥農地のために灌漑用水の貯水池を造成し，近郊都市に電力を供給するための事業であった。翌年，建設が始まったが，完成には1950年代までかかるほどの大事業となった（Lowitt [1993] pp. 82-88, 157-171）。

これまでの時期には自然保護運動は資源保全運動より弱く，公害反対運動は公衆衛生運動より弱かった。自然保護運動や公害反対運動はそれぞれ，まだ，主流として大きくは登場できなかったが，しだいに大きく成長を遂げ，合流して環境保護運動になるのである。

2　第2次世界大戦後の経済的社会的変化

アメリカで現代的な環境保護運動が台頭するのは1950～60年代であるが，

ここではその原動力となった第2次世界大戦後の経済的・社会的変化について述べる。第2次世界大戦後になると，持続的な経済成長がみられ，国民の所得水準や生活水準が高くなった。必需品の需要は満たされ生活が安定すると，国民は次に「生活の質」を求めるようになった。この生活の質には環境の質が含まれていた（Hays [1987] pp. 4-5）。1957～65年頃，多くの国民は国有林や国立公園などでのアウトドア・レクリエーションに大きな価値を置くようになっていた。こうした動きに対して，連邦議会は「アウトドア・レクリエーション資源検討委員会」を1958年に設置し，同委員会の62年報告書はジョンソン政権に大きな影響を与えたという。それまでは価値を置かれていなかった森林や湿地帯に，国民の生活にとって新たな価値が置かれるようになった（Hays [1987] pp. 24, 54）。

これら自然保護運動が台頭するなかで，工業発展がもたらす環境悪化についても，とくに大気と水質の汚染について関心が高まった。大気汚染は，いち早く西部の諸都市で自動車排ガスを原因とするものとして大きな社会的関心を呼んだ。水質汚染については，工場からの廃水の流出が河川の水質を汚染し，魚類が死んでいるのが漁民によって報じられた。ちょうど，このような時期，1962年にレイチェル・カーソンの『沈黙の春』が出版された。同書は，人間にとっては有益である殺虫剤が水系に浸透し，魚や鳥たちに摂取され，それらの絶滅に至るというエコロジーの破壊を訴えるものであった。『沈黙の春』はアメリカ社会に甚大な影響を与え（Gottlieb [2005] pp. 121-127），自然保護運動が公害反対運動と合流し，環境保護運動に発展したのだった（Andrews [2006] pp. 202-203）。

1960年代以降には，自然保護運動の草分けであるシエラ・クラブや全米オーデュボン協会という自然保護団体に加えて，環境防衛基金，自然資源防衛評議会のような環境訴訟団体も形成された。また，環境問題に関係するさまざまな専門家をかかえ，政策提言能力をもつ団体も出てきた。なかには圧力団体のようにロビー活動を行い，さまざまな環境立法を勝ち取るほど影響力をもつ環境保護団体も出てきたのである[2]。このことは，自然保護運動が大きく成長し変質したことを意味していた。

3 現代的環境保護運動の台頭

1950年代から現代的な環境保護運動が台頭してくるが，その1つの契機と

なったのは南西部のコロラド川流域のエコー・パーク・ダム論争であった。1937年に始まったコロラド川流域開発事業は，40年代に10のダム・貯水池からなるコロラド川貯水池プロジェクトに発展していた。そのなかの1つ，エコー・パーク・ダムが造成されると，ダイナソア国立記念公園の一部が水没してしまうことになる。反対派も多かったにもかかわらず，内務長官は建設を推し進めようとした。そこで，最大級の自然保護団体，シエラ・クラブとウィルダネス協会が協力して反対運動を展開した。1955年，全体の計画からエコー・パーク・ダムを削除するという妥協案が提示され，翌年，この妥協案が立法化された[3]。

ウィルダネス協会やシエラ・クラブは，エコー・パーク・ダム論争での一定の勝利に刺激された。この成果を一般化しようと，ウィルダネス協会などは連邦政府の国有林などのなかに一部設定されていた「ウィルダネス地域」をいっそう広げようと「ウィルダネス保存法」の制定を狙った。「ウィルダネス地域」とは，国有林のなかに生態系の維持のため，あるいは大自然をそのままの状態で保存しレクリエーションを追求するために，厳格な保護下に置かれた地域のことである。当時，国有林ではこうした「ウィルダネス地域」指定を解除してまで，木材生産を増加させようとする動きがあり，自然保護団体はこれに危機感を募らせた。一方で，「ウィルダネス地域」に指定されると人間の経済活動は全面的に禁止されるので，木材産業，放牧業，鉱業従事者，そして商業会議所がその指定に猛烈に反対した。自然保護派は地道なロビー活動を進めて産業界との妥協を見出す努力をし，何度も法案を修正し，ようやく1964年に「ウィルダネス保存法」の制定を勝ち取った。国有林のうちの54地域，合計910万エーカーが「ウィルダネス地域」に指定されたのである（Nash [2015] pp. 221-226, 大田 [2000] 239〜245頁）。エコー・パーク・ダム論争や「ウィルダネス保存法」の制定は，資源開発に対して，自然保護主義が一定の歯止めをかけ始めたことを意味したのである。

他方，都市公害問題はどのような展開を遂げていたのか。大気汚染問題に絞ってみてみよう。1940年頃から，ロサンゼルス市などにおけるスモッグ問題が，過去の工場煤煙に代わる新しい大気汚染問題として登場してきた。当初，原因が何であるかわからなかったが，ロサンゼルス郡の強い主張により，1947年にカリフォルニア州大気汚染防止法が制定された（Krier and Ursin [1977] pp. 52-62）。その後，炭化水素と酸化窒素は太陽光が当たると光化学反応を起

こし，目に悪いスモッグになるという調査研究が有力となった。1955年に最初の連邦レベルの大気汚染防止法ができたが，その責任は州政府や地方自治体にあり，連邦政府は調査研究を行うだけとされた。つまり，大気汚染問題は地域の問題であり，連邦政府の政策課題ではないと判断されたのである。1957年頃には光化学スモッグの主な原因が，自動車の排気ガスであることがわかってきたが，自動車産業はそれを十分には受け入れなかった（Krier and Ursin [1977] pp. 80-82, 89, 108）。

1953年頃から，ロサンゼルス市議会はスモッグを問題視する市民の要請を受け，州政府や連邦政府に支援を要求し始めていた。ついで，カリフォルニア州は1959年に新立法を行い，60年までに同州の大気質基準を設定することを公表した。自動車排ガスについても，炭化水素と酸化窒素の排出基準が設定された。こうした動きを受けて，連邦政府も1963年大気汚染防止法を制定した。この頃，連邦上院議員エドマンド・マスキーは熱心に環境問題に取り組み，1964年に全国で公聴会を開いた。全国の大都市に広がる大気汚染問題を知ったマスキーは，自動車排ガス規制を重要と考え法案を提出した。これが1965年自動車大気汚染防止法であり，68年新車から自動車排ガス規制を導入した。ただし，技術的可能性と達成の経済的コストを考慮した緩やかな規制水準になっていた。こうして，ロサンゼルス市から始まった大気汚染防止運動は，全国レベルの大気汚染防止政策を実現したのである（Krier and Ursin [1977] pp. 118, 120, 128, 172, 174-175）。

現代的な環境保護運動は，資源保全主義による資源開発ではなく自然保護主義を受け継いだのであり，また，公害反対運動を受け継ぎ，しばしば数値目標を伴う政府規制，しかも，連邦レベルでの政府規制を求めるという特徴をもっていた。

2　1970年代の環境エネルギー政策の成立

1　環境保護政策の成立

環境保護運動は1960年代から成果を勝ち取り始め，さらに勢いを増した[4]。たとえば，カリフォルニア州は大気汚染規制を強化しようとし，1967年，新立法によって大気資源委員会を設置した。この大気資源委員会はカリフォルニア州をいくつもの大気質地区に分け，6つの汚染物質について大気質基準（濃

度）を設定した。カリフォルニア州の動きは大気汚染防止の機運を高め，連邦議会は1967年に「大気質法」を制定した。その焦点は，自動車や工場などの全国排ガス基準であった。同法制定において自動車排ガス基準が最も激しい論戦の対象となったが，カリフォルニア州は連邦政府が否定しなければ連邦規制基準より厳しい規制基準を設定できる免除権限（exemption）を与えられた（Krier and Ursin［1977］pp. 177-184, 190）。このことは，のちに絶大な影響を及ぼすことになる。

連邦の1967年「大気質法」がカリフォルニア州により厳しい規制基準を認めたことは，ただちに同州のいっそうの動きを促した。つまり，カリフォルニア州はさらに厳しい基準を含む「1968年純正大気法」を制定したのだった。同州大気資源委員会は6つの汚染物質についての大気質基準（濃度）の設定に加え，さらに自動車排ガス，つまり炭化水素，一酸化炭素，そして酸化窒素について，1972年新車からそれぞれの排出基準を設定した（Krier and Ursin［1977］pp. 184, 186, 190）。これはその後の連邦レベルの大気汚染防止立法のモデルになり，カリフォルニア州が大気汚染防止法において全国の先陣を切ったのである。

カリフォルニア州の新立法の2年後，連邦議会は同法に類似した「1970年大気汚染防止改正法」を制定した。これが「マスキー法」である。その特徴は，第1に，全国統一の大気質基準（濃度）を設定したこと，第2に，自動車排ガスについて，炭化水素と一酸化炭素は1975年までに70年水準から90％削減するように，酸化窒素は76年までに71年水準から90％削減するように義務づけたことであった。非常に厳しい基準であり，マスキー法は以前の「技術的可能性と達成の経済的コストを考慮する」という姿勢から大転換した。健康を優先し技術が不十分である場合，技術を開発しなければならない「強制的技術革新」（technology forcing）という姿勢をとっていて，これがマスキー法の際立った特徴とされた（Krier and Ursin［1977］pp. 204-205）。第3に，1967年大気質法と同様に，カリフォルニア州は連邦政府が否定しなければ連邦基準より厳しい基準を設定できるという「免除権限」を与えられたことである。こうして，大気汚染規制は「マスキー法」によって著しく厳しくなったのであり，同法はアメリカの環境保護政策のシンボルになった。

この時期には大気汚染規制ばかりではなく，全国で環境保護問題への関心が大いに盛り上がり，それほど関心をもっていなかったニクソン政権であっても

表4-1　1964～96年の画期的環境保護立法

1964年	ウィルダネス保存法	1976年	有害物質管理法
1968年	全国街道保存法	1977年	水質汚染防止法
1968年	自然景観河川法	1977年	大気汚染防止改正法
1969年	国家環境政策法	1977年	露天掘り管理回復法
1970年	大気汚染防止改正法	1980年	アラスカ土地法
	（通称，マスキー法）	1980年	包括的環境対処・補償・責任法
1972年	沿岸域管理法		（通称，スーパーファンド法）
1972年	連邦環境殺虫剤管理法	1982年	放射性廃棄物政策法
1972年	連邦水質汚染防止法	1984年	資源保全回復改正法
1972年	海洋ほ乳動物保護法	1986年	飲料水安全改正法
1973年	絶滅危惧種保護法	1986年	スーパーファンド改正法
1974年	飲料水安全法	1988年	水質汚染防止改正法
1976年	連邦土地政策・管理法	1988年	海洋投棄禁止法
1976年	魚類保全管理法	1990年	大気汚染防止改正法
1976年	国有林管理法	1994年	カリフォルニア州砂漠保護法
1976年	資源保全回復法	1996年	食品品質保護法

出所）Klyza and Sousa［2008］pp. 36-37 より作成。

対応せざるをえなくなっていた。1969年には「国家環境政策法」が制定され，環境諮問委員会も新設された。また，1970年には「環境保護庁」が新設された（Whitaker［1976］pp. 27, 48, 52-56）。当時，アメリカの環境保護政策は世界をリードしていたのである。

さて，大気汚染防止政策については，環境保護庁が「マスキー法」に基づき，71年4月に全国統一の大気質基準（濃度）を公表し，同年半ばに75/76年自動車新車モデルの排ガス基準を公表した。しかし，自動車会社はこれを不服として，排ガス基準の実施を1年間延期することを要求した。環境保護長官がその要求を却下すると，自動車会社は裁判所に提訴し，裁判所は環境保護庁に差し戻し再検討するように促した。そこで，環境保護長官は排出基準の適用を1年間延期し，同時に連邦レベルでもカリフォルニア州でもより緩やかな暫定排出基準を設定するよう決定した（Krier and Ursin［1977］pp. 234-235）。

その後，マスキー法のもとで定められた自動車排ガス基準の実施は4度にわたって延期され，緩やかな暫定基準の実施が行われたにすぎない。マスキー法のもとでの厳しい自動車排ガス基準が実施されるのは，「1990年大気汚染防止改正法」になってからである。それでもマスキー法の衝撃はきわめて大きく，世界の自動車産業は環境技術を開発せざるをえなくなった。1970年代は自動車排ガス規制ばかりではなく，表4-1に示すように画期的な環境立法が次々と

制定され，ここに環境保護政策が成立したのである。

ここでアメリカの環境立法の特徴を指摘するとすれば，それは，しばしば数値目標を含む厳しい規制を行い，連邦政府が否定しなければ，カリフォルニア州や，のちにその他の州に連邦基準より厳しい基準を設定することを認めている点であろう。

2　現代的エネルギー政策の成立

1973〜74年の第1次石油ショックは世界各国に，とくにエネルギー多消費社会のアメリカに強い衝撃を与えた。この石油ショックに対してニクソン政権は，インフレ対策として開始されていた物価統制の一環としての石油価格の統制を維持しつつ，石油をはじめとするエネルギー資源の供給を大胆に増やす政策を追求した。続くフォード政権は石油価格統制をやめ，石油の輸入に対して課徴金や税金を課することによって，国内石油価格を世界石油価格に近づけ，石油消費を抑制しつつ，石油生産を増加させようと提案した。フォード政権は世界石油価格に合わせた，つまり「市場メカニズム」を利用した価格政策によって，石油生産を拡大しようとしたのだった。しかし，民主党が優勢な連邦議会はこのフォード提案を退け，1975年に石油価格統制を継続するエネルギー法を制定し，新しい政策を創出する機会を失った。

これに対して1977年に発足したカーター政権は，アメリカがエネルギー多消費社会であるという反省のうえに，初めてエネルギー消費抑制を基調とする現代的なエネルギー政策を掲げた。この政策構想は，5本の法律からなる包括的な「1978年全国エネルギー法」に結実した。

このカーター・エネルギー政策の第1の特徴は，たとえば燃費の悪い自動車に対する特別課税や，昼時間帯と夏期に電力料金を高く設定する「ピークロード料金制度」の導入などによって，エネルギー保全を「価格メカニズム」によって実現しようとしたことである。

第2の特徴は反対が強かった石油・天然ガス価格統制の撤廃について，段階的な撤廃という道を選んだことである。当時，石油は価格統制されており，二重価格制になっていた。つまり，新規に生産された「新石油」の価格は高く維持され，以前から生産されてきた「旧石油」の価格は低く統制されていた。全体としては石油価格を低く抑えたいが，石油の増産を図るために新たに生産される「新石油」に限って高価格を認めていたのであった。そこで，カーター政

策は「新石油」の価格を世界市場価格に近づけ，「旧石油」の価格については「原油平衡税」によって段階的に世界市場価格までに引き上げ，消費を抑制しつつ石油生産者に帰属する超過利潤を政府が吸収しようとしたのである。当時，「原油平衡税」は実現しなかったが，1980年になって同様の趣旨の「原油超過利潤税」が制定された。

また，天然ガスも価格統制されていたが，石油とほぼ同様に，新規に生産された天然ガスの価格を，上昇しつつある石油価格と同等の水準にまで引き上げ，以前から生産されてきた天然ガスについては，1985年から規制緩和するという「天然ガス対策法」を制定した。天然ガス価格引上げを実現した同法は，天然ガス生産を刺激し，天然ガスが大きな役割を果たすようになった最近のエネルギー情勢の出発点となったのである。

第3の特徴は，電力産業の発電分野を自由化し，小型でも発電効率の高いコージェネレーション（熱電併給方式であり，たとえば，天然ガスを燃焼させ，直接タービンに吹き込んで回転させ発電し，その排熱を工場，ビルなどで利用する効率的な発電方式を指す）や，再生可能エネルギー（renewable energy；地熱，バイオマス，風力，太陽光，小水力など）発電事業者の参入を有利にして，育成しようとしたことである。このことにより，カリフォルニア州などが熱心に取り組み，現在のように発展する契機となったのである。

カーター・エネルギー政策は石油ショックに直面し，アメリカで初めて，包括的で，しかも消費抑制と新エネルギー育成を基調とした現代的エネルギー政策であった。もちろん，カーター政権期だけで当初の目標を達成できたわけではなく，20年以上を要してようやく，天然ガスや小型天然ガス発電が主流の座を獲得できたのである。再生可能エネルギーの育成という点では30年後の2000年代末にようやく成果が出てきたにすぎない。しかし，カーター・エネルギー政策は，石油の調達政策などに限られていたかつてのエネルギー政策を一変させ，消費を抑制し再生可能エネルギーを育成する現代的エネルギー政策の「原型」ないし「出発点」になったといえよう[5]。

3　レーガン「反革命」

新自由主義を掲げるレーガン政権が発足すると，環境エネルギー政策も大きく転換した。まず，エネルギー政策について，レーガンは大統領に就任すると，まもなく行政命令によって石油価格の統制撤廃を宣言した。天然ガス価格は

1985年に統制撤廃になることになっていたが，新発見される天然ガスの価格は早めに統制撤廃されることになった．レーガンは石油・天然ガスの価格自由化を早めることによって，それぞれの価格が上昇し，大規模な開発投資が進むことを期待したのだった（Katz［1984］pp. 156, 164）．

さらにレーガンは石油・天然ガス増産のため，連邦所有地，あるいは海底の埋蔵地の利用を民間リースに開放し，その面積は8億7500万エーカーに及んだ．レーガンは化石燃料だけでなく原子力発電も推進し，原発の運転許可が出るのに著しく時間がかかるのを改め，迅速に運転許可を出すよう指示した．さらに使用済み核燃料の処分を政府が引き受け，1970年計画以来，棚上げになっていた高速増殖炉の建設も推進した[6]．他方，レーガンはエネルギー保全政策，人造燃料開発，そして再生可能エネルギーの育成には非常に冷淡であり，これらに対する予算はことごとく削減された．

レーガンのエネルギー政策は，いろいろな諸規制を取り払って民間企業ができるだけ活動しやすくし，エネルギー生産に大規模な開発投資を誘発することであった．レーガンにとってカーターのような「全国エネルギー法」は望ましくなく，エネルギー保全政策は個人の犠牲を，経済成長の抑制を，そしてアメリカと資本主義の暗い将来を意味するのであった（Katz［1984］pp. 164, 168）．

レーガンの環境保護政策は，それまでの成果をことごとく葬り去ろうとするものであった．環境保護庁や内務省の長官に反環境主義の人物を任命し，環境保護規制の緩和に着手させたのである．たとえば，経営危機にあえいでいた自動車産業を救済するための排気ガス規制の緩和，殺虫剤登録（生産許可）制度，化学産業の新生産プロセスの通知義務，新工場設備の許可制度，そしてガソリンの含鉛量削減の規則の変更を含んでいた．これらは産業界への規制緩和の希望アンケートの回答に沿って，政府が政策課題として取り上げたものであった（Lash et al.［1984］pp. 18-29）．

レーガン政権がアメリカ経済を規制緩和するための決定的な突破口だと考えたのは，とくに「大気汚染防止改正法」であった．それが自動車や工場・発電所という経済の根幹部分を厳しく規制し，経済活動に大きな制約を加えてきたと考えたからであろう．そこで，同政権は同法を改正し，大気質基準の廃止，コスト・ベネフィット分析の適用，自動車への触媒コンバーターの装着の廃止，自動車排ガス基準の廃止などをしようとした．しかし，挫折したのである．なぜなら，世論調査では86%の人々が大気汚染防止政策を弱める必要はないと

答えていたからである。連邦議会に設置されていた大気質全国委員会もまた，レーガン政権の要求する改正は必要なく，若干の微調整があればよいという見解を表明した（Vig and Kraft［1984］pp. 228-232）。

そこで，レーガン政権は同法改正を諦め，自動車業界の要望に応えて法律上可能な限り環境に関する規制緩和を行おうとした。たとえば，重量トラックに対する排ガス基準を緩和して触媒コンバーターを装着しないで済むようにするなどである。ところが，規制緩和を強引に進めるレーガン政権の環境保護長官と内務長官が連邦議会の強い反発によって，1983年には辞任に追い込まれた。こうして，一方的に環境保護政策が縮小されるという雰囲気ではなくなった。レーガン政権は大統領選挙で地滑り的勝利を果たしていた過信から，世論が環境保護規制を基本的に支持していることを見逃したのである。

1970年代に本格的な環境保護政策とエネルギー政策が成立し，不備な点もあるものの体系的な政策を形成し始めた。しかし，レーガン政権がそれに強力に反対する政策を体系的に打ち出して対抗し[7]，その後の積極的な環境エネルギー政策とそれに対抗する「抵抗派」という二大潮流のそれぞれの「原型」となったのである。

3 1990年代以降の環境エネルギー政策の模索

1 1990年大気汚染防止改正法

ここでは，1970年大気汚染防止改正法（マスキー法）のもとでは産業界の抵抗によって不十分であった大気汚染防止規制が，90年代以降，大きく前進したことを述べていこう。

レーガン政権のもと環境規制の後退が続くなか，全国各地での世論は大気汚染問題への対策を強く求めるようになってきた。1987年，環境保護庁は全国の大気質調査報告書において，75都市がオゾン計測値において基準値に達していないと述べた。同年，環境保護長官は，もし未達成の諸都市が天然ガス車を導入するなら，猶予期間を設定してもよいとアナウンスしたほどであった。こうして1988年大統領選挙において，ブッシュ（父）候補はレーガンと一線を画して環境問題に取り組む姿勢をみせ，大統領に就任すると大気汚染防止策を提案した（Doyle［2000］pp. 209-217）。

ブッシュ（父）大統領提案の当初の法案は，汚染排出が少ないメタノール車

100万台導入構想を中心とする法案であったが，連邦議会の関連委員会はマスキー法以降これまで行ってきたガソリン車の排ガス規制の強化を重視すべきと主張した。さらに，大気汚染の原因である自動車排ガスの規制を強化せざるをえないと考える大都市が続出していた。カリフォルニア州は以前から規制強化の動きをみせ，北東部諸州はカルフォルニア州に追随していこうとし[8]，大気汚染規制の強化の機運が高まっていた。

1990年9月，カリフォルニア州は93年からマスキー法のもとで定められた自動車排ガス基準を順守することを決め，さらに強力な規制に踏み出した。連邦議会でも「1990年大気汚染防止改正法」が可決され，カリフォルニア州ですでに導入されたマスキー法のもとで定められた自動車排ガス基準を，94年からの「第1局面」では連邦レベルで導入することを決定した。この「1990年改正法」はまた，2003年からの「第2局面」ではさらに厳しい自動車排ガス基準設定も検討すると規定した。「1990年改正法」はさらに，酸性雨対策のためにオゾン排出・流入の激しい北東部，中部大西洋沿岸の12州とワシントンDCの知事によって構成される「オゾン移動対策委員会」の設置も規定していた（Doyle［2000］pp.233-236）。

連邦法である「1990年改正法」によってさらに厳しい自動車排ガス基準を認められているカリフォルニア州の排ガス規制はいっそう進み，1994～2003年に「低公害車（LEV）規制」を導入し，その一部として「排ガスゼロ車（ZEV）規制」を1998年から導入することを決定した。当時，排ガスゼロ車とは電気自動車と考えられ，同州で自動車を販売している米日7社（米ビッグスリー，トヨタ，日産，ホンダ，およびマツダ）がそれぞれ売上台数の2%に相当する電気自動車を販売することが義務づけられた。この目標は2003年には売上台数の10%に引き上げられた。このZEV規制は電気自動車の開発と普及のテンポという点において非現実的であったので，電気自動車がそれほど普及しないという現実に応じて，何度も修正され，妥協的な，それなりに効果の上がる規制（たとえば，ハイブリッド車数台で，電気自動車1台とカウントするなど）に修正された。それでもこのZEV規制は世界の自動車産業に大きな衝撃を与え，GMが電気自動車を，ダイムラー社が燃料電池車を，そしてトヨタやホンダがハイブリッド車を開発する大きな刺激となった。ZEV規制はマサチューセッツ州，ニュージャージー州，ニューヨーク州，そしてオレゴン州など10州で導入されているか，導入されつつある[9]。

図 4-1　SO_2 排出許可証交付と SO_2 排出量

(a)　1980〜2008 年

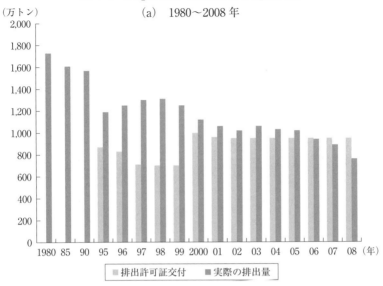

出所）U. S. Environmental Protection Agency [2009] p. 2.

(b)　2009〜12 年

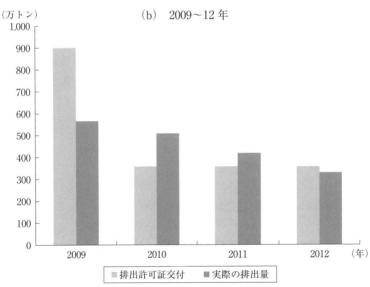

注）2010 年から新たに CAIR が始まり，排出許可証交付量が減少した。
出所）U. S. Environmental Protection Agency [2012] pp. 1, 3, 5-6, Parker [2005] p. 2 より作成。

3　1990 年代以降の環境エネルギー政策の模索　115

なお,「1990年改正法」にはもう1つ大きな革新があった。それは同法第4編の酸性雨対策であり,工場・発電所から排出され上空で反応し硫酸となって地上に酸性雨被害をもたらす二酸化硫黄(SO_2)と酸化窒素(NO_x)の排出規制にキャップ・アンド・トレード制度を導入したことであった。従来は排出削減のために一律規制が行われてきたが,それは工場や発電所の経営者から反発が強くほとんど効果がなかったことを反省し,キャップ・アンド・トレード制度が導入されたのだった。それは,1980年に1800万トン排出されていたSO_2を,1995年から削減し始め,2001年からは950万トンに削減することを目標とし,この総量規制を達成するように工場,発電所に個々に排出枠を定めた。工場・発電所はそれぞれの排出枠を守るように排出量を削減するか,それができなければ,超過達成し余剰の排出権を得た工場・発電所からその排出権を購入することが可能となった。これが総量規制と排出権取引がセットになった,キャップ・アンド・トレード制度である。この試みは大いに成功し,2006年までに目標を達成している(図4-1(a)参照)。

さらに,「1990年改正法」には大気質基準を達成するために特定の州・地域に限って州実施計画をより厳しく変更できる条項(126条)があり,これに基づき環境保護庁は新ルール(CAIR)を実施した。これは汚染がひどく大気質基準を達成できない東部二十数州における発電所からのSO_2排出総量を,2010年から360万トンに制限する厳しい規制であった。図4-1(b)に示すように,2010年から排出許可証交付が360万トン相当に削減され,実際の排出量は12年までにこの目標を達成した。こうして,「1990年改正法」は自動車排ガス規制や,工場・発電所からの排ガス規制を著しく前進させたのである。

2 京都議定書離脱から原発復活へ

大気汚染防止政策では積極的な姿勢を示したブッシュ(父)政権であるが,気候変動防止という新しい課題には非常に消極的であった。1992年に国連環境開発会議がリオデジャネイロで開催され,気候変動枠組み条約が締結された。この会議では,アメリカが反対したため温暖化ガス削減の具体的目標値の合意には至らなかったが,締約国会議を毎年開催して,議定書の採択と各国の義務を決めていこうとした。しかし,アメリカは各国が対策と行動計画を立てるべきという意見であった[10]。

気候変動枠組み条約は50カ国の批准を得て,1994年に発効した。1995年に

ベルリンで開催された第1回締約国会議では，一定の期間のなかで数値化された削減目標を設定する議定書などを，97年に開催される第3回締約国会議（京都）までに採択できるよう交渉することが決められた。ただし，この削減義務は発展途上国には課さないことも決められた。これらが「ベルリン・マンデート」である。つまり，京都議定書においては，アメリカ，EU，そして日本だけが2008～12年の期間に削減義務を負い，発展途上国は当面，削減義務を課されないということが合意されたのである。

折しも，1993年に発足したクリントン民主党政権のもと，94年の中間選挙において共和党が大勝し，連邦議会は環境保護政策には消極的で，極端に保守的な陣容になった[11]。そこに，「ベルリン・マンデート」が合意され，先進国だけが削減義務を負う京都議定書が合意されるのではないかという危機感のなかで，1997年7月，アメリカ連邦議会上院は「発展途上国に削減義務を課さないのであれば，京都議定書を批准しない」という決議を全会一致で可決したのである（Rabe [2004] pp. 12-13）。

京都議定書は1997年に合意をみたが，98～99年にアメリカ諸州の環境保護政策に対する対応の相違が明確になってきた。少なくない州では非常に熱心に環境エネルギー政策が推進されたが，京都議定書に懐疑心を抱き，批准に反対した州が16州にも達した。後者にはアラバマ州など南部，ミシガン州など中西部，そしてコロラド州など山岳部に属する州が多かった（Rabe [2004] pp. 12-13）。

2001年になるとブッシュ（子）政権が登場し，同年4月に京都議定書からの離脱を宣言した。それには共和党の極端なまでの保守化が背景にあると指摘されている。同政権は供給重視のエネルギー政策を構想しており，「2005年エネルギー政策法」を制定するのに成功した。同法は再生可能燃料，再生可能エネルギーの支援も行っているが，1979年スリーマイル島原発事故以降，途絶えていた原子力発電所の新設をめざすものだった。そのために，同法は合計600万kWまでの新設の原子力発電所の電力に対して8年間，1kWh当たり1.8セントの税額控除（減税）を定めている。また，政府審査に長期間かかり，新設原発に経済的損害を与えた場合，最初の2基に対して最大5億ドルの，続く4基に対しては最大2.5億ドルを補償することも定められた。このことから，同法は少なくとも6基ほどの原発の新設を実現したいというブッシュ（子）政権の意図を組み込んだものであると考えられる。さらに，エネルギー省が新設す

る原発の建設のために，融資保証することも定められた（Holt and Glover [2006] pp. 120-121)。

　ブッシュ（子）政権によるこのような原発復活政策によって，いくつかの原発新設に向けて電力業界が動き出した。これは「原子力ルネサンス」と呼ばれ，2012年に4基の新規原発に建設・操業許可が出て，最大で28基の原子炉が新設される可能性が出てきた。こうした動きにもかかわらず，原発の将来がそれほど明るくなったわけではない。というのは，原発は老朽化や後述のシェール革命のため採算がとれなくなり，2014年までに5基の原子炉の閉鎖が決定されたからである。アメリカの原子炉は最盛期の1990年に112基あったが，2014年には99基になるということが決定した（Holt [2014] pp. 6-9, Rosenbaum [2013] p. 298)。高速増殖炉はレーガン時代までは推進されたが，そのコストがあまりにも膨大であるため，連邦議会の強い反対によって1983年に断念されていた。また，使用済み核燃料の直接処分設備の場所さえも決まっていないなかで，「原子力ルネサンス」の掛け声のもとでの原発復活は，電源構成を大きく変えるには至らないだろう。

3　電力自由化の進展と再生可能エネルギー

　話が前後するが，カーター政権の発電部門の自由化をいっそう進展させたのは，ブッシュ（父）政権の「1992年エネルギー政策法」であった。同法は電力会社の送電網開放を行い，電力自由化をいっそう推し進めたのであった。その背景には，小型でも低コストのガス・タービン発電機が台頭し競争力をもちつつあり，それを利用した新規参入者が電力会社の大規模発電所に挑戦できるようになったことがある。この第2幕の電力自由化は電力会社の送電網を開放し，電力会社の発電所と新規参入者の発電所の競争を公平に行おうとするものであった。自由化のための市場のルールの検討は，老朽化した発電所や原発などをどうするかという難問をクリアする（競争が導入されても一定期間は，費用回収を認める）のに4年を要し，1996年に「オープン・アクセス命令」が公表された。同命令は必ずしも電力会社から送電網の組織的分離を命ずるものではなかったので，「発送電分離」に進んだ州・地域もあったが，依然として新規参入者が電力会社の送電網を有料で借りて電力を託送するという電力自由化の方式をとる州・地域も多く残された。

　最も早く「発送電分離」方式に進み電力諸会社の送電網を中立的な独立送電

網管理機構（Independent System Operator: ISO）に移管したのは，1996年に始まった「ペンシルベニア・ニュージャージー・メリーランド州インターコネクション」（PJM Interconnection）であった。それに続いたのは1998年に始まったカリフォルニア州ISOであった。2007年までに，これらを含め7つの州・地域においてISOが形成され，「発送電分離」方式の電力自由化が導入された[12]。2000～01年にかけてカリフォルニア州で電力危機が起きたが，それは電力事業者に十分な余剰発電能力をもたせる措置を講じなかったことなど，電力市場安定化ルールに不備があったからである。また，エンロン社の粉飾決算などの不正行為も電力危機に拍車をかけた。それ以降，競争ルールを一部修正しつつゆっくりと電力自由化が試みられている。

こうして電力自由化の第2幕は1990年代後半から始まり，小型天然ガス発電が大躍進を遂げた。しかし，高コストの再生可能エネルギーは競争上不利になると考えられた。そこで，多くの州政府が再生可能エネルギーの育成政策に乗り出した。その中心は，州政府が電力会社にその電力販売量の一定割合を再生可能エネルギーから調達することを義務づけた，「再生可能エネルギー・ポートフォリオ・スタンダード」（RPS）であった。最初にRPSを始めたのはアイオワ州であったが，1997年にマサチューセッツ州，98年にはコネチカット州など，99年にはニュージャージー州やテキサス州，2000年にはネバダ州など3州がRPSの導入を決定をした。カリフォルニア州は2002年に，ニューヨーク州は04年に導入した。2016年7月までに図4-2に示すように，29州とワシントンDCがRPSを導入した（U.S. Department of Energy [2016a] p.70）。このように州政府の政策支援によって，再生可能エネルギーは当初はバイオマス発電が，次いで風力発電が，その後に太陽光発電が成長したのである。

2009年に発足したオバマ政権は，クリーン・エネルギーに1500億ドルもの大規模な投資を行い，50年までに温暖化ガスを80％削減するという野心的なエネルギー政策を掲げた。リーマン・ショックによる不況を緩和するため，総額約7800億ドル支出する「2009年アメリカ復興・再投資法」が制定された。そのうち約450億ドルがエネルギー関連分野，とくに再生可能エネルギー事業者への補助金となった（Sissine et al. [2009] pp.1-2, Grunwald [2012] pp.161-167）。

再生可能エネルギー（水力発電を含む）の総発電能力は2015年末に約1億9400万kWに達し，原発の総発電能力約1億400万kWをはるかに凌駕した。

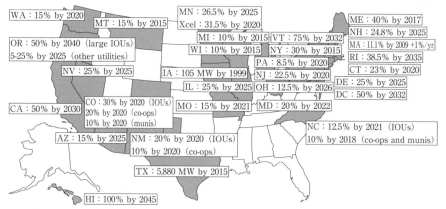

図4-2　各州の再生可能エネルギー・ポートフォリオ・スタンダード(2016年7月現在)

注) アミがかかっている州が，再生可能エネルギー・ポートフォリオ・スタンダードを実施している。たとえば，CA：50% by 2030とはカリフォルニア州では2030年までに電力小売業者はその電力販売量のうち50%を再生可能エネルギーから調達するよう義務づけることを意味している。なお，同州では2020年までに30%をめざしている。図中の説明文のなかのIOUは民間電力会社，co-opsは共同組合電力組織，そしてmunisは自治体電力組織を意味する。
出所) U. S. Department of Energy [2016a] p. 70.

　この再生可能エネルギーの総発電能力のうち，トップの水力は約7905万kW，風力は7399万kW，太陽光は2560万kWに達した[13]。再生可能エネルギー発電事業者はこれまで，RPS制度で政策支援され，電力会社による長期電力購入契約があり，事実上，民間融資が保証され，さらに，政府の税額控除などの補助金を得てきた。つまり，再生可能エネルギーは幾重もの政策支援に支えられて発展してきたのである。

　今後，再生可能エネルギーが自立的に発展できるかどうかを占う1つの指標は，コストの低下であろう。2015年に，風力発電は有利な内陸部において電力会社との長期契約は1kWh当たり2セント，太陽光発電は図4-3に示すように約4セントに低下した[14]。電力会社との長期契約の価格水準に補助金分を上乗せしたのが真のコストであるが，前者が下がってきており，自立的発展の可能性が生まれている。再生可能エネルギーはなお政策支援を多く受けてはいるが，コスト低下も著しく，ようやく現実的選択肢に発達してきている。

4　シェール革命の衝撃

　2009年のオバマ政権発足の2，3年前から，エネルギー産業界では大きな変

図4-3 電力会社による太陽発電の長期買い取り価格の推移

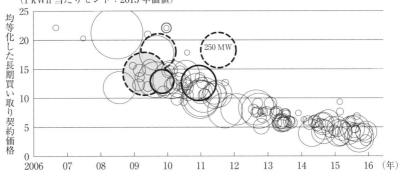

注) 実線の円は太陽光，点線の円は太陽熱を示す。円の大きさは契約規模（250 MW は 25万 kW）を示し，縦軸は長期電力買い取り契約の均等化価格。
出所) U.S. Department of Energy [2016b] p.42.

化が生じていた。それは長年低落の一途をたどってきたアメリカの石油・天然ガス生産が上昇に転じたことであった。これは「シェール革命」によって天然ガス・石油生産が急激に増えたことによる。アメリカは 2009 年には天然ガスで世界最大の生産国となり，13 年には，石油・天然ガス生産の合計額でロシアとサウジアラビアを抜いた。2020 年頃には，天然ガスの純輸出国になると予想されている（Faulkner [2014] pp.101-102, 107）。

シェール革命は，これまでのように「在来型」の天然ガス井戸を採掘するのではなく，「非在来型」の天然ガス井戸から採掘するのを可能にした。つまり，「在来型」とは地表に近くの採掘しやすい井戸をさし，「非在来型」からの採掘とは採掘費用が高すぎ，採掘が不可能であると思われていた地中深くの頁岩（シェール）に含まれている天然ガスを採掘することをさす。1982 年，ベンチャー企業であるミッチェル・エナジー社がテキサス州バーネット鉱区において，水圧破砕，水平掘削，そしてマイクロ・サイズミックという 3 分野における技術革新を試み，98 年頃からシェール・ガスの採掘に成功していた（Faulkner [2014] pp.71-72，有賀 [2014] 54〜55 頁）。

こうした技術革新によって，2007 年頃からアメリカのシェール・ガス生産は急激に伸び，石油生産にも応用され，ガス・石油生産に革命を引き起こした。ところで，このシェール革命については，懐疑的な研究調査もあり，それはシ

ェール革命が短命ではないかというものである。これによれば，シェール・ガス生産の80％もが5つの鉱区に集中しており，そのなかには採堀量を低下させている鉱区もあるからである。生産を維持するため7000以上の井戸の採掘に毎年420億ドルを要するが，生産されるシェール・ガスの価値額は325億ドルだという。シェール・ガスのブームは10年ほどしか続かず，2017年にピークに達するという指摘がある（Faulkner［2014］pp. 115-116）。

しかし，エネルギー省エネルギー情報局の推定では，2011年のシェール・ガスの生産量は7.2兆立方フィートであったが，確認埋蔵量は61兆立方フィートであり，技術的採掘可能量は482兆立方フィートである。内務省地質調査局の推定では，技術的採掘可能量は336兆立方フィートであるとされ，シェール・ガスの生産が急減するというのは現実的でないように思われる（U. S. Government Accountability Office［2012］pp. 21-25, 29）。

また，シェール・ガス採掘が深刻な環境問題を引き起こすという指摘は，かなり早い時期からなされている。これは水圧破砕の際に化学物質を混入した水を大量に使用するため，これらの化学物質が地下水に入り込み，それが地表に溢れ出して人間・動物・植物に被害をもたらしているのではないかという指摘である（Rao［2012］pp. 29-34）。2014年，ニューヨーク州はシェール・ガス生産を禁止にしたほどである。

さらに，2014年後半から世界石油価格が低落してきており，それまでの1バレル100ドルという高値から40ドル程度に急激に下がった。これはシェール革命による石油増産の結果，サウジアラビアなどOPEC諸国が生産制限を行わずに競争を仕掛けたことに起因している。このため，アメリカでも高コストの油田は苦しく，採算ラインが40～70ドルとされるシェール・オイルが苦境に陥り，かつ，高コストの産油国も危機的状況に陥った。以上のとおり，シェール革命の帰結は予断を許さない。

5　CO_2削減の地域的取り組み

再生可能エネルギーが成長する一方で，シェール革命によってアメリカの天然ガス・石油も復活した。オバマ政権はCO_2削減についてキャップ・アンド・トレード制度を導入しようとし，2009年に「アメリカ・クリーン・エネルギー保障法」を提案したが，僅差で可決できなかった。しかし，一部の州・地域が温暖化ガス削減の新しい取り組みを始めている（Rabe［2010］pp. 7-8）。

その最初の事例は，ニューヨーク州パタキ知事の提案から始まった北東部9州による「地域温室効果ガス・イニシアティブ」(Regional Greenhouse Gas Initiative: RGGI) であった。これは2009年に開始され，地域的に限定はされるが，アメリカで初めてのCO_2排出キャップ・アンド・トレード制度の導入であった。RGGIは差し当たり規制対象を電力会社に絞り，2011年までにCO_2排出量を1億8800万トンに削減する目標を設定した。このキャップ・アンド・トレード制度における新機軸は，発電所が排出するCO_2の許可証をすべてオークション方式で入手しなければならないという点であった。従来までは，発電所などはそれまでの排出量に応じて排出許可証を交付されていたが，そうであると，それまで多く排出してきた発電所が有利になるという問題があった。発電所はCO_2を排出する分の排出許可証を全量オークションで入手しなければならず，発電所にはできる限り排出量を減らそうとする誘因が働くという政策的前進がみられた。それは，世界で初の試みであった。RGGIは2011年までの削減目標を大きくクリアし，14年からは9100万トンへという削減目標を掲げ，さらに15〜20年には毎年2.5%ずつ削減していくという野心的な目標に挑戦しつつある[15]。

　また，西部ではカリフォルニア州をはじめ5州が2007年に「西部気候イニシアティブ」(Western Climate Initiative: WCI) を立ち上げた。その後，アメリカの2州とカナダの4州が参加したが，途中で多くの州が脱落し，2013年からカリフォルニア州とケベック州だけがWCIのCO_2キャップ・アンド・トレード制度を開始した。カリフォルニア州におけるCO_2キャップ・アンド・トレード制度の導入提案に対しては，反対派は住民投票を要求した。2010年に住民投票が行われ賛否双方からの激しいキャンペーンのなかで，62対39という大きな差で導入賛成派が勝利し，アメリカで2番目にCO_2キャップ・アンド・トレード制度が導入された。

　カリフォルニア州では規制対象は発電所だけではなく重工業の工場も含まれ，削減義務は年々2〜3%程度で強化されていき，排出許可証は当初は無償で交付されるが，しだいにオークションによる有償配分にシフトする仕組みとなっている。2014年には，カリフォルニア州とケベック州が共同で排出許可証オークションの日程を公表した[16]。アメリカとカナダの大きな州が国境を越えて，環境エネルギー政策を共同実施するという画期的な出来事が起きているのである。

このように連邦レベルではなかなか進まないCO_2削減政策であるが，北東部や西部という地域では一部進んでいることがわかる。ただし，2017年に反環境主義のトランプ政権が発足し，環境エネルギー政策はかなり後退するであろうが，州や地域がどのように対応するのかが注目される。

おわりに

　ここでは，まず本章の要約を行おう。19世紀末の西部の自然保護運動と東部・中西部の公害反対運動に起源をもつ環境保護運動は，第2次世界大戦後の経済成長を背景に大発展を遂げた。環境保護運動は1970年代に多数の環境立法を制定させ，また，カーター政権がエネルギー需要抑制，再生可能エネルギー育成というエネルギー政策を開始した。こうしてアメリカでは1970年代までに環境エネルギー政策が成立した。

　ところが，1980年代にはレーガン政権が登場し，こうした積極的な環境保護政策やエネルギー政策を真っ向から否定する政策を強引に推進した。同政権は自動車排ガス規制をはじめとする環境保護規制を緩和し，広大な連邦所有地における経済的開発などを追求した。1970年代までの環境エネルギー政策とレーガン政権の反環境主義政策はそれぞれ，現代の環境エネルギー政策の対立する二大潮流の「原型」となっている。

　1990年以降，環境規制はキャップ・アンド・トレード制度導入により成果を上げたが，京都議定書の批准に対して極端な反対勢力が現れた。それが2001年の「京都議定書離脱宣言」や05年の原子力再推進の動きにつながった。他方，1990年代後半の電力自由化の進展のなかで，多数の州が競争力不足の再生可能エネルギーを育成した。その結果，風力，太陽光発電が躍進し，その発電能力は2016年6月には1億682万kWに達し，原発の1億400万kWをわずかながら追い越した。だが，シェール革命によって2008年頃から天然ガス・石油生産も急増している。地球温暖化ガス対策は連邦レベルでは進んでいないが，北東部9州やカリフォルニア州はキャップ・アンド・トレード制度を導入し，一部，成功を収めている。こうして，1990年代以降，環境エネルギー政策は一進一退の状態になっていると総括できる。

　最後に，連邦レベルでの政策の停滞を打破できるかもしれないという動きを紹介しよう。それは2014年までに29州（とワシントンDC）が実施している再

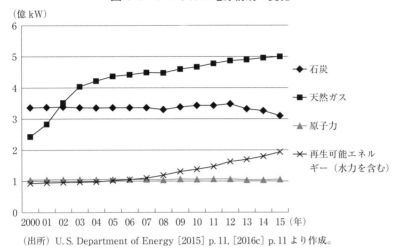

図4-4 アメリカの電源構成の変化

(出所) U. S. Department of Energy [2015] p. 11, [2016c] p. 11 より作成。

生可能エネルギー支援政策である。州内電力販売量に占める再生可能エネルギーの割合が20%を超えるように目標値を設定している熱心な州は17州ある[17]。そのうちの10州はニューイングランドや北東部に, 別の4州はカリフォルニア州など西部に属し, これらの諸州は環境問題の解決に熱心である。また, 環境問題に熱心とはいえないが, テキサス州やアイオワ州のように再生可能エネルギー（風力発電）育成に実績をもっている諸州もある。

熱心な諸州のなかではハワイ州, ベルモント州, そしてニューヨーク州が最近, 再生可能エネルギーの育成目標をこれまでよりいっそう高く引き上げた[18]。その動きは全国へと広がるであろう。また, テキサス州やアイオワ州では風力発電能力がそれぞれの目標値をはるかに上回り, 今や, 政府支援が少なくなっても風力発電所は急激に建設され続け,「自立的発展プロセス」に入ったと思われる[19]。

図4-4に示すように, 再生可能エネルギーの発電能力は水力発電を含めると, 2006年に原発の発電能力を抜き, 14年末で1億8000万（15年末では1億9400万）kWとなった。環境エネルギー政策は連邦レベルでは停滞しているが, 州・地域をみれば希望がないわけではない[20]。

おわりに　125

注

1) 秋元・小塩［2006］において，倉坂秀史はじめ多くの研究者がアメリカ環境政策の停滞を指摘しており，原口弥生らがマイノリティの環境運動に期待するしかないと述べている。
2) 久保［1995］206～207頁。Dunlap and Mertig［1992］p.14は環境防衛基金が設立された1967年が，自然保護主義から環境保護主義への転換点だったと指摘している。
3) Nash［2015］pp.209-219は，このエコー・パーク・ダム論争は将来，自然保護運動が大きく前進する出発点になったことを詳細に記述している。
4) 環境史家サミュエル・ヘイズは，1960年代に資源保全主義から環境保護主義に転換したと述べている（Divine［1987］p.117）。
5) この項目「エネルギー政策の成立」は，Katz［1984］などを主に用いた小林［2015］から全面的に引用した。
6) ただし，高速増殖炉建設計画は，1983年に予算が承認されず断念された。
7) 1980年代に環境運動に変化が起き，主流派の環境NPOが汚染企業や政府と対立するのではなくなり，企業や政府との交渉によって問題解決を図ろうとする動きが顕著となった。こうした傾向に反発し，環境被害者の視点から運動するマイノリティ主導の環境団体も現れるようになった（秋元・小塩［2006］133～134頁）。
8) マスキー法は1977年に改正され，カリフォルニア州だけが連邦基準より厳しい基準を採用できるだけでなく，各州も連邦基準かカリフォルニア州基準のどちらかを選ぶことができるようになっていた。
9) Parker［2005］pp.2, 9-11, McCarthy［2011］p.9より。この事例はアメリカの大気汚染防止規制が地域によって異なる二重構造となっていることを如実に物語っている。
10) Schreurs［2002］pp.174-175。同書は1992年リオ・サミットから1997年京都議定書までの米独日の政治過程を明快に描いている。
11) レーガン時代および1990年代の共和党保守化のなかで，環境保護政策がこれまでのようには進まなくなり，いろいろな新しい角度から，環境政策を見直す研究が現れた。たとえば，John［1994］, Graham［1999］, Kettl［2002］などを参照。
12) データが古いが，小林［2002］第3章，参照。なお，Federal Energy Regulatory Commission［2012］が詳しく，各々の独立送電管理機構の特徴を説明している。
13) U. S. Department of Energy［2016c］p.23より。
14) U. S. Department of Energy［2016a］p.63, U. S. Department of Energy［2016b］p.42より。
15) Ramseur［2013］，大野［2013］第2章。ただし，参加予定であったニュージャージー州は不参加となった。
16) 大野［2013］第3章や，http://www.wci-inc.org/news-archive.php〔2015年3月3日閲覧〕を参照。
17) 20%を目標値としている州は含んでいない。なお，西海岸4州には便宜的にネバダ州を加えた。西海岸4州，北東部10州のほかは，コロラド，イリノイ，ミネソタ州である（U. S. Department of Energy［2016a］p.70）。
18) ハワイ州は2045年までにその電力の100%を再生可能エネルギーとする目標を掲げ，ベルモント州は32年までに75%とする目標を掲げた。最近，ニューヨーク州が2030年に50%という目標を掲げた。ハワイ州は石油への過度の依存を修正し，ベルモント州ではベルモント・ヤンキー原発の廃炉が決まったため，その電力を再生可能エネルギーで置き換えようとしているのである（Rabe［2010］p.195）。
19) たとえば，テキサス州では最近建設予定の風力発電所は「マーチャント」と分類されているものが含まれるようになった（American Wind Energy Association［2015］pp.10-11）。「マーチャント」とは特定の電力会社などに長期販売契約するのではなく，市場価格を参考にしてその電力を電力取引所やいろいろな買い手に販売する発電所のことをいう。また，南西部の太陽光発

電も急速にコストを下げており,「自立的発展プロセス」に入るのかどうか注目される。
20) なお，世界的には，2015年末に風力発電能力だけで4億kWに達し，原発のそれを抜き去り，2030年には20億kWに達すると予測されるという（『朝日新聞』2015年12月30日，第1面）。

参 考 文 献

秋元英一・小塩和人編著［2006］『豊かさと環境』（シリーズ・アメリカ研究の越境 第3巻）ミネルヴァ書房。
有賀健高［2014］「シェールガスがもたらしたエネルギー革命」馬奈木俊介『エネルギー経済学』中央経済社。
大田伊久雄［2000］『アメリカ国有林管理の史的展開——人と森林の共生は可能か？』京都大学学術出版会。
大野輝之［2013］『自治体のエネルギー戦略——アメリカと東京』岩波書店。
久保文明［1995］「環境保護をめぐる政治過程」五十嵐武士・古矢旬・松本礼二編『アメリカの社会と政治』有斐閣。
小林健一［1994］『TVA実験的地域政策の軌跡——ニューディール期から現代まで』御茶の水書房。
小林健一［2002］『アメリカの電力自由化——クリーン・エネルギーの将来』日本経済評論社。
小林健一［2015］「米国における現代的エネルギー政策の成立——カーター政権のエネルギー政策」『東京経大学会誌：経済学』第285号，2月。
久末弥生［2011］『アメリカの国立公園法——協動と紛争の一世紀』北海道大学出版会。
American Wind Energy Association [2015] "U. S. Wind Industry Fourth Quarter 2015 Market Report."
American Wind Energy Association [2016] "U. S. Wind Industry Second Quarter 2016 Market Report."
Andrews, R. N. L. [2006] *Managing the Environment. Managing Ourselves: A History of American Environmental Policy*, 2nd ed., Yale University Press.
Divine, R. A. ed. [1987] *The Johnson Years, vol. II, Vietnam, the Environment, and Science*, University Press of Kansas.
Doyle, J. [2000] *Taken for a Ride: Detroit's Big Three and the Politics of Pollution*, Four Walls Eight Windows.
Dunlap, R. E. and A. G. Mertig eds. [1992] *American Environmentalism: The U. S. Environmental Movement, 1970-1990*, Taylor & Francis.（満田久義監訳［1993］『現代アメリカの環境主義——1970年から1990年の環境運動』ミネルヴァ書房）。
Energy Environmental Economics [2014] *Investigating a Higher Renewables Portfolio Standard in California*.
EnerNex Corporation [2011] *Eastern Wind Integration and Transmission Study*.
Faulkner, C. [2014] *The Fracking Truth: America's Energy Revolution: The Inside, Untold Story*, Platform Press.
Federal Energy Regulatory Commission [2012] *Energy Primer: A Handbook of Energy Market Basics*.
Gottlieb, R. [2002] *Environmentalism Unbound: Exploring New Pathways for Change*, MIT Press.
Gottlieb, R. [2005] *Forcing the Spring: The Transformation of the American Environmental Movement*, Revised and Updated Edition, Island Press.
Graham, M. [1999] *The Morning After Earth Day: Practical Environmental Politics*, Brookings Institution Press.
Grunwald, M. [2012] *The New New Deal: The Hidden Story of Change in the Obama Era*, Simon

& Schuster.
Hays, S. P. [1959] *Conservation and the Gospel of Efficiency: The Progressive Conservation Movement, 1890-1920*, University of Pittsburgh Press.
Hays, S. P. [1987] *Beauty, Health, and Performance: Environmental Politics in the United States, 1955-1985*, Cambridge University Press.
Hays, S. P. [2000] *A History of Environmental Politics since 1945*, University of Pittsburgh Press.
Holt, M. and C. Glover [2006] "Energy Policy Act of 2005: Summary and Analysis of Enacted Provisions," Congressional Research Service.
Holt, M. [2014] "Nuclear Energy Policy," Congressional Research Service.
John, D. [1994] *Civic Environmentalism: Alternatives to Regulation in States and Communities*, CQ Press.
Katz, J. E. [1984] *Congress and National Energy Policy*, Transaction Books.
Kettl, D. F. ed. [2002] *Environmental Governance: A Report on the Next Generation of Environmental Policy*, Brookings Institution Press.
Klyza, C. M. and D. Sousa [2008] *American Environmental Policy, 1990-2006, Beyond Gridlock*, MIT Press.
Krier, J. E. and E. Ursin [1977] *Pollution & Policy: A Case Essay on California and Federal Experience with Motor Vehicle and Pollution, 1940-1975*, University of California Press.
Lash, J. *et al.* [1984] *A Season of Spoils: The Reagan Administration's Attack on the Environment*, Pantheon Books.
Lowitt, R. [1993] *The New Deal and the West*, University of Oklahoma Press.
McCarthy, J. E. [2011] "Clean Air Act: A Summary of the Act and Its Major Requirements," Congressional Research Service.
Miller, N. M. *et al.* [2014] *Western Wind and Solar Integration Study Phase 3*.
Nash, R. F. [2015] *Wilderness and the American Mind*, 5th ed., Yale University Press(松野弘監訳[2015]『原生自然とアメリカ人の精神』ミネルヴァ書房)。
Parker, L. [2005] "Clean Air Interstate Rule," Congressional Research Service.
Rabe, B. G. [2004] *Statehouse and Greenhouse: The Emerging Politics of American Climate Chang Policy*, Brookings Institution Press.
Rabe, B. G. ed. [2010] *Greenhouse Governance: Addressing Climate Change in America*, Brookings Institution Press.
Ramseur, J. L. [2013] "The Regional Greenhouse Gas Initiative," Congressional Research Service.
Rao, V. [2012] *Shale Gas: The Promise and the Peril*, Research Triangle Institute.
Rosenbaum, W. A. [2013] *Environmental Politics and Policy*, 9th ed., SAGE Publications.
Schreurs, M. A. [2002] *Environmental Politics in Japan, Germany, and the United States*, Cambridge University Press.(長尾伸一・長岡延孝監訳[2007]『地球環境問題の比較政治学——日本・ドイツ・アメリカ』岩波書店)。
Sissine, F. *et al.* [2009] "Energy Provisions in the American Recovery and Reinvestment Act of 2009," Congressional Research Service.
Solar Energy Industries Association [2015] "U. S. Solar Market Insight Report 2015 Q3".
Solar Energy Industries Association [2016] "U. S. Solar Market Insight Report 2016 Q3".
U. S. Department of Energy [2015] *2014 Renewable Energy Data Book*.
U. S. Department of Energy [2016a] *2015 Wind Technologies Market Report*.
U. S. Department of Energy [2016b] *Utility- Scale Solar 2015: An Empirical Analysis of Project Cost, Perfomance, and Pricing Trends in the United States*.

U. S. Department of Energy [2016c] *2015 Renewable Energy Data Book*.
U. S. Environmental Protection Agency [2009] "Acid Rain and Related Programs: 2008 Emissions, Compliance, and Market Data."
U. S. Environmental Protection Agency [2012] "Clean Air Interstate Rule, Acid Rain Program and Former NOx Budget Trading Program: 2012 Progress Report."
U. S. Government Accountability Office [2012] "Oil and Gas: Information on Shale Resources, Development, and Environmental and Public Health Risks."
Vig, N. J. and M. E. Kraft [1984] *Environmental Policy in the 1980's: Reagan's New Agenda*, CQ Press.
Vig, N. J. and M. G. Faure eds. [2004] *Green Giants?: Environmental Policies of the United States and the European Union*, MIT Press.
Western Governors' Association [2006] *Clean Energy, a Strong Economy and a Healthy Environment*.
Western Governors' Association [2012] *Renewable Resources and Transmission in the West*.
Whitaker, J. C. [1976] *Striking A Balance: Environment and Natural Resources Policy in the Nixon-Ford Years*, American Enterprise Institute, Hoover Institute.

ウェブサイト

http://www.wci-inc.org/news-archive.php〔2015 年 3 月 3 日閲覧〕

第 5 章

自由化と生産調整の狭間で
――農業大国の展開――

名和洋人

はじめに

　本章は1930年代以降のアメリカ農業について，生産調整と価格支持を柱とした連邦政策に注目しつつ論述する。これらの政策は，1933年に成立したローズヴェルト政権のニューディール政策のなかでアメリカ史上初めて導入され，長く農業政策の中心的論点となった。あわせて，農産物輸出拡大と財政支出削減への要請が，こうした連邦政策展開に与えたインパクトにも言及したい。

　アメリカ農業の1つの前提は，その広大で豊かな国土すなわち自然条件の存在，またこれを最大限活用するところの農業・食品技術開発力の存在，したがって強力な農業生産力および供給力にあるといえよう。しかし，これこそが問題の根源となりうる。

　そこで最初に，アメリカにおける農業生産と需要の動向について触れておく必要があろう（Cochrane and Ryan [1976] pp.12-17）。農業生産は，1930～70年の40年間，国内需要の伸び以上に増加した。そのため1940年代を除き，供給が国内需要を大きく上回ったのである。1930年代は農産物価格の大幅下落，50年代は価格支持政策のもとでの政府在庫の累積，60年代には大規模生産調整計画の実施，などの事態が生じた。なおアメリカの1950年代の過剰生産能力は，総生産量の5％（低推計），ないし8～9％（高推計）に達した。1960年代には15％，85年は13％と算出されている（手塚［1988］143頁）。小麦のみでは36％（1985年）という記録もある。

　以上のような過剰生産能力は第1に，肥料，農薬，機械化などの技術開発の進展に起因するとされる。1950年代，公的研究開発支援のなかで改良技術が

年々進展して広範に採用され，コスト削減や生産増加が図られた。1945年から70年にかけて土地生産性はおよそ2倍となった。エーカー当たり収量は，トウモロコシが33ブッシェルから72ブッシェルへ，小麦が17ブッシェルから31ブッシェルへ，綿が254ポンドから438ポンドへ上昇した。その結果，非弾力的な食糧需要のなかで，農産物価格に対する引下げ圧力も強まった。過剰生産の第2の理由は，実際の収量ではなく面積を基準に生産調整が進められた点に求められよう（Winders [2009] pp. 137-138）。すなわち各農場は割当面積の全生産量を価格支持水準で売却可能であったため，面積統制下での生産量拡大を志向，つまり土地生産性が上昇した。第3の理由は，大幅な価格低落に見舞われても，ただちに家族全員の農業労働力が域外に離脱しなかった点にあったとされる（Cochrane and Ryan [1976] pp. 16-17）。

　もっとも，過剰生産問題が存在するなか，農業構造変動の趨勢はおおむね一貫していた。19世紀後半は，西部開発の進展，鉄道網の整備，ホームステッド法などによる公有地売却，南部プランテーションの解体のなかで，農場数は145万（1850年）から574万（1900年）へと約4倍に増加した（鈴木 [1972] 394～396頁，鈴木 [1988] 15～16頁）。1920年代の停滞を挟んで35年までは増大し続けた。その後は農民層分解も顕著で，1940年代以降は一貫して減少した。具体的には663万（1935～39年の5年間平均値）にも達した農場数は，第2次世界大戦後の48年に580万，63年には357万へと急減，ついに73年には284万を記録した（Cochrane and Ryan [1976] pp. 7-13）。その後も減少は続き，1997年には191万となった（USDA, Census）。

　年間農産物販売額が1万ドル以上の農場数は，1949～69年に大幅増加して，49万7000から107万3000になった。同期間に，年間販売額2500～1万ドルの小規模商業的農場の総数は，168万3000から67万5000へと，およそ100万の減少を記録し，年間販売額2500ドル未満の生産農場総数は，306万7000から122万3000へと180万超の減少をみている。結果として，農産物総販売額のシェアは，着実に，より大規模な農業経営者の手に集中していった。なお必ずしも家族農場タイプの農場組織が消滅して，不在地主で経営担当者を雇用する大規模法人農場が支配的となったわけではない。家族農場が別の家族農場を買い占めて，資産および農産物販売額を拡大していった場合が多かった。農業雇用も，1910年に1360万に達して最大となったあとは縮小傾向にある。20年ごとの推移は，1250万（1930年），990万（50年），450万（70年）となった。

他方,アメリカ全体の農場面積(Land in farms)も1950年に史上最大の11.6億エーカーに達したのちは減少傾向にあり,1974年に10.2億,1997年に9.3億エーカーへと縮小した(USDA Census)。

いずれにせよ連邦政府は,第1に,政府計画を通じて土地を農業生産から引き上げ,第2に,アメリカ国外への輸出政策を推進し,生産過剰問題を緩和せざるをえなかった。以上の2つの手段によってこの問題はある程度軽減され,農産物価格はようやく維持されることになった[1]。以下,連邦政策の成立・強化の時代(1933～54年),その弱体化の時代(54～73年),パリティ基準を放棄した不足払い制度時代(73～96年),WTO体制下のグローバル化時代(96年以降)に,時代区分したうえで詳細に検討してみたい。その際はとくに,基幹作物に位置づけられた,トウモロコシ,小麦,綿花に注目する。

1 生産調整政策の成立と強化——1933～54年

本節においては,1930年代の農業不況のなかで成立した生産調整政策と価格支持政策の概要とその後の政策強化を分析する。連邦政府は長年の批判を乗り越え,経済への介入を強化し政策を前進させたのである。

1 大恐慌下のアメリカ農業と生産調整政策の成立

1920年代までの時代,アメリカ農業は国内に生産力を一貫して蓄積してきた(鈴木[1988]15～21頁)。あわせて機械化などにより農業構造の変動を経験しつつあった。19世紀から20世紀初めにかけて,アメリカ農業は国家による政策的介入も農業研究,教育普及,農業資源改良などの分野に限定されて,ほぼ競争的な市場経済のもとにあった(手塚[1988]72頁)。しかし,1929年後半以降の大恐慌を契機に事態は一変した。国内外の農産物需要は急減し,莫大な余剰生産力を抱えるなかで農産物価格の急落と低迷に見舞われた。

1929年の農産物価格を100とすると,32年に44へ急低下し,37年に82まで回復するも再度低迷して,39年は64まで落ち込んでいる(秋元[1989]54頁)。農業所得水準も1929年から32年にかけて64%下落した。農民は価格下落に伴う損失を生産増加で埋め合わせようとし,農業不況はいっそう深刻化した。こうしたなかで,生産そのものを政策的に制限・調整する必要が出てきた[2]。

1932年の大統領選挙でローズヴェルトが勝利し，翌年，政権は共和党から民主党へと移行した。ローズヴェルト政権は深刻な事態に対処すべく，1933年農業調整法を成立させた。これは農家の生産調整の代償に農産物の価格支持を行うものであった（手塚［1988］72頁）。まず農産物価格支持の基準は次のとおり定められた。すなわち，基準年次（1909年8月～14年7月）と同程度の価格水準を価格支持基準（のちにパリティ価格と呼ばれた）[3]と定める。ついで，これを基準として価格支持率を決定した。価格支持の対象となる作物は，「基本農産物」である，小麦，綿花，トウモロコシ，豚，米，タバコ，ミルクおよび乳製品の7品目となった。

　より具体的には，4項目の政策措置が実施された（服部［2010］49～50頁，Benedict［1955］pp. 230-245）。まず第1に，生育中の綿花の半分近くが刈り倒されて市場から隔離された。供給量の強制的削減である。第2に，連邦政府の農産物価格支持政策によって価格支持融資や農産物買上・売却を行う機関として商品金融公社（CCC）が設置されたうえで，トウモロコシと綿花に対する価格支持，すなわち最低価格が設定された。この制度の概要は次のとおりである。農民は生産調整計画への参加を条件に，作物を担保として一定の価格で，CCCからの融資，あるいはCCC保証による銀行等の融資を，期限9カ月で得られる。その際は，①期限内に担保作物を市場に売却して融資を返済するか，②市場で売らずに担保流れとするか，2つの選択肢のうち1つを選ぶ。市場価格が融資単価を下回れば農民は担保流れ，すなわちCCCへの農作物の引渡しを選択するはずであるから，市場価格を融資単価の水準で支持できるというものである。この価格支持は1938年以降，他の基本農産物に拡大される。第3に，1934年産から3年間にわたって基本農産物（小麦，綿花，トウモロコシ，豚，米，タバコ，ミルクおよび乳製品）の生産調整を進め，生産制限協力者に対する減反補償支払いを実施した。なお，第4に，これらの措置にあたっては，農産物の第1次加工業者への課税により財源を確保した。

　しかし連邦最高裁は，共和党政権下で任命された最高裁判事の影響が残るなかで，1936年1月，1933年農業調整法の生産制限とその主要財源たる加工税に対し違憲判決を下した（久保［1988］228～229，248頁，Benedict［1955］pp. 249-252）。生産調整政策の継続は暗礁に乗り上げたのである。

1　生産調整政策の成立と強化　　133

2　生産調整政策の強化

　違憲判決を受けて，ローズヴェルト政権は代替法案を準備し 1936 年 2 月に成立させた。これが，土壌を枯渇・損耗させる商品作物を除去して，代わりに土壌保全作物を植えた農民に対して助成金を支払おうとする，1936 年土壌保全および国内作付割当法である。ここで，土壌を枯渇・損耗させる商品作物とされたのが，小麦，トウモロコシ，綿花，タバコなどの余剰農産物であった。協力農民は生産制限ではなく土壌保全に関して直接支払いを受ける。また財源は一般財源から支出されることになった。

　しかし同法は連邦農務省の統制力が弱く，効果的な生産調整実施には不十分であった（久保［1988］230～240 頁，Benedict［1955］pp. 254-259）。そこで，同政権は 1938 年農業調整法を成立させた。同法は，加工税こそ除外したものの，1933 年農業調整法の規定をほぼすべて盛り込み，価格支持も基本農産物全体に拡大した。実は，前年の 1937 年にローズヴェルトは司法部改革法案を議会に提出，「連邦最高裁の判事（定員は 9 名で任期は終身）で 70 歳になっても退職しない判事がいるとき，大統領が同数を任命でき，最高裁判事総数を最大で 15 名まで増員できる」（久保［1999］308 頁）よう試みていた。この法案は結局不成立となったが，その後，連邦最高裁は立場を変更し，また判事の退任入れ替えもあって，ニューディール政策を合憲と判断するようになっていった（西山［2014］52 頁）。

　こうして成立した 1938 年農業調整法の骨格は，第 2 次世界大戦後も長く維持され，アメリカの農業政策の基盤となった。同法などの恒久法を基礎として，その後はこれらの一部条項を一時停止したり，効力期間を区切った修正条項を加えるなどの農業立法が行われた（手塚［1988］73 頁，U.S. Senate［1984］pp. 225-243）。すなわち，「農業基本法」的性格はもたないが，農産物ごとの農産物計画（価格，所得，生産調整計画）を形式的に 1 本にまとめたものを，おおむね 4 年ごとに立法化して，その後は対応していったのであった。

　1950 年代初頭まで生産調整政策は強化され続けた（Winders［2009］pp. 77-82）。1938 年農業調整法は，基本農産物価格をパリティ価格（基準年次は 1909 年 8 月～14 年 7 月）の 52～75％ 水準に支持した。その後の 1941 年のスティーガル修正法は戦時特別立法となったが，価格支持対象作物を 20 作物に拡大し，そのうえで同 85％ の水準での支持を実現した。ついで 1942 年，同 90％ の価格支持を達成，44 年には，綿花のみであるが同 95％ に至った。第 2 次世界大

戦後も，1954年までは90%の価格支持が維持された。

1939年から45年にかけて，農産物の卸売価格上昇率は95%（非農産物は28%）となった（服部［2010］77頁）。農業所得は220%増（非農業所得は90%増）を記録した。農業は1930年代の不況の影響から脱し，機械化投資などの充実を図るようになった[4]。

2　生産調整政策の展開——1954～73年

しかしニューディール型農業政策は，1954年農業法の成立以降，後退を余儀なくされる。同法案に対する立場は，トウモロコシ部門[5]は生産調整の縮小を志向，小麦あるいは綿花部門はその維持・強化をめざし，分裂が生じた。まずはその背景を探ろう。さらに世界市場への輸出拡大を志向した，1960年代の農業政策変更に言及する。またパリティ価格を排除しつつ生産コストベースの目標価格を導入した，1973年農業・消費者保護法について検討する。

1973年までに基本的農産物の価格支持水準は，実質およそ3分の1にまで低下し，各農場への平均支払額も実質で約2分の1にまで減少した（Winders［2009］pp. 82-83）。価格支持水準低下とあわせて，生産調整も緩和・縮小した。その経緯をビル・ウィンダーによる政治経済学からの分析を踏まえつつ確認していこう。

1　1954年農業法成立と価格支持水準の後退

1955年，それまで90%であった価格支持水準が変更され，82.5～90%の範囲で弾力的に運用されることになり，さらに1956年度以降は75～90%となった（Cochrane and Ryan［1976］pp. 77-78, Winders［2009］pp. 77-88）。これらは1954年農業法成立の結果である。1952年に政権は共和党に交代し，連邦議会も共和党主導となるなかでの変化であった。他方，同法の成立による生産・販売面での変更は実質的に行われなかった（Benedict［1955］pp. 274-276）。

しかしたとえばトウモロコシの場合，作付面積割当に対する応諾比率は，面積，農場数いずれの指標でみても，1955年をピークとしてその後は低下した（表5-1）。これは直接的には，1956年から作付面積割当に応じなくても価格支持融資を（ブッシェル当たり25セント低い1.25ドルで）受けられるよう変更された影響であった（Cochrane and Ryan［1976］pp. 185-186）。ただし，それ以前の

表5-1　作付面積割当に対する応諾比率の推移（1954～58年）

作物年度	割当の応諾率（面積）(%)	割当の応諾率（農場数）(%)
1954	30	40
1955	41	51
1956	24	44
1957	14	39
1958	12	―

出所）　Cochrane and Ryan［1976］p.185 より作成。

表5-2　各法案成立に際しての賛成議員の割合（連邦議会上院）

	1933年農業調整法	1938年農業調整法	1949年農業法	1954年農業法
価格支持政策	初導入	対象作物拡大	支持水準維持	支持水準下落
南部	86% ①	91% ①	86% ①	36% ④
トウモロコシ地帯	69% ②	63% ③	43% ③	69% ②
小麦地帯	50% ③	66% ②	83% ②	66% ③
北東部	33% ④	28% ④	38% ④	89% ①

注）　表中には，賛成議員割合の大きいほうからの順位（1位から4位）を併記している。
出所）　Winders［2009］p.89 をもとに加筆修正。

1940年代末より，トウモロコシ部門が価格支持や生産調整に反対するようになっていた。1949年農業法の審議のなかで，ファーム・ビューロー（AFBF）は「価格支持水準を固定せず，市場価格の変動を反映させるべき」などと主張し，「価格支持水準の弾力化・政府の農業への介入の縮小」路線へと転換した（服部［2010］78～79頁）[6]。1948年に入り，AFBF会長も南部出身者から中西部出身者へと交代していた（Cochrane and Ryan［1976］p.27）。中西部のトウモロコシ地帯は，第2次世界大戦期以降の所得上昇による畜産物消費増加，したがってトウモロコシの国内市場拡大を受けて，生産増加を強く志向した。他方で，需要の停滞に直面していた小麦地帯や南部（綿花地帯）は，価格支持水準低下に反対した。

連邦議会上院における投票行動をみてみると（表5-2），価格支持政策を確立した1933年，38年の両農業調整法，その後価格支持水準を維持ないし上昇させた49年などの農業法と比較すると，54年農業法においては，南部（綿花地帯）と小麦地帯の上院議員の賛成投票が大幅に減少し，トウモロコシ地帯と都

市部の利害を反映しやすい北東部での賛成投票が拡大した（Winders［2009］pp. 89-90）。トウモロコシ地帯が高価格支持と生産調整に反対した理由は何か。

その理由は，第1に飼料価格を低く維持し生産コストを低減させるためであった。トウモロコシの消費構成は，1950～54年度の平均で，飼料87％，食用・種子・工業用9％，輸出4％であった（全国農業協同組合中央会［1984］219～222頁）。ちなみに30年経過後の1980～82年度の平均は，飼料60％，食用・種子・工業用11％，輸出28％であり，輸出が増加したものの依然として飼料としての消費が6割である。飼料穀物のなかでのトウモロコシのウェイトも高く，1950年時点でトウモロコシは58.1％（その他，燕麦29.3％，大麦6.5％，グレイン・ソルガム5.0％）と過半を占めている。この傾向はその後も強まり，1982年に80.1％に達した。また1980年頃のトウモロコシ生産者が兼営する養豚用の自家消費も，総生産量の35％，飼料総消費量の62％に達した。ちなみに同部門は，他部門，つまり小麦や綿花などの生産調整にも反対した。その理由は，小麦や綿花地帯での生産調整実施による転作，つまり大豆やトウモロコシあるいは畜産の生産拡大を阻止し，競争激化を防ぐためであった（Winders［2009］pp. 90-91）。

トウモロコシ地帯は，当時のアメリカの養豚のおよそ3分の2を担い（1945年で64％，75年で70％），中心的な役割を果たしていた。実際，トウモロコシの収入よりも養豚から得る収入のほうが多かった。肉牛生産においてもグレイン・フェッド（穀物給与飼育）が大きな位置を占めていた[7]。素牛を導入してトウモロコシで肥育する方式が，中西部で普及しつつあった。

肉需要は弾力性が高く，価格低下に比例する以上で販売が増加したため，養豚農場は供給制限による高価格支持の方向に利益を見出さなかった。こうしてトウモロコシ需要はさらに拡大した。他方，小麦はトウモロコシと比較すれば飼料に適さず，アジアとヨーロッパにおける需要にも限界があった（Winders［2009］p. 91）。当時，多くの重要農産物の価格が政府によって支持されるなかで，ほとんどの畜産物価格は，その対象から除外されていた（Cochrane and Ryan［1976］pp. 5-6）。しかし畜産はアメリカ各地で主要収入源に成長し重要性も増していた[8]。

1954年農業法のなかで，小麦や綿花地帯は生産調整と価格支持における政策的後退に甘んじた。小麦の支持価格は，1ブッシェル当たり2.25ドル（1955年），2ドル（56年），1.82ドル（58年）と低下した（服部［2010］80頁）。しか

表 5-3 公法 480 号 (PL480) による特定農産物の輸出額
(1954 年 7 月 1 日〜73 年 6 月 30 日)

(単位:100 万ドル)

	公法 480 号輸出額 (a)	総農産物輸出額 (b)	a/b (%)
飼料穀物・製品	2,153	16,474	13
小麦・製品	10,842	21,437	51
綿花	2,491	11,444	22
綿実油・大豆油	1,763	3,380	52
タバコ	701	8,335	8
米	1,852	4,079	45
酪農品	1,816	2,863	63
その他	664	43,848	2
合計	22,282	111,860	20

出所) Cochrane and Ryan [1976] p.278 より作成。

し得たものもあった。同法の 1 カ月前に成立した公法 480 号 (PL480) である。

2 公法 480 号

　1954 年 7 月,のちに公法 480 号 (PL480) として知られることになる農産物貿易開発援助法が成立した。同法は特別有利な条件での売却などで余剰農産物を処理する権限を与えるもので,アメリカ農産物輸出の強力な手段となった (Winders [2009] pp.146-149, Cochrane and Ryan [1976] pp.269-279)。その条件とは,冷戦体制下で友好的な発展途上国に対し,現地通貨建ての支払いを認めることなどである。また同法のもとで,小麦,綿花,米,飼料穀物,油糧作物,乳製品などに輸出補助金を直接支給して,アメリカ農産物の新市場開拓を推進した。PL480 などの政府計画に基づく輸出額は,4 億 4900 万ドル (1952 年) から 19 億ドル (57 年) へと急増し,その後もおおむね 10 億ドル以上で推移した[9]。とくに 1950〜60 年代中の小麦輸出への貢献は大きく,1965 年には PL480 を通した輸出がアメリカの小麦輸出の 80% を占めるなどし,全世界の小麦貿易の 35% 以上に達した。ただしこれらは,生産調整や価格支持とあわせて実施されるものであった。1954 年以降の 19 年間の,PL480 による特定農産物の輸出額とその総農産物輸出額に占める割合を表 5-3 に示す。

　他方,トウモロコシなど飼料穀物輸出の PL480 への依存割合は,大幅に低かった (Winders [2009] pp.149-152)。1955 年で 58%,56 年で 47% に達したが,その後は低下して 70 年頃まで 1〜2 割の水準で推移した。また輸出の際 PL480

に依存せずとも、アメリカ産トウモロコシは、1960年代に世界の輸出の6割を占めた。その輸出量は、1948〜55年頃は毎年300万トン水準であったが、1300万トン（61年）、2100万トン（65年）水準へと急増し、小麦の世界輸出シェア39％（60〜67年）と比べても高い水準を記録した。

その大きな理由は、ヨーロッパが飼料穀物に対する国境障壁を低く維持したことに求められよう（Winders [2009] p.151, Morgan [1979] p.131）。ヨーロッパの共通農業政策（CAP）により、高い国境障壁を課せられた小麦とは対照的である。なぜなら、1950〜60年の期間のEC6カ国の主要農産物の自給率は、砂糖、バター、豚肉が100％を超え、小麦、牛肉も90％超であったが、トウモロコシのみ64％に停滞した（山内 [1985] 33頁）。1972〜73年の期間のEC10カ国の自給率については、多くが90％を超えるなかで植物油脂・脂肪が24.5％、かんきつ類42.3％、トウモロコシ54.2％と低迷し、60％を下回った（村田 [2006] 239頁）。なお、1980年代に入ってECのトウモロコシ自給率はようやく上昇し、85.7％（1984〜85年）とのデータが確認できる。アメリカのトウモロコシ輸出は、所得水準上昇も顕著なヨーロッパあるいは日本などの畜産の発展によって牽引される面がしだいに強まった（Winders [2009] pp.181-193, 野口 [2011] 40〜41頁）。

これが、同部門が農業の自由化を求めた理由といえる。1958年には、かつてPL480成立を積極支援したファーム・ビューローがPL480の恒久化に反対、一時的なものとすべきと主張し始めていた。余剰農産物削減にさしたる効果がなく、むしろPL480による現地通貨建て支払いの食料支援がドル建て支払いの商業的輸出の障害になりかねないと判断したためであった（U.S. House of Representatives [1958] pp.50-53）。

3　1964年農業法の成立

生産調整政策のさらなる弱体化の契機となったのが、1964年農業法である（Bowers, Rasmussen, and Baker [1984] pp.23-26）。同法はとくに小麦と綿花に対して影響を与え、価格支持をパリティ価格の79％（小麦）あるいは73.6％（綿花）に引き下げた。

長年、綿花地帯の南部民主党議員は、生産調整実施の代弁者であった。実際ルイジアナ、ノースカロライナ選出の議員は生産調整継続を主張した。しかし、南部からも同政策への異議が出始めた。たとえばミシシッピ選出議員は、自家

消費用飼料穀物の生産調整撤廃を主張した。南部ファーム・ビューローも「私たちの飼料穀物と小麦の問題についての解決可能な唯一の方法は，市場システムによる生産と消費の決定である」とし，生産調整の厳格実施に反対し始めた (Winders [2009] pp. 95-97)。

　実は1960年代までに，トウモロコシ部門のみならず，綿花部門あるいは小麦部門においても高価格支持と生産調整からの恩恵が少なくなってきていた。たとえば，1950年代から60年代にかけて，ジョージア，アラバマ，ミシシッピ，アーカンソー，テキサスなどの南部では，綿花から大豆への転換が進み，1960年代後半には両者の収穫面積が逆転した。

　そのほか1963年以降には，パリティ価格基準を制度上で維持しつつも，直接支払い（事実上の不足払い制度）導入で支持価格（融資単価）の引下げが図られた。小麦を例にとるならば，1ブッシェル当たり21セントの直接支払いが行われる一方，支持価格は1962年度の2ドルから1ドル82セントへ引き下げられた（服部 [2010] 85〜87頁）。これにより，カナダとの小麦価格差が30〜40セント程度から10セントに縮小した。1964年には，1ブッシェル当たり48セントの直接支払いを行うなかで，支持価格は1.30ドルに引き下げられた。これに伴って，国内市場価格は，1ブッシェル当たり2.25ドル（1962年），1.94ドル（63年）さらに1.57ドル（64年）と大幅下落して，同年ついにカナダ産小麦の価格（1.86ドル）を下回った。こうして，アメリカ産小麦の世界市場における価格競争力が復活する。トウモロコシについても同様の措置が導入された。このように1960年代中期に成立した所得保証・価格支持制度は，1965年農業法のなかで「小麦への融資価格（支持価格）は，その競争的世界価格を考慮して決定されるべきこと」と明記され，その後の基本政策として定着する。また，これらはファーム・ビューローなどが推進する市場志向型農政に近いものであり，広範な支持を得た。

　以上を踏まえ，1960年代中盤の制度を整理すれば，①パリティ価格の一定割合として支持水準を毎年決定する，②他の輸出国（とくにカナダ）の輸出価格を踏まえて，アメリカ産小麦の価格競争力を確保できる支持価格（融資単価）を決定する，③支持水準と支持価格（融資単価）の差を直接支払いとして農民に支給する，④直接支払いや価格支持（融資）を得る条件として減反計画に参加を義務づける，ものであった（服部 [2010] 105頁）。

　しかし以上のような1960年代の制度は，世界市場での価格競争力を確保し

ようとする場合，相変わらずパリティ基準を用いるため，直接支払いコストの大幅拡大，つまり財政支出拡大の懸念を排除できない。そのため1970年代には，1930年代に導入された，生産性上昇を反映しないパリティ価格に基づく支持水準決定を放棄することになる。

4　世界的農産物価格高騰と1973年農業・消費者保護法

　1973年に成立した農業・消費者保護法は，小麦，飼料穀物，および綿花に関して，それまでのパリティ価格を基準とした支持水準決定を離脱し，代替として目標価格（target price）の決定を制度化し，あわせて不足払い制度を導入した（Winders［2009］p. 82）。すなわち，①生産費や需給状況を踏まえて目標価格を決定する，②市場価格が目標価格を下回った場合には，その差を農民に直接支給する（1973年法では直接支払いではなく，不足払いと呼ぶ），③農民の販売価格の大幅下落を防ぐため，融資単価の水準で価格支持を行う，④不足払いまたは価格支持を得るためには減反計画への参加を義務づける，というものであった（服部［2010］105頁）。不足払いを通じて生産者に，パリティ価格の一定割合ではなく目標価格を保証する制度である（Cochrane and Ryan［1976］pp. 172-173）。こうして価格支持政策はいっそうの後退をみせた。同法は1995年までアメリカの農業政策の中核として維持されていく（服部［2010］106頁）。

　1970年代初頭は，ソ連と中国などで穀物生産が縮小したほか，世界的に農産物価格が高騰，アメリカ農産物に対する需要は拡大傾向にあった（Winders［2009］pp. 99-102）。とくにトウモロコシ輸出は，1600万トン（1970年），3900万トン（72年），5200万トン（75年）と急増し，同部門は，生産調整や価格支持への反対を強めた。小麦輸出も，1575万トン（1968～71年平均値）から3050万トン（1972～75年平均値）へ拡大し，同部門は生産調整や価格支持を依然支持したものの，その主張は弱まった。

　他方，綿花部門では，価格支持継続に賛成しつつも，より柔軟な生産調整を求めた。綿花部門のこうした姿勢は以下の理由による。すなわち価格支持については，①1970年代，重量ベースでみて化学繊維が綿花の供給量を超えるなどして台頭し，さらに安価な他国産綿花の生産拡大で競争環境が厳しくなりつつあった，②綿花部門の1生産者当たりの連邦補助金額が2993ドル（72年調査）と，トウモロコシの94ドル，小麦の466ドルを大きく超過，とよりいっそうの連邦補助金依存の状態にあった。他方，生産調整の柔軟化については，

③綿花の有力転作作物の大豆が 1970 年代に急拡大して 75 年には綿花とタバコの生産額を超えつつあるなかで，綿花に厳格な生産調整を導入した場合，南部における大豆生産の拡大の障害になりかねず，また，④厳格な生産調整の場合，綿花輸出急増の機会を逸する恐れあり，というものであった。

そのほか 1973 年農業・消費者保護法成立に先だって，農村人口減少に従って農業地域選出議員数の減少が生じ，農業の政治力が縮小傾向にあったことも無視できない。これはとくに議席数が人口比で決まる下院で顕著であった（全国農業協同組合［1984］32 頁）。増大する消費者や労働者は，生産調整による高額な農産物価格には批判的であった。農業利益だけで議員の関心を引き付けられないなか，食料や綿花の農業部門に限定せず，販売，運輸，加工，農業資材など関係するアグリビジネス部門の利害を包含し，さらに消費者対策を取り込み支持勢力を拡大することが法案の必要条件となっていった。

とくに，南部において農業の政治力低下が目立ったとされる。小作農の雇用労働者への転換，他地域への黒人の転出，機械化，作目の多様化に見舞われたうえ，公民権運動を推進する民主党政権への反発のなかで南部が共和党支持に傾くなか，政治力低下に拍車がかかった（Winders［2009］pp. 125-128）。

3　農産物輸出の拡大と停滞——1973〜96 年

本節においては，1970 年代以降のアメリカ農産物の輸出急増と 80 年代の停滞について検討する。あわせて同時期の国内農業政策の変化についても言及しよう。GATT（関税および貿易に関する一般協定）は長年，農業の特例的地位を認めてきたが，これも変わろうとしていた。

1　ドル危機・貿易収支赤字化と農産物輸出

ドルは，第 2 次世界大戦後の国際通貨制度における基軸の位置にあったが，1960 年代後半に入るとその地位が揺らぐようになった。1968 年，ドルの金との交換性維持に対し，疑問が投げかけられた。1971 年には，アメリカの貿易収支が 1871 年以来初の赤字に転落した。こうした事態は，日本や西ヨーロッパの復興と発展，さらに輸出拡大，発展途上国の経済発展，アメリカ多国籍企業の海外への生産拠点移転，などによる。

もっともアメリカの農業部門は，依然として世界一の生産性を誇り競争上の

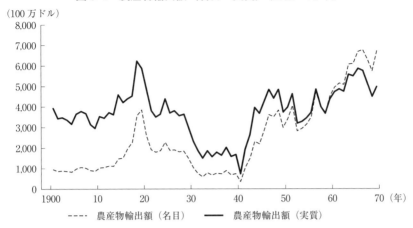

図5-1 農産物輸出額(名目・実質)(1901～70年)

注) 農産物輸出額(実質)は,農産物輸出額(名目)から資料内の国民総生産デフレータを用いて実質値を算出した。基準年は1958年。
出所) U. S. Department of Commerce [1986] 邦訳482頁。U. S. Department of Agriculture, *Agricultural Statistics, 1937*, table 463; *1957*, table 808; *1972*, table 817.

優位を保持していた(Burbach and Flynn [1980] pp. 41-49)。また当時,さらなる輸出市場拡大の余地も見込まれていた。すなわち,①日本は欧米型食生活への転換初期段階で開拓余地が大きい,②EC地域は,その政府補助金と貿易障壁除去により輸出拡大が可能,③発展途上国では人口増加のなかで中間所得層が拡大,また欧米型食生活への移行が進行中,④社会主義圏への輸出が有望,といった目算があった。1970年代に入ってアメリカは食糧輸出攻勢を開始,輸出額を急増させたのである(図5-1,図5-2)。アメリカの農産物輸出額は,1970年に67億ドルであったが,80年代のピーク時にその6倍超の433億ドル(1981年)に飛躍した。

もっともインフレの影響もあるので,農産物輸出額を1970年以前と以降に区分して,この影響を除外すべく実質化して検討しよう。1970年以前を実質値でみると(図5-1),50～60年代に弱い増加基調を確認できるが,10年代のピークを超えていない。むしろ1930年代から40年代初頭が稀にみる輸出低迷期と理解すべきであろう。他方1971年以降を実質値でみると(図5-2),70年代の急増と80年代の減少・低迷,その後の90年代と2000年代の堅調な拡大を見出せる。

ここでアメリカに限定せず,世界の農業生産をみると,1960年代に年率約

3 農産物輸出の拡大と停滞 143

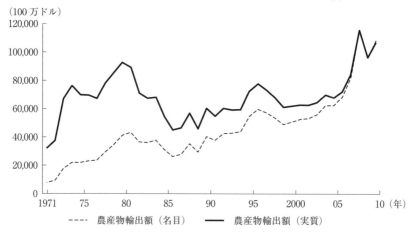

図 5-2 農産物輸出額（名目・実質）（1971～2010 年）

注） 農産物輸出額（実質）は，農産物輸出額（名目）からセントルイス連邦準備銀行発表のGDPデフレータを用いて実質値を算出した。基準年は2009年である。
出所） U. S. Department of Agriculture, *Agricultural Statistics* 〈https://www.nass.usda.gov/Publications/Ag_Statistics/〉. U. S. Department of Commerce [1987] 邦訳1265頁。

2.6％，70年代に年率約2.2％で成長した（手塚 [1988] 51～56頁）。GATTにおける農業の特例的地位が残存しつつも，農産物貿易は徐々に進展した。1965年から80年の期間における農産物貿易の量的拡大は，年率約3.6％に達した。ただし1980年の世界農産物輸出の64.7％，輸入の61.7％は先進国に関係するもので，42.9％は先進国間貿易となっていた。

こうした状況のもと1970年代に入ってアメリカは，その農産物貿易収支での黒字を急拡大させた。1970年代，農業が最大の輸出産業となり，石油ショックのなかで貿易赤字を埋め合わせて収支改善に貢献した。農業現金収入に対する農産物輸出額の比率を振り返れば，1920年代初頭の30％超から，40年代に向けて急降下して10％を下回る水準となった。その後の回復は緩やかで，1960年代中盤に15％超，70年代末に30％程度に達した。

品目別にみれば，1970年代後半，小麦，トウモロコシ，大豆がアメリカの全農産物輸出額のおよそ5割，またアメリカの総輸出額の1割を占めた。同時期の世界市場におけるシェアは，アメリカの小麦が4割，トウモロコシが7割，大豆が8割に達した。1970年代にこれを牽引したのが，ソビエト連邦や中国などの社会主義国への穀物輸出急増であった（遠藤 [2004] 113～114頁）。また

アメリカ農産物の主要輸出先は相変わらず先進国であったが，その割合が低下し，途上国向け輸出割合が徐々に上昇してきた（Winders [2009] pp. 129-132）。

2 競争相手国の出現とバルク農産物[10]輸出の停滞

しかし 1980 年代，アメリカの農産物輸出をめぐる環境は一変した。1981 年に 433 億ドルとピークに達した農産物輸出額は，86 年に 263 億ドルへと急減し，アメリカ農業は不況に突入した（遠藤 [2004] 115 頁）。その理由は，第 1 に主要輸出競争国，つまりオーストラリア，カナダ，ブラジルなどが農業生産と輸出を拡大したこと，第 2 に EC 諸国などそれまでの輸入国が，自国の生産拡大に取り組み，のちに輸出国化したこと，第 3 に対ソ関係の悪化のなかで対ソ穀物禁輸論が浮上したこと，第 4 に第 2 次石油ショック後の世界的不況と食料需要減退，第 5 にドル高，に見出せよう。

こうしてアメリカの小麦輸出量は 4800 万トン（1981 年）から 2500 万トン（85 年）へ，また世界市場でのシェアも 48% からの 29% へと急落した（Winders [2009] pp. 153-154）。各国の生産過剰と補助金付き輸出がいっそうの競争激化と小麦価格下落を招き，悪循環に陥った（手塚 [1988] 68～69 頁）。農業関係団体や議会の一部は補助金プログラムの拡充を強く求めた。

しかし連邦政府は，補助金の制度そのものの拡充には積極的ではなかった（手塚 [1988] 139～140 頁）。その理由は，①当時の政府が自由で歪曲の少ない貿易体制の実現がアメリカの利益になると考え，輸出補助金[11]の国際的な規制・削減を当面の目標に掲げていたこと，②輸出補助金により損害を被る農産物輸出国の多くが外交上の盟友であるのに対し，利益を得る国の多くが社会主義諸国であったこと，また，③財政赤字の深刻化，に求められた。連邦政府は，国内農業政策の「輸出抑制的」な部分を改革し，より「輸出促進的」な政策，つまり農産物の実質的最低保証価格である支持価格（融資単価）の大幅切下げを実施した。

1985 年 12 月末に成立した 1985 年食料安全保障法を確認しておこう。その骨子は，目標価格については 1986～87 年度については据え置き，88 年度から 90 年度で 10% 引き下げることになった（中野 [1998] 17 頁）。他方で，支持価格（融資単価）の引下げに関して農務長官に比較的大きな裁量権が付与され，1986 年，農務長官は，その裁量権限いっぱいの引下げを発表，国際市場における価格競争力が強化された（手塚 [1988] 141 頁）。ただし，目標価格と支持

価格(融資単価)の価格差は拡大して，財政支出が急増する。また同法で新たに輸出振興計画(EEP)が導入された(中野[1998]19頁)。同計画の対象となる農産物は，小麦，大麦，ソルガム，米，食鳥飼料，植物油，冷凍食鳥，鶏卵である。これらの品目の輸出業者に対し商品金融公社(CCC)の在庫現物を助成する制度である。同制度は，とくにECとの競争が激しい小麦を中心に実施された。もっともEEPには，ダンピング輸出の手段かつ輸出業者たる多国籍アグリビジネスへの直接的な輸出補助である，との批判もあった。

3　GATTにおける農業の特例的地位の見直し

　第2次世界大戦後のGATTは，自由・多角・無差別の原則を掲げ，貿易拡大と世界経済の発展をうたい1947年に成立，48年1月に発効した(遠藤[2004]5~6頁)。GATTは，ブレトンウッズ体制の一環として位置づけられ，国際通貨基金(IMF)(45年)，国際復興開発銀行(IBRD)(46年)に続くものであった。1930年代の各国における保護主義と世界経済のブロック化，また第2次世界大戦の反省のなかから制定されたとされるが，そもそもアメリカの実業界が推進勢力であった[12]。GATTの基本原則は，①特定国に与える有利な関税等が自動的に第三国に適用される「最恵国待遇」，②商品が輸入される場合，国内の同種の品目とまったく同じ待遇を受けるという「内国民待遇」，③これら2項目の「内外無差別」の原則，④輸入数量制限の一般的禁止など「自由かつ公正な競争の確保」，⑤関税での保護を認めつつもその保護水準の低減化を図る「関税の軽減・安定の原則」，⑥相互に同等の関税上の便益等を供与しあう「相互互恵主義」，であった。1948年以降，GATTは多角的貿易交渉を進めて，世界経済内に存在する貿易障壁を大きく削減し，40年に40%に達した平均関税率を，89年までに5%へ低下させた(Winders[2009]pp.141-142)。

　アメリカ農業は1920年代に至るまで国外市場への輸出割合も大きく，自由貿易を支持してきた。第2次世界大戦後も輸出拡大への期待は高かった。ところがGATTは長年，農業を特例として扱い，各国の生産調整など供給管理政策や輸出補助金を容認した。成立当初は，アメリカ自身が農業に特例的地位を付与するよう主導さえした(遠藤[2004]7~9, 113~116頁)。それは1920~30年代の農産物価格急落，また30年代のブロック経済化による輸出市場喪失を経ていて，自由化反対また政府介入支持の勢力も，相当に強力であったからで

ある (Winders [2009] pp.143-144)。

しかし1980年代，GATTにおける農業の特例的扱いは抜本的見直しとなった。それ以前のGATT農業交渉を経て，アメリカは農産物貿易の自由化要求のブレーキが自国農業政策に存することを認識し，その改革を進捗させた。つまり長年にわたる生産調整のほか，ウェーバー条項（自由化義務免除）による酪農品，砂糖，綿花等の輸入数量制限，輸出補助金の多用も目立っていたことから，アメリカは他国に保護主義的政策の放棄を要求しにくい内情を抱えていたのである。以上の問題意識に基づき，1985年食料安全保障法においては，市場メカニズム重視の新自由主義的な農政改革が志向されることになった。

4 グローバル時代の農業政策と農産物輸出——1996年以降

GATTウルグアイ・ラウンド交渉の妥結，世界貿易機関（WTO）成立以降，各国は農業政策の変更を迫られた。こうしたなかアメリカも新たに1996年農業法を成立させた。本節においては，その概要と成立要因を確認し，あわせて成立時の利害関係を整理する。また，バルク農産物輸出が伸び悩む一方で，高付加価値生産物の輸出の伸長を示したい。最後に，アメリカ国内の関連動向に言及する。

1 GATTウルグアイ・ラウンド農業合意と1996年農業法

1986年に交渉開始されたGATTウルグアイ・ラウンド（以下UR）は94年に合意に達し，95年には世界貿易機関（WTO）の設立に至った（千葉[2007]3頁，Josling, Tangermann, and Warley [1996] pp.175-216）。UR農業合意の骨子は次の3点とされる。すなわち，①輸入数量制限等[13]すべての国境措置の関税化，②国内支持政策（農産物価格支持などの国内農業補助を指す）については，国内支持総額（AMS）[14]の削減，③輸出補助金の削減，であった。

合意に先立ち，アメリカはGATTにおける農業の特例的地位の剥奪を主張し，これにオーストラリアやニュージーランド，カナダなどのケアンズ・グループ[15]が同調した。アグリビジネスも多国籍企業を中心として，生産調整政策や輸出補助金政策を資本蓄積上の障害と認識して，これを支持，農業自由化を推進した。

UR農業合意発効後，アメリカ，EU，日本などにおいて農政改革が進めら

れた（遠藤［2004］317～322頁，服部［2010］149～163頁）。アメリカの1996年農業法は，よりいっそうの市場メカニズムを導入し，競争力の回復強化を図ったものであった。

その内容は第1に，輸出補助金の削減である。これはUR農業合意に沿う措置であり，2000年までに16億ドル（22％）以上の削減を定めた。

連邦財政支出削減に迫られるなか，第2に同法は生産調整を廃止し，作付も野菜と果樹を除いて自由化した。あわせて，小麦，飼料穀物，米，綿花などの主要作物については，生産調整を条件に「不足払い」をそれまで実施してきたが，廃止が定まった。同時に，これら作物では100％作付自由化となった。代替として「固定支払い」すなわち「生産と切り離された定額固定的な農家支払い」が整備された。その額は，年平均51億ドルに上るものであった。不足払い制度では，農産物価格急落の際に市場価格が目標価格を大幅に下回って，高額の不足払いが大量発生し，ゆえに財政支出が急増しかねない。深刻な財政赤字が継続するなかで，「固定支払い」は，財政支出削減に資する制度であった。また，この「固定支払い」そのものも，徐々に削減されることとなった。同時に，WTO農業交渉におけるアメリカの立場も向上することになった。「固定支払い」は「不足払い」とは異なり，個々の作物の生産量・生産のタイプや価格に結び付かず，したがって価格支持効果をもたず，生産の拡大や貿易の歪曲に結び付かないことから，UR農業合意の保護削減対象外に位置づけられていたからである。

第3に，乳製品，砂糖，落花生の輸入数量制限措置を関税化し，あわせて価格支持の縮小また財政負担削減が決まった。ただし，相対的に生産コストが高いコメや綿花の価格支持融資制度，低所得者向け無償食料供与を担う食料スタンプ，PL480などは，農家経営上のリスクを考慮して残された。

いくつかの例外はあったが，生産調整政策と不足払い制度が最終的に撤廃される方向が，いったんは定まった（Winders［2009］pp. 159-164, 199，服部［2010］154～157頁）。しかし，1996年農業法の成立後すぐに穀物価格は下落，農業所得は減少に転じ，このなかでクリントン政権は緊急助成金を支出して対応せざるをえなくなった。その後の2002年農業法は，野菜や果樹を除いて自由生産・自由作付を継続して生産調整を復活させることはなく，「固定支払い」も継続した。しかし，事実上の不足払い制度も復活させることになった。1995年までの不足払い制度は，目標価格に市場価格が達しない場合に，その差を不

足払いするものであったが，2002年農業法は，目標価格と「市場価格＋固定支払い」との差について不足払いすることを定めており，1995年までの不足払い制度と，ほぼ同様の制度が導入された。

また1996年農業法の意義を次のようにも理解できるだろう。すなわち，アメリカの経常収支赤字は1980年代頃から増大し，90年代初頭に一時的に減少するも，その後急速に拡大した。こうした経常赤字については，相当期間維持可能とみられていた。しかしながら第1に，経常赤字拡大がいかなる場合にも債務決済されるわけではないため，経常赤字削減が望まれることになる（奥田［2013］233頁）。第2に，財政赤字拡大が続けば，アメリカ国債の売却困難も予想されるため，これまた財政赤字削減が望まれることになろう。アメリカの1970年代以降の農業政策転換，とくに1996年農業法は，以上の要請に沿うもので，経常赤字，財政赤字改善の両面で意義があった。

2　1996年農業法成立にみる農業内各部門の利害

1996年農業法の成立を，生産調整と価格支持をめぐる利害関係の視点から追究してみよう（Winders［2009］pp.170-180）。第1に，トウモロコシ地帯は生産調整に反対した。1950年代以来，基本的立場に変化はない。畜産部門も同様に生産調整に反対し，畜産経営時の飼料穀物コスト削減を狙った。肥料会社，農薬会社などの投入資材企業，あるいは，食品加工業などを含むその他のアグリビジネス部門は，かねてより存在感を高めつつあったが，同じ立場であった。こうして生産調整反対派が主導権を握る。

第2に，綿花部門あるいは小麦部門からは，生産調整を支持する意見が依然として根強かった。たとえば，綿花や小麦地帯のファーマーズ・ユニオンや，小麦地帯のファーム・ビューローである。とくに，グレート・プレーンズ地域のうちでもテキサス州からモンタナ州に至るハイ・プレーンズ地域は，およそ西径100度より西に位置して降水量が少ないという自然条件の制約もあって代替作物が限定される。そのため，小麦の生産調整政策維持を強く要求した。他方，南部（綿花地帯）においては綿から大豆への転作が進展し，飼料穀物あるいは油糧作物の生産拡大，さらに畜産への道が開かれており，生産調整撤廃も容認されやすかった。もっとも，いずれの部門もセーフティネット整備を要望した。「固定支払い」賛成の政治勢力が多数出現したのである[16]。

他方で，1985年導入の輸出振興計画（EEP）存続に関してはさまざまな利害

が交錯した。トウモロコシ部門の内部でさえ賛否が分裂していた。牛肉部門は格安トウモロコシを外国に提供することでライバル育成の恐れがあるとして反対したが，ファーム・ビューローは大豆等の油糧作物輸出に貢献するとして賛成にまわった。またアグリビジネス部門内でも賛否が分かれた。カーギル社とドレファス社は，グローバル展開を進めるなかでアメリカ国内の利害関係から離脱しつつあったため，EEPを攪乱要因とみなして反対したが，ADM社はアメリカ産小麦輸出を重視し，その価格競争力維持に役立つとして賛成した。なお，小麦部門は計画存続を強く主張，綿花部門も存続賛成であった。EEPは最終的に存続することになったが，各部門の利害は複雑に絡み合っていた。

3 高付加価値生産物の輸出拡大

1980年代，アメリカの農産物輸出は不振を極めた。農産物・食品貿易は，1981～86年にかけての6年間に輸入が37億ドル増加したのに対し，輸出は170億ドル減少した。そのため260億ドルあった農産物貿易黒字も56億ドルに縮小した（藤本［2003］78～86頁）。停滞するバルク農産物に代わり，連邦プログラムの支援のなかで，その後の輸出をリードしていくのが高付加価値生産物（HVP）である。図5-2でみた21世紀の輸出額急増への貢献も大きい[17]。

それではHVPとは何か。たとえば藤本は，次のように説明している。「一般にバルク農産物（主として穀物）以外の農産物と加工食品の総称」であり，「加工・輸送・貯蔵を通して価値が付加される農産物や食品のほか，加工されてはいないが，単位数量当たりの価格がとくに高い農産物」である。小麦粉，食用油，食肉，乳製品等の加工食品と野菜および果実等の農産物，その他，飲料などがHVPに該当する。

アメリカの農産物・食品輸出額に占める，バルクとHVPの構成比推移をみると，1981年では7対3であったが，86年以降はおよそ5対5，95年では4対6となった。バルク輸出額が停滞もしくは伸び悩むなか，HVP輸出額が顕著に伸長したためである。アメリカを含む世界全体を金額ベースでみても，バルク市場全体は1980年代初頭をピークにその後停滞・減少したが，HVP市場はむしろ急速に拡大してきた。

第1に途上国の経済発展による所得水準の上昇と食生活の変化，第2に先進国の食生活の多様化・高級化，第3に輸送技術・冷凍技術などの開発，また輸送コストの低減，といった1990年頃からの世界市場の構造変化に沿って，ア

メリカの農産物輸出，また農業そのものも変化せざるをえなかったのである。さらに 21 世紀に入り，NAFTA やアジア・環太平洋地域向け輸出の重要性が上昇している（藤本［2014］10〜13 頁）。

4　アグリビジネスの発展と技術研究における公共性の喪失

　こうしたなかで，1980 年代後半からアメリカ系アグリビジネスの輸出が急伸した。アメリカ食品製造業企業上位 20 社をみると，1988 年には食品販売総額のなかで輸出が占める割合は，2.9％ であったのに対し，94 年段階では 5.9％ と 2 倍の水準に達した（藤本［2003］85〜87 頁）。連邦政府も，販売促進，広告活動，市場リサーチを援助・支援した。穀物メジャーも HVP 部門へ進出した。当時，①差別化されている農産物，②半加工食品，③家庭ですぐに調理あるいは消費可能な商品，が「将来性有望」との評価を獲得した（Council for Agricultural Science and Technology［1995］pp. 1-2, 27-28）。

　同時に，公立大学の研究体制変革も議論された。そこでは第 1 に，1995 年当時の公立大学の研究体制ではグローバル経済に対応できないこと，第 2 に，①差別化された農産物，②半加工食品，③家庭ですぐに調理ないし消費できるもの，に関する研究体制が脆弱であること，第 3 に，95 年当時の公立大学は，地域・各州の農場の利害を考慮したため，個別企業の特定の利益に資する研究を控える傾向があったことが批判された。これを受けて，アグリビジネスが大学研究に期待するのは，単に農場レベルで原料コストを削減する研究の類ではなく，世界市場で競争するうえで必要な研究であり，教員，資金，設備などの資源をこうした新分野に充てるべき，との見解が 1996 年農業法成立に先立って示された。

　1995 年以降，アメリカの公立大学への研究資金支出額は，産業界が連邦農務省を凌駕する状況が長く継続してきた（Food and Water Watch［2012］pp.1-7）。金融危機後の 2010 年に至ると，農務省の支出額が急減したため，相対的に産業界からの研究資金に依存する傾向がいっそう強まっている。同時に公立大学における研究上の独立性が阻害されかねない事態が報告されるようになった。たとえば，アメリカ・ソフトドリンク協会が支援した研究は，ソーダ類の消費が肥満とは無関係と結論づけた。研究結果への影響が疑われる案件といえよう。そのほか，オハイオ州立大の研究者が，バイオ・テクノロジーを利用したヒマワリの生物学的安全性に疑問があるとの研究結果を発表後，ダウ社とパ

イオニア・ハイブレッド社は，研究者の種子利用権の阻止に動いた。こちらは公共利益に関わる研究の停滞につながりかねない事態である。

おわりに

　ニューディール政策の一環として，1930年代の農業不況のなかで生産調整政策と価格支持政策は成立し，40年代前半の第2次世界大戦中に強化されて，その後も50年代前半まで維持された。連邦政府の経済への介入が強力に行われた時期と重なる。しかしその後は1954年農業法の価格支持水準の低下を転換点として，農業地帯別あるいは作物部門別の利害対立を内包しつつ，生産調整と価格支持を柱としたニューディール型農政の弱体化が始まった。

　トウモロコシ部門は飼料穀物としての性格が強く，他部門とは異なる動きをみせた。アメリカ国内に加えて日本やヨーロッパにおける所得水準上昇が，食の高度化，つまり畜産需要拡大を導き，これがトウモロコシ需要の急増に結びついた。そのため同部門が都市部の利害と歩調をあわせて，生産調整政策の後退つまり農業自由化の先頭を走ることになった。その後は，発展途上国や新興国がトウモロコシ需要を拡大し，そのなかで各国は伝統的食生活から徐々に離脱していったと考えられる。同時に貿易と農業のいっそうの自由化が求められることになった[18]。他方で小麦・綿花部門は，それとは異なる市場環境を抱え正反対の主張を展開したが，1954年以降に後退を余儀なくされた。しかし同年，PL480による輸出拡大の機会が与えられたことは注目に値しよう。

　1960年代さらに70年代の農業政策は，輸出拡大，すなわち世界市場での競争力確保をめざして国内市場価格を低下させるべく展開された。そのなかでいっそうの価格支持水準の低下があった。さらに，目標価格決定を制度化したうえで不足払いを導入した。1970年代，世界市場における農産物需要が急増してアメリカの農産物輸出の急拡大をもたらしたことから，以上のような政策変更への抵抗は最小限にとどまり，生産調整政策は一段と弱体化した。1980年代に入って，それまでのバルク中心のアメリカ農産物輸出は低迷し，農業不況は深刻化した。輸出補助金や価格支持の財源確保が連邦財政逼迫により困難となるなか，さらなる政策的介入の後退，すなわち自由化が模索された。並行して，HVPの輸出拡大がみられることになった。

　1990年代のウルグアイ交渉の妥結，世界貿易機関（WTO）の設置は，アメ

リカ国内の自由化推進勢力の意に沿うものであった。1996年農業法は生産調整と不足払い制度を撤廃し，ニューディール型農政からさらに乖離するかにみえた。しかし，生産調整を伴うことなく事実上の不足払い制度が2002年に復活した。いずれにせよ，1954年以降のニューディール型農業政策は，大筋では連邦介入を弱め，農業自由化の方向にあったといえるだろう。

こうした自由化の動きが強まるにつれて，アグリビジネスの影響力も目立つようになってきた[19]。こちらの点も注目すべき動向といわざるをえない。

* 本章は，①平成26〜28年度日本学術振興会科学研究費助成事業 基盤研究（B）「農学・農業技術の比較社会史的研究——国家・テクノクラート・地域社会」（課題番号26292121 研究代表者：京都大学農学研究科 足立芳宏），②名城大学経済・経営学会研究助成（2013年度），による研究成果の一部である。

注

1) 余剰農産物処理の手段として，そのほか，学校給食計画，低所得世帯向け食料スタンプ計画などが整備された（Cochrane and Ryan [1976] p. 23)。
2) 1930年代の農業政策については，当時の農民運動を踏まえた研究がある（秋元［1989]）。
3) 基準年次となった時期（1909年8月〜14年7月）は，「アメリカ農業の黄金時代」と呼ばれている（鈴木［1988］28頁）。1920年代以降の農業不況以前，かつ第1次世界大戦中の戦時需要急増以前の時期が基準年次として選ばれた。
4) 価格支持政策と生産調整政策による補償金は，「家族農場の所得向上」をうたっていたにもかかわらず，大規模経営に重点的に投じられて，大経営と小経営の収益格差拡大，大経営への資本と生産の集積，さらには，零細農場の農業離脱を促したことが指摘されている。すなわち，1933年農業調整法以降の一連の政策には農民層分解を促進する側面があったとされる（中野［1976］29頁）。このような状況は，1980年代に入ってもみられた（中野［1990］16〜19頁）。
5) 中西部においては，第2次世界大戦前までは，①トウモロコシ，②小粒穀物（小麦・大麦・燕麦・ライ麦など），③飼料作物（牧草・干草など）による輪作が行われていた。しかし，機械化，役畜の減少，有機肥料利用減少と化学肥料利用の増加，農薬の普及，ハイブリッド・コーンの導入に伴い，飼料穀物単作経営と大規模な集約的畜産業が出現し，戦後はこれらへとしだいに特化した。なお，トウモロコシは，大豆との輪作が進んでいく（Anderson [2009] pp. 6-7, 52-54, Kenney et al. [1989] pp. 139-141, Friedmann [1992] pp. 376-377)。
6) 以降，ファーム・ビューローなど全国規模の農業団体は内部に部門間の対立を抱えていく。
7) 飼料を自家生産する農家のほか，大経営のフィードロットも存在した（全国農業協同組合中央会［1984］328〜339頁，全国農協中央会［1986］136頁)。
8) 畜産は1959年のアメリカ農産物販売総額の50％を超え，この傾向はアメリカ農業地帯全域に及びつつあった。実に，北部や山地諸州で5〜7割，南部や太平洋岸諸州でも4割を畜産から収入を得ていた。アメリカ本土のいずれの地域においても，畜産つまり肉畜，酪農，家禽が主要収入源であった（中野［1968］57〜58頁)。
9) PL480の受け入れ国は，のちに優良顧客となる。実は1960年代以降，アメリカ農務省（USDA）はカーギルなどのアグリビジネスと協力して，アジアで関連産業を育成し足掛かりを築いてきていた。具体的には，家禽部門，製パン企業，牛などの肥育部門，ファストフード・チ

ェーンの育成である（Winders［2009］pp. 155-158）。
10) 大容量ではあるが，未加工な農産物（小麦，米，トウモロコシ，綿花，大豆，油糧作物，飼料穀物など）が，バルク農産物と位置づけられる。
11) 輸出補助金を最大限広く解釈した場合，理想化された自由市場への政府介入すべてに際して存在しうる，と考えられる。たとえば，PL480などによる食糧援助も，ある種の輸出補助金を受けたとみなせる。また地域開発なども結果として産品の生産費用を削減するなら，これを輸出補助金とみなすことも可能である。その他，税の免除も含まれるし，輸出信用，農産物輸送に関わるより低価格な政府サービスの提供も該当しうる。とくに1973年に導入された目標価格に基づく不足払い制度も，農業所得維持政策であると同時に，輸入国からみると輸出補助金と同等の効果をもつ。つまり不足払いを，輸出補助金と捉えることもできる（手塚［1988］134～135，140～144頁）。
12) 第2次世界大戦後の世界的自由貿易体制の起点をなすGATTであるが，「無差別待遇の原則に基づく関税その他の貿易障壁の低減によって世界貿易の多角的拡大」をめざす「アメリカの生産能力に照応して輸出貿易を維持・拡大していくことを望」む，アメリカの実業界とくに国際化した大企業が，そもそも推進勢力であり，支持基盤であったことが指摘されている（鹿野［2004］253頁）。
13) 非関税障壁には，「輸入数量制限，可変課徴金，最低輸入価格，裁量的な輸入許可，国家貿易企業を通じて維持されている非関税措置，自主的輸出制限，および通常の関税以外のその他の類似の国境措置が含まれる」と規定されている（Josling, Tangermann, and Warley［1996］pp. 179-180）。
14) WTO農業協定において削減対象とされている国内支持の総額をAMSとして定めた。その算定方法は，市場価格支持（農産物の内外価格差×生産量）と削減対象直接支払い（削減対象となる農業補助金等）の合計額とされた。ウルグアイ・ラウンド農業合意では，各国のAMSについて，1986～88年の水準を基準として，95年から2000年までの6年間で20%削減することが合意された（Josling, Tangermann, and Warley［1996］pp. 202-204，「用語の解説：農林水産省」〈http://www.maff.go.jp/j/wpaper/w_maff/h20_h/trend/part1/terminology.html〉）。
15) ケアンズ・グループは，GATTにおける農産物貿易交渉がアメリカとECの両者の対決に限定されることに抵抗する目的をもって結成された。1986年8月にオーストラリアのケアンズに集まった農産物輸出国14カ国は，自らを，アメリカとECの輸出補助金の被害を受ける農産物の「非補助」貿易国と位置づけ，その後も構成国を拡大しつつ，統一的な意見表明を続けた（Josling, Tangermann, and Warley［1996］pp. 144-145）。
16) 価格支持を維持した不足払い政策のもとでは農業者の増産意欲を減退させることは困難と判明し，新たに「固定支払い」のような制度が生産インセンティブを抑制すると考えられるようになった（岸［2006］5頁）。
17) 21世紀，世界貿易におけるアメリカ穀物輸出の位置は低下傾向である。2014年の世界総輸出に占めるアメリカのシェアは，小麦で14.1%（EU，カナダに次いで第3位），トウモロコシで34.4%（同1位），大豆は39.8%（ブラジルに次いで第2位）と落ちこんでいる。いずれも他国の輸出伸長の結果である（農林水産省［2015］202頁）。
18) GATTラウンド交渉，世界貿易機関（WTO）成立のほか，北米自由貿易協定（NAFTA）締結の影響も大きい。メキシコへのトウモロコシ輸出急増などが生じている。
19) 近年は特定国の国益を超えて多国籍アグリビジネスが活動，NAFTA域内における分業と貿易を深化させ，さらにアルゼンチンやブラジルなどを輸出拠点化する例もある（藤本［2007］52～53頁）。

参考文献

秋元英一［1989］『ニューディールとアメリカ資本主義——民衆運動史の観点から』東京大学出版会。

アメリカ経済研究会編［1965］『ニューディールの経済政策』慶應通信。

遠藤保雄［2004］『戦後国際農業交渉の史的考察——関税交渉から農政改革交渉への展開と社会経済的意義』御茶の水書房。

奥田宏司［2013］「経常収支，財政収支の基本的な把握——『国民経済計算』的視点の意義と限界」『立命館国際研究』26(2)。

鹿野忠生［2004］『アメリカによる現代世界経済秩序の形成——貿易政策と実業界の歴史学的総合研究』南窓社。

岸康彦編［2006］『世界の直接支払制度』農林統計協会。

久保文明［1988］『ニューディールとアメリカ民主政——農業政策をめぐる政治過程』東京大学出版会。

久保文明［1999］「繁栄と大恐慌」紀平英作編『新版 世界各国史24 アメリカ史』山川出版社。

鈴木圭介編［1972］『アメリカ経済史Ⅰ——植民地時代－南北戦争期』東京大学出版会。

鈴木圭介編［1988］『アメリカ経済史Ⅱ——1860年代－1920年代』東京大学出版会。

全国農業協同組合中央会編・逸見謙三監修［1984］『アメリカの農業』筑波書房。

全国農協中央会編［1986］『アメリカ農業の政治力——農業団体の素顔』富民協会。

千葉典［2007］「グローバリゼーション下の世界農産物貿易構造」中野一新・岡田知弘編『グローバリゼーションと世界の農業』大月書店。

手塚眞［1988］『米国農業政策形成の周辺——アメリカ農業・政治・世界市場』御茶の水書房。

中野一新［1968］「現代農業における資本主義の一般法則の貫徹と集約的・商業的農業の成長——U. S. Census of Agriculture. 1959の分析(2)」『経済論叢』(京都大学経済学会) 第101巻第3号。

中野一新［1976］「合衆国の大規模農場経営の位置とその階級的性格(2)——家族農場経営から資本主義的農場経営へ」『経済論叢』(京都大学経済学会) 第118巻第1・2号。

中野一新［1990］「戦後最大のアメリカ農業不況と『1987年農業センサス』結果」『農林業問題研究』第26巻第3号。

中野一新編［1998］『アグリビジネス論』有斐閣。

西山隆行［2014］『アメリカ政治——制度・文化・歴史』三修社。

農林水産省［各年版］『海外食料需給レポート』。

野口敬夫［2011］「アメリカからの飼料穀物輸入と日本の配合飼料供給における系統農協の現状と課題」『農村研究』(東京農業大学経済学会) 第113号。

服部信司［2010］『アメリカ農業・政策史1776-2010——世界最大の穀物生産・輸出国の農業政策はどう行われてきたのか』農林統計協会。

藤本晴久［2003］「米国における農産物・食品貿易政策の新展開——高付加価値生産物 (High-Value Agricultural Products: HVP) 輸出政策を中心に」『農業市場研究』第12巻第1号 (通巻57号)。

藤本晴久［2007］「アメリカの農産物貿易構造と輸出戦略」中野一新・岡田知弘編『グローバリゼーションと世界の農業』大月書店。

藤本晴久［2014］「世界農産物市場とアメリカ農産物貿易の動向」『農業・農協問題研究』第55号。

村田武［2006］『戦後ドイツとEUの農業政策』筑波書房。

山内豊二［1985］「欧州共同体の共通農業政策と市場経済——共同農業市場の構造と域内問題を中心として」『大阪商業大学論集』第74号。

Anderson, J. L. [2009] *Industrializing the Corn Belt: Agriculture, Technology, and Environment, 1945-1972,* Northern Illinois University Press.

Benedict, M. [1955] *Can We Solve the Farm Problem? : An Analysis of Federal Aid to Agricul-*

ture, Twentieth Century Fund.（農林水産業生産性向上会議訳，山口辰六郎監修［1958］『アメリカ農業政策史』農林水産業生産性向上会議）．

Bowers, D., W. Rasmussen, and G. Baker［1984］"History of Agricultural Price-Support and Adjustment Programs, 1933-84: Background for 1985 Farm Legislation," *Agriculture Information Bulletin*, No. 485.

Burbach, R. and P. Flynn［1980］*Agribusiness in the Americas*, Monthly Review Press.（中野一新・村田武監訳［1987］『アグリビジネス——アメリカの食糧戦略と多国籍企業』大月書店）．

Cochrane, W. and M. Ryan［1976］*American Farm Policy: 1948-1973*, University of Minnesota Press.（吉岡裕訳［1980］『アメリカの農業政策 1948～73』農政調査委員会）．

Council for Agricultural Science and Technology［1995］"Competitiveness of U. S. Agriculture and the Balance of Payments," *Task Force Reports*, No. 125.

Food and Water Watch［2012］*Public Research, Private Gain: Corporate Influence Over University Agricultural Research*.

Friedmann, H.［1992］"Distance and Durability: Shaky Foundations of the World Food Economy," *Third World Quarterly*, Vol. 13, No. 2.

Hedley, D. and D. Peacock［1970］*Agricultural Economics Report No. 156 Food for Peace: PL480 and American Agriculture*, Dept. of Agricultural Economics, Michigan State University.

Josling, T., S. Tangermann, and K. Warley［1996］*Agriculture in the GATT*, Palgrave Macmillan.（塩飽二郎訳［1998］『ガット農業交渉50年史——起源からウルグアイ・ラウンドまで』農山漁村文化協会）．

Kenney, M., L. Lobao, J. Curry, and R. Goe［1989］"Midwestern Agriculture in US Fordism: From the New Deal to Economic Restructuring," *Sociologia Ruralis*, Vol. 29, No. 2.

Morgan, D.［1979］*Merchants of Grain*, Viking Press.

Robinson, K.［1989］*Farm and Food Policies and their Consequences*, Prentice-Hall.（大戸元長ほか監修，鶴見宗之介ほか訳［1990］『合衆国農業・食料政策の展開と成果（農政研究センター国際部会リポート No. 9）』食料・農業政策研究センター国際部会）．

U. S. Department of Commerce［1986］［1987］*Historical statistics of the United States*.（斎藤眞・鳥居泰彦訳［1999］『植民地時代～1970年（アメリカ歴史統計 第1巻）』；『1971～1985年の主要統計＆全3巻総索引（アメリカ歴史統計 別巻）』新装版，東洋書林）．

U. S. House of Representatives, Committee on Agriculture［1958］Extend Public Law 480: Agricultural Trade Development and Assistance Act of 1954: Hearings before the Committee on Agriculture, House of Representatives, Eighty-fifty Congress, Second Session on Sales on Credit, H. R. 4358...［*et al.*］, GPO.

U. S. Senate, Committee on Agriculture, Nutrition and Forestry［1984］*Farm Policy Perspectives: Setting the Stage for 1985 Agricultural Legislation*, GPO.

Winders, B.［2009］*The Politics of Food Supply: U. S. Agricultural Policy in the World Economy*, Yale University Press.

ウェブサイト

U. S. Department of Agriculture, *Agricultural Statistics*. 〈https://www.nass.usda.gov/Publications/Ag_Statistics/〉

U. S. Department of Agriculture, *Census of Agriculture*. 〈https://www.agcensus.usda.gov/publications/〉

第6章

貿易自由化への懐疑
―― 関税障壁から非関税障壁へ ――

小山久美子

はじめに

　本章は,「大統領権限」を主軸としてアメリカ貿易政策史を考察する。貿易政策に関する大統領権限は TPA（Trade Promotion Authority；貿易促進権限）あるいは時にファスト・トラック（Fast Track）とも呼ばれ（両者は同義である），オバマ政権時（2009～16年）には TPP（環太平洋経済連携協定）に関する議論活発化のなかで，日本のマスコミでもしばしば言及されてきた。TPA は，アメリカ議会が数年ごとに付与を審議・決定する更新制に基づいている[1]。大統領が議会から TPA を得ていれば，大統領が他国と交渉を行って提案される貿易協定に関して議会はいっさいの修正ができず，できるのは是認か否認かの採決のみとなる。つまり TPA は，貿易事項を円滑に進め，貿易交渉における大統領の国際的信頼性を万全なものにするためにきわめて重要な権限である。TPA が獲得されているか否かは，国際的にも多大の影響を及ぼす。

　現在の TPA につながる形態の大統領権限が誕生したのはニューディール期の 1934年である。1934年以降，大統領権限は定期的に更新されてきた。だが，それが1994年以降たびたび失効するようになった。2007年以降失効していた権限は，15年6月末に復活するまで約8年間失効したままであった。本章は，この近年の新しい変化を理解するため，歴史的考察を行うことを目的としている。

　第2次世界大戦後の国際貿易体制での貿易自由化において，アメリカは世界を牽引してきた。だが近年，貿易自由化の進められ方，成果に対してアメリカ国内で懐疑の声が大きくなり，大統領権限の失効，権限獲得の難航という事態

が頻発している。懐疑が強まっているのはなぜか。それは，貿易政策の争点が関税障壁から非関税障壁へと移行していることによるところが大きい。なかでも，後述する食品安全・環境・労働基準といった「新しい非関税障壁」は市民の日常生活に直接的な影響があるため，市民層も貿易政策に対する関心を高め，このまま貿易自由化が進んでいくことへ反対の声を上げるようになっている。

従前，アメリカ貿易政策史研究のほとんどが，政策主体として議員（議会），大統領，行政官僚，エコノミストといった知識人や，企業の団体・代表者に焦点を当ててきた。だが，実際には，これらの政策主体の重要性は変わらないとはいえ，アメリカ貿易政策決定への市民団体（消費者団体，環境団体），労働団体の影響力が大きくなってきた。市民団体と労働団体に関する研究はいまだ比較的少ない状況にあるが，たとえば以下のような研究者により，すでにそれらの主体の重要性が指摘されている。

I. M. デスラーとピーター・バリントは，労働団体と環境団体が貿易政策に関して影響力を行使する力を十分もっていると述べ，スーザン・アーロンソンは，1960年代から90年代半ばの貿易政策と市民層との関係性に注目した（Destler and Balint [1999] pp. 1-2, Aaronson [1996] [2001]）。トーマス・メエテスは，非政府組織（NGO）が1990年代末からの経済グローバル化反対運動の主な担い手であるとした（Mertes [2010] pp. 365-366）。また，労働団体が議会へ及ぼした実際の影響力はいかなるものだったか，環境団体と労働団体のどちらが北米自由貿易協定（NAFTA）成立時に議会へより大きい影響力を及ぼしたかの研究もある（Matschke and Sherlund [2006], Evans and Kay [2008], Studlar [2015]）。

本章は，これらの研究が取り上げてきた市民団体や労働団体の重要性の高まりといった新動向に着目しつつ，「大統領権限」に焦点を当てて，さまざまな政策主体に論及しながらアメリカ貿易政策史を考察するものである。また大統領権限を扱った従前の研究では，特定の時期が取り上げられるのみであったが，本章は長期にわたる通史的分析を行い，そして大統領権限を，争点となってきた貿易障壁の中身の変遷と関連づけて考察する点に特徴がある。

前述のように，現在の形の大統領権限が誕生したのはニューディール期の1934年であり，同時期は非常に重要である。だが，その誕生は19世紀後半，とりわけ世紀末より議会からの権限委譲が徐々に起こり，その権限委譲の流れのなかで1920年代に大統領権限（現在の大統領権限の形態とは異なる）が立法

化されていたことが下地となっていた。よって，ニューディール期に生まれた大統領権限の特質を理解するためには，同時期以前に遡っての省察が必要である。ゆえに，本章は1934年の前史にも相応の紙幅を割き，前史の再解釈部分も含むことをあらかじめ断っておく。

1 1934年までのアメリカ貿易政策

1 1934年以前──高関税の時代

(1) 関税率

　アメリカはイギリスが産業革命を経験している時期に独立革命を経験し，建国した。合衆国憲法（1788年）は関税を賦課徴収する権限を連邦議会に付すとして，関税設定権は議会にあると定めたため，議会が平均して約7，8年ごとに関税法案を起草し，議論し，議決してきた。最初の関税法は1789年関税法であった。当時の関税の主目的は歳入源を得るためであり，建国当初の関税率は，後の時代と比較してそれほど高くなかった。だが，英米戦争（1812～15年）によりイギリスからの通商が途絶えた間に，アメリカで輸入代替産業が発達すると，1820年代に関税の産業保護的要素が強まり，1828年関税法は南北戦争（1861～65年）以前の関税水準としては最高となった。関税に産業保護的要素が盛り込まれるようになると，当然，国内各地域の産業利害が反映されるようになった。だが，南北戦争以前は政府の財政状況にとくに大きな支障が出るようなことが起きなかったため，戦争後に比して関税率は穏健であった（鈴木［1972］362～368頁，朝倉［1983］313～323頁，小山［2006］19～21頁）[2]。

　だが，南北戦争が起こり，それによる財政難を補うための一方策として関税が引き上げられた後は下がらずに高関税が定着した。関税が引き下げられるべきという意見はあったものの，いったん引き上げられた関税の継続を望む利害関係者の圧力が強かったのである。19世紀末は，飛躍的に発展を遂げていた鉄鋼業の製品にも高関税が賦課されていた状況であった。関税は議会で審議・決定されていたため，政治の影響を強く受けた。議員が選出地域の産業利害を守るべく，法案に反対する議員が予測される場合に，その議員の利益となる事柄を盛り込むことにより賛成を得ようとする，議員間の政治的取引（ログ・ローリング）によって，関税はもはや関税保護を必要としない多くの品目にも賦課され，しかも必要以上に高い率となっていた。アメリカ経済の実態（1880

年代に工業産出額でイギリスを追い抜き,世界第1位の工業国)にそぐわない高関税であった。1922年のフォードニー・マッカンバー法では,鉄鋼のほか,20世紀の新産業である化学製品等にも高関税が賦課された。伝統的な保護品目であった繊維等の軽工業に加えて,国際競争力をもった重工業の製品にも高関税が賦課されていた点が特徴であった(朝倉 [1983] 323〜330 頁,鈴木 [1988] 361〜370 頁,小山 [2006] 21〜24 頁)。

　続いて成立した1930年スムート・ホーリー法は,29年に始まった大恐慌下のさなかで成立した高関税法であり,他国の高関税を誘発し,大恐慌を深刻化させたとして悪名高い。とはいえ,同法案は大恐慌が始まったから作成されたのではなく,大恐慌前から審議されており,高関税となったのはそれまでの関税法と同じくロッグ・ローリングの流れを踏襲したからにすぎない。スムート・ホーリー法は当初,1920年代に概して好況であった工業とは対照的に不況にあった農業,その他不況業種への限られた関税引上げを目的として議会で審議が開始された。だが,議会で審議を経るうちロッグ・ローリングにより,法案は広範囲の品目に高関税を賦課したものへと変容していった(小山 [1998] 58〜59 頁,小山 [2006] 11〜18 頁)。

(2) 大統領権限

　議員が選出地域の産業や組織の利害の影響を大きく受けやすいのに対して,大統領はそのような影響は受けにくく,国益全体に鑑みた貿易政策を考えることができる立場にある。建国当初から大統領には,議会の関税法案への拒否権が付与されていたほかに,他国と貿易協定へ向けて交渉を行うという形での貿易事項への関与が認められていた。とはいえ,協定発効には上院の批准が必要とされており,交渉が成立しても上院が認めないことが多く,協定発効には至らず,実際には大統領の貿易(関税)政策に関する権限はほとんどないに等しい状態であった(小山 [2006] 52〜54 頁)。

　だが,19世紀後半,とくに世紀末になると散発的,限定的,条件付きではあるが,上院の批准なく大統領に他国との協定締結を通じた関税取引の権限が付与されるようになった。また特筆すべきことに,議会による関税設定への影響力を減じるため,臨時的,散発的ではあるが,議会から独立した関税調査機関である「関税委員会」が設置された(1865年,82年,88年,1909年)。従前は関税調査すら議会の専権事項であったため,この動きは画期的なことであった。関税が高いと他国から報復的関税引上げを受け,アメリカの輸出に悪影響

を及ぼす。そのため1890年代から，輸出拡大を望む製造企業会員と産業保護を望む製造企業会員の両方を擁する全国製造業者連盟（NAM，1895年結成）等の企業団体が，高すぎず低すぎずの関税率が策定されるよう，生産コストの内外比較調査を行う関税委員会の常設を議会に強く主張し始めた。このような主張がもととなって，紆余曲折はあったとはいえ，1916年には立法府でも行政府でもない独立規制機関として関税委員会が常設された[3]。これは貿易政策における議会の権限委譲を意味していた（小山[2006] 63～74，107～113頁，Koyama [2009] pp. 165-169）。

　関税委員会が常設された後，NAM，USCC（全米商工会議所，1912年設立），NFTC（全国貿易協議会，1914年設立。大企業，多国籍企業中心の企業団体）等の企業団体はさらに，アメリカの経済状況に合わせて大統領が即座にかつ柔軟に関税率を変更できるような改革を行政府と協調して支持した。1922年フォードニー・マッカンバー法では，関税率記載の部分に加えて，初めて「伸縮関税条項」（Flexible Tariff Provision）が盛り込まれた[4]。この条項により，行政府の長である大統領が随時，議会がいったん策定した関税法の関税率を関税委員会の調査をもとに，上下50％の範囲内で変更することが可能になった。つまり，これは貿易政策における大統領（行政府）権限の拡大を意味していた。

　だが，1929年初に始まったスムート・ホーリー法案審議の途中で，22年時に成立した伸縮関税条項が議会内の反対により葬り去られそうになった。条項のなかの大統領権限への反発があったからである。当時のフーバー大統領は適度な関税率を望み，貿易政策における大統領権限の拡大を切望しており，同様の見解をもっていた企業団体の支持を受けて，議会に条項包含を強く働きかけ，結果として1930年成立のスムート・ホーリー法に条項が盛り込まれた（小山[2006] 121～146，155～166頁，Koyama [2009] pp. 169-179）。

2　1934年——現行の大統領権限の誕生と低関税化

　スムート・ホーリー法に続いて，1934年6月に互恵通商協定法（以下，1934年法とする）が成立した。1934年法は，ニューディール期のローズヴェルト政権下で成立し，わずか3頁の条文からなり，関税率の記載もなく，大統領がスムート・ホーリー法で決定された個々の関税率を，交渉相手国の関税引下げや輸入制限撤廃を条件に，50％の範囲内で今後引き下げていく旨が記された。1934年法では，20年代に立法化された大統領権限が下地となって，大統領の

権限拡大がいっそう進んだといえる[5]。アメリカは1934年に，大統領（行政府）が他国との互恵的調整によりスムート・ホーリー法の関税率から関税引下げを行っていく動きに転じ，低関税化へと向かった。1934年法が成立する前は，関税政策，関税率は議会で審議・決定され，すべての国に同じ関税率を適用する「単税自律的関税」が原則とされてきた。だが1934年以降，関税率は他国との交渉で決定されるものとなり，大統領権限が付与されていれば，協定発効にはもはや上院の批准は必要とされなくなった。

アメリカは大統領権限下で，他国との二国間交渉を進め，1934～45年までに27カ国と32の貿易協定を締結した。低関税化は成功を収め，輸出拡大にとり功を奏した。この成功が，今度は多国間交渉により貿易自由化を推進するGATT（関税および貿易に関する一般協定）体制をアメリカが主導していく動きにつながった。ゆえに1934年法の低関税化は，アメリカの第2次世界大戦後の国際貿易体制主導をもたらしたという歴史的な意味をもった（小山［1998］75～76頁，小山［2006］25，197～199頁）。

なお，低関税化を可能にした大統領権限が更新制であるのは，権限成立時，議会内にその権限に対して強い抵抗，反対があり，妥協策が図られたためである。1933年3月に大統領に就任したローズヴェルトは，国内経済政策に着手した後，対外経済政策に目を向けた。輸出激減に直面したアメリカでは，コーデル・ハル国務長官のもと，新しい貿易法案策定のための委員会が立ち上げられ，輸出を優先すべく，関税率変更の権限を議会が大統領（行政府）へ委譲する主旨の法案が起草された。ハルは，諸外国の行政府主導の例を持ち出して，議会が行政府に権限を委譲しなければアメリカが競争力の点で不利になると述べた。だが，議会内で，議会の関税策定権と，上院の協定批准権の両方を消滅させるのは二重に違憲だとの批判が起こった。

概して共和党は，関税による国内産業保護をすべきという立場から法案に反対した。根拠は次の2点であった。①法案は「緊急措置」と喧伝されているが，実際には大統領へ無期限の，制約なしの権限が付与されている，②これまで関税による保護に頼ってきた産業のすべての生死が，大統領やその関係者によって今後左右されることになる。

民主党はおおむね，大統領への権限委譲は合憲だと主張した。この際，民主党が根拠として用いたのが，1922年フォードニー・マッカンバー法の伸縮関税条項が28年に最高裁より合憲判決を受けた事例であった。一方，共和党は

権限委譲に反対したため,「1934年法では,大統領への権限委譲を3年間に限定し,その後は更新制とする」という妥協案が下院本会議前に盛り込まれ,それが本会議で採択された。また上院でも,民間ビジネスの利害が無視されるのではないか,不当に扱われるのではないか,協定交渉が秘密裏に行われるのではないかとの議会での懸念を鎮めるために,上院財政委員会により,「利害関係者が見解を提示する機会がもてるよう,交渉前に大統領が協定内容を開示し,公聴会を開くことにする」という修正案が盛り込まれ,それが本会議で可決された(小山[2006]200～207頁)。

　大統領の交渉権限は,約3～5年ごとの更新制方式と規定された。更新には,大統領は議会から許可を得なければならないのであり,この期限付きの更新制の大統領権限が今日まで続いている。つまり議会は関税決定権をすべて放棄したのではなく,大統領の進める低関税化を更新時ごとにチェックしていく機能を残した。その意味でアメリカの貿易政策決定システムは,立法府と行政府の間の主導権をめぐる緊張関係を孕んでいる。更新制は,行政府の貿易政策に関する仕事を議会が監督するのを可能にすると同時に,議会が要求することを行政府が聞き入れるという信頼のうえに成り立つ。議会から信認されなければ,大統領権限は失効してしまう。

　1934年以降,議会は行政府に対して2つの責任を負わせてきた。1つは外国との間で貿易障壁削減のための交渉を行うこと,もう1つは,輸入による被害の救済を求める個々の要求に対応することであった。そのため1934年以降,低関税化と併行して,輸入による被害を救済する措置もとられた。議会は低関税化に伴う利益,不利益を測り,場合によってさまざまな法的手段を打ち出すことを行った。一例が,エスケイプ・クローズ措置(輸入により深刻な被害を被る国内産業を貿易協定の対象から除外)であった(Goldstein[1986] p.79, Kaplan[1996] p.45, Hody[1996] pp.136, 178, 小山[2006]214～216頁)。

2　1934年以降における貿易障壁の変遷

1　1934年～60年代——関税障壁

　1934年の低関税化が,アメリカの第2次世界大戦後のGATT主導へとつながっていったことは前述したとおりだが,第2次世界大戦中には,GATTとは別の国際貿易機関(ITO)設立が構想されていた。ITOは,国際労働基準の

達成等を含んだ広範囲な問題を扱うこととなっていた。なお，国際労働基準の達成とは，各国の労働者保護の程度がさまざまであるなか，一定の労働基準を定め，貿易自由化の条件として各国に基準の遵守を求めることを意味している。

ITO構想にはそのほか，国家主権に深く関わる事柄が多く内包されていたため，時期尚早であるとされて，アメリカをはじめ各国の議会の批准を得られず，結局，ITO設立は実現しなかった。同構想と並行して進められていたGATTが，その目的を各国の輸入制限の削減，関税削減としており，範囲が狭く限定されていたことから，1948年に始動することになった。GATTでは当初，貿易障壁として主に関税障壁の削減に力が注がれた。GATT設立後，5回に及ぶ多国間交渉の後に，GATTケネディ・ラウンド（1964～67年）が行われた際には，先進国の工業製品の関税が大幅に削減され，アメリカの関税の場合，スムート・ホーリー法の関税率に比し平均して約9割の低下となった（Aaronson [2001] p. 183, Destler [2005] p. 12, Pearson [2003] pp. 6-7, 小山 [2006] 25～26頁，Eisner [2013] p. 98)。

「1962年通商拡大法」では，とくにケネディ・ラウンドに際して関税引下げを成功させる目的を込めての大統領への貿易交渉権の付与とともに，貿易調整支援（Trade Adjustment Assistance：TAA）も盛り込まれた。これは，貿易自由化が原因で失業した労働者に対して失業保険給付に加えて補完的な所得補償として貿易調整手当を現金支給するというもので，主にAFL-CIO（アメリカ労働総同盟・産業別組合会議）のジョージ・ミーニー会長の，貿易調整支援はいかなる形であれ必要であるとの見解に応じたものだった。熱烈な反共主義者であったミーニーは，共産主義への対抗策として貿易自由化を中核に据えて重視し，かつ自由化に伴う被害の救済も強調した（中本 [1996] 75頁，Deardoff [2000] pp. 99, 104)。

なおアメリカでは，大統領に交渉権限が付与されて以降，大統領や国務省が中心となって，貿易自由化は輸出拡大につながり，雇用を創出，拡大すると喧伝し，アメリカの国民，ビジネス，世論を貿易自由化の味方につけていった。貿易政策担当者は貿易自由化への支持を得るため，国際貿易は人々に利益をもたらすという広報活動を行っていった（Aaronson [1996] p. 27, Aaronson [2001] pp. 21-23, 58)。

2　1970年代〜80年代──非関税障壁

(1) 伝統的な非関税障壁

　1970年代には，大統領に非関税障壁に関する交渉権限も付与されることになった。そのきっかけは，1960年代のGATTケネディ・ラウンドにあった。同ラウンドで，非関税障壁となりうる各国間の反ダンピングのルールと税関手続きの違いにも議論が及んだ際に，アメリカ大統領が非関税障壁の交渉権限をもっていなかったことが同ラウンドに支障をきたした。そのため，アメリカ議会は権限委譲の幅を広げることとし，1974年通商法により，大統領には今後関税のみならず非関税事項も交渉する権限（更新制）が付与されることになった。1974年通商法下で「ファスト・トラック」と呼称された大統領権限は，大統領によって進められる非関税障壁削減をも含む貿易交渉が円滑に処理されるためのもので，提出された貿易協定の内容に議会は修正を行うことはいっさいできず，議会（下院，上院とも）が行うことができるのは，協定を是認するか否認するかの採決のみと規定されていた（滝井［2007］28頁，Cooper［2014］p.4）。

　ケネディ・ラウンド下で工業製品の関税が大幅に削減され，関税障壁の問題が落着すると，GATT東京ラウンド（1973〜79年）での課題の比重はますます非関税障壁へと移っていった。扱われた非関税障壁には，国家間で異なるさまざまな規制，政策も含まれ，なかでも当初は税関手続きのほか，エスケイプ・クローズ（セーフガード），反ダンピング，補助金といった各国の競争政策に関わるような伝統的な非関税障壁が問題とされ，議論された。なお，これらの伝統的な非関税障壁は古くから存在していた。だが，前述のように，GATTはその設立目的が各国の輸入制限の削減，関税削減であり，当初，貿易障壁としては関税障壁の削減に焦点を当てていたため，伝統的な非関税障壁はさほど俎上に載せられなかった。伝統的な非関税障壁に関して，①各国間で税関手続きが異なり，手続きが煩雑で時間がかかる場合がある，②エスケイプ・クローズに関して輸入による実質的被害の調査や発動が各国に任されており，透明性に欠ける場合がある，③国内価格とは異なるダンピング価格で輸出されている場合がある，④輸出に有利になるよう国によっては政府から補助金が拠出されている場合がある，といった批判がかねてより存在していた（小山［2004］180頁，Koyama［2013］pp.1-2）。

(2) 新しい非関税障壁「非貿易的関心事項」

　伝統的な非関税障壁の議論に続いて，いわゆる「非貿易的関心事項」(Non-Trade Concerns: NTCs；一見，貿易とは関係がないかのようにみえる貿易障壁。各国間で異なる労働，環境，食品安全の基準の違いが代表例）が重要な貿易障壁になりうるとして，議論が活発化してきた。これらの新しい非関税障壁は，市民の生活にとって身近で，かつ大きな影響を及ぼすものである。

　非貿易的関心事項がクローズアップされるようになったのは，GATT での 1979 年の「スタンダード・コード」成立が契機であった。スタンダード・コードは，貿易にとっての技術的障害を削減することを目的として，各国の異なる標準に関して国際的調和化を図る動きであった。GATT はスタンダード・コードのもとで，実質的には ISO（国際標準化機構；電気・電子製品を除いた製品を扱う），IEC（国際電気標準会議；電気・電子製品を扱う）標準を国際標準として推奨したのである。

　なお，各国間の標準の違いが，国内市場保護の手段として使われうる非関税障壁となるのではないかという懸念は，GATT においてすでに 1960 年代に認識されていた。1971 年よりスタンダード・コードの原案づくりが開始され，73 年には原案が完成し，東京ラウンドで正式に取り上げられた。GATT スタンダード・コードの成立は，アメリカの働きかけによるところが大きかった。アメリカが，自国の見解が反映可能な GATT の場で標準の調和化の問題について取り上げられるのを望んだ理由は，1950 年代よりヨーロッパ諸国が域内の貿易促進を図るなか，域内の標準の調和化に力を入れ，ヨーロッパでは電気・電子製品以外の製品の標準化を扱う欧州標準化委員会（CEN）と，電気・電子認証システム機関（CENEL，後に CENELEC と改称）が 1960 年代に設立されており，アメリカは自国の見解を反映させることができない CEN，CENEL を脅威とみていたことにあった（小山 [2016] 11～14 頁）。

　GATT において各国間の標準の違いのような，多様な事項が貿易問題として取り扱われるようになると，労働団体，環境団体等から人間や自然の基本的な権利や基準にも配慮がなされるべきだとの主張がなされるようになった。貿易協定に労働基準や環境基準を入れ，それらを協定国に遵守させるべきだと考える人々は，1979 年の GATT スタンダード・コード成立を前例として持ち出すようになった[6]（McGovern [1982] pp. 176, 179-180, McGovern [1995] pp. 18, 21, Vogel [1995] p. 75）。

また，経済のグローバル化に伴って知的財産権（著作権，商標，意匠，特許等）を侵害した製品，サービスの取引が増加した。とくに途上国では，先進国の技術等を模倣して使用することが，知的財産権を侵害する盗用行為であるという認識すらもたれず行われることが多々あった。知的財産権に関する国際ルール不在の状況を受けて，とくにアメリカが知的財産権保護の交渉が行われることを強く望むようになり，GATT ウルグアイ・ラウンド（1986～94 年）では，TRIPS（知的所有権の貿易関連の側面に関する協定）の成立（発効は 95 年）へ向けての話し合いが 80 年代になされた。このことも，GATT が多様な問題を扱うようになったことを示しており，労働や環境の基準といった非貿易的関心事項の議論の活発化につながった（Murphy and Yates [2009] pp. 21-22, Büthe and Mattli [2013] pp. 134, 136, 中川 [2013] 27 頁）。

(3)　大企業（多国籍企業）対市民

　1970 年代頃から市民がアメリカ貿易政策に対して，マイナス感情の意味だが，関心を持ち始めた。その背景には 1960 年代に公民権運動や反戦運動等の市民運動が起こり，市民の公共政策への関心が強まっていたことや，65 年に消費者運動の活動家であるラルフ・ネーダー（「パブリック・シチズン」の創設者）が GM 車の安全性の問題に端を発した大企業批判を行い，大企業対消費者・市民の対立構造を形成していたことがあった。1971 年に結成されたパブリック・シチズンのような消費者団体から，GATT は多国籍企業の利益を優先し，市民は貿易自由化から悪影響を受けているのではないかという主張が出され，しだいにアメリカ社会に浸透していった。

　貿易自由化が進み，多国籍企業がいっそう発展し，労働コストの低い国へ生産拠点の移転が起こり，移転に伴う国内の雇用消失，産業の空洞化が起こってくると，アメリカ人の雇用が奪われるのではないかという脅威から，あるいは途上国の労働者の人権擁護の観点から，各国で異なる労働基準の問題を軽視して貿易自由化をさらに進めていくのはよくないとする批判の声が上がってきた。AFL-CIO 等の労組も 1960 年代末，70 年代に貿易自由化反対の姿勢を示し始めた（Aaronson [1996] p. 27, Aaronson [2001] pp. 21-23, 58, Destler and Balint [1999] p. 15, Katz [1999] pp. 14-15,）。

　1970 年代に多くの先進諸国でスタグフレーションが起きたことなどが契機となり，新自由主義政策が実施されることになった。フリードリッヒ・ハイエクやミルトン・フリードマンらに代表されるシカゴ学派は，企業が投資・収益

活動を行うためのマーケット・シグナルを十分に活用するのを政府が抑え，市場の見えざる手が国家と鎖でつながれているため，資源の最適な配分ができていないとかねてより主張していたが，このような考え方が1970年代に多くの企業の支持を受け，企業のロビー活動にも反映された。たとえば，ビジネス・ラウンドテーブル，NAM，USCCは活動拠点をニューヨークからワシントンDCへ移した。これらの活動はアメリカをケインズ的国家から脱出させ，企業の自律性を高める働きかけをするためだった。新自由主義政策はカーター政権（1977～81年）の規制緩和とともに始まり，レーガン（81～89年）がさらに推し進めた。

　市場志向型イデオロギー色の強まりは，貿易政策面にも変化をもたらした。GATTは1970年代の東京ラウンドまでは工業製品の貿易管理に注力していたが，アメリカ政府の市場志向型イデオロギー重視と多国籍企業の台頭により，貿易の議論は別方向に向かった。とくに多国籍企業と行政府は原料，消費者向け製品のより大きな市場アクセスを主張し，自由化，規制緩和，民営化を促進する一連の新しい領域の議論を開始した。生産拠点の海外移転はいっそう進み，アメリカ国内製造業者は安価で製品を販売する大規模多国籍企業には太刀打ちできなくなり，多くの製造企業が破産した。多国籍企業が利益を享受する一方で，アメリカ労働者の実質賃金は落ち込み，所得格差が広がり，アメリカ国民の間で貿易自由化を疑問視する見方が浸透していった（Mertes［2010］pp. 370-371, 373, 378-379）。

　また，1989年の冷戦終結により，アメリカ国内では貿易自由化への求心力が一挙に低下した。1940年代末から80年代末までは，ソ連の共産主義の封じ込めのためにアメリカは貿易自由化を推し進めていく必要性を強く認識し，国内でもおおむねその必要性に関してコンセンサスが得られてきた。だが，冷戦終結後は，国民の間に貿易自由化の進行が果たして本当に自分たちの経済的豊かさにつながるのかという問題意識が広がってきた。貿易自由化に対して，市民層が消費者，環境保護，人権擁護の団体を通じて発する反対の声が大きくなった（Rothgeb［2001］p. 213, Chorev［2007］pp. 159, 179-180, 小山［2011a］183頁）。

3 1990年代以降における大統領権限

1 1990年代──大統領権限の失効

　1990年代には，アメリカ国内で貿易自由化と環境保護は対立関係にあるのではないかとの懸念が広がった。環境と貿易との関係性に関して従前のアメリカ市民は，絶滅危惧種の輸出や，有害な廃棄物や化学製品の輸出といったことに多少の関心があった程度であった。しかし，市民が非常に大きな関心をもつようになった契機は，マグロとイルカに関するGATTパネル（小委員会）の裁定であった。マグロがイルカの群れの下を泳ぐことからイルカ囲い込みのマグロ捕獲巻き網漁が横行しており，イルカが混獲の犠牲になっていたため，アメリカでは国内であれ国外であれ（とくにメキシコの巻き網漁をアメリカは意識），そのような漁法で捕られたマグロ（製品）の販売を禁止した法律が1988年に成立していた。だが，GATTが1991年に同法を貿易阻害になるとしてルール違反の裁定を下した。そのため，この裁定をめぐって環境保護と貿易自由化は相反するのではないかという論争が市民団体を巻き込み，沸き上がった。

　そして，大統領権限（ファスト・トラック）更新が暗礁に乗り上げたのは，アメリカ，カナダ，メキシコ間での北米自由貿易協定（NAFTA：1992年調印，94年発効）が議会で審議され，協定への労働と環境の基準挿入をめぐり意見の対立が起こったためであった。NAFTAには途上国メキシコが入っていたため，労働や環境の基準を設けない形で貿易自由化を進めることは，安価な労働力を有し，労働基準が低い途上国がアメリカの雇用へ悪影響を及ぼしたり，途上国の労働者の権利を損なったり，あるいは環境規制の緩い途上国の環境汚染が広がったりするなどとして，労働組合，市民団体（消費者団体，環境団体）から，社会政策に関係する貿易政策事項，いわゆる非貿易的関心事項が検討されるよう訴求が強まったのである。これらの団体から，労働基準や環境基準も貿易協定に含まれるべきだとの主張がなされた一方で，多くのビジネス代表は労働や環境に関する事項は貿易協定から除外されるべきで，協定に挿入されるのは厳密に貿易に関連している事柄のみに限られるべきとした（Vogel [1995] p. 76, Hill [2004] pp. 26-27, Andrews [2006] p. 338, 田村 [2006] 186～187頁, Merchant [2007] pp. 207-209, 内記 [2013] 3, 9頁）。

(1) ブッシュ（父）政権時の1991年——ファスト・トラック更新

　ブッシュ（父）大統領（共和党，1989～93年）とメキシコのサリナス大統領が，貿易協定に向けての交渉に入ることを1990年6月に宣言した。1991年初にはカナダが協定に加わることを発表した。NAFTAの目標は，北米が10年以内に多くの関税・非関税障壁を削減し，投資の自由化や知的所有権の保護強化を行うことであった。

　ファスト・トラックが1991年に期限切れとなっていたため，ブッシュ（父）はNAFTA締結を成功させるためにも，同年3月にファスト・トラックの更新を求めた。だが，AFL-CIOはNAFTAが雇用をメキシコに移転させることになるとして更新に強く反対し，ファスト・トラック打倒を第一優先事項とした。ほかにも全米鉄鋼労組（USW），全米自動車労組（UAW），繊維アパレル労組（UNITE），全米トラック運転手労組（チームスターズ），石油・化学・原子力産業国際労組（OCAW）等がAFL-CIOの見解を支持した。消費者団体のパブリック・シチズンもファスト・トラック更新に反対し，メキシコと自由貿易協定を締結することに対する懸念を食品安全等の観点から示した。アメリカの果物・野菜生産者はメキシコの生産者との競争を危惧した。また，シエラ・クラブ，地球の友，グリーンピース等の環境団体もファスト・トラック更新に反対した。

　一方，企業側からのファスト・トラック支持は広く，USCC，ビジネス・ラウンドテーブル，NAM等の企業団体のほか，個別企業としては，たとえばアメリカン・エキスプレス，イーストマン・コダック，GE，プロクター・アンド・ギャンブル等が支持した。ブッシュ（父）は，民主党の主要支持基盤である労組や市民団体等の見解も鑑みて，懐柔策として労働と環境に関するメキシコとの補完協定締結や，貿易調整支援（TAA）拡充（増額）を提示した。ファスト・トラックは1991年3月に下院231対192，上院59対36で可決され，更新された（JETRO [2000], Devereaux, Lawrence, and Watkins [2006] pp.197-200, Evans and Kay [2008] p.977）。

(2) クリントン政権時の1994年——ファスト・トラック失効

　民主党のクリントン大統領（1993～2001年）は就任時，ファスト・トラック権限をもっていたが，その後の大統領職の大半は，同権限をもつことができなかった。クリントンは当初NAFTAに対して態度を保留にしていたが，結局，支持し，そしてNAFTAには労働と環境を保護する条項が付け加えられるべ

きとした。

　クリントンは，1993年にカナダやメキシコとNAFTAの労働・環境基準について話し合いを始めた。共和党議員は概して，NAFTAそのものに対しては，それをビジネス・チャンスの拡大とみる実業界が支持基盤のため賛成であった。ビジネス・ラウンドテーブルをはじめとする多くの実業界の主張の主旨は，NAFTAは輸出を増やし，新しい雇用をつくるというものであった。だが，共和党議員，実業界はおおむね，NAFTAに労働，環境の基準が盛り込まれることに関しては，メキシコの労働・環境の基準の緩さ，低さを活用しているアメリカのビジネスに影響が出てくるため難色を示した。一方，消費者団体のパブリック・シチズンをはじめ（創設者のネーダーも含め），多くの民主党議員，一部の環境団体，多くの労組，そして前大統領候補のパット・ブキャナンらが労働・環境の基準が挿入されない形でのNAFTA成立に反対し，その反対勢力は連帯し，声も大きかった。

　クリントンは，ブッシュ（父）と同じく，労働と環境に関する補完協定を付与する形で，NAFTA法案を提示し，法案は下院234対200，上院61対38により，1993年11月に議会で可決された。しかしながら，ファスト・トラック更新のほうはうまくいかなかった。ファスト・トラックは1994年に更新の時期がきたため，草案が94年6月に行政府により作成された。そこには大統領権限に反対する人からも広く合意を取り付けるべく，貿易に関連づけて労働，環境事項を重視していくことが盛り込まれていた。だが草案は，予想以上に多くの共和党議員から，そして実業界の多くから敵意を誘発したため，1994年8月に労働と環境の基準挿入を主要目標としない旨に書き換えられ，それにより共和党議員の取込みが図られた。だが，この策は結果的に失敗に終わり，ファスト・トラック獲得に至る票は得られなかった（Danaher and Mark [2003] pp. 224-226, Devereaux, Lawrence, and Watkins [2006] pp. 198-202, 204, Evans and Kay [2008] p. 977）。

　ファスト・トラックが1991年時には更新され，94年時には更新されなかったのは，前者がNAFTA審議中であったのに対して，後者がNAFTA発効後であったという状況の違いによるところが大きいだろう。議論となっていた労働と環境の基準の問題は，実際にNAFTAが発効したことで現実の問題となったのである。労働と環境の基準の議論が出てきてからの大統領権限獲得には，これらの基準への共和党と民主党の基本的見解が十分に考慮に入れられたうえ

で，議会への働きかけが鍵を握るようになってきた。すなわち，共和党は概して貿易協定締結には積極的だが，協定に労働と環境の基準が挿入されることや貿易調整支援（TAA）には消極的であり（支援に伴う歳出増への懸念が強い），逆に民主党はおおむね貿易協定締結には消極的だが，協定に労働と環境の基準が挿入されることや貿易調整支援には積極的であるという見解をもっている[7]。だが，必ずしも議員が党派的見解に沿った投票行動を行うわけではない。とりわけアメリカ国内で意見が大きく分かれている労働と環境の基準の問題は非常にセンシティブなため，その傾向が強く，大統領権限の行方が読めない状況となってきた。

(3) 1999年――WTOシアトル会議の挫折

NAFTA発効後，アメリカ通商代表部（USTR）のマイケル・カンター代表らは，GATTウルグアイ・ラウンドの交渉妥結に向け，知的所有権強化，WTO（世界貿易機関）新設等の諸点で貿易自由化の進展にいっそう尽力した。

1995年にWTOがGATTを発展的に解消した形で生み出された。だが，WTO新設にあたり，非貿易的関心事項のうち，環境と労働の基準に関しては国際的整備がなされなかったうえ（いまだになされていない），食品安全基準に関しては，WTO新設と同時に基準の調和化を推進していくためのSPS（衛生植物検疫措置）協定が発効したが，この協定に対して食品安全基準を低い基準へ向かわせるのではないかとの懸念を多くのアメリカ市民がもった。1999年にシアトルでWTOの第3回閣僚会議が開催された際，消費者，労働者の権利や環境保護を訴える市民団体，NGO，労働組合が同地に集結して，貿易自由化や多国籍企業を批判し，激しい抗議デモを行い，閣僚会議を頓挫させた。これは，市民団体，NGO，労組の貿易政策への影響力が大きくなっていることを世界にも知らせた出来事であった（Hook [2001] p. 223, Hill [2004] pp. 220-222, Brown [2006] p. 98, Eckes [2009] pp. 64-65, 小山 [2013] 30頁）。

2 2000年代――大統領権限の一時復活

共和党のブッシュ（子）（大統領職2001～09年）は大統領選時には，貿易協定に労働・環境基準を盛り込むことに消極的であり，その姿勢は，労働側の見解を重視して貿易と労働・環境基準の関連づけに積極的だったゴア民主党対立候補とは対照的であった。2001年1月，ブッシュ（子）は大統領に就任するとすぐに大統領権限獲得の努力を開始した。権限の名称を貿易促進権限（Trade

Promotion Authority: TPA）と変えてである。そして 2001 年 9 月 11 日にニューヨークとワシントンがテロ攻撃を受け，ブッシュ（子）政権は，テロへの反撃策としての貿易自由化の主張を行い，大統領権限を得るべく議会への働きかけを強めた。アメリカ通商代表部（USTR）も，アメリカが安全保障政策と貿易政策をリンクさせるべきとの考えのもと，開放的，発展的に貿易協定交渉ができるよう，議会が大統領に TPA を付与する必要があると強調した。2002 年に行われた TPA 法案票決の結果は，上院で 66 対 33，下院では僅差の 215 対 212 で可決となった[8]。

　ブッシュ（子）政権は農民への補助金を増やしたり，貿易調整支援（TAA）への配慮を行ったりした[9]。また，最終的には 2002 年通商法に，婉曲的な表現ではあったものの，労働・環境基準についての言及（貿易相手国が主要な労働基準を尊重することや，持続可能な発展のための環境保護を強化していくことができるように尽力する）が含まれていた（New York Times [2000], JETRO [2000], Devereaux, Lawrence, and Watkins [2006] pp. 229-231, Drezner [2006] pp. 13-15, JC-SO-KEN [2007], Cooper [2014] p. 7, 藤木 [2008] 204 頁）。これらの追加的措置も TPA 法案成立に功を奏したとみられるが，何よりも成立の背景に 9.11 テロ事件という偶発的出来事があったことが大きかったといえよう。

　TPA は 1994 年以降，2002 年時のような何らかの大きなきっかけがあるか，あるいは政権側に，国際社会におけるアメリカの威信に関わるような理由づけ，非常に強いモチベーションがあって議会に妥協案の提示とともに強い働きかけがなければ成立せず，働きかけがあっても成立が難航する事態となった[10]。TPA は 2007 年に期限切れとなってからは獲得されず，その後も更新されることなく 15 年まで失効した。

3　2010 年代──大統領権限復活へ向けて

(1)　議会での難航

　民主党のオバマ大統領は大統領選時より，アメリカならびに貿易相手国にも貿易と労働・環境の基準の関連を尊重するよう求めていくとの立場をとっていた[11]（Politifact [2013]）。オバマは政権発足後の 4 年間は，一般教書演説等のアメリカ国内での公式の場で環太平洋経済連携協定（Trans-Pacific Partnership：TPP）に積極的に言及することがなかった。TPP はオーストラリア，ブルネイ，カナダ，チリ，日本，マレーシア，メキシコ，ニュージーランド，ペ

ルー，シンガポール，ベトナム，アメリカの計12カ国による，関税撤廃等の貿易自由化を骨子とする包括的経済連携協定であり，もともとはニュージーランド，シンガポール，チリ，ブルネイの4カ国間で2006年に発効した[12]。

　アメリカは2009年にTPPへの参加表明をしていた。だが，TPP支持を求める発言をすることは雇用流出の懸念を惹起し，大統領再選に悪影響が出ると考えられた。そのため，オバマは再選を果たした後の2013年2月の一般教書演説で，初めてTPPに関して積極的な発言を行った。TPP妥結のためには，大統領の貿易促進権限（TPA）獲得は必須であった。オバマ政権は獲得に慎重を期し，2014年11月の中間選挙の結果をみてから動きに出ることにした。中間選挙の結果，貿易協定締結に前向きな共和党が上院，下院とも議会の多数派を占めるようになった。2016年の大統領選に向けた活動に影響が出ないよう（貿易自由化は選出地域の利害への影響が大きいことによる），15年前半までにはTPA問題に決着をつける必要があった。そのため，2015年4月に議会へTPA法案が提出された。

　TPAに対して民主党の大半の議員，共和党議員の一部から反対があることがわかっていたため，TPA法案を，民主党が更新成立を望んでいる貿易調整支援法案（2015年9月に失効）と一括で，審議を行うという方法が最初とられた。だが，この方法は上院で成功したものの，下院では成功しなかった。TPA法案の通過を何としても阻止したいと考えた民主党議員の多くが貿易調整支援法にも反対するという事態が下院で起きたのである。そのため，TPA法案と貿易調整支援法案を分離して，TPA法案単独で上下両院を通過させるという方法に変更された。かつ，議会多数派（共和党）指導部やオバマ大統領が両方の法案を成立させる方向で尽力する強い意思があることを強調した。このような策がかろうじてうまくいき，TPA法案は2015年6月に下院で218対208，上院では60対38で可決された。下院の賛成票は下院総数435票の過半数の218票ぎりぎりであり，上院の60票は上院だけに認められているフィリバスター（議事妨害）を阻止できる最低限票数であった。（カトウ[2013]7頁，Politifact[2013]，浅野[2015]，今村[2015]，滝井[2015]，山下[2015]）。

(2)　大統領権限をめぐる企業対労働・市民団体

　大統領権限の失効，獲得難航の事態は，国内に大統領権限への強い支持の声がある一方で，反対勢力の声も大きくなっていることによるところが大きい。オバマがTPP交渉進展のため大統領権限復活を求めるようになってきた2013

年から，難航しつつも権限が復活した 15 年までの主要ロビイング団体の動きをみると，強力な支持団体として，まずビジネス・ラウンドテーブル（1972 年に設立され，アメリカの競争力，経済力強化のための政策を推進）が挙げられる。アメリカの主要企業の最高経営責任者（CEO）から構成されるビジネス・ラウンドテーブルが，権限復活の法案通過は最優先事項であるとして，そのための新たな組織，「貿易利益アメリカ連合」（TBAC）を 2013 年 5 月に立ち上げたことは特筆すべきである。

TBAC の運営委員会には，ビジネス・ラウンドテーブルのほか，NAM，USCC，NFTC，AFBF（アメリカン・ファーム・ビューロー連合；1919 年に設立されたアメリカ最大の農業圧力団体）等が入り，大統領権限の重要性や，貿易協定がもたらす利益を広く知らせる活動を行った。ビジネス・ラウンドテーブルは，貿易および貿易協定締結はアメリカに雇用をもたらすとして，2004 年から 13 年におけるアメリカの貿易関連の雇用の伸び率は，アメリカ全体の雇用の場合に比し 3.5 倍であったと強調した（Business Roundtable [2013] [2015]）。

USCC も，雇用創出の点から国際貿易の重要性を強調し，「アメリカには 1740 万人ほどの失業者がいるが，雇用をつくるためには，自国の製品・サービスの市場拡大につながる国際貿易が鍵となる」と述べ，環太平洋圏市場としては TPP がアメリカの輸出を年間 1240 億ドル増加させ，また，環大西洋圏市場では環大西洋貿易投資協定（TTIP：EU とアメリカが 2013 年から貿易交渉を開始）が約 74 万の新しい雇用をつくることになると試算した。USCC は，「大統領権限は 1934 年以来アメリカの貿易外交の重要な役割を果たし，定期的に更新されてきた。2007 年から失効中だが，更新されないとアメリカの将来の貿易交渉に支障が出る。大統領権限に反対することがあってはならない」と強調した（USCC [2015a] [2015b]）。

NAM は，公共政策全般に関するロビイング団体としてアメリカで最初の全国的企業団体である。現在，60 以上の製造業企業組織を傘下に収め，全米の製造業者を代表しており，アメリカの製造業者が輸出を拡大するには大統領権限が不可欠であると強調し，権限復活のため議員に働きかけを行うように製造業者に要請した（NAM [2014]）。

一方，大統領権限の復活に猛反対した団体の 1 つが，アメリカ最大の労組で，1250 万人の組合員を有する AFL-CIO であった。現在，56 の国内・海外の労働組合を傘下にもつ AFL-CIO は，すべての貿易自由化に反対なのではないと

しながらも，過去の貿易協定，とりわけ NAFTA 締結は失敗であったと主張し，また交渉中の TPP に強い反対の意を表明し，大統領権限にも反対のロビイング活動を行った。AFL-CIO は，国際貿易，貿易協定は企業の利益を増加させる一方で，アメリカの雇用を奪い，労働者の生活や権利をアメリカ内外とも低下させるとし，アメリカの貿易赤字を増加させ，経済の衰退をもたらすと主張した (AFL-CIO [2014], Béland [2015] pp. 195-197)。なお，AFL-CIO が数字を挙げたわけではないが，アメリカの貿易収支額は商務省経済分析局 (BEA) のデータによれば，1960 年：35 億ドル，70 年：39 億ドル，80 年：マイナス 194 億ドル，90 年：マイナス 809 億ドル，2000 年：マイナス 3768 億ドル，10 年：マイナス 5169 億ドルと推移してきた。

AFL-CIO がしばしば指摘したのは，貿易政策が秘密裏に決定されていく点であった。「今日の貿易政策は，政治家や経済的エリートに有利なように決定されている。そのため長年にわたり，アメリカの労働者，小規模農民，小規模企業，国内生産者が犠牲を払ってきた」。「大統領権限と貿易交渉とは密接に関連し合っている。貿易協定は環境政策，労働者の権利，食品安全等の条項を含むようになっているため，これらの決定は秘密裏に行われるべきではない」(AFL-CIO [2015])。

消費者団体のパブリック・シチズンも，貿易自由化の進行や，大統領権限復活に強力な反対運動を展開した代表的存在であった (Braithwaite [2000] p. 409)。パブリック・シチズンは TPP の予想される悪影響を全米のテレビ，ラジオを通じて大衆に訴え，また，AFL-CIO と同じく，NAFTA を激しく非難し，当時の政権が公約した雇用の大幅創出，輸出拡大が実現していないどころか，対メキシコ，カナダで 1810 億ドルの貿易赤字，アメリカの 100 万の雇用消失となっているとした。2 国間の自由貿易協定 (FTA) についても，2012 年に発効した米韓 FTA の例を挙げ，アメリカの輸出と雇用の実際の結果がオバマ政権の当時の公約とは正反対となっていると主張した。パブリック・シチズンは大統領権限に関して，アメリカの職を低賃金国にオフショアリングするのを促すものであり，大企業の見解を取り入れた行政官僚が議会を通さない形で，大衆の日常生活に密接に関係のある安全な食品，医薬品，クリーンな環境等の広範な事項を悪化させる貿易協定を秘密裏に進めるものであると厳しく批判した (Public Citizen [2013] pp. 1, 10, 13, Public Citizen [2014] p. 10)。

環境団体としては，アメリカで最も影響力のある草の根的環境団体であるシ

エラ・クラブ（1892年創設。クリーン・エア法，クリーン・ウォーター法，絶滅危惧種法成立等の多様な分野で成功）が，大統領権限反対の代表的存在であった。反対の主な理由を，権限復活は環境を悪化させる可能性のある貿易協定の是認を議会に急がせ，温暖化の脅威をもたらすTPPやTTIP等の協定進展につながるためとした。シエラ・クラブは，大統領権限は大統領が秘密裏に交渉しているTPPやTTIP等の貿易取決めを，議会に修正権なく採決させるのを認めるもので，アメリカにとって非常に重要で民主的なチェック・アンド・バランスを低下させるとした（Sierra Club [2014]）。その他，消費者，環境，労働等の約2000の団体が大統領権限法案への反対表明を行っていた（Public Citizen [2015]）。

　前述の企業団体と労働・市民団体とでは，過去の貿易協定に対する評価や大統領権限に関する見解がまったく異なっている。労働・市民団体の大統領権限への強い反対は，主に非貿易的関心事項に関する不満からきている。貿易障壁の議論の中身がかつての関税障壁，伝統的な非関税障壁から，労働・環境・食品安全基準といった新しい非関税障壁へと移行してきたことにより起こってきた現象である。貿易自由化とは貿易障壁を最終的にはなくすことを意味しているが，労働・市民団体は，労働・環境・食品安全基準等に十分な配慮が払われない形で貿易自由化が進められ，その進行によって生じる悪影響を相殺する社会政策的措置も薄いままであるならば，果たして自分たちは豊かになりうるのだろうかといった懸念を強めている。

　無論，大統領権限への反対の声が大きくなっている背景の1つにはアメリカの経済的事情があることは看過されるべきではない。貿易自由化の進展により，生産拠点の海外移転が進み，かつて高賃金の源であったアメリカ製造業の労働者の雇用が年々減ってきた。製造業労働者の非農業労働者に占める割合は年を追って低下しており，その割合はセントルイス連銀が提供している経済データ（FRED）によれば，1960年：29％，70年：25％，80年：20％，90年：16％，2000年：13％，10年：9％と推移してきた。アメリカでは，サービス部門の職をみつけるのは容易であるが，それらは低賃金，あるいはパートタイムの職が多いのが実情である（Hoopes [2011] pp.9-10, 186-187）。

　時代を遡れば1934年当時，ローズヴェルト大統領は議会に大統領へ低関税化のための交渉権限を付与するよう求めた際，国民に国内産業を犠牲にすることはしないという無傷（no injury）の原則の継続を公約していたが，実際には

製造業は海外流出し，衰退産業が次々と出たのである（Lake［1988］pp. 206-207，小山［2006］215頁，Spinello［2014］pp. 243-244）。

おわりに

　なぜ近年，大統領権限は失効したり，獲得が難航したりするようになったのか。まず，1つめの要因としては，権限自体が不安定な性質をもっていることが挙げられる。議会の専権事項であった貿易（関税）政策に関して，19世紀後半より議会権限の委譲が，部分的，散発的で紆余曲折ながらも進められ，1920年代に大統領への権限委譲が立法化された[13]。そのことが下地となって，34年に大恐慌の輸出激減の打開策として現在の形の大統領権限が誕生した。つまり大統領権限は，建国から約1世紀半の苦節の時代を経てようやく成立した。しかも成立時にも議会側に強い抵抗，反対があったため，権限は恒久的なものにならず，更新制になったという歴史をもつ。更新制のため，議会から信認されなければ，権限は失効，獲得が難航してしまう。

　アメリカは，1934年に生まれた大統領権限のもとで貿易自由化へ向かった。1934年以来60年間，議会が大統領へ交渉権限の付与を定期的に行ってきたことは，貿易自由化はアメリカの輸出・雇用拡大につながるという行政府の見解が国内でおおむね支持され，大統領のリーダーシップにアメリカ世論が信認を与えてきたことを意味していた。権限が更新されなければ，世界におけるアメリカのリーダーシップにも悪影響が出ることは明白である。だが，それにもかかわらず，権限失効，獲得難航が近年頻発してきたのは，それだけ，貿易自由化の進められ方，およびその成果に対する不満が国内で大きくなってきたためである。

　不満が表出しているのは，貿易障壁の議論の中身がかつての関税障壁から非関税障壁，なかでも労働，環境，食品安全等の基準のような新しい非関税障壁（いわゆる「非貿易的関心事項」）へと移行してきたことによるところが大きい。消費者団体，環境団体，労働団体が，生活に身近な非貿易的関心事項の点から，大統領権限に反対するようになってきた。

　アメリカでは主要企業団体等が，輸出・雇用拡大につながる貿易協定進展のため大統領権限は不可欠であるとして，権限に強い支持を示す一方で，対抗勢力として台頭してきた消費者団体，環境団体，労働団体は，非貿易的関心事項

に十分な配慮が行われずに貿易自由化を進めていくことは生活に直接的に悪影響を及ぼすのであり，多国籍企業のみが自由化から恩恵を受け，自分たちの生活は豊かになっていないとして，反対の立場をとっている。貿易自由化への懐疑的な見解が国内に広がっていることが，大統領権限が失効，獲得が難航するようになった，もう1つの要因である。

　大統領は，1934年に議会から貿易自由化の交渉のための更新制権限が付与されて以降，他国との貿易交渉の役割を担い，自由化の旗振りを行ってきた。しかし近年は国内での貿易自由化への懐疑が市民層を中心として大きくなっていることから，前述のように，大統領自身もクリントンがNAFTAへの態度を当初，保留にしていたり，オバマがTPP支持を求める発言を再選が確実になるまで控えていたりと，旗振り役に慎重姿勢で臨むようになっている。

　アメリカは1934年の低関税化をもとに，第2次世界大戦後の国際貿易体制，GATT/WTOで貿易自由化を主導してきた。そのアメリカにおいて，貿易自由化のあり方が問われるようになっている。世界が貿易自由化の方向性で協調体制をとっている現在，1934年以前に採用していたような過度の保護主義に逆戻りすることはありえないだろうが，多国籍企業だけでなく市民層にも益をもたらすような貿易政策の進め方が，大統領に強く求められるようになっている。

注

1) 2017年1月に大統領に就任したトランプは「大統領令」（Executive Order）を用いてTPP離脱を宣言した。大統領令とは，大統領が政策全般に関して議会承認や立法を経ずに，連邦政府や軍に発する行政命令であり，本章が扱う貿易政策に関する大統領権限（TPA）とは異なる。大統領令の場合，それに対して議会が反対立法を策定したり，最高裁が違憲判断を下したりできる。
2) 文献表記について，筆者の著作や論文のなかに出ている文献（一次資料を含む）は紙幅の都合上，省略している。
3) 関税委員会は，現在でも「国際貿易委員会」（ITC）として貿易政策（とくに輸入政策）において大統領に助言，勧告を行う重要な機関である。なお，最初の独立規制機関は，諸州間の鉄道輸送を規制するために1887年に設置された「州際通商委員会」（ICC）であった。
4) 伸縮関税条項は，第1次世界大戦がアメリカの産業へ及ぼした影響等，さまざまな要因が絡み合って成立した。詳しくは，小山［2006］，Koyama［2009］を参照。
5) 通説では，1934年法により大統領が一気に議会から権限委譲を得たかのように解釈されているが，実際には異なっていたことは，小山［2006］，Koyama［2009］の解釈を参照されたい。なお，1934年法成立の要因に関して，ローズヴェルトが経済危機に対応したという経済的要因説や，当時，関税引下げを主張していた民主党が上下両院を支配したためという政党説のほか，スムート・ホーリー法の高関税がもたらしたアメリカの輸出激減により，議員が有益な関税法を成立させる能力がないと自ら認識したためとする権限放棄説がある。日本では1934年法に関し

て産業界との関係や産業界への影響，国務省構想を扱った，鹿野［2004］，萩原［2003］，三瓶［2002］らの考察がある。
6)　WTO 新設時の 1995 年には，スタンダード・コードを強化した「貿易の技術的障害に関する協定」，いわゆる TBT（Technical Barriers to Trade）協定が成立した。スタンダード・コードが GATT 加盟国の任意のコード署名国のみを対象とし，総じて効力を発揮しなかったのに対して，TBT 協定は WTO 加盟国すべてを対象とし，強制力をもっている点で違いがある。
7)　民主党は 1980 年代頃までには，かつてのように貿易自由化を支持しなくなっていた。民主党はもともと，輸出向け綿花を生産する南部が選挙基盤であり，自由貿易主義をとっていたが，南部が輸出向け農業，北部が関税保護を要する工業という単純な図式は時を経るにつれ崩れ，またニューディール期に有力な支持基盤に加わった AFL-CIO 等の労組が 1960 年代末，70 年代に自由貿易への反対を示し始めたため，転向した。一方，かつてはとくに幼稚段階の北部の工業を支持基盤としており，保護主義を謳っていた共和党は，自由貿易主義的立場に転じた。実業界が貿易自由化への支持を強めていったためである。
8)　ブッシュ（子）政権時，獲得された TPA 下でチリ，シンガポール，オーストラリア，モロッコ，中央アメリカ諸国，バーレーン，オマーン，ペルーとの自由貿易協定（FTA）が発効した。
9)　農業補助金については，小山［2011b］を参照。
10)　ブッシュ（子）大統領は 2005 年，WTO ドーハ・ラウンド（2001 年〜）の妥結には TPA が不可欠であると強調した。TPA は更新されたが，同ラウンドは最終合意期限の 2006 年，結局，妥結をみなかった。
11)　オバマは大統領選時に，アメリカと韓国，コロンビア，パナマの自由貿易協定（TPA がない状態で交渉され，長年，議会の批准待ち）への労働と環境基準の挿入を公約し，大統領になってから，挿入が行われた内容で批准は実現した。だが，AFL-CIO，パブリック・シチズン等から，実際に盛り込まれた基準は，公約したような厳しいものではなかったと非難され，これに対してオバマは，これらの協定はアメリカの雇用を増すことにつながる上，NAFTA での基準に比し厳しい基準を含んでいると返答した。また TPP に労働・環境基準を盛り込むべきと主張してきた労組や市民団体は，TPP の詳細が明らかにされていないためわからないとしながらも，過去の貿易協定は地域・二国間にせよ，基準が盛り込まれても強制力に欠けていたため，TPP でも強制力の点が改善されれば基準包含はさほど意味がないと述べた（Washington Post［2015］）。
12)　TPP は 2015 年 10 月のアトランタ閣僚会合で大筋合意に至り，16 年 2 月に 12 カ国の署名が行われ，2 年以内に各国の議会での承認を得られれば発効することになっていた。アメリカ議会の批准は，民主党の大部分の議員と共和党の一部の議員が TPP に反対であり，難しいとみられていた上に，さらに TPP 離脱を公約していたトランプ（共和党）が次期大統領に当選し，TPP 支持の共和党議員もトランプの意向を意識せざるをえない状況となった。そのため，オバマ政権は結局，任期中に TPP 批准を求める法案が議会に提出されることがないまま終了した（つまり TPP は批准されなかった）。
13)　1929〜30 年にも，いったん立法化された大統領権限が議会での反対により葬り去られそうになるという近年の事態に類似した状況が起きていたが，当時と現在とでは次の点で大きく異なっている。第 1 に，当時は関税障壁が争点となっていたが，現在は争点が非関税障壁，なかでも非貿易的関心事項になっている。第 2 に，利害団体として企業団体が大きな影響力をもつという点では当時と現在で変わっていないが，その一方で消費者団体，環境団体，労働団体に関しては，当時それらのプレゼンスはほぼなかったのに対して，現在はプレゼンス，影響力とも非常に強い。

参 考 文 献

朝倉弘教［1983］『世界関税史』日本関税協会。
浅野貴昭［2015］「米国議会と自由貿易——貿易促進権限（TPA）をめぐる政治的駆け引き」東京財団，2015 年 7 月 22 日記事〈http://www.tkfd.or.jp/research/america/a00365〉。

今村卓［2015］「成立する TPA 法案，その意味」丸紅ワシントン報告，2015 年 6 月 25 日記事〈http://www.marubeni.co.jp/research/report/index.html〉．

カトウ，トーマス［2013］『TPP 米国の視点』パブリック・ブレイン．

鹿野忠生［2004］『アメリカによる現代世界経済秩序の形成――貿易政策と実業界の歴史学的総合研究』南窓社．

小山久美子［1998］「スムート・ホーリー法成立に関する再解釈――伸縮関税条項を中心に」『社会経済史学』第 63 巻第 6 号．

小山久美子［2004］「アメリカの反ダンピング法成立に関する考察」『貿易と関税』第 52 巻第 1 号．

小山久美子［2006］『米国関税の政策と制度――伸縮関税条項史からの 1930 年スムート・ホーリー法再解釈』御茶の水書房．

小山久美子［2011a］「米国貿易政策史研究における社会史的視点の重要性」『アメリカ研究』第 45 号．

小山久美子［2011b］「米国農業補助金に関する歴史的検討――国際貿易問題からの補助金起源の考察」『経営と経済』（長崎大学）第 91 巻第 1・2 号．

小山久美子［2013］「貿易自由化の進展と食品安全事項の国際的調和化」『アメリカ経済史研究』第 12 号．

小山久美子［2016］『標準化と国際貿易――国際貿易体制と米国貿易政策の歴史と現状』御茶の水書房．

三瓶弘喜［2002］「ニューディール期アメリカ互恵通商政策構想」『アメリカ経済史研究』創刊号．

鈴木圭介編［1972］『アメリカ経済史Ｉ――植民地時代−南北戦争期』東京大学出版会．

鈴木圭介編［1988］『アメリカ経済史Ⅱ――1860 年代－1920 年代』東京大学出版会．

滝井光夫［2007］「大統領の通商交渉権限と連邦議会」『季刊 国際貿易と投資』第 69 号．

滝井光夫［2015］「復活した貿易促進権限（TPA）法と貿易調整支援（TAA）法」国際貿易投資研究所（ITI）フラッシュ 240，2015 年 7 月 7 日記事〈http://www.iti.or.jp/flash240.htm〉．

田村次朗［2006］『WTO ガイドブック 第 2 版』弘文堂．

内記香子［2013］「米国−マグロラベリング事件（メキシコ）」『RIETI Policy Discussion Paper Series』13-P-014．

中川淳司［2013］『WTO――貿易自由化を超えて』岩波書店．

中本悟［1996］「アメリカの貿易自由化と雇用調整支援政策」『季刊 経済研究』（大阪市立大学）第 19 巻第 3 号．

萩原伸次郎［2003］『通商産業政策』日本経済評論社．

藤木剛康［2008］「通商政策――貿易促進権限と自由貿易協定」河音琢郎・藤木剛康編『G. W. ブッシュ政権の経済政策――アメリカ保守主義の理念と現実』ミネルヴァ書房．

山下一仁［2015］「合意が近い TPP 交渉」（キャノングローバル戦略研究所）2 月 3 日記事〈http://www.canon-igs.org/column/macroeconomics/20150203_2939.html〉．

Aaronson, Susan A. [1996] *Trade and the American Dream: A Social History of Postwar Trade Policy*, Kentucky University Press.

Aaronson, Susan A. [2001] *Taking Trade to the Streets: The Lost History of Pubic Efforts to Shape Globalization*, University of Michigan Press.

Andrews, Richard [2006] *Managing the Environment, Managing Ourselves*, Yale University Press.

Béland, Daniel *et al.* eds. [2015] *The Oxford Handbook of U. S. Social Policy*, Oxford University Press.

Braithwaite, John *et al.* eds. [2000] *Global Business Regulation*, Cambridge University Press.

Brown, Sherrod [2006] *Myths of Free Trade*, New Press.

Büthe, Tim and Walter Mattli [2013] *The New Global Rulers*, Princeton University Press.

Chorev, Nitsan [2007] *Remaking U. S. Trade Policy*, Cornell University Press,

Cooper, William H. [2014] "Trade Promotion Authority (TPA) and the Role of Congress in Trade Policy," *CRS Report for Congress*, Jan. 13.
Danaher, Kevin and Jason Mark [2003] *Insurrection: Citizen Challenge to Corporate Power*, Routledge.
Deardoff, Alan V. et al. eds. [2000] *Social Dimensions of U. S. Trade Policies*, University of Michigan Press.
Destler I. M. [2005] *American Trade Politics*, Institute for International Economics.
Destler I. M. and Peter J. Balint [1999] *The New Politics of American Trade: Trade, Labor, and the Environment*, Institute for International Economics.
Devereaux, Charan, Robert Z. Lawrence, and Michael D. Watkins [2006] *Case Studies in US Trade Negotiation*, Vol. 1, Institute for International Economics.
Drezner, Daniel W. [2006] *U. S. Trade Strategy: Free versus Fair*, Council on Foreign Relations Press.
Eckes, Alfred [2009] *U. S. Trade Issues*, ABC-CLIO.
Eisner, Marc A. [2013] *The American Political Economy*, 2nd ed., Routledge.
Evans, Rhonda and Tamara Kay [2008] "How Environmentalists 'Greened' Trade Policy: Strategic Action and the Architecture of Field Overlap," *American Sociological Review*, Vol. 73.
Goldstein, Judith [1986] "The Political Economy of Trade," *American Political Science Review*, Vol. 80, No. 1.
Hill, Charles W. L. [2004] *Global Business Today*, McGraw-Hill.
Hody, Cynthia [1996] *The Politics of Trade, New England*, Dartmouth University Press.
Hook, Steven [2001] *Comparative Foreign Policy*, Prentice Hall.
Hoopes, James [2011] *Corporate Dreams: Big Business in American Democracy from the Great Depression to the Great Recession*.（小山久美子訳［2015］『格差社会とアメリカン・ドリームの復活』彩流社）。
Kaplan, Edward [1996] *American Trade Policy*, Greenwood Press.
Katz, Robert [1999] *Protecting the Consumer Interest*, Ballinger.
Koyama, Kumiko [2009] "The Passage of the Smoot-Hawley Tariff Act: Why Did the President Sign the Bill?" *Journal of Policy History*, Vol. 21, No. 2.
Koyama, Kumiko [2013] "Trade Institution Handling the Safeguard," *Annual Review of Southeast Asian Studies* (Nagasaki University), Vol. 54.
Krist, William [2013] *Globalization and America's Trade Agreements*, Johns Hopkins University Press.
Lake, David [1988] *Power, Protection, and Free Trade*, Cornell University.
Matschke, Xenia and Shane M. Sherlund [2006] "Do Labor Issues Matter in the Determination of U. S. Trade Policy? An Empirical Reevaluation," *The American Economic Review*, Vol. 96, No. 1.
McGovern, Edmond [1982, 1995] *International Trade Regulation*, Exeter Globelfield Press.
Merchant, Carolyn [2007] *American Environmental History*, Columbia University Press.
Mertes, Thomas E. [2010] "Anticorporate Social Movements: A Global Phenomenon," William H. Wiist ed., *The Bottom Line or Public Health*, Oxford University Press.
Murphy, Craig N. and JoAnne Yates [2009] *The International Organization for Standardization (ISO): Global Governance through Voluntary Consensus*, Routledge.
Pearson, Charles [2003] *United States Trade Policy: A Work in Progress*, Wiley.
Public Citizen [2013] *Public Citizen News*, Jan./Feb.
Public Citizen [2014] *Public Citizen News*, Mar./Apr.

Rothgeb, John M. [2001] *U. S. Trade Policy*, CQ Press.
Spinello, Richard A. [2014] *Global Capitalism, Culture, and Ethics*, Routledge.
Studlar, Donley T. [2015] "E. E. Schattschneider, The Semi-Sovereign People: A Realist's View of Democracy in America," Steven J. Balla, Martin Lodge eds., *The Oxford Handbook of Classics in Public Policy and Administration*, Oxford University Press.
Vogel, David [1995] "Reconciling Free Trade with Responsible Regulation," *Issues in Science and Technology*, Vol. 12, No. 1.

ウェブサイト

- AFL-CIO
  [2014] http://www.aflcio.org/Blog/Political-Action-Legislation/Let-s-Stop-the-Fast-Track-to-Bigger-Trade-Deficits-and-Lower-Wages
  [2015] http://www.aflcio.org/About/Exec-Council/EC-Statements/Time-for-a-New-Track-Trade-Policy-Making-Must-Be-Transparent-Democratic-and-Participatory
- Business Roundtable
  [2013] http://businessroundtable.org/media/news-releases/business-leaders-launch-new-push-for-trade-promotion-authority
  [2015] http://businessroundtable.org/media/news-releases/business-roundtable-urges-congressional-leaders-act-now-tpa
- JC-SO-KEN
  [2007] http://www.jc-so-ken.or.jp/agriculture/pdf/150205_01.pdf
- JETRO
  [2000] https://www.jetro.go.jp/ext_images/jfile/report/05000271/05000271_004_BUP_0.pdf
- NAM
  [2014] http://www.nam.org/Newsroom/eNewsletters/Capital-Briefing/2014/Capital-Briefing--21414/
- New York Times
  [2000] http://www.nytimes.com/2000/12/14/business/worldbusiness/14iht-trade.2.t.html
- Politifact
  [2013] http://www.politifact.com/truth-o-meter/promises/obameter/promise/8/include-environmental-and-labor-standards-in-trade/
- Public Citizen
  [2015] http://www.citizenstrade.org/ctc/wp-content/uploads/2015/04/FastTrackOppositionLtr_042715.pdf
- Sierra Club
  [2014] https://www.sierraclub.org/sites/www.sierraclub.org/files/uploads-wysiwig/Wyden%20Fast%20Track%20Letter%20Final_0.pdf
- USCC
  [2015a] https://www.uschamber.com/above-the-fold/chamber-s-donohue-tells-congress-renew-tpa-trade-must-play-central-role-creating-jobs
  [2015b] https://www.uschamber.com/above-the-fold/will-passing-tpa-create-american-jobs-and-economic-growth
- Washington Post
  [2015] https://www.washingtonpost.com/opinions/the-tpp-needs-to-ensure-workers-rights/2015/05/08/97ab0a9e-f583-11e4-b2f3-af5479e6bbdd_story.html

第7章

変化する市場への対応
―― 反トラスト政策の変遷 ――

水野里香

はじめに――反トラスト3法の成立

　現在に至るまでの経済活動の拡大は，誰もが想定しなかった経済環境の変化をもたらした。なかでもアメリカは，変化する市場に対して，建国以来の理念である経済活動の自由をどのように保持するかという難問に幾度となく直面してきた。とくに，自由競争のもとで19世紀末の急激な経済成長に伴って誕生した巨大企業は，トラストと呼ばれる独占を生じさせ，市場での競争を著しく制限するという矛盾した状況をつくりだした。この問題は反トラスト法の成立により解決されたかにみえたが，変貌するビッグ・ビジネスや，グローバリゼーションのような市場の変化を前にして，建国以来の理念をどのように実現すべきかという問いへの答えを得ることは容易でなく，混迷の度合いを深めている。このような現状の背景を理解するためには，反トラスト政策を歴史的に検討することが必要であろう。そこで本章では，時代ごとに反トラスト政策に検討を加え，各時代における政策の背景と実態を明らかにする。

　アメリカの連邦レベルでの独占規制政策は，1890年のシャーマン法，1914年のクレイトン法および連邦取引委員会法の3法を基本法として運用されている。独占規制法は，反トラスト法と総称されているが，それは，最初のシャーマン法がトラスト方式を採用した独占を規制対象として制定されたことによる。

　シャーマン法はトラストを規制の対象として成立したが，同法にはトラストの禁止を直接に定めた部分はなかった。シャーマン法には，「取引制限」(restraint of trade)の禁止を定めた第1条と，独占行為の禁止を定めた第2条，および違反行為に対する刑事罰の規定などを含めて，全部でわずか8条から構

成されるのみであった。そこで実際の裁判では，イギリスに由来するコモン・ロー（慣習法）の判例に基づいて独占か否かを裁判所で判断することとなった。また，いくつかの州ではシャーマン法より早い時期に独自に反トラスト法を制定していたが，そこで採用されていたのと同様の方式が連邦レベルでも用いられた（水野［2003］33～36頁）。

しかし，19世紀末のアメリカでみられた独占は，ヨーロッパで古くからみられた独占とは規模も影響の及ぶ範囲も異なっており，シャーマン法が当時のアメリカのトラスト規制に実効性をもつかは疑問の余地を残した。実際，司法の場では対象となるトラストが有害か否かを判断基準とする「条理の原則」（rule of reason）と，トラスト形態をただちに違法とする「当然違法の原則」（per se illegal）という異なる判断基準が登場することがあり，被告となる企業側は当惑した。また，裁判という方法では事後規制にならざるをえず，その点では限界もあった。こうして，シャーマン法が成立した後も実効性を伴う同法の適用は進まなかった。

20世紀に入ってからもアメリカにおける企業規模の拡大は続き，このことが社会に及ぼす悪影響のほうが広く認識されるようになると，革新主義運動と呼ばれる社会改革運動が，市や州，連邦レベルでも展開されることとなった。この革新主義期の大統領であるセオドア・ローズヴェルトは，トラスト・バスターとあだ名されたように，トラスト規制に力を入れた。シャーマン法に違反する行為を起訴する役割を担った司法省には，同法成立当初はこれを専門に扱う人員は配置されずにいたが，1903年にローズヴェルトは，シャーマン法違反の摘発を担当する司法次官補の職を置くなどした。このほかにも，違法なトラストか否かを裁判で争うしかない現状を打開するため，1903年に商務労働省[1]の一部局として株式会社局を置き，同局が主だった企業やトラストを対象とした調査を行うこととなった。そのめざすところは，調査対象となった企業が，シャーマン法の適用を恐れて違法行為を取りやめるという，抑止力効果を狙ったものだった。しかし，起訴を目的としない株式会社局の調査結果から違法行為が判明した場合に，この調査結果を司法省に引き渡すべきか否かという法的な問題が生じたのである（水野［2005］）。

この問題が解決するのは，同じく革新主義期にニュー・フリーダムをスローガンに掲げて個人の機会確保と自由競争を重視したウィルソン大統領のときに，連邦取引委員会法が制定された際であった。先のローズヴェルトは，彼の言葉

によると,「良い独占」と「悪い独占」とを区別して,後者を規制するという立場からトラスト規制を行ったが,ウィルソンは,トラストそれ自体が生じる環境をつくらないことを重視した。1914年に制定された連邦取引委員会法に基づいて設置された連邦取引委員会 (FTC)[2]は,株式会社局の後継組織として位置づけられ,「不公正な競争方法」(unfair methods of competition) を防止するための事前規制を可能とする権限をもつに至った(水野[2007])。

また,連邦取引委員会法の成立と同じ年にクレイトン法も制定された。同法は,競争を減じさせるような株式取得を禁止したり,労働組合を反トラスト法の適用から除外するなど[3],シャーマン法の不備を補う規定を盛り込むものとなった。こうして,アメリカにおける反トラスト政策の基本3法が出そろった。

しかし,反トラスト法が成立したことで,独占の問題が解決されたわけではなかった。重要なのは,反トラスト法の運用であった。反トラスト法の運用が厳しく行われるかそうでないかは,経済状況により大きく左右された。連邦取引委員会法とクレイトン法が成立した1914年は,ヨーロッパで第1次世界大戦が勃発し,アメリカも途中の17年から参戦するなど,独占以外の政治問題に直面し,また,軍需も加わった景気拡大期にあった。たとえば,巨大合併により1901年に設立されたUSスチール社は,反トラスト法違反に問われた裁判の1920年の連邦最高裁判所の判決[4]において,評決は4対3の僅差ではあるが,解体命令を免れている。この時期は,独占規制よりもUSスチールの存続が優先されたのである。そうした状況を大きく変えたのは,1929年の株式市場の大暴落から始まる世界大恐慌であった。

本章では,経済状況が反トラスト法の運用に与えた影響を時代ごとに検討する。大恐慌からの復興をめざして独占を管理下に置こうとしたニューディール期と,こうした態度が継承された第2次世界大戦後から1960年代にかけての間,そして,世界市場をめぐる企業の競争環境の変化を背景として独占規制に緩和の兆しがみられた1970年代から新自由主義が台頭し90年代に至るまで,の3つの時代に分けて考察する。

なお,反トラスト政策に関しては,判例の分析を中心とした法律的視点,反トラスト法の立法過程の分析を中心とした政治的視点,反トラスト法の経済効果を分析する経済的視点,といったさまざまな側面からのアプローチがあるが(水野[2003] 31～33頁),ここでは,反トラスト政策が展開してゆく過程のなかでみられた,法律や政治や経済それぞれの分野における動きが,互いにどの

ように影響を与えたのかを明らかにすることで，アメリカにおける反トラスト政策の全体像を把握することに努める。

1 錯綜するトラスト規制——ニューディール期

1929年10月，ニューヨーク証券取引所で株価の大暴落が起きる。世界大恐慌の始まりであった。大恐慌はこれまでに類を見ないほどの企業の倒産や失業者の増大など，社会経済に多大な影響を与え，経済政策にも大きな変更を迫った。政府の市場への介入の度合いが今までになく高まったのである。これを主導したのがF. D. ローズヴェルト大統領であり，彼のもとでニューディール政策と呼ばれる一連の経済改革が行われた。ここでは，反トラスト法との関係から，ニューディール政策における独占規制の変化をみる。

1 NIRAと反トラスト法をめぐる混乱

1933年に大統領となったローズヴェルトは，政策の支柱となる全国産業復興法（NIRA）を制定した。同法の内容は，産業部門ごとに業者間で賃金や価格および商慣行に関する協議を行い，「公正競争のための規約」を定め，これを大統領が承認することで法的拘束力が生じるという規制的な性格をもつものであった。公正な競争を実現するために，景気回復を目的とする一種の不況カルテルを認めて反トラスト法の適用からの除外を認めたのである。これは，公正競争の促進と不況カルテルの容認という2つの側面をあわせもつことを意味した。そして同時に，労働者に対しては，団結権・団体交渉権ならびに最低労働条件を規定してその身分の保護を企業に認めるよう求めた。つまり，企業に対しては過度な競争を制限し，労働者に関しては雇用を増やし購買力を高めることを意図していたのである。企業の規制には，NIRAに基づき設置された全国復興局（NRA）があたることとなった。このような，不況対策を意図した政策のもとで当初は歓迎されたNRAであったが，間もなくその規制のあり方が懸念される事態が生じる。

そもそも，NIRAの狙いは，巨大企業による過度な競争が大量失業を招いたとの認識に基づき，NRAが生産と価格を調整することで，労働条件を守らせ雇用の安定を実現させることにあった。これまでにも，反トラスト法などを通じて，政府が経済規制を行うことはあったが，NRAの場合は市場への介入の

度合いが大きすぎた。こうした傾向に対し，ニューディールの左傾化を危惧する企業家たちから反対の声が多くあがり，1934年には，デュポン社で創業家の秘書や財務を担当し，デュポンの出資先のゼネラル・モーターズ社でも財務を兼務したジョン・ラスコブが中心となって「アメリカ自由同盟」が組織され，これに産業界や金融界の著名人らが名を連ね，彼らの利益を脅かす恐れのあるニューディール政策に異を唱えた（Craig [2004] pp. 799-800）。ほかにも，NIRAが施行されることによって，これまでに制定された反トラスト法が全面的あるいは一部停止されるとの噂が流布し[5]，当局がこれを否定する事態となるなどの混乱も生じた。

　市場経済への介入の権限を大幅に認められたNRAであったが，1935年に連邦最高裁判所において，連邦政府は州と州との間における通商に関してのみ権限をもつと定めた合衆国憲法の州際通商条項に反するとの観点から，この裁判で問題となったニューヨーク州内における通商に関して，連邦機関であるNRAには「公正競争のための規約」違反を問う権限がないとされた。こうしてNRAを規定するNIRAは違憲であるとの判決[6]が全員一致で下され，同法は廃止されることとなった。なお，NRAが廃止される一方で，NIRAが保証した労働者の諸権利に関しては，連邦議会で全国労働関係法（通称ワグナー法）が成立し，その権利は引き続き保護されることとなった。

2　1933年証券法と連邦取引委員会

　NIRAの制定により既存の反トラスト法は不要であるかのような誤解を招いたが，ローズヴェルトに反トラスト法を不要とみなす意図がなかったことは，1933年証券法の成立をみることで理解できる。

　証券市場における詐欺的行為が株価の大暴落の契機となったことで，これまでは州法に基づいて各州レベルで行われていた証券規制を連邦レベルで行うことの必要性が認識され，1933年に証券法が制定された。ここでの規制は，証券の募集と販売に際して連邦レベルの機関への登録を義務づけることで行われ，これらを通じて証券情報の公開と公正な取引を担保することとした。その際に問題となるのは，誰が証券の情報を収集し公開するのか，ということであった。現在では，証券取引委員会（SEC）がこうした職務を担っているが，SECが設立されたのは，1934年に証券取引所法が成立した後であった。そこで，この空白期間には1914年の連邦取引委員会法に基づいて設置されていた連邦取引

委員会がその職務を果たすこととなった。

SEC が設立されるまでの代役のみならず，連邦取引委員会の果たすべき役割は，NIRA の成立によっても拡大したと同委員会の年次報告書に記されている[7]。その役割とは，NRA により「公正競争のための規約」違反と認定された行為の処理であり，ここでの手続きは連邦取引委員会が違反行為を認めたときと同じ手続きにより処理されることになっていた。

このように，ローズヴェルトは反トラスト 3 法を無用とみなしたのではなく，むしろ積極的に既存の枠組みを活用して独占規制にあたろうとしていたことがわかる。実際，証券規制については，連邦取引委員会の職務から証券規制が切り離され，SEC に引き継がれて，規制は強化された。NIRA については，同法が違憲判決により執行停止されたが，いわゆる不況カルテル以外については，NIRA の定める違反行為と連邦取引委員会法の定める違反行為は類似しており，実際のところ，独占規制に関して NIRA が執行停止された影響は限定的であった。

3　公益事業持株会社法による競争制限

ローズヴェルトが注力して成立させた NIRA は，1935 年に連邦最高裁判所で違憲判決をうけたが，彼の企業規制に対する熱意が冷めることはなかった。NIRA が違憲判決をうけた 1935 年に，ローズヴェルトは，大規模な電力複合事業体を解体するための公益事業持株会社法を制定している（Hickey [2004] pp. 143-146）。彼はこれ以前にも，1933 年に証券法と銀行法，34 年に証券取引所法を成立させているように，ナショナル・シティ・バンク関係者と J. P. モルガン率いる金融関係者，リチャード・ホイットニーなどのニューヨーク証券取引所関係者などといった，いち早く大量の株式を売り逃げるなどして大恐慌の原因をつくったとされる張本人たちを，連邦政府の規制のもとに置くことを常に意識していた。

公益事業持株会社法が制定された背景には，電力事業を柱としたシカゴの実業家サミュエル・インサル率いる公益事業集団の存在があった。連邦取引委員会は，1920 年代後半から公益事業に関する調査を行っており，多くの公益事業会社が共通の所有者によって所有されている実態が明らかにされていた。そこで，公益事業持株会社法を成立させ，同法により公益事業を所有する持株会社は SEC に登録することとし，インサルが行っているような巨大独占をコン

トロールすることを可能にしたのである。法律の制定に際し，事業規模を政府が規制することは好ましくないとする意見がある一方で，大恐慌の影響が残るなか，公共の福祉に関わる産業には規制が必要であるとの声が多くを占めていた。なお，公益事業持株会社法においても，公益事業集団が同法の成立に反対し，NIRAのときと同じような戦略を繰り広げたが，NIRAのときのように連邦最高裁判所で違憲判決が下されることはなかった。

公益事業持株会社法では，SECが債券と株式の発行に関与することを認め，新規証券を発行する際には取引のある投資銀行を介して行ってはならないとされ，公益事業における投資銀行の影響力を格段に低下させることとなった。

こうした一連の動きについて，ニューディール陣営に対する実業界や金融界，いわゆるウォール・ストリートの反発は大きいものであり，アメリカ自由同盟は相変わらず反ニューディールの広報活動を繰り広げた。これにはウォール・ストリートの著名な弁護士たちも加わっていたが，法曹界のなかには世論を扇動するようなこうした活動に対する批判の声もあった。その後，アメリカ自由同盟は，1936年にローズヴェルトが大差で再選されるとその存在意義を失い，しだいに影響力は衰え，39年には姿を消すこととなった。

このように，ニューディール期においては，すでに制定されていた反トラスト法に加えて，新たな法律を制定することにより企業規制にあたろうとするなど，その姿勢は積極的といえた。同様の姿勢は，1933年にシャーマン法やクレイトン法違反を専門に担当する反トラスト局が司法省内に設置されたことや，独立小売業者が大手流通業者から不当に扱われないようにする目的で1936年にクレイトン法第2条の修正法となる価格差別を違法と定めたロビンソン・パットマン法が制定されたことからもみてとれる。しかし，不況対策を目的とした規制を急いだために，すでに反トラスト法があるにもかかわらず，新たにNIRAを制定した結果，NIRAが違憲判決を受けるなどして混乱を招いたのである。

ところで，大恐慌の原因とみなされた独占を規制することで，景気回復というニューディールの所期の目的は達せられたのであろうか。現実は，ローズヴェルト大統領の2期目にあたる1937年に，アメリカ経済は景気後退を経験することになった。ローズヴェルトは1938年4月に議会に送った教書[8]のなかで，企業集中がいまだ続いている実態を述べ，さらなる独占の抑制が必要であることを訴えている。同時に，反トラスト法が実効性をもつためには，同法の制定

以降これまでにみられた独占の変化に対応すべく調査が必要であることも述べている。この教書演説を受け，ローズヴェルトは同年に，独占と経済力の集中を調査し必要な立法を勧告するための委員会を設置した。

こうして設置された臨時全国経済委員会（TNEC）は，1941年までの間に何度も公聴会が開催され，主要な産業や銀行，カルテルなどに関する調査が行われた。その結果は，石油産業や鉄鋼産業，医療保険や生命保険，投資銀行，価格や利潤，独占行為など産業分野別あるいは独占がもたらした結果別に43巻もの報告書にまとめられた。独占に対する厳しい姿勢はこの調査にも表れているが，調査の結果を活用する間もなく，目の前には第2次世界大戦が迫ってきていた。

このように，ニューディール期においては，独占規制に取り組む姿勢はきわめて厳しいものであったが，戦時経済に移行していくなかで，そうした姿勢は後退してしまうのである。

2　規制強化の時代——1945年～60年代

第2次世界大戦が始まるとアメリカも戦時経済へと移行し，独占規制政策を議論するような状況ではなくなった。戦時期の中断はあったものの，戦後もニューディール期のトラスト規制の厳しい姿勢は引き継がれ，なおかつそれは，法的に補強され，企業にとって厳しい時代がしばらく続くこととなった。本節では，トラスト規制政策における画期を示す反トラスト訴訟事例を取り上げ，判例に依拠しながら，この時代の規制政策の趨勢を考察する。

1　ニューディールの継承

1945年3月12日，トラスト規制政策において画期となる判決[9]がニューヨークの第2巡回区控訴裁判所で下される[10]。ローズヴェルト政権時代に通称アルコア社に対して起こされた，シャーマン法違反を問う裁判の控訴審での判決である。

アルコアは，1886年に創業者が開発したアルミニウムを製錬する技術をもとにして，1888年にピッツバーグで設立された会社である。創業から長らく，同社はアメリカにおいて唯一のアルミニウムを製造する会社であった。そのため，同社はアルミニウム市場で独占状態にあるとみなされ，アルミニウム新地

金の国内および海外での製造と販売に関して，シャーマン法の1条（取引制限の禁止）と2条（独占の企ての禁止）に違反するとして，1937年に司法省から訴えられた。

　この訴えを審議した地方裁判所では，独占の意図が認められないとの判決が下されたが，1945年の巡回区控訴裁判所での判決ではこれが覆ることとなる。その理由は，独占の意図にかかわらず，実質的に競争が排除されている場合は，シャーマン法に違反するというものであった。地方裁判所では1929年から38年の間のアルミニウム新地金と再生地金をあわせたアルコアの市場占有率は33%と見積もられていたが，巡回区控訴裁判所では，再生地金を除いた新地金のみのアルコアの市場占有率は90%を超えていると見積もられた。この数字は，独占を継続するのに十分とみなされた。一方，アルコア側は，1920年のUSスチール社の裁判[11]における，独占的地位の濫用がなければシャーマン法に違反しないとする判決を根拠に，独占は意図したものではなく，たとえ市場占有率が高くとも，独占的な地位を濫用したことにはならないと反論したが，アルコアはシャーマン法に違反していると断じられたのである。

　この判決により，1911年のスタンダード・オイル社の裁判の判決[12]以来，シャーマン法の適用基準として用いられてきた「条理の原則」が覆された。このことは，独占であればその行為を問わずに違反とみなす「当然違法の原則」の復活を意味していた。アルコアの判決で示された判断基準は，後に続く裁判でも継承されることとなる。

　このように，アルコア判決では，独自の発明によって良い製品を生産し販売した結果として独占が生じた場合でも，これを反トラスト法違反とする原則が確立された。この考え方は，1930年代からトラスト規制政策の現場で主流を占めていたハーバード学派の影響を受けている。ハーバード学派は，市場構造が独占を生じさせるとの考えに基づき，市場占有率が高いほど市場支配力が高まるので，その原因＝独占を除去する必要があると結論づけていた（泉田［2003］14～15頁）。したがって，反トラスト法の積極的な適用を主張していた，ニューディール時代にみられた独占に厳しい態度は，戦後にも引き継がれていたといえる。

2　反トラスト法の改正と適用の強化

　シャーマン法を厳格に適用したアルコア社に対する判決にもみられたように，

トラスト規制に積極的な姿勢は，連邦議会においても同様であった。1950年，議会は重要な立法を行っている。それは，資産の取得を合併規制の対象に加えたクレイトン法第7条の改正法となるセラー・キーフォーヴァー法の制定であった。同法が制定された理由は，クレイトン法では競争制限を目的とした株式の取得のみが禁じられていたため，競争相手企業の資産を取得するという方法が，競争回避の手段として用いられていたことにある。そして，実際の裁判で同法は厳格に適用された。

セラー・キーフォーヴァー法の適用事例であり連邦最高裁判所まで争われた最初の事例である，1962年のブラウン・シュー社に関する判決[13]では，靴の製造会社と卸売会社の2社が合併した結果，靴生産市場における市場占有率がわずか5%であったにもかかわらず，競争を減じ独占を生じさせる可能性があれば合併を認めないという反トラスト法の原則に合致しているとみなされた。ここでの判決は，製造部門が販売部門（あるいはその逆）に合併を迫るという垂直的な関係による取引制限を認めないという裁判所の態度を示していた。セラー・キーフォーヴァー法が合併禁止法と通称される所以である。

このほかにも，垂直的な関係における事例として，シャーマン法第1条の取引制限の禁止に関する厳しい判決が連邦最高裁判所で示されている。それは，1967年のアーノルド・シュウィン社に対する判決[14]である。同社は自転車メーカーであり，これを販売する代理店との間で，地域割当てあるいは顧客割当てを取り決めて取引制限を行っているとされた。そして違法との判断を下されたのである。しかし，1951年の自転車市場におけるシュウィン社の市場占有率は多くて22%であり，61年には12.8%にまで下がっている。一方，同じ1961年に22.8%という最大の市場占有率をもつ同業他社があったが，同社は量販店を中心に自転車を販売していた。取引に関する取決めが効率性を高めているかどうかを問うのではなく，取引制限は当然違法とみなす判断基準がここでも示されたのである。

3 変化の兆し

このような，合併を認めないという適用における傾向に対して批判の声もあった。法的な領域を経済的手法で分析する，いわゆる「法と経済学」で著名なシカゴ大学のリチャード・ポズナーは当時の判決の傾向に対して，たとえば先にみた1962年のブラウン・シュー社に対する判決に関して76年に出版された

著書のなかで，次のように批判している。「価格が高くなる理由は企業集中が進んだからではなく，非効率的な生産規模が原因の場合がある。それにもかかわらず，競争者間あるいは製造会社と販売会社の間でなされる効率性を高めることを目的とした価格協定でさえ『当然違法の原則』のもとでは違法となってしまう」(Posner [1976] pp. 100-101)。

　このような批判を反映してか，効率性を考慮せずに合併を認めない判決の傾向は，徐々にではあるが，変化の兆しをみせた。1977年に連邦最高裁判所で判決の下された，電機メーカーのGTEシルバニア社が，フランチャイズ加盟店の1つであるコンチネンタルTV社から訴えられた裁判である[15]。訴えの内容は，コンチネンタルTVに対し特定地域でのシルバニア以外の製品の販売を禁じた契約がシャーマン法第1条に違反する，というものであった。当時のテレビ市場では，国内テレビ・メーカー100社のうちトップの販売シェアをもつRCA社がすでに60～70％の市場占有率をもっていたのに対し，シルバニアのそれは1～2％にすぎなかった。そのRCAに対抗するために，1962年にシルバニアが他社製品の販売を制限するフランチャイズ制を導入した結果，65年までにそのシェアは5％に伸び，シルバニアはカラーテレビの生産で全米8位のメーカーとなった[16]。

　1967年のアーノルド・シュウィン社に対する判決に従えば，シルバニア社の行為は違法となるはずであった。しかし裁判の結果は，先の判例を覆すものとなった。その理由は，価格制限を伴わない生産者と販売者の間にみられる垂直的な関係のもとでの取引制限は，この件の場合についてみれば，テレビ・メーカー間の競争を促進させると考えられるからであった。さらに，同年のボーリング会社と設備製造会社の裁判での判決[17]でも同様の判断が示された。こうして，反トラスト訴訟に際して適用基準として長らく用いられてきた「当然違法の原則」は退き，「条理の原則」が復活した。

　このように，第2次世界大戦後から1960年代を通じて反トラスト政策は企業にとって厳しいものであったが，70年代に入ると，独占の実態を問わず違反とみなす流れに変化がみられるようになった。厳格に反トラスト法を適用する時代は，終わりを告げようとしていたのである。

3　トラスト規制政策の転換——1970年代〜90年代

　企業の独占行為を厳しく制限する傾向は，1970年代の後半になると変化の兆しがみられた。その原因はいくつか考えられる。1つは，規制が独占の解消に効果があったか否かを検証する経済学の領域における独占分析の発展があげられる。その中心となったシカゴ学派と呼ばれる人々の研究成果が規制政策に反映され，これまでの一律に企業合併が禁じられるという，ハーバード学派の影響のもとで続いていた状況は変化した。いま1つは，企業側の規制の回避を目的とした動きである。これは，コングロマリットと呼ばれる企業合併の動きを盛んにさせ，司法省反トラスト局や連邦取引委員会といった規制当局に，新しいタイプの独占への対応を迫ることとなった。いずれの動きにも，1973年からの固定相場制から変動相場制への移行という，世界経済が大きく変動するなかで，独占の形態や範囲も変化しつつあったことを忘れてはならない。本節では，このような1970年代の後半から90年代にみられたトラスト規制政策の転換の背景を探る。

1　競争力の確保とシカゴ学派の影響

　大恐慌期の1930年代から第2次世界大戦後の60年代にかけての反トラスト法による厳しい規制は，いわゆるハーバード学派の学説が大きな影響を与えていた。ハーバード学派は，市場構造を競争的に形成し維持することを重要視した。これを実現するために，厳格な合併規制の執行に加え，巨大な独占企業に対しては企業分割が必要であると主張した。その根底にあるのは，市場構造のあり方（集中度や参入障壁など）が市場行動に影響を与えるのであり，これが市場成果を左右するという仮説であった。たとえば，寡占的な市場ではカルテルが起こりやすく，その結果，価格が吊り上げられる。また，独占的企業の存在する市場では，その市場支配力ゆえに独占的な価格設定がなされたり，他社の参入が困難になったりするというのである。したがって，その原因となる部分をあらかじめ除去する，というのがハーバード学派の考えであり，実際，反トラスト政策はそのように執行されてきた。

　これに対してシカゴ学派は，ハーバード学派を批判し，市場メカニズムを重視するミルトン・フリードマンなどの考え方に基づいて，独占に対して自由放

任で臨む政策転換を唱えた。彼らによれば，競争を経て形成された市場構造に問題はなく，活発な競争のもとでは効率的な企業しか生き残れない，とされた。したがって，企業分割などは止めるべきであり，合併規制は大幅に緩和するべきである，と主張した（泉田［2003］15～16頁）。

シカゴ学派の考え方は，前節でも言及したポズナーによるこれまでの反トラスト訴訟に対する批判的見解にみられるように，1970年代から注目されることになり，実際の裁判でも彼らの見解を反映するような結果が出始めていた。

2　想定外の企業合併の動き

反トラスト法の運用をめぐっては，企業側に厳しい判決が下される傾向が続いていたが，企業の側もこれに黙って従うばかりではなかった。かつて1930年代にも反トラスト法の適用の回避を意図して，持株会社という方法を取ることで，インサル率いる電力会社が巨大独占を形成したことがあった。結局これはローズヴェルトの主導により制定された公益事業持株会社法により実質的に解体させられたが，1960年代にも同様のことがみられたのである。それは，コングロマリットと呼ばれる企業合併の方法であり，これまでと違うのは異業種の企業を買収する点であった。コングロマリットにおける企業合併は競争制限が第1の目的ではなく，むしろ当初は，異業種企業をグループ内にもつことによる収益の増加が期待されていたのであり，逆に本体事業の収益が上がらなくとも他事業でカバーできると考えられていた。そして何より，コングロマリットは反トラスト法が想定していなかったタイプの企業合併であったため，その規制から逃れることができた。反トラスト法が想定していたのは，同種の産業内における独占行為だったからである（Geisst［1997］p.284）。こうして連邦政府は，新しいタイプの企業合併を規制するための手立てを講じるべく動き始めた。

また，問題はこれだけにとどまらなかった。コングロマリット型の企業は，アメリカ政府の規制を逃れて海外展開も進めたため，多国籍企業化していった。なお，国際カルテルについては，その影響がアメリカ国内に及ぶ場合には反トラスト法の対象となった。多国籍企業が発展途上国で原料と技術を独占することにより当地の経済発展を阻害するなどの，アメリカ国外で引き起こされる問題は国連でも取り上げられた。そして，1974年12月には国連の経済社会理事会の常設委員会として，多国籍企業規制を検討する目的で多国籍企業委員会が

設置されるなどした。なお同委員会はその後，多国籍企業の行動基準を作成するための作業に入ったが合意に至ることはなく，1990年代に入ると多国籍企業の問題は国連貿易開発会議（UNCTAD）へと検討の場が移されることになる。

アメリカ国内ではコングロマリット型企業の展開に対して，1967年にリンドン・ジョンソン大統領が反トラスト政策への提言を目的とした特別作業班の立ち上げを命じている。なお，この作業班による調査結果は1968年にまとめられた。この結果は，調査を主導したシカゴ大学ロー・スクールのフィル・ニールの名をとって「ニール・レポート」と呼ばれている（Neal et al. [1968]）[18]。ニールの指揮のもと，弁護士3名，経済学者3名，法律学教授5名から構成された作業班は，目下，問題となっているコングロマリットを中心とした独占について調査を行った。調査の結果まとめられたレポートでは5つの提案がなされているが，そのうち4つの提案は，独占規制に関する新法を制定するか，もしくは既存の法律の全面的な修正に関するものであった。

たとえば，提言された新法の1つは，「産業集中法」である。これは，上位4社で5億ドル以上の売上があり70%以上の市場占有率をもつ寡占産業や，市場占有率で12%を超えていない状態で15%以上の占有率の獲得をめざしている寡占企業，これらすべてに対して司法長官の指揮のもとで訴訟のための調査をただちに行う，という法律である。いま1つは，「合併法」であり，これは産業集中法とは異なり，資産や売上や市場占有率などでトップ企業を定義し，こうした企業が将来的に問題となるような企業買収を行うことを未然に防ぐことを意図した。ほかにも，価格差別を違法と定めた1936年のロビンソン・パットマン法の改定や，特許に関する新法の制定，法律以外では，規制に関係するような経済データの他省庁からの入手，に関する提案がなされていた。

この提案の実現は，司法省反トラスト局から合併のためのガイドライン[19]の公表という形でなされた。立法化という形ではなくガイドラインが示されたことにより，企業にとっては反トラスト法違反でただちに起訴される心配はなくなり，規制当局にとっては裁判を経ずに違法行為を未然に防ぐことが期待されたのである。なお，1968年に公表されたガイドラインの作成を主導したのはフィル・ニールではなく，ジョンソン政権時の65年から68年まで司法省反トラスト局長であり，ハーバード学派に属するドナルド・ターナーであった。このガイドラインには，水平的合併（horizontal mergers），垂直的合併（vertical mergers），コングロマリット型合併（conglomerate mergers）の3つの合併に関して，反トラスト法違反となる基準が示されている（U.S. Department of Justice [1968]）。ただし，コングロマリット型合併に関しては，他の合併のように市場集中度や行為により規制することが難しかったので，コングロマリット型企業が互恵取引により潜在的な新規参入者を排除したり，市場支配力の強化により参入障壁を高める危険性があることを言及するにとどまった。なお，ガイドラインはこれ以降1982年，84年，92年，97年と数年ごとに改訂版が公表されているが，68年ガイドラインは82年に改訂版が出されるまで，ほとんど活用されることはなかった。

　以上のような動きは，コングロマリットが規制の対象になるとの危機感を抱かせるのには役に立ったが，ただちにコングロマリットの解消に結びつくことはなかった。その理由の1つは，ニクソン政権時の政治・経済における混乱に求めることができる。1971年にはニクソン・ショックと呼ばれる金とドルの交換停止が発表され，72年には大統領が辞任に追い込まれることになるウォーターゲート事件が発覚している。とくに，ウォーターゲート事件では一連の捜査の過程で大統領が反トラスト訴訟に関与したことが明らかになっている。これはITT事件（O'Reilly [2003] p.449）として有名である。1960年代以降に250社以上の異業種企業を買収して世界最大規模のコングロマリットとなっていたインターナショナル・テレフォン・アンド・テレグラフ（ITT）社が，72年にサンディエゴで開催される共和党全国大会の開催費用の一部として40万ドルを寄付する見返りに，司法省によるITTへの反トラスト訴訟の取りやめを依頼した事件である。大統領を味方につけて摘発を回避しようとする行為が企業によって行われているような状況下では，コングロマリットが引き起こす諸問題の解決を政治に求めることが難しいのは明らかであった。

　その後，企業の合併に関しては，クレイトン法の一部を改正したハート・スコット・ロディノ法が1976年に制定されている。同法は，年間売上高または総資産を基準として，一定規模の企業が他の企業と合併するとき，またその合併の結果，一定数の株式もしくは資産を所有することになる場合，または，これらの基準にかかわらず，一定規模を超える合併等は，司法省反トラスト局と連邦取引委員会に事前に届け出ることが義務づけられるというものであり，この基準は適宜変更され，そのつど具体的な金額が示されている。

　このように，巨大独占に対しては，規制の対象となるような事業規模や市場

占有率などをあらかじめ定めたうえで独占を未然に防ぐという事前規制の方法が確立されつつあった。

3 司法か行政か──規制政策を主導するのは誰か

　反トラスト政策をめぐる混乱が一段落し，企業規制に厳しい趨勢はシカゴ学派の影響で弱まるなか，1981年に大統領に就任したロナルド・レーガンは，「強いアメリカ」をスローガンに掲げて政策を遂行した。その背景には，経済成長の減退という問題があった（Reagan [1982]）。彼は，問題解決の一策として規制緩和を積極的に推進することにした。このことは，反トラスト政策をこれまで主導してきた司法省および連邦取引委員会による一連の規制の流れに一石を投じ，大きな影響を与えることになった。それは，反トラスト政策における代表的な訴訟事例であるアメリカン・テレフォン・アンド・テレグラフ社（AT&T）の裁判にみることができる。裁判の結果 AT&T は分割されたが，独占の一部は維持された。以下，AT&T 訴訟の流れをみてみよう。

　AT&T は，1876年にグラハム・ベルが特許登録した電話技術をもとに設立したベル電話会社が業務を拡大してゆく過程で，電話機や通信機器を製造していたウェスタン・エレクトリック社を傘下に組み込み，85年にニューヨークで設立された電話通信会社である。同社が関係するシャーマン法違反で訴えられた訴訟はいくつかあるが，最初の裁判は，1949年にニュージャージー州連邦裁判所で始まり，56年に違反事実を認め，ライセンス料を適正にするという勧告を受け入れる同意判決により結審している[20]。なお，同意判決とは，このケースで被告が，原告の主張する競争制限をなくすため一定の措置をとることを約束したように，当事者間の合意にもとづく判決のことであり，裁判上の和解を意味している（田中ほか [1991] 183頁）。

　ついで政府は，1976年にコロンビア特別区連邦地方裁判所で訴訟を開始した。訴えの理由は，地域の電話交換局の独占化を果たした AT&T が，自社の電話加入者や通信網を利用して，長距離通信市場や電話機製造市場における競争を妨げている，というものであった[21]。数年に及ぶ予審や審判手続きの過程で，さまざまな証人が証言に立ったり公聴会が開かれたりしたが，1982年に同意判決による和解に至り，裁判は終了した。その結果，AT&T は，地域子会社22社の資産を分離し，7つの地域持株会社にこの資産を移して独立させることとなった。しかし，新しく独立してできた会社は，長距離通信事業や

通信機器の製造に関する業務を行ってはならないとされたため，これら業務を行うことができたAT&Tのもとに，独占の一部は存続することになった。こうしてAT&Tは8社に分割され，長らく続いたアメリカ国内の電話通信事業における独占状態に一応の終止符が打たれるという妥協的決着が図られたのである。

このAT&Tとの和解を主導したとされるのが，レーガン政権のもとで1981年から83年まで司法省反トラスト局の局長職に就いていたウィリアム・バクスターであった。AT&Tの訴訟では，レーガン政権の閣僚から分割への反対意見が出る状況のなかで和解にこぎつけている（Posner [1999] p. 1009)[22]。バクスターは，スタンフォード・ロー・スクールで反トラスト法を専門として教鞭をとっていて，当時，同僚であったポズナーはバクスターについて，1960年代には誰もがまだ取り組んでいないなか，法律に経済分析の視点を取り入れていた，と述べている（Posner [1999] p. 1007）。また，バクスターは先にみたニール・レポートの調査にも名を連ねており，合併のためのガイドラインの1982年の改訂版の作成にも関わっている。1982年の改訂版ガイドラインは，バクスターの関与からも推察されるようにシカゴ学派の影響を受けたものである。1968年に公表されたガイドラインは，市場構造から競争制限効果を判断するという企業合併に厳しいハーバード学派の影響を受けていた。しかし，その後の1970年代の裁判では合併基準の緩和の傾向がみられたため，68年のガイドラインは，82年の改訂版ガイドラインが公表されるまでほとんど活用されてこなかったのである。

ほかにもバクスターの貢献は，IBMの企業分割を求めて行われた訴訟[23]の取下げに際してもみてとれる。司法省反トラスト局がIBMを訴えたのは，企業規制が厳しく行われた時代の1969年であった。その13年後，300人以上の弁護士を雇い，2500人の証人を呼び，6600万ページもの文書を残したこの裁判は，1982年にバクスターによる訴訟取下げにより終結しているが，彼はこれを，何の益もない裁判だったと断じている（Weinstein [1998]）。

このように，反トラスト法違反による企業分割を求める裁判においても，巨大であればただちに分割が命じられるのではなく，独占の実態等，その内容が問われる時代へと変化していた。また，企業分割をめぐる裁判では訴訟期間が長期に及ぶことから，AT&Tの件では判決からやっと2年後に分割が実行に移されるなど，独占規制に実効性が伴わないことが問題とされた。

こうした司法の動きとは別に，立法の側からも通信の規制緩和を目的として，1934年に制定されて以来そのままであった「通信法」の改定をめぐる動きがあった。これは，1981年にアメリカ議会で通信の規制緩和に関する法案として提出されたが，最終的に，AT&Tとの和解により廃案となっている。こうした議会での動きも，AT&Tが和解に傾いた理由になったといえる。
　レーガン政権のもとでは，それまでハーバード学派の影響下で企業合併を独占とみなして違法としてきた判断基準からの転換がみられた。市場における集中度が低い合併については，ただちに違法とするのではなく競争制限の実態に即した判断基準を示すよう主導したのが，レーガンによって任命されたバクスターであった。司法の側での独占に厳しい判断が続いていた状況から一転し，行政の側でみられたレーガン主導の規制緩和の流れが，独占規制政策にも独占規制の緩和といえる変化として現れたのであった。

4　変化する市場

　1980年代末までに，反トラスト政策においては独占の実態に即した規制への転換が図られた。しかし，独占規制は法的な手続きのみで完結するのではない。経済政策における目的のために，規制政策に政治の側からの影響が及ぶことも無視することはできなかった。たとえば，新自由主義を標榜するレーガン大統領のもとで，彼の任期中の1981年から89年の間の司法省反トラスト局や連邦取引委員会の予算は，任期前と比較して少なくなっており，また任期終了後の増加傾向と比較しても少ないといえる[24]。こうした状況のもとでは，反トラスト法違反に関わる企業調査も十分に行うことはできない。実際，反トラスト法違反による訴訟の件数もこの時期は少なくなっている[25]。このような傾向は，1989年から93年までのブッシュ（父）大統領のもとでも引き続き同様にみられた。彼のもとで1992年に公表された企業合併のためのガイドラインは，これ以降，司法省反トラスト局と連邦取引委員会との共同での発行となっているが，その理由の1つに予算削減の影響があるといわれている。
　しかし，1993年にクリントンが大統領になると予算措置の状況は一変し，訴訟件数も司法省における調査件数も増加している。また立法の場ではこの時期，通信産業における競争促進を目的とした1996年電気通信法が制定されている。AT&Tの裁判のときに果たせなかった1934年通信法の改正が実現されたのである。これにより，長短距離電話通信，ケーブルテレビなどの放送サー

ビスへの参入規制が取り払われる一方で，AT&T がかつての裁判の和解により手に入れた長距離通信事業独占が崩れることとなった。

通信産業における競争促進は，これを利用する IT 技術の発展をもたらした。クリントン政権は，この時期に急成長を遂げた 2 つの巨大企業，マイクロ・プロセッサの製造と販売を行うインテル社と，ソフトウェア市場で急成長をみせているマイクロソフト社を，反トラスト法違反で訴えている。インテルの裁判では，マイクロ・プロセッサ技術の知的財産をめぐる顧客との争いを終結させるという同意判決をインテルが受け入れることを条件に，1999 年に連邦取引委員会はインテルと和解した[26]。このときのインテルの違反行為は，マイクロ・プロセッサを利用する顧客に対し，競合他社の製品を利用する場合は，インテル製のマイクロ・プロセッサの出荷を差し止める，もしくは技術提供を取りやめるという，反トラスト法違反の事例としては単純なものであった。

一方，マイクロソフトの件は，違反とみなされる行為が広範囲に及んだため，かつての AT&T や IBM のように，訴訟が長引くことが予想された。マイクロソフトの反トラスト法違反については，政府の承認を経ずに連邦取引委員会が 1990 年から調査を始めていたが，同委員会の委員らからは審判開始決定の指示は出されず，調査は中断されたままになっていた。こうした状況が変わるのは，司法省反トラスト局の局長に，クリントン大統領の指名を受けたアン・ビンガマンが 1993 年に就任してからである。彼女はただちにマイクロソフトの調査に着手した。マイクロソフトは訴訟を回避するために，競争相手が市場に参入することを容易にするという条件に同意して，この件は 1994 年に決着した[27]。

しかし，その後もインテルとマイクロソフトの違法行為は改まることはなかった。両社が新たな製品を市場に出すたびに，その販売手法をめぐって違法行為を糺す競合他社からの訴えが相次ぎ，訴訟の数も増えるばかりであった。それは同時に，IT 市場に新しい技術や新しいアイディアを携えた新規参入者が登場してくると，インテルやマイクロソフトの市場における優位が失われることを意味していた。こうして，かつて多発した訴訟も，もはや過去のものとなっていったのである。

レーガン政権は，規制緩和という政策目標を実現するために，ニューディール以来続いていた独占をただちに違法とみなす反トラスト政策の運用に一石を投じた。彼は，経済効率の観点から独占か否かを実態に即して判断するという

司法の場でみられていた変化の兆しに対応して，行政の側から反トラスト政策における運用の転換をもたらそうと努めた。その後クリントン政権では，規制緩和政策の一部に反トラスト政策を位置づける傾向がみられ，立法による規制緩和を実行に移し，反トラスト政策はこれを補強する役割を担うこととなったのである。

おわりに——産業の発展とトラスト問題

　アメリカでは建国以来，自由主義の理念のもとで，経済活動の自由も実現されてきた。しかし，19世紀末からの産業の発展に伴い，鉄道産業におけるプールや，スタンダード・オイル社に始まるトラストなどが形成され，一部の企業による活動が市場における競争の自由を阻害するようになり，やがて競争不在の状態が現れ，その結果，独占の弊害が目につくようになった。これに対して政府は，州際通商法やシャーマン法に代表される経済規制法を成立させ，巨大企業の活動がもたらす弊害の除去に努めたが，その効果は十分といえるものではなかった。20世紀に入り，革新主義運動のような企業規制の強化の流れができつつあったが，これも企業の巨大化の流れを押しとどめることはできなかった。

　ところが，こうした状況が一変するような事態が起こる。1929年に始まる世界大恐慌である。大恐慌が始まり大統領に選ばれたローズヴェルトは，積極的な規制の強化を打ち出した。このニューディール期における反トラスト政策は，規制の行き過ぎをめぐる批判を引き起こし，さらにはローズヴェルトが経済復興政策の柱に据えた全国産業復興法が違憲判決を受けるなど，彼の政策方針に翻弄された。過度な競争も，過度な規制も，いずれにしても独占を招いてしまうというジレンマが，錯綜するトラスト規制を生み出し，関係者に混乱をもたらしたのであった。こうして大恐慌は，自由主義経済への信頼を揺るがすことになり，結果として政府による市場への介入を容認する社会的気運を形成したのである。

　大恐慌による景気低迷からの脱却に試行錯誤するなか第2次世界大戦が始まり，戦時経済を経て，戦後アメリカは経済大国としての地位を世界のなかで占めるようになった。戦後から1960年代は，反トラスト政策においてはニューディールの継承期といえる。この時期，構造規制に重きをおくハーバード学派

の影響のもとで，企業には厳しい反トラスト法の適用がたびたび行われた。1960年代に現れ始めたコングロマリットは，反トラスト法がこれまで想定してきた同業者間における独占とは異なるタイプの異業種間の合併であった。これに対して，司法省反トラスト局は企業合併のガイドラインを公表し，違法な合併の基準を設けるという対応をとった。これに対し，企業活動の効率性を重視するシカゴ学派の学者らによる批判の声が高まり，裁判所の判断にも変化がみられるようになった。そして1970年代になると，アメリカが牽引してきた世界経済の安定が揺らぎ始めた。1971年のニクソン・ショックと73年の変動相場制移行は，企業活動のあり方にも変更を迫り，多国籍企業の登場を促した。

1980年代に入ると，アメリカの国際競争力の低下が明らかになり，こうした状況を打開することが政策課題となった。これを受け，トラスト規制に対する考え方にも変化がみられた。アメリカの規制当局は，競争制限効果が明白でないものについては，積極的に介入しないとする立場をとるようになったのである。この時期，AT&TとIBMという2つの巨大企業が対象となった反トラスト訴訟がある。2つの裁判とも，判決を待たずに和解もしくは訴訟取下げという形で決着をみた。規制緩和を政策課題とするこの時期のレーガン政権の意向も反映して，反トラスト法違反による訴訟はしばらくの間，低調な状態が続いた。

ところが，1990年代に入ると再び状況が一変する。AT&T裁判のときには十分とはいい難かった通信産業の規制緩和を目的とした電気通信法が成立した。このことは，通信関連産業の発展を促した。そして，インテルやマイクロソフトなどの巨大企業が生み出され，両社が関係する反トラスト法違反の訴訟が幾度も起こされることになった。しかし，新規参入者の登場により，両社は競争の先頭に立つのではなく競争相手にその地位を脅かされることになるなど，市場は絶えず変化している。

総じて，アメリカの反トラスト政策の歴史は，産業の成長と競争的な市場の確保という2つの課題をいかにして両立させるか，という点にあったといえる。産業の発展に伴い，これまでとは異なるタイプの独占が出現するので，そのつど司法省反トラスト局や連邦取引委員会が対応することで，競争不在の状態を回避することに努めてきた。また，独占規制になじまない分野に関しては，適用除外という概念も加わり，反トラスト法の除外分野も多岐にわたっている（表7-1参照）。このほかにも，反トラスト政策に変更を迫るような事態は絶え

表7-1　反トラスト政策に関連する連邦法

立法年	法律の名称
1887年	州際通商法（Interstate Commerce Act） 陸上運送（当初は主として鉄道）の規制を目的として制定された法律
1890年	シャーマン法（Sherman Act）※ 「不法な制限および独占から取引を保護するための法律」
1914年	クレイトン法（Clayton Act）※ 競争を実質的に消滅させるような株式取得を禁止した法律
	連邦取引委員会法（Federal Trade Commission Act）※ 不公正な取引制限を禁じた法律。連邦取引委員会の設置を規定
1918年	ウェップ・ポメリン法（Webb-Pomerene Act） 輸出組合を反トラスト法の適用除外とする法律
1922年	カッパー・ヴォルステッド法（Capper-Volstead Act） 農業生産者による出資組合を反トラスト法の適用除外とする法律
1933年	全国産業復興法（National Industrial Recovery Act） 産業振興と労働者の権利保護を定めた法律。1935年違憲判決を受け失効
	証券法（Securities Act of 1933） 証券発行に際して登録を義務づけた法律
1934年	証券取引所法（Securities Exchange Act of 1934） 証券取引委員会の設置を定めた法律
	水産業者団体販売法（Fishermen's Collective Marketing Act） 漁業協同組合を反トラスト法からの一定の適用除外とすることを認めた法律
	通信法（Communications Act of 1934） 通信を規制する連邦レベルの法律。同法により連邦通信委員会が設置されている
1935年	公益事業持株会社法（Public Utility Holding Company Act） 公益事業を営む持株会社の証券取引委員会（SEC）への登録を義務づけた法律
1936年	ロビンソン・パットマン法（Robinson-Patman Act） 価格差別を違法と定めた法律で，クレイトン法第2条の修正法
1945年	マッカラン・ファーガソン法（McCarran-Ferguson Act） 州法による規制を受ける保険事業の一部を反トラスト法の適用除外とした法律
1950年	セラー・キーフォーヴァー法（Celler-Kefauver Antimeger Act） 資産の取得を合併規制の対象に加えたクレイトン法第7条の改正法
1976年	ハート・スコット・ロディノ法（Hart-Scott-Rodino Act） 一定規模以上の合併の事前届出義務を定めた，クレイトン法の一部改正法
1984年	海上運送法（Shipping Act） 海運業関係者からなる協定について当該委員会（Federal Maritime Commission: FMC）による許可を受けたものを反トラスト法適用除外とする法律
1996年	電気通信法（Telecommunications Act of 1996） 1934年通信法の改正法。通信分野への参入規制を緩和した法律
2005年	エネルギー政策法（Energy Policy Act of 2005） 同法により公益事業持株会社法は2006年に廃止された

注）　※印が付いた3法が反トラスト基本法。

ず起きている。たとえば，独占的性格を有する公益事業と消費者利益をめぐる問題，イノベーションの促進と知的所有権の確保のバランスをめぐる問題，さらには環境保全をめぐる企業規制の問題など，利害関係者間の調整を図りつつ，競争を促進させるための政策を考えることが必要とされてきている。

　さらに問題は広がりをみせている。それは，現代のグローバル化のなかで反トラスト政策をどのように運用していくのか，という問題である。1990年代に入ると，企業活動のグローバル化のもとで，いわゆるM&Aの規模も大きくなり，異なる国の企業同士による合併案件が増えた。その大半にアメリカの企業が関わっているので，合併の事前審査にアメリカの規制当局が関与するなど，他国での企業活動にも影響が及んでいる。一方で，企業はアメリカ国外ではEU競争法などへの対応を余儀なくされている。

　このように，19世紀末から目立ち始めた巨大企業の存在とこれが引き起こす独占という社会問題は，時を経て変化してきている。アメリカにおけるトラスト規制の長い歴史と，そこで蓄積された規制方法は，現代のようなグローバル化した世界のなかにおいて，各国・各地域における独占規制を考えるうえで不可欠なものとなっている。経済活動を取り巻く市場が絶えず変化するなかで，競争環境の保持に努めていくことが，反トラスト法とその運用に求められる役割なのである。

注

1) 1903年に設置された商務労働省は，その後13年に商務省となり，労働省は独立して設置された。
2) 連邦取引委員会と同様の規制委員会には，これより以前の1887年に鉄道規制を主として制定された州際通商法に基づいて設置された州際通商委員会がある。
3) シャーマン法の定めた取引制限の禁止規定が労働組合に適用され，立法の趣旨に反した適用が問題となっていた。
4) United States v. United States Steel Corp. 251 U. S. 417 (1920).
5) Statement to the Press, Homer Commings, July 6, 1933, Gressley "Thurman Arnold, Antitrust, and the New Deal," 215.
6) Schechter Poultry Corp. v. United States, 295 U. S. 495 (1935).
7) Annual Report of the Federal Trade Commission for the Fiscal Year ended June 30 1934.
8) Franklin D. Roosevelt, "Message to Congress on Curbing Monopolies," April 29, 1938.
9) United States v. Aluminum Co. of America, 148 F. 2d 416 (2d Cir. 1945). 裁判内容については，この判例に依拠している。なお，以下の裁判でも同様。
10) 巡回区控訴裁判所（Circuit Court of Appeals）の名称は，1948年から現在の連邦控訴裁判所（United States Court of Appeals）へと変わっている。

11) United States v. United States Steel Corp. 251 U. S. 417（1920）.
12) Standard Oil Co. of New Jersey v. United States, 221 U. S. 1（1911）.
13) Brown Shoe Co., Inc. v. United States 370 U. S. 294（1962）.
14) United States v. Arnold, Schwinn & Co. 388 U. S. 365（1967）.
15) Continental T.V., Inc. v. GTE Sylvania, Inc., 433 U. S. 36（1977）.
16) *ibid.*, 433 U. S. 38-39.
17) Brunswick Corp. v. Pueblo Bowl-O-Mat, Inc. 429 U. S. 477（1977）.
18) White House Task Force on Antitrust Policy and Phil C. Neal [1968] "Report of the White House Task Force on Antitrust Policy," U. S. G. P. O. 以降，本文でのニール・レポートに関する記述はこの文献に基づく。
19) U. S. Department of Justice（and the Federal Trade Commission）[1968, 1982, 1984, 1992, 1997, 2010] "Horizontal Merger Guidelines," Retrieve from Antitrust Division of U. S. Department of Justice, website. なお，1992年のガイドラインから，連邦取引委員会と共同での発表となった。
20) United States v. Western Elec. Co., Civil Action No. 17-49（D. N. J.）.
21) United States v. American Telephone & Telegraph Co., 552 F. Supp. 131（D. D. C. 1982）.
22) このとき国防総省などは，AT＆Tの分割に強く反対している。
23) United States v. IBM, 69 Civ. 200（S. D. N. Y. 1969）.
24) Justice Management Division [2002] "Budget Trend Data: ftom 1975 Through the President's 2003 Request to the Congress," Retrieve from an Archive of U. S. Department of Justice, website. Financial Management Office of Federal Trade Commission [2016] "FTC Appropriation and Full-Time Equivalent (FTE) History," Retrieve from Federal Trade Commission, website.
25) "Antitrust Division Workload Statistics FY 1970-1979, FY 1980-1989," Retrieve from Public Documents of U. S. Department of Justice, website.
26) Intel Corporation, In the Matter of（1999）"In the Matter of Intel Corporation, a Corporation," FTC Matter/File number: 951 0028, Docket number: 9288, Retrieve from Federal Trade Commission, website.
27) United States of America v. Microsoft Corporation, United States District Court for the District of Columbia, Civil Action No. 94-1564.

参 考 文 献

泉田成美［2003］「産業組織論の系譜」『公正取引』第635号。
伊藤裕人［2009］『国際化学産業経営史』八朔社。
折原卓美［2009］「合衆国初期反独占政策と州政府」『名城論叢』第10巻第2号。
田中英夫ほか編［1991］『英米法辞典』東京大学出版会。
西川純子・松井和夫［1989］『アメリカ金融史——建国から1980年代まで』有斐閣。
二橋智［2001］「1930年代アメリカの資本蓄積に関する予備的考察——公正競争規約と国際カルテルとの関連について」『桜美林エコノミックス』第45号。
水野里香［2003］「シャーマン反トラスト法の成立（1890年）——アメリカ合衆国における州際通商と独占規制」『エコノミア』（横浜国立大学）第54巻第1号。
水野里香［2005］「アメリカ合衆国における独占規制政策の展開（1903-1914年）——株式会社局から連邦取引委員会へ」『エコノミア』（横浜国立大学）第56巻第2号。
水野里香［2007］「アメリカにおける連邦取引委員会の設立（1914年）——トラスト規制をめぐる議論を中心に」『アメリカ経済史研究』第6号。

Batten, Donna ed. [2011] "Chicago School," *Gale Encyclopedia of American Law*, 3rd ed., Vol. 2, Gale.

Craig, Douglas [2004] "Raskob, John J," *Encyclopedia of the Great Depression*, Robert S. McElvaine ed., Vol. 2, Macmillan Reference USA.

Darity, Jr., William A. ed. [2008] "Chicago School," *International Encyclopedia of the Social Sciences*, 2nd ed., Vol. 1, Macmillan Reference USA.

Geisst, Charles R. [1997] *Wall Street: A History*, Oxford University Press.（中山良雄訳［2001］『ウォールストリートの歴史』フォレスト出版）。

Hawley, Ellis W. [1966] *The New Deal and the Problem of Monopoly: A Study in Economic Ambivalence*, Princeton University Press.

Hickey, James E., Jr. [2004] "Public Utility Holding Company Act of 1935," Brian K. Landsberg ed., *Major Acts of Congress*, Vol. 3, Macmillan Reference USA.

Kintner, Earl Wilson [1964] *An Antitrust Primer: A Guide to Antitrust and Trade Regulations Laws for Businessmen*, Macmillan.（有賀美智子監訳［1968］『反トラスト法』商事法務研究会）。

Neal, Phil C., William F. Baxter, Robert H. Bork, and Carl H. Fulda [1968] "Report of the White House Task Force on Antitrust Policy," 2 *Antitrust Law and Economics Review*, 11.

Oaks, Thousand [2008] "Chicago School of Economics," Ronald Hamowy ed., *The Encyclopedia of Libertarianism*, Sage Publications.

O'Reilly, Kenneth [2003] "ITT Affair," Stanley I. Kutler ed., *Dictionary of American History*, 3rd ed., Vol. 4, Charles Scribner's Sons.

Pitofsky, Robert ed. [2008] *How the Chicago School Overshot the Mark The Effect of Conservative Economic Analysis on U. S. Antitrust*, Oxford University Press.（石原敬子・宮田由紀夫訳［2010］『アメリカ反トラスト政策論——シカゴ学派をめぐる論争』晃洋書房）。

Posner, Richard A. [1976] *Antitrust Law: An Economic Perspective*, University of Chicago Press.

Posner, Richard A. [1999] "Introduction to Baxter Symposium," *Stanford Law Review*, Vol. 51.

Reagan, Ronald [1982] *Economic Report of the President: Transmitted to the Congress, February, 1982. Together with the Annual Report of the Council of Economic Advisers*, GPO.

Seligman, Joel [2003] *The Transformation of Wall Street: A History of the Securities and Exchange Commission and Modern Corporate Finance*, 3rd ed., Aspen Publishers.

Weinstein, Michael M. [1998] "W. F. Baxter, 69, Ex-Antitrust Chief, Is Dead," *New York Times*, 2 Dec, p. 15b.

第2部

金融市場と金融政策

第8章

危機に直面して
―― 連邦準備制度のミッションと統治機構の変容 ――

須藤　功

はじめに――誰が連邦準備制度を統治しているのか

　1980年代に入って，新自由主義（ネオリベラリズム）に立脚した市場原理主義的な経済政策は日米欧先進諸国で猛威をふるい，金融の自由化とグローバル化は国内外で金融危機を頻発させた。アメリカが国内外の金融システムの管理を放棄した結果，西側世界の金融システムは急速に巨大な「カジノ」（Strange [1986]）と化し，2008年には世界大恐慌以来のアメリカ発の世界経済金融危機を招来することになった。未曽有の金融危機を未然に防止できずに，巨大金融機関を公的資金で救済したことで連邦準備制度や財務省など金融当局は痛烈な社会的批判を浴びた。金融危機後の金融制度改革法案の審議では，中央銀行として連邦準備制度は誰がどのように統治してきたのかが改めて問われることになった。

　リーマン・ショックを経て成立したドッド・フランク法（2010年）は，システミック・リスクを監視する金融安定監督評議会（FSOC）を設置して金融システム全体の安定を目的とするマクロ・プルーデンスの強化を図る一方で，連邦準備銀行（以下，地区連銀または地区名を付してシカゴ連銀などと略記）のガバナンス改革も実施した。地区連銀総裁の選出プロセスから加盟銀行代表取締役を排除することで，いわゆるウォール・ストリートと中央銀行当局との関係を希薄化しようとしたのである。しかし，連邦準備制度の規制・監督権限のノンバンク金融会社への拡大や「大きすぎて潰せない」（TBTF）政策の継続に対する批判，金融機関の監督・救済に直接的に携わる地区連銀の統治機構改革への要求は根強く残った（Johnson and Kwak [2010], USGAO [2011]）。一例を挙

げれば，モルガン金融帝国（JP Morgan Chase & Co.）を率いる取締役会長兼CEO ジェイミー・ダイモンが，同行に巨額の救済融資を実施したニューヨーク連銀の取締役でもあった事実を引き合いに，バーモント州選出の上院議員バーニー・サンダースが「狐に鶏小屋の番をさせる適例」だと批判して世論を喚起した（Gage and Kearns［2012］）。

　金融政策の中心的な担い手としての中央銀行の統治の有り様は，その設立目的に少なからず制約され，設立目的もまたその国の歴史的発展と世界経済との位置関係から影響を受けて変容する。第 2 合衆国銀行が 1836 年に連邦特許を消失して 77 年後の 1913 年，連邦準備法は成立した。1907 年恐慌が発端となり，ネルソン・オルドリッチ上院議員率いる全国通貨委員会（NMC）が国内外で実施した大規模な調査とその報告書は，連邦準備法案の基礎を提供した。連邦準備銀行が開業したのは第 1 次世界大戦が勃発した 1914 年の 11 月のことであった。先進ヨーロッパ諸国の中央銀行を範としつつ，12 の地区連銀と首都ワシントンの連邦政府・議会に接続する連邦準備局を置き，連邦制国家に則した分権的統治機構を作り上げた（楠井［1997］）。

　こうした統治機構は連邦準備銀行の設立目的を反映していた。連邦準備法の正式名称が示すように，それはアメリカ「合衆国において弾力的通貨を供給し，商業手形の再割引手段を提供し，より効果的な銀行監督を確立すること」を目的とした。すなわち，第 1 に，商取引に伴って発生する商業手形を 12 の地区連銀が再割引や公開市場操作の対象とすることによって商業手形市場を育成し，商業や工業，そして農業に弾力的な通貨を供給することであった。第 2 に，個別銀行に分散した銀行準備金を地区連銀に集中し，加盟銀行を介して経済活動に応じた通貨の供給と「最後の貸し手」（LLR）機能を果たすことであった。しかし，設立目的が想定どおりに達成されず統治機構との間で齟齬をきたすことがある。世界大恐慌，第 2 次世界大戦，そしてブレトンウッズ体制の成立と崩壊に直面するなかで，連邦準備制度の統治機構のみならず設立目的そのものも見直しを迫られた。

　本章は，連邦準備制度の設立目的とその統治機構の変容に着目して大恐慌期からリーマン・ショックに至る歴史過程を整理し，もってアメリカにおける金融危機と金融システム変容の特質を示そうとするものである。1930 年代前半の金融システムの危機に直面して，連邦準備制度理事会（以下，FRB）はウォール・ストリート支配からの解放，および財務省からの独立を意図して大胆な

統治機構改革を実現しようと奮闘した。しかし，第2次世界大戦に突入するなか，それらの構想は志なかばで頓挫した。戦後は1951年「アコード」を通じて財務省の国債管理優先政策からFRBは政策の独立を勝ち取るも，内外経済情勢の激動にもかかわらず，21世紀初頭の金融システム危機に至るまで統治機構の改変は実現しなかった。およそ1世紀あまりを隔てた2つの金融システム危機がなぜ連邦準備制度の統治機構改革を提起したのか，本章は連邦準備制度の再編期に遡ってこれを検証する。その際，1970年代以降に急速に進展したグローバル化とその背景をなす「新自由主義」をも視野に置くことにする。

1 大恐慌と統治機構改革——古参銀行家支配の終焉

1 二頭経営責任体制

創設当初から連邦準備制度の中心で活動したのは地区連銀であった。1913年連邦準備法第4条に基づき12の地区連銀は加盟銀行が全額出資する株式会社形態をとり，最高意思決定機関である取締役会には加盟銀行が6名を選出し，残る3名は首都ワシントンに置かれた連邦準備局が任命した。一方で連邦準備局は，大統領任命の理事5名と職権理事2名（財務長官と国法銀行を管轄する通貨監督官）で構成された。各地区連銀の公定歩合や総裁など管理職員の俸給は連邦準備局の承認事項とされ，連邦準備局は調整機関と位置づけられた。

連邦準備法に則り，地区連銀取締役会は次のように構成された。加盟銀行の選挙で選出する3名のクラスB取締役は商業・工業・農業関係者と規定され，線引きの曖昧な金融関係者は徐々に排除されていった。連邦準備局任命の3名のクラスC取締役は，職権で各1名が議長および副議長となり，公益を代表した。議長と副議長は連邦準備券の発行・管理事務を統括する連邦準備エージェントとして地区連銀内に別個の事務組織を置いた。取締役会議長および連邦準備エージェントとしての職責から取締役会議長は，取締役会が任命する総裁と同様に，事実上，専任の最高経営責任者として機能した。また，取締役会開催までの期間，手形再割引の判断や公開市場操作の企画・実施など業務全般の管理は総裁が議長を務める取締役「執行委員会」が代行したが，ここでも取締役会議長は加盟銀行代表の3名のクラスA取締役らとともに中心的役割を担った。この意味で，取締役会議長は総裁とともに地区連銀運営について二頭経営責任体制の一角をなしていた。他方，連邦準備法は地区連銀の総裁について

は何も規定しなかったため，各地区連銀は内規で各銀行の業務全般の最高経営責任者としてその職務を定めた（須藤［2015a］）。

取締役は任期3年で更新可能とされたが，どの地区連銀も総裁の任期については定めなかった。一方，連邦準備法第10条は職権理事を除く連邦準備局理事5名については任期を10年とし，大統領は理事の任命に際して異なる商業，工業および地域区分に公正な配慮を行うこと，さらに5名中少なくとも2名は銀行または金融の経験者とすると規定した。総裁と取締役会議長の二頭経営責任体制に起因する混乱は，両者の俸給を同水準に引き上げることで設立当初の組織上の不備は徐々に整備されていった。しかし，地区連銀間やニューヨーク連銀と連邦準備局との間の政策をめぐる主導権争いは，世界大恐慌に直面するなかで，「最後の貸し手」機能に基づく金融システムの守護神としての役割を制約して，FRB議長マリナー・エクルズらによる大胆な組織改革を要請することになった。

アメリカ経済を未曾有の危機に陥れた世界大恐慌については，これまで過剰生産，株価大暴落，為替戦争や関税戦争など種々の要因が指摘されてきた。しかし，農業地域のおびただしい数の小規模・単店舗銀行からなる脆弱な銀行構造が壊滅的打撃を受け，金融危機がウォール・ストリートへと迫るなかで，金本位制の「ゲームのルール」——バリー・アイケングリーンは「金の足かせ」と揶揄した（Eichengreen［1992］）——に囚われた古参銀行家の支配する地区連銀も連邦準備局も金融市場の崩壊を阻止できなかった。この事実の重大性については，同時代の政府もその後の経済史研究者らもともに認めるところとなった。

2 古参銀行家の「大掃除」

大恐慌は，通貨・金融システムの崩壊阻止を掲げたニューディール期前半における一連の制度改革への転機となった。金準備量に拘束されない管理通貨制度の導入，預金取付け防止策としての連邦預金保険公社（FDIC）の創設，銀行間の過当競争防止策としての銀行業務と証券業務の分離，証券発行・流通市場の健全性を強化する諸規制の導入などが，1933～35年にかけて矢継ぎ早に実施された[1]。

さらに，金融システムの安定化のために連邦準備制度の主要政策手段と統治機構の改革が断行されなければならなかった。第1に，主たる連邦準備政策は

表 8-1　1935 年銀行法による統治機構改革

		1935 年法以降	1935 年法以前
連邦準備銀行総裁	任　命	連邦準備銀行取締役会＊，連邦準備制度理事会の承認	連邦準備銀行取締役会
	任　期	5 年（更新可）	なし
	権　限	最高経営責任者（CEO）	連邦準備銀行内規による
連邦準備銀行取締役会議長	任　命	連邦準備制度理事会	連邦準備局
	代表する利害	連邦準備制度理事会・公益	連邦準備局・公益
	任　期	3 年（更新可）	3 年（更新可）
	要件等		銀行業務経験者であること
連邦準備制度理事会理事	任　命	大統領，上院の助言と承認	大統領，上院の助言と承認
	理事数	7 名	7 名（内 2 名〔財務長官・通貨監督官〕は職権理事）
	任　期	14 年（更新可）	10 年（更新可）
	代表する利害	金融，農業，工業，商業，地域区分	商業，工業，地域的区分
	要件等	加盟銀行の役員，従業員で退職後 2 年を経過していない者は不適格	少なくとも 2 名は 2 年以上の金融業務経験者であること

注）　＊2010 年ドッド・フランク法で，加盟銀行代表取締役は総裁選出過程から除外された。

　公定歩合の変更から公開市場操作に移行した。最後の貸し手としての地区連銀の役割が維持される一方で，金融市場全体を調整する公開市場操作の重要性が急浮上した。創設時から手形割引市場の育成を課題に銀行引受手形の割引および購入を積極的に実施してきた地区連銀は，1930 年代後半になると手形の割引や購入に代わって連邦政府証券の公開市場購入を急増させた。しかし，1935 年銀行法に基づいて，公開市場政策の効率的な運用を図るべく，公開市場操作の主導権は各地区連銀（とくに金融中心地のニューヨーク連銀）から連邦公開市場委員会（FOMC）に移行した。FOMC は，7 名の（連邦準備局を改組した）連邦準備制度理事会（FRB）の理事と 5 名の地区連銀代表から構成された。ニューヨーク連銀を除く地区連銀代表は毎年，5 つの地区連銀グループから順番に選出されたとはいえ，地区連銀はもはや自律的な政策主体ではなくなった。

　第 2 に，地区連銀および連邦準備局を含む連邦準備制度全体の統治機構の大幅な見直しは，まずは 1935 年銀行法をもとに実施された（表 8-1）。地区連銀の組織については，取締役会任命の総裁を任期 5 年の唯一の最高経営責任者

表8-2 連邦準備制度理事会ガイドラインによる統治機構改革（1936年）

連邦準備銀行総裁	年齢規制	就任時65歳未満
連邦準備銀行クラスC取締役	任期規制	2期6年（連邦準備銀行取締役会議長を除く）
連邦準備銀行取締役会議長	年俸	無給（日当，旅費を支給）
	年齢規制	就任時65歳未満
連邦準備制度理事会理事	年齢規制	就任時65歳未満

（CEO）とするとともに，FRBの承認事項と規定された。一方，連邦準備局は職権理事を排除した計7名の理事で構成するFRBに再編された。理事の任期は14年に延長され，同一地区から複数名の理事の任命が禁じられ，また「金融，農業，工業，商業の各利害，および地域区分」に対し公正に配慮することも明文化された。さらに，加盟銀行在職者は退職後2年以上経過しない者は理事に就任できないとの規定も追加され，ウォール・ストリートの金融勢力の影響力を薄めようとの意図が示された。

しかし，連邦準備法案提出者でその後も影響力を行使していたカーター・グラス上院議員らの激しい抵抗にあい，エクルズは1935年銀行法案に，地区連銀の取締役会議長と連邦準備エージェントの両職を総裁職に統合する条項を盛り込むことはできなかった。そこで翌1936年，エクルズはFRBの裁量的権限を活用することでその目的を実質的に達成した。すなわち，表8-2「連邦準備制度理事会ガイドラインによる統治機構改革（1936年）」に示すように，第1に取締役会議長職の給与を無給にして名誉職とし，第2に同議長が兼務した連邦準備エージェント職を総裁に兼務させ，第3に同議長・副議長を含むクラスC取締役の任期を2期6年に制限し，そして第4に総裁の任命時の年齢を65歳未満とした。こうしたFRBの裁量的手段の行使は，創設以来地区連銀を支配してきた古参の総裁や取締役会議長の「大掃除」となり，金融界から猛反発を招いたが[2]，エクルズは新組織のFRBからも同様に古参理事を一掃することで抵抗勢力を徹底的に排除したのであった（須藤［2015a］）。

ところで，FRBは地区連銀総裁の権限を明確化する一方で，取締役会議長を名誉職化することで取締役「執行委員会」の機能を有名無実化したが，取締役会との関係を新たに構築しなければならなかった。FRBは1938年の議会年次報告書で，銀行信用および銀行監督体制の改革を提起し，分散した金融諸規制の権限を理事会に統合しようとした。それは1939年8月，議会上院銀行通

貨委員会（ワグナー委員会）による「全国銀行通貨政策」調査決議案の採択に帰結した。ワグナー委員会は1940年5月，金融規制諸機関および金融機関などに対する膨大なアンケート調査に着手し，その後理事会は「立法化プログラム」を準備しつつ議会公聴会へと進む予定であった。しかし，アンケート調査回答書の回収が完了する間際になって，議会では武器貸与法案の審議が優先されるようになり，また，1941年1月には理事会主導の法改正に対する政権側の批判が表面化して，5月には立法化プログラムが事実上破綻してしまった（須藤［2008］）。

3　統治機構の集権化——地区連銀は解体すべし

　実のところFRBは，統治機構改革で地区連銀の解体をめざしていた。「当理事会案の基本的な目的は，わが国の通貨金融メカニズムを経済安定の維持に効果的に寄与せしめ，わが国の人的・物的資源の最大限持続可能な活用を可能にすることにある。この目的を果たすため，連邦準備制度は追加的な権限をもたなければならない。かかる権限を受託する前段階としてFRBは，地区連銀の民間所有に終止符を打ち，現役の銀行家が地区連銀の取締役を務めることのないよう提案する」（FRB［1939a］p. 2）。FRBの内部文書はこのように述べ，連邦預金保険制度を連邦準備制度に統合することで，その政策効果を州法銀行など小規模銀行の隅々にまで及ぼそうとした。その方法としては，各地区連銀が剰余金を積み立てたうえで加盟銀行が保有する株式を買い取り，地区連銀を政府機関に転換するというものであった。政府（独立）機関化した新生の地区連銀は，7名で構成される「理事会」が管理するとされた。7名の理事のうち3名は連邦預金保険制度の被保険銀行から，3名はFRBから，残る1名は管轄区内の諸州の銀行当局から任命される。各「理事」の任期は，州銀行当局からは毎年選出されるほかは，3期9年を上限とする。それは影響力のある銀行家がしばしば長期間その職にとどまり，取締役会の運営を硬直化し，1～2名の取締役が地区連銀を支配することへの懸念からであった。

　世界大恐慌を経験して，中央銀行の統治機構を改革する国はアメリカのほかにもみられた。当時は大多数の中央銀行が民間所有であったが，過剰な政府貸出の危険性を認識しつつも，第1次世界大戦や世界大恐慌のような緊急時には法律上の規制を棚上げにした。フランス銀行は100％民有で政府証券保有割合は51～75％と連邦準備銀行を下回っていたが，1936年の制度改革で，一般評

表 8-3　連邦準備制度ミッションの推移

版[1]	公式ガイドブック記載の設立目的[2]
創設時	弾力的通貨の供給，商業手形の再割引，銀行監督の改善
1939 年	弾力的通貨の供給，準備金の集中，**公共の利益**[3]
1947 年	弾力的通貨の供給，商業手形の再割引，銀行監督の改善，**物価安定，高水準の雇用・消費**
1954 年	同　　上
1961 年	同　　上
1963 年	弾力的通貨の供給，商業手形の再割引，銀行監督の改善，高雇用，**経済成長，ドルの安定，国際収支の均衡**
1974 年	弾力的通貨の供給，商業手形の再割引，銀行監督の改善，高雇用，経済成長，ドルの安定，国際収支の均衡，**最後の貸し手（LLR）**
1984 年	同　　上
1994 年	①高雇用，物価安定，**長期金利の安定**，②銀行・金融制度の安全と健全性，③**システミック・リスク**[4]**の封じ込め**，④決済システムを含む**預金金融機関・連邦政府への金融サービス**
2005 年	同　　上

注）　1)　連邦準備制度の公式ガイドブック（FRB [1939-2005]）の刊行年を示す。
　　　2)　**ゴシック**は新たに追加または強調された項目を示す。
　　　3)　公共の利益の内容は「生産的設備，雇用，そして広範な福祉を反映した消費率の積極的で健全な活用に適した金融情勢を維持する」こととされた。
　　　4)　システミック・リスクとは「一企業，一市場の破綻が類似の状況下で他の諸企業，他の諸市場，あるいは金融システム全体に広範な破局を引き起こすリスク」と定義された。

議会（理事会）の構成員から株主代表を大幅に縮小して，フランス銀行の事実上の「国有化」が断行された（権上［2004］21〜22頁）。政府代表（財務長官・通貨監督官）が排除されたFRBと対照的な改革であるが，フランス銀行経営の主要な決定事項が「金融の素人」集団と化した一般評議会から，政府選任の総裁および副総裁2名，株主銀行出身の評定員4名からなる「常任委員会」に委譲されており，地区連銀の政策決定権がFOMCに委譲されたFRBと類似していたとみることも可能である。

　また，大統領任命の理事で構成され，連邦議会の監督下に置かれたFRBは，純粋民間所有の地区連銀（取締役会）との安定的な法律上の関係を求めた。その一方で，ようやく1939年，FRBはその『連邦準備制度──その目的と機能』（以下，『目的と機能』と略記）を刊行し，連邦準備制度の設立目的の「公式の説明」を行った（FRB [1939b]）。すなわち「連邦準備諸機能の目的は，政府機能一般と同様に，公益にある。したがって，連邦準備政策は連邦準備当局がいかなる権限をもつかもたないかだけでは適切に理解することはできない。その目

的はわが国の生産的設備の健全かつ積極的な活用，完全雇用，そして広く普及した福祉に見合う消費，これらに適した金融状態を維持するという観点を踏まえて理解されなければならない．政策運営にあたって連邦準備当局は，現在の一般情勢を構成する諸要因を考慮し，他の諸機関と共同して，経済安定の貢献に最善の計画と思われる方法でその権限を活用する」(p.115) と，FRBは明言した．そして「この間何年も，通貨流通量は公共の必要性の変化に従って効率的でスムーズに増減しており，連邦準備銀行の通貨機能はほぼ日常のこととなり，不確実性も難しい管理問題も起きていない」(p.113) とし，FRBはその設立目的を経済の安定と成長に対する貢献に置いたのであった（以下，設立目的＝ミッションの変容については表8-3を参照）．

2 財務省支配からの独立──1951年「アコード」

1 財務省の下部機関からの離脱

　第2次世界大戦は，エクルズ議長率いるFRB主導の金融制度やFRB統治機構の改革構想に破壊的な影響を与えた．1940年末段階ですでに，FRBは議会にインフレ圧力の上昇を警告しつつ預金準備率を引き上げ，さらに財務省の財源確保手段を制限することも画策していた．しかし，1941年3月の武器貸与法成立の直後から国債市場の安定化にFRBが協力するための交渉が財務省との間で始まり，翌年2月には国債の満期期間に比例した利回りパターンの固定化（金利構造の固定＝ペッグ）が両機関の間で合意に達した．ニューヨーク連銀総裁アラン・スプロールにいわせれば，FRBは「財務省の下部機関」や「二流の行政部門」とみなされるようになってしまった（須藤［2008］273頁)[3]．

　終戦後もしばらくの間，国債価格維持政策に拘束されたFRBと財務省との間の摩擦は解消しなかった．FRBは1945年7月には財務省との間で国債担保銀行借入の優遇割引率の引上げ交渉を開始し，ヘンリー・モーゲンソー財務長官の抵抗に直面したものの，翌年4月，FRBは一方的に優遇を廃止した．また物価統制解除（1946年10月）前からすでに物価上昇が始まり，FRBは翌1947年7月，短期国債金利の固定化を終了する決断をした．長期国債金利の固定は継続していたものの，トルーマン大統領は翌年1月，国債金利構造の固定を廃止しようと画策するエクルズ議長を「不快な敵対者」（ジョン・スナイダー財務長官の発言）とみなして再任を拒否した．後任のFRB議長トーマス・マ

ケイブのもとで国債金利の固定維持と金融緩和（国債買オペ）政策は継続したが，朝鮮戦争が勃発した1950年6月になると，ニューヨーク連銀総裁スプロールやなおFRB理事にとどまるエクルズらはインフレ対策として金融引締めを強く主張した。同年8月，ニューヨーク連銀の公定歩合引上げが財務省との協議を経ずに実施されたことが引き金となって，FRBとホワイトハウス＝財務省との対立が激化した。

1951年2月，トルーマン大統領は財務長官，FRB議長，国防動員局長，大統領経済諮問委員長からなる「特別委員会」を設置し，国家的緊急時の間は金利構造を変更しないよう要請した。その直後の3月3日，財務省とFRBの間に安定的な国債市場は厳密な金利固定を意味しないが，年末までは2.5％国債の価格を支持し，現行の公定歩合を維持する妥協，いわゆる「アコード」が成立した。この過程でスナイダー財務長官がマケイブFRB議長の解任をトルーマン大統領に直訴し，マケイブも財務省の協力なしに職務を遂行できないとして辞任を表明した。マケイブの推薦もあり，後任の議長には「アコード」の実質的な交渉相手であったウィリアム・マーチン財務次官補が就任した。しかし，マーチン議長率いるFRBは1951年秋には金融引締め政策を実施し，FOMCも翌年11月，国債市場における公開市場操作のあり方に関する「特別小委員会報告書」をまとめ，財務省の財源確保や既存の利回りパターンの維持のための操作はしない「自由な」国債市場に回帰すると宣言した。マーチンは「自由市場への移行」と題する講演で，「アメリカ経済と西側世界の経済の基本的要素」である市場＝価格メカニズムへの移行の重要性を強調したのであった（Martin [1953] p.5）。

2 通貨供給の規制——「すべての労働者」のために

「アコード」は連邦準備制度が平時における「政治的な圧力」を回避し，自律的な金融政策の実施を可能にするものであったが，組織内部の調整あるいは「巨大銀行の支配」からの独立性といった難問を解決するものではなかった。上述の「特別小委員会報告書」は公開市場操作の実務を，金融中心地の大銀行の影響力を背後にもつニューヨーク連銀からFOMC本体への移行を提起したが，ニューヨーク連銀の抵抗で実現しなかった。

第2次世界大戦の終了目前にすでに，エクルズ議長自身が，ワグナー委員会調査と連携したFRBの立法化プログラムは戦後の状況変化に対応していない

とみていた。さらに，1952年2月の上下両院経済合同委員会パットマン小委員会の質問に対して，FRBは地区連銀取締役会の役割を高く評価し，地区連銀の政府機関化についてもそれを変更するメリットはないと回答していた。すなわち，地区連銀取締役の豊かな判断力と経験は公共政策の問題を評価するのに役立ち，また公共機関としての地区連銀運営における効率性とビジネスライクな手法の促進に寄与してきたこと，また現在の株式保有形態には積極的な利点があり，深刻な欠点はないことから，現行方式の変更は連邦準備制度の組織や機能に本質的な改善をもたらすことはないとみていたのであった（須藤［2015a］117, 133頁）。

FRBが『目的と機能』（第2版）を刊行したのは，第2次世界大戦終了後の1947年のことであった。「長年にわたり，連邦準備制度はその目的を広げ，インフレやデフレの阻止を支援し，高雇用，価値の安定，高水準の消費の維持に好ましい状況を作り出すことに置くようになった」。ローズヴェルト大統領の言葉を借りれば，「すべての労働者が常に家族に快適水準の限りなき上昇を提供できるようにすること，この理想に貢献することである」。FRBは戦時経済から平時経済への再転換を見据え，加盟銀行や連邦政府，そして公衆に対するサービスの提供をその主要な責務としたうえで，その主要な目的は「通貨供給の規制」，すなわち「高雇用の維持，安定的な経済，そして生活水準の上昇を目的として通貨の供給，有用性，コストを規制すること」にあるとしたのであった（FRB［1947］p.1）。

FRBと財務省の「アコード」が成立した後，1954年に刊行された同書第3版でFRBは，その基本的機能が「通貨供給の規制」に代わって「通貨機構の効率性」にあると強調した。すなわち，「連邦準備制度の基本的機能は信用と通貨のフローが秩序ある経済成長とドルの安定を促進することにあり」，「効率的な通貨機構はわが国の資源の着実な開発と生活水準の上昇に不可欠である」とした。この時期にはすでに，FRBの課題は「信用と通貨に対する影響力を通して，アメリカのビジネスの全局面とすべてのアメリカ国民に間接的に影響を及ぼすこと」にあった（FRB［1954］pp.1-2）。こうした表明は，1961年刊行の同書第4版（FRB［1961］）でも変わることはなかった。

3 フロート制と金融政策目標の転換——新自由主義の影響力

1 ドル価格決定の自由化——インフレ管理の失敗

「アコード」の成立によって，連邦準備制度はインフレーションの管理や価格メカニズムの役割の問題に改めて責任をもつことになったが，それは同時にインフレーションやバブルとの闘いの始まりでもあった。「アコード」がシカゴ学派の影響を受けたとか，その後にシカゴ学派の影響力が強まったとはいえない。しかし，「アコード」以降に一端は沈静化したインフレ率が1960年代末から70年代にかけて再び急上昇したことで，貨幣ストックの供給量を強調するミルトン・フリードマンらシカゴ学派が注目を集める経済状況が作り出されていった。

戦後のIMF（国際通貨基金）体制において，基軸通貨国アメリカは他国のもたない特権，すなわち緊縮的な財政・金融政策をとることなしにドルを刷り増すことで長期にわたって貿易赤字と対外短期債務を累積する特権をもった。また，ヨーロッパ統合の進展はアメリカ企業のヨーロッパへの直接投資を活性化させ，アメリカ多国籍企業の活動は自由金利市場としてのユーロダラー市場の発展を促進した（牧野［2007］）。ジョンソン政権による「偉大な社会」計画やベトナム戦争への本格的介入が増税なしに行われたことから，巨額の財政赤字とインフレは深刻化していった。そして，インフレは着実にドルの金や他国通貨に対する過大評価（＝ドルの購買力の低下）を引き起こし，諸外国は従来と同じ価格でドルと交換することに躊躇するようになった。ドルと主要国通貨の為替調整に関する国際的合意をみないまま，ドルの切り下げを予想する投機筋の執拗なドル売りに直面して，ニクソン大統領は1971年8月15日，一方的にドルと金との交換停止を発表した。その後1971年末，ドルの金平価切り下げと主要国の為替平価の調整に合意したが（スミソニアン合意），金兌換を停止したドルへの不安は解消されず，1973年に主要国は変動為替相場制（フロート制）に移行した。

フロート制のもとで各国政府は，自国の競争力を回復するために緊縮的な金融・財政政策をとる必要は必ずしもなくなる。つまり，国内物価水準の変化が為替相場の変化から貿易収支・資本移動の変化を誘発して，外国為替市場が調整役を果たすからである。しかし，フロート制のもとで，財務省は1981年減

税による大幅な財政赤字をファイナンスするために巨額の借入を行う一方，連邦準備制度は1980～82年，政府の支持を得て断固たるインフレ抑制政策をとった。その結果，アメリカの金利に上昇圧力が加えられ，アメリカと海外の金融市場との間の金利格差が拡大して，ドル需要の増加とドル高を誘発した。さらにドル高はアメリカの輸入には有利に，輸出には不利に作用したため貿易赤字を拡大した。フロート制のもとで，財・サービスの動向は即座に国際金融市場に反映する。貿易赤字の累積はそれを補塡するため資本輸入を必要とする。1980年代の貿易赤字の累積は対外債務の累積に帰結し，アメリカは1985年ついに債務国へと転落したのである。

2　マネタリストの勝利？──誰がどこに通貨を供給するのか

　金・ドル交換停止からフロート制への移行の実務を財務省で主導したのは，後にニューヨーク連銀総裁（1975～79年）やFRB議長（79～87年）を務めることになるポール・ボルカー金融担当次官であった。ジョン・コナリー財務長官は新自由主義の旗手フリードマンの影響を受けた自由市場の信奉者であったが，ボルカー自身は当初，できる限り早く元の固定相場制に戻るべきであると考えていた。FRB議長アーサー・バーンズも金兌換停止には反対で，他の対策でドルの信頼性は回復できるとみていた（Neikirk [1987] pp. 149-150）。1968年の大統領選挙で，ニクソンが当選した場合に経済政策を提言する経済諮問委員会（CEA）をバーンズが取り仕切り，そこにはフリードマンも参加していた。ニクソンは就任前にニューヨークでフリードマンと会い，フリードマンはその場で，フロート制の導入を提言するメモを手渡していた。しかし，フリードマンのラトガース大学時代の指導教員であったバーンズ議長はフロート制には反対しており，フリードマンに説得されることは決してなかった。その後，バーンズが1971年にニクソン政権の物価・賃金統制を支持したため，フリードマンとの関係が疎遠になったといわれる（Ebenstein [2007] p. 186）。

　他方，新自由主義のもう一方の主導者フリードリッヒ・ハイエクは1970年代にはフリードマンの貨幣論を批判していた。すなわち，「もっと重要な点である通貨の供給・吸収が相対価格の構造に及ぼす悪影響や，その結果としての誤った資源配分，とくに誤った投資傾向という問題が見過ごされている」（Hayek [1990]）と。しかし，ハイエクの見方と違って，フリードマンは「マネー・サプライの供給と吸収で一番重要なのは経済活動と物価への影響の度合

いである」としていた（Ebenstein [2007] p. 217）。

　バーンズの後任，ジョージ・ミラー議長の在任期間は1978年3月～79年8月と短かった。ミラーは理事らの要領を得ない発言に業を煮やして理事会の席にエッグ・タイマーを持ち込み，企業の取締役会方式を導入しようとして理事らの信頼を失墜したとの逸話がある。また，民間からは「ホワイトハウスの意向をあまりに汲みすぎる」（Treaster [2004] pp. 51-52, 61）と批判されていた。しかし，カーター大統領はその漸進主義的なインフレ抑制策を歓迎してミラーを財務長官に抜擢し，ボルカーがその後任に指名された。ボルカーは1973年のフロート制移行後も旧体制の復活を切望していたが，ニューヨーク連銀総裁としてFOMCでは引締め政策に，そしてFRB議長に就任してからは，銀行の第三世界諸国融資の抑制にも力を注いだ。就任後間もなくしてボルカーが取り組んだ最大の課題は，カーター政権が直面した大インフレーションであった。ボルカーはすでに，ニューヨーク連銀総裁時代の1977年の議会報告書で通貨供給増加率の目標を定めてそのなかに収めるべきであると指摘していたし，また金融政策の目標を金利からマネー・サプライに変更するための研究はマーチン議長の時代に着手していた（FRBNY [1977]）。

　しかし，連邦準備制度のなかにはリッチモンド連銀総裁ロバート・ブラックのようなマネタリストもいたが，ボルカーは金融政策目標の変更に向けた準備を理事やFOMC委員の説得から始めなければならなかった。また，アメリカが金利を引き上げてインフレ抑制に出たときに主要国が金利を引き上げないとの約束を取り付ける必要もあった。1979年9月末のIMF・世界銀行の年次総会を利用してドイツ連邦銀行総裁オトマール・エミンガーらの支持を得た後，10月6日のFOMCで政策目標の転換についての合意を取り付け，公表した。

　1958年にはすでに，ラトガース大学でフリードマンの指導教授であったホーマー・ジョーンズが，セントルイス連銀の調査部長（後に上級副総裁）に就任していた。しかし，マネタリズムが連邦準備制度内部で影響力を増したのは80年代に入ってからであった。この点を，ジョーンズ副総裁がフリードマンに宛てた1981年12月7日付の手紙は次のように述べている。「インフレ回避の通貨供給を行うには，通貨供給の伸びが通貨需要で決まるものから公開市場操作で管理されるものへと，連邦準備［制度］がその認識を変えなければならない。そして，これを実現するには，［連邦準備制度］理事会の少なくとも1人の理事が理事会スタッフに対して疑問と批判を提起し，これまでの常であった

ように,スタッフに『取りこまれて』はならない」。しかし,現理事のほとんどが通貨供給の伸びは需要が決めるとの考えをもっており,「ボルカーがただ1人,両方の主張に耳を傾けているだけである」。こうしてジョーンズは,少なくとも1人のマネタリストを理事に送り込むことができれば,実際に政策を担うスタッフに影響力を行使できると強調したのであった[4]。

3 マネタリズムの「終焉」?

　だが,ボルカーは「実践的な」マネタリストであった。純粋なマネタリズムはあまりにも柔軟性に欠け,「信用創造過程を本当の自動操縦」にしてしまい,FRBのもつ信用創造の調整能力を奪ってしまうこと,また「いろいろな形の新たなマネー(たとえば譲渡可能貯蓄預金のNOW勘定)が次から次に創出されること」がある。それゆえ,ボルカーにとって金融政策目標のマネー・サプライへの転換は,実のところ「金利引上げの理由づけ」にすぎなかったのである(Neikirk [1987] pp.66-69)。また,ボルカーは途上国の累積債務危機に直面して,1982年10月5日のFMOCでM_2およびM_3の伸び率を8.5～9.5%の範囲内と主張したが,M_1については目標値を定めず,その後も注意を払わなくなった(FOMC [1982] Oct.5, p.5)[5]。そして,1987年2月10～11日のFOMCでは,預金金利規制の緩和によって「M_1の動きの予想は特段の不確実性に左右されたままである」との理由から,議論の末にM_1に関する数値目標の設定を明らかに断念した(FOMC [1987] Feb.10-11, p.5)。連邦準備制度の「マネタリズム」はここで終焉したとされる(Timberlake [1993] p.360, Axilrod [2009] p.97)。

　1987年8月レーガン大統領は,ボルカーの後任として,フォード政権期の1974～77年に大統領経済諮問委員長を務めた経験をもつ経済コンサルタントのアラン・グリーンスパンをFEB議長に指名した。グリーンスパン議長もまたインフレーションを極度に嫌ったが,通貨供給量の安定には固執しなかった。フリードマンの教え子でリッチモンド連銀のエコノミスト,ロバート・ヘッツェルによれば,「漸進主義」によって失われた名目上の期待の安定性を再確立するために,FOMCの一般的な「風に逆らう」反景気循環的政策を「ルールのような」性格にすることが,ボルカーとグリーンスパンの共通した願望であった。しかし,実際のところ,グリーンスパンは期待の安定が金融政策のルールに依存すると表明したことはなく,むしろインフレ目標にも,そしてルール

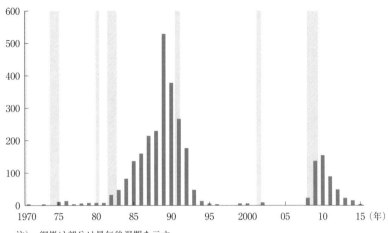

図 8-1　全金融機関の破綻数（1970～2015 年）

注）　網掛け部分は景気後退期を示す。
出所）　FDIC [2015].

による政策運営にはもっと全般的な反対を表明していた。というのは，第1に，経済の発展は望ましい金融政策の性格を予測不可能な方法で変えてしまうこと，第2に，政治的に許容可能な最小限のインフレ率は連邦準備制度の管理を超えて多くの要因に依存すること，そして第3に，インフレ目標は政策行動を画一化し，投資家集団の行動に反する金融政策の採用を抑制すること，になるからであった（Hetzel [2008] pp.196, 228）。

1980 年代以降，急速に進展した金融市場における証券化は，金融規制の内実を掘り崩して金融の自由化を助長した。一方で，証券化は銀行自体が証券化商品に投資する機会を増加させ，銀行経営をより大きなリスクにさらすことになった。ハイリスク・ハイリターンのジャンク・ボンド投資に起因するS＆L（貯蓄貸付組合）危機や，途上国の債務危機に連動した商業銀行の倒産が増加して（図8-1），金融システムの不安定性は増幅していった。金融自由化を主張したマネタリストらは，預金業務と貸出業務とを分離し，前者を営むナロー・バンク（狭義の銀行）については，高度に流動的な資産（短期国債など）に限って投資することを認める改革案を提唱・支持した（Litan [1987]，Pierce [1991]，Strange [1998]）。しかし，これらの改革案は低金利となることから預金者にも魅力がなく，実現することはなかった。

4 政府からの独立性か,政府内の独立性か

　アメリカ金融システムの動揺にもかかわらず,連邦準備制度の統治機構に大きな変更は行われなかった。この事実に留意しつつ,連邦準備制度の設立目的がどのように変更されたのかを確認しよう。連邦準備法成立50周年を記念して,『目的と機能』(第5版)が刊行されたのは1963年であった。この版で「連邦準備制度の機能は,信用と通貨のフローを秩序ある経済成長,ドルの安定,そしてわが国の国際収支の長期的均衡を促進せしめることである」(FRB [1963] p.1) とされ,初めて国際収支の均衡がFRBのミッションの1つとして登場した。第4版でも国際収支赤字および純金流出の発生が注目されていたが,主要国通貨の交換性回復による貿易拡大が問題を解消するとみなされていた (FRB [1961] p.175)。

　1974年刊行の同書第6版は,金ドル交換停止とフロート制移行を受けて,政府からの連邦準備制度の独立性に改めて注目した。短期的な目的としての物価安定に加えて,「全国的な流動性の危機および金融恐慌を防止する」ための「最後の貸し手」機能を活用する責任が強調された。また同版は中央銀行の(政府からの)独立性を取り上げ,アメリカは独立した中央銀行をもつとされるが,それは「大統領または政府行政機関の任命者による承認を必要としないという限りで」あるとし,政策の議会報告,FRB理事の大統領による任命と上院の同意が課されているという意味で,「連邦準備は政府が設定した経済・金融政策の総合的な目的の枠内で働いている」のであって,より正確には「政府内の独立性」として特徴づけられる,と踏み込んだ記述となった (FRB [1974] pp.2-3)。その際,FRB議長が国際通貨金融問題国家諮問委員会(対外金融政策に関する関係閣僚会議)委員に加え,新たにIMF総裁代行の一人に任命されたことを強調し,フロート制下の金融グローバリゼーションに直面したFRBの課題が示された。しかし,FRBのこうした課題の認識にもかかわらず,創設当初にFRB内に設置された各地区の加盟銀行代表者からなる「連邦諮問委員会」に加えて,公民権運動の影響を受け1976年に消費者信用規制に関する「消費者諮問委員会」(CAC)が設置されたことを除けば,2010年ドッド・フランク法に至るまで連邦準備制度の統治機構改革が再び表舞台に登場することはなかった。

4 金融システム危機──バブル事後処理戦略の結末

1 バブル「事後処理戦略」

　フロート制移行による国際短期資本移動の活発化や金融自由化は金融市場の変動性（ボラティリティ）を高め，1980年代に入ると商業銀行や投資銀行はリスクヘッジや金融資産の運用効率を高める手段の開発（金融革新）に邁進して，証券化によるシャドー・バンキング化を推し進めた。巨大複合金融機関へと変貌した銀行は多国籍企業などにデリバティブ金融サービスを提供する「ファンド資本主義」を展開し，一方でこうしたメイン・ストリーム金融の外縁には低所得者向けの高利貸金融を提供する「フリンジ・バンキング」が展開した（本書第9章と第10章を参照）。

　FRB議長グリーンスパンは，危機管理を要する多くの事態に直面することになった。アメリカは，情報技術革命によってインフレ率や金利が低位安定するなかで，生産性が上昇し，完全雇用が実現する状態が長期にわたって続く時期，いわゆる「ニュー・エコノミー」の時代に入っていた。とはいえ，1994～95年のメキシコ通貨危機に対する金融支援（アメリカからは200億ドルの政府資金，FOMCによる260億ドルのスワップ・ライン），97年のアジア通貨危機に対するアメリカ＝IMF・世界銀行の支援策，98年のロシア金融危機へのIMF融資，2000～01年IT（ドットコム）バブルの崩壊などに対処しなければならなかったのである（Greenspan [2007] ch. 11）。

　グリーンスパンは，これらの金融危機をことごとく乗り切ってきたと評価される一方で，金融危機の原因となるバブルを作り出したとの評価もなされた（Axilrod [2009] pp. 145-150）。実際，2003年5月6日のFOMCでグリーンスパンは，「経済成長」と「物価安定」の各々に対するリスクを別個に評価することで，事実上は前者を優先した（FOMC [2006]）。連邦準備制度は9.11同時多発テロ事件後の景気後退に直面して，サブプライム・ローンの奨励などを通じて住宅市場を刺激する政策をとったのである。その結果，住宅所有者世帯比率は1994年の64％から2006年には69％近くに上昇し，とくにヒスパニックやアフリカ系の持ち家比率は劇的に上昇した。また，全世帯の非金融資産に占める実住住宅資産の割合も5割前後まで上昇した（FRB [2009] pp. A15, A28）。グリーンスパンはこれが住宅バブルを形成し，しかも世界的に広がっていること，

表 8-4　上位銀行の資産シェア

(単位：%)

年（各6月）		第1位	第2位	第3位	第5位	第10位
1976年	当該銀行シェア	4.2	2.8	2.6	1.8	1.3
	累積シェア	4.2	7.0	9.6	13.4	20.7
1980年	当該銀行シェア	3.9	2.8	2.7	1.9	1.3
	累積シェア	3.9	6.8	9.5	13.4	21.6
1990年	当該銀行シェア	3.3	2.8	2.4	2.3	1.3
	累積シェア	3.3	6.1	8.6	13.3	22.0
2000年	当該銀行シェア	9.8	6.9	5.3	4.1	1.6
	累積シェア	9.8	16.7	20.0	31.3	43.2

出所）　FRB [1981] Table 77; [1991] Table 74; [2002] Table 60.

またすでに 2005 年末には住宅ブームが反転してサブプライム・ローン利用者の破綻が顕在化していることを知りながら，経済成長のためにあえてリスクをとったのである（Greenspan [2007] pp. 229-233）。

　金融自由化とグローバル化は金融危機の頻発を招いた。1994 年のリーグル・ニール法（州際銀行業務効率化法）はマクファーデン法を撤廃して，他州の銀行買収と支店設置を可能にした。また 1999 年のグラム・リーチ・ブライリー法はグラス・スティーガル法を撤廃して，銀行業務と証券業務の兼営を可能にした。銀行規制の壁が取り払われたシティバンクや JP モルガン・チェース銀行などのマネー・センター銀行は，活発な統合戦略によって多様な銀行業務と金融サービスを供給することで国際競争力の維持を図るユニバーサル・バンクに向かった。一方，バンク・オブ・アメリカ，ワコビア，ウェルズ・ファーゴなどのスーパー・リージョナル銀行は伝統的な企業金融やリテール銀行業務を中核にして全米規模の店舗網構築に邁進した。

　こうしたマネー・センター銀行やスーパー・リージョナル銀行の展開は銀行業界の寡占化を促進し，表 8-4 に示されるように，2000 年には最上位銀行の資産は全体の 9.8%，上位 5 銀行が 31.3%，そして上位 10 銀行では 43.2% を独占した。また，銀行の企業向け融資や家計の住宅抵当融資などが証券化されて投資会社や投資信託の資産となり，退職金勘定などの金融資産を形成した。その結果，金融仲介機関における商業銀行の資産シェアは 2000 年には 23.9% に減少する一方で，投資会社・投資信託の資産シェアは 19.6% へ，2007 年には 24.4% にまで急拡大した（表 8-5）。

表 8-5　金融仲介機関の資産シェア

(単位：%)

金融機関	1929年	1950年	1970年	1990年	2000年	2007年
商業銀行	50.4	50.8	37.4	27.0	23.9	24.0
貯蓄貸付組合（S&Ls）	5.6	5.7	12.7	8.9	5.2	4.6
相互貯蓄銀行	7.5	7.6	5.7	2.1		
信用組合	−	−	1.1	1.8	1.8	1.8
生命保険	13.3	21.1	14.5	11.1	9.3	8.1
その他の保険	4.2	4.0	3.6	4.1	2.5	2.4
民間年金基金	1.5	3.9	8.0	9.4	3.9	2.1
公的年金基金			4.2	4.5	3.7	2.5
ブローカー/ディーラー	7.6	−	−	−	1.1	2.1
金融会社	1.9	3.1	4.5	6.3	3.9	4.6
投資会社・投資信託*	5.6	−	3.5	8.7	19.6	24.4
政府保証機関**	1.7	−	3.4	12.1	19.5	20.0
その他	0.7	3.8	1.4	4.0	5.6	3.4

注）〔2000年と2007年〕*MMMF, Mutual Fund, Closed-end Fund, ABSs Issuers を含む。**Agency- & GSE-backed Mortgage Pools を含む。
出所）〔1929〜1990年〕White［2000］pp. 747-748, 776-777, 787；〔2000年と2007年〕FRB［2001］p. A41；［2008］p. 39.

　こうして1990年代にアメリカ経済は金融化（＝金融主導型資本主義）を進展させたが，それはバブルの形成と破裂に続く金融危機の土壌となった。ところが，クリントン政権で経済諮問委員会メンバー，FRB副議長を務めたアラン・ブラインダー（Blinder［2008］）によれば，グリーンスパンやベン・バーナンキのバブル対策は「事後処理戦略」と呼ぶべきものであった。それはそもそも計画的なバブルの破壊は難しいため，「連邦準備制度はバブルが自ら破裂するように仕向け，その後始末」をするしかないとの認識に基づいていた[6]。その結果，ITバブルの後始末の過程での超低金利政策が住宅バブルを生み出したように，バブルの後始末が新たなバブルの種を蒔くことになり，「いまや連邦準備制度が一連のバブル発生の責任者であると非難され」ることになった。一般的な資産バブルの場合，中央銀行はしばしばその認知に遅れ，あるいはたとえそれに気づいたにしても，わずか数パーセントの金利引上げなどでは2桁の利益を夢見る投資家の欲望を抑えることはできない。しかし，資産バブルの事後処理などを契機とする，いわゆる「銀行主導型バブル」の場合には，中央

銀行にも対応の余地がある。だがそれも，公定歩合などの金融政策ではなく，「銀行監督」の権限を行使して，サブプライム・ローンのような「危険で不健全な貸出」を規制する以外にない，とブラインダーは主張したのであった（Blinder [2008]）。

2 システミック・リスクへの備えはあったはず

　最後に，1984年刊行の『目的と機能』第7版以降におけるFRBのバブル対策，あるいは「システミック・リスク」（systemic risk）に対する認識を確認しよう。第7版には1974版と内容に重要な違いはみられない。しかし，1994年刊行の第8版になると，「連邦準備制度の責務」として「金融システムの安定性の維持と金融市場で発生しうるシステミック・リスクの封じ込め」が明記された。また従来から示されている「預金金融機関，アメリカ政府，および外国当局に対する金融サービスの提供に加えて，わが国の決済システムの運営における主要な役割の行使」（強調は引用者）がミッションに追加された。具体的には，「現代の金融システムは高度に複雑かつ相互依存が強いので，株価の急落時に起こるような広範でシステミックな崩壊に脆弱になっている。連邦準備制度はこうしたショックに対する金融システムの復元力を，金融機関や決済システムの規制政策を通して強化する」（FRB [1994] pp. 2, 18）とした。

　ここで留意すべきは，1994年版以降「最後の貸し手」機能の表記はすべて消えてしまったことである。2005年刊行の第9版でも「最後の貸し手」の用語はいっさい出てこない。その理由は以下の説明のなかに暗示されている。すなわち，「9.11事件以降，連邦準備制度は金融市場の持続的機能を促進し，将来の危機発生時に連邦準備制度の持続的な運営を確保するため，多くの手段を講じてきた。民間部門である金融システムの復元力を強化するプロセスについても，その大部分は既存の規制枠組みで達成できる」（強調は引用者）とした。つまるところ，FRBはリーマン・ショックまでは，バブルが形成され破裂したとしても，それがシステミック・リスクに発展することを防止し，金融システムを復元させる規制機能や規制監督省庁による包括的監督など，リスクに焦点を当てた監督（risk-focused supervision）は備えていると自負していたのである（FRB [2005] pp. 63-66）。FRBは「最後の貸し手」機能を捨て去ってはいないが，それを行使する機会はないと予想していたように思われる。

　システミック・リスクとその対策としての「マクロ・プルーデンス政策」

(macro prudential policy)の重要性に関しては，ユーロ・カレンシー市場の広がりや過剰な途上国向け資本輸出に直面した国際決済銀行（BIS）やEU諸国で先行して認識されていた（Clement [2010]）[7]。マクロ・プルーデンス政策とは，個別金融機関の破綻リスクではなく，金融システム全体に与えるリスクに対処する規制・監視をいう。アメリカの金融当局もようやく，グラス・スティーガル法撤廃の前後からシステミック・リスクへの関心を高めていた。実際，ボルカー議長は1985年の議会証言で，当時の連邦債市場で発生した反動が多数の貯蓄金融機関の突然の破綻によって末端のディーラーを危険にさらした事実に言及し，「わが国の高度に相関し，相互依存の強い金融市場では，こうした状況はより広範でシステミックな問題をもたらすことになる」と警告していた（Volcker [1985] p. 2）。グリーンスパン議長もまた，1987年末の議会証言で，「グラス・スティーガル法を撤廃する場合には持株会社のファイアウォールを強化する必要がある」と指摘している（Greenspan [1987] p. 15）。一方で，ボストンのショーマット銀行出身のFRB理事は，1991年5月の議会証言で，84年のコンチネンタル・イリノイ銀行の倒産を引合いに出し，システミック・リスクを「大きすぎて潰せない」（TBTF），いわゆる巨大銀行救済策に援用する正当性を強く主張した（LaWare [1991] p. 10）。しかし，これが公式のミッションとして復活することはなかった。

おわりに──ウォール・ストリート支配は続くか

　国際金本位制の最盛期に設立された連邦準備制度は，大恐慌と金本位制離脱を機に，新たに導入された管理通貨制度の管理機構の一翼として，その統治機構のドラスティックな改革を推し進めた。その結果，創設時には「加盟銀行」のための中央銀行の性格を色濃くしたが，その後，連邦準備制度は国民経済の安定と成長に奉仕する公共的性格が強調されるようになった。その設立目的も弾力的通貨の供給から金融システムの安定へと変容し，一方で財務省やウォール・ストリートからの独立も希求された。こうしてワシントンのFRBへの権限集中が図られ一定の成果を実現したが，第2次世界大戦の財政支援が最優先されるなかで，財務省からの独立もウォール・ストリートからの独立も道半ばとなった。戦後にインフレの兆候が出現すると，FRBは金融政策の自律性を強硬に主張して財政政策の拘束からの解放を実現するが（アコード），連邦準

備制度の独立性は「政府内の独立性」を主張したにとどまり，連邦政府の成長政策に追従してインフレを容認する結果となった。1960年代後半に加速したインフレーションは着実にドル価値の低下をもたらし，アメリカ企業の多国籍化はユーロダラー市場の形成と資本移動の活発化を促し，最終的に金・ドル交換停止（ニクソン・ショック），フロート制へと帰結した。フロート制はさらに，金融の自由化とグローバル化の起点となり，金融機関の全国的支店網の形成や巨大複合金融機関化の起点ともなった。

ボルカーからグリーンスパンに至る時期の連邦準備政策は，しばしば新自由主義に根ざした「マネタリズムの勝利」と目されてきた。確かに，彼ら自身がマネタリストであるとみなされることもあったし，実際，マネタリストの影響を受け始めたとされる時期から，連邦準備制度はインフレ抑制を目的に通貨供給量を明確な指標として利用し，高金利を容認した。しかし，連邦準備制度は通貨供給量を自動的にではなく裁量的に調整することに固執した。インフレが沈静化し財政赤字が解消すると連邦準備制度は経済成長を優先し，結果的に過剰な投機を誘発する土壌を用意した。そして2008年金融危機への対応が典型的に示すように，連邦準備制度は金融危機が発生するや躊躇なく巨大複合金融機関の救済に着手するとともに，国際金融市場への流動性（＝ドル）供給も怠らなかった。

最後に，こうした金融危機と金融システムの歴史的展開を連邦準備制度のミッションとガバナンスから整理すれば，ミッションは後追い的ではあれ比較的柔軟に変更されたが，ガバナンスはほとんど変更されることなく，ようやく2008年金融危機を契機に部分的な改革が行われたにすぎない。ニューディール期に形成されたいわゆる「金融封じ込め」体制は，フロート制移行を起点に崩壊へと向かい，1980～90年代の金融自由化とグローバル化で崩壊した。代わってアメリカ経済は「金融主導型」システムへと大きく舵を切り，2008年金融危機を経て「国家主導型」の金融システムを完成させつつある。しかし，これがかつてイギリスがたどった「ランティエ化」への道であるか否かは即断すべきでないが，金融危機「封じ込め」体制の再構築はなお途上にある。

注

1) 諸立法を列記すれば，1934年金準備法，33年銀行法（グラス・スティーガル法），33年証券法，34年証券取引法，35年公益事業持株会社法である。なお，これら諸規制については，本書第1

章,第9〜10章も参照されたい。
2) 1936年時点の地区連銀クラスC取締役の平均年齢は63.5歳,平均在職期間は10.2年に達し,同取締役会議長や総裁の年齢や在職期間はそれをさらに上回っていた(須藤[2015b])。
3) 第2次世界大戦後,フランスやイギリスはそれぞれ1945年法,46年法で中央銀行を国有化した。金井[2012](2)6頁が指摘するように,国有化以前にすでに,「政策的な決定は政府・大蔵省が行い,日常的業務はイングランド銀行が執行する」という関係はできあがっていた。たとえば,問題は財務省の国債管理政策と連邦準備制度の物価安定政策に齟齬をきたした場合であった。
4) Jones to Milton Friedman, Dec. 7, 1981, pp. 1-2, Box 194, Milton Friedman Papers, Hoover Institution, Stanford University.
5) なお,M_1は流通通貨+要求払預金,M_2はM_1+貯蓄性預金・小口定期預金,M_3はM_2+譲渡可能性預金(CDs)・ユーロダラー預金・現先取引(レポ)をいう。
6) こうした見方(「FRB View」)は,「バブルは予見でき,予防されるべきである」として中央銀行のマクロ・プルーデンス政策を重視する「BIS View」と対比される(矢後[2011]68〜69頁)。
7) たとえば,フランス銀行(1945年国有化)の場合,73年の定款改正でその機能を,直接的な信用配分から「金融システムの安定維持」に段階的に移行した(権上[2012]21頁)。

参考文献

金井雄一[2012]「イングランド銀行国有化法(1946年)の性格と意義(1)(2)」『経済科学』(名古屋大学)第59巻第4号,第60巻第1号。
楠井敏朗[1997]『アメリカ資本主義の発展構造〈2〉——法人資本主義の成立・展開・変質』日本経済評論社。
楠井敏朗[2005]『アメリカ資本主義とニューディール』日本経済評論社。
権上康男[2004]「中央銀行を統治したのは誰か(1870-1980年)——フランス中央銀行史研究の現場から」『エコノミア』(横浜国立大学)第55巻第1号。
権上康男[2012]「1970年代フランスの大転換——コーポラティズム型社会から市場社会へ」『日仏歴史学会会報』第27号。
地主敏樹[2006]『アメリカの金融政策——金融危機対応からニュー・エコノミーへ』東洋経済新報社。
須藤功[2008]『戦後アメリカ通貨金融政策の形成——ニューディールから「アコード」へ』名古屋大学出版会。
須藤功[2009]「金融危機とFRBの歴史——アメリカは大恐慌から何を学んだか?」藤原書店編集部編『「アメリカ覇権」という信仰——ドル暴落と日本の選択』藤原書店。
須藤功[2011]「新自由主義の通貨金融政策再考——ニューディールからニュー・エコノミーへ」『政経論叢』(明治大学)第80巻第1・2号。
須藤功[2015a]「アメリカ連邦準備制度の設立目的とガバナンスの変容——第2次世界大戦前を中心に」『政経論叢』(明治大学)第83巻第3・4号。
須藤功[2015b]「連邦準備制度の支配者たち(1915〜1955年)——大恐慌期の組織改革と最高管理者の社会経済的背景」『三田学会雑誌』(慶應義塾大学)第108巻第2号。
牧野裕[2007]「ブレトンウッズ体制」上川孝夫・矢後和彦編『国際金融史』有斐閣。
矢後和彦[2011]「世界経済の編成原理はどう変わってきたか——国際金融機関の論争史」伊藤正直・藤井史朗編『グローバル化・金融危機・地域再生』日本経済評論社。
Axilrod, Stephen H. [2009] *Inside the Fed: Monetary Policy and Its Management, Martin through Greenspan to Bernanke*, MIT Press.(田村勝省訳[2010]『アメリカ連邦準備制度の内幕——議長側近の見たアメリカ金融政策とその運営』一灯舎)。

Blinder, A. S. [2008] "Two Bubbles, Two Paths," *New York Times*, June 15.

Clement, P. [2010] "The Term 'Macroprudential': Origins and Evolution," *BIS Quarterly Review*, March.

Ebenstein, L. [2007] *Milton Friedman: A Biography*, Palgrave Macmillan.（大野一訳［2008］『最強の経済学者ミルトン・フリードマン』日経 BP 社）．

Eichengreen, B. J. [1992] *Golden Fetters: The Gold Standard and the Great Depression, 1919-1939*, Oxford University Press.

FDIC (Federal Deposit Insurance Corporation) [2015] "Failures of all Institutions for the United States and Other Areas," Retrieved from FRED, Federal Reserve Bank of St. Louis website.

FRB (Federal Reserve Board) [1916] *Second Annual Report*, GPO.

FRB (Board of Governors of the Federal Reserve System) [1939a, 1947, 1954, 1961, 1963, 1974, 1984, 1994, 2005] "Bank Credit and Bank Supervision: A Plan for Improving the Present Regulatory Machinery," Eccles Document Collection, Retrieved from Federal Reserve Bank of St. Louis, FRASER website.

FRB (Board of Governors of the Federal Reserve System) [1939b] *The Federal Reserve System: Its Purposes and Functions*, Board of Governors of the Federal Reserve System.

FRB (Board of Governors of the Federal Reserve System) [1981, 1991, 2001, 2002, 2008, 2009] *The Federal Reserve Bulletin*.

FRBNY (Federal Reserve Bank of New York) [1977] *Annual Report*, GPO.

FOMC (Federal Open Market Committee) [1982, 1987] "Record of Policy Actions of the Federal Open Market Committee Meeting, Retrieved from Federal Reserve Bank of St. Louis, FRASER website.

FOMC [2006] "Minutes of the Federal Open Market Committee Meeting Held on May 6", Retrieved from Federal Reserve Bank of St. Louis, FRASER website.

Gage, C. S. and J. Kearns [2012] "Fed Born of Morgan's Bailout Scrutinized After Dimon's Loss," Bloomberg News, June 19, 2012. http://www.bloomberg.com/news/articles/2012-06-19/fed-born-of-morgan-s-bailout-under-scrutiny-after-dimon-s-loss.

Greenspan, A. [1987] "Testimony before the Committee on Financial Institutions Supervision, Regulation & Insurance," U. S. House, Committee on Banking, Finance & Urban Affairs, December 1, Retrieved from Federal Reserve Bank of St. Louis, FRASER website.

Greenspan, A. [2007] *The Age of Turbulence: Adventures in a New World*, Penguin Press.（山岡洋一・高遠裕子訳［2007］『波乱の時代――世界と経済のゆくえ』上巻，日本経済新聞出版社）．

Hayek, F. A. [1990] *Denationalisation of Money, the Argument Refined: An Analysis of the Theory and Practice of Concurrent Currencies*, Institute of Economic Affairs.（川口慎二訳［1988］『貨幣発行自由化論』東洋経済新報社）．

Hetzel, R. L. [2008] *The Monetary Policy of the Federal Reserve: A History*, Cambridge University Press.

Johnson, S. and J. Kwak [2010] *13 Bankers: the Wall Street Takeover and the Next Financial Meltdown*, Pantheon Books.（村井章子訳［2011］『国家対巨大銀行――金融の肥大化による新たな危機』ダイヤモンド社）．

Kindleberger, C. P. and R. Z. Aliber [2011] *Manias, Panics and Crashes: A History of Financial Crises*, 6th ed., Palgrave Macmillan.（高遠裕子訳［2014］『熱狂，恐慌，崩壊――金融恐慌の歴史』日本経済新聞出版社）．

LaWare, J. P. [1991] Member, Board of Governors of the Federal Reserve System, Hearings before the Subcommittee on Economic Stabilization of the Committee on Banking, Finance and Urban Affairs, U. S. House of Representatives, May 9, Serial No. 102-31.

Litan, R. [1987] *What Should Banks Do?*, Brookings Institution.

Martin, W. M. [1953] "The Transition to Free Market," at Luncheon Meeting of the Economic Club of Detroit, Michigan, April 13, from Federal Reserve Bank of St. Louis, FRASER website.

Neikirk, W. R. [1987] *Volcker, Portrait of the Money Man*, Congdon & Weed.（篠原成子訳［1987］『ボルカー——「ザ・マネー・マン」の肖像』日本経済新聞社）。

Pierce, P. [1991] *The Future of Banking*, Yale University Press.

Strange, S. [1986] *Casino Capitalism*, B. Blackwell.（小林襄治訳［2007］『カジノ資本主義』岩波書店）。

Strange, S. [1998] *Mad Money: From the Author of Casino Capitalism*, Manchester University Press.（櫻井公人ほか訳［1999］『マッド・マネー——世紀末のカジノ資本主義』岩波書店）。

Timberlake, R. H. [1993] *Monetary Policy in the United States: An Intellectual and Institutional History*, University of Chicago Press.

Treaster, J. B. [2004] *Paul Volcker: The Making of a Financial Legend*, John Wiley & Sons.（中川治子訳［2005］『ポール・ボルカー』日本経済新聞社）。

USGAO (U. S. Government Accountability Office) [2011] *Federal Reserve Bank Governance: Opportunities Exist to Broaden Director Recruitment Efforts and Increase Transparency*, Report to Congressional Addressees, October 2011, GAO-12-18.

U. S. House, Joint Committee on the Economic Report, Subcommittee on General Credit Control and Debt Management [1952] *Monetary Policy and the Management of the Public Debt: Replies to Questions and Other Material for the Use of the Subcommittee on General Credit Control and Debt Management*, Part 1, GPO.

Volcker, P. A. [1985] "Statement before the Subcommittee on Telecommunications, Consumer Protection and Finance of the Committee on Energy and Commerce," House of Representatives, June 26, Retrieved from Federal Reserve Bank of St. Louis, FRASER website.

White, E. N. [2000] "Banking and Finance in the Twentieth Century," Stanley L. Engerman and Robert E. Gallman eds., *The Cambridge Economic History of the United States*, Vol. III, Cambridge University Press.

第9章

金融の肥大化
――金融市場の構造変化とファンド資本主義の展開――

三谷　進

はじめに

　本章では，ニューディール期以降のアメリカ金融市場の動向を概観しながら，1980年代以降に形成された「ファンド資本主義」(fund capitalism) と呼ばれる「金融市場主導型」経済システムの構造を明らかにしていく。

　このファンド資本主義という考え方は，1930年代のニューディール期にアメリカ金融制度の整備と管理通貨制度の導入が行われて以降，年金基金，生命保険会社，投資会社等の機関投資家の資産規模が拡大し，それらの投資行動が世界各国の金融市場や実体経済に大きな影響力を与えてきたことを基礎に成立している。

　とくに，第2次世界大戦以降，アメリカの家計の貯蓄性資金が増加するなかで，家計の金融資産は，年金，生命保険会社，ミューチュアル・ファンド等で運用され，これらの金融仲介機関の資産運用行動がアメリカ経済の構造に大きな影響を与えてきた。また，このような資産運用機関の発展は，金融市場における金融資産の累積とその重層化を促進し，「金融主導型」経済システムの基盤をも構築していくことになった[1]。

　なお，アメリカにおいて，このような長期的な金融資産の累積を可能にした要因として，1930年代の金融規制（銀行法，証券法，証券取引所法等）とともに，金融市場に対して継続的に流動性を供給する管理通貨制度の構築があった。また，アメリカの家計の所得が増加し，その貯蓄部分が年金，保険，株式へと流入し，それらの受け皿として，年金基金，生命保険会社，ミューチュアル・ファンド等の金融機関の相対的な比重が高まっていった。

また，1980年代以降，ファンド資本主義が展開するにつれて，ニューディール期に形成された金融システムの変質が促進され，ハイマン・ミンスキーが指摘したように金融市場で資産運用を行うファンド・マネジャーの機能と役割が非常に大きなものとなっていく（Minsky [1982] [1986] [1989]，服部 [2012]，横川 [2012]）。このファンド化現象は，アメリカ金融市場の量的・質的な発展と連動するようにして進展し，その現象を踏まえた形での新しい金融論の構築や資産運用の理論的分析が進められるようになった。

　さらに，アメリカの機関投資家の発展は，アメリカ国内の金融市場だけでは十分に高い利益を上げることができなくなり，しだいに世界各国の企業や金融市場における収益機会を追求していくことになる。とくに，機関投資家の国際的な分散投資の展開は，世界各国の企業のコーポレート・ガバナンスに影響を与え，絶えず，株主利益を意識させた経営的な規律を与えていくことにもなる。このような機関投資家の存在は，1980年代までの「法人資本主義」と呼ばれた経済システムのあり方を変化させ，しだいに「ファンド資本主義」と呼ばれるシステムへの転換を進めていくことにもなった。

　このように機関投資家の拡大とともに1980年代以降のアメリカ金融市場も大きく拡大していったが，しだいに現実資本の蓄積が停滞した際に生み出された過剰な貨幣資本を吸収し，その貨幣資本を金融市場内部に滞留させるメカニズムとして，ファンド間での金融取引を活発に行う「ファンドシステム」が発展していくことになった（三谷 [2001] [2003]）。

　とくに，金融危機が繰り返し発生するなかで，アメリカの中央銀行（FRB：連邦準備制度理事会）が「ファンドシステム」に組み込まれ，2008年のリーマン・ショック以降，その中央銀行信用を背景にして，大量の国債や証券化商品に投資を行っていく状況が展開していくことになった。

　そこでまず第1節では，ニューディール期から現在に至るアメリカ金融市場の基本的な時期区分を概観しながら，ファンド資本主義の基本的性格やその歴史的展開について確認していく。次に，第2節では，第2次世界大戦後のアメリカ金融市場を特徴づける「機関化現象」に注目しながら，管理通貨制度のもとで進展する金融資産の累積や金融市場の不安定化がファンド資本主義の形成にどのような影響を与えてきたのかということについて明らかにする。さらに，第3節では，1980年代以降，ファンド資本主義が拡大していくなかで，「シャドー・バンキング」と呼ばれる新たな金融システムが形成されていった状況を

概観し,そこでの中央銀行の役割の変化や金融規制のあり方について考えていくことにしたい。

以上のように,本章全体を通じて,「ファンド資本主義」と呼ばれる経済システムが,歴史的にいかに形成され,それがアメリカ金融市場の構造にいかなる影響を与えてきたのかということを中心に分析を行っていきたい。

1 アメリカ金融市場の歴史的な変化とファンド資本主義の形成

1 アメリカ金融市場の歴史的な変遷

ニューディール期以降のアメリカの金融市場の歴史的な変遷についてみていく場合,金融市場と金融規制の関係性を軸にして,大きく以下の3つの時期に区分することができる。

第1に,ニューディール体制が構築され,1933年銀行法(グラス・スティーガル法)による商業銀行と投資銀行の分離等の金融規制が,金融システムと金融市場の構造に大きな影響を与えた30年代から60年代にかけての時期である。この時期は,アメリカ金融制度の基礎を築いた一連の金融関連法(1933年の銀行法と証券法,34年の証券取引所法,35年の銀行法と公益事業持株会社法,39年の信託証書法,40年の投資会社法等)が整備され,商業銀行システムを基盤とした資金仲介システムが有効に機能していた。またそれと同時に,家計から析出された貯蓄性資金が年金基金や生命保険会社,投資会社等に蓄積され,金融市場の構造がしだいに変化していく兆しをみせていく時期でもあった。

とくに,第2次世界大戦後の経済構造の大きな特徴は,世界各国の家計が保有する貯蓄が着実に蓄積されたことにある。また,それらの資金は,福祉国家として整備が進められた年金制度や保険制度のもとで,年金基金と保険会社等に大量に流入し,その資金運用が重要な意味をもつようになった。このように資金を受託する金融機関の規模が大きくなるにつれて「機関投資家」という概念が定着し,金融市場における「機関化現象」が注目されるようになった(図9-1)。

たとえば,この時期に,企業年金基金(とくに非保険型私的年金基金)等の機関投資家が,株式投資の活発化をもたらし,当時の株価上昇の有力な要因となっていたことが指摘されている(Andrews [1959], Seligman and Wise [1964], 西川・松井 [1989] 278頁)。

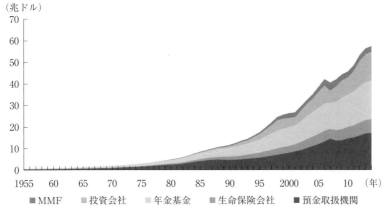

図9-1 アメリカの機関投資家の金融資産残高の推移

注) 投資会社には，ミューチュアル・ファンド，クローズドエンド投資会社，ETF（上場投資信託）が含まれている。
出所) Board of Governors of the Federal Reserve System [2016b] より作成。

　第2の時期区分としては，1970年代以降，MMMF（マネー・マーケット・ミューチュアル・ファンド）等の金融革新を通じて，商業銀行と投資銀行の制度的な分離がしだいに形骸化され，金融市場の自由化・グローバル化・IT化が進展していく時期である。この時期は，上記の金融環境の変化を反映するようにして，1980年の金融制度改革法や82年の預金金融機関法，94年の州際銀行業務および支店業務効率化法（リーグル・ニール法）等の制定が行われ，金融市場の規制緩和が促進され，金融機関間の合併・統合が進んでいった時期でもあった（西川・松井 [1989]，小塚 [2002]）。

　この時期は，1973年以降の変動相場制への移行などにみられるように，経済システム全体の変動性（volatility）が高まり，金融市場においてデリバティブ等のリスクヘッジ手段が開発されていく時期でもあった。まさに，金融市場の自由化および金融制度の規制緩和を通じて，さまざまな金融商品・金融サービスの開発が行われた金融イノベーションの時代を迎えていた。

　とくに，「ニュー・エコノミー」と呼ばれた1990年代の時期には，国内および海外の投資資金がアメリカ金融市場に集中し，ダウ平均株価が1万ドルを超えるなど，アメリカ金融市場は活況を呈していた。その流れのなかで，1999年には，金融サービス近代化法（グラム・リーチ・ブライリー法）が成立し，それまでの商業銀行と投資銀行の分離規制は撤廃されることになった。その後，

ITバブルの崩壊や9.11テロ事件，エンロン・ショック等が発生したが，FRBによる金融緩和政策を通じて金融市場の収縮が抑制され，各金融機関は，より高いリターンを求めて積極的に金融市場での資産運用を進め，金融市場の膨張が進んでいった。この時期に，商業銀行や投資銀行の「ファンド」化現象が進み，シャドー・バンキングと呼ばれる新しい金融市場の形成が進展していったのである。

第3の時期区分としては，2007年にサブプライム金融危機が発生し，10年の「ウォール・ストリート改革および消費者保護法」（ドッド・フランク法）によって金融規制が強化されていく時期である。とくに，2008年のリーマン・ショックによって発生した金融危機に対して，FRBは大量の流動性を金融市場に供給し，1929年のような大恐慌の発生を回避する一方で，このような金融危機を発生させないような制度設計が行われていく時期でもあった。なお，2011年以降，アメリカの金融市場の急速な回復が進んでいくが，さまざまな金融商品の買い支えを行ったFRBの資産は急速に膨らみ，FRBが国家規模の「ファンド」として金融市場に組み込まれていったのである。

2　ファンド資本主義の基本的性格

それでは，ファンド資本主義の内容がどのようなものなのかということについて詳しくみておきたい。ファンドとは，一般的には，家計，企業，政府等の経済主体から生み出された貯蓄性資金が集積され，それが一定の投資方針のもとに投資可能な資金に転化したものである。さらに，それらのファンドの資金がある一定の量的な規模に達すると，金融市場の構造や，そこで資金調達を行っている企業や金融機関に対して強い影響力を与えていくことになる。

このように，個々の家計や企業が保有する少額の資金がファンドに集積されることで，1つの自立した運動体としての姿を与えられ，金融市場においてより高い収益を求めて投資活動を行っていく。また，その規模がしだいに大きくなるにつれて，投資ファンドが自由に資金を運用できるように，金融市場の構造や企業のコーポレート・ガバナンスのあり方にまで影響を及ぼしていく。

ファンド資本主義の基本的な性格は，投資ファンドが，あらゆる金融市場を包括的に分析し，そこでの投資収益の最大化を追求していく点にある。そのため，その投資行動の論理的帰結として，世界各国の金融市場の平準化・均等化が進められていくことになる。世界各国の金融市場は，それぞれの国の経済状

態を反映して，金利や株価の水準が成立しているため，投資ファンドは，それらのさまざまな国の金融市場間で発生している利鞘を獲得するために積極的に裁定取引（アービトラージ）を行っている。それにより，世界各国の多様な金融資産は，ファンドにおける収益性等の投資基準から序列化され，リスクとリターンの関係で統一的に把握されることになる。そのことは，世界各国の金融市場の連動性を強め，何らかの金融危機が発生した場合に，そのショックがすぐにその他の国々へ波及していく「伝染」効果をもたらすことになった。

なお，ファンドが運動していくための前提条件として，各国金融市場および国際的な金融市場の広がりと深さが必要になる。そこでは，絶えず，金融市場での投資が可能になるような貨幣資本が存在していることと，その資金の運用対象としての多様な金融商品が存在しているが必要になる。このことは，投資ファンドの前提条件であるとともに，ファンドの存在それ自体が，その前提条件である金融市場の広がりと深さを作り出していくことにもなる。

また，各ファンドは，IPO（新規株式公開）のような発行市場においても重要な役割を果たすが，それと同時に，すでに発行された株式や債券の流通市場における買い手としても登場してくる。一般的に，ファンドが金融市場や経済システムに大きな影響力を与えているといわれるのは，これらの既発証券の売り手あるいは買い手として登場してくる点が大きい。そこでは，ファンドから別のファンドへと証券売買の「たらい回し」が行われるが，その際には，将来の景気動向や企業の収益性に関する「期待」を織り込みながら，証券価格が決定されていく。

さらに，流通市場における投資家は，すでに発行された証券の売買を行っているだけで，そこに投資された資金は，金融市場内部で還流し，企業には直接流れてはいかない。企業にとっては，すでに発行した株式や社債が流通市場で売買されているにすぎず，新規の設備投資資金や運転資金がとくに増加することにはならない。

ただし，たとえば，流通市場において何らかの事情で投資家が株式を売却することで株価が急落してしまうと，株式市場を通じて評価されている企業価値が毀損し，それ以降の株式の発行が困難になっていくため，企業は，ファンドの投資活動に敏感に反応せざるをえなくなる。また，ファンドは，巨額の資金を活用したM&A運動を行いながら，企業経営に対して一定の影響力を行使し，ファンドによる企業支配を強化していくことになるのである。

3 ファンド資本主義の歴史的な展開

　それでは，上記のような「ファンド資本主義」の萌芽は，アメリカでは歴史的にいつ頃から観察することができたのかをみておこう。すでに各機関投資家の原初的形態は19世紀から生まれていたが，投資ファンドが金融市場の自律的な膨張をもたらした最も典型的なケースには，1920年代の株式ブームの時期があった。この株価上昇において，投資会社や投資持株会社が形成したピラミッド・システムと呼ばれた「ファンドシステム」が果たした役割は大きく，1920年代後半の急激な株価上昇は，そのシステムのもとで維持されていた（三谷［2001］）。この1920年代の「ファンドシステム」は金融市場内部に資金を滞留させながら，資産価格の上昇をもたらすものであり，当時の投資会社は非常に高いレバレッジ（社債や優先株などの発行による資金調達）を通じて，自らの普通株の株価を上昇させていった。

　しかし，1929年10月の株価暴落を契機に発生した大恐慌により，そのファンドシステムは急速に収縮していった。また，そのバブル崩壊の過程で，そのファンドシステムのさまざまな問題点が明らかになり，それを踏まえたうえでの新しい金融システムの構築が進められることになった。とくに，グラス・スティーガル法に象徴される商業銀行と投資銀行を分離する政策や，証券取引委員会（SEC）によって証券市場の健全性を維持させるモニタリング・システムの導入などによって，その後の長期的な金融システムと金融市場の安定性が維持されることになった。

　さらに，1950年代以降，急速に年金基金や保険会社等の機関投資家が成長していく「機関化現象」や，80年代以降の金融主導型経済システムの形成が本格的に金融的現象として観察されていくのは，管理通貨制度が定着していく第2次世界大戦以降のことになる。とくに，管理通貨制度のもとでは，中央銀行による貨幣資本の裁量的・安定的な供給が行われており，金融危機等が発生した場合，流動性の不足した実体経済や金融機関に対して大量の流動性を供給し，繰り返し発生する金融危機を緩和してきた。

　また，ファンド資本主義のもとでは，新しい技術やベンチャーの収益期待が高まれば，大量の資金を急速に集中させることを可能にしており，新規産業の育成・成長に適したシステムとなっている。ただし，その副作用として，本来，金融危機や金融恐慌のもとで淘汰されていた生産性や収益性の低い企業を存続させ，旧来の産業構造を温存し，新しい産業構造への転換を十分に促進しえな

い側面をもつ。これは，管理通貨制度のもとでの流動性供給の構造的な問題であるが，ファンド資本主義は，その構造をファンドの収益最大化行動を通じて内部から打破していこうとするものである。

とくに，1980年代以降のシカゴ学派の影響を受けた新自由主義的な経済政策は，それまでの管理通貨制度のもつ産業構造の安定的あるいは硬直的側面を打破し，企業の生産性や収益性を高めることを意図していたが，M&Aファンドやヘッジファンド等のアグレッシブな投資行動は，世界各国の金融市場を通じて，従来の企業システムや産業構造の再編を促進していくことになったのである。

なお，ファンド資本主義を展開していくためには，金融市場に対する継続的な流動性の供給が必要になってくる。これは，1930年代以降の管理通貨制度の導入によって流動性供給の制度的な基盤を構築することになったが，とくに1971年の金ドル交換停止以降，景気停滞局面にあった実体経済から析出された過剰流動性を基礎にした金融市場の拡大が進展していく。また，この時期以降，民間および公的信用制度から供給される流動性を背景にしながら，さまざまな投資ファンドがデリバティブ等の金融技術を活用しながら，世界各国の金融市場で投資活動を拡大させていくのである。

2 金融市場の機関化現象とファンド資本主義の展開

1 機関投資家の発展と金融市場の構造変化

第2次世界大戦以降，アメリカの金融市場の構造は，機関投資家の発展とともにしだいに変質していった。とくに，機関投資家の取引は，取引単位の大口性，取引を行う市場の選別性，一部銘柄への集中性をもっており（北條［1992］172頁），それらの取引を通じて，株式市場，債券市場，MMMF市場といった各金融市場間の連動性も強められていくことになった（同248〜265頁）。

また，各家計の分散した株式所有から，機関投資家による間接所有へと金融市場の構造が変化していくことは（Bogle［2005］pp.73-74），「所有と経営の分離」のもとで経営者の自由裁量的な行動が可能となっていた「経営者資本主義」（Marris［1964］）から，企業経営に対する株主の影響力が強化される「機関投資家資本主義」あるいは「ファンド資本主義」と呼ばれる経済システムへの構造転換を推進していくことになった。

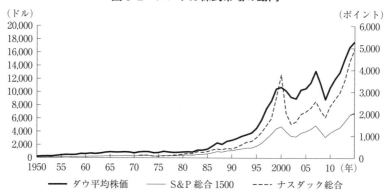

図9-2 アメリカ株式市場の動向

注) ダウ平均株価は左目盛り（ドル）で，S&P総合1500とナスダック総合指数は右目盛り（ポイント）で示されている。また，各年の株価は日次の終値の平均を用いたものとなっている。
出所) Council of Economic Advisers [2013], Table B-95, U.S. Government Publishing Office [2015] より作成。

たとえば，その傾向が強められていく2000年代初頭には，公的・民間退職年金プラン，ミューチュアル・ファンド，財団基金，銀行信託部門の合計でみると，これらの機関投資家が，アメリカの株式全体の66％を保有しており（Bogle [2005] p.73，邦訳114頁），その後のアメリカの株式価格の持続的・傾向的な上昇を下支えすることになった（図9-2）。

この金融市場の構造変化については，機関投資家による金融市場の再編過程ともみることができる。理論的には，金融市場における金利差や価格差を利用して利鞘を獲得できる裁定機会が存在する限り，それを平準化するように機関投資家は行動する。さらに，金融市場における裁定機会が平準化してしまった場合には，金融市場における投機的利益を求めて，そのボラティリティ（価格変動性）を高めるように，レバレッジ等を利用したデリバティブ取引を行い，新しい金融的利益の場を創り出そうとする。年金基金等の巨大な機関投資家にとっては，その運用資産金額が拡大するにつれて，それだけの金額を効率的に運用することが困難になるため，その資金の一部をヘッジファンド等の小回りの利く金融機関に委託をして，その運用効率を高めようとしていく。まさに，ミンスキーが指摘していた「マネー・マネジャー資本主義」の世界が広がっていくことになるのである（Minsky [1986] [1989]）。

アメリカにおける機関投資家の発展については，年金基金，生命保険会社，

ミューチュアル・ファンド等の長期的な資産運用を行う金融機関の資産運用額が量的に拡大するとともに，これらの機関投資家とは異なる短期的な収益を追求するヘッジファンド等の金融機関が生み出されてきた。両者の機関投資家は，たとえば，年金基金の一部の資金がヘッジファンド等で運用されたように，長期運用の安定性と短期運用の収益性の両者を相互補完的に確保できるように活動を行っていた。また，ヘッジファンド等の短期的利益を追求する資産運用機関は，デリバティブや証券化等の金融技術の革新を背景にしながら，マクロ，ミクロ等のさまざまな投資戦略を用いて投資パフォーマンスの向上を進めていった。

さらに，これらの機関投資家は，1980年代以降の金融のグローバル化を背景にしながら，その投資収益機会を拡張させ，アメリカ国内の金融市場から商品市場まで幅広く投資を行うと同時に，収益性の高い海外の金融市場にも積極的に投資を行うことになった（北條［1992］261～262頁）。

2 管理通貨制度下における金融資産の累積

ファンド資本主義が発展するためには，金融市場における投資可能な資金の継続的な供給が必要となる。これには，①管理通貨制度下の中央銀行によって供給されるケース，②民間の商業銀行の信用創造によって供給されるケース，③証券市場内部のレバレッジの活用や，証拠金取引などの証券信用によって生み出されるケース，④実体経済で活動している企業や家計によって生み出されるケース，⑤海外の投資資金が流入するケースなどがある。

これらのルートを通じて供給された投資資金は，アメリカ国内外の金融市場に流入し，その結果として，グローバルな金融資産の累積が金融市場において生じることになった。

なお，ファンド資本主義のもとでは，ファンドそれ自体の最適な活動を可能とする環境が整備されていく。ファンドという巨額の投資資金が世界全体を視野に入れて機動的に資金を移動していく構造は，1990年代以降の金融のグローバル化・IT化・自由化の進展のなかで成立したものである。しかし，ファンド資本主義は，金融的利益を最大化するという「資本」の最も本質的な行動原理に支配されており，そこではその手元資金をいかにしたら最も利益が上がるように運用できるのかということが，中心的な課題となる。

また，サブプライム金融危機以降，ファンド資本主義は破綻したのかといえ

ばそうではなく，すでにファンドそれ自体が経済システムの根幹に位置づけられているため，それを清算あるいは消滅させることはできない。そのため，「大きすぎて潰せない」(Too Big To Fail) という原理が作用し，ファンドシステムを温存していくための金融政策・財政政策を国家がとらなければならないということになる。

　さらに，現代の管理通貨制度下では，中央銀行は，さまざまな金融政策の手法を活用して，短期金融市場と長期金融市場に対して強い影響力を与えていく。中央銀行は，金融市場の状態をモニターしながら，その政策目標に合致するような形で，金融市場の資金量を調整しようとする。たとえば，1987年から2006年までFRBの議長を務めたアラン・グリーンスパンにみられたように，中央銀行は，金融市場の投資家との「対話」を通じて，その資産価格の下落が生じないように，さまざまな金融政策を実行してきたのであった。

　このように，金融的流通における資金量が中央銀行によってカバーされるなかで，投資ファンドの手元には大量の投資可能な資金が集積し，その投資対象としての金融商品が絶えず金融市場で生み出されていくようになった。

　また，金融のグローバル化・IT化の進展とともに，世界各国の投資ファンドは，金融市場へのアクセシビリティを急速に向上させ，絶えず利益を上げることができるような機動的な資金運用体制を整備していった。そこでは，レバレッジ等の証券信用を活用することで，さらに数倍から数十倍の規模で資産運用を行うことが可能となり，投資ファンドは金融市場での証券取引を急速に拡大させていくことになったのである。

　さらに，中央銀行が経済情勢に応じて裁量的な金融政策を行う管理通貨制度は，質的にも量的にも著しい変化をみせ，金融市場の安定的な拡大を支持するための仕組みとしてビルトインされるようになった。まさに，現代における管理通貨制度は，金融市場で累積した金融資産の収縮が発生しないようなシステムとして再構築されており，2008年のリーマン・ショック以降，中央銀行そのものが巨大なファンドとして大量の金融資産を保有し，それを通じて金融市場の安定化を図っていくことになったのである。

3　金融市場の不安定化とファンド資本主義

　ファンド資本主義への転換を推進した要因には，金融市場の不安定化がある。とくに，1971年のニクソン・ショック以降，変動為替相場制への移行などの

金融市場の不安定化が推進された。また，金融の自由化やグローバル化といった要因も，金融機関が予測すべき経済的諸現象の範囲を大きく拡大させ，将来の資金運用に対する不安定性や不確実性の問題を増大させていた。

金融市場の不安定化によって，そこでの裁定取引を通じて獲得できる金融的利益の規模が急速に拡大しており，マーケットで機動的な資金運用を行うことができれば，現実に多額の金融的利益を獲得できる可能性が生じていた。また，このような潜在的な投資機会の可能性の拡大とともに，金融市場の不安定性に対応した新たな金融手法の高度化が求められていくようになり，投資に関するさまざまな情報やデータの収集・分析機能を備え，それをもとに巨額のポートフォリオを構築できる資金力が必要になっていった。

このように，金融市場の構造が，将来の予測を十分に行えない複雑な構造へと転換したことが，高度な資金運用能力をもつファンド・マネジャーに対する社会的需要を増大させるとともに，ファンド・マネジャーが金融市場や社会システムに与える影響力を増大させていくことになったのである。

さらに，金融市場の裁定取引を通じて獲得する金融的利益は，金融市場の不安定性，あるいは価格変動性の水準が高まることで，収益機会が増加していくことになるため，デリバティブやさまざまな取引手法を通じて，その価格変動性を高めるようなインセンティブが金融市場内部に潜在化することになった。

また，1980年代のデリバティブや証券化等の金融技術の高度化を背景にしながら，各機関投資家は，安定的・効率的な金融収益の確保を進めてきており，その投資行動は世界各国の金融市場の相互連関を強め，少しでも高い収益機会が存在すれば，その収益を確保しようとする裁定取引が盛んに行われるようになっていった。このような機関投資家の国際的な資産運用行動が，世界各国の金融市場を再編し，どこでも自由に投資を行えるさまざまな環境を整備していくことになった。

さらに，資産運用を行う金融機関間の競争が激化するにつれて，他の金融機関に比べて得られる金融的な格差利益を獲得することが難しくなり，よりリスクの高い金融技術を駆使しながら，より高い金融的利益の獲得を行おうと行動していくことになる。アメリカ金融市場の構造においては，機関投資家による安定的な収益機会の確保と，その収益の最大化を絶えず志向していく投資行動そのものが，金融市場の不安定化をもたらしていくことになった。

こういった状況は，金融危機を通じて清算されていたはずの金融機関や企業

群を温存し，それらが金融市場で発行していたさまざまな金融資産の価値を維持しようとするものであり，これらの金融市場内部で生み出された証券化商品やその他の金融資産への投資を通じて，「擬制資本」蓄積を維持する装置としても機能してきたのである（三谷［2001］［2003］）。

3 ファンド資本主義とシャドー・バンキングの展開

1 商業銀行システムとファンドシステムの二重化

1980年代以降のファンド資本主義の展開は，ニューディール期に形成された金融システムの構造にも大きな変化を与えていった。とくに，従来の商業銀行を基礎とした金融システムに対して，それ以外の金融機関が多様な金融市場を基礎にして資金仲介を行う「シャドー・バンキング」と呼ばれる新たな金融仲介構造が構築されていった（図9-3）。

この「シャドー・バンキング」については，論者によってその理論的・実証的な範疇に違いが出ているが（Adrian and Shin［2009］，小立［2013］，Financial Stability Board［2014］），最も重要な問題点として認識されているのは，従来の銀行システムの金融機関がその外部に新規にファンドを設立し，そこを通じてさまざまな金融資産に資金運用を行っていたという点にある。

とくに，1990年代以降，国際決済銀行（BIS）による自己資本比率規制等を回避するために，アメリカの商業銀行は，貸借対照表（バランス・シート）に記載されないオフバランス取引を拡大させ，その資産運用を行う事業体としてSIV（structured investment vehicle）等の投資ビークルを設立していった。これは，従来の機関投資家による金融取引とは異なり，金融規制を回避するために商業銀行が中心となって新たな投資ファンドを創出し，そこが証券化商品等の金融商品に積極的に投資を行い，より高い利益を生み出そうとしたものであった。

つまり，従来の伝統的な銀行システムに対して，投資ファンドを中心とした資金仲介のメカニズムが「シャドー・バンキング」として考えられ，そこでの金融システムの二重化が問題となったのである。とくに，伝統的な商業銀行を基盤とする銀行システムがさまざまな規制の対象になっているのに対し，「シャドー・バンキング」の内部で展開する投資ファンドシステムは，そのような規制の対象ではなく，金融市場内部で自由に借入を行いながら資金運用を行っ

図9-3 アメリカにおけるシャドー・バンキングの拡大

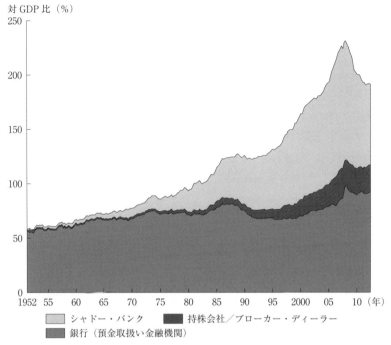

出所) Geithner [2014] より作成。

ていた。

　また，このような現象は，1930年代のニューディール期に構築された金融規制がしだいに緩和されるなかで顕著となった。たとえば，1994年の州際銀行業務および支店業務効率化法（リーグル・ニール法）の制定によって，商業銀行の州際規制が撤廃されたり，99年の金融サービス近代化法（グラム・リーチ・ブライリー法）の制定によって，33年の銀行法（グラス・スティーガル法）第20条が廃止され，銀行業と証券業の業際規制が撤廃されたりするなど，アメリカの金融市場と金融業のあり方に大きな変化をもたらしていった（Acharya and Richardson [2009] p. 140）。

　この金融規制の緩和と金融のグローバル化による競争環境の変化を受ける形で，1990年代以降，巨大な金融機関相互の M&A が促進され，いわゆる「巨大複合金融機関」(large and complex financial institutions: LCFI) と呼ばれる新しい金融機関が生み出されていくことになった（Acharya and Richardson

［2009］pp. 139-156)。このLCFIは，商業銀行，投資銀行，資産運用，保険などの金融事業を複合的に展開しており，国際的な金融システム全体に強い影響力をもつ金融仲介機関であった。

このように，アメリカが建国されて以降，金融業の寡占化や独占化を抑制しようとしてきた金融規制のあり方は大きく転換し，巨大な金融機関によって「金融主導型」経済システムへの移行が本格的に進んでいくことになった。

この金融環境の変化は，従来の商業銀行や投資銀行などの枠組みを越えた金融機関間の競争を激化させ，より高い金融的収益を実現するために，各金融機関の資産運用手法の高度化・多様化を推進することになった。

とくに，MBS（不動産担保証券）やABS（資産担保証券）といった金融商品を生み出す「証券化」の技法が発達し，さまざまなキャッシュフローをもとに新しい種類の「証券」が金融市場で取引されるようになった。また，その証券化市場の拡大は，それを積極的に組成・販売して収益を増大させる新たなビジネスモデルの導入を金融機関に促すことになった。このビジネスモデルは「OTD」(origination to distribution)と呼ばれ，従来，引受・分売業務やブローカー業務等を中心に行ってきた投資銀行のあり方を，金融商品の開発と販売を一括して行い，自らも投資ファンドとして資産運用するスタイルへと転換するものであった。

また，金融市場から多額の外部資金を調達してMBS等で資産運用を行うビジネスモデルは，非常に高い収益を投資銀行にもたらしていった。そこでは，自己資本の30～40倍程度のレバレッジを活用しながら，MBS等の証券化商品で資産運用を行う投資手法が主流となった。これは，MBSの原資産となる住宅ローンのキャッシュフローの還流が順調であれば問題はない。しかし，2006年以降，住宅等の不動産価格が急速に下落すると，そのキャッシュフローの還流が停滞し，それをもとに組成されていたMBS等の証券化商品の価格も暴落することになった。その結果，多額の外部資金を調達してMBS等で巨額の資産運用を行っていた投資銀行や，オフバランスのSIV等で資産運用を行っていた商業銀行の収益状況は急速に悪化することになり，2007年以降，住宅モーゲージ関連会社や投資銀行等の多くの金融機関が破綻していくことになった。

このように，当時の商業銀行や投資銀行は，金融市場での高い収益を求めてその存在それ自体を「ファンド」化させていったが，その保有する投資資産が急速に収縮するなかで，その見直しを迫られることになったのである。

2 ファンド資本主義の拡大と金融規制のあり方

　1990年代から2000年代初頭のファンド資本主義のもとで，ファンドの資本蓄積を最大化するための制度改革や金融市場の構造変化が進展していったが[2]，その「ファンド資本主義」化の流れは，2007年以降のサブプライム危機において，その構造的な問題に直面することになった。

　金融的収益の拡大を重視する「ファンド資本主義」のもとでは，「社会的責任投資」（SRI）等について配慮する機関投資家が存在する一方で，投資行動が社会に与える影響については考慮せず，金融市場を通じて徹底的に収益を高めようとする投資ファンドが活動している。このような徹底的に利益を追求する投資ファンドの投資行動については「強欲資本主義」とも呼ばれ，2008年のリーマン・ショック以降，強い社会的な批判を受けることになった（森岡［2010］）。

　さらに，2008年9月のリーマン・ショック後に，MMMFのような暗黙の元本保証が与えられていた金融商品の元本割れが生じた結果，投資ファンドの多くは，その保有証券を金融市場でいっせいに売却し，CP市場やレポ市場の急速な収縮をもたらすことになった。そのため，そこで資金調達を行っていた企業や金融機関の資金繰りは悪化していくことになり，アメリカ金融当局は，MMMFや資産担保CPをはじめとした短期金融市場の流動性の回復のために，資産担保CP・MMMF流動性ファシリティ（asset-backed commercial paper money market mutual fund liquidity facility：AMLF）や短期金融市場投資家流動性ファシリティ（money market investor funding facility：MMIFF）等の緊急対策を行わざるをえなくなった。

　このように，リーマン・ショックは，投資ファンドの存在が金融危機をもたらす可能性を顕在化させ，そこでの金融規制の強化が議論されることになった。その成果の1つが，2010年7月に成立した「ウォール・ストリート改革および消費者保護法」（ドッド・フランク法）であった。それは，金融の安定性を維持するために，ヘッジファンド等の私募投資ファンドのアドバイザーの規制や，ウォール・ストリートの透明性や説明責任の強化，投資者保護および証券規制の改善など，多岐にわたる問題に対して包括的な規制を行おうとするものであった（若園［2015］）。

　しかし，ドッド・フランク法の内容をみると，原則として銀行事業体によるヘッジファンドへの投資は禁止されたが，銀行によるヘッジファンドの組成・

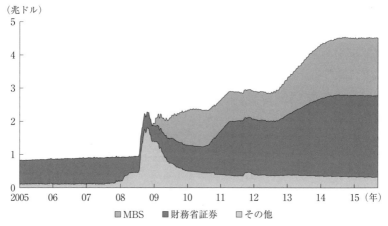

図9-4 アメリカの中央銀行（FRB）の資産の推移

出所）Board of Governors of the Federal Reserve System［2016a］より作成。

募集や，ヘッジファンドに対するプライム・ブローカー業務は条件付きで認められており，今後の金融市場においても，ヘッジファンドの投資戦略の柔軟性は保証されるものとなっていた（若園［2015］164頁）。また，投資ファンドに対する規制を強化した場合，さらに，その規制範囲の外部に新しい投資ファンドが生み出され，新たなシャドー・バンキングの領域が形成される危険性も指摘されている（宮内［2015］175頁）。このように，サブプライム危機において，その限界を迎えたようにみえたファンド資本主義は，2010年の金融規制改革においても，その構造は温存されていくことになったのである。

さらに，サブプライム危機以降のファンド資本主義においては，破綻に直面した商業銀行や投資銀行等を救済し，金融システムや金融市場の安定性を維持するために，中央銀行が新しい巨大な「ファンド」に転換していくことになった。その現象は，FRBが金融市場で財務省証券やMBS等の証券化商品を大量に購入し，その保有を行っている点において，はっきりと観察できる（図9-4）。

なお，アメリカの家計の金融資産残高は，サブプライム・ショックの影響で一時的に減少したが，それ以降は2015年まで順調に回復してきている（図9-5）。しかし，2009年以降の金融市場の回復は，資産価格の下落するMBSをFRBが購入することで金融市場を下支えしており，金融市場の投資主体が民間部門から公的部門へと大きく変わったことになる。

このことは，現代のアメリカ金融市場が公信用あるいは中央銀行信用によっ

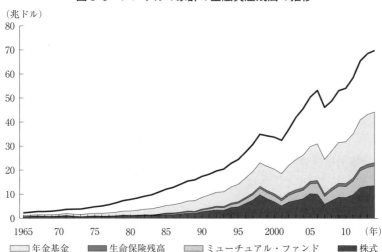

図9-5 アメリカの家計の金融資産残高の推移

出所） Board of Governors of the Federal Reserve System [2016b] より作成。

て強く支えられており，金融市場を持続的に発展させるためには公的信用制度の存在が必要不可欠となっていることを意味している（川波［1995］221〜322頁）。

まさに，ニューディール期以降に導入された管理通貨システムが，通貨の次元のみならず，金融市場の次元まで包摂しようとしており，金融危機の対応策である「最後の貸し手」機能の発揮と同時に，金融市場の傾向的な拡大を支える「最後の買い手」機能が必要となってきているのである。

このように，本来，自由市場経済の論理のもとでは「小さな政府」が志向されてきたが，それとは逆に，通貨管理や金融市場の安定性の維持のためには，公的信用制度が能動的に機能していくことが求められてくるのである。ただし，現在のファンド資本主義は，必然的に金融市場のグローバル化を推進しており，一国の中央銀行で対応することが困難になってくる。

各国の金融市場の安定化政策は，中央銀行等の金融当局が金融市場に介入すればするほど，逆に金融市場での金融資産を累積させる結果をもたらすことになり，しだいに一国の中央銀行で管理できる範疇を超えていくことになる。その意味で，今後さらにグローバル化していくファンド資本主義のもとでは，新たな枠組みでの金融市場の安定化政策が求められていくことになるのである。

おわりに

　1930年代のニューディール期以降，金融市場に対する国家の機能・役割は，金融政策の手法の進化・精緻化とともに大きな変化を遂げてきた。当初，実験的に導入された管理通貨制度の仕組みは，中央銀行による貨幣量のコントロールだけではなく，金融市場全体を包括的に管理する次元にまで展開している。

　これは，管理通貨制度下における金融市場の歴史的な構造変化の問題であり，とくに，そこでは，金融市場と国家の関係性の変化，および，管理通貨制度における国家の機能の変質という問題が含まれているのである。

　2007年のサブプライム危機において，「ファンド資本主義」や「金融資本主義」の崩壊を指摘するのはたやすいが，現在の経済システムそのものが金融市場を基礎にして機能しており，それが麻痺してしまった場合，現行の金融主導型経済システムそのものが立ち行かなくなってしまう。その意味で，現行の経済システムのもとでは，金融市場そのものが「大きすぎて潰せない」状態にあり，国家による公信用を基礎にして金融市場を維持・存続させていかなければならないジレンマに陥っている。

　また，この国家主導型金融システムは，絶えず，金融市場内部の機関投資家等の動向によって揺り動かされているのも事実である。金融市場の内部では，絶えず新しい魅力的な金融サービスや金融商品を生み出そうという力が作用しており，その金融革新の流れは，金融市場の構造そのものを変化させ，金融業のビジネスモデルのあり方も絶え間なく変化させているのである。

　まさに，アメリカの伝統的な金融機関である商業銀行や投資銀行は，1980年代以降の金融の自由化，IT化，グローバル化に対応するようにして，金融規制の枠外でのファンド化を志向し，投資銀行等は収益性の高い証券化商品へ投資を行う投資ファンドへと変貌していた。2010年のドッド・フランク法は，そのような金融機関の「ファンド」化に一定の歯止めをかけようとしたが，その規制の枠外で国際的に活動しているヘッジファンドや機関投資家が金融市場で運用する資産規模は増大している。その意味で，今後，もしそれらの巨大ファンドの1つが破綻した場合，リーマン・ショックと同様の金融危機が発生する危険性は残っているのである。

　金融危機を中央銀行の金融政策を通じて人為的に抑制することは，現行の金融市場で取引されている金融資産の価値を保全し，金融市場の規模が収縮して

いくことを回避することになる。その意味で，ファンド資本主義のもとでは，金融市場の絶えざる拡大が必要とされ，ファンドが投資できる新しい金融商品や金融サービスの需要も高まっていくことになる。

ファンド資本主義は，従来の銀行以外の多様な金融機関が金融市場を通じて資金仲介を行う構造を基礎としているため，そこで取引される金融資産の価格を維持・上昇させることが必要不可欠となる。ファンド資本主義が存続していくためには，新しい「ファンド」の組成を通じた金融市場への新規投資資金の流入や，わずかな自己資金で多額の証券投資が行えるレバレッジ等の証券信用の再構築が求められるだろう。

現代の金融市場を基軸としたファンド資本主義は，金融資産の傾向的な累積を促進する特性をもっており，その「金融の肥大化」を維持するための仕組みをいかに構築していくのかが重要な課題となっているのである。

注

1) このような金融市場における資産運用機関の投資行動に焦点を当てた資本主義システムの分析については，スーザン・ストレンジによる「カジノ資本主義」(Strange [1986])，ハイマン・ミンスキーによる「資金運用者資本主義」(Minsky [1989])，マイケル・ユシームの「機関投資家資本主義」(Useem [1996])，ジェームズ・ホーリーとアンドリュー・ウィリアムズの「受託者資本主義」(Hawley and Williams [2000])，ゴードン・クラークの「年金基金資本主義」(pension fund capitalism) (Clark [2000])，ロベール・ボワイエの「金融主導型蓄積体制」(Boyer [2011]) 等がある。なお，この領域の研究については，服部 [2012] [2015]，横川 [2012] [2015]，石崎 [2014]，植村 [2015] 等を参照されたい。
2) たとえば，J. A. クレーゲルは「1999年金融サービス近代化法［グラム・リーチ・ブライリー法］の結果，アメリカの銀行システムはニューディール銀行法制の生み出した原則から大きく逸脱し（中略）銀行は，資本を温存するために，危険を負担してそのバランスシートに保持するローンを最小に減らし，管理と仲介の役割から稼得した手数料と委託収入を最大化させることで，資本収益率を高めた」ことを指摘している（クレーゲル [2013] 163頁）。

参考文献

石崎昭彦 [2014]『アメリカ新金融資本主義の成立と危機』岩波書店。
石山嘉英・野崎浩成 [2014]『グローバル金融システムの苦悩と挑戦——新規制は危機を抑止できるか』金融財政事情研究会。
植村博恭 [2015]「社会経済システムの制度分析と経済理論の再建——現代経済学との対話を通して」『季刊経済理論』（経済理論学会）第52巻第1号。
加藤涼・敦賀貴之 [2012]「銀行理論と金融危機——マクロ経済学の視点から」日本銀行金融研究所『金融研究』10月。
川波洋一 [1995]『貨幣資本と現実資本——資本主義的信用の構造と動態』有斐閣。
楠井敏朗 [1997]『アメリカ資本主義の発展構造・II——法人資本主義の成立・展開・変質』日本経済評論社。

クレーゲル，J. A. [2013]（横川信治編・監訳）『金融危機の理論と現実――ミンスキー・クライシスの解明』日本経済評論社．

小立敬 [2013]「シャドーバンキングの発展とそのリスクの蓄積，日本のシャドーバンキング・セクター」金融庁金融研究センター，ディスカッションペーパー，DP2013-6，7月．

小塚荘一郎 [2002]「銀行規制における競争の意義」IMES Discussion Paper Series 2002-J-27．

西川純子 [2013]「金融規制の政治経済学――ニューディールからリーマンショックまで」中本悟・宮崎礼二編 [2013]『現代アメリカ経済分析――理念・歴史・政策』日本評論社．

西川純子・松井和夫 [1989]『アメリカ金融史』有斐閣．

日本総合研究所調査部金融ビジネス調査グループ [2010]『グローバル金融危機後の金融システムの構図』金融財政事情研究会．

服部茂幸 [2012]『危機・不安定性・資本主義――ハイマン・ミンスキーの経済学』ミネルヴァ書房．

服部茂幸 [2015]「2008年の金融危機におけるマネー・マネージャー資本主義の崩壊と再生」『季刊経済理論』（経済理論学会）第52巻第3号．

北條裕雄 [1992]『現代アメリカ資本市場論――構造と役割の歴史的変化』同文舘出版．

三谷進 [2001]『アメリカ投資信託の形成と展開――両大戦間期から1960年代を中心に』日本評論社．

三谷進 [2003]「アメリカ金融市場の発展と投資信託システム――1990年代を中心に」『名城論叢』第4巻第2号．

三谷進 [2011]「資金フローの変化と消費金融業」川波洋一・前田真一郎編『消費金融論研究』消費金融論研究会．

三谷進 [2013]「アメリカ金融システムの新たな展開」渋谷博史・樋口均・塙武郎編『アメリカ経済とグローバル化』学文社．

宮内惇至 [2015]『金融危機とバーゼル規制の経済学――リスク管理から見る金融システム』勁草書房．

森岡孝二 [2010]『強欲資本主義の時代とその終焉』桜井書店．

横川太郎 [2012]「ミンスキーの『資金運用者資本主義』と投資銀行――1980年代以降のアメリカ投資銀行業を中心に」『季刊経済理論』（経済理論学会）第49巻第1号．

横川太郎 [2015]「サブプライム金融危機とミンスキー・クライシス――流動資産のピラミッド構造の形成とその破綻」『季刊経済理論』（経済理論学会）第52巻第3号．

若園智明 [2015]『米国の金融規制変革』日本経済評論社．

Acharya, V. V. and M. Richardson eds. [2009] *Restoring Financial Stability: How to Repair a Failed System*, Wiley.（大村敬一監訳 [2011]『金融規制のグランドデザイン』中央経済社）．

Adrian, T. and H. S. Shin [2009] "The Shadow Banking System: Implications for Financial Regulation," Federal Reserve Bank of New York Staff Report No. 382, July.

Andrews, V. L. [1959] "Pension Funds in the Securities Markets," *Harvard Business Review*, Vol. 37, November-December.

Bogle, J. C. [2005] *The Battle for the Soul of Capitalism*, Yale University Press.（瑞穂のりこ訳 [2008]『米国はどこで道を誤ったか――資本主義の魂を取り戻すための戦い』東洋経済新報社）．

Boyer, R. [2011] *Les financiers détruiront-ils le capitalisme?*, Economica.（山田鋭夫・坂口明義・原田裕治監訳 [2011]『金融資本主義の崩壊――市場絶対主義を超えて』藤原書店）．

Clark, G. [2000] *Pension Fund Capitalism*, Oxford University Press.

Council of Economic Advisers [2013] *Economic Report of the President*, GPO.

Davis, G. F. [2008] "A New Finance Capitalism? Mutual Funds and Ownership Re-concentration in the United States," *European Management Review*, Vol. 5.

Davis, G. F. [2009] *Managed by the Markets: How Finance Re-Shaped America*, Oxford Universi-

ty Press.
Geithner, T. F. [2014] *Stress Test: Reflections on Financial Crises*, Crown Publishers.（伏見威蕃訳［2015］『ガイトナー回顧録』日本経済新聞出版社）。
Goldsmith, R. W. [1955] *A Study of Saving in the United States*, Vol. 1-Vo. 3, Princeton University Press.
Goldsmith, R. W. [1973] *Institutional Investors and Corporate Stock*, National Bureau of Economic Research, Columbia University Press.
Hawley, J. P. and A. T. Williams [2000] *The Rise of Fiduciary Capitalism*, University of Pennsylvania Press.
Loomis, C. J. [1973] "How the Terrible Two-tier Market Came to Wall Street," *Fortune*, Vol. 88, July.
Marris, R. [1964] *The Economic Theory of "Managerial" Capitalism*, Macmillan.
Minsky, H. P. [1982] *Can "it" Happen Again?*, M. E. Sharp.（岩佐代市訳［2003］『投資と金融』日本経済評論社）。
Minsky, H. P. [1986] *Stabilizing an Unstable Economy*, Yale University Press.（吉野紀・浅田統一郎・内田和男訳［1989］『金融不安定性の経済学』多賀出版）。
Minsky, H. P. [1989] "Financial Crises and the Evolution of Capitalism: The Crash of '87," M. Gottdiener and N. Komninos eds., *Capitalist Development and Crisis Theory*, St. Martin's Press.
Pozsar, Z. [2011] "Institutional Cash Pools and the Triffin Dilemma of the U. S. Banking System," IMF Working Paper, No. 11/190.
Securities and Exchanges Commission [1971] *Institutional Investor Study Report of the S. E. C.*, Vol. 1-7, GPO.
Seligman, D. and T. A. Wise [1964] "New Forces in the Stock Market," *Fortune*, Vol. 69, February.
Strange, S. [1986] *Casino Capitalism*, Basil Blackwell.（小林襄治訳［1988］『カジノ資本主義——国際金融恐慌の政治経済学』岩波書店）。
U. S. House [1968] *Commercial Banks and Their Trust Activities: Emerging Influence on the American Economy*, Vol. 1-2, July.
Useem, M. [1996] *Investor Capitalism*, Basic Books.

ウェブサイト

Board of Governors of the Federal Reserve System [2016a] *Federal Reserve Statistical Release*, "*Factors Affecting Reserve Balance (H. 4. 1)*". 〈http://www.federalreserve.gov/econresdata/statisticsdata.htm〉
Board of Governors of the Federal Reserve System [2016b] *Financial Accounts of the United States*. 〈http://www.federalreserve.gov/releases/z1/〉
Financial Stability Board [2014] "Global Shadow Banking Monitoring Report 2014". October 30. 〈http://www.fsb.org/wp-content/uploads/r_141030.pdf〉
U. S. Government Publishing Office [2015] Economic Indicators. 〈https://www.gpo.gov/fdsys/browse/collection.action?collectionCode=ECONI〉

第 10 章

二分化された金融
―― 低所得層の金融アクセスとフリンジ・バンキング ――

大橋　陽

はじめに―― メイン・ストリーム金融とフリンジ・バンキング

　商業銀行などメイン・ストリームの金融の外縁に，フリンジ・バンキングと呼ばれる高コストの金融商品・サービスが 1990 年代から簇生してきた[1]。それは，メイン・ストリームの金融から排除された人々がいるからにほかならない。全世帯の 7.7% にあたる 960 万世帯，1670 万の成人と 870 万の子どもが銀行口座をもたないアンバンクトである。加えて，全世帯の 20.0% にあたる 2480 万世帯，5090 万の成人と 1660 万の子どもが，銀行口座はもつもののフリンジ・バンキングに依存するアンダーバンクトである（FDIC [2014] p.15）。

　フリンジ・バンキングのなかでも急成長を遂げたのが，少額，短期，無担保の消費者信用，ペイデイ・ローン（payday loans）であった。その金利は年率換算で 300〜900% に上る。これは存在感を高めるに従って社会的な批判が高じ，各州が規制，禁止に舵を切った。連邦レベルでも，2010 年「ウォール・ストリート改革および消費者保護法」（ドッド・フランク法）により創設された消費者金融保護局（CFPB）が，規制・監督に着手した。

　しかし，果たして規制は消費者のためになるのか否かということは公共政策上重要な争点である。さらに，消費者信用の文化史家レンドル・カルダーによると，「信用は善だが債務は悪」という矛盾のなかに，「大いなる民主化装置としての信用」と「失われた経済的道徳としての信用」という 2 つの言説，神話があるという（Calder [2002] pp.25-29）[2]。「信用は善」という側面からは消費者信用は促進すべきであるが，他方，「債務は悪」という側面からは歯止めをかけるべきである。しかし，今日，消費者信用は特権ではなく現代生活のなか

で欠くべからざるものとなっている。

　本章では，消費者信用の領域に焦点を絞り，中間層以上の金融と低所得層の金融とに「二分化された金融」の歴史的構造を明らかにする。こうした構造は，アメリカ金融史のなかで繰り返し現れてきた。第1節では，19世紀後半以降に現れたローン・シャークという非合法高利貸しと，その社会的害悪への対応の変容について論じる。当初は「債務は悪」という考えからの対応であった。だが，革新主義期における慈善団体と貸し手による改革により，ニューディール期には銀行が参入することで正当なビジネスとして消費者信用が確立され，「信用は善」という考え方へ転換していった。第2節では，公民権運動を経て1960年末に消費者信用へのアクセス格差が認識され，「信用は善」の考えをベースに公正な信用アクセスという理念が追求されるようになったことを跡づける。第3節では，公正な信用アクセス，言い換えると信用の機会均等が，金融自由化を手段としてめざされた帰結を明らかにする。そのビジョンは破綻し，中間層以上はメイン・ストリームの金融を利用できるのに対し，低所得層はフリンジ・バンキングに依存せざるをえなくなったのである。

1　ローン・シャークから消費者信用へ

1　高利禁止法とローン・シャーク

　高利もしくは高利貸しとは，狭義にはローンにあらゆる金利を課すことを意味し，広義には過度の金利あるいは非合法の金利を課すこと，もしくは詐欺的，濫用的な融資慣行を意味する[3]。高利貸しは，キリスト教文化圏でも長い歴史と論争のなかで意味を変えてきたが，ことアメリカについていえば近代イギリスの影響を強く受けたといえる。近代イギリスでは6％という高利禁止法が定められていたが，1854年に廃止された。他方，アメリカでは，1881年時点で，多くの州がイギリスの高利禁止法を引き継ぐか，再制定していた。

　一般化は難しいが，契約書に金利が明記されていない場合に裁判所が判断する基準となる「法定金利」と，正当な契約として認められる合法的な最高金利を定めた「最高契約金利」の2種が区別されていた（Calder [1999] pp. 114-115）。法定金利は一般に6％，いくつかの州では12％であった。高利禁止法は，貸金業，営利事業への融資，家計消費のための少額融資など，融資目的を区別するものではなかった。また，違反をしても軽微な罪とされ，実刑判決を受け

ることは皆無だったため，高利禁止法の定める金利以上を課すことも少なくなかった。

19世紀後半，高利禁止法を破ったのがローン・シャーク（loan shark；非合法高利貸し）であった。ローン・シャークは，法定金利よりもはるかに高い金利で少額を消費者に貸し付けた。従来の「有形かつ計測可能な資産価値」を担保としないローンとして，「ローン・シャークは本質的に近代産業社会の産物」であった（Nugent [1941] p.1）。つまり，雇用されているときには賃金は多くの者の生活水準を引き上げる一方で，病気，負傷，ストライキ，ロックアウト，季節的失業，レイオフ，工場閉鎖などが起こると所得の中断が生じる。人々は所得の中断による生活水準の低下を甘受できず，他に頼るべき生活の糧もないため少額ローン市場が要請されたのである。もっとも家財，のちには自動車などの抵当権を担保とする場合もあったが，そうした担保の再販売によることなく，賃金もしくは俸給から生じる借り手の見込み所得から返済されるものとして融資を行ったのである。1850年にシカゴで家具を担保にした少額ローンがみられ，家財担保の少額ローンの広告は，シカゴで69年，ボストンで85年，ミネアポリスで78年，ニューヨークで85年までさかのぼれるという。他方，賃金控除の少額ローンについてははっきりしないが，1885年頃には，家財担保，賃金控除の2つのタイプのローン・シャークが，賃金労働者を対象にアメリカの主要都市に存在するようになった（Robinson and Nugent [1935] pp.37-47）。1911年には，3万以上の人口をもつ都市において，ローン・シャークは5000人から1万人当たり1店舗存在し，5人に1人の労働者が借入を行っていたという。

家財担保型のローン・シャークは，ローン規模が相対的に大きく10〜300ドルで，金利は月5〜20%であった。賃金控除型のローン・シャークは，ローン規模が相対的に小さく5〜50ドルで，金利はより高く月10〜40%であった。無担保手形によるローンもあったが，これは賃金控除型と類似した形で賃金差し押さえの権利を確保するものであった。いずれも大多数は10〜60ドルの少額ローンであった（Nugent [1941] p.5, Hodson [1919] pp.208-211）。融資期間は，きわめて少額の場合には，1週間，2週間，1カ月間，より大きなローンの場合にも通常は10カ月以内であった。

ローン・シャークのチェーン店化も急速に進んだ。のちにハウスホールド・ファイナンス社の創業者となるフランク・マッケイは，1890年，オマハから

ニューアークにかけて14店舗，ダニエル・トールマンは世紀転換期に東部に60店舗以上，93年にカンザス・シティに最初の店舗を設けたジョン・マルホランドは東部，南部，中西部の主要都市に100店舗以上を展開した（Calder [1999] p. 118, Robinson and Nugent [1935] p. 47）。

ローン・シャークについて初めて本格的に調査したのは，ラッセル・セージ財団であった。同財団は，鉄道と金融で財を成したラッセル・セージの未亡人，マーガレットにより，ニューヨーク市マンハッタンに1907年に設立された。彼女の秘書のもとには，ローン・シャークによる被害の手紙が数多く届いていたという（Hyman [2011] p. 16）。そのため，コロンビア大学の2人の大学院生，クラレンス・ワッサムとアーサー・ハムにその実態調査のための資金を与えた。ワッサムは賃金控除型，ハムは家財担保型のニューヨーク市のローン・シャークについて，それぞれ報告書をまとめた。両者の結論は同様であった。すなわち，都市労働者の生活に内在するリスクは，予期しない不幸に対処するため少額ローンへのアクセスを必要とするので，合法的な形態の少額ローンが創出されなくてはならないというものであった。ローン・シャークは，年に60〜480％の金利を課していたが，都市労働者にはほかに頼るべき選択肢がなかったのである（Hyman [2011] p. 17）。

2　ローン・シャークへの革新主義期の対応

ローン・シャークによって生じた社会問題解決のため，革新主義期にはより低金利の少額ローン提供の試みがみられた。慈善的および半慈善的な試みとしては救済ローン協会，自助組織的な取り組みとしては信用組合，営利組織的な試みとしてはモリス・プラン銀行などの勤労者貸付会社が挙げられる[4]。モリス・プラン銀行は，バージニア州ノーフォークの弁護士，アーサー・モリスにより1910年に設立されたフィデリティ貯蓄信託会社に始まる金融機関である。勤労者階級に少額ローンを付与することを目的とし，連帯保証人2名を要するが，無担保の対人信用を行う独特の方式をとっていた。今日ではその方式は失われ，モリス・プランの名をわずかに残しているだけであるが，当初は信用組合よりも急速に普及した。

救済ローン協会のなかで最大規模のものが1894年設立のニューヨーク・プロビデント・ローン協会である[5]。同協会の25周年報告からその概要をみていこう（Provident Loan Society of New York [1919]）。同協会は，フランス，ド

イツの公営質屋をモデルとし，出資者には，慈善組織協会のほか，会長を務めることになるロバート・ド・フォレストに加え，ソロモン・ローブ，J.P.モルガン，ジェイコブ・シフら金融界，実業界の大物が名を連ね，10万ドルの基金を得た。そうして不況期の1894年3月，設立に至った。「本協会の目的は，自尊心を失わせることなく，人々の自助を支援することであった。つまり，必要とする人々が適切な条件かつ適度な期間，個人資産を担保にローンを獲得できるようにすることであった」。

1919年1月，資金は，年4.5％の利付き債券140万ドル，年6％の金利が支払われる出資証書720万ドル，剰余金420万1500ドルで構成されていた。出資証書は，500ドル，1000ドル，5000ドルの単位で発行された。出資者への収益分配は6％に厳しく制限され，理事会は無報酬であった。1894年の設立から1919年1月までに供与されたローンは，648万3000件，2億2809万9235ドルに上った。店舗数は12まで増加した。

ローン期間は1年で，3カ月の猶予が認められることとされ，返済もしくは担保品の償還により期間を短縮することができた。ニューヨークにおいては通常，質屋での借入は，100ドル未満のローンの場合，最初の6カ月が月3％，それ以降月2％の金利であり，100ドル以上のローンの場合，最初の6カ月が月2％，それ以降月1％の金利が課せられた。それに対し，ニューヨーク・プロビデント・ローン協会では，月1％で日割り計算され，1カ月半の金利が最低支払金利とされた。同協会は，25年間の活動のなかで，市中の質屋を使うよりも年1万ドル，合計25万ドル金利を軽減させたという。担保は，あまりにかさばるものや腐るもの以外で価値を認められる物的資産であった。大部分は，宝石，時計，貴金属，食器，衣服であった。平均ローン金額は，1894年に16ドル，1918年に53ドルであった。1918年においても，ローンの半分が20ドル未満，3分の2が30ドル未満であった。

さて，1909年，ハムは，ラッセル・セージ財団に加わり，ニューヨーク・プロビデント・ローン協会から与えられたオフィスで業務を行い，1909年7月に設立された全米救済ローン協会連盟の実質的な事務局長の役割も果たした。そして1910年，財団に救済ローン部が設置されたのに伴いディレクターに就任した。救済ローン部は，「反ローン・シャーク運動」に，大別して4つの方法で取り組んだ。

第1は救済ローン協会の支援である。より低金利でのローンを可能にする機

関を創出することにより，市中の質屋などのローン市場に競争をもたらし，ローン・シャークを撲滅するという考えによるものであった。実際，1912年，ラッセル・セージ財団は，10万ドルの基金をもって新しい救済ローン協会，ニューヨーク家財ローン協会を設立した。これは，年5.2％というリターンをもたらし，1925年，ハウスホールド・ファイナンス社に売却され，相当の売却益を生み出した。また，全米救済ローン協会連盟の加盟数は，1909年に14，15年に40，17年に35であった（Glenn et al. [1947] pp.138）。

第2は信用組合の支援である。信用組合は1849年のドイツに起源をもち，ヨーロッパその他の地域に広がった。アメリカで関心をひいたのは，カナダのケベック州レヴィでアルフォンス・デジャルダンが成功してからのことである。1909年にアメリカで最初の信用組合が設立されたこともあり，ラッセル・セージ財団は，11年から信用組合に関する問い合わせを受けるようになった。信用組合は実現性と社会的価値を兼ね備えており，貯蓄と協同原理を促進し，少額ローンのニーズに応えるものとして，その促進が財団の高い優先順位に置かれていた。1917年には，信用組合は全米で111，うちマサチューセッツ州56，ニューヨーク州39，ノースカロライナ州14，ロードアイランド州とニューハンプシャー州が各1を数えた（Glenn et al. [1947] pp.146-151）。

第3はローン・シャーク撲滅運動である。これは，違法なローンや回収方法についての調査，法的権利や違法ローンの返済拒否に関する借り手への助言，法律扶助組織と協力した告訴，講演，執筆などの活動であった。1912年までに，『ニューヨーク・ワールド』紙を除く主要紙から違法ローンの広告が消え，しっかりとしたビルのオーナーは，ローン会社をテナントとすることを拒否するようになった。1913年秋，最大のローン・シャークを有するトールマンに実刑判決が下ったのは画期的であった。かつては66コラム・インチを占めていたローン・シャークの広告が，1914年5月5日，ニューヨークの主要紙上からすべて消えた。同年10月，ハムは，知りうる限り，ニューヨークからローン・シャークはいなくなったと報告した（Glenn et al. [1947] pp.137-138）。

3 統一少額ローン法と高利禁止法

「反ローン・シャーク運動」の第4は，統一少額ローン法に基づいた各州の立法化である[6]。1913年までに，ハムは，自身が議長を務める全米救済ローン協会連盟の立法委員会とともにモデル法案を作成し，8つの原則をまとめた。

すなわち，①銀行の法定金利以上を課す貸し手に対する免許，②法の遵守を確保するための契約，③付随する手数料を含め，銀行に対し許される金利よりも高い最高金利（月2％もしくは3％，未払い残高に適用），④公務員による執行，⑤違反に対する罰則，⑥賃金を差し押さえる際の使用者および妻への通知，⑦監督官による検査を受けるための記録，⑧州法の該当箇所に沿った取引覚え書きを借り手が受け取ること，以上の8点である。抜け穴を埋め，新たな事態に対応するため，1947年の第7草案まで改定されていくことになるが，これら8つの原則は維持された。また，適用は300ドル以下のローンとすることもすべての草案を通じて共通であった[7]。1914年3月，ニュージャージー州でいわゆるイーガン法として成立したのを皮切りに，16年までには他の6州，17年には4州でモデル法案に基づく立法化がなされた。

　より少額のローンを行っていた主として賃金控除型のローン・シャークは，より高い金利を必要としていたため，立法化に反対した[8]。それに対し，より大きな単位でローンを行っていた主として家財担保型のローン・シャークは，立法過程に意見を反映させようとし，州および地方レベルで業界団体を形成していった（Calder [1999] pp. 132-133）。1916年4月19日，ベネフィッシャル・ローン協会のクラレンス・ホドソンの呼びかけで，5つの州の「ローン・シャーク」がフィラデルフィアで会合をもち，全米少額ローン業者協会（AASLB）を結成した。最初の年の会員数は325社であった。注目すべきは，敵ともいうべきハムが会合2日目に姿を現したことである（Calder [1999] p. 133）。

　その後，9月から11月にかけ，ラッセル・セージ財団救済ローン部門，全米救済ローン協会連盟，全米少額ローン業者協会が議論を重ねた。争点は，とりわけモデル法案の原則③の金利に関わるもので，「科学的金利」をめぐるものであったといえる[9]。全米少額ローン業者協会側は，月3％の金利に手数料を加えることを主張した。他方，救済ローン部門は，ニューヨーク家財ローン協会での経験に基づいて金利を提案し，いっさいの手数料を認めなかった。最終的に，月3.5％でほかに手数料を含まないということで妥協が成立した。そうして統一少額ローン法と呼ばれるモデル法の草案が，1916年11月29日に承認された。

　信用組合運動の指導者ロイ・バーゲングレンは，「高金利」を認めたラッセル・セージ財団を「42％財団」と揶揄したという。月3.5％を年率換算するとだいたい年42％になるからである。月3.5％の妥当性は不確かなものであっ

たが，ハムとホドソンの「科学的金利」の論理は明快であった。第1に，金利が低ければ正当な貸し手が業界から排除されてしまう。そして最高金利で利益が上がるのであれば，参入による競争により金利が低下する。第2に，従来の少額ローンの問題は，コストが複雑であるために借り手からの搾取が起きたということである。したがって，金利だけで簡潔かつ明快にコストを表示すれば，銀行に認められた金利よりもはるかに高い金利を課すことが許されると考えた。ラッセル・セージ財団はモリス・プラン銀行を当初敵視していたという。モリス・プラン銀行は年15%という「低金利」ローンを実現していたが，そのほかに手数料等を課していたからである（Carruthers *et al.* [2009] pp. 13-14）。

4 ニューディール期における消費者信用への銀行の参入

マーサ・オルニーは，1920年代における「耐久消費財革命」を明らかにするとともに，その時代には「信用革命」があったと論じた（Olney [1991]）。「今買って後で払いましょう」という信用革命は，自動車，家電など，耐久消費財の購入を可能にする割賦信用を提供するファイナンス・カンパニーの登場を意味した。有力投資銀行家一族出身でコロンビア大学教授のE. R. A. セリグマンは，ゼネラル・モーターズ社のファイナンス・カンパニー，GMアクセプタンス社（GMAC）の依頼で割賦信用の研究を行った[10]。割賦信用の意義を明らかにするなかで，消費者への信用は，生産的信用（productive credit）に対しての費消的信用（consumptive credit）ではなく，消費者信用（consumers' credit, consumer credit）であるとした（Calder [1999] pp. 211-261）。

今日，消費者信用は割賦信用だけを指すわけではなく，パーソナル・ローンを含む。革新主義期における割賦信用は中間層が耐久消費財を享受するのを助けた。他方，パーソナル・ローンはこれまで論じてきた少額ローンと同義であり，勤労者階級の絶えざる生計維持のニーズ，場合によっては中間層のそれに応えるものとなった。

ここで，ニューディール期の金融制度改革については第8章を参照していただくとして，革新主義期の展開がニューディール期の消費者信用の確立にどのように帰結したかという点について検討しよう。

まず，注目すべきは，商業銀行にパーソナル・ローン部門が創設されていったことである。1928年，ニューヨーク・ナショナル・シティバンクが大銀行として初めてパーソナル・ローン部門を創設した。それは大恐慌，ニューディ

ールに先立つが，ほとんどすべての商業銀行は，1934年6月27日に成立した全国住宅法第1編に定められた，連邦住宅局の住宅改修ローンの経験をもとに，パーソナル・ローン部門を設立した（Hyman［2011］pp.80-81）。住宅改修ローンは，屋根の修繕，電気の設置，エアコンなどの耐久財の購入のためのもので，数百ドルの規模であった。ナショナル・シティバンクのパーソナル・ローン部門担当者の議会証言によると，ローン金利は約5％で商業銀行の想定した金利よりも低く，ローン規模は平均432ドルであった。不況期のために企業融資は沈滞し，生じた余剰の資本と人員を消費者信用に振り向けることができた。

商業銀行は富裕層，企業に資するものであったが，新興の中間層にも門戸を開いた（Hyman［2011］pp.80-81）。パーソナル・ローン部門の顧客は，ホワイトカラー（事務員，販売員，政府職員，専門職，実業家）が4分の3，熟練労働者などは6分の1以下であった。商業銀行のローン金利は，競争により法定の12％よりも低く，勤労者貸付会社の約2分の1，認可少額ローン業者の3分の1で，ローン・シャークよりはるかに低いものであった（Hyman［2011］p.85）。

次に信用組合である。バーゲングレンがエドワード・ファイリーンの財政援助を受け，各州で信用組合法を成立させていった。1929年には48州中32州が信用組合法を有していた。当時，信用組合は，移民労働者の労働移動，労働組合運動を背景に，経営者による労働問題解決の福祉政策の1つとして設立された（森中［2008］）。そのため，信用組合は東部，五大湖の工業州に偏在していた。それらは，中間層以下の人々による生計維持の小口借入のニーズに応えた。1934年連邦信用組合法の成立は，州ごとに異なる法律の統一化を図っただけでなく，その後の信用組合数の増加に寄与した。1933年時点で信用組合は約2000であったが，39年には約8000となり，組合員数は230万人を数えた。

最後に，連邦レベルで影響を及ぼしたニューディール金融立法ではないが，統一少額ローン法が各州の高利禁止法を再定義したことに触れなくてはならない。業界の標準化の取組みのなかで，認可ローン業者（licensed lenders）という名称が選ばれ，1920年代を通じて使用された。認可ローン業者は数を増していった。1916年当初，全米少額ローン業者協会の会員数は325社であったが，13年後の29年には会員数1008社となり，その数は認可ローン業者の29％に相当した（Calder［1999］pp.126-127）。1929年，全米少額ローン業者協会は再組織化され，その後，全米パーソナル・ファイナンス・カンパニー協会と改称した。統一少額ローン法に沿った立法化がなされた州は，1932年末に26州で

あった。41年末までに8州が加わり,合計34州となった(Glenn *et al.* [1947] pp.534-535)。これらの州は一般的に月3%もしくは3.5%の金利を認めた。月3%を年率換算すると36%,月3.5%は42%となり,これが少額ローンに適用される上限金利となったのである。

以上のように,各州で統一少額ローン法の制定が進み,価格の透明性と引換えにして,年6%もしくは12%という金利は,少額ローンについては年36%あるいは42%に引き上げられた。金利の上限を引き上げることで,非合法の存在に頼らざるをえない人々に,合法的なローン獲得への道を切り開いたのである。しかも銀行が参入したことで,消費者信用は社会的に確立されたといってよい。

2 「ゆたかな社会」の消費者信用問題と金融自由化への道

1 分離され,しかも不平等な2つの社会——郊外中間層と都市低所得層

ニューディール期以降,消費者信用は戦時経済のなかで抑制されてきたが,戦後,中間層と郊外の拡大とともに急成長を遂げた。郊外の中間層のライフスタイルは,モーゲージで住宅を購入し,自動車ローンを割賦で支払い,デパートによって発行されたチャーガ・プレート(クレジットカードの前身)を使って買い物をするというものであった。

中間層の享受した消費者信用はデパートで育まれた。イノベーションをもたらしたのが,フェデレイティド・デパートメントストア(のちのメイシーズ〔Macy's〕)であった。消費者信用の発展は銀行や銀行発行のクレジットカードとは関連がなく,圧倒的多数のデパートでは銀行発行のクレジットカードの利用さえ認めていなかった(Hyman [2011] p.134)。

1950年代初めにフェデレイティド・デパートは,30日売掛勘定,割賦,リボ払いの3種の消費者信用を提供していた(Hyman [2011] p.160)。30日売掛勘定は請求書送付から30日以内に一括払いをするもので,1920年代以降,高級店から一般化した慣行である。割賦は高額の耐久消費財の購入で使われ,一定期間を通じて分割払いするものである。リボ払いは毎月あらかじめ定められた金額を支払うものである。これは,衣服や日用品など,比較的少額であるが繰り返しの購入に適した消費者信用として新たにデパートから浸透したものである[11]。

フェデレイティド・デパートは，1952年2月，およそ7000万ドルの消費者信用を供与し，3100万ドルは30日売掛勘定，2400万ドルはリボ払い，1600万ドルは割賦であった。1958年には，同社の消費者信用は1億3600万ドルにまで増加した。その約3分の2の9000億ドルがリボ払い，3分の1弱の4300万ドルが30日売掛勘定となった。1960年，売上高は7億6000万ドルで，消費者信用は1億6700万ドルであった（Hyman [2011] p. 160）。1950年代にこのようにデパートの消費者信用が急成長するなか，その構成も30日売掛勘定，割賦信用からリボ払いへ転換していった。
　だが，デパートは資本の制約に直面した。信用供与を増やせば小売事業の運転資金が不足するか高コストの資本を調達しなくてはならず，信用供与を減らせば売上が落ち込むというジレンマである。そのため，フェデレイティド・デパートは，信用事業を分離し，フェデレイティド引受会社を設立した。他の小売業者，製造業者もまたそうした意思決定をした。
　ところで，郊外中間層の間で実現した「ゆたかな社会」は，都市の低所得層，黒人にまでは均霑（きんてん）しなかった。1964年に公民権法が成立するなど一連の法律が成立しながらも，1965年以降，ロサンゼルスのワッツ暴動をはじめ，シカゴ，ニューアーク，デトロイトなど，全米各地で黒人の暴動が続いた。そこでリンドン・ジョンソン大統領は，1967年7月28日，全米市民暴動諮問委員会（通称カーナー委員会）を任命した。
　ジョンソンはカーナー委員会に，「何が起きたのか」「なぜ起きたのか」「暴動が何度も繰り返されるのを防ぐために何ができるか」という3つの基礎的な問題を諮問した。カーナー委員会は，1968年3月1日，報告書を公表した。その結論は，「わが国は――分離されしかも不平等な――2つの社会，1つは黒人の社会，もう1つは白人の社会に向かっている」というもので，根底に白人優越主義があるというものであった（Kerner Commission [1968] p. 1）。
　カーナー委員会によれば，1967年に起きた暴動は，通常，理解される意味としての人種間暴動ではなく，抵抗運動でもないという（Kerner Commission [1968] p. 365）。ほとんどの死者，負傷者，損害は黒人居住区のなかで生じたからである。公的機関も標的ではなく，ゲットー内で破壊行為がみられた。攻撃対象となったのは，ほぼすべてが黒人居住者の地域にもかかわらず，評判の悪い白人商店主の店舗であった（Kerner Commission [1968] pp. 116, 274）。つまり，暴動は経済的機会の欠如，とくに消費機会の欠如による不満の表出であった。

2 都市低所得市場における商慣行と消費者信用

連邦取引委員会は，ワシントンDCにおける割賦信用および小売販売の慣行を調査し，1968年3月に報告書を公表した（FTC [1968]）。この報告書については，1968年4月19日，上院銀行通貨委員会の金融機関小委員会で公聴会が開催された（U.S. Senate [1968]）。委員長はウィスコンシン州選出の民主党議員ウィリアム・プロックスマイアであった。この公聴会で何度も繰り返されたのは「貧しい人のほうが多く支払う」というフレーズであり，報告書の内容を端的に表すものであった。

「貧しい人のほうが多く支払う」というのは，コロンビア大学教授のデイビッド・カプロビッツの著作のタイトルにほかならない（Caplovitz [1967]）。カプロビッツは，ニューヨーク市イーストハーレムを調査し，「低所得地域内で展開されてきたマーケティング制度において，多くの点で搾取と詐欺が例外というよりもむしろ常態化している異常事態」を克明に記した（Caplovitz [1967] p. xvii）。

さて，表10-1にあるように，その調査対象はワシントンDCの割賦販売契約を提供している65の小売業者である。これをセグメントとして低所得市場小売業者と一般小売業者の2つに分け，業種として家電・ラジオ・テレビ，家具・家庭用品，デパートの3つに分けている。低所得市場は，世帯規模は4.3人（一般市場は3.5人）とより大きかったが，1966年の中位世帯所得は月348ドルと少なかった。商務省労働統計局によれば，ワシントンDCで4人家族の慎ましやかな生活水準を維持するには月730ドルが必要であった。低所得市場の顧客は，福祉受給者も含め，ほとんどは低賃金の仕事に従事しており，ウェイトレスや清掃員などのサービス労働者が28%，タクシー運転手や洗濯屋などの現場作業従事者，肉体労働者，家事労働者が続き，これら4つのカテゴリーが75%を占めた。一般市場での同一カテゴリーのシェアは36%であった（FTC [1968] pp. 35-49）。

65の小売業者は，純売上1億5097万ドル，うち割賦契約は4525万ドルであり，純売上に占める割賦契約の割合は30.0%であった。そのうち，18の低所得市場小売業者の割賦契約は割賦契約全体の16.1%にすぎなかったが，低所得市場小売業者の純売上のうち実に92.7%を占めた。他方，47の一般市場小売業者の割賦契約は割賦契約全体の83.9%にも上ったが，純売上に占める割合は26.5%にとどまった。業種別に純売上に占める割賦契約の割合をみた

表 10-1　割賦契約，ワシントン

小売業者の種別	事業者数	純売上 (1,000 ドル)	割賦契約合計		
			金額 (1,000 ドル)	全体に占める割合 (％)	純売上に占める割合 (％)
合　　計	65	150,970	45,251	100.0	30.0
低所得市場小売業者	18	7,874	7,296	16.1	92.7
一般市場小売業者	47	143,096	37,955	83.9	26.5
家電・ラジオ・テレビ	22	25,089	8,466	18.7	33.7
家具・家庭用品	22	26,643	10,608	23.4	39.8
デパート	3	91,364	18,881	41.7	20.7

出所）FTC［1968］pp. 5, 23 より作成。

表 10-2　仕入コスト，小売価格，小売価格差，

製　品	仕入コスト（ドル）		小売価格（ドル）	
	低所得市場	一般市場	低所得市場	一般市場
テレビ				
モトローラ・ポータブル	109.00	109.50	219.95	129.95
フィリコ・ポータブル	108.75	106.32	199.95	129.95
オリンピック・ポータブル	90.00	85.00	249.95	129.95
アドミラル・ポータブル	94.00	91.77	249.95	129.99
ラジオ：エマソン	16.50	16.74	39.95	25.00
ステレオ：ゼニス	32.99	32.99	99.95	36.99
自動洗濯機				
ノージ	144.95	140.00	299.95	155.00
ゼネラルエレクトリック	183.50	160.40	339.95	219.95
乾燥機				
ノージ	80.00	87.00	249.95	102.45
ゼネラルエレクトリック	206.90	205.00	369.95	237.76
アドミラル	112.00	115.97	299.95	149.95
掃除機				
フーバー・アップライト	39.95	39.95	79.95	59.95
フーバー・キャニスター	26.25	24.55	49.95	28.79
平　均	95.75	93.48	211.49	118.13

注）小売価格差は低所得市場の小売価格から一般市場のそれを差し引き算出した。コストで算出した。
出所）FTC［1968］p. 16 より作成。

場合，デパートは 20.7％ と低く，家電・ラジオ・テレビは 33.7％，家具・家庭用品は 39.8％ となっている。低所得市場小売業者では割賦契約が異常なほど大々的に使われていた。

　表 10-2 は，低所得市場と一般市場について仕入コスト，小売価格を示して

270　第 10 章　二分化された金融

DC（1966年）

譲渡された契約		小売業者保有の契約	
金額 （1,000ドル）	契約金額に 占める割合（%）	金額 （1000ドル）	契約金額に 占める割合（%）
15,818	35.0	29,433	65.0
1,441	19.8	5,855	80.2
14,377	37.9	23,578	62.1
8,323	98.3	143	1.7
6,054	57.1	4,554	42.9
—	—	18,881	100.0

マークアップ率

小売価格差		マークアップ率（%）	
金額（ドル）	比率（%）	低所得市場	一般市場
90.00	69.3	101.8	18.7
70.00	53.9	83.9	22.2
120.00	92.3	177.7	52.9
119.96	92.3	165.9	41.6
14.95	59.8	142.1	49.3
62.96	170.2	203.0	12.1
144.95	93.5	106.9	10.7
120.00	54.6	85.3	37.1
147.50	144.0	212.4	17.8
132.19	55.6	78.8	16.0
150.00	100.0	167.8	29.3
20.00	33.4	100.1	50.1
21.16	73.5	90.3	17.3
93.36	84.0	132.0	28.9

マークアップ率は，（小売価格－仕入コスト）／仕入

おり，また，低所得市場と一般市場の間の小売価格の差，それぞれの市場におけるマークアップ率を算出したものである。仕入コストについていえば，平均値は低所得市場で95.75ドル，一般市場で93.48ドルとほとんど差がなかった。他方，小売価格の平均値は，低所得市場で211.49ドル，一般市場で118.13ド

表10-3 顧客の信用照会先，所得グループ別件数

信用照会先のタイプ	顧客の月間所得						合計	比率(%)
	300ドル未満	比率(%)	300ドル～499ドル	比率(%)	500ドル以上	比率(%)		
信用照会先なし	99	53.0	91	49.7	44	37.9	234	48.1
他の低所得市場小売業者のみ	46	24.6	36	19.7	22	19.0	104	21.4
小計	145	77.6	127	69.4	66	56.9	338	69.5
他のタイプの小売業者および金融機関	42	22.4	56	30.6	50	43.1	148	30.5
合計	187	100.0	183	100.0	116	100.0	486	100.0

注) 比率は，原資料のままである。
出所) FTC [1968] p.43 より作成。

ルであった。したがって，マークアップ率の平均値は低所得市場で132.0%，一般市場で28.9%ときわめて大きな差が出ている。そして低所得市場では一般市場よりも平均値で93.36ドル，84.0%も多く支払わなければならなかったのである[12]。

では，なぜ低所得市場の顧客は一般市場で買い物をしないのか。買い物に関するリテラシーは大きな要因であったが，信用も大きな問題であった。表10-3にみるように，48.1%が信用照会先をもたず，21.4%が他の低所得市場小売業者からしか信用照会を得られなかった。あわせて69.5%が他に信用を得る選択肢をもたなかったことがわかる。残りの30.5%，なかでも所得が月500ドル以上のグループの43.1%は，一般市場小売業者からも信用を得られた。それにもかかわらず高い買い物を続けるのは，買い物のリテラシー不足，すでに負っている債務のほか，小売業者によって維持されている「人間関係」のためである。「パーソナルな販売は，これらの高価格小売業者のマーケティング努力の一環をなしている。継続的な顧客へのコンタクトは，店外販売員を通じて，あるいは，割賦契約の支払いを行う顧客が頻繁に来店する結果として維持される。来店のたびに，顧客は別の商品の売り込みを受けるかもしれない」（FTC [1968] pp.43-44）。

低所得市場小売業者で表10-2のモトローラのテレビを購入したとしよう。219.95ドルに加えて金融手数料を支払うことになるが，22.00ドル（10%）の頭金を支払うと残額は197.95ドルである。金利は，当初，元本に上乗せする形で金利を計算するアドオン金利で13.5%とすると，返済によって元金が減

っていくことを計算に反映した実質年利（％ APR）では25％である。それで算出すると，金融手数料は1年間で26.72％，支払合計は224.67ドルである。12カ月払いで各月18.72ドルである。債務不履行が生じるとしても，頭金22.00ドルと6カ月分の支払いをあわせると134.32ドルで，仕入コストの109.00ドルをゆうに上回る（FTC [1968] p.43）。表10-2ではメーカーの製品名が挙げられているが，低所得市場小売業者は，粗悪品を高い値で売りつけ，割賦信用によって顧客を囲い込み，顧客は抜け出せなくなっていたのである。他方，低所得市場小売業者が暴利をむさぼっていたわけでもなかった（FTC [1968] p.21）。

　消費者問題担当特別補佐官のベティ・ファーネスは公聴会で次のように証言した。「証拠は2週間前のまさにここ［ワシントンDC］の街頭にありました。報道によれば，放火され略奪された店舗の一部は，人々が不公正に扱われたと感じた商店主のものだったそうです。暴徒の悲しく絶望的な行為——略奪ではなく，放火した店舗の信用記録の破棄を新聞は報じました。周知のようにそれは意味がありませんでした。販売の90％が信用の店舗は，その記録を安全な場所に保管していたからです。（中略）ゲットーの商店主を全面的に責めるわけにはいきません。その超過手数料は，超過販売経費に費やされてしまうことが多いのです。たとえば，販売員，高い保険料，不良債権を回収する法的手数料，不良債権による損失といったものです」（U.S. Senate [1968] p.18）。

　同じ公聴会で証言した連邦信用組合庁のウィリアム・オブライエンによると，貧困には2つの悪循環があるという（図10-1）。1つは貧困循環であり，親から子へと引き継がれた貧困を起点に，職業訓練および教育を十分に受けられないため，雇用の機会が限定され，そのために仕事が少なく低所得に至る循環である。もう1つは消費者循環であり，所得が少ないがゆえに信用の利用可能性が限定される。それゆえ売り手市場で買い物をせざるをえず，財・サービスおよび信用の高いコストを所得から差し引かれるという循環である。連邦信用組合庁のイニシアティブ，プロジェクト・マネーワイズは買い物とする前に熟慮するのを助ける消費者ノウハウを生み出し，文化的習慣を壊せないまでも消費を抑えることを狙った。他方，信用組合は代替的信用を提供し，貧困層が信用を得られる低所得市場小売業者で買い物をしなくてはならない状態から解放しようとした。それにより，「『選択肢のないコミュニティ』が選択肢をもつコミュニティになる」ことをめざしたのである（U.S. Senate [1968] p.32）。

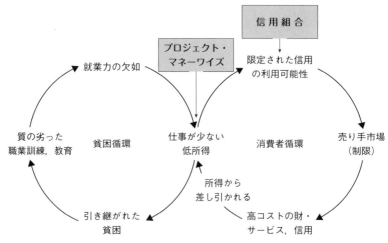

図10-1 ゲットーの2つの悪循環に対する解決策

出所) U.S. Senate [1968] p.32 より作成。

3 全国消費者金融委員会による勧告

　連邦レベルにおける消費者信用の規制は，1968年5月29日に制定された消費者信用保護法が最初のもので，第1編の貸付真実法から始まった。貸付真実法は，金利のほか金融手数料も金利に含めること，その金利を金額および年利として示すことを義務づける重要な開示規則である。そして第5編には均等信用機会法，第6編には公正信用報告法が含まれるようになった。1974年均等信用機会法は，「信用取引のあらゆる点に関し，貸し手が性別あるいは婚姻状態を根拠に申請者を差別するのを違法とする」というものであった。1976年初めには「申請者が契約に値する能力をもつ限り，人種，肌の色，宗教，出身国，性別あるいは婚姻状態，年齢」を根拠に差別することが禁止された。同法は，信用アクセスと消費者教育の拡大を意図したもので，今日に至るまで信用の機会均等化の根拠となっている（Durkin et al. [2014] pp.418-421）。こうしたなか，1977年コミュニティ再投資法は，広範な信用アクセスの提供を社会的責務として銀行に迫ったものであった。

　さて，1968年消費者信用保護法の第4編は，全国消費者金融委員会（NCCF）の設置に関わるものであった。NCCFは，消費者信用取引一般，消費者信用産業の機能と構造を研究，評価するという目的を有し，上院議員，下院議員，

民間有識者各3名からなる委員会であった。委員長はニューヨークの弁護士アイラ・ミルスタイン，委員にはプロックスマイア上院議員などが含まれ，1972年12月31日に報告書を提出し解散した。翌年，NCCFによる報告書は，90項目以上の勧告をめぐって公聴会が開催されるなど，10年にわたって金融制度改革に影響を及ぼしたといわれている。

NCCF報告書の基礎資料としてスタッフ，外部有識者による専門研究が1973年に6巻出版された。これらは，1950年代末に再注目された消費者信用のミクロ経済学に焦点を当て，消費者信用研究において消費者保護の重要性が高まっていることを示した。第1巻は貸付真実法，第4巻および第6巻は消費者信用における価格決定と競争のミクロ経済学に関してのものである。第3巻は大量のデータに関してのもの，第2巻および第5巻は消費者保護および消費者信用の制度的変化に関するものであった（Durkin and Staten［2002］pp.5-8）。

NCCF報告書は，「真に競争的な消費者信用市場は，知識ある一般消費者に適切な事実を十分に開示し，行き過ぎを取り除く立法と規制が備えられれば，経済成長を促進し，消費者に対する便益を最適化するのに役立つであろう」という。その結論は次のようなものである。すなわち，「自由かつ公正な競争は究極的かつ最も効果的に消費者を保護するものであり，われわれは，消費者信用のあらゆる領域においてすべての貸し手に開かれたアクセスを認めることで，消費者信用市場への参入障壁の撤廃を勧告している」。具体策として市場の集中度を高める合併買収の禁止とともに，「有効競争市場の発展を抑制する上限金利は，適度な金利で信用のアベイラビリティを拡大させるため，各州が見直すべき」と勧告した。ただし，「少額ローンに関する42％を含め，特定の金利構造を本委員会が承認するかどうか」は，意見の一致をみることがなかった（NCCF［1972］pp. iii, 217-264）。

1916年統一少額ローン法では，一定期間を経て見直しがなされることになっていた。この勧告は統一少額ローン法が提起されてから半世紀以上経っていた。

3 低所得層の金融アクセスとペイデイ・ローン

1 規制緩和・自由化により排除された低所得層

1970年頃まで，ほぼすべての州が高利禁止法を有していた。それには少額

ローンについては36%もしくは42%という除外規定が設けられたが，より大きな金額のローンについてはそれよりかなり低いものであった。それを変えていくことになる2つの相互に関連する展開があった。

第1に，各州の規制の相違を利用し，より高い金利を他州の借り手に適用することを認める金利輸出説（interest export doctrine）が確立した。1978年の最高裁によるマーケット判決（*Marquette National Bank of Minneapolis v. First of Omaha Service Corp*)，また，80年預金取扱金融機関規制緩和・通貨管理法（DIDMCA）で，連邦法が州法と競合する際には連邦法によりもっぱら規制されることが明確化され，国法銀行は借り手が居住する州ではなく本店所在州の高利禁止法に従うものとされたのである。

第2に，各州で上限金利が緩和，撤廃された。2桁のインフレが，とくに住宅モーゲージ・ローンにおいて逆鞘をもたらし，金融機関の収益を圧迫したからである。また，DIDMCAにより，ニューディール期に連邦準備法第19条に基づき預金金利上限を規制したレギュレーションQが6年かけて段階的に撤廃された。その後，1994年には地理的営業範囲，99年には業態の制限が撤廃され，ニューディール期に確立された規制枠組みは崩壊することになる。

ニューディール期以降の規制枠組みのなかで，メイン・ストリームの金融は競争を制限される代わりに，預貸スプレッドから収益を上げる伝統的銀行業で，収益性と健全性が担保されてきた。しかし，金融自由化の潮流により，メイン・ストリームの金融は業種内だけでなく業種間でも競争下におかれ，収益性を優先せざるをえなくなった。競争的市場で収益性が確保されて初めて健全性が確保されることになる。そのため伝統的銀行業は衰退し，その収益源は金利収入から非金利収入へシフトした。非金利収入の増大は，商業銀行が変貌し，貧困層，低所得層に不利に作用する慣行を導入していったことを示した（大橋［2007］154～161頁）。

銀行は，信用情報機関の1つで預金口座情報を提供するチェックシステムズなどを用い，口座申請者が過去に当座貸越しを受けていないか，口座が閉鎖されていないかなどを確認する。口座を開設した後は，数百ドル以上口座に入れておかなければならない最低預金残高要求が課せられる。口座維持手数料は，一定の預金額を維持することで免除されるが，20～30ドル程度も毎月支払わなければならない。また，当座貸越手数料あるいは資金不足手数料はその中位値が27ドルといわれており，不渡小切手を出してしまったときにもやはり30

ドル程度の懲罰的な手数料が徴収される。さらに，融資の可否も信用履歴によって機械的に判断される。信用履歴はクレジットカードや各種ローンなどの利用状況をクレジット・スコアで示したものである。現金払いをしても，即時に口座から利用額が引き落とされるデビットカードを利用しても信用履歴は改善されない。クレジットカードや各種ローンなど，毎月送付される請求書を遅滞なく支払うことでスコアが上昇する（大橋［2014］79 頁）。

　各州は競って高利禁止法を緩和あるいは撤廃した。その結果，銀行発行のクレジットカードは高収益の事業に変貌し，高利禁止法をもたない州へ金融機関は本店を移した。高利禁止法をもたないデラウェア州のクレジットカード売上債権は 243 倍，サウスダコタ州のそれは 2078 倍に増加した。税収はそれぞれ，200 万ドルから 4000 万ドル，300 万ドルから 2700 万ドルに急増したのである（Hyman［2011］p.246）。そうして少額ローンの金利は 36％ もしくは 42％ を上回り，ペイデイ・ローンの素地がつくられた。

　典型的なペイデイ・ローンは融資額 350 ドル，満期 2 週間である。申請に必要とされるものは，①2 つの ID（運転免許証と住所証明），②銀行口座取引明細書，③給与明細あるいは福祉受給記録，④小切手，⑤社会保障番号である。原則として小切手が必要とされることから，顧客はアンバンクトではなく，アンダーバンクトなど，クレジット・スコアに問題があったり，クレジットカードの限度額を使い果たしたりして他の手段が尽きた者である。ペイデイ・ローンではクレジット・スコアなど伝統的な融資規準に問題があっても，定期的な収入があれば融資を受けられるのである（大橋［2014］70 頁）。

　その仕組みは次のとおりである。次の給料日までの 2 週間，350 ドルの融資を受けるとする。借り手は，2 週間後を返済期日とする先日付小切手を振り出す。手数料が 100 ドルにつき 15 ドルだとすると，額面 402.50 ドル（手数料 52.50 ドル），手数料が 100 ドルにつき 20 ドルだとすると額面 420.00 ドル（手数料 70.00 ドル）の小切手を振り出すことになる。手数料を金利として年率換算すると，それぞれ 391％，521％ という驚くべき数字になる。返済期日にその小切手を現金化すること，または口座から引き落とすことにより取引が完結する。特徴的なのは，借り手は返済期日に全額一括返済するか，手数料分だけを支払って借換えをするか，この二択しかないことである。したがって，いくら手数料を支払っても元本は減らない（大橋［2014］70 頁）。

　この商品構成が「債務の罠」をもたらすという強い批判がある。CFPB の調

査によると，平均では利用回数 10.7 回，総手数料は 574 ドル，債務日数 196 日（年間の 54%）であり，中央値では利用回数 10 回，総手数料 458 ドル，債務日数 199 日（55%）である。利用頻度の高い第 75 百分位では利用回数が 14 回，総手数料 781 ドル，債務日数 302 日（83%）である（CFPB [2013] p.23）。

　要するに，金利自由化に始まる規制緩和・自由化は，メイン・ストリームの金融に収益性追求を迫り，そのために貧困層，低所得層を排除した。他方，それはフリンジ・バンキングを生み出し，低所得層の金融ニーズに応えた。そして統一少額ローン法で一度は撲滅された高利貸しは，ペイデイ・ローンという形で再び姿を現したのである[13]。

2　ペイデイ・ローンの登場と発展[14]

　ペイデイ・ローン業者は，1990 年には 500 店舗しか存在しなかったが，その後急増し，2008 年には，36 の州・特別区に店舗数は 2 万 2000 以上を数えるまでになった。全国的にみると，その数はスターバックスの店舗数の 2 倍，29 の州ではマクドナルドの店舗数を上回るという。CFPB によれば，2012 年，1900 万人がペイデイ・ローンを利用し，70 億ドルの金融手数料を支払った。

　ペイデイ・ローン業者の多くは小切手換金業，質屋，債務回収業などから派生的にペイデイ・ローンを提供するようになった[15]。広範なチェーン店網を最初に展開したのは，1993 年にテネシー州クリーブランドに設立されたチェック・イントゥ・キャッシュ社である。新商品・サービスとして登場したペイデイ・ローンは，規制の網にかからないものであった。そのため，初期には消費者による集団訴訟が行われたり，高利禁止法や債権回収法への抵触，あるいは不公正・詐欺的慣行を訴因として州司法長官による訴訟が行われたりした（Spector [2008] p.115）。

　前述のように，多くの州は高利禁止法をもち，典型的な例は年利 36%（42%）であった。その法定金利を超える場合，貸し手は債権の取り立てに法的手段を用いられず，州によってはそもそも金銭消費貸借契約自体が無効とされる。高利禁止法をもつ州においては 3 桁の金利のペイデイ・ローンは本来合法的に事業展開することはできない。しかし，高利禁止法の緩和競争を背景に，ペイデイ・ローンは，めったにない緊急時の金融難に対処するものであるとの理由で高利禁止法から適用除外とされるか，業法制定により合法化されたのである。

　3 桁の金利のペイデイ・ローンを違法としない州は，1998 年に 20，2001 年

に33，04年に37，07年に40と9年間に倍増した（高橋［2008］483頁）。しかし，2005年以降は3桁の金利を認める立法を行った州はなく，13年7月時点において，違法としない州は32州となっている。明示的に3桁の金利のペイデイ・ローンを禁止しているのは18州とワシントンDCである。中西部，西部はほぼすべての州において合法，南部は合法の州が比較的多く，北東部では大部分で禁止されている。

業界最大手のアドバンス・アメリカ・キャッシュ・アドバンス・センター社の支店数は，2002年に1741であったが，06年に2853とピークに達し，11年には2541にまで減少した。全米で均一的に支店数が増減したわけではなく，州の立法に強く影響されてきた。この間，ペイデイ・ローンが禁止された州はアリゾナなど9州に上る。また，同社が新たに営業を始めた州はカンザスなど5州であった。

3 高利禁止法から解き放たれたペイデイ・ローン

ペイデイ・ローンには，連邦レベル，州レベルの規制が課せられてきた。だが，事業者は業法などで認可された州だけで営業をすることに満足しなかった。規制は必ずしもペイデイ・ローンを抑制せず，ペイデイ・ローン企業はビジネスモデルを進化させ，適応してきた。銀行名義借りモデル，信用サービス機関モデル，オンライン融資モデルの3つをみていこう（大橋［2014］）。

第1は銀行名義借りモデルである。少額ローンに3桁の金利を課すことが禁じられている州では，銀行名義借りモデルが用いられた。ある州の国法銀行が他州で融資を行う際には，本店所在州の上限金利が顧客の居住する州の上限金利に優先して適用される。そこでペイデイ・ローン企業は，高利禁止法のない州の国法銀行と提携した。州外の国法銀行を直接的な貸し手とし，それが上限金利を「輸出」し，ペイデイ・ローン企業は州外国法銀行のブローカー（代理店）としての役割を果たすのである。消費者が目にする実際の店舗は何らほかと変わらない。しかも1996年スマイリー対シティバンク事件判決（*Smiley v. Citibank*）によって，国法銀行法上の「金利」という言葉には手数料が含まれないことが確認されたため，州が手数料を規制することは難しかった。アドバンス・アメリカ社は，標準ビジネスモデルに対し，こうした銀行名義借りモデルをエイジェンシー・ビジネスモデルと呼んでいた。

この慣行は銀行の安全性および健全性への懸念を生じさせた。商業銀行が本

来禁止されている高リスクの融資を行っているのと同じ状況にあるからである。2000年11月，通貨監督庁と貯蓄金融機関監督局は，ペイデイ・ローン企業と提携している国法銀行と貯蓄金融機関の監督を厳密化する通達を出した。2003年7月，連邦預金保険公社はペイデイ・ローン企業と提携している国法銀行に高水準の資本充実を求めるガイドラインを制定し，05年2月に州法銀行にも適用範囲を拡大した（Smale [2006] pp. 5-6, Stegman [2007] pp. 178-179, Spector [2008] pp. 118-120）。

ノースカロライナ州は，いち早く1997年に小切手換金業法を制定してペイデイ・ローンを合法化した州であった。同法は2001年8月31日までの時限立法であり，それまでに更新されなければ失効するサンセット条項が組み込まれていた。業界と消費者団体の激しい攻防の末，同法の更新はならず3桁の金利を課すペイデイ・ローンは同州の高利禁止法に抵触するものとなった。これ以降，アドバンス・アメリカ社は標準ビジネスモデルからエイジェンシー・ビジネスモデルに転換していたが，2005年12月22日，撤退を余儀なくされた。依然として営業を続けていた他のペイデイ・ローン企業に対し，2006年3月1日，州司法長官は最後に残った3企業が営業を停止し，70万ドルを消費者救済のために支払うことに合意したと発表し，争いは終結をみた（高橋 [2008]）。

第2は信用サービス機関モデルである。金融カウンセリングを提供するという名目で，悪質な非営利組織，信用サービス機関（credit service organizations: CSO）が横行していた。そのため1984年にカリフォルニア州で最初にCSO規制法が成立し，連邦レベルでは1996年信用修復機関法が成立した。

2000年代半ば，ペイデイ・ローン企業はCSOに目を付けた。テキサス州を皮切りに，ペイデイ・ローン企業はCSOとして登録し始めた（Stegman [2007] pp. 180-181, Spector [2008] pp. 120-127）。CSOは「消費者の信用履歴や格付けを改善する」「消費者のために消費者信用供与を獲得する」，あるいは「これらに関する助言または支援を提供する」ものと定義されている。また，2004年，第5巡回区控訴裁判所は，①CSOが借り手に第三者の貸し手（limited liability company: LLC）を紹介する「アレンジ」は合法であること，②CSO手数料は州の上限金利に制約されないとの判決を下した（*Lovick v. Ritemoney Ltd.*）。これによってペイデイ・ローン企業は，連邦もしくは州の銀行規制の影響を受けずに，融資仲介者としての機能を果たせるようになった。ペイデイ・ローン企業によって創設された第三者の貸し手（非銀行）からのローンを仲介するので

ある (Stegman [2007] p.180)。つまるところ,ペイデイ・ローンは CSO として登録する一方で,関連会社として第三者の貸し手を設立しただけのことである。

2005年7月のアドバンス・アメリカ社をはじめ,テキサス州のペイデイ・ローン企業は CSO (2012年1月1日以降 CAB: credit access business) として登録するようになった。300 ドル,2週間の融資例をとってみよう。CSO は,上限金利に含まれない仲介手数料 60 ドルを徴収し,融資のアレンジ,回収,保証などを行う。実態的にはペイデイ・ローン企業が設立した別会社である第三者の貸し手は合法年利 36%,すなわち 4.14 ドルを受け取る。結局,借り手は 64.14 ドルを支払うことになり,年利 557% に相当する。

テキサス州はペイデイ・ローン金利に関し,融資額,期間ごとに手数料を詳細に定めている。年利でみたとき,1100 ドル,30 日間融資の 54.00 ドル (年利 59.73%) が最低で,100 ドル,7 日間融資の 10.93 ドル (年利 569.92%) が最高の手数料である。CSO を利用しなければ,上記の例と同じ 300 ドル,14 日間融資では 15.60 ドル (年利 135.57%) しか本来課すことができない。CSO を活用することによって,より高い収益を上げているのである。

37 州が CSO 法をもち,うち 26 州が借り手から手数料を受け取り第三者の貸し手から融資を受けるサービスを提供することを認めている。つまり,CSO は債務救済ではなく融資サービスに転化しているのである。しかも州の上限金利の制約を受けない手数料を消費者に課す手段となっている。

第3はオンライン融資モデルである。これによりペイデイ・ローンが禁止されている州に居住する借り手にも融資することができる。オンラインのペイデイ・ローンはまだ融資総額は少ないが,最終的には店舗を通じた融資を追い抜くと考えられている (CFPB [2013] p.10)。オンライン融資モデルでは,まず借り手となる申請者はオンラインで融資申請手続きを完結し,貸し手に自分の預金口座から返済金の自動引き落としをする権限を認める。小切手送付,送金のような支払方法もある。次に預金口座に融資金額が振り込まれる。返済日に,借り手は,全額を返済する場合,預金取扱金融機関に返済金額の引き落とし権限を認める。借換えをする場合,手数料のみを引き落とす権限を認める。自動借換えになっている場合に全額返済したいときには,返済日の数日前に貸し手に意思を伝える必要がある (CFPB [2013] p.10)。

以上のようにペイデイ・ローン企業は規制に対してはビジネスモデルを変え

て適応してきた。これはメイン・ストリームの金融から排除されフリンジ・バンキングの1つであるペイデイ・ローンに頼らざるをえない人々が数多いことに裏づけられているのである。

　第2節の最後で論じたNCCF報告書は，適度な金利で信用のアベイラビリティを拡大させるため，上限金利を撤廃すべきと勧告した。上限金利撤廃から始まる金融自由化の基盤となった考え方である。しかし，上限金利撤廃以降，メイン・ストリームの金融は第一に収益性を追求せざるをえない状況下に置かれた。他方，メイン・ストリームの金融による適度な金利での信用のアベイラビリティ拡大は実現せず，本節で論じたように，アベイラビリティ拡大は高金利，濫用的・収奪的慣行が伴ったフリンジ・バンキングによってなされたのである。

おわりに──構造としての二分化された金融

　本章では，消費者信用，とりわけ少額ローンの歴史を振り返り，「二分化された金融」の歴史的構造を跡づけた。中間層以上とは異なり，低所得層は不利な条件でしか消費者信用にアクセスできない状況が繰り返しみられた。

　アメリカ消費者信用史を振り返るとき，ニューディール期は1つの転換点となった。それ以前は「債務は悪」という捉え方がされ，身の丈に合わない生活は矯正さるべきものであった。19世紀末，都市化と工業化のなか，賃金労働者の収入の途絶，予期しえぬ支出の切迫性が常態化した。伝統的な質屋や零細貯蓄金融機関もあったが，社会福祉が欠如したなかで，非合法のローン・シャークが広がった。ローン・シャークがもたらす社会問題の解決に向け，革新主義期には慈善団体と貸し手によって，少額ローンについて高利禁止法が緩和された。ニューディール金融立法と相まって，36%もしくは42%への上限金利引上げは，ローン・シャーク，勤労者貸付会社，救済ローン協会の領域であった少額ローンへの商業銀行の進出を促進した。大恐慌下で商業銀行は企業金融の沈滞に直面したが，ニューディール立法に基づく連邦住宅局の住宅改修ローンによる少額ローンの経験を経て，余った経営資源をパーソナル・ローン部門設立に振り向けられたからである。社会的に確立された銀行が消費者信用の領域に進出したことは，消費者信用が正当なビジネスとして確立されたことを意味する。

戦後の「ゆたかな社会」では郊外中間層と都市低所得層の間の信用アクセス格差が露呈した。公民権運動を経て1970年頃には，中間層だけではなく，女性，黒人，貧困層にも公正な信用アクセスを保証すべきとの共通了解が成立した。同時に，金融の規制緩和へ向かい始めた。「信用は善」という考えに基づくその共通了解は，福祉プログラムともマーケットとも敵対的なものではなかった。公正な信用アクセス（信用の機会均等）は，金融市場の自由化を手段として実現されるべきものと位置づけられた。

　しかし，手段としての金融自由化は所期の目的を達成したわけではなかった。その帰結はフリンジ・バンキングの発生，拡大であった。とりわけ1990年代以降，高利禁止法から解き放たれたペイデイ・ローンが，3桁の金利をメイン・ストリームの金融から排除された人々に課してきた。手段としての金融自由化があらゆる社会階層に対して公正な信用アクセスを実現できなかった結果である。そのため現在，CFPBがペイデイ・ローンなどフリンジ・バンキングを厳しく監督・規制しつつある。これは「信用は善」という側面よりも「債務は悪」という側面が再び強調されるようになった兆しかもしれない。今日，「債務は悪」としてペイデイ・ローンを高金利，詐欺的，濫用的慣行ゆえに葬るべきなのか，「信用は善」としてメイン・ストリームの金融のあり方を変えていくべきなのか，選択の岐路にある。本章では「二分化された金融」を「信用は善」という立場から克服しようとしてきた取組みを跡づけてきた。だが「メイン・ストリームの金融」と「フリンジ・バンキング」は，その取組みが破綻した結果，ニューディール期以前にみられた「二分化された金融」が再構造化されたとものと結論づけざるをえない。

注

1) より学術的な用語法に従えば，メイン・ストリームの金融は伝統的金融サービス（traditional financial services），フリンジ・バンキングは代替的金融サービス（alternative financial services）に相当する（Bradley et al. [2009]）。ここでいうメイン・ストリームの金融とは，銀行や信用組合など，被預金保険金融機関によって提供される消費者向け金融商品・サービスの総称である。他方，フリンジ・バンキングとは，被預金保険金融機関以外の事業者によって提供される消費者向け金融商品・サービスと定義される。パラレル・バンキング（あるいは影の銀行システム＝シャドー・バンキング）という用語は，被預金保険金融機関以外のノンバンクによる信用仲介を指すという点で，フリンジ・バンキングという概念を含む。すなわち，パラレル・バンキングがシステミック・リスクの懸念，被預金保険金融機関との規制格差の懸念をもつ広義のノンバンクによる信用仲介といえるのに対し，フリンジ・バンキングは狭義のノンバンクによる消費者向けの信用仲介である（大橋 [2014] 69頁）。

2) カルダーは2つの神話を踏まえて「規制された生活の豊かさ」（regulated abundance）との自説を展開している。
3) マネー・センターをもつニューヨーク州では，1882年，5000ドル以上の証券担保を差し入れるコールローンを高利禁止法から適用除外にした。その論理は，高利禁止法は一般消費者を保護するものであるので，5000ドルもの証券を担保にできる者は同法の保護対象にならないというものであった。中西部のマネー・センターであるシカゴを擁するイリノイ州でも，1929年に同様の措置がとられた。
4) 井關［1931］で早期に本邦に紹介されているが，差し当たり高山［2010］を参照のこと。
5) 現在，5店舗が営業している。詳しくはウェブサイト〈http://www.providentloan.com/en/〉を参照のこと。
6) Box 3-4, RSF, LC.
7) 1925年，非農業労働者の年間平均収入は1434ドルであったので，300ドルはその20%強に相当する（Carruthers et al.［2009］p. 10）。
8) 1920年代には，給与買取業者という形でローン・シャークが復活し，統一少額ローン法を脅かした。給与買取業者は，ローンを行うのではなく，労働者の一部の賃金（たとえば6.25ドル）を買い取り，労働者はそれよりも少ない金額（5.00ドル）を受け取るというものであった（Calder［1999］p. 127）。1923年の統一少額ローン法の第3草案で，第16条を追加し，300ドル以下の賃金の買い取りを禁じた。"Uniform Small Loan Law - Proposed Changes in Third Draft, 1922-1924" Folder 27, Box 206, Series 3: Early Office Files, FA015, RSF, RAC.
9) "scientific rate" folder, Box 3, RSF, LC.
10) Seligman［1927］。なお，Durkin et al.［2014］は，消費者信用研究の到達点を示すものである。
11) アメリカにおいて，クレジットカードは基本的にリボ払いとして発達した。一括払いは，売掛勘定の名残からチャージカードと呼ばれる。
12) 公聴会では，ブロックスマイア委員長の確認に対し，連邦取引委員会のポール・ディクソンは84%ではなく60%と回答した（U. S. Senate［1968］p. 6）。
13) 2008年時点で，質屋を除き，フリンジ・バンキング市場は3200億ドル以上であった（Bradley et al.［2009］p. 39）。フリンジ・バンキングは取引型商品・サービス，信用型商品・サービスに大別される。前者には小切手換金，マネー・オーダー，送金，請求書支払，プリペイド・デビットカード，両替などが含まれ，後者にはペイデイ・ローン，購入権付レンタル契約（RTO），質屋の融資，税還付金担保ローン（RALs），自動車権利書ローン，バイヒア・ペイヒアなどが含まれる。
14) 第3節第2項および第3項は大橋［2014］の一部に依拠したものである。
15) 業界団体としては，1999年に設立されたアメリカ・コミュニティ金融サービス協会，2000年成立のアメリカ金融サービスセンター（FiSCA）などがある。後者は，もともと1987年に全米小切手換金業者協会として設立されたが，事業の進化に対応して名称変更が行われた。さらに，オンラインのペイデイ・ローン企業も急成長を遂げており，2005年にはオンライン融資業者同盟が設立された。

参考文献

井關孝雄［1931］『庶民銀行』先進社。

大橋陽［2007］「市場型金融システムとアメリカ商業銀行の復活」中本悟編『アメリカン・グローバリズム——水平な競争と拡大する格差』日本経済評論社。

大橋陽［2014］「フリンジバンキングの市場と規制——ペイデイローンの『大きな問い』をめぐって」『証券経済学会年報』第49号。

高橋めぐみ［2008］「アメリカにおけるペイデイローン規制の現状と課題——ノースカロライナ州

を中心に」『名古屋大學法政論集』第 227 号.
高山浩二［2010］「世紀転換期の消費者信用とモリス・プラン——勤労者貸付機関の誕生とその特質」『経営研究』（大阪市立大学経営学会）第 61 巻第 2 号.
森中由貴［2008］「20 世紀初頭のアメリカにおけるクレジット・ユニオンの普及と社会的背景（上）（下）」『経営研究』（大阪市立大学経営学会）第 59 巻第 2 号，133～147 頁，第 59 巻第 3 号.
Bradley, Christine, Susan Burhouse, Heather Gratton, and Rae-Ann Miller [2009] "Alternative Financial Services: A Primer," *FDIC Quarterly*, Vol. 3, No. 1, Federal Deposit Insurance Corporation.
Calder, Lendol [1999] *Financing the American Dream: A Cultural History of Consumer Credit*, Princeton University Press.
Calder, Lendol [2002] "The Evolution of Consumer Credit in the United States," Thomas A. Durkin and Michael E. Staten eds., *The Impact of Public Policy on Consumer Credit*, Springer Science & Business Media.
Caplovitz, David [1967] *The Poor Pay More: Consumer Practices of Low-Income Families*, Free Press.
Carruthers, Bruce G., Timothy W. Guinnane, and Yoonseok Lee [2009] "Bringing 'Honest Capital' to Poor Borrowers," Economic Growth Center Discussion Paper No. 971, Yale University.
Caskey, John P. [1994] *Fringe Banking: Check-Cashing Outlets, Pawnshops, and the Poor*, Russell Sage Foundation.
Consumer Financial Protection Bureau (CFPB) [2013] *Payday Loans and Deposit Advance Products: A White Paper of Initial Data Findings*, Consumer Financial Protection Bureau.
Durkin, Thomas A., Gregory Elliehausen, Michael E. Staten, and Todd J. Zywicki [2014] *Consumer Credit and the American Economy (Financial Management Association Survey and Synthesis Series)*, Oxford University Press.
Durkin, Thomas A. and Michael E. Staten eds. [2002] *The Impact of Public Policy on Consumer Credit*, Springer Science & Business Media.
Federal Deposit Insurance Corporation (FDIC) [2014] *2013 FDIC National Survey of Unbanked and Underbanked Households*, Federal Deposit Insurance Corporation.
Federal Trade Commission (FTC) [1968] *Economic Report on Installment Credit and Retail Sales Practices of District of Columbia Retailers*, GPO.
Flannery, Mark and Katherine Samolyk [2005] "Payday Lending: Do the Costs Justify the Price?" FDIC Center for Financial Research Working Paper No. 2005-09.
Glenn, John M., Lilian Brandt, and F. Emerson Andrews [1947] *Russell Sage Foundation 1907-1946*. Vol. 1 and 2, Russell Sage Foundation.
Hodson, Clarence [1919] *Money-Lenders, License Laws and the Business of Making Small Loans on Unsecured Notes, Chattel Mortgages, Salary Assignments: A Handbook*, Legal Reform Bureau to Eliminate the Loan Shark Evil. Reprinted in Ronnie J. Phillips ed. [2013] *US Credit and Payments, 1800-1935*, Vol. 2, Pickering & Chatto.
Hyman, Louis [2011] *Debtor Nation: The History of America in Red Ink*. Princeton University Press.
Kerner Commission [1968] *Report of the National Advisory Commission on Civil Disorders*, GPO.
National Commission on Consumer Finance (NCCF) [1972] *Consumer Credit in the United States: Report of the National Commission on Consumer Finance*, GPO.
Nugent, Rolf [1941] "The Loan-Shark Problem," *Law and Contemporary Problems*, Duke University School of Law, Vol. 8.
Olney, Martha L. [1991] *Buy Now, Pay Later: Advertising, Credit, and Consumer Durables in

the 1920s, University of North Carolina Press.

Provident Loan Society of New York [1919] *The Provident Loan Society of New York Twenty-Fifth Annual Report, 1894-1919*, Provident Loan Society.

Robinson, Louis N. and Rolf Nugent [1935] *Regulation of the Small Loan Business*, Russell Sage Foundation.

Seligman, E. R. A. [1927] *The Economics of Installment Selling: A Study in Consumers' Credit, with Special Reference to the Automobile*, Harper and Brothers.

Smale, Pauline [2006] "Payday Loans: Federal Regulatory Initiatives," CRS Report for Congress, RS21728.

Spector, Mary [2008] "Payday Loans: Unintended Consequences of American Efforts to Tame the Beast," Michelle Kelly-Louw, James P. Nehf, and Peter Rott eds., *The Future of Consumer Credit Regulation: Creative Approaches to Emerging Problems*, Ashgate Publishing Company.

Stegman, Michael A. [2007] "Payday Lending," *Journal of Economic Perspectives*, Vol. 21, No. 1.

United States Congress Senate (U. S. Senate) [1968] *Consumer Credit and the Poor: Hearing before the Committee on Banking and Currency. Subcommittee on Financial Institutions*, Ninetieth Congress, Second session, on the Federal Trade Commission Report on Credit Practices, April 19, 1968.

資　料

Russell Sage Foundation Records (RSF), Manuscript Division, Library of Congress (LC).

Russell Sage Foundation records (RSF), Rockefeller Archive Center (RAC).

第3部

企業と経営

第11章

ミクロ基礎の崩壊
―― 「競争的経営者資本主義」の盛衰 ――

谷口明丈

はじめに ―― 問題としてのビッグ・ビジネス

　戦後のアメリカの経済的繁栄，「ケインズ連合」に基づく政治的安定，パックス・アメリカーナと呼ばれる国際的秩序の維持を支えたミクロ基礎（micro-foundation）は，アルフレッド・チャンドラーが「競争的経営者資本主義[1]」（Chandler [1990]）と表現した経営者企業（managerial enterprises）によって構成されるビッグ・ビジネス（巨大企業）の体制であった。しかし，今まさに，安定的マクロのミクロ基礎は見る影もなく崩壊し，諸問題を噴出させている。繁栄の象徴であったビッグ・ビジネスは解決されるべき問題となったのである。
　かつて「競争的経営者資本主義」においては，圧倒的な技術的優位を基礎として，経営者企業において形成された，経営者支配型コーポレート・ガバナンス，効率的な官僚制的企業組織，ミドル・マネジメント＝ホワイトカラー層の会社主義，安定的な労使関係といった要素がうまく機能し，1960年代の黄金時代を出現させたのであった。しかし，1970年代には繁栄を支えた要素にほころびが見え始め，80年代に入ると，技術的優位性の喪失，情報革命の進展，グローバリゼーションによって，このチャンドラー的世界はオールド・エコノミーと称されるほどに凋落し，ニュー・エコノミーが台頭することになる。繁栄のミクロ基礎は崩壊し，弱肉強食の格差社会が出現したかにみえる。
　本章は，企業を，マクロを支えるミクロ基礎と捉え，その変遷をたどることによって，マクロの変化を理解するための基礎を得ようとするものである[2]。

1　ニューディールとビッグ・ビジネス

1　ビッグ・ビジネスの登場と専門経営者の台頭

　戦後のアメリカの繁栄を支えたミクロ基礎，すなわち経営者企業と「競争的経営者資本主義」について述べるためには，19世紀の後半に始まるビッグ・ビジネスの登場とその展開の過程，ジョバンニ・アリギのいう「長い20世紀」(Arrighi [1994]) の前半の時代を簡単に振り返ってみる必要がある。アメリカ産業の勃興のプロセスである。

　南北戦争後の全国的な鉄道網の形成による交通革命，電信網ついで電話網の形成による通信・情報革命，コルレス制度とシンジケート・システムの形成による金融システムの革新，これらを中心とするインフラストラクチャーの変革は大量のヒト，モノ，情報，カネの安価で迅速な全国的な流通を可能とし，北東部，西部，南部の3つのセクション間の取引によって成立していた国内市場を統一的な全国市場へと融合させることになった。同時に，ヒト，モノ，情報，カネの流れの結節点となる都市が発展し，巨大で均一的な都市市場が生み出されることにもなった。南北戦争によって奴隷制が廃止され，北部産業資本主導の政治的再統一が実現されたことも，全国市場の成立に大きく寄与することになった。

　南北戦争後の時期は，製造部門においても技術革新が大きく進展した。南北戦争以前に始まっていた産業革命は戦後急速に進展し，それが大量生産システムの形成へと連続的に発展していった。産業革命の過程において最初に繊維産業で起こった機械化・自動化・連続化の動きが，食品などの軽工業から，鉄鋼，機械などの重工業にまで及び，機械産業では，アメリカン・システムと呼ばれる，のちの大量生産システムへとつながるシステムが生み出されていた。同時に包装食品から事務機器，電灯，電話，自動車，ダイナマイト，蓄音機，映画といった20世紀を彩るさまざまな新しい製品群が登場することになる。また，スチールの普及を筆頭に，パルプ，ゴム，セルロイドなどの新素材が生み出されていった。そして動力・エネルギーの革命が始まった。電力の使用が開始され，新たに発見された石油が照明から製造業用・輸送用燃料へとその使途を転換しつつあった。

　地域の壁に守られていた企業は全国市場での激しい競争の場に投げ出され，

コスト削減による激しい価格競争を引き起こすことになった。物価下落（デフレ）が常態となっていた。同時に，経営環境の大きな変化は新しいビジネスチャンスをもたらすことになり，鉄鋼のアンドリュー・カーネギー，石油のジョン・ロックフェラー，電気のトーマス・エジソン，農機具のサイラス・マコーミック，写真のジョージ・イーストマンなど，新しいビジネスモデルを構想して参入する企業家を多数登場させることになった。その結果，一方では競争の制限を求め，他方ではビジネスモデルの実現を追求し，また，ブームに乗って利益をせしめようとするなど，さまざまな思惑が交錯するなかで，1899年を絶頂とする熱狂的なM&Aの嵐が押し寄せることになる。

　この過程で20世紀を代表するビッグ・ビジネスが多数生み出された。鉄鋼業におけるUSスチール社，石油産業におけるスタンダード・オイル社，タバコ産業におけるアメリカン・タバコ社，農業機械製造業におけるインターナショナル・ハーベスター社，電機産業におけるゼネラル・エレクトリック（GE）社，化学産業におけるデュポン社などを代表にあげることができる。しかし，この時期に登場したビッグ・ビジネスがただちに安定的に産業を支配できたわけではなかった。20世紀に入り第1次世界大戦を経て，第2次産業革命の本格的な展開[3]とりわけ自動車産業の興隆と大衆消費社会化の進展は，企業を取り巻く環境を大きく変化させることとなり，さまざまなビジネスモデル[4]が市場で優位を競っていて，ビッグ・ビジネスといえども市場による淘汰を免れない状態であった。その状況のなかから大量生産と大量販売を統合し，規模の経済を実現した少数の企業による寡占的な産業構造が形成されてくる。これらの企業の競争の局面は単なる価格競争ではなく，技術や製品を差別化することによって競争優位を確保しようとする局面に移りつつあった。そのような競争の過程のなかで，経営者企業と呼びうる企業システムがしだいに形を整えてくることになる（谷口 [2002]）。

　チャンドラーは近代企業すなわち経営者企業を「多数の異なった事業単位から構成され，階層的に組織された俸給経営者によって管理されている」企業と定義している（Chandler [1977] p.1）。垂直的統合戦略あるいは水平的な合併の展開によって多数の事業単位を抱え込み，製造，販売，場合によっては輸送，原料生産までを統合し，内部化された諸機能を機能別管理機構によって階層的に編成し，それらの機能を俸給経営者（salaried managers）が管理的に調整する経営者企業が，その優位性を発揮して支配的な企業システムに進化してくる

のである。

　ビッグ・ビジネスのコーポレート・ガバナンスの構造も「経営者革命」と表現されるほどの大きな変化を経験した。ビッグ・ビジネスは株式会社形態をとるのが普通であるが，その株主の数は急速に増大し，アドルフ・バーリとガーディナー・ミーンズが指摘した「株式の分散」が進行していた（Berle and Means [1932]）。同時に，トップ・マネジメントの構成が大きく変化していた。合併に参加した企業や買収された企業の所有者＝経営者（所有経営者）は多くがその経営から離れ，単なる株式の所有者に転化していき，19世紀の支配的階層であった所有者層が社会的に衰退していくことになる。所有経営者に代わって台頭してきたのが専門経営者（professional managers）である。彼らは企業の所有者ではなく俸給経営者であり，企業を経営する専門的な能力をもっている者として経営に参加し，その多くは企業の階層組織を上っていくことによって経営能力を身につけた内部昇進者であった。投資銀行や商業銀行の代表者も経営に参加していたが，内部留保の増大などの理由から企業が資金調達その他を彼らに依存することが少なくなり，その影響力はしだいに弱まっていった。こうして，いわゆる経営者支配と呼ばれるガバナンスの構造が形成されてくるのだが，それが確立するには戦後を待たなければならない（谷口 [2002] [2005]）。

　企業が複数の機能を内部化しながら大規模化し，階層制管理機構を形成するに従って，ホワイトカラー層が着実に増大し，その中核にミドル・マネジメント（中級管理者層）が形成されてくる。ミドル・マネジメントのなかから内部昇進によってトップ・マネジメントに昇進する者がしだいに増加し，大学あるいは大学院卒業後すぐに採用され，昇進の階梯を上って最後にトップにたどり着くというルートが，徐々に形成されつつあった。このようにミドル・マネジメントが出現し，トップへの昇進ルートが形成されると，トップ・マネジメントの内部的再生産が，すなわち経営者を外部市場と切り離して内部労働市場から調達することが可能となった。同時に，この経営者市場の内部化はミドルにトップへの昇進の可能性を与え，両者の運命共同体的意識と会社への忠誠心を醸成することになった。アメリカ的会社主義[5]の発生である。こうして，経営者支配の内的基盤がしだいに形成されてくることになる（谷口 [2002]）。

2 ウェルフェア・キャピタリズムの蹉跌

　以上の過程は同時に経営と労働の関係，労使関係を大きく変化させる過程でもあった。全国市場をめぐる激しい競争は，労働コストを引き下げる強い誘因となり，熟練労働者の職場支配の解体と新たな生産方法の導入が経営によって追求され，アメリカ労働総同盟（AFL）に組織された熟練労働者を中心とする激しい抵抗を引き起こした。ビッグ・ビジネスの登場は労使の対決を全社的，全産業的レベルで激化させたが，AFL は新たに生み出されてきた半熟練労働者と不熟練労働者を巻き込んだ闘争を組織しえず，経営側の攻勢の前に後退を余儀なくされた。

　しかし，ビッグ・ビジネスの登場は，経営の側に新たな労使関係の構築を模索させる契機となった。ビッグ・ビジネスによる寡占的な産業構造が形成されると競争の様相は大きく変化した。単純な賃金の切り下げではなく，むしろ高賃金によって労働者の忠誠心を高めながら，生産性を上げてコストを削減し，昇進の階梯を設けることによって内部労働市場を形成して企業独自の技能の形成を図るなど，全体として企業に固有の競争力を形成することに力が注がれることになった。職場環境の改善，傷病手当制度，従業員持株制度，年金制度などの福利厚生施策の展開は，労働者の利益を企業の利益と結びつけることによって企業の競争力を強化しようとしたものであった。また，従業員代表制を導入することによって，組合を排除しながら労使関係の安定を図ろうとした。

　これらのことはコーポレート・ガバナンス構造の変化と結びついて進展した。旧来の所有経営者に代わって，配下の俸給経営者を駆使して経営を行う企業家や，企業に対する直接的な利害から距離を置いた金融関係者，さらに専門経営者がトップ・マネジメントを占めることになると，利潤の最大化あるいは株主利益の最大化の直接的な追求に代わって，企業のステークホルダーの利害の調整，とりわけ従業員の厚生を重視するコーポレート・リベラリズムと呼びうる考え方が登場し，福利厚生施策が前面に出てくるようになったのである。この傾向は 1920 年代に顕著となり，ウェルフェア・キャピタリズム（厚生資本主義）と呼ばれることになる。

　しかし，ウェルフェア・キャピタリズムは，1929 年大恐慌とそれに続く長期の不況によって蹉跌を経験する。厚生資本主義的政策を進めた企業の多くは，経営状況の悪化に直面し，その制度を維持することが困難になり，廃止を余儀なくされていった（谷口［2002］，Nelson［1975］，Jacoby［1985］，平尾・伊藤・

関口・森川［1998］)。

3 ニューディールとビッグ・ビジネス

　前項までにみたように，19世紀の末から1929年大恐慌までのアメリカの経済発展は，一方で，専門経営者が支配する経営者企業を生み出し，支配的な企業システムへと成長させてきた。他方で，これまで支配的であった熟練労働者に代わって，大量生産産業に従事する大量の未組織の半熟練労働者を生み出してきた。経営者は厚生資本主義的政策によって労働者を企業内に包摂し，ホワイトカラーを含めた企業共同体的な関係を形成し，安定した企業経営を実現しようとしたが，大恐慌の到来によって挫折した。持続的な繁栄を実現するためには，経営と労働に加えて第3のプレーヤーとして政府が参加する必要があった。その道を開いたのが，フランクリン・ローズヴェルトによる「ニューディール」である。ルイ・ガランボスとジョゼフ・プラットは，ニューディールから終戦までの歴史の意義について次のように述べている。

　「1930年代の経済危機へのさまざまな対応が，かつては企業が管理し，あるいは市場支配力に委ねられていた多様な経済機能に関する公的支配への大きなきっかけとなった。第二次世界大戦が，大恐慌による経済，社会，そして政治上の緊張を緩和した頃までには，現代行政国家，すなわちアメリカの政治経済システムの広く拡大した公的要素の基盤が，しっかり固まっていた」（Galambos and Pratt［1988］p.102, 邦訳155頁）。

　未曽有の危機に直面して実行に移されたニューディール政策の影響は広範囲に及んでいるが，ここでは，ニューディールが政府と経営，そして労働との関係を決定的に変化させたことだけを確認しておく。

　ニューディール初期の産業政策の柱であった全国産業復興法（NIRA）は，産業ごとに公正競争規約という一種のカルテル協定を作成させ，最低価格や生産量などを調整することによって産業の安定化を図るとともに，労働者の団結権・団体交渉権を承認し，最低労働条件を規定することによって，賃金上昇による購買力の増大を実現しようとした。これは，公益のための協同という理念のもとに，市場に代わって政府が計画的に産業システムの維持を図ろうとするものであった。このような政策は，経営側の伝統的な自由主義的思想とは相いれず，強い反対を呼び起こすことになる。この立法により，労働組合運動は活発化したが，経営側は会社組合を組織してこれに対抗した。

1935年に違憲とされたNIRAに代わって制定された全国労働関係法（ワグナー法）は，団結権・団体交渉権を保障すると同時に不当労働行為も規定しており，これによって会社組合は禁止された。この法律は，従来の経営と労働の関係を決定的に変化させるものであった。ワグナー法の制定後，労働者の組織化が急速に進むが，その主導権を握ったのは熟練労働者中心の組織化に固執するAFLではなく，産業別にすべての労働者の組織化をめざす産業別組合会議（CIO）であった。CIOは，1937年のUSスチール社の組織化をはじめ，自動車，ゴム，電機，石油精製などの大量生産産業の組織化に成功し，経営側との激しい戦いを経て団体交渉を実現させていった。

　ニューディールは労使関係を含む産業のあり方だけではなく，金融，運輸，通信，環境，農業，社会福祉など社会生活のほとんどの領域で規制を強めていこうとした。そのようなニューディールの政策は経営側の強い抵抗に遭うことになるが，同時に商務省のイニシアティブで50人あまりの経営者が参加して設立された経営協議会のような組織を通じて政策へ関与して行こうとする態度も生み出した[6]。このような政府への協力姿勢は，戦時体制のなかで政府の要職への就任を通じてさらに強められていくことになる。

　戦時動員体制はニューディールで生み出された傾向をいっそう強めることになった。当然のことながら，政府と経営の協力体制，あるいは政府による産業の規制はいっそう強まることになった。また，戦時下の労働力不足は，労働側に有利な条件を作り出し，組織率を上昇させるとともに，賃金の上昇も実現したのである。同時に，アメリカの産業企業最大100社の製造業生産高に占める割合は，1939年の30％から43年には70％にまで高まっており（Blackford and Kerr [1986] p.334），動員体制を通じてビッグ・ビジネスの支配体制が確立されたともいえる。そして何よりも，この過程を通じて1930年代の長期不況から完全に脱却したことが強調されなければならない。

2　「競争的経営者資本主義」の勝利

1　成長戦略の展開

　第2次世界大戦は名実ともにアメリカを覇権国たらしめた。圧倒的な潜在的生産力を現実化するために雇用と購買力（需要）を維持することを政府の責任として定めたのが，1946年の雇用法であった。ニューディール期と戦時期を

表 11-1　最大 500 社の多角化戦略

(%)

戦略	1949 年	1959 年	1969 年
専業型	34.5	16.2	6.2
本業中心型	35.4	37.3	29.2
関連型	26.7	40.0	45.2
非関連型	3.4	6.5	19.4

出所）　Rumelt [1974] p.5 より作成。

通じて常態化した政府の経済への介入は，平時にも維持されることになった。

政府による持続的成長の保障のもとで，ビッグ・ビジネスは戦時中に蓄積した巨大な資本と新たに開発された技術を利用するための成長戦略を展開することになる。それは既存事業の拡大を超えて 2 つの方向で追求された。1 つは多角化戦略であり，もう 1 つは海外への直接投資である。

表 11-1 は，売上高最大 500 社の多角化の状況を推定したものである。多角化をほとんどしていない専業型企業の比率が 1949 年の 34.5% から 69 年の 6.2% へと減少し，500 社が何らかの形で多角化戦略を展開したことが示されている。とくに，既存の事業との関連性が高い部門への多角化を展開した関連多角化企業の比率が 26.7% から 45.2% へと増加していることは，関連多角化がビッグ・ビジネスの中核戦略となったことを示している。このような多角化戦略の展開は，ビッグ・ビジネスの管理機構の編成の仕方に大きな変革を迫ることになった。単一の市場で大量生産と大量販売を統合している企業に適合的な管理機構であった機能別管理機構に代わって，多角化された製品ごとに管理機構を編成する製品別管理機構，いわゆる事業部制が導入されることになるのである。事業部制は，日常業務の遂行を各事業部にゆだねて分権的に管理すると同時に，計数管理を行う財務部門を中心に本社において集中的な統制を行うことを特徴としている。図 11-1 は，アメリカにおける管理機構の編成の仕方の変化を示したものである。表 11-1 とあわせて見ると，多角化戦略の進展とともに，機能別管理機構に代わって製品別管理機構（事業部制）が普及していく様子が見て取れる（Chandler [1962], Rumelt [1974]）。

表 11-1 は，多角化による成長戦略が，関連多角化の枠を越えて非関連多角化へと進んでいることも示している。その多くはいわゆるコングロマリット型の非関連多角化を行っていた。コングロマリットは合併や吸収によって急速に非関連分野に多角化した企業を指す言葉で，1960 年代後半の合併ブームはこ

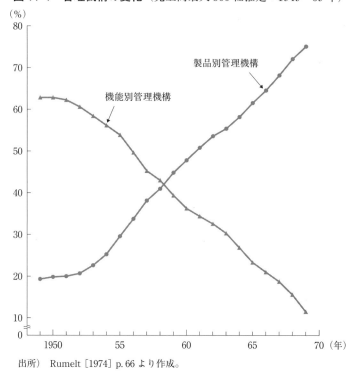

図 11-1　管理機構の変化（売上高最大 500 社推定：1949〜69 年）

出所）　Rumelt [1974] p. 66 より作成。

のコングロマリットによって主導された。代表的なコングロマリットには，ITT 社，LTV 社，テネコ社，リットン・インダストリーズ社，G&W 社などがある。たとえば，ITT は電機・電子機器を主要業種としていたが，1961 年から 69 年までに国内外で 166 件の企業買収を行いコングロマリット化した。G&W は自動車部品メーカーであったが，1957 年末から 69 年初めまでに 92 社を買収し，鉱工業売上高 69 位の企業に急成長した。コングロマリットは，事業間で相乗効果が働かなかったこと，合併を有利に進めるために企業価値を最大化しようとして短期的あるいは投機的な経営が行われたこと，買収のための資金調達が利子負担を増大させたことなどの理由から，1969 年以降の不況のなかで経営不振に陥る企業が相次ぎ，ブームは終焉した（渡辺 [1984]，佐藤 [1993]）。

　ビッグ・ビジネスが追求したもう 1 つの成長戦略は海外への直接投資である。

表 11-2　アメリカ多国籍企業 187 社の海外製造子会社数

地域	1901年	1913年	1919年	1929年	1939年	1950年	1959年	1967年
カナダ	6	30	61	137	169	225	330	443
欧州およびイギリス	37	72	84	226	335	363	677	1,438
フランス	8	12	12	36	52	54	98	223
ドイツ	10	15	18	43	50	47	97	211
イギリス	13	23	28	78	128	146	221	356
その他の欧州諸国	6	22	26	69	105	116	261	648
南方イギリス自治領	1	3	8	25	69	99	184	361
中南米	3	10	20	56	114	259	572	950
その他	0	1	7	23	28	42	128	454
合計	47	116	180	467	715	988	1,891	3,646

出所）Vernon [1971] p.62 より作成。

　アメリカのビッグ・ビジネスの一部は，19世紀末から第1次世界大戦までにすでに積極的に海外に進出していた。ミシンのシンガー社，電機のGE社とウェスティングハウス・エレクトリック社，農業機械のインターナショナル・ハーベスター社などは，カナダやヨーロッパに積極的に進出し，現地生産を展開した。表11-2にその様子を見ることができる。また，銅，石油，ゴム，農作物などを原料とする企業が，その資源を求めて中南米，アジアなどに進出した。第1次世界大戦後には自動車および自動車関連企業も加わって，市場あるいは資源を求めて積極的な進出を続けた。1914年に26億5200万ドルであった直接投資残高は，38年には73億ドルにまで増大し，世界の直接投資残高に占める比率も14年の18.5％から38年には27.7％に上昇した。

　第2次世界大戦後の海外直接投資は，過去のレベルをはるかに超えている。1960年の直接投資残高は328億ドルの巨額に上り，世界の49.2％とほぼ半分を占めるに至った。とくにヨーロッパを中心とした製造子会社の展開は驚くべきものがあり，『ヨーロッパのアメリカ化』『アメリカの侵略』といった書名の著作が多数現れることになった。表11-2から単純に計算すると，1967年には1社平均20の海外製造子会社をもっており，多国籍企業と呼ぶのにふさわしい企業が多数登場してきたのである（Vernon [1971], Wilkins [1970] [1974]）[7]。

2　団体交渉型労使関係の定着

　ワグナー法の制定以降，労使関係の基本的な枠組みは，労働組合の代表と企

業の代表との団体交渉によって決定されることになった。団体交渉では賃金，労働条件，昇進のルール，レイオフなどについて協議がなされ，労働協約にまとめられた。戦後の労使関係の基本的方向を定めたといわれる1948年のゼネラル・モーターズ（GM）社と全米自動車労組（UAW）の協約は，COLA（cost of living adjustment；物価上昇分の賃上げ）とAIF（annual improvement factor；生産性上昇に比例する賃上げ）の獲得と引換えに，組合側は，技術選択，生産計画，就業規律などについての企業の決定権，いわゆる経営権を承認するという内容であった。他方で，UAWは，職務については仕事の内容，賃率，昇進のルールなどについて交渉権を保持し，現場管理者の管理権を規制した。同時に，組合員に対しても協約の遵守を求め，中央集権的な統制のもとに置こうとした。

1955年に合併して設立されたAFL-CIOは，設立以前から自動車をはじめ鉄鋼，電機，機械，通信などのビッグ・ビジネスが支配する産業に強力な産業別労働組合を組織し，UAWの協定をモデルとして労働協約を結んでいった。協約の改定時にストライキ権を武器とする労働側の激しい闘争姿勢がたびたびみられたが，ビッグ・ビジネスは総じてこのような協定によって，安定的な労使関係を維持することができた。賃金の上昇あるいは保険・年金などのフリンジ・ベネフィットのコストは，協調的な寡占体制のもとで容易に価格に転嫁できたのである（Marshall and Rungeling [1976]，津田 [1972]，萩原・公文 [1999]）。こうして，アメリカにおいては団体交渉型と呼びうる労使関係が定着していった。

3 アメリカ的会社主義

多角化と多国籍企業化を中心とするビッグ・ビジネスの成長戦略は，事業部制にみられるような巨大な階層制管理機構によって実行されるようになり，ミドル・マネジャー（中間管理職）を中核とするホワイトカラーの厚い層が形成されることになった。第2次世界大戦前から着実に増大していたホワイトカラー層は，戦後，専門職・技術職と事務員を中心に急速に増大し，1970年には労働力のほぼ半数（47.9％）を占めるに至った。この層の中心には大卒以上の学歴をもつ者が座るようになった。18歳から21歳の人口に対する大学進学者の比率は，1946年の22.1％から64年には43.9％とほぼ2倍に上昇している（Bell [1973] p.219）。

また，大卒者が企業のトップへ到達する公式のルートがはっきりと形成され

つつあった。1952年の産業企業の約800人の上級役員の4分の3の人々がその会社に20年以上勤続しており、70年の最大企業500社のうち250社についての調査でも、経営責任者のほぼ3分の2が20年以上の勤続者であった（Galbraith［1967］p.94）。大学を卒業してビッグ・ビジネスに就職し、昇進の階梯を上る努力を重ね、郊外のこぎれいで電化製品に囲まれた一戸建ての住居に住み、大型車に乗り、専業主婦の妻と子どもを養い、引退するまで勤め上げるというのが、若者の人生の目標となった。「自分の時間を捧げ、懸命に働けば会社が一生面倒をみてくれる」（Welch［2001］p.128, 邦訳203～204頁）という「暗黙の契約」のもとでの安定的な高収入と高い社会的威信、そして、トップ・マネジメントへ昇進できるという希望が、彼らを会社と自分を一体化させ、会社に忠誠を尽くす会社人間とすることになり、アメリカ的会社主義が定着することになったのである。彼らは組織化された労働者（ブルーカラー）とともに、分厚いミドル・クラスの中核を形成することになる（Mills［1951］, Whyte［1956］, Packard［1962］, Hacker［1968］）。

4　全盛期の「競争的経営者資本主義」

　経営者企業は、第2次世界大戦後のアメリカにおいて、制度的に確立したといえる。まず、株式の分散がいっそう進み、経営者支配とみなされる企業がビッグ・ビジネスの大部分を占めることになった。エドワード・ハーマンによれば、非金融企業上位200社のうち株主数が2万を超える企業の比率が1929年の43.0％から74年の95.5％へと増大し、200社のうち165社が経営者支配の形態をとっていた（Herman［1981］pp.71, 58-59）。しかし、同時に大きな変化が進行していた。機関投資家の株式所有の比率がしだいに増加し始めたのである。1949年のニューヨーク証券取引所の上場株式時価総額に対する機関投資家の株式保有比率は14.5％にすぎなかったが、69年には24.5％、75年には33.6％にまで上昇している（正木［1983］122頁）。この上昇の大部分は、投資信託と企業あるいは公務員の年金基金の増加によるものであった。この段階では機関投資家は「発言（voice）」ではなく「退出（exit）」という「ウォール・ストリート・ルール」に従っており、好ましくない企業の株式は売却する（退出）という行動をとっていたので、経営者支配にとって当面は脅威とならなかった。

　より重要なことは、成長戦略によって企業の規模が巨大になり組織が複雑に

なるに従って，ステークホルダー（利害関係者）の利害を調整しつつ，企業の組織能力を発揮させていく経営者の専門的職能は，以前よりも重要性を増すとともに，得がたいものになってきたということである。とりわけ，事業部制の普及は管理手法の高度化をもたらし，専門経営者に求められる能力をより高度なものとした。このような経営能力をもった経営者は，分厚いホワイトカラー層の形成を基盤にして，企業内の昇進システムを通して内部労働市場によって育成，調達されることになる。このような経営者の再生産の仕組みが形成され，会社主義によってホワイトカラーの忠誠心が調達されるようになると，経営者支配の内的基盤はより強固なものとなった。

さらに，ビッグ・ビジネスの高利潤は内部留保の増大をもたらし，投資資金を外部資金に依存する比率を減少させた。金融会社を除くアメリカの株式会社の1960年の資金調達の72.7%は，内部資金（内部留保と減価償却）を源泉にしており，設備投資に対する内部資金の比率も，47年から55年の平均1.07から，71年から75年の1.65にまで上昇している（宮崎［1985］358～359頁）。こうして，専門経営者は，金融機関への資金依存から脱し，自由に意思決定することができるようになった。以上のことは，取締役会における内部取締役の比率を高めるとともに，取締役会の形骸化をもたらし，コーポレート・ガバナンスのあり方を経営者支配と呼ぶにふさわしいものにすることとなった。メイベル・ニューカマーの調査によると，1952年の産業企業94社の取締役1308人の57.1%を現執行役員と元執行役員つまり内部取締役が占め，金融関係者は20.0%を占めるにすぎなかった（Newcomer［1955］p. 34）。取締役会のメンバーは，社外取締役も含めて社長あるいは会長によって選定されるのが普通のこととなった。こうして，1920年代に形を成し始めた経営者企業は，ニューディール期と戦時期を経て50年代にはその基盤を確立したのであった。

戦前にすでに形成されていた寡占的な産業構造は，戦後も維持された。鉄鋼や自動車をはじめビッグ・ビジネスが支配する産業では，価格は下方硬直性を帯びて景気変動によって上下することがなくなり，むしろ段階的に引き上げられることになった。これは，ビッグ・ビジネスが価格支配力を得て，フルコスト原則，すなわちコストに利潤を上乗せする形で価格を決定できるようになったためである。寡占的な産業構造のもとで各社は，プライス・リーダー（価格先導者）の設定する価格に追随する協調体制を敷いていた（Kaplan, Dirlam, and Lanzillotti［1958］，伊東［1965］）。政府の経済への介入による成長維持政策を前

提として，技術的優位に基づく競争力の圧倒的格差を背景に，安定的な労使関係，ホワイトカラーの会社主義，経営者支配型コーポレート・ガバナンス構造を基盤とし，協調的寡占体制のもとでの高収益に支えられて，経営者企業と「競争的経営者資本主義」は，1960年代に全盛期を迎えたといえる。そのもとで多くの人々が「ゆたかな社会」を享受していた。「努力すれば誰もが報われる」というアメリカの夢が実現されたかのようであった。

3 オールド・エコノミーの凋落とニュー・エコノミー

1 オールド・エコノミーの競争力喪失と「競争的経営者資本主義」の動揺

　1970年代に入ると，60年代に確立したかにみえた経営者企業は，さまざまな面で限界を示し始め，しだいに窮地に陥ることになる。それはまず，経営者企業が確固たる地位を築いていたオールド・エコノミー（成熟産業）の国際競争力の低下という形で表面化した。ヨーロッパの復興と日本の奇跡は，アメリカの圧倒的優位を崩し始めていたのである。

　鉄鋼業は，LD転炉や連続鋳造の導入で日本などに遅れをとり，高い賃金コストと相まって，その競争力をしだいに失っていった。1960年代にすでに貿易摩擦が起こり，69年には日欧企業が輸出自主規制を開始した。さらに，78年のトリガー価格（ダンピング認定の基準価格）導入，84年の輸入割当制度開始などの保護措置が講じられたが，競争力は回復しなかった。また，国内ではミニ・ミルと呼ばれる電炉メーカーが躍進を遂げ，伝統的な巨大鉄鋼企業の市場を侵食していた。自動車産業では，2度の石油ショックによって小型車へと需要がシフトし，その対応に遅れたアメリカ企業を尻目に，日本製の小型車が急速にシェアを拡大した。それに対抗してGM社のXカーのような小型車が開発されたが，価格・性能・品質ともに日本車と太刀打ちできなかった。そればかりか，中型車や一部の高級車でも日本車がシェアを伸ばし始めたのである。1978年末にはクライスラー社が倒産の危機に陥り，80年にはアメリカは生産台数で日本に追い抜かれた。電機産業，化学産業にとっても，1970年代は困難な時期であった。電機産業では，テレビをはじめとする民生用電子機器において競争力の低下は歴然としていたが，総合電機企業のGE社でさえ「利益なき成長」に苦しんでいた。化学産業も，石油価格の急騰によるコスト高に悩まされ，量産・汎用型製品から高付加価値・加工型製品へと転換を進めていたド

イツ企業に遅れをとることになった。

　コンピュータや半導体のような先端産業も，大きな曲がり角にさしかかっていた。IBM 社にとって 1970 年代は黄金時代であったが，80 年代に入ると，日本企業がハードウェアの優位性を武器に輸出を本格化させてきた。しかし，それ以上に重要なことは，ワークステーションやパソコンなどの小型機市場が急速に拡大し，1980 年代半ばには汎用機市場を上回ったことである。IBM は，ダウンサイジングと呼ばれるコンピュータ産業のこのような構造変化のなかで，その地位を低下させていくことになる。半導体産業は，軍需とコンピュータ需要に支えられて 1970 年代半ばには圧倒的な強さを発揮していた。しかし，汎用品の DRAM 部門で日本企業が急速に追い上げ，1980 年代に日米逆転が生じた。GE などの大企業は早い時期に半導体事業から撤退しており，インテル社などの専業企業がこの部門の担い手となっていた（夏目［1994］，塩見・堀［1998］，萩原・公文［1999］）。

　1985 年の大統領産業競争力委員会報告書と 89 年の MIT 報告書（Dertouzos et al.［1989］）は，このような事態に警告を発し，その原因の究明と解決策を模索したものであった。後者は，このような事態に陥った原因として，時代遅れの経営戦略，経営者の短期的視野，開発と生産における技術的な弱さ，人的資源の軽視，協調体制の欠如，政府と産業界の足並みの乱れなどをあげている。経営者企業の行き詰まり，動揺を表現していたといえる。

　経営者企業の技術的優位性の基礎を成していた大量生産システムは「時代遅れ」となり，その大量生産システムを支えて安定的にみえた労使関係のもとで，労働意欲の減退，欠勤率の上昇など職場における労働者のモラールの低下が顕著となり，組合の統制を無視した山猫ストライキが頻発していた。さらに，経営の側が競争の激化に対応してこれまでの慣行を変更しようとすると労働側の激しい抵抗に遭い，労使関係は「敵対的」なものとなった。また，生産性の上昇を上回る賃金の引上げはインフレの要因の 1 つとなっていた。インフレはアメリカ企業の競争力を低下させるとともに，ドルの信用も低下させた。多国籍企業の展開は，資本の流出と商品の逆輸入の増加をもたらし，事態の悪化に拍車をかけた。

　多角化の進展は事業部の数を急増させて，階層制管理機構を肥大化させた。縦割りの組織は水平的な連携を弱めると同時に，垂直的な階層の増加は，ミドルおよびトップの経営者を現場から引き離すことになった。そのため，財務中

心の経営が追求され，長期的視点に立った研究・開発がおろそかにされ，事業部ごとに短期的な利益の増大を重視する傾向が強まってきた。また，企業に特殊的な知識よりもむしろ高度な普遍的専門知識が求められるようになったため，外部市場からトップ・マネジメントおよびミドル・マネジメントを調達することが増加し，内部労働市場を基盤とする会社主義は崩れ始めていた。さらに，コングロマリットの流行は企業の売買を活発化させ，そのための高度な手法が開発され始めた。機関投資家の株式保有の増大は，経営者にとって大きな圧力になりつつあった。このような環境変化のなかで経営者はテイクオーバー（会社乗っ取り）の危険を感じるようになり，従来の安定的な経営者支配型コーポレート・ガバナンスに安住することができなくなってきた。

2 リストラクチャリング

1980年代にはアメリカの「競争的経営者資本主義」は泥沼にはまり，もがいているかのようであった。

そこから脱却するために，ビッグ・ビジネスは大規模なリストラクチャリングへと踏み出すことになる。まず，従業員の大幅な削減を伴う経営の合理化が推し進められた。1979年から89年の間に産業企業最大500社で370万人，21％が削減されたという (*Fortune*, April 23, 1990, pp. 187-188)。それは，業務の外部委託（アウトソーシング），情報化による中間管理職の削減などを通じて，事務部門にも波及した。また，不採算部門・不要部門を売却すると同時に，買収・合併などによって中核事業に経営資源を集中することが図られた。選択と集中である。この動きは1980年代後半のM&Aブームを生み出すことになった。さらに，リストラクチャリングは国内にとどまらず，世界的規模での事業の再構築へと進んだ。また，リーン生産方式やジャスト・イン・タイム（JIT）のような日本の生産や経営の方法の導入，いわゆるジャパナイゼーションが進められた。さらに，それを情報技術と結びつけてサプライチェーン・マネジメントのような新しい手法にまで発展させる試みもなされた。

労働組合はリストラクチャリングの進展と組織率の低下のなかで譲歩を余儀なくされ，日本的な労務管理手法の導入なども相まって，従来の労使関係の枠組みを維持することが困難となり，急速に力を失っていった。さらに，リストラクチャリングの嵐はホワイトカラーの会社主義を崩壊させ，利己的なキャリア主義が蔓延することになった。「暗黙の契約」は経営の側から破棄されたの

である（New York Times [1996], Heckscher [1995], 秋元 [1992]）。

　鉄鋼業は，大量の人員整理を伴いながら設備の統廃合と不採算部門からの撤退を進め，1980年代には一貫製鉄所の数が50から23へと激減した。同時に，1970年代の後半には，石油・エネルギー，航空宇宙，金融などの部門への多角化に向かい，USスチール社は86年に社名からスチールをとってUSXと変更するほどであったが，その後，USX社を除く多くの企業は本業に回帰していった。1980年代に入ると，日本の鉄鋼企業から資本と技術を導入することによって再建を図るとともに，連続鋳造などの設備を増強し，収益性の高い鋼板部門へ特化する戦略をとることになる。

　自動車産業の場合も，大規模な人員削減を伴う工場の閉鎖が相次いだ。GM社は1980年と81年に5つの工場を閉鎖し，7万6000人の人員削減を行った。また，1979年のUAWとの協約改定では，雇用保障と引換えに賃金コストの引下げを実現した。次いで，日本企業のシステムをモデルにした経営革新が推進された。生産現場ではリーン生産方式が導入され，職務の統合やチーム制の導入によって柔軟な作業組織の編成が図られた。部品納入業者との密接な関係が形成され，かんばん方式も導入された。ジャパナイゼーションが推し進められたのである。

　電機産業におけるリストラクチャリングはきわめてドラスティックなものであり，一産業の範疇を越える動きを示した。GE社では1981年にジャック・ウェルチが会長に就任して以降，業界でナンバー1もしくはナンバー2になれない事業は切り捨てるという原則のもとで，激しい買収攻勢と不採算部門の売却を通じて事業の再構成が図られた。トムソン・ファイナンシャルのM&Aに関するデータベースによると[8]，GEおよびその関連会社が関与した買収件数は，1981年から2001年の間で完了件数593，売却件数は258であり，きわめて多数の事業が買収されると同時に多数の事業が売却されていることが示されている。その結果，金融を中心とするハイテク・サービス部門が従来の電機部門を売上高，営業利益ともに凌駕することになった。1981年に売上高の15％を占めるにすぎなかったサービス事業は，98年には75％を占めるに至り，『フォーチュン』誌はGEを電機企業ではなくコングロマリットと分類するほどの変化を示した。

　ウェスティングハウス・エレクトリック社の変化はいっそう劇的であった。1995年にCBS社を買収して情報通信部門に軸足を大きく移し，97年には社名

をCBSに変更することになった。さらに翌98年には重電部門をドイツのシーメンス社に売却し、原子力部門もイギリス核燃料会社（BNFL）に売却してしまった。この原子力部門は最終的に東芝の傘下に入ることになる。CBS自体は1999年にバイアコム社に吸収されてしまった（夏目 [1994]、塩見・堀 [1998]、萩原・公文 [1999]、塩見・橘川 [2008]）。

ジャパナイゼーションをはじめとするリストラクチャリングと経営改革によって、バブル崩壊後の長期不況に苦しむ日本と比較すると、オールド・エコノミーは相対的に持ち直したかのようにみえたが、1980年代から進行してきた環境の変化によって翻弄されることになるのである。

3 情報革命とニュー・エコノミー、そしてオールド・エコノミー

1980年代以降に急速に進行する情報革命の中核技術は、コンピュータと通信のデジタル化そしてインターネットである。1980年代にはパーソナル・コンピュータが急速に普及し、90年代半ばにはインターネットが普及を開始した。この情報革命は、インフラストラクチャーを大きく変革した。通信のデジタル化とインターネットの普及は世界的な規模での大量で瞬時の情報の流れを実現し、通信技術とコンピュータによる輸送の制御は、ヒトとモノの正確で大量の輸送を実現した。さらに金融自由化と情報技術は大量の資金の瞬時の世界的な移動を可能とすることになった。このような条件のもとで、企業が国境の壁を乗り越え、世界市場で事業を展開することが可能になった。グローバリゼーションの進展である。1989年のベルリンの壁の崩壊後に急速に進んだ社会主義体制の資本主義化・市場経済化も、世界市場を拡大しグローバリゼーションを深化させた。中国、インドなどの新興国の台頭がこれに続いている。

このような情報革命とグローバリゼーションの進展のなかで、アメリカの産業と企業は大きな変貌を遂げつつある。以前から顕著な傾向にあった経済のサービス化がいっそう進展し、とくに情報・通信サービスが著しい成長を示した。この分野に情報・通信機器の製造・販売などを加えた情報技術（IT）産業のGNP、雇用、生産性への寄与率が1990年代に入ると急速に高まったといわれており、インターネットの急速な普及はこの傾向に拍車をかけている。全産業を対象とする株式時価総額上位10社の推移（表11-3）から、劇的な変化が起こっていることが理解される。1982年にはIT産業に属すると考えられる企業はIBM社とAT&T社だけといえるが、99年にはマイクロソフト社が1位に

表 11-3　株式時価総額上位 10 社（アメリカ）

順位	1982 年	1999 年 3 月 15 日	2016 年 3 月 31 日
1	IBM	マイクロソフト	アップル
2	AT&T	ゼネラル・エレクトリック	アルファベット
3	エクソン	ウォルマート	マイクロソフト
4	ゼネラル・エレクトリック	メルク	バークシャー・ハザウェー
5	ゼネラル・モーターズ	インテル	エクソン・モービル
6	イーストマン・コダック	ファイザー	フェイスブック
7	アモコ	AT&T	ジョンソン・エンド・ジョンソン
8	シェブロン	エクソン	ゼネラル・エレクトリック
9	モービル	コカ・コーラ	アマゾン
10	シアーズ・ローバック	シスコシステムズ	ウェルズ・ファーゴ

出所）　1982 年は Monks and Minow [1995] p. 236，99 年は *Fortune*, April 26, 1999, F29，2016 年は *Fortune*, June 15, 2016, F1-7 より作成．

なっているのをはじめ，インテル社，シスコシステムズ社が登場しており，AT&T を加えると 10 社のうち 4 社が IT 産業に属することになった。2016 年のランキングにはアップル，アルファベット，マイクロソフト，フェイスブック，アマゾンの 5 社が入っており，インターネット関連企業が圧倒的な存在感を示している。

　IT 産業の発展は，無数のベンチャー企業を発生させ，シリコン・バレーにみられるような産業集積をも形成してきた。そのなかから，マイクロソフト社を筆頭に，アップル社，コンパック社，デル・コンピュータ社といったパソコン・メーカー，ネットワーク接続装置のシスコシステムズ社，ワークステーションのサン・マイクロシステムズ社，ソフトウェアのオラクル社，インターネット・プロバイダーのアメリカ・オンライン社，インターネット検索サービスのヤフー社，オンライン・ショップのアマゾン社など，ナスダック（NASDAQ）を中心に証券市場に上場する新興企業を多数生み出した。

　このような動きは，金融部門の活況とあいまって 1990 年代の好景気の原動力となったが，世紀末には IT バブルへと導き，2001 年に証券市場の崩壊をもたらすことになる。しかし，バブル崩壊後も IT 産業の展開はとどまるところを知らず，インターネット関連企業を中心に多くの企業が輩出されている。その中心にはインターネット検索の新時代を切り開いたグーグル社，SNS のフェイスブック社，ツイッター社などがいる。スマートフォンによるアップルの再生は，この産業のダイナミズムを象徴している。これらの企業の多くは，事業規模が拡大しても，諸機能を内部化して大規模な階層組織を形成するよりは，

中核事業以外はアウトソーシングを行い，情報ネットワークを基盤にして多数の企業との業務上のネットワークを形成し，相互に競争すると同時に協調関係も築きながら，柔軟で，俊敏かつ革新性に富むビジネスモデルを構築しようとしている（Saxenian［1994］, U. S. Department of Commerce［1998］［1999］, 夏目［1999］）[9]。

　オールド・エコノミーも，情報革命とグローバリゼーションのなかで大きな変化を経験している。

　アメリカ鉄鋼業の変化は劇的であった。1990年代に入ると，ミニ・ミルと呼ばれる電炉メーカーのうち，とくにヌーコア社がそのユニークなビジネスモデルによって急速に成長し，1990年代の好況期の主役となった。USスチール（USX[10]）は粗鋼生産能力を1980年の3440万トンから2000年までに1280万トンへと削減し，製品も付加価値の高い鋼板に集中することになった。さらに原料生産，輸送，販売といった従来内部に統合されていた機能を縮小し，外部市場依存型に切り替えると同時に，R&D部門も放棄するに至ったのである。他方，ベスレヘム・スチール社，LTVスチール社，アクム・スチール社，ワイアートン・スチール社などの企業は1990年代の好況が終焉すると苦境に陥り，再生の努力もむなしく倒産するに至った。この4社は2002年に設立されたインターナショナル・スチール・グループ（ISG）に次々と吸収されるが，ISG自体が，この間，鉄鋼業のグローバリゼーションの主役となってきたLNM・イスパット・グループによって買収され，ミッタル・スチール社を形成することになる。こうしてアメリカ鉄鋼業はヌーコア，USスチール，ミッタル・スチールという性格の異なる3社に集約されることになった（堀［2008］）。

　自動車産業はリストラクチャリングの効果と小型トラックの好調な販売もあって，1990年代には好況の恩恵を享受することになる。GMとフォードはこの間獲得した潤沢な資金を使って外国企業を買収し，グローバルな企業グループの形成に乗り出した。GMはいすゞ自動車，スズキ，富士重工業，サーブ，大宇自動車の各社に対する出資比率を増大させ，中国には上海GM社を合弁で設立した。フォードはマツダに対する出資比率を増加させるとともにジャガー社，アストンマーティン社，ボルボ社，ランドローバー社を買収してグローバルなブランド拡大戦略を追求した。クライスラーは1998年にダイムラー・ベンツ社との合併によってダイムラー・クライスラー社を設立し，グローバル

化を追求することになった。このようなグローバル戦略のもとでプラットフォームの統合と開発拠点の世界的な分散が進められたが，その結果，アメリカにおける中小型車の開発能力は著しく劣化することになった。また，環境技術への取組みあるいはエコカーの開発にも立ち遅れがみられ，この点での競争力も低下していた。また，退職者に支払い続けなければならない年金や保険などの，いわゆる「レガシー・コスト」の負担も重くのしかかっていた。しかし，これらの問題は，GM の金融子会社 GM アクセプタンスに顕著にみられたように，バブル期の金融利益によって覆い隠されていた。リーマン・ショックはビッグスリーを一挙に窮地に陥れることになる。フォードは自力でなんとか危機を脱したが，GM と，2007 年にダイムラーに関係を解消されたクライスラーは経営破綻の憂き目に遭い，前者は政府支援によって再建されたが，後者はフィアット社の傘下に入ることとなるのである（下川 [2009]，久保 [2009]）。

　すでに述べた電機産業における GE のドラスティックなリストラクチャリングの方向は，1990 年代の時代状況にきわめて適合的であったため，GE は優良企業の名をほしいままにし，ウェルチは最高の経営者として信奉されるに至るが，IT バブルの崩壊は GE に暗い影を投げかけることになる。バブル崩壊直前に CEO に就任したジェフ・イメルトはウェルチの路線の修正へと踏み出した。それは GE を巨大で基礎的なハイテクによるインフラストラクチャー産業（big, fundamental high-technology infrastructure industries）の場へと導くことであった。そのために研究開発拠点をアメリカ以外にヨーロッパ，中国，インドにも置き，M&A も駆使してグローバルな事業展開を追求することになった。同時に，保険をはじめとする金融部門を徐々に縮小するとともに，プラスチック部門を売却するなど事業の組み替えを行っていたが，リーマン・ショックによって金融部門が大打撃を受け，製造業回帰へと舵を切ることになった。IoT（internet of things；物のインターネット）の GE 版であるインダストリアル・インターネットによって，インターネットと製造業を結びつける新たなビジネスモデルを模索している（Magee [2009], Bartlett [2006]）。

　以上みたように，オールド・エコノミーにとっても，国内市場においてどのように競争するか，あるいは，外国市場においてどのように競争するかという一国主義的な戦略ではなく，世界市場でどのように競争するかということが戦略的意思決定の最重要課題となっている。同時に，情報技術をはじめとする新たな技術展開にどう対応していくのかが，今後，模索されていくことになるで

あろう。

4　株主反革命と「スター経営者」

　1980年代のM&Aでは買収の手段としてレバレッジド・バイアウト（LBO）が利用され，敵対的な買収が盛んに行われた。1990年代に入ると世界的に金融の自由化が進展し，アメリカにおいても99年のグラス・スティーガル法第20条の廃止により銀行と証券の兼営が可能となり，ヘッジファンドや年金基金などの大量の資金が金融市場に流れ込み，M&Aだけではなく，金融工学を駆使したデリバティブ取引などさまざまな利得の機会を求めて世界中を駆けめぐることになった。世紀末のITバブルはこのようななかで発生し，ついで住宅バブルへと連なっていくのである。ゴールドマン・サックス社を筆頭とする投資銀行が跋扈し，「金融資本主義」の季節が再びめぐってくることになった。

　1980年代の敵対的買収の横行は，経営者革命後の経営者支配型コーポレート・ガバナンス構造を大きく変化させる契機となった。経営者は敵対的買収を免れるために株価の維持・上昇に注意を払わざるをえなくなった。機関投資家はウォール・ストリート・ルールから脱却して，株主提案権の行使などを通じて経営へ直接影響を及ぼそうとし始めた。1990年までに，年金基金を中心とする機関投資家の株式保有は全株式の50％を超えており，経営に対する意思表示として「退出」すなわち持株を市場で売却するという方法をとることは，株価を急落させるので容易でなくなったことも理由の1つであった。このような動向は，取締役会の構成をも変化させることになった。1960年代に高まったビッグ・ビジネスに対する社会的批判に対応して，社外取締役を増加させる企業が増え，73年には平均的な取締役会の社内取締役の比率はすでに38％にまで落ちていたが，93年には25％にまで低下している（Monks and Minow [1995] p.203）。

　さらに，1990年代以降の経営者は，M&Aを通じた事業展開を図るためにも，資金調達を容易にするために株価を高く維持する必要を感じており，株主の利益と株価を意識した経営をしなければならなくなっていた。経営者へのストック・オプションの供与はこの傾向に拍車をかけることになった。このような現象はかつての「経営者革命」に対して「株主反革命」とも呼ばれている。ビッグ・ビジネスのトップ・マネジメントは，コーポレート・リベラルの立場を捨て去り，株主価値の最大化を経営の目的とし，あるいはそれを標榜しつつ，自

らは「スター経営者」として高額の報酬の獲得を追求する立場へと移行したように思われる。1990年代の景気回復期からITバブルまでの時期における高利潤下でのレイオフの横行はこのような事態を反映したものであり，この間，繰り返し明らかになった企業トップの不正と強欲さも，また，そうであった（松井・奥村［1987］, Wasserstein［1998］, Monks and Minow［1995］, 三和［1999］）。

　世界市場における激烈な競争のなかで，経営者は株主価値の最大化をめざし，コスト削減のためにあらゆる手段をとることになった。企業は移民を低賃金労働者として雇用するだけにとどまらず，低賃金労働を求めて世界中を移動し，コスト・カッターが賞賛を浴びている。労働組合の職場支配は解体され，組織労働者は年金，健康保険などの既得権を奪われていくことになる。ホワイトカラーにおいてもミドルの中抜きによって終身雇用慣行が失われ，彼らはきわめて不安定な状態に置かれている。さらに，非典型雇用が増大し，劣悪な雇用・労働条件での労働が蔓延している。

　そのことは経済的には所得格差の拡大として現れている。1974年に0.395であったジニ係数は84年には0.415, 94年には0.456, 2004年は0.466, 12年は0.477にまで上昇しており，明らかに所得格差が拡大していることを示している。また，所得階層を五段階に分けて第2分位から第4分位までの層の所得の全体に対する比率をみると，1974年から10年おきに52.2%, 50.8%, 47.3%, 46.6%そして2014年が45.7と減少しており，これに対して最上位階層の比率は，43.5%から，45.2%, 49.1%, 50.1%, 51.2へと上昇している。ミドル・クラス（中間層）の経済的困難が進行しているのが観察される[11]。

おわりに――格差社会のミクロ基礎

　政府の経済への介入による成長維持政策を前提として，技術的優位に基づく競争力の圧倒的格差を背景に，安定的な労使関係，ホワイトカラーの会社主義，経営者支配型コーポレート・ガバナンス構造を基盤とし，協調的寡占体制のもとでの高収益に支えられて，経営者企業と「競争的経営者資本主義」は，1960年代に全盛期を迎えた。「努力すれば誰もが報われる」というアメリカの夢が実現されたかのようであった。しかし，1970年代から技術的優位に基づく競争力の圧倒的格差はヨーロッパと日本によってしだいに埋められ，80年代には逆転の様相を示し始めた。協調的寡占体制は動揺し，高収益は低収益，場合

によっては破綻へと転じた。そのことは、安定的な労使関係を敵対的なものに変化させたばかりではなく、組織率の低下を含め、労働の側を圧倒的に不利な状況に追いやった。リストラクチャリングの嵐はホワイトカラーの会社主義を崩壊させ、利己的なキャリア主義が蔓延することになった。経営者支配的なガバナンス構造は株主主権的ガバナンス、あるいは株主価値の最大化を実現する「スター経営者」を中心とする経営者支配的ガバナンスへと変質し始めた。1960年代まで機能していた繁栄のミクロ基礎は、90年代には崩壊したといってよい。

　この傾向に拍車をかけるとともに新たなダイナミズムを生み出したのが、情報革命によるインフラストラクチャーの変革とグローバリゼーションである。通信のデジタル化とインターネットの普及による大量の情報の瞬時の通信、情報システムで制御された輸送によるヒト・モノの正確で大量の輸送、金融自由化と情報技術による大量のカネの瞬時の移動は、企業が国の壁を容易に乗り越え、世界市場で事業を展開することを可能とした。さらに、1989年のベルリンの壁の崩壊後に急速に進んだ社会主義体制の資本主義化・市場経済化と新興諸国の台頭も世界市場を拡大した。こうして、多くの企業が国境に守られない世界市場での激しい競争に巻き込まれることになった。このような状況のなかで、ニュー・エコノミーを代表するIT産業やサービス産業においては、オールド・エコノミーとはまったく異なるさまざまなビジネスモデルが登場し、市場と社会によって選択される状況が続いている[12]。また、オールド・エコノミーに属する産業のなかからも、新たなビジネスモデルによって状況を切り開こうとする企業が登場している。

　およそ1世紀前、第2次産業革命のさなかに、古い産業のリストラクチャリングと新しい産業の勃興のなかでさまざまなビジネスモデルが市場で激しく競争し、その過程から経営者企業が支配的な企業システムとして市場と社会によって選択され、大恐慌の危機を乗り越えて、「競争的経営者資本主義」のもとでアメリカの繁栄のミクロ基礎を形成した。現在、それに代わる支配的な企業システムが市場と社会によって選択されたとはとてもいえない。世界的規模での企業間の激しい競争のなかで、組織労働者とホワイトカラーを中核としたミドル・クラス（中間層）は没落しつつあり、低所得層の困難はますます厳しいものとなっている。繁栄のミクロ基礎であった経営者企業と「競争的経営者資本主義」の衰退のあと、新たな企業システムと資本主義のモデルをいまだ見出

せていないことが，格差社会のミクロ基礎をなしているといえる。

注

1) 「競争的経営者資本主義」（competitive managerial capitalism）という用語は，ドイツおよびイギリスとの比較においてアメリカの経営者資本主義の特徴を表現する言葉としてチャンドラーが *Scale and Scope*（Chandler [1990]）で用いたものである。そこではドイツを「協調的経営者資本主義」（cooperative managerial capitalism），イギリスを「個人資本主義」（personal capitalism）と表現している。「競争的」という特徴づけが妥当かどうかは，本章でも「協調的寡占」という言葉が使われているように，議論の余地があるが，ここではアメリカのビッグ・ビジネス体制を表現する言葉としてカギカッコを付けて用いることにする。
2) 本章は湯沢・谷口・福應・橘山 [2000] の谷口担当部分に多くを依拠している。
3) ここでいう第2次産業革命とは，電動機の出現と産業の電化，有機化学や電気化学などの新たな展開，内燃機関の開発と自動車産業および石油産業の発展など，19世紀末から20世紀初頭にかけて発明・開発された技術を基礎とするエネルギー革命と新産業の勃興，さらにそれらがもたらした社会的な変革を指すものである。筆者は，アメリカにおける第2次産業革命は，南北戦争後に急速に進展する第1次産業革命と重なるように開始されるが，その本格的な展開は第1次世界大戦後のこととなり，自動車産業を中心とする産業構造が形成されることによって完了すると考えている。
4) 当時，存在したビジネスモデルは大まかにいうと，水平的結合戦略，垂直的統合戦略，多角化戦略およびそれらを組み合わせた戦略をとるビジネスモデルが考えられる。これに加えて，持株会社形態をとるか否か，管理のあり方がルースなものか，委員会制度によるのか，集中的管理機構によるのか，といった違いによって多様なビジネスモデルが生まれてくる。詳しくは谷口 [2002] を参照されたい。
5) ここでアメリカ的と限定したのは，日本における会社主義との異同を意識してのことである。日本でのそれは，いわゆるブルーカラーも含み込んだ形で第2次世界大戦後に形成されたが，アメリカでは，ブルーカラーとホワイトカラーの間には截然たる区別がある。とはいえ，次にみるウェルフェア・キャピタリズムはブルーカラーを会社主義的に包摂しようという動きであったと考えることもできる。
6) 経営協議会については〈http://www.thebusinesscouncil.org/about/background.aspx〉を参照されたい。
7) 多国籍企業については詳しくは第12章を参照されたい。
8) このデータベースは過去のデータも含めて日々更新されている。ここで利用したデータは2002年9月現在のものである。
9) IT企業の展開とその多国籍企業化については第12章を参照されたい。
10) USX は 2001 年に US スチール社とマラソン・オイル社に分離された。
11) 以上については U. S. Census Bureau のホームページの以下のサイトで統計資料を閲覧できる〈http://www.census.gov/data/tables/time-series/demo/income-poverty/historical-income-households.html〉。
12) 第6章で明らかにされた反トラスト法の適用の歴史にみられるように，社会的に許容されない企業は解体，消滅を余儀なくされることもある。企業はこのように市場だけではなく社会による選択にも常に曝されているのである。

参考文献

秋元樹 [1992] 『アメリカ労働運動の新潮流——80年代から21世紀を見る』日本経済評論社。

伊東光晴［1965］『近代価格理論の構造——競争・寡占・独占（現代経済学叢書1）』新評論。
久保鉄男［2009］『ビッグスリー崩壊』フォーイン。
佐藤定幸［1993］『20世紀末のアメリカ資本主義』新日本出版社。
塩見治人・橘川武郎編［2008］『日米企業のグローバル競争戦略——ニューエコノミーと「失われた十年」の再検証』名古屋大学出版会。
塩見治人・堀一郎編［1998］『日米関係経営史——高度成長から現在まで』名古屋大学出版会。
下川浩一［2009］『自動車産業危機と再生の構造』中央公論新社。
谷口明丈［2002］『巨大企業の世紀——20世紀アメリカ資本主義の形成と企業合同』有斐閣。
谷口明丈［2005］「アメリカ巨大企業のコーポレート・ガバナンス（1899年-1999年）——取締役と執行役員の分析」『立命館経済学』第54巻第3号。
津田真澂［1972］『アメリカ労働運動史』総合労働研究所。
夏目啓二［1994］『現代アメリカ企業の経営戦略』ミネルヴァ書房。
夏目啓二［1999］『アメリカIT多国籍企業の経営戦略』ミネルヴァ書房。
萩原進・公文溥編［1999］『アメリカ経済の再工業化——生産システムの転換と情報革命』法政大学出版局。
平尾武久・伊藤健市・関口定一・森川章編［1998］『アメリカ大企業と労働者——1920年代労務管理史研究』北海道大学図書刊行会。
堀一郎［2008］「リストラ後のマーケット・インとプロダクト・アウト——鉄鋼業：新日鉄とUSスチール・ニューコア」塩見治人・橘川武郎編『日米企業のグローバル競争戦略——ニューエコノミーと「失われた十年」の再検証』名古屋大学出版会。
正木久司［1983］『株式会社支配論の展開——アメリカ編』文眞堂。
松井和夫・奥村皓一［1987］『米国企業買収・合併——M&A&D』東洋経済新報社。
宮崎義一［1985］『現代企業論入門』有斐閣。
三和裕美子［1999］『機関投資家の発展とコーポレート・ガバナンス——アメリカにおける史的展開』日本評論社。
湯沢威・谷口明丈・福應健・橘川武郎［2000］『エレメンタル経営史』英創社。
渡辺明［1984］『コングロマリット研究』ミネルヴァ書房。
Arrighi, Giovanni [1994] *The Long Twentieth Century: Money, Power, and the Origins of our Times*, Verso.（土佐弘之監訳［2009］『長い20世紀——資本，権力，そして現代の系譜』作品社）。
Bartlett, Christopher A. [2006] "GE's Growth Strategy: The Immelt Initiative," HBS Case, no. 9-306-087, Harvard Business School.
Bell, Daniel [1973] *The Coming of Post-Industrial Society: A Venture in Social Forecasting*, Basic Books.（内田忠夫ほか訳［1975］『脱工業社会の到来——社会予測の一つの試み』ダイヤモンド社）。
Berle, Adolf A. and Gardiner C. Means [1932] *The Modern Corporation and Private Property*, Macmillan.（森杲訳［2014］『現代株式会社と私有財産』北海道大学出版会）。
Blackford, Mansel G. and K. Austin Kerr [1986] *Business Enterprise in American History*, Houghton Mifflin.（川辺信雄監訳［1988］『アメリカ経営史』ミネルヴァ書房）。
Chandler, Alfred D., Jr. [1962] *Strategy and Structure: Chapters in the History of the Industrial Enterprise*, MIT Press.（三菱経済研究所訳［1967］『経営戦略と組織——米国企業の事業部制成立史』実業之日本社）。
Chandler, Alfred D., Jr. [1977] *The Visible Hand: The Managerial Revolution in American Business*, Harvard University Press.（鳥羽欽一郎・小林袈裟治訳［1979］『経営者の時代——アメリカ産業における近代企業の成立〔上・下〕』東洋経済新報社）。
Chandler, Alfred D., Jr. [1990] *Scale and Scope: The Dynamics of Industrial Capitalism*, Harvard

University Press.（安部悦生・川辺信雄・工藤章・西牟田祐二・日高千景・山口一臣訳［1993］『スケール・アンド・スコープ』有斐閣）．

Dertouzos, Michael L. *et al.* [1989] *Made in America: Regaining the Productive Edge*, MIT Press.（依田直也訳［1990］『Made in America——アメリカ再生のための米日欧産業比較』草思社）．

Galambos, Louis and Joseph Pratt [1988] *The Rise of the Corporate Commonwealth: U. S. Business and Public Policy in the Twentieth Century*, Basic Books.（小林啓志訳［1990］『企業国家アメリカの興亡』新森書房）．

Galbraith, John K. [1967] *The New Industrial State*, Houghton Mifflin.（都留重人訳［1968］『新しい産業国家』河出書房新社）．

Hacker, Andrew [1968] *The End of American Era*, Atheneum.（北野利信訳［1979］『アメリカ時代の終わり』評論社）．

Heckscher, Charles C. [1995] *White-Collar Blues: Management Loyalties in an Age of Corporate Restructuring*, Basic Books.（飯田雅美訳［1995］『ホワイトカラー・ブルース——忠誠心は変容し，プロフェッショナルの時代が来る』日経 BP 出版センター）．

Herman, Edward S. [1981] *Corporate Control, Corporate Power*, Cambridge University Press.

Jacoby, Sanford M. [1985], *Employing Bureaucracy: Managers, Unions, and the Transformation of Work in American Industry, 1900-1945*, Columbia University Press.（荒又重雄・木下順・平尾武久・森杲訳［1989］『雇用官僚制——アメリカの内部労働市場と"良い仕事"の生成史』北海道大学図書刊行会）．

Kaplan, A. D. H., Joel B. Dirlam, and Robert F. Lanzillotti [1958] *Pricing in Big Business: A Case Approach*, Brookings Institution.（武山泰雄訳［1960］『ビッグビジネスの価格政策』東洋経済新報社）．

Magee, David [2009] *Jeff Immelt and the New GE Way: Innovation, Transformation, and Winning in the 21st Century*, McGraw-Hill.（関美和訳［2009］『ジェフ・イメルト——GE の変わりつづける経営』英治出版）．

Marshall, Ray and Brian Rungeling [1976] *The Role of Unions in the American Economy*, Joint Council on Economic Education.（山本隆道訳［1979］『アメリカの労働組合』サイマル出版会）．

Mills, C. Wright [1951] *White Collar: The American Middle Classes*, Oxford University Press.（杉政孝訳［1957］『ホワイト・カラー——中流階級の生活探求』東京創元社）．

Monks, Robert A. G. and Nell Minow [1995] *Corporate Governance*, Blackwell.（太田昭和訳［1999］『コーポレート・ガバナンス』生産性出版）．

Nelson, D. [1975] *Managers and Workers: Origins of the New Factory System in the United States, 1880-1920*, University of Wisconsin Press.（小林康助・塩見治人監訳［1978］『20 世紀新工場制度の成立——現代労務管理確立史論』広文社）．

Newcomer, Mabel [1955] *The Big Business Executive: The Factors that Made Him, 1900-1950*, Columbia University Press.

New York Times [1996] *The Downsizing of America*, Times Books.（矢作弘訳［1996］『ダウンサイジング　オブ　アメリカ——大量失業に引き裂かれる社会』日本経済新聞社）．

Packard, Vance O. [1962] *The Pyramid Climbers*, McGraw-Hill.（徳山二郎・波羅勉訳［1963］『ピラミッドを登る人々』ダイヤモンド社）．

Rumelt, R. P. [1974] *Strategy, Structure and Economic Performance*, Harvard University Press.（鳥羽欽一郎・川辺信雄訳［1977］『多角化戦略と経済成果』東洋経済新報社）．

Saxenian, AnnaLee [1994] *Regional Advantage: Culture and Competition in Silicon Valley and Route 128*, Harvard University Press.（大前研一訳［1995］『現代の二都物語——なぜシリコンバレーは復活し，ボストン・ルート 128 は沈んだか』講談社）．

U. S. Department of Commerce [1998] *The Emerging Digital Economy*.（室田泰弘訳［1999］『デ

ジタル・エコノミー』東洋経済新報社)。
U. S. Department of Commerce [1999] *The Emerging Digital Economy II.* (室田泰弘訳 [1999]『デジタル・エコノミー II』東洋経済新報社)。
Vernon, Raymond [1971] *Sovereignty at Bay: The Multinational Spread of U. S. Enterprises*, Longman. (霍見芳浩訳 [1973]『多国籍企業の新展開――追いつめられる国家主権』ダイヤモンド社)。
Wasserstein, Bruce [1998] *Big Deal: The Battle for Control of America's Leading Corporations*, Warner Books. (山岡洋一訳 [1999]『ビッグディール――アメリカ M&A バイブル』日経 BP 社)。
Welch, Jack with John A. Byrne [2001] *Jack: Straight from the Gut*, Warner Books. (宮本喜一訳 [2001] [『ジャック・ウェルチ わが経営』日本経済新聞社。)
Whyte, William H., Jr. [1956] *The Organization Man*, Simon and Schuster. (岡部慶三・藤永保訳 [1959]『組織のなかの人間(上・下)』東京創元社)。
Wilkins, Mira [1970] *The Emergence of Multinational Enterprise: American Business Abroad from the Colonial Era to 1914*, Harvard University Press. (江夏健一・米倉昭夫訳 [1973]『多国籍企業の史的展開――植民地時代から 1914 年まで』ミネルヴァ書房)。
Wilkins, Mira [1974] *The Maturing of Multinational Enterprise: American Business Abroad from 1914 to 1970*, Harvard University Press. (江夏健一・米倉昭夫訳 [1976, 1978]『多国籍企業の成熟(上・下)』ミネルヴァ書房)。

第12章

オフショア・アウトソーシングへ
―― IT 多国籍企業の史的展開 ――

夏目啓二

はじめに

　本章は，1930年代から2010年代の現代にいたる80年間における，アメリカの大規模な統合企業の国際的活動と多国籍企業化の歴史的な展開を解説する。本章が叙述の対象とするアメリカの大企業，多国籍企業とは，アメリカの経営史家，アルフレッド・チャンドラーが『ビジブル・ハンド』(*The Visible Hand*) のなかで描いた，大規模な統合企業 (large integrated firm) を指す[1]。

　チャンドラーによると，アメリカの大規模な統合企業は，1917年までに大量生産と大量流通を垂直的に統合し，購買，製造，販売，物流，研究開発，財務などの間を通ずる資金，財，情報の流れを効率的に調整できる階層的な管理組織を形成して，競争優位を維持した。さらに，第11章でみたとおり，この大規模な統合企業は1920年代から50年代にかけて，異なる市場，異なる地域への経営資源の配分を行うことによって，70年代までに多角化企業，多国籍企業へと展開したのであった (Chandler [1977])[2]。経営者資本主義の確立である。

　しかしながら，1980年代になるとIT産業を中心に専業企業が台頭した。専業企業は，自社の経営資源を最も得意とする事業分野に集中し，その事業分野を，特定製品か特定部品に限定した。事業活動も研究開発，設計，製造，物流，販売・マーケティングなどのうちいずれかの活動に限定した。専業企業は，また，他の専業化した供給企業の成功と分かちがたく結びつき，この点から供給業者を，革新的なシステムを共同で設計，開発，製造していく「パートナー」ととらえた (Saxenian [1994] 邦訳250～251頁)。しかも，この専業企業の協力

関係(ネットワーク)はグローバルであった。オフショア・アウトソーシングの始まりである。

1980年代この専業企業と大規模な統合企業との激しい企業間競争の結果，階層的な管理組織の調整による大規模な統合企業の競争優位は，専業企業のネットワークによる競争優位に取って代わられた。リチャード・ラングロワは，こうした「ビジブル・ハンド」の衰退の始まりを「バニシング・ハンド」(Vanishing Hand),「消えゆく手」と呼んだ (Langlois [2003] pp. 377-379)[3]。専業企業のネットワークの時代の始まりであった。本章は，この専業企業を，大規模な統合企業に代わる新たな企業モデルと捉え，叙述する。

さらに，1990年代中頃以降，インターネットの普及とともに電子商取引(eビジネス)や情報配信サービスを供給し始めた新しい企業モデルが台頭し，急速に寡占化した。この新しい企業モデルは，21世紀に入ると，高速通信網とモバイル通信網，スマートフォン，クラウド技術を基礎にしたさまざまな情報配信サービスを展開し始めた。本章は，この新しい企業モデルもまた，大規模な統合企業に代わる新たな企業モデルと捉え，叙述する。

本章は，1980年代以降こうした大規模な統合企業から専業企業，eビジネス，インターネット企業への企業モデルへの転換が，労働市場や雇用形態に及ぼした影響についても言及し，新たな企業モデルの台頭の意義を明らかにする。

1 経営者資本主義とアメリカ多国籍企業

1 大規模な統合企業の多角化戦略と海外事業展開——1930年代〜40年代

(1) 大規模な統合企業の多角化戦略

第1次世界大戦後，大規模な統合企業は，新しい市場向けの新製品に進出することにより拡大し始めた。こうした多角化戦略は，1917年よりはるか以前に初期の統合企業の多くが採用していた「フルライン」という概念から発展したものであった。多数のアメリカの大規模な統合企業がタバコ，穀物，石鹸，精肉，綿実油，ゴム，鉛加工などの先駆的なビッグ・ビジネスの例にならって，マーケティングおよび購買組織のより効果的な利用や，製造あるいは加工工程の副産物の利用を可能とする製品ラインを追加した (Chandler [1977] p. 473)。

多角化が大規模な統合企業の成長戦略となったのは，ようやく1920年代に入ってからのことであった。第1次世界大戦後になると，企業経営者たちは，

過剰となりそうな既存の設備や管理能力を活用するために意識的に新製品や新市場を探し始めた。多角化という新しい戦略は，管理者と設備をより有効に活用することにより，企業の持続的成長を保持することを目的としていた。そして，その資金は，ほとんどすべての場合，留保利益から調達された[4] (Chandler [1977])。

多角化という新しい戦略を遂行するに際して企業経営者たちが行ったのは，新規の，あるいは補完的な製品系列をもたらす会社の買収や合併であった。しかし，これよりはるかに多かったのは，企業の内部成長による拡張であった。1930年代では化学会社が多角化の主要な推進者であった。化学会社はほかのいかなる産業部門の企業よりも，数多くの新しい製品系列を付加した。化学会社に次いで，電気機械，輸送機器，粗金属，そしてゴムの各産業における会社が多角化を進めていた（Chandler [1977] pp. 474-475，邦訳（下）810～812頁）。

不況の1930年代には，自動車会社のゼネラル・モーターズ（GM）社，金属製造会社のアルミニウム・カンパニー・オブ・アメリカ社，ゴム会社などの大規模な統合企業が多種多様な製品系列を販売し始めた。また1930年代には，食品会社もまた，自ら加工する新しい製品系列を，自社のマーケティング施設を利用して販売し始めた。事業部制組織は，GM，デュポン社，USラバー社，ゼネラル・エレクトリック（GE）社，スタンダード・オイル社の各社およびそのほかの技術的に進んだ産業に属する企業で採用された。しかしながら，第2次世界大戦の勃発までは，事業部制組織を利用する多角化した産業企業は依然として少数にとどまった（Chandler [1977] pp. 475-476）。

(2) 大規模な統合企業の低調な海外事業展開

一方で，1930年代から40年代にかけて海外事業を行った大規模な統合企業のほとんどが振るわなかった。マイラ・ウィルキンスによれば，1930年代に海外権益をもっていたアメリカの大規模な統合企業は，ナショナリズムや軍国主義および政情不安や経済不安が支配的な世界で事業活動を行ってきた。そして彼らは，受入国政府による新たな干渉に直面したのである（Wilkins [1974]）。

この結果，1929年から40年のアメリカの対外直接投資額の推計を比較すると，総額では75億5300万ドルから70億ドルへと減少した。対外直接投資額は，大規模な統合企業が，国外に事業を展開し，多国籍企業化をし始めた程度を示す指標となる。この時期，大規模な統合企業のうち，海外進出し，多国籍企業化するものもあったが，海外事業から撤退する大規模な統合企業もあった。産

業別にみると，石油，鉱業，農業，公益事業が減少していたが，製造業，販売業は増加していた。

　製造業のうち，ヨーロッパにおけるアメリカ製造業の直接投資額を1929年と40年とで比較すると，総額は，6億2890万ドルから6億3940万ドルへと微増していた。しかし，投資額の上位3カ国でみると，イギリスは，2億6820万ドルから2億7530万ドルに2.6％の増加，ドイツは，1億3890万ドルから2億630万ドルへと48.5％増加したのに対して，フランスは，9090万ドルから4650万ドルへと48.8％減少し，国別でみても均等ではなかった（Wilkins [1974] 邦訳（上）216～219頁）。

　さらに，第2次世界大戦に突入していた1940年と終戦直後の46年におけるアメリカの地域別の対外直接投資をみても，総額は，70億ドルから72億ドルへと微増したものの，依然として29年よりも低い水準であった。地域別の対外直接投資をみると，1940年のカナダの21億ドルが，46年には25億ドルに増加し，同様に，ラテンアメリカの40年の28億ドルは，46年の31億ドルへと増加したにもかかわらず，ヨーロッパは，14億ドルから10億ドルへ減少し，中東およびアフリカは，2億ドルから変わらず，その他の地域は，5億ドルから4億ドルへと減少した（Wilkins [1974] 邦訳（下）49頁）。

　こうしたなか，勝利が目前に迫った1944年に連合国は，戦後計画を作成した。1944年7月，ブレトンウッズ会議では，国際通貨基金（IMF）および国際復興開発銀行（IBRD）（世界銀行）などの発足が決まり，国際的な融資の枠組みをつくった。さらに，国際連合憲章が，1945年，会議参加50カ国により承認された。一方で，東ヨーロッパでのソ連軍の勝利は，戦後世界に重要な影響をもたらし，アメリカの対外直接投資政策にも影響を及ぼした（Wilkins [1974] 邦訳（下）46～47頁）。

2　第2次世界大戦後のアメリカ多国籍企業——1950年代～70年

(1)　冷戦構造と経営者資本主義の確立

　戦争終結とともにアメリカはヨーロッパ諸国の援助を開始した。ヨーロッパ諸国の経済的混乱が続くならば，資本主義制度は危険にさらされるからであった。ソ連が東ヨーロッパへ進出するにつれ，アメリカの対外政策は，その包囲網の形成に照準を合わせ，西側諸国に対し経済援助と軍事援助を提供した。1948年，最も重要な援助としてヨーロッパ復興計画，マーシャル・プランが

採択された。また，1949年，アメリカは，北大西洋条約機構（NATO）において，カナダおよび西欧10カ国と連合した。そして，戦後のアメリカは，自由貿易の全面的政策を実施する立場をとり，国連の他のメンバーとともに，1948年1月，関税および貿易に関する一般協定（GATT）を発効させた（Wilkins [1974] 邦訳（下）50〜51頁）。ここに，いわゆる冷戦が始まった。

　この冷戦構造のもとでの1955〜70年におけるアメリカは，大規模な統合企業の国内事業が最も繁栄した時期であった。大規模な統合企業は，規模の拡張を図り，製品の多角化戦略を推し進め，他産業へ進出していった。1960年代には，企業合併が推進され，合併・買収（M&A）件数は新たなピークを記録した。数多くの企業合併のなかでコングロマリット企業となるものもあった。コングロマリット企業とは，垂直的合併や水平的な合併とは違って，技術的に関連性のない製品を幅広く生産・販売する大規模な合併企業である。

　第11章でみたとおり，この時代における大規模な統合企業（＝大株式会社）が巨大化するにつれて株式所有者（＝株主）の数もまた，ますます増加し，大株式会社の株式所有が分散化していった。それと同時に，大規模な統合企業の経営は，ミドル・マネジメント（中間管理者層）やトップ・マネジメント（最高経営者層）などの俸給経営者層に委ねられるようになった。チャンドラーは，こうした階層制管理組織を擁する大規模な統合企業を経営者企業と呼び，1960年代末までにアメリカで支配的な企業制度となったことを明らかにした。経営者資本主義の確立であった（Chandler [1977] pp. 475-476）。

　この時代には，アメリカの大規模な統合企業と政府が双方で，未曽有の巨額支出を研究開発費にあてた。冷戦構造とベトナム戦争など熱い戦争のために，アメリカ国防費は，高水準に達していた。大規模な統合企業のなかでも防衛産業活動に経営資源を投入する軍需・軍事企業が現れた。技術革新もまた，コンピュータを含むエレクトロニクス産業，製薬化学を含む化学産業の分野で急速に進んだ。また，原子力と宇宙時代を象徴する諸科学の分野の研究開発が重要さを増してきた。

　この時代はまた，輸送と情報交換の分野で大きな技術革新が起きた。1958年，最初の民間ジェット機が大西洋を横断した。その影響は劇的で，ジェット機は，地理的，空間的な距離を縮めた。アメリカと世界の人々は，これまでにないスピードと快適さで移動できるようになり，国際電話とテレックスがこれを補完した。テレビ（TV）によって，アメリカと世界の人々は，瞬時に，外

国の景色や文化を直接,情報交換し,視覚により理解することが可能になった（Wilkins［1974］邦訳（下）98～102頁）。

(2) アメリカの製造業多国籍企業の全盛時代

アメリカで経営者資本主義が確立する1950年代から60年代は,同時にまた,アメリカ多国籍企業の全盛時代でもあった。この時期にアメリカ製造業の大規模な統合企業が,ヨーロッパに向けて本格的に進出を開始した。これは,ヨーロッパの事業家や企業経営者からみると「アメリカの挑戦」（Servan-Schreiber［1967］）であった。

1950年のアメリカの産業部門別の対外直接投資額をみると,製造業,石油業,小売業,鉱業,公益事業は総計117億9000万ドルであり,その後毎年,増大し,60年には318億2000万ドルへと約3倍に増えた。その産業部門のうち,製造業110億5000万ドルと石油業108億1000万ドルで,対外直接投資額全体の約69％を占めた。1970年には総計が781億8000万ドルで約7倍に増加し,製造業322億6000万ドル,石油業217億1000万ドルとなり,製造業だけで直接投資額全体の41％を占め,石油業が28％を占めた。この時期のアメリカ製造業と石油業の多国籍企業は,活発な海外事業の展開を牽引した（Wilkins［1974］邦訳（下）99～101頁）。

アメリカ多国籍企業の国または地域別の対外直接投資額総計をみると,1950年の総計117億9000万ドルのうち,ヨーロッパ17億3000万ドル（15％）,カナダ35億8000万ドル（30％）,ラテンアメリカ45億9000万ドル（39％）の合計で,84％を占めた。これら,カナダ,ラテンアメリカの占める位置は,戦前からの歴史的な関係が重要な要因であったことを示している。しかし,1970年になると,総計は,781億8000万ドルに増加し,ヨーロッパ地域の245億2000万ドル（31％）は,カナダ227億9000万ドル（29％）とラテンアメリカ147億6000万ドル（19％）を上回った（Wilkins［1974］邦訳（下）110頁）。

1950年代以降のヨーロッパの経済成長と産業復興とともに,アメリカの製造業直接投資額も急速に拡大し,70年には322億6000万ドルと,50年の8.4倍に急増した。とりわけ,1957年にEEC（ヨーロッパ経済共同体：ベルギー,フランス,ドイツ,イタリア,ルクセンブルク,オランダ）が設立されたのを契機に,アメリカの製造業直接投資のヨーロッパ地域への割合が高まった（Wilkins［1974］邦訳（下）101頁）。

2　統合企業の衰退と専業企業の台頭
　　　——リストラクチャリングとアウトソーシングの時代，1980年代

1　統合企業の衰退と多国籍企業の相互浸透
(1)　大規模な統合企業のリストラクチャリングの背景

　資本主義世界は，1973年の石油ショックを契機に過剰生産を表面化させて世界的な同時不況に突入して以来，経済成長を低迷させていた。そしてこの低い経済成長は，1980年代になっても資本主義世界の基調になっていた。しかも，この低い経済成長は，国や地域によって不均等に作用していた。先進工業諸国のなかでも日本が相対的に高い成長率を維持していたのに対して，アメリカとヨーロッパは長期にわたって経済成長率の低下傾向が続いた。開発途上国の経済成長率は，1980年代に急速に低下したにもかかわらず，アジア地域が高い成長率を維持していた。とくに中国の成長率は劇的でさえあった（United Nations Centre on Transnational Corporations [1988] p.17）。

　第11章でみたとおり，この資本主義世界の過剰生産と原油価格の高騰は，世界の経済成長と市場の停滞をもたらしただけではない。それは，省エネルギーを基調とした市場構造の質的変化を生み出し，停滞する産業部門と同時に，新しく成長する産業部門を登場させるなど世界的規模で産業の不均等な発展を引き起こした。素材産業では，停滞する鉄鋼産業に対して半導体産業が急成長した。同じ産業内においても自動車産業では，中・大型車市場が停滞するのに対して小型車市場が拡大し，コンピュータ産業では，中・大型汎用機市場が停滞・縮小するのに対してパソコン，ワークステーション（WS）が急拡大した。

　こうした世界的規模での市場の構造的変化のなかで，ME（マイクロ・エレクトロニクス）技術と製造能力を高めた日本とアジアNIES（新興工業経済地域）が一段と国際競争力を強化した。とくに，日本の大企業は，ME技術の発展と日本的な労使関係，企業系列関係に支えられて省エネルギー化と合理化に成功し，民生用エレクトロニクス，半導体，自動車，コンピュータ，精密機械などの先端産業で国際競争力を強化した。しかも，この国際的な競争が，製品の輸出という形態であれ，現地生産という形態であれ，世界的な市場を舞台に展開された。経済のグローバリゼーションが進展したのである（U.S. Council of Economic Advisors [1986]）。

レーガン政権は，新たな国際的な競争に対処するため，規制緩和とともに独禁政策を大幅に後退させた。アメリカでは1950年のクレイトン法第7条改正以降，企業の水平的および垂直的合併が大幅に制限されていた。このため1950年代以降の企業集中は，コングロマリット型合併を通じて展開した。ところが，レーガン大統領はコングロマリット型合併に対する規制を斥(しりぞ)けたばかりか，独禁政策においても水平的合併，垂直的合併に対する規制を大幅に緩和した。こうして1982年のIBMおよびAT&Tとの同意判決は，この巨大企業を反トラスト法の拘束から解放すると同時に，アメリカの巨大企業間の大型合併を認知する合図ともなった[5]。

　そして最後に，アメリカ大企業の投資家＝株主の間に大きな変動が起きた。1970年代初頭までにアメリカでは俸給経営者と階層制管理機構が，大企業を支配し管理運営を行うようになっていたが（Chandler [1977] pp. 475-476, 邦訳（下）812～813頁），70年代後半以降の世界の構造的変化に対して効果的に対応できなくなりつつあった。市場が成長する間は，大企業が事業を多角化・拡大し，余剰資金を内部留保することは俸給経営者の合理的決定であったが，市場が停滞し，収益性のある投資機会を失っている状況のもとでは，それは，投資家＝株主にとって「無駄と経営の失敗」となる。そこで，それまで大企業の管理運営から距離をおいていた機関投資家と投資専門家が，俸給経営者とともに大企業の事業の再構築と管理機構の再編に乗りだした（Jensen [1989] pp. 61-73）。

(2) 大規模な統合企業の事業構成の再構築

　そこで，1980年代にアメリカの大企業は，リストラクチャリングを開始した。アメリカ大企業は，まず事業構成の再構築の一環として不採算事業部門を分離・売却する一方で，コア事業部門の買収・合併を積極的に行った。このためアメリカ大企業のリストラクチャリングは，大規模なM&A&D（merger, acquisition and divestiture：企業合併・買収・事業分割）を伴った（Merrill Lynch [1991] pp. 1-40）。

　このM&A&Dの特色は，合併・買収にあたってその買収資金を金融機関等からの借入や債券の発行によって調達し，それによって大型の企業合併・買収を行うケースが増えたことであった。このような方法はLBO (leveraged buy-out) と呼ばれ，買収先の企業の資産やキャッシュフローを引当てにして買収資金の大部分を借り入れる。そして買収された企業は非公開化されるというと

ころに特色があった[6]。

こうしたM&A&Dは，アメリカ大企業の事業構成を収益性の低い事業から高い事業へと再編成するものであり，これまでの大企業の複数事業部制を整理・再編するものであった。この点からすると1980年代のM&A&Dは，アメリカ大企業が60年代以降，多角化して複雑化した多数の事業部を整理・再統合したものと評価できる。

しかも，LBOにみられるように公開企業が非公開企業へと転換することは，所有権に基づく経営が出現することを意味した。非公開化にあたって，典型的には企業の資産を引当てにして買収資金が借り入れられ，企業の株式が株主から買い戻される。買収する側は，企業内部の経営者，企業買収業者，機関投資家（生命保険会社，投資会社，年金基金），商業銀行であった。「この結果は，所有権と支配の融合である。株式所有の分散と株式を所有しない経営者の消滅によって，企業の経営資源は，所有者と経営者の直接的な意思決定と支配のもとに置かれる」(Useem [1990] pp. 690-692) ことになった。

1980年代のアメリカ大企業のリストラクチャリングは，このようにアメリカ国内の事業構成の再編成を劇的に展開させたが，他方では，多国籍企業として国際的な規模で事業の再構築をも展開させた。この国際的な事業の再構築は，アウトソーシング（outsourcing：海外調達）と戦略的提携（strategic alliance）という，企業外部の経営資源を活用する国際戦略が中心であり，アメリカ企業の国際競争力を強化するものであった (Kotabe [1992] pp. 153-213)。多くのアメリカ企業が，このアウトソーシングによってアメリカ国外からアメリカ企業向けの輸入品を調達するようになった。国連の多国籍企業研究センターによると，1985年現在，アメリカ多国籍企業の海外子会社によって供給される輸入品がアメリカの総輸入に占めるシェアは，40%であった (United Nations Centre on Transnational Corporations [1988] pp. 91-92, Enderwick [1989] p. 90)。

しかし，同時にアメリカ企業のリストラクチャリングは，企業の製造設備や職場の破壊をもたらし，アメリカ労働者のなかの不平等を促進して分極化を生み出した (Harrison and Bluestone [1988])。そのプロセスは，アメリカの貿易収支の赤字の増大，経済のサービス化，地域経済の不均等な発展，労使関係の変革と労働者への犠牲を伴った。そして，1980年代のアメリカでは都市，地域経済，コミュニティ，就業構造に構造的変化が起こり，都市の貧困化が進行したのである (Smith and Feagin [1987] pp. 1-14)。

(3) 世界のなかの先進国多国籍企業——直接投資の相互浸透

　1980年代になって先進国世界は多国籍企業の新たな時代を迎えた。1970年代初めまでは先進国を舞台に進出した主要な多国籍企業はアメリカ大企業であった。しかしながら，1980年代になると，日本の大企業がアメリカへの対外直接投資を増大させ急速に多国籍企業化するようになったばかりか，西ヨーロッパの対外直接投資残高がアメリカの対外直接投資残高を上回るに至った。こうして先進資本主義国の大企業は，相互に国境を越えて多国籍企業として活動する時代を迎えた。このため「直接投資の相互投資」とか，「多国籍企業の相互浸透」といわれた[7]。

　しかしながら，1980年代の世界市場の停滞と過剰生産の発生という圧力のもとで，日欧多国籍企業が国際競争力を強化したのに対抗して，アメリカ多国籍企業は世界的規模のリストラクチャリングを展開した。それは，アメリカ多国籍企業の多角化した事業部門のうち不採算部門を合理化し，事業構成を再編成（M&A&D）するものであった。このリストラクチャリングによってアメリカ多国籍企業はより競争力のある事業分野にシフトしていったが，その過程でヨーロッパと日本の多国籍企業がアメリカ国内市場に進出する足掛かりを獲得したのであった。

2　大規模な統合企業から専業企業へ

(1)　コンピュータ産業とグローバル寡占企業

　1980年代に入ってIT（information technology；情報技術）の技術革新がコンピュータ産業をとらえた。コンピュータ産業では，産業構造，企業の競争構造の大きな転換が起きた。1980年代までコンピュータ産業と呼ばれていた業界が，IT産業と呼ばれるような構造転換を迎えたのである。この産業構造と企業の競争構造の転換は，そこで活動する企業モデルの転換でもあった。しかも，この産業構造と競争構造の転換は，グローバルな規模で起きた。

　1980年代までのコンピュータ産業で広く販売・保守サービスされていた製品は，汎用コンピュータであり，それを供給するのは，企業内部に研究開発・製造・保守サービスなどの企業活動を内部化した大規模な統合企業であった。汎用コンピュータは，大企業をはじめ金融機関，政府など大規模組織で用いられる高価な事務処理，科学計算機であり，それを製造・販売するアメリカのIBM社，DEC社，UNISYS社，NCR社，HIS社，CDC社，日本の富士通，

日立，NECが大規模な統合企業（メインフレーム・メーカー）であった（Harman [1971], Brock [1975]）。

汎用コンピュータ産業は，技術集約的で，資本集約的な産業であり，製造企業にとって参入障壁が著しく高かった。それゆえ，メインフレーム・メーカーは，先進国の多国籍企業に集中し，その数も数社に限られたグローバルな寡占企業であった。また，アメリカのIBM一社が世界の汎用コンピュータ市場の60%を占めるというガリバー型寡占の産業構造であった（Sobel [1981]）。

しかしながら，1981年のIBM/PC（パソコン）の登場は，このコンピュータ産業の産業構造に大きな影響を与えた（夏目 [1994] 131～156頁）。パソコンの登場と普及により，これまでの汎用コンピュータに取って代わってパソコンやワークステーション（WS）という高性能で低価格の小型のコンピュータが普及し，コンピュータ産業のダウンサイジング（小型化）が進んだ。1980年代の中頃には，汎用コンピュータ市場とパソコンやWS市場の出荷額が逆転した。IBMをはじめメインフレーム・メーカーの大規模な統合企業は，1990年代初頭に軒並み経営業績を悪化させた（Carroll [1993] pp. 26-42，邦訳39～57頁）。IBMは，1991年より3年間，経常赤字を計上し，経営危機に陥った。これに対して経営業績を急速に拡大したのは，パソコン関連企業であった。

(2) オープン・アーキテクチャ戦略と専業企業の台頭

IBM/PCの登場は，企業の競争的な寡占構造に影響を及ぼした。IBMが，IBM/PCを市場に投入する際にオープン・アーキテクチャ戦略（標準化戦略）を採用したからであった。IBMは，IBM/PCがどのように作られているかという，パソコンのアーキテクチャ（基本設計思想）を公開した。このためコンパック社など競争企業がIBM/PCのアーキテクチャに従って自社ブランドのパソコンの生産，販売に乗りだした。IBM/PCのアーキテクチャに従って製造されたパソコンはIBM互換機（コンパチ，クローン）と呼ばれ，数多くの互換機メーカーによって製造された。1990年までにIBM互換機はパソコンの世界市場の80%を占めるほどに普及し，事実上の世界的標準となった（Ferguson and Morris [1993] pp. 17-29, Carroll [1993] pp. 26-42）。世界のパソコン産業におけるデファクト・スタンダード（事実上の標準）の成立である。これが，IBM/PCの標準化戦略であった。

このIBMのオープン・アーキテクチャ戦略によって，また，IBMがIBM/PCの要素技術や周辺装置の開発・製造を外部の専業企業に委託したり，発注

したりすることによって，専業企業が互いに補完関係や協力関係を形成して事業活動できる競争構造ができた。第1に，パソコン製品を構成する要素技術，たとえばOS（基本ソフト），MPU（超小型演算処理装置），DRAM（記憶LSI），またHDD（ハードディスク・ドライブ），FDD（フロッピーディスク・ドライブ），モニター，LCD（液晶表示装置），プリンター，キーボードなどの周辺装置を標準化（規格化）して専業企業が供給できるようになった（アーサー・D.リトル社[1993]）。第2に，ソフトウェアの専業企業がパソコンのアプリケーション・ソフト（アプリ：応用ソフト）の開発の重複を避けることにより開発コストを下げ，多様な種類の応用ソフトを供給する競争条件ができた。また，多くのソフトウェア専業企業が標準化（パッケージ化）した応用ソフトを製品として供給することができた。第3に，パソコン組立企業がIBM互換機を製造する場合，パソコンのアーキテクチャが公開され，しかも要素技術は外部の専業企業から調達することが可能となったため，パソコン組立企業の技術的，資金的な参入障壁は低くなり，参入企業が相次いで激しい価格競争が繰り広げられる競争構造となった。

　こうしてコンピュータ産業は，パソコンやWSなどの特定の基幹部品への集中や，組立など特定の企業活動を担う専業企業の登場により，IT産業といわれるようになった。

(3) 専業企業のネットワーク

　アナリー・サクセニアンは，この専業企業のもつ密接な協力関係＝ネットワークという関係の重要性を「ネットワーク生産」という視点から明らかにした。すなわち，専業企業が経営資源を特定製品や部品に集中できたのは，オープン・アーキテクチャを共有しながら専業企業が互いに補完関係や協力関係を形成し，それを前提に事業活動できたからである（Saxenian [1994] 邦訳250～251頁）。本章は，この専業企業をネットワーク関係にある専業企業と捉える。専業企業の経営戦略に着目することによって「ネットワーク生産」の視点だけでは捉えられない企業間の競争関係を明らかにできるからである。

　すなわち，1980年代に台頭したこの専業企業のネットワークは，密接な協力関係を基礎にした企業間競争のなかから少数の寡占企業を生み出した。IT産業でネットワーク関係にある専業企業が競争優位の確立をめざして競争戦略を展開したが，そのなかで，急速にインテル社とマイクロソフト社，コンパック社，シスコシステムズ社など少数のネットワーク関係にある専業企業が寡占

化した。

　ネットワーク関係にある専業企業は，特定事業分野に経営資源を集中しながら当該分野でのマーケット・シェア（市場占有率）を早期に独占するためにネットワーク効果とロック・イン（拘束の）効果を活用し，寡占企業となった。ネットワーク効果とは，参加者の協力が大きいネットワークのほうが，小さなネットワークよりも需要やコスト面などで経済効果が高いことを指す。また，ロック・イン効果は，ユーザーがいったんある企業のIT技術を利用すると，それを他社製のIT技術に変更することが，困難となる状態を指す。利用するIT技術の変更には，切り替えの手間と費用（スイッチング・コスト）がかかる。こうして，グローバルなIT産業では少数の寡占企業のみが市場を支配するような競争的な寡占構造が形成された（Shapiro and Varian［1999］邦訳186～239頁）。

3　インターネットの普及と新しい企業モデル
——グローバリゼーションの新段階，1990年代

1　インターネット時代の新しい企業モデル

(1)　冷戦構造の崩壊とグローバリゼーションの新段階

　1990年代になると，米ソを軸に社会主義諸国と資本主義諸国が対立していた冷戦構造が崩壊した。1989年のベルリンの壁の崩壊と90年のドイツの再統一，91年のソビエト連邦の崩壊とそれに相次ぐ旧社会主義諸国の資本主義体制への統合は，資本主義世界における市場拡大と新たな競争相手の登場を意味した。アジアでは社会主義国の中国が1978年に改革・開放政策を本格化し，92年，鄧小平の南巡講話以降，驚異的な経済成長を達成した。さらに同国は，2001年にはWTO（世界貿易機関）に加盟して資本主義世界との貿易と資本取引の拡大をめざした。また，1980年代にアジアNIES諸国についでASEAN諸国も従来の経済政策を変更して，外資導入と輸出主導による経済成長を実現した。

　これら経済のグローバリゼーションの大きな変化を主導したのは，アメリカであった。アメリカは，WTO，IMF，IBRDなど国際機関を通して貿易と資本取引の自由化を推進してきた。その政策理念は，新自由主義に基づく規制緩和と市場主義であり，1980年代のアメリカのレーガン大統領，イギリスのサ

ッチャー首相らによって強力に推進された．新自由主義は，1930年代のニューディール政策を引き継ぐケインズ主義的な経済政策を否定する政策理念であった．

新自由主義のアメリカは，1990年代に入って300以上もの二国間貿易協定を各国と締結しながら貿易と資本取引の拡大を進めた（U.S. Council of Economic Advisors [2001]）．それが，アメリカのニュー・エコノミーとアジア経済の拡大を支えた．アメリカのニュー・エコノミーは，IT技術の発展とともに生産性を上昇させて経済成長を持続させる新しい経済の時代である，という主張が出てきた（Weber [1997] p.71）．いわゆる，ニュー・エコノミー論である．

ニュー・エコノミー論は，労働市場の柔軟性（フレキシビリティ）が，労働の配置をしやすくし，そのことが労働コストを安価にし，さらに産業構造の転換をしやすくした，という主張を展開した．たしかに企業経営や産業にとってみれば，合理的かつ効率的であった．しかし，そのことは同時に，労働者にとってみれば賃金の低下を招くことであり，失業率が低下しているにもかかわらず賃金が上昇しない構造でもあった．この構造は，IT革命の恩恵に浴する職種の労働者とそうでない職種の労働者との間に給与所得の格差を生み出す構造ともなった．いわゆる給与所得者層の間の二極分化を生み出した．

(2) インターネットの普及と新しい企業モデル──eビジネスとインターネット企業

IT革命は，技術的に定義するとインターネットを基礎にした情報技術（IT）の革新であり，情報技術と通信技術と放送技術を融合することである．具体的には，世界中のコンピュータやパソコンが通信網（ネットワーク）を通じてつながり，個人や企業や団体との間で音声，文字，画像，動画など多様な情報の共有と交換が，簡単にしかも安価に行える．このことからITは，ICT（information and communication technology）ともいわれる．1994～95年頃からインターネットは世界のあらゆる分野に広がり，2000年には，携帯電話，テレビ，ゲーム機，カーナビゲーションからもインターネットに接続できるようになった（夏目 [1999] 1～9頁）．

このインターネットを基礎にしたIT（＝ICT）革新が，世界の経済や産業，企業の活動さらには雇用や労働現場に浸透して，さまざまな影響を与え始めた．インターネットを使った商品の取引を電子商取引と呼んでいるが，このインタ

ーネットを使った消費者の買い物（B to C）や企業間の取引（B to B）が拡大した。インターネットは，経済活動のみならず，教育や医療活動，政府や企業のBP（ビジネス・プロセス），社会活動や個人の生活にも普及し影響を及ぼした。しかもそれは，グローバルに展開した。

　このインターネットという技術革新が，eビジネスやインターネット企業という新しいタイプの企業モデルを生み出すことになった。eビジネスは，地理的な範囲や物理的な店舗の運営コストから逃れて，ほぼ無限のコンテンツを顧客の求めに応じて配送することができ，ほぼリアル・タイムで反応し，応えることができる企業である。代表的なeビジネスは，伝統的な書店，証券会社，自動車のディーラーのインターネット版として創設された，アマゾン・ドット・コム社，eトレード社，オートバイテル・ドット・コム社のような企業モデルである（U.S. Departmen of Commerce [1998] p.10）。また，インターネット企業（the internetworked enterprise）とは，ウェブ上で遂行される企業と個人の間の取引上の協力関係（commercial collaboration）を推進する企業として定義された。そこでは，参加する企業や個人は，その構造からの出入りはフレキシブルであり，必要に応じて決められる（OECD [1999]）。代表的なインターネット企業は，グーグル社，ヤフー社，AOL社，フェイスブック社ほかのSNS（ソーシャル・ネットワーキング・サービス）などのような情報サービス配信企業であった。

2　大規模な統合企業と新たな企業モデルとの衝突

(1)　転換を迫られる大規模な統合企業

　電子商取引が拡大するにつれてeビジネスとインターネット企業という2つの企業モデルは，従来の企業モデル＝大規模な統合企業に対して転換を迫った。1990年代後半の段階では，eビジネスやインターネット企業が，根本的な，経済全般にわたる組織的な変化は引き起こさなかったにしても，電子商取引が急速に浸透している市場では，競争企業に対して企業と顧客の関係にある種の転換を迫りつつあったといえる（OECD [1999] p.81）。OECDの調査によると，この企業モデルの転換が劇的に進んでいるのは，音楽，出版，小売，銀行業界であり，一部進んでいるのが輸送業界，中間的な段階にあるのが情報サービス業界であった（OECD [1999] pp.94-97）。もちろん，この企業モデルの転換は，直線的に進むのではなく，新しい企業モデルと従来の企業モデルが共存し相互

依存したり，補完しあったりした。

　挑戦を受けた従来型の企業モデルは，チャンドラーが『ビジブル・ハンド』のなかで描いた大規模な統合企業と大量流通企業の2つの大規模な企業モデルである。大量流通企業は，鉄道，電信，蒸気船，郵便制度，のちにトラック輸送網のインフラストラクチャーの形成と利用を基礎に，全国的な購買網，販売網，を形成・統合し，マーケティング，広告，物流，財務などを通じる資金，財，情報の流れを効率的に調整できる階層的な管理機構を形成し，競争上の優位を維持した（Chandler［1977］ch.7）。大規模な統合企業は，全国的な規模での大量生産，大量販売，大量購入などの企業活動の企業内部への統合であり，この企業活動を調整するのに必要な階層制管理機構を形成した。2つの新しい企業モデルは，この従来型の企業モデルに挑戦した。eビジネスを事例にみることにしよう。

(2) eビジネスが，大量流通企業に迫る企業モデルの転換

　まず，従来の企業モデル（大量流通企業）がインターネット販売を導入するにあたって直面した第1の問題は，チャネル・コンフリクトと呼ばれる問題である。大量流通企業が，インターネットで同じ商品を低価格で直接販売することは，これまで築き上げてきた小売店舗販売網と共食いする関係に立つことになった（Byrnes and Judge［1999］）。この小売店舗販売網こそ従来の大量流通企業の収益の源泉であるため，問題は深刻であった。バーンズ・アンド・ノーブル社やメリル・リンチ社，モルガン・スタンレー社がインターネット販売に対して消極的な態度をとっていたのはこのためであった（Smith［1999］）。

　さらに，大量流通企業がインターネット販売に参入することで直面する第2の問題は，四半期ごとの利益を犠牲にしなければならないことであった。大量流通企業は，四半期ごとの利益を恒常的に維持することが求められ，この前提のもとに俸給経営者は，投資家に信任されていた。しかし，大量流通企業は，彼らの収益の柱である事業と利害の対立するインターネット事業に進出する際にはそのために既存の事業から資金を配分しなければならない。インターネット事業に先行投資をするために四半期ごとの利益を犠牲にしたのである（Byrnes and Judge［1999］）。

　これに対してeビジネスは，四半期ごとの利益が当面の間まったくないか，もしくは，低くても収益予測だけで資本調達できる企業モデルである。アマゾンはコンピュータと編集スタッフ，マーケティングに巨額の先行投資を行い，

2001年までの収益の見通しがなくても新規の株式公開に踏み切り,その後の株価も上昇を続けた。

このようにみてくると,eビジネスに対抗する大量流通企業の経営戦略は,単にeビジネスに追随してインターネット販売を開始すればよい,という問題ではなく,大量流通企業の企業モデルそのものを変えなければならない。しかも,この企業モデルの転換は,従来の大量流通企業にとって当面の四半期ごとの利益と収益事業を犠牲にしながら,新たな巨額の先行投資を行わなければならなかった。2011年2月には,全米2位だった書店チェーン,ボーダーズ・グループがその投資を実施することができずに経営破綻し,全米1位のバーンズ・アンド・ノーブルに買収されることになったのである。

eビジネスの台頭は大量流通企業に企業モデルの転換を迫っており,その企業モデルの転換は,企業のみならず,産業構造や,雇用,労働形態にも大きな影響を及ぼすことになった。eビジネスが拡大すると,流通業と企業間取引に関わる事業部門が大きな影響を受けることになった。そこでは,eビジネスに関連する事業と職種が拡大する一方で,eビジネスに取って代わられる事業と職種が削減されることになった。eビジネスの台頭は,産業構造と雇用にも大きな影響を与えた(Mandel and Kunii [1999])。

(3) eビジネスの台頭と雇用のフレキシビリティ

以上のように,大規模な統合企業の経営破綻や事業の再構築は,大規模な統合企業の管理組織の縮小や再編成を伴った。多くの販売従事者など現場労働者のみならず,管理者,スタッフ管理者,技術者,事務労働者などホワイトカラー労働者層の職種が削減され,職種の喪失と雇用の不安定性を高めることになった。このことは,大規模な統合企業に雇用されていた正規雇用のホワイトカラー労働者の削減を意味し,所得階層という視点でみると,大量の中間所得層を削減することにつながった。他方で,正規雇用のホワイトカラー労働者の削減は,1980年代末から広がり始めていた非正規雇用の労働者(contingent worker)を増大させることにつながった(大塚 [2001] 94~107頁)。これは,雇用のフレキシビリティといわれ,いわゆる「フレキシブル資本主義」の浸透につながった(Sennett [1998])。

1999年の段階で非正規雇用は,3927万人であり,アメリカの全労働力人口1億3100万人の約30%を占めた。このうち,派遣労働者は,118万8000人(0.9%),独立の契約労働者は,824万7000人(6.3%)で,合計7.2%を占めた

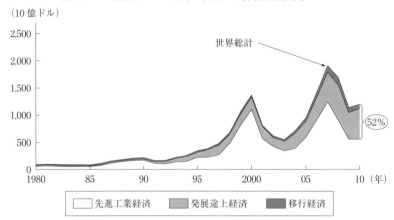

図 12-1　経済グループ別の世界の対内直接投資フロー

出所）UNCTAD, 付表 I.1 および FDI/TNC データベースに基づく（UNCTAD［2011］p.3）。

(U.S. General Accounting Office［2000］p.19）。非正規雇用の労働者は，世帯収入が低く，健康保険や年金の付加給付を受けるのに不利な立場に置かれていた。正規雇用の年間世帯収入が 1 万 5000 ドルを下回る割合は，7.7% であるのに，非正規雇用の割合は，14.8% で約 2 倍であった。このうち，派遣労働者の 29.8% が，年間世帯収入 1 万 5000 ドルを下回った（U.S. General Accounting Office ［2000］pp.11-15）。非正規雇用の増大は，低所得層の拡大につながった。

4　21 世紀のアメリカ多国籍企業——2000 年代以降

1　変貌するアメリカ多国籍企業

(1)　変わる進出先——先進諸国から新興諸国へ

　冷戦構造が崩壊した 1990 年代から現在までの約 20 年間，世界の多国籍企業は，構造的に大きく変貌を遂げた。その構造的な変化は，世界の多国籍企業の進出先（受け入れ先）の変化である。

　1980 年代までの多国籍企業は，第 1 節と第 2 節でみたようにアメリカを中心とした日米欧の先進国大企業であった。そして，これら先進国多国籍企業の進出先は，1990 年代まではアメリカ，ヨーロッパ，日本などの先進国が中心であった（Jones［2005］p.53）。

　しかしながら，図 12-1 が示すように，21 世紀に入ると多国籍企業の進出先

が，先進国というよりは，発展途上国・移行諸国にシフトし始めた。リーマン・ショック以降の 2010 年には逆転した。しかも，これらの進出先は，発展途上国のなかでもアフリカや西アジアなどの低開発国ではなく，南アジア，東アジア，東南アジア，またラテンアメリカ，カリブ海地域などの発展途上諸国と地域であった。

　アメリカをはじめ世界の多国籍企業の進出先を，上位 20 カ国でみると，世界最大の進出先はアメリカで 2280 億ドル（1 位）であった。中国（2 位），香港（3 位）が続き，この中国と香港の合計額 1750 億ドルは，アメリカの 77％ に相当した。アメリカと中国が，21 世紀の多国籍企業の最大の進出先であった。これに続くのは，ブラジル（5 位），シンガポール（9 位），インド（14 位）などであり，南アジア，東アジア，東南アジア地域の受け入れ合計額は 2010 年に 3000 億ドルに達し，ラテンアメリカ地域の 1590 億ドルとあわせて，両地域は，多国籍企業の最大の進出地域であった（UNCTAD [2011] p.4）。

　このように多国籍企業の進出先が，先進諸国から新興経済諸国・移行経済諸国地域へ構造的に大きく変化した背景には，これらの経済諸国地域の経済発展があった。多国籍企業は，これまでは，これらの地域を安価な人的資源や天然資源の供給地域として位置づけて投資を行い，進出してきた。しかしながら，これら新興経済諸国地域は，彼らの経済発展と所得の向上とともに商品やサービス市場を成長させてきた。また，これらの政府は，産業政策や外資政策を転換し，外資受け入れ条件を緩和した[8]。それとともに，多国籍企業の進出動機もこれまでの人的資源の活用や天然資源の獲得を目的としたものから，市場の獲得を目的としたものへと変化したのであった。

　では，21 世紀の多国籍企業の本国はどこか。2010 年の対外直接投資フローの本国上位 20 カ国の順位をみると，アメリカの 3290 億ドルを筆頭に，ドイツ（2 位），フランス（3 位），スイス（6 位）など EU10 カ国と日本（7 位）が，世界の主要な多国籍企業の本国であった。今日もなお，世界の多国籍企業の本国は，先進工業諸国であり，資本主義諸国である。しかし，このなかで注目すべきは，香港（4 位）と中国（5 位）の対外直接投資フローであった（UNCTAD [2011] p.9）。2010 年の香港 760 億ドルと中国 680 億ドルの対外直接投資フロー合計額 1440 億ドルは，アメリカ 3290 億ドルの 44％ に匹敵し，世界の対外直接投資フロー第 2 位のドイツ 1050 億ドルを上回る規模であった。

(2) オフショアリングするアメリカ多国籍企業

21世紀のアメリカ多国籍企業の投資活動や企業活動の最も大きな構造的な変化は，多数の従業員を必要とする製造工場・施設や営業所や事務所を企業内部に擁する大規模な統合企業で起きた。これら産業部門のアメリカ多国籍企業が，グローバルに大規模な製造工場・施設や営業所や事務所の再編成を行ったのが，オフショア・アウトソーシング（offshore outsourcing；オフショアリング）であった。オフショアリングとは，企業業務の国外への外部委託のことであり，アメリカ多国籍企業が，製造や研究開発，間接業務など企業活動や事務活動を国外，とくに南アジア，東アジア，東南アジアの現地企業に外部委託してきたのである[9]。

表12-1が示すように，オフショアリングは，エレクトロニクス，自動車部品，医薬品，半導体，衣料，シューズ製品，おもちゃ，IT-BPO（IT-ビジネス・プロセス・アウトソーシング）など幅広い産業にわたった。その売上高規模，雇用数で圧倒的な位置を占めるのが，エレクトロニクス産業であり，その製造請負企業は，アジア発多国籍企業の台湾企業とシンガポール企業である（UNCTAD [2011] p.135）。IT-BPOは，IT多国籍企業が提供する最大規模の企業向けのITサービスであり，インドが世界最大のITサービス請負拠点である。

オフショアリングは，アメリカ多国籍企業にとって，現地企業が所有する製造工場・施設や事務所と現地従業員という経営資源をボーダレスM&Aやグリーンフィールド（新規）投資により内部化するのではなく，委託契約によりそのまま外部の経営資源として活用する戦略である。これは同時に，アメリカ多国籍企業にとって，彼らの製造工場・施設と従業員を国外の現地企業に外部化（委託）する経営戦略でもあった。このオフショアリングは，大規模な統合企業にとって，経営戦略の根本的な転換といえる。大規模な統合企業は，20世紀の初頭以来，研究開発，購買，製造，販売，保守・サービスなどの独立した企業機能を自社に内部化し，垂直的に統合しながら企業成長を実現してきたからである。

しかしながら，アメリカ多国籍企業のオフショアリングの展開は，アメリカ本国の製造工場・施設で働く工場労働者（ブルーカラー労働者）のみならず，事務所や営業所で働く管理者や技術者，事務労働者（ホワイトカラー労働者）の職種を新興国の工場・施設や事務所に移転することを意味した（Friedman [2006]）。

表12-1 請負製造およびサービス・アウトソーシングにおける主な発展途上経済の企業（2009年）

(単位：10億ドル，千名)

企業名	売上高	従業員数	企業名	売上高	従業員数
エレクトロニクス			衣料		
フォックスコン/ホンハイ（台湾）	59.3	611	ヤンガーグループ（中国）	1.8	47
フレクストロニクス（シンガポール）	30.9	160	ルエン・タイ（香港・中国）	0.8	20
クアンタ・コンピュータ（台湾）	25.4	65	聚陽（台湾）	0.4	21
コンパル（台湾）	20.4	58	トライステート（香港・中国）	0.4	15
ウィストロン（台湾）	13.9	39	ハイファッション・インターナショナル（香港・中国）	0.3	12
自動車部品			シューズ製品		
LG化学（韓国）	13.1	8	プーティエン（台湾）	6.5	333
現代精工（ヒュンダイ・モービス）（韓国）	11.2	6	ステラ・インターナショナル（台湾）	1.0	50
万都（韓国）	2.1	4	フェン・タイ（台湾）	0.8	68
ネマック（メキシコ）	1.9	15	シンフォニー（香港・中国）	0.2	14
ランドン（ブラジル）	1.4	10	キングメーカー・フットウェア（香港・中国）	0.2	12
医薬品			おもちゃ		
ピラマルヘルスケア（インド）	0.7	7	ケーダー（香港・中国）	0.2	20
ジュビラント生命科学（インド）	0.7	6	ヘラルド（香港・中国）	0.2	8
Divi's研究所（インド）	0.2	1	レガロ（香港・中国）	0.2	5
デイシュマン医薬品（インド）	0.2	1	ドリーム・インターナショナル（香港・中国）	0.1	9
ハイカル（インド）	0.1	1	マトリクス（香港・中国）	0.1	9
半導体			IT-BPO(IT-ビジネス・プロセス・アウトソーシング)		
TSMC（台湾）	9.2	26	タタ・コンサルタンシー・サービシズ（インド）	5.2	160
UMC（台湾）	2.9	13	ウィプロ（インド）	4.2	108
チャータード・セミコンダクタ（シンガポール）	1.5	4	チャイナ・コミュニケーションズ・サービシズ（中国）	2.7	127
SMIC（中国）	1.1	10	ソンダ（チリ）	0.9	9
ドンブ・ハイテック（韓国）	0.4	3	HCLテクノロジーズ（インド）	0.8	54

注）可能なところでは，データはクロスボーダーNEM活動に関連する売上高と従業員数を引用。
出所）UNCTAD［2011］p.135 より作成。

このため，アメリカIT多国籍企業のオフショアリングにより，アメリカの技術者，ホワイトカラー労働者の雇用と賃金にとってインドは，最大の脅威となっていた（Engardio et al.［2003］）。インドの技術者やホワイトカラー労働者は，その専門的な能力や英語能力が高いだけでなく，アメリカの技術者やホワイトカラー労働者の賃金よりも低く，2分の1～10分の1程度であった。こうした状況のなかでアメリカのIT技術者やホワイトカラー労働者の失業率が増大する傾向にあるだけでなく，賃金も低下する傾向にあった（Farrell［2006］）。

こうした傾向は，21世紀にはさらに強まるという予測が示された。フォレスター・リサーチ社によると，2003年から15年までに少なくとも330万のホワイトカラー労働者の仕事と1360億ドルの賃金がアメリカから低コストの国へ移動すると予測された（Engardio, Bernstein, and Kripalani [2003]）。アメリカのホワイトカラー労働者は，アメリカの中間所得層を構成する最大の階層である。アメリカのホワイトカラー労働者の多数が所得と雇用で脅かされていることは，アメリカの政治的な不安定につながる可能性を秘めている。

2　グローバルなIT産業とアメリカ多国籍企業

(1)　アメリカIT多国籍企業の新たな企業モデル

　21世紀のグローバルなIT産業では，アメリカ多国籍企業が寡占的に支配する産業構造を形成してきた（OECD [2008] p.33）。しかも，このアメリカ多国籍企業は，1980年代から90年代にかけて台頭した新しい企業モデルであった。表12-2が示すように，2006年のグローバルなIT産業構造のなかでアメリカ多国籍企業の新しい企業モデルは，3つのタイプの新しい企業モデルに分類できる。しかも，これらの新しい企業モデルは，20世紀初頭に台頭した大規模な統合企業という企業モデルとは根本的に異なる企業モデルであった（OECD [2008] pp.59-66）。

　まず第1の企業モデルは，1980年代にPC/WS（パソコン/ワークステーション）事業分野のソフトウェアの専業企業群，半導体の専業企業群，PC/WS/通信機器の開発・製造・販売の専業企業群，ITサービスの専業企業が台頭し，寡占化した企業モデルであった（表12-2①③⑤⑧）。ソフトウェアの専業企業は，マイクロソフト社，オラクル社，シマンテック/ベリタス社などの寡占的な専業企業群であり，半導体の専業企業モデルは，インテル社，テキサス・インスツルメンツ社，AMD社，PC/WS/通信機器の開発・製造・販売の専業では，デル・コンピュータ社，アップル社など寡占的な専業企業群であった。

　第2の企業モデルは，1990年代中頃以降，インターネットの普及とともに電子商取引（eビジネス）や情報配信サービスを供給し始めた新しい企業モデルが台頭し，急速に寡占化した企業モデルである（表12-2②）。アマゾン，グーグル，ヤフー，イーベイ社などのeビジネス，インターネット企業群である。アマゾンは，インターネット経由で書籍やエレクトロニクス製品等の販売を開始したeビジネスであり，グーグルは，インターネット上で検索サービス，位

表 12-2 世界の IT 企業の分野別売上高上位各 10 社（2006 年）

① ソフトウェア企業上位 10 社（売上高利益率 23%）　米 9 社
①マイクロソフト（米），②オラクル（米），③SAP（独），④シマンテック/ベリタス（米），⑤コンピュータ・アソシエイツ（米），⑥エレクトロニック・アーツ（米），⑦アドビ・システムズ（米），⑧Amdocs（米），⑨イントュイット（米），オートデスク（米）。

② インターネット企業上位 10 社（売上高利益率 15%）　米 9 社
①アマゾン（米），②グーグル（米），③AOL LLC（米），④ヤフー（米），⑤IAC/インタラクティブ（米），⑥イーベイ（米），⑦e トレード（米），⑧エクスペディア（米），⑨TD アメリトレード（米），ヤフー/ジャパン（日）。

③ 専業半導体企業上位 10 社（売上高利益率 12%）　米 5 社
①インテル（米），②テキサス・インスツルメンツ（米），③インフィニオン（独），④ST マイクロエレクトロニクス（スイス），⑤台湾半導体（台），⑥キマンダ（独），⑦フリースケール（米），⑧NXP（オランダ），⑨AMD（米），⑩マイクロン（米）。

④ 電気通信サービス企業上位 10 社（売上高利益率 9%）　米 3 社
①NTT（日），②ベライゾン（米），③ドイツ・テレコム（独），④テレフォニカ SA（スペイン），⑤フランス・テレコム（仏），⑥AT&T（米），⑦ボーダフォン（英），⑧スプリント・ネクステル（米），⑨テレコム・イタリア（伊），⑩中国移動（香港）。

⑤ 通信機器企業上位 10 社（売上高利益率 8%）　米 5 社
①ノキア（フィンランド），②モトローラ（米），③シスコシステムズ（米），④エリクソン（スウェーデン），⑤アルカテル・ルーセント（仏），⑥L-3 コミュニケーションズ（米），⑦ノーテル・ネットワークス（カナダ），⑧Huawei テクノロジーズ（中国），⑨クアルコム（米），⑩アバイア（米）。

⑥ エレクトロニクス企業上位 10 社（売上高利益率 6%）　米 0 社
①シーメンス（独），②日立（日），③パナソニック（日），④ソニー（日），⑤サムソン（韓），⑥キヤノン（日），⑦フィリップス（オランダ），⑧三菱電機（日），⑨LG 電子（韓），⑩シャープ（日）。

⑦ IT サービス企業上位 10 社（売上高利益率 5%）　米 7 社
①EDS（米），②テック・データ（米），③アクセンチュア（バミューダ），④CSC（米），⑤キャップジェミニ・アーンスト・アンド・ヤング（仏），⑥SAIC（米），⑦ファースト・データ（米），⑧ADP（米），⑨エートス・オリジン（仏），⑩ユニシス（米）。

⑧ IT 機器・システム企業上位 10 社（売上高利益率 5%）　米 4 社
①ヒューレット・パッカード（米），②IBM（米），③デル・コンピュータ（米），④東芝（日），⑤NEC（日），⑥富士通（日），⑦ホン・ハイ・プレシジョン（台），⑧アップル（米），⑨ASUSTek コンピュータ（台），⑩クアンタ・コンピュータ（台）。

出所）　OECD [2008] pp. 59-66 より作成。

置（マップ）検索サービスなど情報配信サービスを供給し始めたインターネット企業である。両社は，ともに世界初の e ビジネス，インターネット企業という新しい企業モデルであった。

　この新しい企業モデルでは，21 世紀に入ると，高速通信網とモバイル通信網，スマートフォン，クラウド技術を基礎にフェイスブック社などのような SNS や，さまざまな情報配信サービスが展開され始めた。

これらのサービスはインターネット上のアプリケーション（app：アプリ）から入手可能となり，アプリを使ってさまざまな情報配信サービスを行う企業モデル，たとえば，ウーバー社（Uber；配車サービス）やエアB&B社（宿泊予約サービス）が登場した。こうした企業モデルを基礎にした経済は，プラットフォーム・エコノミー（platform economy）と呼ばれている（Zysman and Kenney [2014]）。

(2) 脱製造業をめざすアメリカIT多国籍企業

第3の企業モデルは，これらの新しい企業モデルから挑戦を受けた汎用機メーカーである大規模な統合企業であった（表12-2⑧）。1980年代にIBMやDECなど汎用機メーカーの大規模な統合企業は，上述の新しい企業モデルに対抗した。しかしながら同時に，グローバルに台頭してきた日本の多国籍企業や韓国，台湾，インドなどアジア企業との国際競争に対抗する必要にも迫られた。このためIBMやヒューレット・パッカード（HP）社などの大規模な統合企業は，製造やサービスのオフショア・アウトソーシング戦略を活用して台頭するアジアの製造請負企業との国際分業関係を形成しながら競争優位を維持した。

大規模な統合企業であったIBMは，1980年代に停滞し続ける主力の汎用機事業部門を縮小しつつ，パソコンやIT機器・システム，エレクトロニクス事業の製造をアジア企業にオフショアリングし，製品開発，設計，マーケティングに経営資源を集中した。さらに，IBMは，1990年代から21世紀にかけて製造事業からも撤退し始め，ソフトウェア事業，サービス事業への脱製造事業の方向を求めて，その割合を高めてきた（Gerstner [2002]）。

そして2005年，IBMは，パソコン事業を中国のレノボ社に売却し，撤退した。さらに，2008年，IBMは，インド子会社の従業員数を8万4000人，また，中国子会社の従業員を1万6000人に増大し，IBMの全従業員の72%を国外とした。こうしてIBMの2008年度の事業収入の構成は，サービス事業収入57%とソフトウェア事業収入21%だけで全収入額（1030億ドル）の78%を占めた。20世紀の大規模な統合企業であったIBMもまた，21世紀には法人向けサービス事業の脱製造事業をめざしたのである（夏目 [2014] 225頁）。

おわりに

　20世紀初めに台頭した大規模な統合企業は，1950年代から60年代にかけて経営者資本主義としてアメリカに広く普及したが，80年代になると国際競争力を強化した日本とヨーロッパの大企業との企業間競争に直面して，リストラクチャリングを開始した。コンピュータ産業では，ME革命の進展とともにマイクロソフトやインテル，コンパックなど専業企業という新しい企業モデルが台頭し，IBMやDECなど大規模な統合企業は，経営危機に陥った。

　1990年代になると，冷戦構造の崩壊と新自由主義の浸透，IT革命とインターネットの普及とともにアマゾンやヤフー，グーグルなどeビジネスやインターネット企業が台頭し，大規模な統合企業のなかにはやはり経営危機に陥るものも現れた。また，1990年代になるとIT産業においてオフショア・アウトソーシングが普及し，韓国，台湾，インド，中国などアジアIT大企業が台頭した。アメリカIT多国籍企業は，彼らとの間に新たな国際分業関係を形成し，日本とヨーロッパの多国籍企業に対抗した。

　21世紀は，こうした国際分業関係の展開の時代となった。アメリカIT多国籍企業は，このオフショア・アウトソーシングを大規模に南アジア，東アジア，東南アジア地域で展開してきた。このオフショア・アウトソーシングこそ，アメリカIT多国籍企業が，グローバルに大規模に展開する製造工場・施設や事務所および従業員を再編成する形態であった。

　しかしながら，アメリカIT多国籍企業のオフショア・アウトソーシングの展開は，アメリカ本国の製造工場・施設で働く工場労働者（ブルーカラー労働者）のみならず，事務所や営業所で働く管理者や技術者，事務労働者（ホワイトカラー労働者）の職種を新興国の工場・施設や事務所に移転することを意味した。それゆえ，アメリカIT多国籍企業のオフショア・アウトソーシングは，アメリカ本国のIT産業のホワイトカラー労働者，ブルーカラー労働者の職種の喪失と雇用の不安定性を高め，彼らの賃金低下をもたらした。そのことが，アメリカ本国における所得格差の拡大につながってゆく。

注

1) チャンドラーの『ビジブル・ハンド』の分析枠組みは，一国史的枠組みで構築されている，として「日米関係経営史」の枠組みで1980年代を分析したのが，塩見・堀［1998］であった。同

じ問題意識から1990年代を分析したのが，塩見・橘川［2008］であった。本章は，同じ問題意識から1930年代から2000年代を分析し，叙述する。
2) 20世紀は，アメリカの巨大企業が支配する世紀であった。アメリカにおける19世紀から20世紀への転換期に起きた企業合同運動と，そのなかから誕生した巨大企業の歴史については，谷口［2002］を参照。
3) ラングロワ（Langlois［2003］）の問題提起については，橋本［2005］および米倉・原［2008］を参照。
4) 須藤［1997］は，19世紀の後半から1930年代までを対象として，アメリカ商業銀行の活動と連邦準備制度の成立と展開をアメリカ巨大企業体制の成立との関係において実証的に分析している。
5) 1980年代のアメリカ企業合併運動におけるコングロマリット型合併の退潮については，佐藤［1993］192～197頁に詳しく分析されている。
6) Merrill Lynch［1991］pp. 59-77．また，中本［1990］58～61頁は，このほか，買収企業が被買収企業の株主に支払う買収価格の時価に対するプレミアムがきわめて高い点を指摘している。
7) この論点に関しては，Hymer［1979］邦訳，宮崎［1982］157～164頁，佐藤［1984］6頁，萩原［1996］119～140頁が，先駆的研究である。
8) 2008年，中国における外資法の改正により，外資優遇政策は撤廃され，原則として国内企業と同じ扱いに転換した。その反面で，それまでの出資比率に応じて国内販売を認めていた制限をなくし，外資に対しても国内市場での販売を認めるようになった（奥村・久保・高橋・安田［2011］4頁）。
9) UNCTAD［2011］は，オフショア・アウトソーシングをNEM（non equity mode）の一部として位置づけ，1章分を割いて深く分析した。NEMは，請負製造（contract manufacturing），サービス・アウトソーシング（service outsourcing），請負農業（contract farming），フランチャイジング（franchising），ライセシング（licesing），経営請負（management contract）を含んでいる。UNCTAD［2011］pp. 123-176．また，関下［2010］，夏目［2004］［2014］も参照。

参 考 文 献

アーサー・D. リトル社編［1993］『コンピュータ関連企業の高収益革命』ダイヤモンド社。
大塚秀之［2001］『現代アメリカ社会論——階級・人種・エスニシティからの分析』大月書店。
大西勝明［1998］『大競争下の情報産業』中央経済社。
奥村皓一・久保新一・高橋公夫・安田八十五編［2011］『海外進出企業の経営現地化と地域経済の再編』創風社。
呉天降［1971］『アメリカ金融資本成立史』有斐閣。
坂本和一［1992］『コンピュータ産業——ガリヴァ支配の終焉』有斐閣。
佐藤定幸［1984］『多国籍企業の政治経済学』有斐閣。
佐藤定幸［1993］『20世紀末のアメリカ資本主義』新日本出版社。
塩見治人・橘川武郎編［2008］『日米企業のグローバル競争戦略』名古屋大学出版会。
塩見治人・堀一郎編［1998］『日米関係経営史——高度成長から現在まで』名古屋大学出版会。
鈴木圭介編［1988］『アメリカ経済史II』東京大学出版会。
須藤功［1997］『アメリカ巨大企業体制の成立と銀行——連邦準備制度の成立と展開』名古屋大学出版会。
関下稔［2010］『国際政治経済学要論』晃洋書房。
谷口明丈［2002］『巨大企業の世紀——20世紀アメリカ資本主義の形成と企業合同』有斐閣。
中本悟［1990］「1980年代アメリカにおける企業合併・買収運動」『季刊経済研究』（大阪市立大学），第13巻第2号。

夏目啓二［1994］『現代アメリカ企業の経営戦略』ミネルヴァ書房。
夏目啓二［1999］『アメリカ IT 多国籍企業の経営戦略』ミネルヴァ書房。
夏目啓二［2004］『アメリカの企業社会——Corporate America』八千代出版。
夏目啓二［2014］『21 世紀の ICT 多国籍企業』同文舘出版。
萩原伸次郎［1996］『アメリカ経済政策史——戦後「ケインズ連合」の興亡』有斐閣。
橋本輝彦［2005］「企業システムの歴史的変化——なぜ『チャンドラー型企業』は衰退しつつあるか」『立命館国際研究』第 18 巻第 1 号。
林昭・門脇延行・酒井正三郎編［2001］『体制転換と企業・経営』ミネルヴァ書房。
藤井光男・丸山恵也編［2001］『日本の主要産業と東アジア』八千代出版。
宮崎義一［1982］『現代資本主義と多国籍企業』岩波書店。
米倉誠一郎・原泰史［2008］「『見える手』から『消えゆく手』へ」塩見治人・橘川武郎編『日米企業のグローバル競争戦略』名古屋大学出版会。
Brock, Gerald W. [1975] *The U. S. Computer Industry: A Study of Market Power*, Ballinger Publishing.
Byrnes, Nanette and Paul C. Judge [1999] "Internet Anxiety," *Business Week*, June 26.
Carroll, Paul [1993] *Big Blues: The Unmaking of IBM*, Crown Publishers.（近藤純夫訳［1995］『ビッグブルース』アスキー出版）。
Chandler, Alfred D., Jr. [1977] *The Visible Hand: The Managerial Revolution in American Business*, Harvard University Press.（鳥羽欽一郎・小林袈裟治訳［1979］『経営者の時代（上・下）』東洋経済新報社）。
Enderwick, P. [1989] "Multinational Corporate Restructuring and International Competitiveness," *California Management Review*, Vol. 32, No. 1.
Engardio, Pete, Aaron Bernstein, and Manjeet Kripalani [2003] "The New Global Job Shift," *Business Week Online*, March.
Farrell, Diana [2006] *Offshoring: Understanding the Emerging Global Labor Market*, Harvard Business School Press.
Ferguson, Charles H. and Charles R. Morris [1993] *Computer Wars: How the West Can Win in a Post-IBM World*, Times Books.（藪暁彦訳［1993］『コンピュータ・ウォーズ——21 世紀の覇者』同文書院インターナショナル）。
Friedman, Thomas L. [2006], *The World is Flat: A Brief History of the Twenty-first Century*, Farrar Straus & Giroux.（伏見威蕃訳［2006］『フラット化する世界』日本経済新聞社）。
Gerstner, Louis V. [2002] *Who Says Elephants Can't Dance?: Inside IBM's Historic Turnaround*, Harper.（山岡洋一・高遠裕子訳［2002］『巨象も踊る』日本経済新聞社）。
Hansell, Saul [1998] "Compaq Plan to Sell Directly to Consumers," *New York Times*, November 11.
Harman, Alvin J. [1971] *The International Computer Industry: Innovation and Comparative Advantage*, Harvard University Press.
Harrison, B. and Barry Bluestone [1988] *The Great U-Turn: Corporate Restructuring and the Polarizing of America*, Basic Books.（田中孝顕訳［1990］『危険な大転進』騎虎書房）。
Hymer, Stephen [1979] "*The Multinational Corporation: A Radical Approach*," Cambridge University Press.（宮崎義一編訳［1979］『多国籍企業論』岩波書店）。
Jensen, Michael. C. [1989] "Eclipse of the Public Corporation," *Harvard Business Review*, September-October.
Jones, Geoffrey [2005] *Multinationals and Global Capitalism: From the Nineteenth to the Twenty-first Century*, Oxford University Press.（安室憲一・梅野巨利訳［2007］『国際経営講義』有斐閣）。

Kotabe, Masaaki [1992] *Global Sourcing Strategy: R&D, Manufacturing, and Marketing Interfaces*, Quorum Books.
Langlois, Richard N. [2003] "The Vanishing Hand: The Changing Dynamics of Industrial Capitalism," *Industrial and Corporate Change*, Vol. 12, No. 2.
Langlois, Richard N. [2004] "Chandler in a Large Frame: Markets, Transaction Costs, and Organizational Form in History," *Enterprise & Socity*, Vol. 5, No. 3.
Mandel, Michael J. and Irene M. Kunii [1999] "The Internet Economy: The World's Next Growth Engine," *Business Week*, October 4.
Merrill Lynch [1991] *Mergerstat Review 1990*, pp. 1-40.
OECD [1999] *The Economic and Social Impacts of Electronic Commerce: Preliminary Findings and Research*.
OECD [2008] *Information Technology Outlook 2008*, OECD Publishing.
OECD [2010] *Information Technology Outlook 2010*, OECD Publishing.
OECD [2012] *Internet Economy Outlook 2012*, OECD Publishing.
Saxenian, AnnaLee [1994] *Regional Advantage: Culture and Competition in Silicon Valley and Route 128*, Harvard University Press.（大前研一訳 [1995]『現代の二都物語——なぜシリコンバレーは復活し，ボストン・ルート 128 は沈んだか』講談社）．
Saxenian, AnnaLee [2006] *New Argonauts: Regional Advantage in a Global Economy*, Harvard University Press.（酒井泰介訳 [2008]『最新・経済地理学』日経 BP 社）．
Sennett, Richard [1999] *The Corrosion of Character: The Personal Consequences of Work in the New Capitalism*, W. W. Norton.（斉藤秀正訳 [1999]『それでも新資本主義についていくか——アメリカ型経営と個人の衝突』ダイヤモンド社）．
Servan-Schreiber, Jean-Jacqnes [1968] *Le Défi Américain*, Time-Life.（林信太郎・吉崎英男訳 [1968]『アメリカの挑戦』タイムライフインターナショナル）．
Shapiro, Carl and Hal R. Varian [1999] *Information Rules: A Strategic Guide to the Network Economy*, Harvard Business School Press.（千本倖生監訳 [1999]『「ネットワーク経済」の法則』IDG コミュニケーションズ）．
Smith, Randall [1999] "Online Investing: Channel Conflict," *Wall Street Journal*, June 14.
Smith, Michael P. and Joe R. Feagin eds. [1987] *The Capitalist City: Global Restructuring and Community Politics*, Basil Blackwell.
Sobel, Robert [1981] *IBM: Colossus in Transition*, Times Books.（青木榮一訳 [1982]『IBM』ダイヤモンド社）．
UNCTAD [2011] *World Investment Report 2011*, United Nations Publication.
United Nations Centre on Transnational Corporations [1988] *Transnational Corporations in World Development*, United Nations Publication.
U. S. council of Economic Advisors [1986] *Economic Report of the President*, 1986.
U. S. council of Economic Advisors [2001] *Economic Report of the President*, 2001.
U. S. Department of Commerce [1998] *The Emerging Digital Economy*.
U. S. Department of Commerce [1999] *The Emerging Digital Economy II*.
U. S. General Accounting Office [2000] *Contingent Workers: Incomes and Benefits Lag Behind Those of Rest of Workforce*, U. S. GAO.
Useem, M. [1990] "Business Restructuring, Management Control, and Corporate Organization," *Theory and Society* Vol. 19, No. 6.
Weber, Steven [1997] "The End of the Business Cycle," *Foreign Affairs*, Vol. 76, No. 4, p. 71.
Wilkins, Mira [1974] *The Maturing of Multinational Enterprise: American Business Abroad from 1914 to 1970*, Harvard University Press.（江夏健一・米倉昭夫訳 [1976]『多国籍企業の成熟

（上・下）』ミネルヴァ書房）。

Zysman, John and Martin Kenney [2014] "Sustainable Growth and Work in the Era of Cloud and Big Data: Will Escaping the Commodity Trap Be our Undoing? or Where Will Work Come from in the Era of the Cloud and Big Data?" BRIE Working Paper 2014-6.

第13章

壊れゆく関係
——「労使関係」の成熟と衰退——

関口定一

はじめに

　本章は，アメリカにおける「労使関係」(industrial relations) の歴史を扱う。「労使関係[1]」は，20世紀において，発達した資本主義国に共通して生成し，発展した集団的労働関係 (collective labor relations) のアメリカ的な発現形態であった。集団的労働関係は，企業経営者（およびその団体）と労働組合とを当事者とする，主として賃金・労働時間・仕事の条件などについての団体交渉，交渉の過程で生ずる労働争議（「ストライキ」や「ロックアウト」[2]），そしてその交渉の結果締結され，交渉の両当事者を拘束する労働協約などを主な制度的柱としている。「労使関係」は国家による労働組合の法認を経て，各国の経済社会のなかに定着していった。そして，アメリカでは，集団的労働関係が，ニューディール期以後の歴史的な経緯のなかで，「労使関係」という姿をとって形成され，社会経済に定着してゆくことになる。

　「労使関係」は，①「ビジネス・ユニオニズム[3]」という，政治的役割の面できわめて消極的かつ保守的な，経済領域（労働条件の維持向上）に機能を限定した労働組合運動の様式と整合的であり，②熟練労働者によるクラフト・ユニオン[4]の伝統（「ジョブ・コンシャス・ユニオニズム[5]」）と，巨大製造業における基幹労働者の利益を体現する産業別組合主義の接合のうえに成り立っていた。

　「労使関係」は，アメリカに固有の集団的労働関係の形態でありながら，あるいはそれゆえにこそ，「西側」の世界における集団的労働関係のあり方に多大な影響を与えた。これは，「冷戦」下の戦後復興という環境，「戦勝国」アメ

リカの企業経営(専門経営者の支配する巨大製造企業)の「成功」という結果のゆえである。「労使関係」はこうした歴史的条件の消滅とともに,「衰退」してゆくことになる。

1970年代までのアメリカ社会の繁栄を支えたのは,製造業を中心とした経営者支配の大企業であった。この大企業の発展にとって,産業レベル,現場レベルの「労使関係」の安定化,とりわけ労働組合にどのように対応するかはきわめて重要な課題であった。1930年代の大恐慌期と第2次世界大戦直後の労働争議の頻発と職場秩序の混乱を経験した企業経営者は,そのことを痛感していた。しかし同時に,産業の平和と安定した職場秩序が単純な暴力の行使や強権の発動によって長期的に維持できないことも過去の歴史から学びとられつつあり,その解は戦後復興期に「労使関係」制度の構築に求められていった。

1 歴史的概観

ここでは,アメリカ「労使関係」の歴史的展開を示す,いくつかのデータを概観しておこう。

図13-1にみるように,それまで第1次世界大戦の時期を除き大きな増加を示すことのなかった労働組合員数は,大不況期に急増して1937年に700万人を超え,その後,第2次世界大戦期にかけてほぼ10年で1000万人の組合員を加え,46年に1500万人に達した。1940年代後半は一時的に増加が止まるが,50年代に入ると再び増加して1700万~1800万人台で推移し,その後70年代まで着実に増加を続け,75年頃に史上最高の2200万人近くにまで達した。ここを頂点として,以後,減少に転じている。

図13-2は,労働組合員が雇用労働者に占める比率,いわゆる「労働組合組織率」の長期的な変化を示している。第2次世界大戦終戦時に35%あった組織率は1950年代も30%台を維持するが,60年代から70年代前半にかけて徐々に低下を続けて,73年には25%を切る。その後,若干持ち直すものの,1980年代半ば以後は再び持続的に低下し,95年には15%を切るまでに至っている。

図13-3は,「全国労働関係局[6]」が管轄する,団体交渉における排他的交渉代表者を決める選挙の労働組合側の「勝率[7]」の推移を示している[8]。1930年代後半から第2次世界大戦期まで,労働組合側の勝率は8割を超えるきわめて高い水準にあり,その後も50年代半ばまで,65%から75%の高率を維持する。

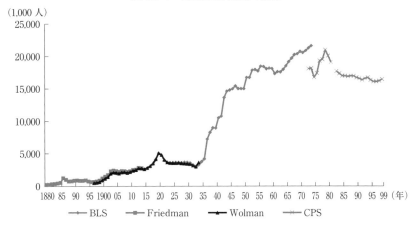

図 13-1　労働組合員数の推移

注）　凡例の BLS は U.S. Bureau of Labor Statistics [1950] Table E-1; U.S. Bureau of Labor Statistics [1978] Table 150, Friedman は Friedman [1999], Wolman は Wolman [1936], CPS は Bureau of National Affairs [2000] Table 1 に基づいた数値であることを示している。
出所）　*Historical Statistics of the United States: Millennial Edition* (Table Ba4783-4791).

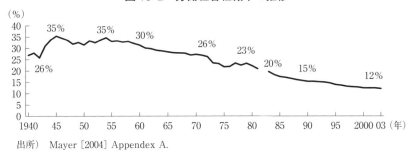

図 13-2　労働組合組織率の推移

出所）　Mayer [2004] Appendex A.

　その後 1960 年代半ばまでは 60％ 前後で推移した。しかしその後，勝率は 1981 年まで持続的に低下し，80 年代以後は 40％ 台で安定する。労働組合側の敗北が多数となったのである。これは，基本的にタフト・ハートレー法により選挙の過程への経営側の影響が強化される余地が拡大した結果である。ただし，それだけでこの長期的な低下を説明することはできない。後述するように，変化する産業構造と経営環境の大幅な変化，労働者の構成と意識・行動様式の変容などによる，労働組合・団体交渉という「労使関係」の機能不全という問題が存在したと考えられる。

1　歴史的概観　　347

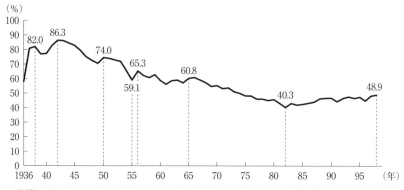

図 13-3　団体交渉代表選挙労働組合側勝率

出所) *Historical Statistics of the United States: Millennial Edition*（Table Ba4946-4949）.

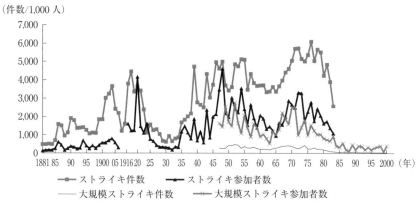

図 13-4　ストライキ件数・参加者数の推移

注) 1) この図は,「労働停止」(work stopppage) についての統計に基づいている。ここで「労働停止」とは労働者が行うストライキと経営者が行うロックアウトを含む数値であるが, 後者のケースが少ないため, ほぼストライキの件数および参加者数とみなしてよい。なお「大規模」とは, 1000人以上が参加した「ストライキ」を意味する。
　2) ストライキの総件数に関する統計は, 1982年以後は公表されていない。

出所) *Historycal Statistics of the United States, Millenial Edition*（Table Ba4965-4970）, U.S. Bueau of Labor Statistics, WSP Databases.

　図13-4は, 労働組合によるストライキや経営側によるロックアウトの結果としての労働停止（work stoppage）の件数（ここではストライキ件数と表記), およびそれに含まれた労働者数（ストライキ参加者数と表記）の推移を示している。両項目とも多くなるのは, ①第1次世界大戦期, ②ニューディール期か

ら第 2 次世界大戦の戦後期，③1970 年代，という 3 つの時期だが，このうち最後の時期の争議は，1970 年代の景気後退のなかでの経営側のコスト低減策や工場閉鎖や工場移転に伴う「譲歩交渉」(concession bargaining) の多発や，失業の恐れなどについての労使不安の高まりに伴うものであった (McKersie and Cappelli [1982], Mitchell and Rees [1982])。その後 1980 年代に入ると，ストライキ件数および参加者数ともきわめて低水準となり，これが常態となっている。

「労使関係」という概念が広く普及したのは，それが資本主義階級社会における資本家の独裁やその反対物としてのプロレタリア独裁の双方を否定し，「産業社会」において異なる社会的役割を果たす人々にそれぞれの発言権と協議の機会を与えることにより，相互の利害の調整をスムーズに行う制度（産業民主主義；industrial democracy）の確立という政策的な提案を含んでいたからである。ここにいう制度の確立とは，労働組合の組織化，制度化された団体交渉と労働争議，苦情処理など職場レベルでの利害調整システムが確立した，ということである。

こうして，「労使関係」というアイディアと制度は，アメリカにおいて，第 2 次世界大戦後の社会経済の混乱，東西対立の激化（冷戦），労働組合組織の拡大と労働争議の急増，団体交渉や労働争議の質的変化の兆し，といった状況下で確立し，定着した。そして，その後，各国の固有の事情に応じたバリエーションを含みつつ，アメリカの影響下にあった西側諸国において広く受容されていったのである。

2 「労使関係」の制度化

1 大恐慌，ニューディール

労働組合と団体交渉の法認，企業内労使交渉・労使協議制や従業員集団の参加する職場改善運動などのコミュニケーション制度の禁止と排他的交渉代表権制度の確立などによって，企業横断的に組織された産業別労働組合および職業別労働組合は，産業社会における正統性を確認され，急速に勢力を拡大した。

第 2 次世界大戦後にその十分に制度化された姿をみせる「労使関係」はその土台を，1929 年以後の長く深刻な不況への対応としてのニューディール政策によって形成された。1929 年恐慌に端を発した，深刻で長期にわたる大不況

のなかで，高い失業率，賃金水準の低下が続き，労働争議が頻発するという，危機的な状況が続いた。連邦政府の回答の1つは，ニューディール労働政策であった。

　民主党のローズヴェルト政権は，急増する労働争議と深まる社会不安への対応として，「全国産業復興法」(NIRA) 第7条(a)項の規定により労働者の団結権と団体交渉権を認めた。ただし，ここでは団体交渉において労働者を代表するのは労働組合に限定されず，非労働組合的な従業員組織が交渉代表となる余地を残した（伊藤・関口［2009］）。同法は1935年5月に違憲判決を受けるが，35年7月に「全国労働関係法」（ワグナー法）が成立し，労働者に，労働組合を組織し加入する権利，事実上，労働組合のみが組合員を代表して団体交渉を行う権利が，連邦法によって認められることとなった。

　ここで，「労使関係」の歴史的な展開をみるために確認すべき点を指摘しておこう。まず，ワグナー法によって，法で保護される団結権と団体交渉権の範囲から，個別企業や工場・事業所単位で組織される従業員代表制（employee representation plan：これに批判的な政府機関や労働組合からは「会社組合」〔company union〕と呼ばれた）が厳格に排除され，禁圧の対象となった，ことがある。これは，多くの製造業大企業などで労働組合が従業員代表制と厳しい対立関係にあり，企業から自立した労働組合による労働者の団結を妨げる最大の障害であるとみなされてきたことの帰結であった。こうした企業内の経営側と労働側の関係に対する限定は，企業内における労使の協議やコミュニケーションというヨーロッパ諸国や日本などにみられる団体交渉と区別された「労使関係」のもう1つのチャネルを閉鎖するという，長期的にみればきわめて重い意味をもつ[9]。またこうしたルール，とくに団体交渉における労働側の排他的な代表権を確保する制度は，その後この代表者を決める選挙運営の監督と不当労働行為の取り締まりを通じて連邦政府が「労使関係」に関与する契機となったという点も忘れてはならない。

　ワグナー法の成立後，労働組合組織は急速に拡大する。勢力を拡大したのは，自動車，電機，ゴムなどの重化学工業における産業別組合の連合組織であるCIO（1939年：183万人，45年：400万人）のみでなく，伝統的な職業別組合の連合組織であるAFLも，CIOとの組織化競争のなかで，やはりその勢力を拡大した（35年：320万人，39年：390万人，45年：680万人）。

2 第2次世界大戦

労働組合運動の主流は第2次世界大戦期には戦時体制の構築に協力し,「ノーストライキ宣言：ストライキを行わない代わりに労働組合組織の地位保全を約束する」(no-strike pledge：1941年)や「賃金ガイドライン」(wage guideline)に従うことなどを条件に,「戦時労働委員会[10]」(1942年成立)など政労使からなる機関に正規のメンバーとしての地歩を築き,アメリカ社会で市民権を得るとともにその勢力をさらに拡大していった。この過程で,団体交渉の制度化が進み,それを補完する制度としての苦情処理制度 (grievance procedures) が生成・定着していった。その結果として政府は「城内平和」を確保し,ヨーロッパに派兵できる戦時動員体制を確保したのである。

しかし,こうした状況は戦時の暫定的な秩序にすぎないという面が多く,平和時に長期的・安定的に労使の関係を秩序づける制度は未確立のままであった。アメリカ社会は未曽有の勢力（組合員数1500万人弱,組織率約35%）を擁する労働組合という不確定な要素を抱えたまま,戦後社会を迎えたのであった。また,第2次世界大戦が,独ソ戦の開始により反ファシズム戦争と位置づけられ,労働組合運動のなかで,アメリカ共産党などの左派が力を増したことも,戦後社会における不安定要因とみなされた。

3 戦後労使関係の確立

1945年夏の日本の敗戦以後,アメリカ社会は空前のストライキの波に襲われた。最もストライキの多かった1946年には,1年間で4600件以上の労働停止（そのほとんどがストライキ）が発生し,500万に近い労働者がそれに参加した（表13-1参照）。その後も1950年代前半まで,年間4000件以上の労働停止が発生した年が5年もあった。また,戦時下でも労働組合指導部の統制下にないいわゆる「山猫スト[11]」(wildcat strike) も多数発生しており,戦後の職場秩序の安定という課題の実現に不安な影を落としていた。また自動車労連がゼネラル・モーターズ (GM) に対して会社経理の公開 (open the book) を求める要求を行ったように,経営権の根幹に関わるようなラディカルな労働組合の活動も生まれた。終戦直後の時点では,労使の関係の将来の見通しは混沌としており,明確な安定したルールはいまだ確立されていなかった。

全米商工会議所会頭は,1944年に,「労働はわが国の一大勢力である」(labor is a power in our land.) と述べ,その2年後には,高名な経済学者ジョ

表 13-1　第 2 次世界大戦終戦直後の主要なストライキ

年	産業・労働者	参加人数
1945	映画関係者（film crew workers）	10,500 人
	石油労働者（oil workers）	43,000 人
	自動車労連（United Automobile Workers）	225,000 人
1946	電機労働者（electric workers）	174,000 人
	精肉労働者（meatpackers）	93,000 人
	鉄鋼労働者（steel workers）	750,000 人
	石炭労働者（coal miners）	340,000 人
	鉄道技師・鉄道員全国規模（railroad engineers and trainmen nation-wide）	250,000 人
	鉱夫・鉄道・鉄鋼労働者〈ピッツバーグ地区〉（miners, rail and steel workers in the Pittsburgh region）	120,000 人

出所）　以下の資料により作成。Universal Newsreels. "Rail Strike Paralyzes Entire U.S.". archive. org. Internet Archive. Retrieved 22 December 2014; Denison, John（May 25, 1946）. "'Run Trains or Army Will - Today!' - Truman". Milwaukee Sentinel（Final）. Retrieved 22 December 2014.

ン・クラークが「一世代のうちにパワー・バランスは根本的に移動し，その程度は過去 15 年間にほとんど革命的なほどに至った」とし，労働関係研究者サムナー・スリクターは，「それは単に，個人別交渉が集合的な交渉に取って代わられたというのではなく，合衆国が徐々に資本家的社会から労働者的な社会（a capitalistic community to a laboristic one），そこではビジネスマンではなく従業員が最も強い影響力を行使する社会へ，と移行しつつある」と述べた。そして高名な歴史家，アーサー・シュレジンガー（Sr.）は 1950 年の元旦に，20 世紀の前半に歴史を深部から揺るがしその根本を形成した事柄として，2 つの世界大戦に次いで，「労働の高揚」（upsurge of labor）を挙げるまでになった（Brody [1980] pp.173-174）。

こうした状況を打開し，経営側のイニシアティブのもとで「労使関係」の制度化を進めるために，①全国労働関係法の大幅な改正（タフト・ハートレー法の成立），②CIO による「共産主義的」指導者を有する 11 の全国組合の排除，③それまで管轄権などをめぐって鋭く敵対してきた AFL と CIO の統合による単一の巨大なナショナル・センターの形成がなされた（AFL-CIO の成立）。

タフト・ハートレー法は，ニューディール期に成立したワグナー法を大幅に改定し，経営側に対してだけ認められていた不当労働行為を労働組合側にも適用した。「クローズド・ショップ[12]」（closed shop）と「強制的チェックオフ[13]」（automatic check-off；個々の組合員の同意なしに労働組合費を給与から天引

きする形で企業が代理徴収すること）の禁止，排他的交渉代表選出に際しての経営側介入の許容，また全国的に影響の大きなストライキに対する大統領の介入の容認など，団体交渉における経営側の立場を大幅に強化する内容となっていた。また，企業内の雇用・人事システムとの関係では，フォアマンなどの現場監督者が労働組合組織化の対象から除外されたことも重要な意味をもった。こうした変更は，その後の「労使関係」のあり方にきわめて大きな影響を及ぼした。たとえば，すでにみたように，1940年代には80％以上，50年代初頭にも70％を超えた排他的交渉代表選挙における組合側の勝率は，50年代後半には60％前後に低下し，その後も80年に至るまで長期的に低落しつづけることとなった。アメリカ「労使関係」史上の一大画期となった1981年の航空管制官のストライキに対するレーガン大統領の強権的な介入も，この法律を根拠とするものであった。また，CIOの有力組合からの「共産主義者」の排除とAFL-CIOの形成は，労働組合の体制内化，ビジネス・ユニオニズムへのさらなる傾斜を促すこととなった。

3　経済成長と「労使関係」

1　「労使関係」の成熟と普及

　第2次世界大戦の終戦時には政府・企業・労働組合の関係は，ワグナー法と戦時労働政策とによって土台を与えられた産業別組合を基本形とする労働組合と企業の団体交渉がその基軸に据えられた。しかし，その土台の上に何を築くかについては，政治的志向という点でも，マクロ的な経済状況との関わりという点でも，企業経営や経営戦略との関係という点でも，また職場における仕事のあり方への関与という点でも，その広がりも深度も未確定の状態であった（Kochan, Katz, and McKersie [1986] p. 32）。この未確定状態，言い換えれば多様な選択肢が広がる状況に荒削りの大枠を与えたのは，1947年に成立したタフト・ハートレー法や労働組合の全国レベルの組織変化であった。そしてこれと符合するように，個々の産業や企業レベルの企業経営者と労働組合の関係も大きく変化して，近代的な「労使関係」制度が形成されたのが1940年代末から50年代という時期であった。
　この時期に進行したのは，以下のような事態であった。
　すなわち，①労働組合の活動が，狭い意味での組合員の経済的利益＝労働

条件の維持・改善に関わるものに限定されてゆく，②労働条件の維持・改善を労使で合意した持続的な制度として定着させる試みが広がる，③労働組合の組織・勢力を維持するための制度が労働協約に組み込まれてゆく，④共産主義者の排除などにより労働組合内部の路線対立が緩和され，穏健派・保守派のリーダーシップが確立する，⑤主要企業＝主要労働組合間の交渉結果がパターン（範型）化され，そのパターンが他のセクションへと広く波及する，⑥「労使関係」の制度化・専門化・理論化・学校化が進行する。

当時の全米自動車労組（UAW）のトップ・リーダーであり，反共産主義・左派として知られたウォルター・ルーサーは，一方で，GM に対して，賃金や労働時間などの狭い労働条件の領域を超えて，企業の経営権の領域深くまで踏み込んだ「経理公開」を求めるというラディカルな要求をする一方，UAW から「共産主義者」やその支持者などの反対派を排除し，また，CIO の幹部として「共産主義者」の支配下にあるとみなした 11 組合のパージを推進した。GM に対する「経理公開」要求は企業から拒否されたのみならず，そのあまりにラディカルな性質から組合内部でも広く支持されることはなかった。その後，UAW は賃金と労働条件の維持・改善という狭い経済主義の領域に活動の焦点を限定するようになってゆく。ルーサーの率いる UAW と CIO は，政治的には穏健な，そして経済的には，組合員の労働条件要求の実現に徹した，頑固なビジネス・ユニオニズムへと舵を切ったのであった。ルーサーは，CIO のリーダーシップを取ることには成功したが，AFL との大統一に際しては，ルーサーではなく，より保守的で穏健なジョージ・ミーニー[14]が最高指導者の地位に就くこととなった。

こうした変化を象徴するのは，当時の最も重要な基幹産業であった自動車産業の代表的企業である GM と製造業における産業別組合の代表格である UAW との間で締結された，1948 年と 50 年の 2 つの全国協約であった。この 2 つの協約を中心に，産業・企業レベルの「労使関係」を概観しておこう（Gier [2010]）。

この 2 つの全国協約のなかで，労働条件の維持・改善を持続的な制度として定着させる試みの広がりとして最も重要なのは，1948 年協定における，後に COLA（cost of living adjutment）として広く他産業にも普及する，消費者物価指数の変動に応じて四半期ごとに賃金水準の変更を行う調整原則（adjustment principle）であった。また年間の生産性の上昇を賃金水準に反映させる改善要

表 13-2　GM-UAW 全国労働協約

1948 年協約（GM Wage Agreement 1948）	1950 年協約（GM Autoworkers Agreement 1950）
2 年間有効の協約	5 年間有効の協約
(a) 時給 11 セントの賃上げ（うち 8 セントは 1940 年からの生計費増の補償分，3 セントは 40 年の実質賃金水準の回復分）	(a) 「調整原則」の継続：上方への調整は制限なし。下方への調整は，締結発効時に支配的な CPI スケールの 3 セント下を下限とする
(b) 「調整原則」の導入：労働統計局（BLS）の統計結果（「消費者物価指数」〔Consumer Price Index〕）で測された生計費の動向をもとにした，四半期ごとの暫定的賃金調整を意味する	(b) 技術進歩，工具・製造方法・過程の改善に基づく「改善要因」を継続する（1950 年 5 月に 4 ％の年次賃金引上げ）
(c) 「改善要因」の導入：生産性上昇を反映した賃金スケールの無条件での毎年の引上げ（1949 年 5 月以後は 3 セントの追加引上げ）	(c) 100 ドル年金，保険（疾病・傷病保険／団体生命保険／家族を含む入院・手術補償）
	(d) 「緩和ユニオン・ショップ」(modified union-shop) の適用 ・現 UAW メンバーへの組合メンバー保証 ・新規従業員の採用 90 日後の UAW 加入義務 ・非メンバー従業員が UAW への加入を求められることはない

出所）　Gier [2010]. Gier [2010] は Harbison [1950], Reder [1949], Ross [1949], Sloan [1990] を資料として，この表を作成している。

因（improvement factor）という名の賃金水準改善の制度化も行われた。これら 2 つの賃金「調整」制度は 1950 年協定でも踏襲され，その後も長く維持されることになった。これにより組合員の賃金水準は恒常的に改善されてゆくことになる。

労働組合の組織・勢力維持制度の協約化という点では，1950 年協約がユニオン・ショップ条項（union-shop arrangement；従業員に採用後一定期間内に組合への加入を義務づけるもの）を含むものとなったことが大きい。このユニオン・ショップ条項は，1946 年にすでに協約化されていたチェックオフ（union dues check-off；個々の組合員の同意を必要とする組合費の企業による代理徴収）とあわせて，企業内における労働組合の地位（union security）を確固たるものにした。

また，1950 年協定では，組合員の年金，医療保険，障害・生命保険などが付加給付（fringe benefits；フリンジ・ベネフィット）として定式化されたことも，組合員の経済的な地位の改善という点で，重要であった（表 13-2 参照）。

GM-UAW の協約に盛り込まれた多くの条項は，急速に自動車産業の他の企業との協約に取り入れられただけでなく，他産業の組合の団体交渉事項の範型

（＝パターン）となり，協約化されていった。そして，さらに注目に値するのは，このパターンが，組合が組織化されていない企業や産業にも適用され，広範に普及していったことである。これは自らの企業の労働条件の相対的低位が外部の労働組合に組織化の手がかりを与えることを恐れた，反組合的な企業経営者たちのやむなき選択の結果であった。GM-UAW協約の影響力は大きく，それがパターンとなって他産業にまで普及する，いわゆる「パターン・セッティング」（pattern setting）という現象が広く，長期にわたって持続することになったのである（熊沢［1970］第6章）。たとえば，1970年には，COLAを含む労働協約は全体の約25％であったが，77年には61％を占めるまでに普及した（Kochan, Katz, and McKersie［1986］p. 40）。

このような安定した制度となった「労使関係」のもとで，製造業を中心とした大企業の労働者たちの賃金水準は持続的に上昇し，その効果は，製造業以外，大企業以外にも波及した。そして，一般労働者の所得水準の向上が有効需要を生み，企業業績が向上し，それが次のラウンドの団体交渉・労働協約に反映されるという循環を生んだ。1963年に，GM，フォード，クライスラーの自動車産業ビッグ・スリーの利益は史上最高を記録した（Gier［2010］p. 15）。

2 「労使関係」あるいは「労使関係論」の普及

企業における労働組合の存在，団体交渉と協約の締結という「労使関係」のコアとなる制度がその重みと広がりをもつにつれ，こうした問題を取り扱うにあたって必要とされる知識や技術も高度化し，専門化するようになった。結果として，「労使関係」に関する組織と管理の制度化・専門化・理論化[15]・学校化[16]が急速に進行し，企業内に「労使関係」部門が組織化され，「労使関係」に専念する管理者や職員が採用・配置された[17]。また，彼らを育成する高等教育の部門が発達し，そして，そこで教授される「労使関係」の学理を研究する専門的な知識人が増加し，専門の学会が結成されることになった。「労使関係」は，実際の労使の関係の制度化であると同時に，その専門化，理論化，学校化を伴う普遍的な現象となったのである。

AFL-CIOの有力組合，とりわけ成長の著しかった重化学工業における産業別組合は，賃金水準を，マクロ的には消費者物価水準の変動に合わせ，ミクロ的には各企業の生産性の向上に合致させる仕組みを団体交渉において経営側と合意することによって，一般労働組合員の所得水準の維持向上を実現すること

に成功し，組合の勢力を持続的に拡大するという組織的な成果を上げた。これらの結果「労使関係」は安定化し，労働組合の社会的地位は確固たるものとなり，その政治的な発言権は強化された。第2次世界大戦後に構想された近代的な「労使関係」制度が完成したのである。このもとで，労働組合に守られたブルーカラー労働者のミドル・クラス化も進行し，同時に彼らの生活基盤とその見通しを保証する企業経営の安定化も進んだ。ユニオン・セクターのブルーカラー労働者は，中下層ホワイトカラーと並んで，有力な社会の安定装置となったのである。しかし，この「労使関係」の制度化の成熟期ともいえる1970年代初めには，同時にその衰退の萌芽も顕在化しつつあったのである。

4　「労使関係」の衰弱と「労使関係論」の終焉

1　「労使関係」の衰退の萌芽

　アメリカの1970年代は不況で幕を開け，インフレの高進も加わり，「労使関係」の背景は大きく変化した。国内需要の落ち込みで製造業の利益も大幅に低下し，最初は精肉，繊維などが，そして1970年代後半には自動車，鉄鋼，電機といった基幹産業が海外企業との全面的な競争に直面して，苦境に陥るようになる。こうした苦境に対応して，「労使関係」の面でも経営者の部分的な攻勢が試みられたが，総体としては現状維持（status quo）に留まった（Kochan, Katz, and McKersie [1986] pp.40-45）。しかし，産業によっては，海外企業と競うための費用逓減策として，古い設備の廃棄や工場閉鎖（plant closing）が相次ぎ，労働コストが低く，労働組合が弱いため「労使関係」のルールに拘束されない南部諸州への工場移転が進み，そのなかで，労働組合側がこれまでに達成してきた成果の一部を放棄する「譲歩交渉」（concession bargaining）が始まっていた（McKersie and Cappelli [1982], Michell and Rees [1982]）。

　「労使関係」衰退の萌芽は，職場レベルでもみられた。「ローズタウン・ストライキ」（Lordstown Strike）として広く知られた1972年のGMローズタウン工場でのストライキは，直接的には作業スピードの変更などへの若年労働者たちの鬱積した不満の表明であった。これは，制度化された「労使関係」が，ビジネス・ユニオニズムとして純化し，賃金やフリンジ・ベネフィットなどの労働条件の改善や維持に活動エネルギーを集中する反面，作業スピードを含む仕事の規制という領域への規制を弱め，また「労使関係」の制度化の成熟過程で

意思決定の集権化の度合いを高め，職場の労働者の声が反映されにくい状況が生まれていたことを示唆している（Kochan, Katz, and McKersie [1986] p. 44, Brody [1980] pp. 208-209, Gier [2010] p. 19）。さらに，職場にこうした状況が生まれた遠因として，ワグナー法とその改正版であるタフト・ハートレー法というアメリカ労働法の枠組みが，団体交渉以外の職場での労使の意思疎通や従業員参加の機会を大きく制約し，また，フォアマンを労働組合に組織することを禁止し，彼らが従業員集団と経営陣の間をつなぐ「連結ピン」（Likert [1967]）として機能する余地を消し去ってしまったという点を指摘することができる。

2　「労使関係」の衰弱

　さらに，この状況は，1970年代の後半から急速に進展し始め，「労使関係」は衰弱し，それを支えた「労使関係論」も衰退，変容を余儀なくされる[18]。

　前掲の図13-1〜図13-4で明らかなように，労働組合員数，労働組合組織率，ストライキ件数などいずれも1970年代末から80年代の初頭を画期として，急速に減少している。「労使関係」がカバーする領域が縮小し，その機能が衰退したことがわかる。

　こうした変化の背景には，①国際経済におけるアメリカの地位の相対的な低下，とくに製造業におけるアメリカ企業の国際競争力の弱さの顕在化，②アメリカ製造業の急速な縮小と経済のサービス化・情報（IT）化の急速な進展と必要とされる労働力の質の二極化（低コスト労働と知識労働），③ソ連圏の経済社会発展の停滞と冷戦状態の緩和（周辺国の共産主義化の脅威の低下），これに伴う西側諸国政府の福祉国家的役割の縮小と市場至上主義（新自由主義）の台頭などがあった。また「労使関係」に内在する問題としては，戦後世界において重要な社会的課題と緊密に関連していた一般の工場労働者たちの社会経済的地位の向上と政治的発言力強化などをめざした労働組合主流の運動がその目標をある程度達成すると同時に，社会環境の変化のなかで，しだいに「労使関係」的な問題解決の仕方が社会的意義を低下させていったという事態があった。労働組合の活動を組織労働者の経済的・社会的地位の改善という課題に特化し，その面で強いパワーを発揮したビジネス・ユニオニズムが，人種間・男女間の差別の撤廃，都市の貧困や過疎化の問題，環境問題などの伝統的な労働組合運動の枠組みを越えた問題に関してはきわめて無力であることが明らかになったことも，こうした変化に拍車をかけることとなった。成熟した「労使関

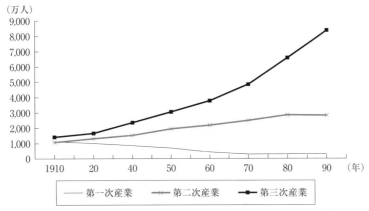

図 13-5　産業分類別労働者数の推移

出所）　*Historical Statistics of the US: Millennial Edition*（Table Ba652-669）．

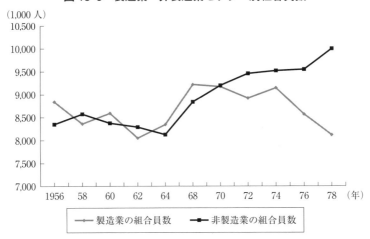

図 13-6　製造業・非製造業セクター別組合員数

出所）　*Historical Statistics of the US: Millennial Edition*（Table Ba4832-4844）．

係」制度が，時代環境の変化のなかで組織と運動を狭隘な視野のうちに自ら封じ込め，アメリカにおける社会経済問題の主要な解決手段としての地位を失った原因の1つは，AFL-CIO の指導者の多くが，伝統的な「労使関係」的問題以外の諸問題に無関心か，冷淡な視線を送るだけだったからである。

図 13-5 は，アメリカにおける産業分類別労働者数の推移を示したものであ

表 13-3 アメリカにおける企業別従業員数上位 10 社の変遷

年	1960 年	1980 年	2009 年
1	ゼネラル・モーターズ（GM）	AT&T	ウォルマート（Wal-Mart）
2	アメリカン・テレフォン・アンド・テレグラフ（AT&T）	GM	ターゲット（Target）
3	フォード・モーター（Ford）	フォード	ユナイテッド・パーセル・サービス（UPS）
4	ゼネラル・エレクトリック（GE）	GE	クローガー（Kroger）
5	U. S. スチール（U. S. Steel）	シアーズ	シアーズ・ホールディングス（Sears Holdings）
6	シアーズ（Sears）	インターナショナル・ビジネス・マシーンズ（IBM）	AT&T（SBC コミュニケーションズ）
7	エー・アンド・ピー（A&P）	ITT	ホーム・デポ（Home Depot）
8	エクソン（Exxon）	ケー・マート（Kmart）	ウォルグリーン（Walgreens）
9	ベスレヘム・スチール（Bethlehem Steel）	モービル（Mobil）	ベライゾン（Verison）
10	インターナショナル・テレホン・アンド・テレグラフ（ITT）	ジー・ティー・イー（GTE）	スーパーヴァリュー（SuperValue）

注) 表中の濃い網かけは製造業企業，薄い網かけは公益企業，網かけなしは流通・サービス業などの企業を表す。
出所) Davis [2009] の Table 1 より作成。

る。この図でまず目につくのは，第三次産業の労働者数が一貫して拡大し，とくに 1970 年代以後の増加は著しく，90 年には全労働者数の 8 割近くまで達している点である。これに対して，製造業を含む第二次産業の労働者数の伸びは鈍く，1980 年以後は増加が止まっている。別のデータからも，全産業中に占める製造業労働者の割合は長期にわたって比較的に安定的であったが，1960 年を境に一貫して低下し，90 年には 17％ 強という小さな割合となっている。

アメリカの労働組合が，「大企業・製造業・男性・白人・ブルーカラー労働者」を主なドメインとして形成され，組織を拡大してきたことを考えると，こうした産業構造の変化は，大きな意味をもっていた（Mayer [2004]）。図 13-6 は製造業・非製造業別の組合員数の推移を示しているが，1970 年を境として，

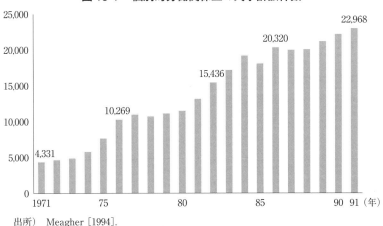

図13-7 個別的労働関係上の民事訴訟件数

出所) Meagher [1994].

　製造業の組合員数が減少し，対照的に非製造業の組合員数が増加している。製造業の組合員数の減少は製造業従業員数総体の縮小に応じたものである。非製造業では，産業セクター自体の拡大の影響もあり組合員数は増加しているが，その増加率はサービス業全体の従業員数の増加の速度には追いついていないと推定できる。

　表13-3は，アメリカにおける一企業当たり従業員数の上位10位までの変遷を示したものである。1960年には製造業企業が6社であったが，2009年にはゼロになり，代わって流通・サービス業などの企業が1980〜2009年の間に急増し，8社を占めるまでに至ったことがわかる。ここには，伝統的なピラミッド型の組織構造と多数のブルーカラーを擁する人員構成をもった製造業大企業がアメリカ企業の典型であるという姿が失われた様子が映し出されている。この表に登場するサービス業企業の多くは，製造業企業に比べ，伝統的に労働組合の組織率の低い分野の企業であり，また新興企業も多く転職率も高いため，労働組合の存立基盤の弱体化の背景となっている。

　図13-7は個別的労働関係上の民事訴訟件数の推移を示している。この図は，労働上の問題を抱えた労働者が，労働組合や団体交渉に依存するのではなく，あるいは問題の性質上，依存できないために，個人で裁判を起こすケースが増加していることを示している。民事訴訟以外にも人種や性別による差別を取り上げ「雇用機会均等委員会」(Equal Employment Opportunity Commission) に

訴えを起こす労働者も数多く存在するようになった（山川 [2002]）。

おわりに

ピオーレによれば，1960年代末までは，このビジネス・ユニオニズムの推進と，より広範な社会的課題（最低賃金，社会保障，失業補償，市民権，医療保険）の解決とが結びついているようにみえた。しかしその認識は1968年以後に変化した。組合は，狭い利益団体となった，という（Piore [2008] p. 166）。

これは，「労使関係」と「労使関係論」が，以下のような問題に対応できる，視野と手段・方法を欠いていたからである。

具体的にいえば，「労使関係」は，①マイノリティ，女性，高齢者，障害者などの雇用機会均等の問題，②非正規・臨時労働者，独立契約者といった非典型的労働者の雇用・労働問題，③移民などの多文化主義への対応や，多国籍企業が海外で直面するインフォーマル・セクターで働く人々や児童労働などの雇用・労働問題，④企業の環境対策や安全衛生政策，労働者の医療・健康問題，⑤最低賃金・生活賃金と貧困，社会保障問題，⑥ホワイトカラー・管理監督者の雇用・労働問題，などについて，十分に対応できるだけの思想と制度をもちあわせていなかったのである。

20世紀初頭，それまで広義の「社会問題」（the social question）と認識された領域のなかに，「労働問題」（the labor question）という新しい領域が発見される。賃金奴隷制（wage slavery），生活賃金（living wage），そして産業民主主義（industrial democracy）といった言葉が世に広がり，労働問題への対応は政府や社会改革家たちの関心を集めていった。社会問題（貧困，差別，暴力などの問題）の中心に，それら19世紀から存在した問題と連続した領域として労働問題が存在するという認識が広がった。労働問題は「普遍的な経済問題」（the paramount economic question）であるとみなされたのである（Lichtenstein [2002] pp. 1-14）。

しかし，労働問題がその方程式の解を見出すためには，思いのほか長い時間が必要であった。この方程式は，ニューディール期から第2次世界大戦を経て，戦後社会の再興期に「労使関係」という解を見出し，この解はたちまちアメリカの産業と企業に普及し，鮮やかに機能し始めた。しかし，「労使関係」が当時のアメリカの社会経済への適応を求め，制度的により精緻なものになるにつ

れ，その外部に広がる社会問題との接点は細々としたものになり，「労使関係」の諸制度によって包摂されない人々や問題を取り残し，全体としての社会におけるその役割を低下・縮小させていったのである。

注

1) 「労使関係」という用語は，industrial relations という英語に対応した言葉である。英語の industrial relations を直訳すれば産業関係ということになるが，日本では学術的にも実務的にも「労使関係」という訳語が広く用いられており，もっぱら企業と労働組合の関係を表すものとして理解されている。元来，日本ではこの「労使関係」という表現のほかに「労資関係」という言葉も広く用いられてきた。資本と賃労働との関係を表す言葉であり，企業と労働組合との関係をも含む概念として使われてきたが，近年その使用頻度はきわめて小さなものとなっており，「労使関係」という表現が支配的となっている。

労資関係が資本主義と資本主義社会という認識フレームワークに対応する言葉であるとすれば，「労使関係」は，その元になった英語の意味を考慮すればわかるように，「産業主義」（industrialism）と「産業社会」（industrial society）という社会認識のフレームワークに対応する言葉である（Dunlop [1958], Dunlop et al. [1960]）。

マイケル・J. ピオーレは，「労使関係論」は，産業の無政府化を阻止し，産業平和を実現する仕組みについての理論であるという。産業平和の実現は，労働組合（集合的な存在）によるしかないから，個人をベースにした（新古典派の）経済学では対応できない。また，マルクス主義もこの問題解決に対応できない。両者への実践的な批判として，「労使関係」論は発展した（1930年代から70～75年がピーク），という（Piore [2008]）。

近代社会における企業とそこに働く人々との関係，人を雇って企業のために働かせる人々と人に雇われて企業で働く人々との関係を，資本主義社会における階級関係である資本と賃労働との関係を表す言葉としての「労資関係」ではなく，工業を中心とした産業の発達した社会における社会的な分業関係に関する役割の相違としての経営者と雇用者，企業と労働組合との関係を把握する言葉として，「労使関係」という概念は構築された。それは第 2 次世界大戦後の政治・経済・社会的な環境のなかで，学界や実務の世界に広く普及していった。石田 [2012] も参照。

2) 「ストライキ」（strike）は，労使交渉において労働組合側が自らの要求を経営側に強いるために行う組織的な「罷業（＝仕事をしないこと）」行為であり，「ロックアウト」（lockout）は，逆に経営側が労働組合員の就業を阻止するために行う「事業所閉鎖」を意味する。

3) 1870 年代にまで遡ることができる古い概念（Taft [1963]）。「『パンとバター』（bread-and-butter）の組合主義」とも呼ばれ，労働条件の改善に焦点を合わせ，現実主義的（ビジネスライク）にそれを追求する保守的な労働組合の運動と思想（Robert' Dictionary of Industrial Relations, 3rd ed. 参照）。

4) 「クラフト・ユニオン」（craft union）は，最も古い労働組合の組織形態であり，特定の職業（craft, trade）に就く熟練資格を有する労働者が組織する労働組合。

5) 「ジョブ・コンシャス・ユニオニズム」（job conscious unionism）は，クラフト・ユニオンの思想と運動に代表されるような，資本家から「職」（job）を守り，組合員に公正に配分することを最も重要な課題とする労働組合運動の一類型（Gallagher and Strauss [1991]）。

6) ワグナー法（後述）によって設置された独立政府機関。排他的交渉代表（後述）選出と「不当労働行為（unfair labor practices）＝ワグナー法などの法規に反する労使の行為」の監視・監督などを主な業務とする。

7) ここでいう「勝率」とは，ある交渉単位の従業員が投票において特定の労働組合を団体交渉における排他的な交渉当事者として選出することを決した割合を指す。

8) 一定の要件を満たしたすべての労働組合に，たとえそれがどのように少数の組合員からなるとしても，原則として無条件で団体交渉権が付与される日本の労働組合法と異なり，アメリカでは，団体交渉の単位（bargaining unit）となる職場や地域の従業員の多数の支持を得た組合のみが団体交渉における代表権を得る（exclusive bargaining agent）。従業員は，どの労働組合にも代表権を与えないという選択もできる。排他的交渉代表の選出には，多様な方法が用いられてきたが，現在では交渉単位内の従業員の秘密投票による選出という手続きに限定されている（中窪 [1995]）。
9) 伊藤・関口 [2009]。なお，ここでいう「もう1つのチャネル」とは，労使双方を拘束する労働協約の締結をめざした団体交渉とは別に，必ずしも「交渉」になじまない企業経営全般に関する事項や，個別の職場の抱える問題に関して，情報と意見を交換し，協議を行う場のことである。従業員側からは，労働組合の企業・職場組織の代表が参加する場合と，組合とは別に投票などで選出された従業員代表者が参加する場合とがある。
10) 「戦時労働委員会」は，戦時下でストライキなどの労働争議権が大幅に制約されたなかで，労使の対立を調停するために大統領によって招集された任意（voluntary）組織。
11) 労働組合機関などの公式の指令を受けずに決行される，非公認ストライキのこと。
12) 労働組合のメンバーとなっていることが入職の前提となる職場のこと。反対語は「オープン・ショップ」（open shop）で，文字どおりには，誰にでも門戸の開かれた職場だが，アメリカでは通常労働組合を排除した職場という，より強い意味づけをなされている。
13) 当事者の同意を必要としない，言い換えれば「強制的な」（compulsory），労働組合費の給与からの天引き制度。
14) 配管工組合出身の熟練労働者であり，AFL-CIO 成立後 24 年間，その会長の座にあった。
15) 「労使関係」という考え方と政策が普及するに際して，アカデミズムが果たした役割は大きい。この分野の最大の学術団体である「労使関係研究協会」（Labor and Employment Relations Association）は 1947 年に設立され，学者・研究者だけでなく政府関係者や民間の実務家（専門調停人など）を含む組織として拡大した。
16) 「労使関係」論を教授し，修士号以上の学位を授与する教育機関は，1930 年代までは，MIT とプリンストン大学の 2 校にすぎなかったが，40〜50 年代には，コーネル大学，イリノイ大学，ミシガン大学，ウィスコンシン大学，UC バークレー，UCLA など 13 校が加わり，その後も 60〜70 年代に 13 校，80〜90 年代に 9 校が加わり，高等教育における社会科学部門の柱の 1 つとなった（Cutcher-Gershenfeld [2008] pp. 23-25）。
17) 1950 年代から，企業における「労使関係部」（industrial relations department）や「人事・労使関係部門」（personnel and industrial relations department）の設置が進み，「人事部長」（personnel director）が「労使関係部長」（industrial relations director）へと名称を変更する例も相次いだ（Kochan, Katz, and McKersie [1986] p. 37）。
18) 「労使関係論」の衰退と変容を象徴するのは，「労使関係研究協会」が「労働・雇用関係協会」（Labor and Employment Relations Association）と名称変更し，また，大学の「労使関係部門」も，「人的資源管理」（human resource management）や「雇用関係」（employment relations）へと名称変更されるケースが相次いでいることである（Cutcher-Gershenfeld [2008]）。

参 考 文 献

石田光男 [2012]「労使関係論」『日本労働研究雑誌』第 621 号。
伊藤健市・関口定一編 [2009]『ニューディール労働政策と従業員代表制──現代アメリカ労使関係の歴史的前提』ミネルヴァ書房。
熊沢誠 [1970]『寡占体制と労働組合──アメリカ自動車工業の資本と労働』新評論。
中窪裕也 [1995]『アメリカ労働法』弘文堂。

水町勇一郎［2005］『集団の再生――アメリカ労働法制の歴史と理論』有斐閣.
山川隆一［2002］「アメリカ合衆国における個別労働紛争処理システム――強力な司法制度とADRの発展」毛塚勝利編『個別労働紛争処理システムの国際比較』日本労働研究機構.
Ashack, Elizabeth A. [2008] "Major Union Mergers, Alliances, and Disaffiliations, 1995-2007," U. S. Bureau of Labor Statistics, Compensation and Working Conditions.
Bell, Linda A. [1989] "Union Concessions in the 1980s," *FRBNY Quarterly Review*, Summer.
Brody, David [1980] *Workers in Industrial America: Essays on the Twentieth Century Struggle*, Oxford University Press.
Brody, David [1989] "Time and Work during Early American Industrialism," *Labor History*, Vol. 30, No. 1.
Bureau of National Affairs [2000] *The Current Population Survey*.
Collins, Hugh [1991] "The Meaning of Job Security," *Industrial Law Journal*, Vol. 20, No. 4.
Cutcher-Gershenfeld, Joel [2008] "Reconceptualizing Industrial Relations in a Global, Knowledge-driven Economy," Charles J. Whalen ed., *New Directions in the Study of Work and Employment: Revitalizing Industrial Relations as an Academic Enterprise*, Edward Elgar.
Davis, Gerald F. [2009] "The Rise and Fall of Finance and the End of the Society of Organizations," *Academy of Management Perspectives*, Vol. 23, No. 3.
Dunlop, John T. [1958] *Industrial Relations Systems*, Holt.
Dunlop, John T. et al. [1960] *Industrialism and Industrial Man*, Harvard University Press.（川田寿・中山伊知郎訳［1963］『インダストリアリズム』東洋経済新報社）.
Farber, Henry S. [2005] "Union Membership in the United States: The Divergence between the Public and Private Sectors," *Working Paper*, #503, Princeton University, Industrial Relations Section.
Friedman, Gerald [1999] "New Estimates of Union Membership: The United States, 1880-1914," *Historical Methods*, Vol. 32, No. 2.
Gallagher, Daniel G. and George Strauss [1991] "Union Membership Attitudes and Participation," *IRLE Working Paper*, #29-91.
Gier, Erik de [2010] "Paradise Lost Revisited: GM and the UAW in Historical Perspective," Working Papers Series in Management (SHRM 10-01), Institute for Management Research. Radboud University Nijmegen. (Also published as working paper by Cornell University, School for Industrial and Labor Relations).
Harbison, Frederick H. [1950] "The General Motors-United Auto Workers Agreement of 1950," *Journal of Political Economy*, Vol. 58, No. 5.
Kochan, Thomas A., Harry Katz, and Robert McKersie [1986] *The Transformation of American Industrial Relations*, Basic Books.
Lichtenstein, Nelson [2002] *State of the Union: A Century of American Labor*, Princeton University Press.
Likert, Rensis [1967] *The Human Organization: Its Management and Value*, Mcgraw-Hill Book.（三隅二不二訳［1968］『組織の行動科学――ヒューマン・オーガニゼーションの管理と価値』ダイヤモンド社）.
Mayer, Gerald [2004] "Union Membership Trends in the United States," *CRS Report for Congress*, August 31.
McKersie, Robert B. and Peter Cappelli [1982] "Concession Bargaining," *Research Gate WP* 1322-82, June.
Meagher, Mary [1994] *Fact Finding Report on the Future of Worker-Management Relations Released Today*, ILR Press.

Mitchell, Daniel J. B. and Albert Rees [1982] "Recent Union Contract Concessions," *Brookings Papers on Economic Activity*, 1.

Piore, Michael J. [2008] "Revitalizing Industrial Relations," Charles J. Whalen ed., *New Directions in the Study of Work and Employment: Revitalizing Industrial Relations as an Academic Enterprise*, Edward Elgar.

Reder, M. W. [1949] "The Significance of the 1948 General Motors Agreement," *The Review of Economics and Statistics*, Vol. 31, No. 1.

Ross, Arthur M. [1949] "The General Motors Wage Agreement of 1948," *The Review of Economics and Statistics*, Vol. 31, No. 1.

Slichter, Sumner H. [1955] "The American System of Industrial Relations: Some Contrasts with Foreign Systems," Jean T. McKelvey ed., *Arbitration Today: Proceedings of the Eighth Annual Meeting, National Academy of Arbitrators, Boston, Massachusetts*, CHAPTER VIII, BNA.

Sloan, Alfred P. [1990] *My Years with General Motors*, Crown Business.（有賀裕子訳［2003］『GMとともに』ダイヤモンド社）。

Taft, Philip [1963] "On the Origins of Business Unionism," *Industrial and Labor Relations Review*, Vol. 17, No. 1.

Taft, Philp and James P. Gannon [1969] "A Labor Historian Views Changes in the Trade Union Movement," *Monthly Labor Review*, Vol. 92, No. 9.

U. S. Bureau of Labor Statistics (BLS) [1950] *Handbook of Labor Statistics*, Bulletin No. 1016.

U. S. Bureau of Labor Statistics (BLS) [1978] *Handbook of Labor Statistics*, Bulletin No. 2000.

U. S. Department of Labor [1947a] "Extent of Collective Bargaining and Union Recognition, 1946," *Monthly Labor Review*, Vol. 64, No. 5.

U. S. Department of Labor [1947b] "Work Stoppages Caused by Labor-Management Disputes in 1946," *Monthly Labor Review*, Vol. 64, No. 5.

Whalen, Charles J. ed. [2008] *New Directions in the Study of Work and Employment: Revitalizing Industrial Relations as an Academic Enterprise*, Edward Elgar.

Wolman, Leo [1936] *Ebb and Flow in Trade Unionism*, NBER Publication No. 30 (National Bureau of Economic Research).

第14章

三 重 構 造
——中小企業政策の展開と"ベンチャー"——

浅野敬一

はじめに——三重構造としてのアメリカ経済

　中小企業は，従来のアメリカ経済史研究においては必ずしも重要視される存在ではなかった。大企業，労働組合，政府をニューディール以来の利害調整機能の主体とすれば，中小企業は明らかにその枠外にあった。また，反トラスト政策における「反独占」の旗印も，結果的には寡占体制の形成を促すことで，中小企業にとってはむしろ不利な状況を生んだにすぎない。

　巨大企業の国アメリカでも，現在に至るまで，総就業者の約半分は自営を含む中小企業で職を得ている。中小企業は，消滅も減少もしておらず，アメリカの社会経済秩序や国家体制の重要な構成要素であり続けている。たしかに，大企業や組織労働者の重要性，あるいは大企業と中小企業との間における格差の存在は否定できない。また，中小企業は，大企業のような影響力や政治力ももたない。しかし，アメリカの各所において多くの人々に職を提供し地域の経済や社会を支える，むしろ"普通の企業"として，中小企業を考えていきたい。

　ところで，規模の点では中小企業に含まれるが，いわゆる"ベンチャー"とくにハイテク・ベンチャーへの評価と注目度は大きく異なる。日本でも，1990年代後半からの経済低迷のなか，中小企業政策全般がアメリカのハイテク・ベンチャーやその支援策を後追いした。しかし，アメリカの中小企業の多くは，サービスや建設を中心とする在来型の中小企業である。また，これも看過される傾向にあるが，中小企業庁（SBA）を中心とするアメリカの中小企業政策は，目標を絞った産業育成政策としての性格は薄く，多様な就業機会の創出というある種の社会政策的な性格が強い。中小企業政策とベンチャー支援策を同一視

せず，両者の"対比"を目標とした研究が必要であろう。

　こうしたなかで，黄完晟は，賃金格差や生産性格差に基づく「日本の二重構造・米国の三重構造」として，アメリカにおけるハイテク・ベンチャー，大企業，中小企業の三者の関係を簡明に整理した。アメリカ経済においても，多くの場合は大企業と中小企業の間には賃金や生産性の格差が存在する。しかし，一部のハイテク・ベンチャーはイノベーションの担い手として大企業以上の生産性や賃金を実現し，三重構造の最上層を形成したとの主張である（黄 [2002]）。

　そもそも，和製英語である"ベンチャー・ビジネス"やそれに類する語は，雑多な新興企業を一括りに扱い，発生や成長の要因にかかる議論が混乱している。これに対して，西澤昭夫は，アメリカの"ベンチャー"の典型は，新技術を用いて破壊的イノベーションに挑戦する特殊なプロジェクト組織，すなわちNTBFs（new technology based firms）であると指摘する。NTBFsは，技術，人材，資金が政策的支援を含めて人為的，集中的に投入され，中小企業や一般的なスタート・アップ企業とは明確に区別されるのである（西澤・福嶋 [2005]）。

　同時に，経済史研究においても，三重構造やNTBFsの歴史的形成過程がいかなるものかという問題が提起される。大企業と中小企業の二重構造は，アメリカでも大企業の登場以来存在した。また，現在のアメリカ経済は，依然として強固な大企業と中小企業による二重構造のうえに，ある時点からNTBFsの層が"飛び出した"三重構造と考えられる。二重構造の形成や三重構造への移行は，それぞれが現代アメリカ経済史の重要な画期といえる。

　本章は，①大企業と中小企業の格差が認識され二重構造ともいえる大企業体制が定着する過程，②大企業体制の動揺と再編が二重構造を維持したままにNTBFsの層を付加した変化を明らかにしたうえで，③現代アメリカ経済史を貫く中小企業と中小企業政策の特徴を議論したい。

　なお，アメリカにおける中小企業の政策的定義の概要を表14-1に示すが，実際はかなり複雑である。とくに，規模定義は，従来は標準産業分類（Standard Industrial Classification）に，2000年10月以降は北米産業分類システム（North American Industry Classification System）にそれぞれ従い，行政機関であるSBAが細かく規定している。また，従業員数を基準にする業種と年間売上高を基準にする業種とに分かれ，定義としては厳密だが，規模の想起が難し

> **表 14-1　アメリカにおける中小企業の政策的定義**
>
> ◆ 質的定義（中小企業法〔Small Business Act〕第 3 条(a)項(1)号より抜粋）
>   …自律的に所有および経営され，かつ当該事業分野において支配的でないもの
>   …（… to be one which is independently owned and operated and which is not dominant in its field of operation…）
> ◆ 規模定義（SBA の規定する基準より抜粋）
>   ― 農業：最も低い基準では年間売上高 75 万ドル以下
>   ― 製造業：多くの業種では従業員 500 人以下
>   ― 卸売業：従業員 100 人以下
>   ― 小売・サービス業：最も低い基準では年間売上高 750 万ドル以下

い面もある。一方で，アメリカの企業は，従業員 20 人以下が 89.78％，従業員 100 人以下が 98.25％ を占める（SBA [2011]）[1]。そこで，本章では，中小企業の大半を占める小売業やサービス業では従業員 20 人以下程度の企業，規模が大きい傾向にある製造業では同 100 人以下程度の企業を，とりあえず"中小企業"と想定する。

1　アメリカ型二重構造の拡張

1　シャーマン（反トラスト）法の制定と中小企業

　1890 年のシャーマン法の制定に際し，中小企業は自らの保護と大企業の規制を期待したが，それが実現することはなかった。シャーマン法第 1 条のカルテル規制は持株会社を利用した合併を促進し，アメリカン・タバコ社，スタンダード・オイル・オブ・ニュージャージー社，US スチール社等の巨大企業が誕生した。もちろん，持株会社による巨大化は，市場の独占そのものを規制したシャーマン法第 2 条との問題が残され，1911 年，スタンダード・オイルやアメリカン・タバコが分割された。しかし，これらの措置は，当該市場における競争の回復にはある程度寄与したが，スタンダード・オイルやアメリカン・タバコの後継企業も十分に巨大企業であった。また，US スチールは，1911 年に司法省からシャーマン法第 2 条違反を理由に解散を求められたが，連邦最高裁は 20 年に司法省の訴えを退けた。判決は，US スチールのシェア低下を評価，同社は独占を形成していないと判断したのである（詳しくは第 7 章参照）。

　結局，シャーマン法は，巨大企業自体を規制するものではなく，主要産業における寡占体制の形成を促した。むしろ，カルテル規制の回避を目的とする合

併等により巨大化した企業を合法とする一方で，州を越えて取引をする零細業者のカルテルは違法となった。とくに，同法第1条は，独占形成の有無にかかわらず，すべてのカルテルを違法とする。そのため，シャーマン法違反が問われた事件のほとんどは，中小企業間のカルテルに関するものであった。

2　流通分野における中小企業と大企業の闘争

　大企業の勢力は拡大を続け，装置型産業にとどまらず，自動車や家電等の耐久消費財を中心とした加工組立型産業へと波及した。互換性部品と単調で細分化された労働により，フォードT型車を代表に，安価な製品が大量に生産された。

　1920年代になると，流通分野でも大企業が急成長した。チェーンストア・エイジの到来である。さらに，1930年代には，低コストを武器とするスーパーマーケットが登場し，食品製造業も成長した。大恐慌により消費者の低価格志向が強まるなか，工場で大量に生産された食品が，スーパーマーケット方式のチェーンストアを通して供給される経路が定着したのである。

　中小小売業者のなかには，ボランタリー・チェーンの結成や共同仕入等，各店の独立性を保ちつつ規模の利益の獲得を試みる者もいた。しかし，多くは失敗に終わり，中小企業者の取組みは政治的運動に傾斜していったのである。

　まず，1936年，価格差別禁止規定を強化するためにクレイトン法第2条を改正するロビンソン・パットマン法が成立した。改正前のクレイトン法も農家や製造業者等の売り手が買い手の小売業者に価格差別を行うことは禁じていたが，禁止規定の適用には市場全体における競争減殺や独占形成の可能性を立証する必要があった。これに対し，ロビンソン・パットマン法では当事者間の競争阻害のみを立証すればよく，連邦取引委員会も同法を積極的に活用した。

　しかし，ロビンソン・パットマン法も，チェーンストアの価格競争力を削ぐことはなかった。同法も，当然だが，販売数量等の差に基づくコスト差を価格に反映させることは認めていた。過度な価格差別規制は，価格競争自体を阻害し，反トラスト法本来の目的に反するためである。大手チェーンストアの側も，製造部門を垂直統合したプライベート・ブランドの導入等により価格差別規制を回避しながら，価格競争力強化を推し進めた（寺岡［1991］54頁）。

　一方，課税を手段にチェーンストアを規制する試みもあった。ノースカロライナ州とインディアナ州は1929年にチェーンストアに課税する州法を制定，

1937年にはルイジアナ州が州内の店舗数ではなくアメリカ全体の店舗数に応じてチェーンストアに課税する法を制定した。このルイジアナ州法はとくに論議の的となったが、連邦最高裁は、店舗数を源泉とするチェーンストアの競争力は州境では区切られないとしてこれを支持した。以後1941年までに、27州でチェーンストアへの課税法が制定された（Ryant [1973] pp. 214-218）。

さらに、第2次世界大戦後に「中小企業擁護派」議員の代表となる民主党のライト・パットマン下院議員が、1938年、過激なチェーンストア課税法案を連邦議会に提出した。法案は、店舗数と営業する州の数に応じた累進課税であり、当時、全米最大の約1万2000店舗を有したグレート・アトランティック・アンド・パシフィック・ティー（A&P）社の場合、4億7200万ドルの税金を課される計算になった。A&Pの1938年の税引き後利益は1580万ドルであり、まさに廃業を意味していた。

しかし、この法案には、消費者団体や農業団体が強く反対し、政治的影響力を増していたチェーンストア業界自身も反対のロビー活動を展開した。また、労働組合も、1938年、チェーンストアにおける組合結成と引き換えに、課税法案への反対でA&P経営陣と合意した。その結果、チェーンストア課税法案は廃案、これ以降同様の法案が提出されることはなかった。

1930年代、小規模小売業者は、急成長するチェーンストアに対して、①自らの経営力強化、②反トラスト法による規制、③課税による直接的な規制という手段で抵抗したが、いずれも失敗に終わった。流通分野においても、大企業と中小企業の格差は明確になったのである。

3　ニューディール体制の始まりと中小企業

大恐慌による混乱とその後の経済復興政策は、同時期にスーパーマーケット方式を採用したチェーンストアの成長もあり、中小企業の凋落に拍車をかけた。全国産業復興法（NIRA）の公正競争規約は、中小企業救済も意図し、早くから業界団体がカルテル機能を有した繊維産業等では一定の効果もあった（Galambos [1966]）。しかし、中小企業のなかには、カルテルに反発し、新たな製品開発や価格競争に取り組む一群もあった（生田 [2000]）。中小企業は、事業や商品が多岐にわたり、利害も拡散していたのである。

結局、公正競争規約は、消費者や不利益を被る企業からの反発を招き、1935年には連邦最高裁が、これを違憲とする判断を示した。ニューディール初期は、

大企業を必然の存在としながら，その活動を政府が規制しようとした。しかし，諸階層の反発により，この統制的政策は短期のうちに終了したのである。

これに対して，ニューディール後期の諸政策は，政府の財政支出を社会的統合や調整の手段に用いることで統制色を弱めたが，大企業体制をより強固に継続させた。ローズヴェルトはときに反大企業や反独占の姿勢をみせた。しかし，労働者，農民および都市大衆に代表される「ニューディール連合」は，自らも痛みを伴う大企業体制の解体は望まず，政府を通じた利益の再分配を選択した。

結果的に，ローズヴェルトは，最大の利益集団である大企業の支持を求める一方で，中小企業をニューディール体制の主流からは排除した（Hawley [1966] pp. 447-474, 小林 [1999] 71～72頁）。たとえば，復興金融公社（RFC）は，政府の役割を民間企業に対する融資にまで拡大したが，当時の融資基準は中小企業には厳しいものであった。中小企業向けと推定される10万ドル以下の小口融資は，1932年から39年の8年間で8000件程度，200万近くある中小企業のうちのごく一部が融資を受けたにすぎない（RFC [1940]）。ローズヴェルトは，1938年になってようやく，中小企業者の組織化や中小企業支援策の拡充を目的に，有力中小企業者や中小企業団体を集めた「ワシントン中小企業会議」を開催した。しかし，この会議も，中小企業の複雑な利害を確認したのみで，具体的な成果はなかった。

一方で，ニューディール後期には，組織化された集団間の利害調整を国家が担い，より高度に組織された政治力の強い集団が国家を通してより多くの便益を獲得する社会，すなわちアメリカ型の福祉国家体制の形成が始まった。集団間の利害対立を一定の範囲に抑えることをめざしたわけだが，同時に各集団の便益は，組織の凝集性と政府との関係の程度に依存した（小林 [1999] 76頁）。

この状況では，中小企業は，効率的に便益を獲得できなかった。利害が拡散し組織化が遅れた中小企業は，便益獲得に必要な政府とのパイプをつくれなかったのである。大企業とのさまざまな格差に直面した中小企業は，有効な便益獲得の手段も備えないままに，第2次世界大戦を迎えることになった。

2 アメリカ型二重構造の定着と中小企業政策の成立

1 「二重構造」の概要

従来，アメリカの中小企業については，日本の「二重構造論」のようには大

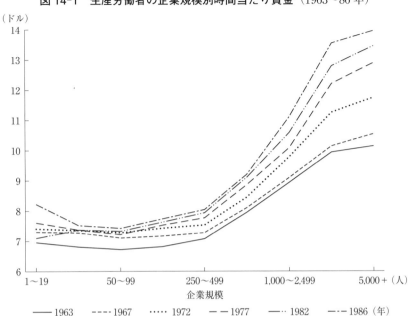

図 14-1　生産労働者の企業規模別時間当たり賃金（1963〜86年）

出所）　Davis and Haltiwanger [1991] p. 155.

企業との格差が強調されなかった。また，フィリップ・スクラントンは，柔軟性と専門性に富む中小企業が果たす役割を詳細に明らかにした（Scranton [1997]）。しかし，スクラントンが描くような中小企業は，数的には全体のごく一部にすぎない。何よりも，中小企業政策が成立したという事実は，中小企業を一方的に弱者とはみなさないまでも，大企業に対して不利な面はあり政策的支援の必要性が認識されたことを示している。アメリカにも何らかの二重構造が存在すると考えられる。

図 14-1，図 14-2 は労働経済学の成果であり，製造業の生産労働者（ブルーカラー）と非生産労働者（ホワイトカラー）の時間賃金を企業規模別にまた時系列に整理している（Davis and Haltiwanger [1991]）。①規模別の賃金格差が厳然と存在する，②それでも 1960 年代は格差が抑制されていた，③しかし 70 年代から 80 年代には規模別賃金格差が拡大したという 3 点が読み取れる。

したがって，「ビッグ・ビジネスの台頭は，中小企業の存続と結合して，19 世紀末から 20 世紀初期のアメリカにおいて，二重経済をつくり始めた」とい

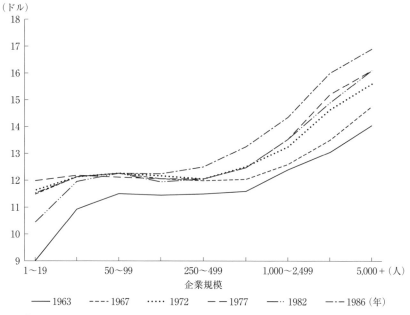

図14-2 非生産労働者の企業規模別時間当たり賃金（1963～86年）

出所）Davis and Haltiwanger［1991］p.156.

うマンセル・ブラックフォードの指摘は，やはり重要である（Blackford［2003］p.69）。たしかに，1960年代には，中小企業の労働者の一部もミドル・クラスの一翼を担う可能性があった。しかし，1970年代以降，中小企業の賃金は伸び悩む。これは，同じ時期に大企業の国際競争力は低下したとはいえ，そこに職を維持できた者が一定の賃金を獲得し続けたこととは対照的である。つまり，規模別賃金格差の動向も，アメリカ社会全体における格差拡大の一要因と考えられる。

また，人々は，複雑な統計を用いずとも，こうした格差を感覚的に認識できたはずである。よって，格差を強く意識させる政治的，社会的事案が生じると，格差是正に向けた中小企業支援の必要性が論じられた。ただし，その手段は，第1節で述べたとおり，大企業体制を変更しないものに限定されたのである。

2 第2次世界大戦後の中小企業

第2次世界大戦中，大企業は，巨大な戦時調達契約の獲得により，生産能力

表14-2 食料品店の店舗数およびシェアの比較（1929〜58年）

	店舗数			シェア		
	1929年	1958年	増減率	1929年	1958年	増減率
専門食料品店（単品取扱い）	470,500	184,300	−60.8%	69%	11%	−84.1%
複合食料品店（複数取扱い）	115,500	168,300	45.7%	31%	33%	6.5%
スーパー・マーケット	—	20,400	—	—	56%	—
合計	586,000	373,000	−36.3%			

出所）McClelland [1962] p.135 より作成。

を拡張した。一方，中小企業は，小売やサービスを中心に企業数が減少，軍需対応でも遅れをとった。1942年には中小製造業の戦時調達参入を支援する中小戦時工場公社（SWPC）が設置されたが，実効性は低かった。最新設備の導入や研究開発費の獲得は，一部の大企業に集中した。たしかに，航空機産業では中小企業を含む独特な下請構造が形成された（西川［2003］）。しかし，ここに参加しえた中小企業は，一定の技術をもつごく少数の製造業にすぎなかった。

1944年になると再転換への議論が本格化，中小企業に関しては，工作機械等の戦時余剰資産の獲得による技術力向上と，復員軍人の就業対策としての創業支援という，目的を異にする2つの施策ニーズがあった。しかし，SWPCは，対応を模索するも成果を上げられず，1946年1月28日に廃止された。

同時に，アメリカ社会における大企業への認識は，確実に変わっていた。大企業の巨大な生産力が戦争の勝利に貢献したことで，大企業への敵意はほぼ消滅した。知識人の多くも大企業賛美に転じ，社会の安定は，大企業，政府，労働組合，これら三者の拮抗により実現できるとした。

また，平時経済への移行に伴う統制の解消は，組織化の程度に基づく集団間の格差を顕在化させたが，中小企業の組織化は，あまりにも遅れていた。当時，いくつかの有力な中小企業団体が成立したが，団体内部でさえも政策志向は拡散し，中小企業の利害を代表できる組織は存在しなかったのである。

さらに，社会的上昇手段としての中小企業の役割にも変化が生じた。かつて，小さな店を開くことは，企業家として自立する一般的な手段であった。しかし，たとえば，小売業の代表である食料品販売の場合，小規模な専門食料品店の役割は急速に衰退した（表14-2参照）。1954年の上院中小企業委員会は，「流通

業における小規模経営は,われわれの経済のなかで,自由な企業が誕生し試される場である」としながらも,「チェーンストア等との競争のために,もはや独立した単一店舗で利益を生み出すには限界がある時代に直面している」と,変化を指摘した(U.S. Senate [1955] p.78)。

　もちろん,第2次世界大戦後も,巨大チェーンストア等を規制する動きはあった。とくに,A&Pは,大戦中の1942年に司法省からシャーマン法違反で提訴されてから,繰り返し反トラスト法の標的となった。また,1960年代の反トラスト法の運用強化でも,巨大流通業が対象になった。しかし,これらは,あくまでも消費者保護が目的で,中小企業保護の意図はない。繰り返すが,反トラスト法が中小企業を直接的に保護しないことは,1930年代に決着がついていた。

　第2次世界大戦後のアメリカ社会は,競争が維持される限りでは大企業の生産力を積極的に肯定した。「独立の象徴」や「反独占の砦」という中小企業への評価はノスタルジックな意味をもつだけで,中小企業は豊かさの原動力ではなかった。問われるのは,大企業体制を前提とした中小企業のあり方であった。

3　中小企業政策の形成に向けた議論

　SWPCの廃止により,中小企業を専管する連邦政府機関は消滅した。たしかに,SWPCの業務の一部を継承したRFCは,中小企業も利用可能な運転資金融資制度を有し,中小企業向けと想定される10万ドル未満の小口融資が件数ベースでは90%を占めた。しかし,大企業も対象とするRFCの制度は,担保等の融資条件が厳しく,中小企業の利用は簡単ではなかった。

　そこで,SWPCの廃止直後から,中小企業向け融資制度や専門機関設置の検討が始まった。1947年7月には,前年まで上院中小企業問題特別委員会委員長を務めたジェームス・マレーが,永続的な中小企業専管機関として連邦中小企業公社を創設する法案を銀行・通貨委員会に提出した。マレーは,反トラスト法だけでは中小企業の支援は困難で,長期資金の注入等による中小企業の競争力強化が必要と考えた。そこで,連邦中小企業公社の業務としては,償還期間10年程度の長期融資や債務保証,株式の引受け,中小企業向け輸出保険等の包括的な内容を想定した。さらに,政府調達における中小企業への差別的待遇を禁止する等の提案も行った。しかし,このときの第80議会は上下両院とも共和党多数であり,マレーの構想は実現しなかった。

一方，トルーマン大統領は，自身も中小企業者としての経歴はもつが，中小企業政策に積極的ではなかった。当然だが，当時の最重要事項は，大戦の処理，経済の再転換および冷戦への対応である。また，彼が再選した1948年選挙の支持基盤も，ローズヴェルトと同様に，大企業の組織労働者，都市の黒人および深南部を除く南部の白人であった（Reichard [2003] p. 42）。仮にトルーマンが中小企業に親近感を有していても，アメリカ社会がすでに大企業を受容した状況では，政治的影響力の低い中小企業を優先させる必要はなかったといえる。
　しかし，1950年になると，トルーマンは，中小企業の問題に一定の関心を示すようになり，1月23日，税制改正に関する議会宛メッセージのなかで，中小企業税制の検討に言及した。また，5月5日には，議会に「中小企業に対する貸付の必要性」と題するメッセージを送った。つまり，2期目に入った1949年から朝鮮戦争勃発までのトルーマンは，他の政策課題に一定の目処がつき，中小企業問題に着手するだけの余裕を得たと考えられる。
　トルーマンの姿勢の変化は，1950年前半において中小企業政策に関する議論を加速させた。とくに，議会上院銀行・通貨委員会には，同委員会中小企業小委員会委員長のバーネット・メイバンク，民主党院内総務のスコット・ルーカス，両院合同経済報告委員会共同委員長のジョセフ・オマホニーの3議員が，中小企業支援に関する法案をそれぞれ提出した。さらに，3法案の基本目標は共通であったため，これを統合したのがジョン・スパークマンである。スパークマンは，民主党「中小企業擁護派」の中心で，1950年10月には，常設的な特別委員会として上院に復活した中小企業委員会の委員長にも就任した。また，彼は，同じく「中小企業擁護派」の代表である下院のパットマンと比べ，より幅広い支持を得られる政治家であった。有力議員たちが，実現性の高い中小企業政策の議論を開始したのである。
　スパークマンら4名で共同提出した法案は，「1950年中小企業法」と称し，商務省による短期融資への保証と経営指導事業の実施，RFCによる長期資金向けの直接融資，半官半民の投資会社制度の新設等を盛り込んだ。これらは，後のSBAの基本施策を網羅した内容であった。とくに，最も重要な金融対策については，民間銀行では難しい長期資金はRFCからの直接融資とする一方で，短期資金は民間銀行への債務保証とすることで，政府の担う範囲を限定した。また，融資だけでなく出資による資金調達も支援する投資会社が，のちに中小企業投資会社（SBIC）制度として実現した。

この時期，上院銀行・通貨委員会を中心とする「1950年中小企業法」の議論を通じて，中小企業政策の必要性と内容について一定の合意が形成されたといえる。たしかに，民主党と共和党との間には政策手段に多少の違いがある。たとえば，共和党は，長期資金の調達には内部留保を促進する税制を重視した。しかし，共和党も，融資や債務保証の必要性は否定せず，金融支援は不可欠と考えていた。また，有力議員たちが審議を主導したことで，一部の異端的主張ではなく現実的な政策課題としての中小企業政策が認識され始めたのである。
　一方で，「1950年中小企業法」は，中小企業政策の専管機関の設置に踏み込むことはなく，施策の所管は商務省とRFCとした。たしかに，当時は，中小企業の複雑な利害を代弁できるアドボカシー（政策提言）の機能をも有する専管機関が期待された。しかし，すでに関係施策を実施していた商務省とRFCは，専管機関の設置ではなく，新たな施策による自らの権限拡大を望んでいた。とくに，商務省は，中小企業専管機関の設置により，自らが「大企業省」とみなされることを懸念した。よって，スパークマンらは，専管機関設置にはこだわらず，商務省等との対立回避と新たな施策の実現を優先したのである。
　ところが，1950年6月25日に朝鮮戦争が勃発，「1950年中小企業法」の審議は頓挫し，中小企業問題の焦点は戦時対応に逆戻りした。スパークマンは下院のパットマンとともに，戦時対応の中小企業専管機関として，第2次世界大戦中のSWPCと同様の機関を設立する法案を提出した。この法案は，緊急案件が山積するなかで後回しになり，商務省も中小企業専管機関には反対した。そのため，構想の修正と縮小を繰り返し，1951年7月30日，国防生産法改正法がようやく成立，53年6月30日までの暫定機関として中小国防工場庁（SDPA）が設立された。
　しかし，SDPAに目立った成果はなく，そもそもスパークマン自身も，中小企業による国防調達の獲得は期待していなかった。「1950年中小企業法」の制定をめざしながらも朝鮮戦争に直面したスパークマンらは，中小企業を再軍備という緊急課題に強引に結びつけた。当初は断念した中小企業専管機関の設置のために，国防生産法の「軒先を借りた」といえよう（浅野［2004］）。

4　SBAの設立

　1953年に入ると，アイゼンハワー政権が成立，朝鮮戦争も休戦の見通しが生まれ，SDPAの存廃が議論になった。SDPA内部でも，国防調達に限らず，

たとえば，超過利益税の影響，繊維製品等の輸入急増の問題，国防調達以外の公共工事への参入支援，関係規制の事前協議等，さまざまな問題が検討された。SDPA は，中小企業の幅広い利害を代弁することで，戦時対応ではない平時の中小企業政策を確立し組織の存続をめざしたといえる（浅野 [2004]）。

　この頃には，民主党と共和党は，SDPA 廃止後も中小企業支援の何らかの組織が必要との認識を共有した。アイゼンハワーも，民主党寄りで融資絡みのスキャンダルが続く RFC の廃止を掲げたが，RFC の中小企業向け融資制度は必要と考えていた（寺岡 [1991] 104～109 頁，Bean [1996] pp. 136-144）。そこで，アイゼンハワーは，SDPA 幹部のなかでも自身の方針に沿うウィリアム・ミッチェルを新たな SDPA 長官とし，RFC の予算を圧縮した。そのうえで，SDPA と RFC を廃止し，必要な施策を新設の SBA に統合する方向を示した。

　その後，1953 年 7 月に 1953 年中小企業法が施行，SBA が設立された。当初の SBA は 2 年間の期限付きであったが，軍需に限らずすべての中小企業に対して直接的に支援を行う中小企業専管機関が，アメリカ史上初めて成立した。「1950 年中小企業法」の提案から本格化した民主党「中小企業擁護派」議員たちの主張は，アイゼンハワー政権にも受け入れられ，ここに一定の成果を得た。

　SBA 初代長官には，SDPA 長官であったミッチェルがそのまま就任した。ミッチェルは，SBA 長官就任後も，財政削減というアイゼンハワー政権の基本政策のもと，中小企業の「自助努力」を重視する方針を前面に押し出した。そのため，SBA による資金供給は，民間金融機関の融資に対する債務保証が中心となった。「1950 年中小企業法」が掲げた長期資金の直接融資は，SBA でも目玉施策として注目はされたが，その対象はきわめて限定されていた。

　1955 年になると，7 月末に存続期限が到来する SBA の存廃が議論になった。商務省は，中小企業政策や産業政策の商務省への一元化および SBA の廃止を主張した。これに対し SBA は，中小企業者からの反発を回避すべきという政治的理由を持ち出し，SBA の存続を主張した（Bean [1996] pp. 148-150）。

　一方，この時期には，1955 年 6 月に失効する互恵通商協定法の延長問題を契機に，繊維等の国内産業保護への要求が強まった。消費財を中心とした中小製造業の間では，産業構造転換の影響だけでなく，日本や西ドイツを同盟国として維持するコストを自分たちが負わされているとの不満があった。1954 年の中間選挙で議会の主導権が再び民主党に移ったことも，SBA 廃止を困難にしていた。

アイゼンハワーも，予算を抑制できれば，中小企業政策は中小企業者の支持を得る安価な手段と考えていた。彼は，1955年8月，SBAを57年まで2年間延長し，全体の融資枠を1億5000万ドルから3億ドルに拡大する法案に署名した。その後1956年大統領選挙に圧勝したアイゼンハワーは，商務省の反対を抑え，融資事業を中心にSBAの拡充を進めたのである（Bean [1996] p. 138）。

　このように，1955年のSBA存続期間の延長および翌年の選挙を経て，スパークマンらの民主党のみならず，共和党および政府の3者間で，SBA存続への一定のコンセンサスが形成された。中小企業は，総就業者の約半数に職を提供し，同時に大企業との格差に直面していた。大企業体制を解体することも，大企業がすべての雇用を担うことも，いずれの可能性もない以上は，大企業の規制ではなく中小企業に直接的な支援を提供し，雇用と社会の安定を維持することが不可欠になっていた。また，民主，共和両党とも，一度，存続期間を延長したSBAの廃止は，政治的にありえない選択肢になっていた。大企業体制を前提に，中小企業とそれによる雇用を維持するという中小企業政策が形成されたのである。

5　二方面への施策の拡充——SBIC創設とマイノリティ企業支援

　1957年になると，SBAを永久機関にする動きが本格化し，両院の中小企業委員会には関係する予算案や法案が立て続けに提出された。ただし，上院の審議の遅れにより，7月31日のSBAの存続期限切れに際してはとりあえず1年間の期間延長と融資枠の拡大が認められた。そのうえで，翌1958年，改めて両院がSBAの永久機関化等を規定する1958年中小企業法を可決，7月18日にアイゼンハワーが法案に署名した。中小企業政策を政策分野として確立させ，SBAが中小企業に直接的な支援を提供することが，法的にも確認されたのである。

　SBAの永久機関化は実現したが，民主党を中心とする「中小企業擁護派」議員は，予算規模が依然として小さいことを問題視した。そこで，彼らは，成長過程にある中小企業の長期資金調達が困難であることに着目した。具体的には，民間の投資会社である中小企業投資会社（SBIC）を各地に設立，これに対して政府および民間が資金を提供し，各SBICは支援先の中小企業から取得した株式の売却等で投資資金を回収するとした。

アイゼンハワーも SBIC による経済活性化には期待を示し，1958年8月21日，中小企業投資法が成立した。SBA は，1963年末までに全米42州692の SBIC に営業許可を与え，総額で1億ドル弱の資金を提供した。また，1957年，人類初の人工衛星打ち上げで遅れをとったこと（スプートニク・ショック）は，アメリカの技術的先進性に疑問を投げかけ，新しい技術や研究開発の必要性を認識させた。よって，新たな企業に投資をする SBIC には，追い風の1つになった。

　ただし，SBIC 制度には，当初から批判も多かった。たしかに，融資ではなく株式の発行で資金を調達できれば，金利負担の回避や自己資本の充実等の利点があり，とくに成長志向の強い中小企業には有効である。しかし，株式発行による資金調達ニーズを有し，かつそれを実行できる中小企業は，きわめて少数である。オーナー経営者には，株式の売却や公開により経営の自立性を失う懸念もある。また，間接的ながらも政府による民間企業への出資に対しては，「中小企業擁護派」議員の一部でも疑問があった（Bean [1996] pp. 157-158）。

　一方，SBA の施策は，一部の中小企業の競争力強化をめざす SBIC とは異なる方向にも拡充した。アフリカ系をはじめとするエスニック・マイノリティ企業への支援である。SBA は，マイノリティ対象のアファーマティブ・アクション（積極的差別是正策）をいち早く導入した連邦政府機関であり，1963年からはフィラデルフィアで「6×6融資」と呼ばれた試験事業を開始した。これは，市，宗教団体，大学，労働組合等が共同で設立した中小企業振興センター（SBDC）が，創業予定者や零細企業者等からの申請を審査した後，SBA が，融資限度額6000ドル，償還期限6年，利率4％の融資およびコンサルタントによる経営指導を実施するものである。アジア系等に比べ脆弱なアフリカ系コミュニティの企業支援能力を強化すべく，地域の資源を結集した SBDC を設立したのである。

　6×6融資は貧困者自身の創業を支援する制度だが，SBA はアフリカ系を中心としたマイノリティ支援策として6×6融資を運用した。1964年にはニューヨーク等の3都市も6×6融資を試行，65年途中までの試験的制度であったが，融資件数は合計で約800件，その半分はマイノリティ向けであった。

　1965年に経済機会法が施行されると，6×6融資は，融資限度額2万5000ドル，償還期限15年，利率5.5％（不況地域は4％）の経済機会融資（EOL）へ拡大した。EOL も件数・金額の約8割はマイノリティ企業向けで，実質的には

マイノリティ支援策であった。また，1968年になると，頻発する都市暴動への対応と大統領選挙におけるアフリカ系票の獲得という2つの要素が重なり，SBAの制度はさらに拡充が図られた。

しかし，SBAは，1968年歳入・歳出管理法制定等の影響で資金不足に直面，ニクソン政権に交代した69年には深刻な状況になった。そこで，SBAは，政府資金による直接融資を削減し，これを別の手段で補った。第1に，マイノリティ企業に限らない通常の融資である7(a)プログラムの直接融資を民間銀行への債務保証に切り替えた。一方で，直接融資であるEOLの実績を確保したため，SBAの直接融資では，件数・金額ともにマイノリティ向けの割合が上昇した。第2は，マイノリティ企業向けのSBICであるマイノリティ中小企業投資会社（MESBIC）制度の開始である。半官半民の投資会社であるSBIC制度を利用し，マイノリティ企業支援に民間資金を導入したのである。第3は，8(a)プログラムと呼ばれ，マイノリティ等の社会的不利者の企業に対して，政府の物品やサービス調達の一定額を割り当てるものである。当初は小規模な白人企業に不利との批判もあり1968年度はわずか8件，契約金額も1050万ドル弱だったが，72年度には同じく1719件，1億5300万ドル以上に達した。もちろん，政府の総調達額は600兆ドル以上であり，急増した8(a)プログラムも全体に占める割合は微々たるものであった。

一方，SBAの初期のマイノリティ企業支援は，公民権運動の影響もあり，アフリカ系重視であった。たとえば，アジア系は，施策対象から外れる場合が多く，むしろ出身地等に基づく相互扶助機構が事業活動には重要であった。日系県人会や中国系の同郷会等は，融資の際の審査機能をコミュニティの人間関係で代替し，同時にコミュニティが個人の信用を補完したのである（Light [1972]）。ヒスパニックもSBAの支援から漏れる場合が多かったが，パトロンと呼ばれる有力者との人的関係により資金等を調達した。また，ときに大企業の受注や支援を獲得し，かなり自立的に事業を展開した（木下［2006］）。アジア系やヒスパニックの企業には，SBAの施策からの恩恵は限られていたが，むしろ独自のコミュニティや人間関係により事業活動上の不利に対処した。

こうした偏りもあったが，SBAは，1972年の障害者企業融資制度の創設，88年の女性所有企業振興法制定に伴う関連施策の開始等，社会的に不利な状況の者への支援を拡充した。SBAは，社会問題の是正に自営を中心とした中小企業を活用するという，新たな社会政策的性格を中小企業政策に導入した。

3　大企業体制の再編とベンチャーの登場

1　ハイテク・ベンチャーとその雇用

　1970年代に入ると，日本や西ドイツの追い上げ（キャッチアップ）により，基幹産業ともいえる家電や自動車の国際競争力の低下が明らかになった。多くの大企業は，不採算部門の売却や中間管理職の削減等と同時に，研究開発体制の見直しを迫られたのである。

　たとえば，ジャック・ウェルチがゼネラル・エレクトリック社で実行したNo.1，No.2戦略は，短期で高シェアを狙える分野に開発投資を集中し，中・長期の研究開発が必要な技術やノウハウはM&Aにより調達するものだが，これは研究開発の単なる縮減ではなく，不確実化する環境への対応であった。成熟したアメリカ経済では，新たに求められる価値は複雑で流動的になっていた。そのため，必要な資源をすべて自社で抱えるクローズな従来型の研究開発体制は，高コストで高リスクの仕組みになっていたのである。

　そもそも，定評ある商品をもつ大企業は，既存商品の継続的改良による売上の極大化をめざす傾向にある。まったく別の商品に挑戦しようとする者は，組織内の論理では異端児扱いされた。また，発言力を増す株主の存在も，研究開発活動には障害になる場合が多かった。機関投資家の多くは，不確実な研究開発投資よりも確実な配当収入を要求した。クリステンセンが指摘した"イノベーションのジレンマ"である（Christensen [1997]）。

　大企業が中・長期の研究開発機能を抱える条件は急速に失われたが，研究開発の重要性は増す一方であった。日本や西ドイツなどのキャッチアップをかわし，新たな価値を生み出すためには，不確実な目標に向けた研究開発を，増大するリスクを抑制しながら進める必要があった。また，情報・通信技術（ICT）の発展は，多くの商品や仕事を急速に無価値化する一方で，従来では考えられない機能を低コストで実現する手段としてもインパクトをもった。ICTの活用は，新たな価値創造の可能性を一気に拡大したのである。

　こうした創造と破壊は，大企業の人材にも影響を与えた。ICTは事務系ホワイトカラーが担う情報の処理や伝達の多くを代替し，大量の中間管理職が余剰となった。また，研究開発活動の重要性は増していたが，大企業といえども，あらゆる変化に対応できるだけのエンジニアは抱えられなかった。一方，ICT

の普及と高機能化により,情報の流通や共有は格段に容易になった。そこで,他の企業や機関と連携したオープンな研究開発体制の構築が可能となり,必要な資源を柔軟に補完しながら研究開発を推進することが合理的になった。

ここで,大企業が切り離した研究開発機能を代替したものが,中小企業ではなく,大学等の先端研究と連携したNTBFsであった。NTBFsは,大企業自身では難しい"破壊的イノベーション[1]"への挑戦を目的に,政策的支援を含めて種々の経営資源が人為的かつ集中的に投入されたプロジェクト組織である。たしかに,ベンチャーを広く定義すれば,上場をめざす成長志向の強い新興企業といえるが,それらの多くは,事業内容自体は従来型のサービス業であり,必要とする人材も低賃金の未熟練労働が中心となる。しかし,NTBFsは,複雑な問題を解決するために,大企業からスピンアウトした者をさらに選りすぐり,"Best & Brightest"と呼ばれる経営や製品開発のエキスパートをかき集めている。また,研究大学で学ぶ高学歴の学生のなかにも,大企業ではなくNTBFsへ進む者が現れている。NTBFsは,人材面だけをみても,従来の中小企業や一般的な新興企業とはまったく異なる存在といえる(西澤・福嶋[2005] 15～18頁)。

ただし,NTBFs自体が創出する雇用は,その量と内容に限界がある。もちろん,NTBFsのさらに一握りが巨大産業に成長すれば,幅広い内容の雇用を相当量生み出すといえる。しかし,それまでの間,NTBFsで活躍できるのは,労働人口のごく一部にすぎない"Best & Brightest"に限定される。支援サービスの成長は期待できるが,ここでもエンジニア,弁護士,会計士,コンサルタント,ベンチャー・キャピタリスト等の専門人材だけが求められるのである。

結局,NTBFsは突出した存在で,中小企業とはまったく異なる存在である。規模をもとにNTBFsを中小企業の一部として考えると,NTBFsの特殊性を見落としてしまう。むしろ,大企業の研究開発機能を代替するNTBFsは,大企業の一部分,あるいは将来の大企業の可能性をもつ存在なのである。

2　公的ベンチャー支援策の限界

シリコン・バレーを中心とするNTBFsは,経済が停滞した1970年代にも成長を続け,各方面からの注目を集めた。SBAも,SBICを通じて創業初期のNTBFsに資金を供給,そのなかにはアップル社,インテル社,AOL社等,まさに世界を変えた企業が含まれる。また,NTBFsとは多少性格を異にするが,

フェデックス社，コストコ社，アウトバック・ステーキハウス社等も，初期にSBICから資金を得ている。

　しかし，サクセス・ストーリーもあるが，SBICによるベンチャーへの資金供給の成果を過大評価すべきではない。民間資金の導入につながる"呼び水"としての効果を認めたとしても，SBICがリスクマネー供給の主力を担うには無理があった。既述のとおり，公的資金を含むSBICの民間企業への出資には，当初から批判があった。実際，近年のSBAは，SBICの発行する社債に対する信用保証を制度の主力とし，税金の直接的投入をさらに抑制している（SBA［2013b］）。

　一方で，民間ベンチャー・キャピタルの環境整備は，NTBFs等へのリスクマネー供給に大きな影響を与えた。有限責任によるファンドへの出資を可能にしたリミテッド・パートナーシップ（LPS）の法制化，年金基金の運用規制緩和によるLPSへの出資解禁，キャピタル・ゲイン税率の引下げ等である。NTBFsは，こうしたリスクマネー供給の仕組みを前提に成立しうる企業群といえる。

　むしろ，NTBFsへの政府の支援策としては，中小企業技術革新制度（SBIR）に注目する必要がある。SBIRは，一定額以上の外部向け研究開発費を有する連邦機関に対し，研究開発費の一定割合を"中小企業"が獲得できるよう求める制度である。2015年度には，10億ドル以上の研究開発予算をもつ11の連邦政府機関が，予算の2.8％ずつをSBIRに振り向けている。また，SBIRのうちフェーズⅢと呼ばれる商業化段階では，政府機関自身が先駆的顧客になるべく，当該企業の製品等を調達するのである。

　ただし，SBIRは，制度上は"中小企業"一般が対象だが，ほとんどの企業は利用困難である。財政事情の厳しい1982年に創設されたSBIRは，マイノリティ企業支援である8(a)プログラムと同様に，新たな予算を措置せず既存予算の割当クォータを活用した。しかし，SBIRの獲得には，国防総省等が提示する最先端の開発テーマにチャレンジし，かつ他の申請者との競争を勝ち抜く必要がある。SBIRは，近年でこそマイノリティ企業，女性所有企業，歴史的低開発地域（HUB Zone）企業等への配慮を規定するが，やはり実際の支援対象はきわめて限定されるのである。

　NTBFsと中小企業とがまったく異なる存在であるように，NTBFs等への支援策と中小企業政策とは，目的や対象を含めて基本的には別のものといえる。

表 14-3　企業規模別の雇用創出・消滅状況 (1973〜88 年)　(%)

企業規模	雇用創出（総計）	雇用消滅（総計）	雇用創出（実質）	雇用者の比率
0〜19 人	16.5	18.8	−2.3	5.2
20〜49	12.3	13.3	−1.0	7.0
50〜99	11.5	11.9	−0.4	6.8
100〜249	11.1	11.2	−0.1	9.1
250〜499	9.8	9.9	−0.1	6.8
500〜999	9.3	9.8	−0.4	6.2
1,000〜2,499	8.8	9.5	−0.7	8.2
2,500〜4,999	8.0	9.4	−1.4	7.1
5,000〜9,999	7.8	9.1	−1.3	8.5
10,000〜24,999	7.1	8.6	−1.5	13.6
25,000〜49,999	6.5	8.1	−1.6	9.2
50,000〜	6.3	8.0	−1.6	12.4

出所）　Davis, Haltiwanger, and Schuh [1993] p.41.

3　近年における中小企業と中小企業政策の意義

　現在のアメリカで，NTBFs でも大企業でもない"普通の中小企業"はどのようなものなのか。たとえば，スコット・シェーンは，書きぶりはセンセーショナルだが，起業家の姿をデータに基づき冷静に伝えている。「アメリカは，以前に比べるなら起業家的ではなくなってきている」「魅力的で目を引くハイテク産業などではなく，建設業や小売業などのどちらかというと魅力の薄い，ありきたりの業種でビジネスを始める場合のほうが多い」等 (Shane [2008] p.7)。

　雇用面はどうであろう。中小企業は，新規雇用の 6 割程度を生み出すとされるが，表 14-3 のとおり，とくに企業規模が従業員数 19 人以下の場合では，かなりの雇用が消滅もする。また，表 14-4 は，製造業のデータであるが，当該雇用の 1 年継続率は企業規模が小さいほど低くなり，かつ新たに生まれた雇用の継続率はさらに低い。つまり，中小企業の雇用は，雇用の創出力はあるが，それを安定的に維持する点では問題を抱える「多産多死」といえる。もちろん，規模別賃金格差も厳然と存在している。

　こうした状況を総合すれば，アメリカの中小企業政策は，大企業体制には影響を与えないよう中小企業に限定的で直接的な支援を行い，「多産多死」の場合も多いが，多様な雇用を創出し，社会的に不利な者に就業等の機会を提供するという，社会政策的役割で一貫している。NTBFs 等の役割には注目すべきだが，繰り返し述べたとおり，それは中小企業とは異なる突出した存在である。つまり，NTBFs の出現による変化は，二重構造の解消や緩和ではなく，三重

表14-4 雇用の1年継続率(製造業)(1973～88年)

企業規模	全体	新規
0～19人	0.81	0.65
20～49	0.87	0.66
50～99	0.88	0.67
100～249	0.89	0.70
250～499	0.90	0.70
500～999	0.90	0.69
1,000～2,499	0.90	0.70
2,500～4,999	0.91	0.70
5,000～9,999	0.91	0.70
10,000～24,999	0.91	0.71
25,000～49,999	0.92	0.70
50,000～	0.92	0.76

出所) Davis, Haltiwanger, and Schuh [1993] p.34.

構造への移行と理解できる。したがって，三重構造においても中小企業の不利性は解消しないため，中小企業政策は，大企業やNTBFsを否定しないよう，中小企業に対して引き続き抑制された支援を直接提供していくと考えられる。

一方，中小企業の間でも，中小企業政策への利害は複雑である。小規模で成長志向も弱く，マイノリティ企業支援等の対象にならない中小企業には，SBAの施策の活用は難しい。たとえば，1943年設立の有力中小企業団体である全国独立事業者連盟（NFIB）は，会員のほとんどは従業員数20人以下の企業だが，70年代の増税やインフレへの不満から，それ以降は減税を重視する共和党支持で一貫している。

これに対し民主党は，SBAを通じた介入的，誘導的な施策を打ち出す傾向がある。クリントン大統領は，「福祉から雇用」を掲げてマイノリティ企業を含む中小企業の雇用創出を重視した。また，オバマ大統領は，2010年に中小企業雇用法に署名し，新規創業や雇用の増加をめざす企業へのSBA融資を拡充した。これらの政策が，中小企業による雇用の「多産多死」や規模別賃金格差までを解消する可能性は低いかもしれない。それでも，雇用を創出できれば，失業率を抑制し，中小企業を通じた機会の提供も可能になる。施策を活用する企業にとっても，減税以上の効果が期待できる。

また，SBA長官は，従来は連邦議会選落選者の就任が多かったが，近年は，エスニック・グループや女性を意識した人事になっている。たとえば，ブッシュ（父）大統領は，ハワイ生まれの日系人女性であるパトリシア・サイキを下

院議員から上院選に出馬し落選した後だが，第17代SBA長官（1991年3月～93年1月）に指名した。また，クリントンは，アイーダ・アルバレスを第20代長官（1997年3月～2001年1月）に指名した。プエルトリコ出身の彼女は，ジャーナリストや行政官としてのキャリアからラテン系女性初の閣僚級ポストへ就任したのである。さらに，第24代長官（2014年4月～）マリア・コントレラス-スウィートも機会提供の意義を強く打ち出した人事であり，オバマ大統領は彼女の就任に際し次のように述べた。

「彼女は，女性所有や家族所有の企業におけるチャンピオンの一人である。また，幼くしてメキシコからカリフォルニアへ移ってきた者であり，母親はマリアと彼女の5人の兄弟を支えるためにいつも働いていた。彼女は，働く家族と最近の移民が直面する問題について身をもって理解している」（SBAウェブサイトより）。

おわりに──三重構造の意味

中小企業政策については，しばしば保護的か否かという二項対立的議論になるが，その内実はかなり複雑である。たとえば，黒瀬［2006］は，中小企業政策は，大きくは，①反独占的産業組織政策，②産業政策，③社会政策の3つで構成され，さらに産業政策は，成長支援や新事業展開といった資源の「足し算」である産業育成政策（②-1）と衰退産業の退出・転換を促す資源の「引き算」である産業調整援助政策（②-2）の2つに，社会政策も，既存中小企業が抱える問題に対応する政策（③-1）と創業による雇用創出や地域振興といった中小企業を積極的手段とする政策（③-2）の2つに，それぞれ整理できるとする。つまり，中小企業政策は，中小企業を対象としたこれら5つの政策が混合されたものなのである。

最後に，黒瀬の類型を用いて本章を振り返り，日本との比較を交えながら，アメリカの中小企業政策の性格を明らかにしたい。

まず，①反独占的産業組織については，すでに1930年代において，反トラスト法だけでは中小企業の問題に対処できない状況に至ったと論じた。中小企業を反独占のシンボルとみなす言説も，とくに第2次世界大戦後にはノスタルジックな感情にすぎない。たしかに，1953年に制定され現在も有効な中小企業法第2条(a)項は，SBAの目的を「自由競争（free competition）には中小企業

の競争力（the actual and potential capacity of small-business）が不可欠」なためとする。しかし，人々が競争を重視しても，その担い手が中小企業に限定される必要はない。独占禁止政策は，もはや中小企業政策の一部とはいえないのである。

②-1 産業育成政策は，日米間で最も異なる部分である。日本の中小企業政策は，商業対策等の社会政策的内容も含むが，常に製造業の競争力強化が最優先事項であった。第2次世界大戦終了直後には繊維等の軽工業品，高度成長期には家電や自動車の部品と，輸出に貢献する中小製造業の育成を重視した。こうした政策では，国際競争に耐える規模や技術をもつ中小企業が政府からの助成獲得を競い，かつ助成目標が未達の企業は次の助成を得られなかった。よって，保護ではなく"振り落とし"による選別的競争力強化策といえる（黒瀬［2006］82頁）。

これに対して，アメリカの中小企業政策は，産業育成政策の前提となるような業種のターゲティングは皆無であった。また，ベンチャー支援策は業種ではなくイノベーションをターゲットにした産業育成ともいえるが，既述のように，中小企業政策とベンチャー支援策は別物である。

②-2 産業調整援助政策についても，アメリカの中小企業政策は関係が薄い。日本では，たとえば，かつての繊維産業振興の裏返しとして，中小繊維事業者に対する構造改善支援，つまり拡大した繊維産業の縮小とソフト・ランディングへの取組みを1967年から実に2010年まで継続した。繊維産業の構造改善事業は日本でも異例の長期政策だが，アメリカの中小企業政策では産業調整援助政策自体が見当たらない。むしろ，冷戦期には，日本からの繊維製品等を大量に引き受け，自国中小企業に負担を強いたほどである。アメリカの中小企業政策は，「足し算」と「引き算」の両面において，産業政策の性格は薄いといえる。

結局，アメリカの中小企業政策は，社会政策としての性格に意義がある。本章では，アメリカでも大企業と中小企業との間に格差が存在し，この格差が中小企業政策の形成を推進したと論じた。金融助成等の中小企業への直接的で抑制的な支援は，大企業体制を前提に，大企業と中小企業との格差を多少でも是正し，自営を含む中小企業の雇用維持をめざしている。同時に，アメリカの中小企業政策は，1960年代のマイノリティ企業支援以来，社会的に不利な者に中小企業という機会を提供してきた。もちろん，本章では，中小企業の生み出

す就業に継続性や安定性の問題があるとも指摘した。それでも，中小企業は，職業機会の創出に一定の役割を果たしているのである（Aoyama and Teitz [1996]）。

このように，アメリカの中小企業政策は，大企業との格差を中心とする中小企業の問題性に対処すると同時に，中小企業を手段に種々の社会問題の緩和を図るという，③-1と③-2, 2つの側面をもった社会政策が中心と考えることができる。たしかに，こうした中小企業政策に対しては，市場原理を歪めるという批判，逆に安上がりだが中途半端な福祉政策という批判が常に付きまとう。しかし，大企業の解体は考えられず，三重構造の最上層にあるNTBFsの雇用吸収力には限りがある。本章では，アメリカの中小企業政策は，種々の問題を抱えながらも，引き続き社会政策としての性格にこそ意義を有すると指摘しておきたい。

注
1) クリステンセンは，より安価で簡便な方法により，従来の製品等を完全に代替したり，まったく新しい市場を創出したりすることを「破壊的イノベーション」と呼んだ。しかし，「破壊的イノベーション」が実現する可能性は，決して高くはない。よって，優良な主力商品を有する大企業であるほど，投資効率を高めて株主への高配当を維持するには，ハイ・リスクな研究開発等を必要とする「破壊的イノベーション」への挑戦を回避し，従来製品の改良を継続するほうが少なくとも短期的には合理的になってしまう（Christensen [1997]）。

参考文献

浅野敬一［2003］「黒人企業に対するアファーマティブ・アクション——1960年代における米国中小企業庁の施策を中心に」『西洋史学』第209号。
浅野敬一［2004］「1950年代米国における国防支出の増大と中小企業の地位の変化——SDPAを巡る議論を中心に」『アメリカ経済史研究』第3号。
浅野敬一［2006］「第二次大戦再転換期における米国の中小企業政策——中小戦時工場公社の余剰資産処分施策」『西洋史学』220号。
浅野敬一［2007］「平時経済における中小企業政策形成への模索——1950年中小企業法案の意義と限界」『アメリカ経済史研究』第6号。
生田隆慈［2000］「一九三〇年代大不況期におけるアメリカ中小企業問題と政策」『経営史学』第35巻第4号。
木下なつき［2006］「マイノリティ・ビジネスの自生的発展——二十世紀後半のカリフォルニアにおけるヒスパニック系電気電子機器企業の事例を中心に」『アメリカ経済史研究』第5号。
黒瀬直宏［2006］『中小企業政策』日本経済評論社。
小林清一［1999］『アメリカ福祉国家体制の形成』ミネルヴァ書房。
谷口明丈［2007］「コーポレート・アメリカ——ビッグ・ビジネスとミドル・クラス」久保文明・有賀夏紀編著『個人と国家のあいだ〈家族・団体・運動〉』ミネルヴァ書房。
寺岡寛［1991］『アメリカの中小企業政策』信山社。

西川純子［2003］「アメリカ航空機産業における下請生産の再編成——戦時生産体制の解体から朝鮮戦争まで」『商学論纂』第44巻第6号。
西澤昭夫・福嶋路編著［2005］『大学発ベンチャー企業とクラスター戦略』学文社。
黄完晟［2002］『日米中小企業の比較研究』税務経理協会。
Aoyama, Y. and M. B. Teitz [1996] *Small Business Policy in Japan and the United States: A Comparative Analysis of Objectives and Outcomes*, University of California.
Bean, J. [1996] *Beyond the Broker State: Federal Policies Toward Small Business, 1936-1961*, University of North Carolina Press.
Blackford, M. G. [2003] *A History of Small Business in America*, 2nd ed., The University of North Carolina Press.（川辺信雄訳［1996］『アメリカ中小企業経営史』文眞堂）。
Christensen C. M. [1997] *The Innovator's Dilemma: When New Technologies Cause Great Firms to Fail*, Harvard Business School Press.（玉田俊平太監修，伊豆原弓訳［2001］『イノベーションのジレンマ——技術革新が巨大企業を滅ぼすとき』（増補改訂版）翔泳社）。
Davis S. J. and J. C. Haltiwanger [1991] "Wage Dispersion between and within U. S. Manufacturing Plants, 1963-86," Brookings Papers on Economic Activity, Microeconomics.
Davis, S. J., J. C. Haltiwanger, and S. Schuh [1993] "Small Business and Job Creation: Dissecting the Myth and Reassessing the Facts," NBER Working Paper Series No. 4492, National Bureau of Economic Research.
Davis S. J., J. C. Haltiwanger, and S. Schuh [1996] *Job Creation and Destruction*, MIT Press.
Galambos, L. [1966] *Competition and Cooperation: The Emergence of a National Trade Association*, John Hopkins University Press.
Hawley, E. W. [1966] *The New Deal and the Problem of Monopoly: A Study in Economic Ambivalence*, Princeton University Press.
Light, I. H. [1972] *Ethnic Enterprise in America: Business and Welfare among Chinese, Japanese and Blacks*, University of California Press.
McClelland, W. G. [1962] "The Supermarket and Society," *Sociological Review*, Vol. 10, No. 2.
Reconstruction Finance Corporation [1940] *Report for Fourth Quarter 1939*.
Reichard, G. W. [2004] Politics as Usual: *The Age of Truman and Eisenhower*, 2nd ed., Harlan Davidson.
Ryant, C. G. [1973] "The South and the Movement Against Chain Store," *Journal of Southern History*, Vol. 39.
Scranton, P. [1997] *Endless Novelty: Specialty Production and American Industrialization, 1865-1925*, Princeton University Press.（廣田義人・森杲・沢井実・植田浩史訳［2004］『エンドレス・ノヴェルティ——アメリカの第2次産業革命と専門生産』有斐閣）。
Shane, S. A. [2008] *The Illusions of Entrepreneurship: The Costly Myths that Entrepreneurs, Investors, and Policy Makers Live By*, Yale University Press.（谷口功一・中野剛志・柴山桂太訳［2011］『〈起業〉という幻想——アメリカン・ドリームの現実』白水社）。
Small Business Administration [2013a] "Employer Firms, Establishments, Employment, and Annual Payroll Small Firm Size Classes, 2011," based on data provided by the U. S. Census Bureau, Statistics of U. S. Businesses.
Small Business Administration [2013b] "The Small Business Investment Company (SBIC) Program, Annual Report: For Fiscal Year Ending September 30, 2013."
U. S. Senate [1955] Select Committee on Small Business, Annual Report 1954, USGPO.

第4部

社会保障・労働と経済思想

第15章

格差と貧困
―― アメリカ型福祉国家の形成と変容 ――

佐藤千登勢

はじめに

　アメリカは，ヨーロッパの先進諸国に比べて，歴史的にも実態的にも「遅れた」福祉国家であるといわれている。福祉国家の比較研究によると，自助や勤勉を重んじる政治文化が根強く社会に定着し，経済的な上昇が比較的容易であったことや，政府の役割よりも市場に重きが置かれてきたことなどが，アメリカの福祉国家としての後進性を説明する要因として指摘されている。また，アメリカは連邦制をとる国であるため，連邦政府のもとで中央集権的に運営されるプログラムもあれば，連邦政府から交付される補助金に州や地方自治体が独自の財源を組み合わせて施行されるプログラムもある。そうしたことから，アメリカの社会保障制度は「パッチワーク状」に広がり，複雑で統一性を欠くとみなされている。加えて，医療保険や企業年金など，民間部門によって担われているプログラムの比重が高いことも，アメリカ型の福祉国家の特徴とされている。

　本章では，アメリカの社会保障制度を歴史的に検討することによって，アメリカが福祉国家としていかなる変容を遂げてきたのかを明らかにする。近年，アメリカでは，経済的な格差が以前よりも拡大しつつあり，貧しい家庭に生まれた者が社会経済的に上昇することがますます困難になっていると，多くの研究や報道が指摘している。そうした現象は，アメリカ社会におけるセーフティネットの変化とどのように関係しているのだろうか。

　この問いに答えるために，本章では，1930年代に設立されたアメリカの社会保障制度をアメリカ型の福祉国家の起点として捉え，それが，社会保険と公

的扶助という2つの異なる性格をもつプログラムを基盤に発達していったことをみていく。この二層構造が第2次世界大戦後，どのように拡充し，いかなる改革を経て，現在の姿に至ったのかを考察していきたい。

　本章の構成は，以下のとおりである。まず第1節では，1930年代にニューディール政策の一環として設立された社会保障制度がいかなる歴史的状況のもとで生み出されたのかを明らかにし，アメリカの社会保障制度の基本的な枠組みとその中心的な政策思想を検討する。続く第2節では，社会保険，なかでも老齢遺族年金保険が第2次世界大戦後，拡充され，社会保障制度の要として確立されていった状況を考察する。そして第3節と第4節では，社会保険と対を成す公的扶助について，要扶養児童家族扶助（AFDC）を中心に1960年代の拡充とその後の縮小過程をみていく。第3節では，AFDCが1960年代をピークに大きく発展した後，アメリカ経済の悪化に伴い，厳しい批判を受けるようになり，80年代に入り福祉削減へと大きく舵が切られたことを論じる。第4節では，こうした潮流を受けて，1990年代に行われた福祉改革を取り上げ，公的扶助の末路をみるとともに，それによって今日，アメリカにおいて政府が国民にいかなる形のセーフティネットを提供しているのかを検討していく。

1　社会保障制度の設立——二層構造の生成

1　ニューディールと1935年社会保障法

　アメリカでは，20世紀初頭のいわゆる革新主義の時代に，経済的に困窮している高齢者や母子家庭を対象にした公的扶助が，いくつかの先進的な州や地方自治体で導入された。また，同じ頃，大企業を中心に企業年金や失業給付制度を設立する動きもあった。歴史的には，こうした分権的な社会福祉制度や企業レベルでの自発的な取組みに，アメリカの福祉国家としての萌芽を見出すことができる（Trattner [1974], Patterson [1986]）。

　しかし，アメリカで連邦政府によって全国的な社会保障制度が設立されたのは，F. D. ローズヴェルト政権期の1935年に社会保障法が成立してからであり，先進ヨーロッパ諸国に比べると時期的にかなり遅れをとっていた。自助努力や勤勉を重んじるアメリカ独特の気質や政治文化が広く社会に浸透していたことが，その理由として一般的に考えられており，1930年代に設立された社会保障制度も，大恐慌というきわめて特異な状況のもとで生み出されたものであり

ながら，そうしたアメリカ的な価値観に強く彩られたシステムになっている。

1933年に大統領に就任したローズヴェルトは，大恐慌がもたらした未曽有の混乱を収拾するために，金融機関の救済や産業の復興，農業の統制，公共事業の実施など，一連のニューディール政策を行った。初期のニューディール政策では，失業者に現金を給付することによって，生活を支援する方法がとられ，それは直接救済と呼ばれた。直接救済がある程度の成果を収めると，今度は，雇用促進局（WPA）などの政府機関を通じて雇用を創出し，失業者の就労を進めた。失業者に仕事を与えることで直接救済への依存を断ち切るとともに，政府が雇用を拡大することによって，民間企業の経済活動を刺激して投資を促進し，景気を回復させることができると考えられたのである。

1935年社会保障法は，こうしたニューディールの失業対策を補完するものとして立案された。ローズヴェルトが設置した経済保障委員会が社会保障制度の骨子を提言し，それに基づいて法案が作成された。その際，最も優先されたのが，失業保険制度の確立だった。次いで，高齢者が経済的な困窮に陥らないようにするための老齢年金保険も重視された。年金が給付されれば，高齢者は労働市場から撤退するため，若年者が職に就くことができ，失業率が下がるであろうという発想がその根底にあった。失業保険と老齢年金保険は，給与に一定率が課される社会保障税を財源とする社会保険であり，在職中から失業時や老後への備えを進め，労働者の経済的なリスクを軽減することを目的とするものであった。こうした政府の拠出を伴わず，労使の拠出のみに基づいた2種類の社会保険が，アメリカの社会保障制度の中核を成すことになった（Public Law 74-271）。

一方，社会保険とともに社会保障制度の「両輪」を成すものとして，3つの公的扶助——老齢扶助，児童扶助，視覚障害者扶助——が1935年社会保障法のもとで導入された。これらは，資産調査などのいわゆるミーンズ・テストによって受給資格が認定され，困窮の度合いに応じて現金が給付される福祉プログラムであった。連邦政府が各州へ交付する補助金と州の一般財源から，貧困者へ給付がなされる形がとられた（Public Law 74-271）。

このようにアメリカの社会保障制度は，拠出に基づき「権利」として受給することができる社会保険と，貧困者への「福祉」として税金で賄われる公的扶助という二重構造をもちながら，1935年以降発展することになった。こうした二重構造はアメリカのみならず，他の国々の社会保障制度にもみられるが，

アメリカでは両者の相違が常に重視され，優劣を伴う二層として明確に分けられながら変容することになり，そこにアメリカの社会保障制度の特徴を見出すことができる。

2　社会保障制度の基本的な枠組み

　1935年社会保障法によって作り出された社会保障制度は，第2次世界大戦までに次のような発展を遂げた。

　まず，失業保険は州が主体となって運営する形がとられたため，社会保障法の成立後，各州で失業保険法が制定されなければならなかった。立法は速やかに進み，1937年6月までに全州で失業保険制度が導入された。当初は，農業や家内労働に従事している人々，非正規労働者などが制度の対象外とされたため，全就業者に占める加入者の比率は約6割にとどまった。大半の州（48州中42州）で雇用主の単独拠出制が採用され，拠出率が2.7%程度と低く抑えられたため，給付水準は収入の3～4割程度であった。それを補うために，企業が個別に失業給付を充当する必要があると考えられ，一部の大企業で導入されていた失業給付制度は，社会保障法の制定によって役割を終えることはなく，むしろ拡充へと向かっていった（Harber and Joseph ［1939］ pp. 22-23，新井 ［1993］ 302～303，323，327～329頁，河内 ［2005］ 292頁，佐藤 ［2013］ 185～186頁）。

　老齢年金保険は，連邦政府が所管する全国的な制度として発足した。失業保険と同様，適用される職種が当初は制限されていたため，加入率は全就労者の56%にとどまった。給付は在職時の平均収入の3割程度であり，公的な年金を補うために，1930年代後半以降，企業で年金制度の導入が進んだ。

　1939年には第1回目の社会保障法の改正があり，老齢年金保険は大幅に変更された。まず，遺族年金が加わり，65歳以上の加入者本人だけでなく，配偶者と16歳未満（就学している場合は18歳未満）の子どもに給付の対象が広げられた。それに伴い，名称も老齢遺族年金保険（OASI）となった（Altmeyer ［1968］ pp. 99-117，藤田 ［1974］ 503～518頁，佐藤 ［2013］ 186～187頁）。

　老齢年金保険に関しては，巨額な積立基金がデフレを深刻化させるのではないかという懸念が制度の発足当初から根強くあり，現に1937年には景気が後退したため，完全積立方式から修正賦課方式へと移行することが39年の改正で定められた。その結果，現役世代の拠出が高齢者の年金の財源となり，世代間で所得の移転がなされるようになった。しかし，あくまでも拠出は労使によ

ってなされ，所得の再分配効果を高めるために政府の拠出を求める声もあったが実現しなかった。第2次世界大戦中には，給付を引き上げ，適用職種を広げるために社会保障法の改正案が連邦議会へ出されたが，戦時下で改革的な機運が薄れており，成立には至らなかった。だが，戦時期に軍需工場への就労が進んだことにより，工業に従事する労働者の数が飛躍的に増えたため，OASIの加入者は着実に増加した（Weaver [1982] pp. 119-123, Altmeyer [1968] p. 146）。

一方，3つの公的扶助は，各州でそれぞれ法律が制定され，連邦政府が州へ補助金を交付し，それに州が財源を充てるマッチング方式で運営された。1938年9月までに老齢扶助は全州で，児童扶助は40州で導入された。連邦補助金のマッチング率は，当初，老齢扶助と視覚障害者扶助が2分の1，児童扶助が3分の1であったが，1939年の改正で，児童扶助のマッチング率も2分の1に引き上げられた。しかし，公的扶助の給付は全体的に低く抑えられ，月平均給付額は老齢扶助では19ドル，児童扶助は32ドル，視覚障害者扶助は24ドルにすぎなかった。1938年には4人家族の生活費として月100ドル程度必要であったことを考えると，公的扶助の給付がいかに低水準にとどめられていたかがわかる（Altmeyer [1968] p. 104, 新井 [1993] 307頁，河内 [2005] 292〜293頁）。

また，公的扶助の受給資格の認定や給付額の決定などに関しては，州にかなりの裁量が与えられたので，大きな州間格差がみられた。社会保障法案が連邦議会で審議される過程で，「健康で品位ある生活を営むに足る額の扶助を保障する」という条項が削除されたため，最低給付額の規定が社会保障法にはなかった。とくに南部諸州では貧困層の大半が黒人であり，もし手厚い扶助が与えられると，黒人が低賃金の労働を厭うようになるという理由から，給付額が非常に低く抑えられた（佐藤 [2013] 45頁）。

おおむね1950年代までは，アメリカ経済が持続的に成長し，雇用が拡大すれば，国民の大半は社会保険に加入することになるため，公的扶助の受給者は減少していくと想定されていた。高齢で貧しかったり，障害をもっていたり，夫と死別して1人で子どもを育てているといった理由で働くことができない人々の最後のよりどころが公的扶助であり，それはあくまでも少数の例外的な人々のために存在する，周縁的なプログラムであると考えられていた。そのため，社会保障法の改正によって公的扶助の給付を増額したり，受給のための要件を緩和しようという政策的な取組みは，この時代にはほとんどみられなかった。

2 社会保障制度の中核としての老齢遺族年金保険

1 老齢遺族年金保険の拡充

　労使の拠出が財源となり，受給する「権利」が確立されている社会保険のなかでも，とくに連邦レベルで運営された老齢遺族年金保険（OASI）は，加入者の稼得に基づいた自律的なシステムとして，1960年代までに広く社会に定着した。主たる受益者は白人中産階級であったため，OASIの拡充は政治的な抵抗もほとんどなくスムーズに進んでいった。

　まず，1950年代から社会保障法が相次いで改正され，適用の対象となる職種が，当初から制度に組み込まれていた工業や商業に従事する労働者に加えて，農業労働者や家内労働者，自営業者へと広げられた。その結果，受給者数は1950年の347万7243人から，60年には1484万4589人へ，70年には2622万8629人へと上昇した。給付額も相次いで引き上げられ，給付総額は1950年の9億6100万ドルから，60年には112億4500万ドル，70年には318億6300万ドルへと急増した（Social Security Administration [2015]）。政策的な給付水準の引上げに加えて，第2次世界大戦後の経済的な繁栄のなかで高賃金を得てきた労働者が退職年齢に達し，高い給付を得るようになったことが，その背景にあった。

　高齢者に対する経済的な保障を強化するために，新たな保険も併設された。まず，1956年の社会保障法改正によって障害者年金が新設され，OASIは老齢遺族障害年金保険（OASDI）と名称が改められた。さらに，社会保障法が1935年に成立した時点では実現しなかった医療保険も，対象を高齢者に限定する形で60年代に導入された。ケネディ大統領は就任直後から，社会保障制度のもとで高齢者を医療保険に加入させることを提案しており，ケネディの暗殺後，その遺志を継いだジョンソン政権のもとでメディケアと呼ばれる制度が1965年に新設された。それは，65歳以上でOASDIを受給している人を対象にした医療保険であり，強制加入の病院保険（HI）と任意加入の補足的医療保険（SMI）の2種類から成り立っていた。メディケアの創設によって，それまで経済的な負担がとくに大きかった高齢者の入院治療に，公的な医療保険が適用されることになった（Kollmann [1996] pp. 9-10, Grundmann [1985] p. 15）。

2　年金財政の悪化

　OASDI を受給している高齢者の比率は 1960 年代以降，着実に増え続け，70 年には 85%，75 年には 90% を超えるに至った (Grundmann [1985] p. 18)。労働所得のある国民のほとんどが OASDI に加入するようになると，社会保障法の改正によって，公的年金制度としての安定化が図られた。なかでも特筆すべき改正は，1972 年に行われたものであった。この改正では，給付の算出について生計費調整 (COLA) と呼ばれる方式が導入され，OASDI の給付額を物価の上昇に応じて，自動的に調整していくシステムが確立された。それによって，インフレに伴い給付が実質的に目減りするのを防ぎ，高齢者に与えられる経済的な保障が，景気動向に大きく左右されないようになった (Kollmann [1996] p. 11)。

　しかしその一方で，COLA の導入は，1970 年代後半になると OASDI の基金に深刻な影響をもたらすことになった。この頃には，インフレ率が 7% 台を記録したため，給付額がインフレの進行とともに増大することになり，基金の支出が収入を超える事態が続くようになった。人口の高齢化が進んできたことも，年金財政の悪化に拍車をかけ，このような状況に対処するために何らかの対策が講じられないと，OASDI の基金は 1983 年に枯渇することが明らかになった。

　こうした事態に直面したことで，1970 年代後半以降，相次ぐ社会保障法の改正によって，年金財政の悪化を食い止める試みが続けられた。この時期に行われた主な対策としては，次の 2 つをあげることができる。

　まず，カーター政権期の 1977 年に行われた社会保障法改正がある。1977 年 5 月，カーター大統領は年金財政に関する特別教書を連邦議会へ送り，それに基づいて作成された法案がいくつもの修正を経て上下院を通過して，社会保障法の改正がなされた。具体的な内容としては，まず，社会保障税の課税ベースを引き上げ，1978 年に 1 万 7700 ドル，79 年に 2 万 2900 ドル，80 年に 2 万 5900 ドル，81 年に 2 万 9700 ドルとし，その後はさらに自動的に引き上げていくことが決められた。また社会保障税の税率（労使の拠出率の合計）も 1977 年の 9.9% から 90 年以降の 12.4% へと段階的に引き上げられることになり，OASDI の基金の増額が進められた。さらに給付額の算出は，生涯の就労期間を通じて得た所得の平均に基づいて行われることになった (Kollmann [1996] pp. 13-14)。

しかし，この改正も，年金財政の長期的な解決を保障することにはならなかった。その後，1970年代末から80年代初頭にかけて，アメリカ経済の状況はいっそう悪化し，失業率は82年に9.7％へと上昇し，インフレ率が賃金の上昇率を上回る事態に陥った。失業の増加と賃金の伸び悩みで社会保障税の税収の伸びが停滞する一方で，給付額は消費者物価指数にリンクされていたため膨張の一途をたどった。とくに1982年末から83年にかけては，OASDIの基金の残高が総給付額のわずか1.5カ月分にまで落ち込み，年金崩壊の危機が叫ばれた。緊急事態を回避するため，1982年の冬には障害保険およびメディケアの病院保険の基金から約175億ドルを借り入れ，急場をしのいだ（府川［1984］8頁）。

　こうした状況のもとで，レーガン政権の1期目にさらなる社会保障法の改正がなされた。1981年12月にレーガン大統領は，アラン・グリーンスパンを議長に超党派（共和党8名，民主党7名）で社会保障改革に関する全国委員会を設立し，提言を求めた。その最終報告書が1983年1月に出され，次の5項目を中心とする社会保障法の改正がなされた。まず，COLAの実施時期を半年（1983年6月から12月へ）繰り延べ，それによって83年から89年までに394億ドルの赤字削減を見込んだ。さらに，社会保障税の引上げを予定より繰り上げるとともに，自営業者の拠出率を引き上げ，579億ドルの社会保障税収の増加を見込んだ。また，高額所得者の給付を最高5割まで，課税の対象となる所得に含めることで266億ドル，連邦職員を新規採用者からOASDIに加入させることで218億ドルの増収が期待された。より長期的な改革としては，給付開始年齢を現行の65歳から2009年に66歳へ，27年に67歳へと段階的に引き上げることが決められた。こうした技術的な修正によって，その後75年間の年金財政の健全性を確保し，いわゆるベビーブーム世代が退職年齢に達する頃に出生率が現状のままでも，給付水準を維持することができるとされた（Kollmann［1996］pp. 16-17, O'Connor［1998］pp. 44-45）。

3　「聖域化」されるOASDI

　その後，1990年代までに，OASDIに関する改革案は幾度か出されたが，実質的な制度の変更がなされることはなかった。将来的な改革のための提言としては，基金の市場での運用や個人別の勘定の導入などがあげられてきた。

　クリントン政権期には，1994年に社会保障諮問委員会が設立され，97年1

月に年金改革に関する報告書が出された。そこではまず，社会保障税を12.4%から14%へ引き上げること，OASDIの積立金の40%を市場で運用することが提言された。さらに，確定拠出型の個人別の勘定を設けるとともに，OASDIを2階建ての制度（1階部分は定額給付，2階部分は積立型の年金）にし，年金財政を強化する必要があるとされた。クリントン大統領は，この報告書に基づき1999年1月の一般教書演説で，今後15年間に予想される財政余剰の60%をOASDIの基金へ投入し，その一部を民間市場に投資することで，年金財政の基盤を強化することを提言した。さらに，退職後の所得保障として，新たに個人別の勘定を導入していくと述べた。その後，ブッシュ（子）大統領も個人勘定を創設し，社会保障税の4%をそこに積み立て，個人による市場での運用を認めるという内容の年金改革を提案したが，いずれも実現には至らなかった（Advisory Council on Social Security [1997], Clinton [1999], Bush [2005]）。

　これまでみてきたような1980年代までに行われた社会保障法の改正による年金財政の健全化は，技術的な修正を加えることによって，OASDIを制度的に補強していこうとするものであり，公的年金を根本的に改革していく可能性を否定し，OASDIを「聖域化」することを意味していた。職域により年金制度が分かれているドイツやフランス，日本などの制度とは異なり，OASDIは，連邦政府のもとで一元的に管理されており，普遍性が非常に高い制度である。また，高齢者世帯の9割以上がOASDIを受給しており，月額の平均給付でみると所得代替率が33%となっており，ヨーロッパ諸国や日本と比べても遜色はない（吉田［2010］39～44頁）。こうしたことからも，OASDIは労働所得のある国民のほとんどが加入する安定的な公的年金制度へと戦後，着実に発展し，アメリカ社会に定着していったとみることができる[1]。

3　社会福祉の発展

1　貧困の「再発見」とAFDCの拡大

　先述のとおり，アメリカ経済が成長を続け，十分な数の雇用が確保されれば，国民の大半が社会保険に加入し，そこから経済的な保障を得ることができるようになるため，公的扶助は徐々に縮小していくと考えられていた。たしかに，OASDIの拡充により高齢者の経済状況は，戦後かなり改善された。高齢者のなかでOASDIを受給している人の比率は，1950年の16%から70年の85%

へと急速に上昇し，それに対し老齢扶助を受給している人の割合は，この間，22％から10％へと大幅に減少した。もちろん，高齢者の貧困問題が完全に解決されたわけではなかったが，OASDIの拡充と反比例する形で老齢扶助の重要性が低下しており，この2つは代替関係にあったとみることができる（Grundmann［1985］pp. 17-18）。

しかし，それとは対照的に，経済的に困窮している母子家庭に給付される児童扶助は，受給者数も総給付額も戦後，増加の一途をたどった。すでに述べたように1939年以降，老齢年金保険に遺族年金が設けられ，加入者である夫が死亡した場合，妻と子どもが給付を受けることができるようになったため，児童扶助の受給者は減ると予想された。しかし，現実には児童扶助の受給者数は，1960年の300万5000人から65年の432万9000人，70年には846万6000人へと急増した。給付総額も1960年の10億ドルから65年の16億6000万ドル，70年の48億5000万ドルへと拡大した（U. S. Social Security Board ［1989］Table 9. G1）。

その背景には，離婚率の上昇や未婚のまま子どもをもつ女性の増加という社会的な変化があった。1人で子どもを育てるシングル・マザーの数が増え，経済的な支援を得るために児童扶助を受給する女性が増加したのである。このような状況のもとで，児童扶助が家庭を崩壊させているという批判をかわすために政府は，1962年に名称を児童扶助から要扶養児童家族扶助（AFDC）へと変更して，あくまでも「家族」を支援する福祉プログラムであることを強調した。

1960年代に進んだAFDCの拡大の背後には，この時期にアメリカで貧困が「再発見」され，社会福祉の拡充を支持する世論が高まったこともあった。繁栄を謳歌しているかのようにみえるアメリカで，少なからぬ国民が貧困に陥っている実態を指摘する著作が，1960年代の初頭に相次いで出版された。なかでも，マイケル・ハリントンのベストセラー『もう一つのアメリカ』（1962年）は，失業者，低賃金労働者，貧しい農民，都市のスラムに住む黒人，資産をもたない高齢者など，人口の4分の1が，「もう一つのアメリカ」を構成していると論じ，大きな反響を呼んだ（Harrington［1962］）。

こうした世論の高まりは，民主党リベラル派の考え方と共鳴し，貧困を撲滅するための政策を推し進める原動力になった。ケネディ政権下で経済諮問会議の議長を務めていたウォルター・ヘラーは，景気を刺激するために減税を行うとともに，低所得者を対象にした新たな貧困対策に着手すべきであると提言し

た。この提言はケネディの暗殺後，ジョンソン政権のもとで「貧困との戦い」という形で結実した（Lemann [1988]）。

　ジョンソンは1964年の大統領選挙で大勝すると，民主党のリベラル派の勢いに乗じて，すべての国民に経済的な繁栄の恩恵が行きわたるような「偉大な社会」の実現を唱え，貧困の撲滅を大々的に政策目標として掲げた。こうした政策的な志向は，公民権運動の進展とも相まって，黒人の権利意識を高めることになり，全米福祉権団体（NWRO）などの団体を中心にAFDCの受給に関するさまざまな要件を緩和し，貧困者に受給を勧める活動が展開された。そうしたなかで，マイノリティのAFDCの受給率が高まり，1967年には受給者の46％を黒人が占めるようになった（土屋［2012］）。

　また，1964年にはフード・スタンプ法が制定され，低所得者に対する食費の支援が連邦政府によって行われるようになった。さらに翌年の社会保障法改正ではメディケアとともに，低所得者を対象とした医療扶助であるメディケイドも導入され，連邦政府が州へ補助金を交付する形で運営されるようになった。その結果，AFDCを受給する家庭の多くはフード・スタンプとメディケイドも併用するようになり，1960年代の初頭に20％を超えていた貧困率は1970年までに12％へと下落した（DeNavas-Walt and Proctor [2014] Figure 4）。好調な経済により失業が減り，国民の所得が増えたことに加えて，こうした社会福祉関連の支出の増加が，貧困率の下落に大きく寄与したとみることができる。

　前節で述べたように，アメリカ経済は1970年代に入ると急速に悪化し，いわゆるスタグフレーションに見舞われたが，60年代半ば以降，リベラルな民主党政権が軌道に乗せた社会福祉プログラムが抜本的に変更されることはなく，共和党政権によって継承された[2]。この時期には，AFDCの受給者数と給付総額の増加に加えて，1972年の社会保障法改正によって老齢扶助と視覚障害者扶助が補足的保障所得制度（SSI）に統合され，各扶助に関して給付額の最低基準が設けられた（Grundmann [1985] pp. 17-18）。また1974年にはフード・スタンプが全州に普及し，連邦政府が定めた統一基準のもとで運営されるようになった。フード・スタンプの受給者数はこの年に月平均1286万人に達し，1人当たりの月平均給付額は17.61ドル，給付総額は27億1800万ドルになった（USDA, Food and Nutrition Service [2015]）。

2　AFDC への批判

　1970 年代には社会福祉政策の根本的な転換はみられなかったが，AFDC をはじめとする福祉を受給している人々に対する社会的な批判は，景気の悪化に伴い強まっていった。現実には受給者の大半が 2〜3 年で福祉から離れているにもかかわらず，「大都市に居住する非白人の母子家庭」が AFDC を長期にわたって受給しており，性行動が非道徳的でまじめに働こうとしないマイノリティの女性が福祉に依存し，「福祉爆発」を招いているという非難がメディアなどでさかんに喧伝されるようになった。とくに 1970 年代以降，子どもをもちながら働く女性がアメリカ社会では一般的になったことから，なぜ，AFDC を受給している女性だけが特別扱いされ，税金を使って家で育児に専念しているのかといった批判が聞かれるようになった（Blank and Blum [1997] p. 30)。ジョージ・ギルダーの『富と貧困』（1981 年）やチャールズ・マレーの『ルージング・グラウンド』（84 年）などの著作によって，ニューディールに始まったリベラリズムの限界が説かれ，福祉への依存が資本主義の原動力である勤勉や上昇志向の精神を破壊しているという見方が広まったことも，その背景にあった（Murray [1984], Gilder [1981]）。

　こうした状況のもとで 1981 年に誕生したレーガン政権は，レーガノミクスと呼ばれる経済政策を始動させた。法人税の減税や規制緩和を進めることによって投資を増やし，アメリカ経済を活性化させようとした。レーガン大統領は，景気がよくなれば，いわゆるトリクル・ダウンにより，底辺層の国民の生活も向上すると考えており，社会福祉によって貧困をなくそうという考え方そのものが問題であると主張した。

　レーガン大統領は，就任直後に出した経済再生計画に基づいて 1981 年包括財政調整法を制定し，AFDC の改革に乗り出した。そこではまず，それまで州の裁量に任されてきた AFDC の受給資格の要件や給付額の決定方法に関して，連邦政府が統制を強めることで，受給者数と給付額を大幅に削減していくことが試みられた。具体的には，受給資格を認定する際に認められる資産の上限を，2000 ドルから 1000 ドルへ引き下げたり，受給世帯の子どもの年齢の上限を 21 歳から 18 歳へ変更することなどが定められた。また，働きながら AFDC を受給している世帯は，家族の所得の合計が，居住している州で最低限の生活を営むことができると認定されている基準額の 150% を超えたら受給資格を失うことになった。一方，AFDC の受給者の就労を進めるために，仕

事関連の経費の税額控除を月75ドルまで広げた。また，受給者が子どもを保育施設に預けて働きやすくするため，その費用として160ドルまで所得税から控除することを認めた（O'Connor [1998] pp. 41-44，佐藤 [1990] 130～131頁）。

しかし，AFDCはもともと州単位で運営されてきたプログラムであり，州の規定が依然として多く残されていたため，包括財政調整法による統制は，必ずしも想定されていたような受給者数や給付額の大幅な削減にはつながらなかった。事実，AFDCの受給者数は1980年の1077万4000人から，85年の1085万5000人へと緩やかに増加している。給付総額も，1980年の124億7500万ドルから85年の151億9600万ドルへと増加しており，財政支出の削減という観点からみると，レーガン政権の第1期目にAFDCの改革は進まなかったということができる（U. S. Social Security Board [1998] Table 9. G1）。

3　家族支援法の成立

レーガノミクスで大幅な減税がなされる一方で，「強いアメリカ」を実現し冷戦に勝利するために軍事費が増額されたため，レーガン政権の1期目には財政赤字はむしろ増加した。そうしたなかで2期目に入ると，レーガン大統領は財政再建に向けた「小さな政府」への努力をいっそうアピールするようになり，AFDCをはじめとする社会福祉関連の支出も削減の重要なターゲットとされた。1986年の一般教書演説で，レーガン大統領はアメリカの家族に言及し，「福祉の文化は，最も基本的な支援のシステムである家族を危機的といえるような状況にまで崩壊させている」とし，福祉の成功はどれだけの人が福祉から離れたかで判断されるべきであると述べた（Reagan [1986]）。

その後，さまざまな党派的な対立を乗り越えて，福祉削減を目的に成立したのが，1988年の家族支援法だった。その主な内容は次のようなものであった。まず，福祉への依存を断ち切るためには，受給者が仕事に就き，経済的に自立することが必要であるという考えから，職業訓練や教育を行うために「就労機会と基本的技能」（JOBS）プログラムの実施を州に義務づけた。すでに1967年から就労奨励プログラム（WIN）が導入され，AFDCの受給者に職業訓練や就職先の紹介を行ってきたが，十分な予算がつけられないなどの問題があり，期待されたほどの成果を上げていなかった。そうした経験を踏まえてJOBSでは，3歳未満の子どもがいない受給者は，就労支援を受けることが義務づけられた。また，高校を卒業せずに子どもを産み，AFDCを受給しながら生活し

ている 20 歳以下の者は高校で勉強を続けることが定められるとともに，JOBS に参加しない者に対しては給付を減額できるようになった（Gold［1971］, O'Connor［1998］pp. 46-47）。

また，家族支援法では，就労へのインセンティブを高めるために，AFDC の給付が減らされない所得の限度額を 75 ドルから 90 ドルへと引き上げ，AFDC の受給者が働く際，保育費用として認められる限度額を月 160 ドルから 175 ドルへと変更した。さらに就職後 1 年間は，保育費用の補助とメディケイドを受けることができるようにすることで，福祉受給者の自立を段階的に進めていくシステムがつくられた（Blank and Blum［1997］pp. 33-35, O'Connor［1998］pp. 47-48）。

就労の問題に加えて，AFDC を受給しているシングル・マザーのなかには，離婚した子どもの父親から十分な養育費をもらっていないため，生活に困窮しているケースが多くみられた。子どもの父親から経済的な支援を受けることができれば，福祉から離れる人が増えるという想定に基づいて，家族支援法のもとで児童扶養強制履行制度が導入された。この制度によって，州は子どもの父親の所得に関する情報を把握し，給与から養育費を差し引くことができるようになった（Howard［1999］p. 65，杉本［2003］122〜124 頁）。

家族支援法が，実際に AFDC の受給者数を削減することによってもたらした財政上の効果は非常に小さかったとされている。だが，JOBS というプログラムを通じて，全州でワークフェアに参加することが受給の条件とされ，州が主体となり就労支援を実施するようになったことや，児童扶養強制履行制度が導入され，受給世帯の子どもを経済的に支援するための措置がとられたことは，それまでの社会福祉政策とは一線を画す，新たな試みであった。

4　1990 年代の福祉改革

1　社会福祉財政の新たな転換

1990 年代に入ってからも財政赤字の削減という大義のもとで，社会福祉関連の支出削減は続けられた。1993 年 1 月のクリントン政権発足後は，包括財政調整法によって，歳入歳出の両面から財政再建が行われるようになった。とくに歳出面では，キャップ制（裁量的経費の支出の上限設定）やペイ・アズ・ユー・ゴー原則（義務的経費の増加または歳入減は，他の義務的経費の削減または増

税により補わなければならない）に基づき抑制が図られ，社会福祉関連の支出も削減の重要なターゲットとされた（十河［2012］18〜19頁）。

その一方で，この時期には，税制を通じた所得保障政策が拡充され，いわゆるワーキング・プアに対する経済的な補塡が進められるようになった。その代表的なものが勤労所得税額控除（EITC）と呼ばれる，勤労所得が一定額以下で子どものいる世帯を対象にした給付付きの税額控除である。EITC は 1975 年に中低所得者に対し，社会保障税の負担を軽減するために導入され，その後，86 年，90 年，93 年に拡大された。EITC は，確定申告時に所得税額から控除がなされ，就労しても貧困線（夫婦と子どもが 2 人から成る世帯で 2010 年に年収 2 万 2133 ドル）に届かない人々には，税額を超過する分が給付される仕組みである。子どもが 2 人いる夫婦で，最大 5036 ドルの税額控除が受けられるようになっている。EITC は，福祉受給者に就労へのインセンティブを与えるという観点からも推奨され，AFDC の削減が進められていくのとは対照的に，メディケイドとフード・スタンプに次ぐ規模の反貧困政策になった（Falk［2014］，Tanner［2012］p.5）。低所得の勤労者の支持を得ることは，民主・共和両党にとって選挙対策上大きな意味をもっているため，EITC は党派を超えた支持を得ることができた（Howard［1999］pp.139-143）。

クリントン政権期には，冷戦体制の崩壊により，大幅に軍事費を削減することが可能になり，以前は軍事費へと向けられていた予算を，民間投資の増大に結びつくような生産的な利用へと向けることができるようになった。グローバル化に伴い企業間の競争が激化するなかで，IT 産業が「ニュー・エコノミー」を牽引したため，アメリカ経済は 1992 年から 2000 年にかけて 20 世紀で最長の景気拡大期を迎えた。この間，実質 GDP は年平均 3% 超のペースで成長し，税収も増えたため，財政収支は着実に改善し，1998 年には財政黒字を計上するに至った（十河［2012］33 頁）。

しかし，こうした財政状況の改善にもかかわらず，1980 年代から続いた社会福祉への批判は止むことはなかった。1980 年代後半以降，家族の責任と就労を重視する方向へと社会福祉政策が転換したことはすでに述べたが，90 年代に入ると，こうした志向に超党派のコンセンサスが与えられ，福祉改革を断行すべきか否かではなく，いかなる形で福祉改革を実施していくのかという点に議論が集中するようになった。

クリントンも，1992 年の大統領選挙のときからアメリカ社会のセーフティ

ネットの見直しを公約の1つとして掲げており，就任直後から，福祉改革を進めるための準備にとりかかった。そして，1994年6月に「われわれの知っているような福祉を終わらせる」ために独自の法案を連邦議会へ提出した。しかし，妻のヒラリーが主導した医療保険改革の失敗など政治的な混乱に見舞われ，法案は日の目を見なかった。そうしたなかで1994年の中間選挙で民主党は大敗し，連邦議会では上下両院とも共和党が40年ぶりに多数を占めた。クリントン政権は，好調な経済と財政の黒字転換という実績を上げながら政治的には窮地に陥り，連邦議会が政権運営を大きく制約することになった（Clinton［1994］，佐藤［2014］22頁）。

2　1996年福祉改革法

　このような状況下で，共和党は独自の福祉改革を推し進めた。その動きを主導したのは，下院議長に就任した共和党保守派のニュート・ギングリッチであった。ギングリッチは，「アメリカとの契約」という共和党の政策綱領に基づいた社会福祉の大幅な削減案をまとめ，連邦議会へ法案を提出した。その骨子は，AFDCの受給者に2年以内の就労を義務づけ，福祉への依存を立ち切らせるというものであった。また，未成年の未婚の親へのAFDCの給付を停止したり，受給中に新たに子どもが生まれても給付を増額しないことを法案に明記し，婚外子や10代の出産を減らすことをめざした（Republican National Committee［1994］）。この法案はいくつかの修正を経て上下院を通過したが，クリントン大統領は，これが成立すると貧困家庭の子どもの窮状がさらに増すとして，拒否権を発動し，成立を阻止した。

　こうした事態は，自らの手で福祉改革を実行することをめざしていたクリントンを窮地に追いやった。クリントンは，今までのやり方では，自らが掲げてきた福祉改革の見通しが立たないばかりか，再選に向けて有利な状況を作り出せないことを思い知らされた。そして，最も賢明で現実的なのは，共和党の法案に民主党が可能な限り修正を加えて，福祉改革を実現することだと考えるようになった。クリントンは，アーカンソー州知事時代から民主党指導者会議で中道派の立場をとり，福祉の受給期間の制限や就労の促進によって福祉への依存を断ち切ることを説いてきたので，少なくとも福祉改革の基本的な方針においては，共和党の提案とある程度の親和性をもっていた。そのため，共和党の案に歩み寄ることはまったく非現実的な選択肢ではなかった。そうしたことか

ら，1996年6月に再び共和党により法案が提出されると，わずか数カ月の審議のうちに穏健派の共和党議員と中道派の民主党議員が中心となって法案に修正を加え，上下院とも大差で可決された。この法案は，8月にクリントンの署名を経て，個人責任および就労機会調整法（以下，福祉改革法とする）として成立した（Haskins [2006], Weaver [1982]）。

　1996年の福祉改革法の成立によって，子どものいる貧困家庭に提供されてきたAFDCが廃止され，新たに「貧困家庭一時扶助」（TANF）が導入された。TANFは受給年数が，生涯で最長5年に制限されるとともに，受給者には原則として2年以内の就労を義務づけた。同法のもとで州が主体となって行う就労支援が徹底され，受給者は積極的に就職活動をし，可能な限り早い時期に仕事に就くよう指導されることになった。

　TANFの受給者の約9割は，未婚ないしは夫と離・死別したシングル・マザーとその子どもから成る家族である。就学前の子どもを育てながら就労するには，子どもを保育施設に預けなければならないことから，保育を拡充するための予算が，同法のもとで大幅に増やされた。また，離婚した女性が子どもの父親から養育費をもらうことができれば，福祉への依存を減らすことができると考えられたため，児童扶養強制履行制度が強化された。同法では，両親がそろった「健全な家庭」がアメリカ社会の基本単位となるべきであるという考え方が強調され，結婚を奨励して未婚の母を減らし，婚外子を減少させるための対策に連邦政府の補助金が各州へ交付されるようになった（Public Law104-193, 佐藤 [2014] 22～24頁）。

3　福祉改革の成果

　1996年に始まった福祉改革は，期待どおりの成果が上がったと一般的に評価されている。図15-1のように，AFDC/TANFの受給者数は1995年の1360万人から福祉改革法が施行された97年には1094万人，2001年には542万人へと大幅に減少している。その後，2008年には400万人を割り，最低の水準を記録した。また，図15-2のようにAFDC/TANFの給付額も，1995年の220億ドルから97年には175億ドルへと減少し，その後は2001年に102億ドル，09年に93億ドルへと大幅に縮小した。1990年代後半にはアメリカ経済が好景気を迎えたため，失業率が5％を切り，賃金が上昇したこともあり，福祉改革の影響と相まってTANFの受給者数も給付額も大きく減少し，その後も下降

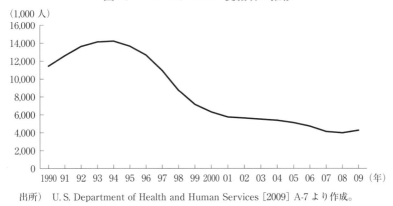

図 15-1　AFDC/TANF 受給者の推移

出所）U. S. Department of Health and Human Services［2009］A-7 より作成。

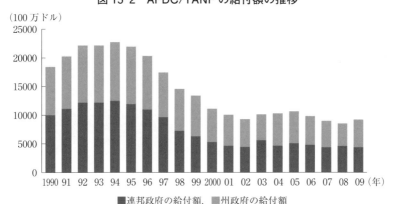

図 15-2　AFDC/TANF の給付額の推移

■連邦政府の給付額，■州政府の給付額

出所）U. S. Department of Health and Human Services［2009］A-10 より作成。

傾向が続いた（108th Congress 2nd Session［2004］pp. 31, 59, U. S. Department of Health and Human Services［2009］A-7, 10）。

　しかし，福祉から離れた人々の生活が本当によくなっているのかという点に関しては，議論の余地が大いにある。クリントン政権期の 1993 年に拡大された EITC や児童控除などの税制上の優遇措置や，そのほかの低所得の勤労者を対象にした制度を利用しながら，経済的に自立した人も少なからずいることは確かである。また，最低賃金も，1995 年の 4.25 ドルから 97 年には 5.15 ドルへと引き上げられ，低所得の勤労世帯の収入は増加した（Sawicky［2002］

4　1990 年代の福祉改革　411

pp. 56, 58, 65-66)。だがその一方で，ヘザー・ブーシェの調査によると，1999年に福祉から離れてフルタイムの職に就いた人の47％が困窮した生活を送っており，その比率は年々上昇しているという。低賃金で働くいわゆるワーキング・プアが増え，貧困そのものは実質的に減っていないとこの調査は結論づけている（Boushey［2002］p.1）。

1990年代に行われた福祉改革の根底には，福祉から離れるには，就労が唯一の解決策であるという考え方がある。しかし，就労しても低賃金の不安定な仕事にしか就くことができず，経済的な自立がままならない人も少なくない。とくにTANFの受給者の大半がシングル・マザーであり，保育などの支援を受けられても，その多くが生活上の困難に直面している。福祉の受給は止めたが，仕事に就いていない人も少なくない。低所得のシングル・マザーの4人に1人がこうした状況に置かれており，そうした母親と子どもの数は，2000年代初頭に400万人を上回っていたと推計されている（Loprest［2011］, Zedlewski and Nelson［2003］）。

2008年のリーマン・ショック後は景気の低迷による失業者の増加に伴い，フード・スタンプやメディケイドの受給者は増えたが，TANFは受給を申請しても，予算の上限が定められているため，新規に受給を認められないケースが多く，受給者数はほとんど変わっていない。そうしたことから，TANFのように現金が直接，困窮者に給付されるタイプの福祉プログラムは，もはやセーフティネットとしてはほとんど機能していないと考えることができる（佐藤［2014］167〜168頁）。

おわりに

これまでみてきたように，1930年代に設立されたアメリカの社会保障制度は，社会保険と公的扶助から成る二層構造をもちながら発展した。所得と給付額の強いリンクがみられ，拠出に基づき「権利」として受給できる社会保険と，税金を財源とし，経済的に困窮している人々に給付される公的扶助が明確に区別され，1960年代までにそれぞれ急速に拡大した。こうした二層構造は，アメリカのみならず，他国の社会保障制度にもみられるが，アメリカでは，社会保険の給付に関して政府が拠出することはなく，労使の拠出のみに基づいた「自律性」がきわめて高い制度になっている。1930年代にニューディール政策

の一環として導入された社会保障制度がこうした構造をもっていたことは，その後，社会保険と公的扶助が完全に切り離されて，政策上別々に議論される傾向を強めることになった。その結果，包括的な社会保障制度の改革ではなく，社会保険と公的扶助がそれぞれ異なる道を歩む土壌が生み出されたのである。

　事実，1970年代後半以降，アメリカ経済の低迷により失業率が高まり，インフレも深刻化すると，この二層構造はまったく異なる道をたどるようになった。連邦政府が管轄する社会保険である OASDI は，景気の悪化に伴い財政的な基盤が揺らぎ，社会保障法の改正により拠出と給付の両面において変更がなされた。しかし，いずれも抜本的な制度改革ではなく，あくまでも技術的な修正により年金財政を健全化させるという方針がとられた。これは，白人中産階級を中心に OASDI の受益者が国民の大半を占めたことにより，OASDI 制度が「聖域化」されたことの証左であった。

　一方，公的扶助の受給者は，財政状況が厳しくなるにつれて社会的なスティグマを負わされた。社会福祉関連の支出は財政赤字の元凶とみなされ，AFDC を中心にプログラムの大幅な削減が続けられた。AFDC の受給者の約9割がシングル・マザーとその子どもたちであり，マイノリティの受給率が高かったため，福祉に敵対的な言説は，ジェンダー化，人種化されていった。こうした動きは，1980年代のレーガン政権下で本格化し，受給者を就労させ福祉への依存を断ち切ることが重要であるとされるようになった。貧困は社会の構造的な問題によって生み出されるのではなく，個人の意欲や行動様式の問題に帰するのだという考え方が，この時期に政界のみならず広く社会に定着した。

　レーガン政権期以降はこのような貧困の概念と福祉改革の方向性が党派を超えて支持されるようになり，1990年代のクリントン政権期の福祉改革へと連なっていった。すでにレーガン政権下で成立した家族支援法により，州が主体となり福祉受給者に就労支援を行い，離婚した夫に子どもの養育費を負担させる制度が施行されていたが，1996年に成立した福祉改革法はこうした施策をいっそう強化した。さらに同法は，伝統的な家族の価値観や道徳を前面に押し出し，結婚を奨励して未婚の母を減らしたり，婚外子を減少させるためのプログラムに連邦政府の補助金が交付されるようになった。

　1990年代の福祉改革は，就労を TANF 受給者に義務づけたことにより，福祉と労働をかつてないほどに接近させた。福祉改革と時を同じくして EITC が拡充されたことは，TANF のような母子家庭への現金の移転から，税制を通

じた低所得の勤労世帯への支援へと政策の力点がシフトしたことを意味している。就労支援を受けて労働市場に「参加」するだけでは経済的な自立には至らないという現実に鑑みると，福祉から得られる経済的な保障を手放さざるをえなくなった人々にとって，労働者としての自らの「市場価値」を高めるのが，ほとんど唯一残された道となっている。そうしたなかで今後，職業訓練や高等教育の門戸を大きく開き，福祉を受給している人が，新たに知識や技能を習得して，よりよい仕事に就けるような環境の整備が不可欠である。また，労働市場の構造的な欠陥，なかでも賃金格差の拡大，性別に基づいた職種の偏り，不安定な雇用形態がもたらす問題を積極的に是正していくような方向へ政治の舵が切られていく必要がある。

注

1) 高齢者への経済的な保障を拡充していくための政策的な取組みとして，1970年代以降，公的年金の給付を補うために，企業年金制度の整備・強化も進められた。なかでも，1974年に従業員退職所得保障法（ERISA）が制定され，企業年金の加入資格や受給権についてルールが定められたことは画期的であった。また，1978年の内国歳入法によって401(k)が設立され，企業年金制度は大きく変容した。だが，1980年代以降，国際的な競争の激化や製造業の海外移転などの影響を受けて労使関係が変化し，勤務先で企業年金を提供される人の数は大幅に減った。企業年金のタイプも，多くが確定給付型から確定拠出型へ変更された（吉田［2012］）。
2) 1960年代後半以降のこうした状況を，連邦財政との関連でみると，ジョンソン政権は，ベトナム戦争と「貧困との戦い」を同時に進め，「大砲もバターも」求めたのに対し，ニクソン政権は，ベトナムからの撤兵とニクソン・ドクトリンに基づいた軍事再編を行い，軍事費を縮小する一方で，社会福祉関連の支出を増加させており，「大砲からバターへ」と財政上の比重を移したことがわかる（Office of Management and Budget［2014］，渋谷［2005］）。

参考文献

新井光吉［1993］『ニューディールの福祉国家』白桃書房。
河内信幸［2005］『ニューディール体制論——大恐慌下のアメリカ社会』学術出版会。
佐藤千登勢［1990］「苦悩するアメリカ社会——福祉国家の中の『貧困問題』」平井規之・中本悟編『アメリカ経済の挑戦』有斐閣。
佐藤千登勢［2013］『アメリカ型福祉国家の形成——1935年社会保障法とニューディール』筑波大学出版会。
佐藤千登勢［2014］『アメリカの福祉改革とジェンダー——「福祉から就労へ」は成功したのか？』彩流社。
渋谷博史［2005］『20世紀アメリカ財政史Ⅱ——「豊かな社会」とアメリカ型福祉国家』東京大学出版会。
杉本貴代栄［2003］『アメリカ社会福祉の女性史』勁草書房。
十河利明［2012］「クリントン政権の経済政策の評価をめぐって（下）」『商学論集』第80巻第3号。
土屋和代［2012］「アメリカの福祉権運動と人種，階級，ジェンダー——『ワークフェア』との闘い」油井大三郎編『越境する一九六〇年代——米国・日本・西欧の国際比較』彩流社。

府川哲夫［1984］「アメリカの年金制度——1983年の大改正を経て」『海外社会保障情報』第66号。
藤田伍一［1974］「アメリカ老齢・遺族年金保険の成立——一九三九年社会保障連邦法の改正意図」『一橋論叢』第72巻第5号。
吉田健三［2010］「アメリカの年金システム」『海外社会保障研究』第171号。
吉田健三［2012］『アメリカの年金システム』日本経済評論社。
Altmeyer, Arthur [1968] *The Formative Years of Social Security*, University of Wisconsin Press.
Blank, Susan W. and Barbara B. Blum [1997] "A Brief History of Work Expectations for Welfare Mothers," *The Future of Children, Welfare to Work*, Vol. 7, No. 1.
Boushey, Heather [2002] *Former Welfare Families Need More Help: Hardships Await Those Making Transition to Workforce*, Briefing Paper, Economic Policy Institute.
Bush, George W. [2005] "Address before a Joint Session of the Congress on the State of the Union," February 2, 2005.
Clinton, William J. [1994] "Message to the Congress Transmitting Proposed Welfare Reform Legislation," June 21, 1994.
Clinton, William J. [1999] "Address before a Joint Session of the Congress on the State of the Union," January 19, 1999.
DeNavas-Walt, Carmen and Bernadette D. Proctor [2014] *Income and Poverty in the United States: 2013*, United States Census Bureau.
Douglas, Paul H. [1936] *Social Security in the United States: An Analysis and Appraisal of the Federal Social Security Act*, McGraw-Hill.
Falk, Gene [2014] *The Earned Income Tax Credit (EITC): An Overview*, Congressional Research Service, The Library of Congress.
Gilder, George [1981] *Wealth and Poverty*, Basic Books.（斎藤精一郎訳［1981］『富と貧困——供給重視の経済学』日本放送出版協会）。
Gold, Stephen F. [1971] "The Failure of the Work Incentive (WIN) Program," *University of Pennsylvania Law Review*, Vol. 119.
Grundmann, Herman F. [1985] "Adult Assistance Programs under the Social Security Act," *Social Security Bulletin*, Vol. 48, No. 10.
Harber, William and J. J. Joseph [1939] "Unemployment Compensation," *The Annals of the American Academy of Political and Social Science*, Vol. 202.
Harrington, Michael [1962] *The Other America: Poverty in the United States*, Scribner.（内田満・青木保訳［1965］『もう一つのアメリカ——合衆国の貧困』日本評論社）。
Haskins, Ron [2006] *Work over Welfare: The Inside Story of the 1996 Welfare Reform Law*, Brookings Institution Press.
Howard, Christopher [1999] *The Hidden Welfare State*, Princeton University Press.
Kollmann, Geoffrey [1996] "Summary of Major Changes in the Social Security Cash Benefits Program: 1935-1996," *CRS Report for Congress, Congressional Research Service*, The Library of Congress.
Lemann, Nicholas [1988] "The Unfinished War," *The Atlantic*, December.
Loprest, Pamela J. [2011] *Disconnected Families and TANF*, Research Synthesis Brief Series, No. 2, Urban Institute.
Murray, Charles [1984] *Losing Ground: American Social Policy, 1950-1980*, Basic Books.
Nadasen, Premilla, Jennifer Mittelstadt, and Marisa Chappell [2009] *Welfare in the United States: A History with Documents, 1935-1996*, Routledge.
O'Connor, John [1998] "US Social Welfare Policy: The Reagan Record and Legacy," *Journal of Social Policy*, Vol. 27.

Office of Management and Budget [2014] Historical Tables, Budget of the U. S. Government.
108th Congress 2nd Session, Committee on Ways and Means [2004] Background Material and Data on Programs within the Jurisdiction of the Committee on Ways and Means, Section 7: TANF, March 2004.
Patterson, James T. [1986] *America's Struggle against Poverty, 1900-1985*, Harvard University Press.
Reagan, Ronald [1986] "Address before a Joint Session of Congress on the State of the Union," February 4, 1986.
Republican National Committee [1994] *Contract with America*, Three Rivers Press.
Sawicky, Max B. [2002] "The Mirage of Welfare Reform," *Working USA*, Vol. 6, No. 3.
Tanner, Michael [2012] "The American Welfare State: How We Spend Nearly $1 Trillion a Year Fighting Poverty--And Fail," *Policy Analysis*, No. 694.
Trattner, Walter I. [1974] *From Poor Law to Welfare State: A History of Social Welfare in America*, Free Press.
U. S. Department of Agriculture, Food and Nutrition Service [2015] *Supplemental Nutrition Assistance Program, National Level Annual Summary: Participation and Costs, 1969-2014*.
U. S. Department of Health and Human Services [2009] *Indicators of Welfare Dependence*, Twelfth Report of Congress.
U. S. Social Security Board [1989, 1998] Social Security Bulletin.
Weaver, Carolyn L. [1982] *Crisis in Social Security: Its Economic and Political Origins*, Duke University Press.
Witte, Edwin [1962] *The Development of the Social Security Act*, University of Wisconsin Press.
Zedlewski, Sheila and Sandi Nelson [2003] *Families Coping without Earnings or Government Cash Assistance, Assessing the New Federalism*, Occasional Paper, No. 64, Urban Institute.

ウェブサイト

Advisory Council on Social Security [1997] Report of the 1994-1996, Vol. 1. 〈https://www.ssa.gov/history/reports/adcouncil/report/toc.htm〉
Social Security Administration [2015] "Historical Background and Development of Social Security". 〈https://www.ssa.gov/history/briefhistory3.html〉

第16章

運動体と利益集団のあいだで
――漂流する労働運動――

中島　醸

はじめに

　アメリカの被雇用者のなかで労働組合に加入している比率を示す労働組合組織率は 1954 年に約 34.5％ を記録したが，その後はほぼ一貫して低下してきており，84 年に 20％ を割り，2015 年で 11.1％ となった。民間部門のみの組織率では，ピーク時の 1953 年には 35％ 台半ばに達していたが，80 年代半ばには 15％ を，90 年代後半には 10％ 台を割り，2015 年には 6.7％ となっていた（BLS [2016], Mayer [2004]）。組織率が低ければ，それだけ社会や産業，政治に対する影響力も小さくなるが，第 2 次世界大戦後の労働運動の歴史を顧みると，一定の組織率を維持していた時期においても労働組合の社会的影響力については大きな限界があった。戦後の労働組合は自らの構成員へのサービス以外の社会的・政治的課題に取り組むことに消極的であり，それは「ビジネス・ユニオニズム」と呼ばれてきた。

　1930 年代に活性化した労働運動は，第 2 次世界大戦後にはその影響力を低下させ，革新的勢力の一員とみなされなくなっていった。そして，1980 年代には労使関係，政治の両面での経営者や保守派からの攻勢に対してまともに抵抗できなくなった。こうして労働運動は，アメリカの労働者にとって，「老人たちがバル・ハーバーに集まって過去について語っている」ような役に立たない存在とのイメージをもたれるようになってしまった[1]。

　このような状況を変えるべく，労働運動は 1980 年代後半以降，再活性化に向けたさまざまな活動を試み続けてきた。組織率の推移でみればそれが成功したとはいえないが，それまでの制約を乗り越えようとする活動が展開されてお

り，この新たな試みの分析が現在の労働研究の焦点の1つとなっている。労働運動を「社会運動ユニオニズム」との視点から考察する研究も，その一例である（Turner and Hurd [2001]，ノイズ [2005]）[2]。本章は，こうした研究動向も踏まえつつ，労働運動の展開を，ニューディール期の高揚期から戦後のビジネス・ユニオニズムの時期，改革への挑戦を開始する1980年代以降の3つの時期に区分して考察する。その際に，労使関係や民主党との関係とともに，社会運動との関わりなど社会のなかでの位置も意識する。

1 ニューディール期から戦時期のコーポラティズムへ

1 ニューディール期の労働運動の高揚

ニューディール期は労働運動にとって大きな画期であった。1935年に全国労働関係法（NLRA，ワグナー法）が制定され，それまで不十分な形でしか承認されていなかった労働者の団結権と団体交渉権が実質的に保障される体制がつくられた。ワグナー法は，使用者による労働者の組織化への妨害行為を不当労働行為として禁止し，また一定の範囲内での労働者の過半数の支持を得ることで，労働組合を使用者との団体交渉権をもつ組織として承認する手続きについて規定した（中島 [2014a]）。こうした法的環境が整ったことで，この時期に労働組合の組織率は向上していった。1931年に12.4%であったのが，ワグナー法に対して連邦最高裁判所の合憲判決が出た37年には22.6%にまで上昇し，その後第2次世界大戦中も順調に向上していった（中島 [2014b] 39頁）。

この時期の労働運動は，組織面と政策面の双方で大きな変化があった。組織面での変化は，不熟練・半熟練労働者の組織化が進んだことである。ニューディール期以前に存在していたアメリカ労働運動の全国組織であるアメリカ労働総同盟（AFL）は1886年の結成以降，主に熟練労働者を職種別に組織化してきた。しかし，ニューディール期には，大量生産産業での不熟練・半熟練労働者を産業別に組織する潮流が台頭してきて，AFL内で組織化原則をめぐって激しい対立が生じた。1933年以降，AFLは事実上，大量生産産業での労働組合を承認してきたが，35年大会でも組織原則として産業別組合を認めることはなかった。それゆえ，全米鉱山労働組合（UMW）やアメリカ合同衣服労働組合（ACWA），国際婦人服労働組合（ILGWU）などは，独自の全国団体として産業別組織委員会（CIO，1938年に産業別組合会議〔CIO〕へと改組）を結成し

た。その後の CIO による産業別組織化は，鉄鋼，輸送産業，電機産業などへと拡大していったが，それをみた AFL も大量生産産業労働者の組織化に乗り出し，1940 年代になると AFL は加盟組合員数で巻き返し，CIO と組織対象者を争うことになった（津田［1972］188 頁）。

政策面での変化は大きく 2 点指摘できる。1 つ目は，労働組織としての自主性を保ち，経済的利益の追求を重視し，失業保険のような公的政策を政治に求めない「ヴォランタリズム」の姿勢を転換させたことである。AFL は，結成以後，政治的施策による労働運動への介入は労働者の解放のための闘いを阻害するとして否定してきた。しかし，大恐慌後の 1932 年の大会では，失業者の急増と失業者運動の高まりを受けて，労働時間規制立法と失業保険法への支持を決めた。その後 1935 年の全国労働関係法や社会保障法といった社会改革立法に対しては修正を求めつつも基本的に賛成した[3]。また AFL は，1935 年大会にて国民医療保険の創設も支持し，翌年の大会への執行委員会報告では政府にヨーロッパ各国の国民医療保険制度を紹介し，検討組織の創設を要請した。

政策面の変化の 2 つ目は，この時期の労働組合が広範な社会的課題に関心をもち，広い階層の利害も代表する政治活動を行っていたことである。1936 年に ACWA や UMW，全米自動車労働組合（UAW）といった CIO 参加組合を中心に労働無党派連盟（LNPL）が結成された。これは，民主党候補者を労働者勢力の立場から評価し，支援活動を行うことが目的であった。同時に，LNPL は人種的マイノリティや女性，農民，失業者等も組織化の対象として各階層での部会を設置し，社会的に不利な状況にある階層の利害をカバーすることをめざした（長沼［2004］131～137 頁，西川［2008］189～214 頁）。こうして労働組合は，ニューディール期以降「ニューディール連合」と呼ばれる民主党支持ブロックの一翼を占め，政治への影響力を強めていった（Buffa［1984］，田中［1984］）。ただ同時に，この時期には労働運動独自の政治代表である労働者政党の結成を求める動きも盛んであった。AFL の 1935 年大会では，翌 36 年に結成される CIO に参加する ILGWU や ACWA を中心に労働党結成を求める決議案が提出され，アメリカ労働党が 36 年に結成された。アメリカ労働党はローズヴェルト再選のための政治活動を行うことが主目的であり，第三党結成を積極的に追求したわけではなかったが，労働党結成の動きは第 2 次世界大戦後まで続いていった（長沼［2004］343～368 頁）。

労働運動のこうした変化は，ニューディール社会改革を担った当時のリベラ

ル派政治勢力からの期待とも合致するものであった。ワグナー法の提案者である代表的リベラル派政治家のロバート・ワグナーは，労働組合に産業民主主義の中核を担う役割を求めた。具体的には，労働組合が，産業・州・全国レベルで組織化され，社会全体の賃金水準や全国的課題に取り組んだり，社会保障制度において企業がその税負担を価格に転嫁させないようにすることを期待した（中島［2014b］370～375頁）。当時の労働運動は，広範囲の社会経済的課題に関心をもち，労働者の権利が十分に保障される体制をつくる中核的な役割を担うことを期待されたのであった。こうした労働組合のあり様は「ソーシャル・ユニオニズム」と称された（Shister［1956］, Derickson［1994］）。

2　第2次世界大戦期におけるコーポラティズムの試み

第2次世界大戦に入ると，当初，中立主義的立場にあった労働運動はしだいに戦争に協力していく。CIOは1939年大会でヨーロッパの戦争に関わらないことを要求したが，独ソ戦開始後の41年大会では国民・資源の全面的動員への協力を決議した。また真珠湾攻撃直後の同年12月17日には，AFLとCIOはローズヴェルト大統領と会談し，軍需生産を止めないために戦時中のストライキを行わないことを誓約した（中島［2007b］）。ただ労働運動は同時に，ニューディールをさらに推し進めることを求めていった。それが，国家の政策決定や，生産・価格決定といった産業の意思決定に労働者が参加するコーポラティズム体制の追求であった。

戦時期にはさまざまな戦時動員機関，労使調停機関が創設されたが，労働運動のコーポラティズムを求める声はとくに労使調停を担う機関のあり方に反映されていった。1941年3月には国防調停委員会（NDMB），翌年1月にはNDMBの後継組織として戦時労働委員会（NWLB）が設立されたが，こちらは労働・産業・公益代表からなる3者構成機関であった。NWLBの労働代表には，のちにそれぞれAFL，CIOの会長になるジョージ・ミーニーとフィリップ・マレーが参加し，準司法的権限をもって戦時期の労使関係に介入していった。またNWLBは1942年に，産業規模での賃金パターンを設定する「リトル・スティール方式」を導入した[4]。これにより，産業間の賃金水準の平準化や人種や性別による賃金差別の改善など，平等主義的な賃金政策が追求された[5]。

AFLとCIOは，どちらも戦時の3者構成機関に労働代表として参加し，1940年代半ばの政府の医療保険創設や社会保障制度改革関連委員会にも参加

しており，こうした課題への姿勢は大枠では一致していた。ただ CIO は，コーポラティズム構想や具体的な政策提言により積極的に動いていた。コーポラティズムについて CIO は，1940 年に産業規制の面でも労働者が意思決定に参加できる制度，「産業協議会プラン」を提起した。これは経営側の反対により実現されなかったが，「産業協議会」を政労使の 3 者構成機関として各産業におき，事業計画や，価格設定，利益分配などの経営権に関わる決定権限を付与する構想であった。CIO は政治面でも精力的に活動した。ローズヴェルト政権の労働政策に関与した ACWA 議長のシドニー・ヒルマンは，1943 年 CIO 大会で，賃金や労働時間などの労働条件は政府の政策によって影響されることが多くなるため，労働者の日常的な問題は使用者との交渉を通じてでは解決できなくなったと発言した。こうした認識から CIO は積極的な政治活動を展開すべく，同年 7 月に政治行動委員会（CIO-PAC）を結成した。

CIO-PAC は，直接的には，労働組合が組合財政から連邦選挙の候補者に献金することを禁止した戦時労働争議法（スミス・コナリー法）への対応として設立されたが，そこでは広範な利害を代表した政治活動がめざされた[6]。CIO 会長のマレーは，1944 年のパンフレット「労働者の政治目的」において，CIO-PAC を労働者だけでなく帰還兵や農民など一般市民の政治的権利を守るための全国組織とし，労働者以外の階層の要求も代弁することを展望した（Gaer [1944] p.67）。また同年の CIO の提案「人民のための計画」には，公正賃金や年間賃金の保障，完全雇用，公共事業への財政支出，大規模な公共住宅建設，医療保険などの社会保障の充実，農民の公正な報酬の確保，退役軍人支援など，包括的な要求が盛り込まれていた（Fraser [1991] pp.506-507）。

2 戦後労使関係の成立とビジネス・ユニオニズム

第 2 次世界大戦後，アメリカの労働組合は，労使関係においては団体交渉での利害調整と組合員へのサービスを主要課題とし，政治活動の面では組合員の利益のみを代表する利益集団としての性格を強め，「ビジネス・ユニオニズム」と呼ばれた。戦後直後には労働運動は，労使関係での経営と対等な発言力の獲得と，政治面での公的社会保障制度拡充と労働者政党の実現をめざしてはいたが，1940 年代後半にはしだいにこれらの課題からも離れていく。ただ，労働運動自体がこうした路線を積極的に選択していったわけではなく，経営者の強

硬な反対や，保守勢力の台頭と冷戦の激化から，労働運動は路線転換を余儀なくされた。本節では，戦後期の労働運動の変化を，労使関係と政治への関わり方の両面について考察する。

1 労使憲章と戦後ストライキの挫折

第 2 次世界大戦期に労働運動が追求した産業協議会構想は，戦後に受け継がれることはなかった。1945 年 3 月に「労使憲章」が AFL 会長グリーンと CIO 会長マレーの労働代表，および全米商工会議所会頭のエリック・ジョンストンによって署名され，これによりコーポラティズム構想が明確に否定された。この憲章は，経営者側が労働者の団結権・団体交渉権の保証，完全雇用，高賃金を支持する代わりに，労働側も経営権を認めることで，戦後の労使関係の安定化をめざしたものであった（Nissen [1990]）。憲章は政府介入に対しても，競争的資本主義システムを守るための最低限のプログラムに限定されると宣言した。このように憲章は，労働側の経営権への介入を排除した形の戦後労使関係の枠組みを設定し，組織労働の政治要求にも一定の制約を加えた。

ただ，労働組合は経営権への介入を完全に諦めたわけではなかった。1945 年後半から 46 年前半にかけて，自動車や航空機，鉄鋼，鉱山などの産業でゼネストが大規模に広がった。戦時期にはほぼ完全雇用が実現されたが，労働者の賃金水準は抑制されていた。戦後になっても賃金水準の回復はみられず，さらに軍需の減少と労働時間削減，兵士の復員により，失業と急激な賃金低下が生じた。第 1 次世界大戦後の戦後不況再現の恐れもあり，労働組合は大幅な賃上げを求めるストライキを起こしたのであった（Zieger [1995] pp. 212-216）。ゼネラル・モーターズ社（GM）では，UAW が 1945 年 11 月から 113 日間という長期のストライキに挑んだ。このとき UAW 指導部のウォルター・ルーサーは，販売価格の値上げなしに 30% の賃金増を求めた。それは，戦後不況を回避するための労働者の購買力向上の要求であると同時に，製品価格の決定権という経営権への介入をも意味していた。しかし，この闘いは 1946 年の終結時に 18.5% の賃上げを勝ち取ったものの，賃金コスト上昇を価格に反映させないという要求については経営側に拒絶された。

こうして戦後期には，産業協議会構想やストライキでの価格値上げなしの賃上げ実現といった経営権に干渉することは，労使憲章やストライキの決着にみられるように否定されたのであった。それゆえに，その後の労働運動は経営権

に介入しない形で，労働条件や職場の問題を団体交渉の課題として重視することとなった（Lichtenstein [1985]）。

2 労使関係枠組みの登場と不均等な浸透

その後労使関係では，1940年代末，戦後労使関係のモデルともいえる一連の協約が自動車産業で締結された（詳しくは第11，13章も参照）。1948年と50年のGM-UAW協約，49年のフォード-UAW協約がそれである。そこでは賃金調整方式とフリンジ・ベネフィットの枠組みが提示された。

賃金に関しては，1948年GM-UAW協約に生計費調整条項（COLA）と年次改善要素（AIF）が盛り込まれた。COLAは生計費指数の上昇に応じて賃金を自動的に増額するものであり，AIFは生産性向上を部分的に反映させることを目的としていた（生産性を2〜3%と推定し，2%の賃上げが規定された。Lichtenstein [1989a] p.123，神野 [2004] 418頁）。

フリンジ・ベネフィットについては，1949年フォード-UAW協約に企業年金が盛り込まれ，その後の50年GM-UAW協約は企業医療保険と企業年金の両方を含むものであった。企業との団体交渉で独自に導入された年金や医療保険は，1946年から石炭産業や鉄鋼業での協約に盛り込まれ始め，40年代後半に拡大してきた。ただ，社会的な影響としては，フォード・GMとUAWとの間の協約で成立したことが大きかった。また1950年GM-UAW協約は，「デトロイト協定」と呼ばれ，UAWはストライキの自粛を約束し，生産性の向上に励むことを認めた（ウェザーズ [2010] 23頁）。この協約でUAWは経営に対して譲歩し，設備投資や老朽施設の廃棄に伴う新工場開設，自由な価格設定等の経営権には介入しないことを約束した。この枠組みはその後の主要産業の労使関係のモデルとなっていくが，1940年代末時点ではUAWはこの協約について「時間稼ぎ」（holding action）と考えており，公的社会保障制度の拡充の実現といった政治への期待を持ち続けていた（Lichtenstein [1989b] p.141）。

そして1950年代に入り，上記の労使関係の枠組みは「パターン」として主要産業の労使関係へと波及していった。自動車や鉄鋼は，経済的に好調で労働組合も強い交渉力をもっており，そこでの労使合意の水準が，ゴムや精肉業，運輸業などへと波及していき，それらの産業の賃金やフリンジ・ベネフィットの水準を向上させていった。この構図は，基軸産業の労使交渉の水準がパターンとして他産業へ波及していくことから「パターン・バーゲニング」と呼ばれ

るようになった。COLA は 1960 年代初頭までに主要な組合協約の約 50% 以上に組み込まれ，企業年金は 70 年代中葉までに民間労働力人口の 49% を，企業医療保険は同じく 3 分の 2 をカバーするようになった。ただこのパターンは，産業構造が寡占化され労働組合の組織化が進んだ基軸産業の範囲を越えて，労働組合の弱い（もしくは存在しない）産業や，組合が存在しても競争が厳しい産業にまで浸透することは難しかった。1946 年から 57 年までの UAW 傘下組合が組織するデトロイトの 85 社との協約では，62% が GM やフォードの協約の水準以下であった。それゆえ，第 2 次世界大戦後の労働者階級内部での賃金などの労働条件の格差は増大しつつあった（熊沢 [1970] 173〜174, 198 頁, Lichtenstein [1989a] pp. 143-144, Hacker [2002] pp. 89, 262)。

このようにパターン・バーゲニングは，1950 年代以降，主要産業において不均等に拡大していった。さらには人種・ジェンダー間の賃金格差の縮小をめざした平等主義的な構想も失われていった。

3 労働運動の政治要求

政治要求の面でも労働運動は，第 2 次世界大戦後直後は根本的な改革を期待していた。AFL も CIO もどちらも公的社会保障制度を充実させ，国民医療保険も創設することを重要な政治課題と考えていた。実際に社会保障関連の政府委員会に AFL と CIO はともに参加し，トルーマン政権の社会保障制度充実路線を支持してきた。さらに，UAW を中心とした CIO 系の組合は，労働者の政治代表となる政党の実現をめざし，労働者政党の結成もしくは民主党の改変をも構想していた。CIO は 1946 年に，保守的な南部での労働組合の組織化をめざした「オペレーション・ディクシー」を開始する。そこでは運動の成果を政治活動にも振り向けることで，南部保守派を排除して労働者の代表として民主党の質的転換を図ることも視野に入れていた[7]。

しかしこうした期待は，1946 年以降，紆余曲折を経ながら後退していった。1946 年中間選挙では民主党が議席を減らし，共和党が上下両院ともに多数を占めた。そのため，多数派の共和党が民主党保守派と共同することで，労働組合の活動を規制・制限するタフト・ハートレー法が，トルーマンの拒否権を超えて翌 1947 年に成立した。同法は，クローズド・ショップの禁止，同情・山猫ストライキの禁止，政府職員ストの違法化，組合幹部リスト作成（非共産主義宣言義務化），組合の政治献金禁止などを規定した。これにより労働運動がた

だちに衰退したわけではなかったが，同法はその後の労働組合の活動範囲の狭隘化を促進する効果をもっていた。とくに共産主義者排除と（他の組合のストライキを支援するために行う）同情ストライキ禁止規定は，労働運動と社会運動とのつながりを切断し，中軸産業の強力な組合と寡占セクター以外の，相対的に弱い組合との連帯を弱体化することにつながった（Tomlins [1985] p. 299, Lichtenstein [2002] pp. 114-125）。

また，この1946年中間選挙の結果を受け，労働運動は政治に期待しつつも，独自に賃金上昇やフリンジ・ベネフィットの充実を労使交渉で実現することの重要性を強く意識した。UAWのルーサーは選挙直後に，国民医療保険に関して「今後，皆さんの保障を勝ち取ることができるのは，団体交渉を通じて確保することに成功した場合だけである」と語り，CIOは選挙後の1946年年次大会で「団体交渉を通じた保障」と題する決議を採択し，10年もの間，社会保障法の改正を待つことはできないとの姿勢を示した（Derickson [1994] pp. 1344-1345）。こうした団体交渉と政治戦略を両立させるやり方は，団体交渉での勝利を「政治経済における勢力バランスを変え，福祉国家への扉を開けるための梃子として用いようと」するルーサーの姿勢から「ルーサー主義」とも表現される（Lichtenstein [1985] p. 361）。

労働運動のこうした変化の一方で，トルーマン政権と民主党は，1948年選挙に臨むにあたり，後にフェアディールと呼ばれるニューディール政策の拡充を選挙綱領として明確にし，党内での南部保守派の影響力を低下させようとした。この民主党の公約では，年金や失業保険の適用範囲の拡充や医療保険制度の創設，公共住宅政策など包括的な政策構想を提示したため，労働運動はAFLからCIO内部の第三党路線に傾倒していた組合まで含めてほぼまとまってトルーマン，民主党を支持した（安藤 [1990] 183～186頁，長沼 [2004] 380頁）。

この1948年選挙では，33年のローズヴェルト政権発足以降，農務長官，副大統領と歴任してきたヘンリー・ウォーレスが，トルーマン政権の冷戦外交政策を批判し，米ソの平和共存，国内でのリベラルな改革の徹底をうたう進歩党を結成した（長沼 [2004] 369～395頁）。当初はある程度の期待もあった（結成前には13％の支持があった）が，国内での反共主義の高まりと，トルーマン政権のフェアディール構想の提示により，労働運動主流派からの支持は集まらず，選挙では2％強しか得票できなかった。CIOは，もともと反共主義の立場をとっていたのと同時に[8]，マーシャル・プランなどの冷戦の枠組みについても

アメリカの経済成長にとって有利であり労働者にとっても実益となると考えており，進歩党を支持することはなかった。この選挙の経緯をみても，CIO内部で独自の労働党結成を志向していた勢力の多くは，実際に進歩党が第三党として結成されたときにはそれに乗ることはせず，民主党陣営の一員としてとどまることを選択したことがわかる。この後，労働運動内部における独自の労働党結成の動きは後退していった。

4　政治への期待の後退

　前述のように1940年代末に労使関係の安定化が進んだが，同じ時期に政治面では，労働運動が期待した社会保障制度の拡充も，民主党の再編も実現が困難になっていった。1948年選挙で民主党が上下両院で多数党の地位を回復したものの，翌49年の議会では国民医療保険や福祉省設置，タフト・ハートレー法撤廃といったフェアディールの具体化提案の多くは実現することはなかった（砂田［2006］24～25頁）。そして，その後，民主党は医療保険も含めた公的社会保障制度の抜本的な拡充をめざすことから離れたため，労働運動による社会保障に関しての政策要求は行き詰まることとなった。

　こうした改革の停滞と民主党の変化の要因には，労働者自身が保守化していったことも関係する。労働者層は経済的に安定してくると社会改革よりも自身の利益を守ることを優先する傾向があった。とくにそれが顕在化した事例は，UAWの本拠地であるデトロイトの1949年市長選挙において，長きにわたりUAWが支援してきたリベラル派候補が保守派候補に大差で敗北したことであった（Boyle［1995］p. 77, Lichtenstein［1995］pp. 307-308）。この背景には，労働者のなかでも持家所有者たちが，黒人が自身の居住地域に入ってくることに対する反発から，フェアディールの1つの柱であった公共住宅政策を批判する保守候補を支持したことがあった。この出来事は，労働者が自身の経済的地位を守るために，人種問題に関して保守的になっていったことを示した。

　他方，1946年に開始されたオペレーション・ディクシーは，開始当初は年10万人程度の組合員増を実現できたと推察されるが，40年代末にはほとんど成果を上げられなくなっていた（長沼［2004］231～250頁）。CIOはさまざまな再活性化策を試みるも大きな成果を上げることなく，1953年には事実上，活動は停止した。もともと保守的な南部での組合の組織化と労働者の政治活動はきわめて困難な課題であったが，戦後労働運動はあえてこの困難に挑戦した。

しかし，結局は民主党を労働者の政治代表へと再編していく展望も潰えたのであった。

1940年代末から50年代初頭の時期は，政治面での労働運動への期待が行き詰まる一方で，労使関係において労働者間の格差を内包しつつも一定の成果を獲得できるようになってきた。そうした状況のもとで，労働運動は，政治要求と団体交渉での成果をつなげて展望することをやめ，より実現可能性のある団体交渉での成果のみを追求する方向へと進んでいき，1950年代後半には，自らの構成員以外の諸階層の利害を代弁するような性格を失っていった（Lichtenstein [1989b], Derickson [1994]）。

5　ビジネス・ユニオニズムへ

第2次世界大戦後の労働運動は，経営権に介入しない範囲での団体交渉を軸にした労使の利害調整システムのもとで活動するようになり，「ビジネス・ユニオニズム」と呼ばれる性格をもつようになる。ビジネス・ユニオニズムのもとでは，組合員は「顧客」として認識され，彼らへのサービスを行うのが組合の役割となる。そのサービスとは，組合員に代わって協約交渉と苦情処理を行い，賃金や付加給付の水準向上，職場での細かな仕事のルールや，厳密なセニョリティ・システム（先任権制度），新たな技術導入への厳しい基準を獲得することであった。もちろん，こうした成果を獲得するためには，経営者に対する高い交渉力と職場規制力をもっていなければならない。それゆえに，ビジネス・ユニオニズムは，協調的姿勢をもちつつも，協約改定時期や組合員の利害が侵害される可能性のある場合にはストライキも辞さずに活動する。ただこのもとでは，組織化は優先順位が低くなる。ましてや未組織企業や職場への組合の拡大は，自らの組合員への利益の提供ではないため後景に追いやられ，戦後の労働組合は「運動」的要素を薄めていった（ノイズ [2005] 178～179頁）。

1950年代以降，唯一，組合組織率を増やしたのが公共部門であった。戦後の高度成長期に増えたブルーカラー労働者に比べ公務員の賃金水準が低かったこともあり，政府労働者の組合員は1955年の40万人から70年代初頭には400万人へと増加した（Zieger [1994] pp. 163-165）。1962年にケネディ大統領が出した連邦公務員に団結権・団体交渉権を認める行政命令も組織拡大を促進した。とくに黒人やラテン系が多く働く清掃や郵便配達，ごみ収集等の不熟練・半熟練職種における拡大が顕著であった（野村 [2013] 259～261頁）。

労働運動の全国組織としては，1935年にCIOがAFLから分裂したが，55年に合併しAFL-CIOとなった。この背景には，両者の組織上の違いが少なくなってきたことがあった。分裂当初は職種別組織のAFL，産業別組織のCIOという違いがあったが，その後AFLは産業別組織形態を導入し，組合員勢力でCIOの2倍程度になっていた。合併には双方の会長のグリーンとマレーがともに1952年に死去したことによる人的な障害の解消も影響しているが，資本との力関係のなかで押されていた労働運動にとって2つの全国組織が協力する必要もあった。AFL-CIOという巨大な全国組織が労働運動を再活性化させるという期待も存在した。ただ実際には，こうした合併も運動を伸張させる起爆剤とはならなかった（Zieger [1994] pp. 161-162）。

3　労働運動と社会的課題との乖離

　戦後の労働運動は，職場での一定の規制力を保持していたが，社会的進歩勢力，社会運動とは乖離した存在となっていた。本節では，こうした労働運動の性格を，1950年代以降の知識人たちの評価，公民権運動やベトナム反戦運動と労働運動との距離という視点から検討する。労働運動はこれらの運動から乖離したのと同様に，女性解放運動や環境運動などからも乖離していった（Turner and Hurd [2001]）。公共部門以外の労働組合は女性の組織化に積極的でなかったし，環境運動に対しても環境保護の要求を組合の仕事への攻撃とみなして否定的な反応を示していた（環境運動については第4章参照）。労働運動のこうした消極的，否定的な姿勢は，これらの運動の活動家やその目標に共感する世代の信頼を失い，労働運動の社会的評価を低めていったのである。

1　知識人の評価

　1940年代末以降の労働運動が革新的な社会変革の担い手から離れていったことは，労働運動に期待していた知識人の同時代の評価にもみられる（Lichtenstein [2002] pp. 141-169）。C. ライト・ミルズは1951年の著作で，労働運動には，運動体として経済全体の動きを監視し広範な課題に対応する道と，利益集団として政治的規制を求める道の2つが存在していると論じた。1930年代中葉までの労働運動は，社会主義の影響を受け，歴史変革の原動力となるべきとのイデオロギーも強かったが，その後，利益集団の道を進み，組合員に対してのみ

責任を取る方向に進む可能性が高くなっていると，ミルズは指摘した（Mills [1951] pp. 319-321, 邦訳 298〜299 頁）。ただ彼は，労働者と社会の利害が一致することを示せれば，圧力団体としてでも労働組合は政治経済全体に影響を与えられるほどの交渉力を保持できるという可能性も示唆している。

またダニエル・ベルも 1960 年の著作で同様の指摘をする。ベルは，1970 年代には新保守主義者として知られるようになるが，60 年の著作ではマルクス主義批判を展開するものの労働運動には一定の役割を認めていた。労働運動には，社会変革の主要な担い手となる社会運動と，団体交渉や立法を通じて経済的利益を追求する「市場ユニオニズム」という 2 つの性格が存在するが，1940 年以降，団体交渉の定着や共産主義者のパージによって前者の性格が後退し，後者へと収斂していったとの理解を，ベルは示した（Bell [1960] pp. 211-218）。

両者の議論は，運動体としての労働組合に関して社会主義に影響されたイデオロギー的要素を強調しており，経営と協調的であっても福祉国家の担い手の主軸となるようなヨーロッパの労働運動との比較分析が不十分な印象は否めない。しかし，第 2 次世界大戦の戦後期にアメリカの労働運動が変化したことが，当時すでに指摘されていることは理解されよう。

2　労働運動と公民権運動の乖離

1960〜70 年代は社会運動が高揚した時代でもあったが，労働組合は，組合員のみの利害を重視する組織となり，こうした流れに同調することはできなかった（Turner and Hurd [2001]）。

公民権運動との関わりでは，労働運動は全体としては 1957 年，60 年の公民権法成立を支持し（Zieger [1994] pp. 174-185），64 年公民権法に対しても AFL-CIO は支持を表明した。しかし，1963 年のワシントン大行進への支持を断るなど，その姿勢は積極的ではなかった。とくに人種や宗教，性別等での雇用差別の禁止をうたう同法第 7 編に対して，AFL-CIO は，労働組合がすでに獲得しているセニョリティのパターンが人種差別的であったとしても，既存のセニョリティ・システムは法規制の対象から除外されることを法案の支持の条件として求めていた。1963 年の下院司法小委員会での公聴会でミーニーは，組合の民主的運営の観点から，傘下組合に 64 年公民権法の遵守について，善意であっても命令することはできないとの姿勢を示していた（Hill [1999]）。

そうしたなかで，UAW や公共部門といった一部の労働組合は公民権運動に

ある程度，関与していた[9]。UAW のルーサーは 1960 年代においても，労働組合はアフリカ系や貧困層，マイノリティ労働者の問題に積極的に取り組むべきと主張し，63 年のワシントン大行進に参加した。公共部門では不熟練・半熟練職種での黒人労働者・組合員の比率も高く，公民権運動にも参加していた。アメリカ州郡自治体従業員組合連合（AFSCME）は南部の公共部門の労働者の組織化を進めた（Turner and Hurd [2001]，野村 [2013] 259～261 頁）。1968 年には，テネシー州メンフィスで人種差別的な市議会に対して，アフリカ系清掃労働者が労働組合の認証を求めたキャンペーンが行われた。マーティン・ルーサー・キング牧師がメンフィスで暗殺されたのは，この活動の支援に行ったときであった。また，1969 年にはサウスカロライナ州チャールストンで病院労働者の組合認証を求めたストライキが行われた。組織化の対象となった労働者の多くは黒人女性であり，この活動を財政的に支援したのは UAW であった。

　公民権運動と労働組合との親和的関係を困難にしていたものは，労働組合内部における人種差別の存在であった。労働組合における人種差別は古くからある問題であるが，1950 年代末から 60 年代においても黒人やヒスパニック系労働者への差別は根強く残っていると批判された。1960 年代前半で AFL-CIO の組合員のうち黒人は少なくとも 4 分の 1 はいたが，指導部レベルでは 59 年時点で執行委員 27 人のうち黒人は A. フィリップ・ランドルフただ 1 人であった。また労働組合が戦後勝ち取ってきたセニョリティなどの職場ルールや，組合指導部の選出方法が人種差別的であるとの批判もなされてきた。労働史家のロバート・ジーガーは，鉄鋼労働組合とゴム労働組合の協約に関する研究に触れ，黒人が高技能職にアクセスすることが困難となるようなセニョリティや異動の権利の仕組みが存在していたと指摘する（Zieger [1994] pp. 174-179）。

　また UAW は公民権運動に積極的に関わったが，その UAW も組合内部の人種差別的制度への批判から逃れることはできなかった。1950～60 年代初めには，UAW の執行委員会には黒人の代表がおらず，別枠での代表選出の措置もとられていなかった。約 30 万人の UAW 内の黒人労働者は，さまざまな管轄地域に分散して存在しているため，個々の役員選出母体では少数派で発言力がない状態となっていた。UAW が執行委員会に黒人の枠を設けたのは 1962 年になってからであった。

3　ベトナム戦争をめぐる労働運動内部の対立

　労働運動は，1947年，東西分裂を決定的なものとしたマーシャル・プランを，アメリカ経済の繁栄を促進するものとして受け入れた。その後も，冷戦期の外交を積極的に支持してきたAFL-CIOは，ジョンソン政権期に本格化したベトナム戦争への軍事的介入についても支持した。しかし国内では反戦運動が高まり，AFL-CIO内部でもベトナム戦争への異論が噴出してきた。1965年大会では，傘下の組合からベトナム反戦を訴える抗議が出された。1967年大会でも反戦の決議案が提案されたが，圧倒的多数により否決された。このとき，会長のミーニーは「チェサピーク湾で共産主義者と戦うよりも南ベトナムで戦うことを選ぶ」とドミノ理論を念頭においたような発言をして，ベトナム戦争擁護の姿勢を示した（Zieger [1994] p.172）。

　さらに1968年大統領選挙では，労働運動内の対立が表面化した。AFL-CIOは民主党候補者としてヒューバート・ハンフリーを支持した。彼は，内政に関してはニューディールの伝統的施策を守る立場であったが，ベトナム戦争に賛成していた。それゆえベトナム戦争に反対する勢力は別の民主党候補ユージン・マッカーシーを支持した（Zieger [1994] pp.182-189）。1970年代に入ってもベトナム戦争をめぐり，労働組合内部での対立が続いていた。1970年に反戦派の組合指導者22人がベトナム戦争を批判する一方，同年5月にはニューヨーク市で戦争を続けるニクソン政権への大学生の抗議活動に対して，建設労働者が襲撃し，負傷させる事件が起きた（南 [2015] 206〜218頁）。

　1972年の大統領選挙においても，ベトナム戦争に対する労働運動内部の対立が影を落とした。AFL-CIOは結成以来，民主党候補を支持してきたが，この選挙では民主党候補ジョージ・マクガバンへの支持を表明しなかった。マクガバンは一貫して親労働者の立場を貫いていたが，会長のミーニーは，マクガバンのベトナム反戦の立場を理由に彼への支持表明を拒否した。UAWを含め40以上もの労働組合がマクガバンを支持して選挙活動を進め，多くの批判がミーニーに向けられたが，AFL-CIOはその姿勢を変えることはなかった（野村 [2013] 277〜279頁）。

4　労働運動の衰退と再活性化への試み

　第2次世界大戦後，主要組合は職場での規制力は保持してきたが，アメリカ

経済の後退が顕著となった1970年代後半以降，労働運動は大きな困難に直面することとなる。経済のグローバル化のなかでアメリカ企業の国際展開が進み，国内での製造業・フルタイムの雇用が減少し，パートタイム雇用や非典型雇用が増大する（詳しくは第12章参照）[10]。それにより労働組合は自身の基盤が侵食され，さらに企業側からの労働条件切下げ攻勢，レーガン政権の反労働組合政策によって危機的状況へと追い込まれていった（Weinbaum [1999]）。

1 労働組合の基盤の侵食と譲歩交渉

戦後アメリカの産業構造の変化をみると，労働組合組織率が相対的に高い製造業のシェアが減退し，組織率の低いサービス産業が増えていった（詳しくは第13章参照）。製造業は非農業部門雇用者比率で1960年には31%を占めていたが，80年の22.4%，90年の17.4%へと減少し，労働者実数でも80年から95年までに約188万人を減らした[11]。製造業では，北部にあった工場が海外や南部に移転し，経営者は，工場移転を実際に行わなくても，賃金や雇用条件等で労働組合への譲歩を迫る際に工場閉鎖を脅しとして使うことができた。

製造業の雇用者数の減少に伴い，労働組合も組織率と構成員数を大きく減らした。製造業の組織率は1953年に42.4%，80年に32.3%，89年に21.6%と減退していった。それに対してサービス業の組織率は，1953年に9.5%，80年には11.6%と若干高まるが，89年に5.5%と低下し，製造業に比べて低い水準であった（Bennett and Kaufman [2002] p.12）。組合員数に関しても，1975年から85年までに10万人以上を減らした主要な組合は，全米鉄鋼労働組合（USW）の約49万人，国際機械工労働組合（IAM）の約24万人全米食品商業労働組合（UFCW）の約16万人，合同衣服繊維労働組合（ACTWU）とILGWUのそれぞれ約15万人であった（U.S. Census Bureau [1986] p.408）。

組合員数が減退した要因として非典型雇用の増大もあげられる。労働組合の活動は，ある程度安定したフルタイムの雇用を前提としたものであったが，1970年代以降，急速にパートタイム雇用や非典型雇用が増大していった（労働政策研究・研修機構 [2010]）。非典型雇用を多く含む労働契約で働く者の数は，1975年の約2537万人（民間雇用者の29.5%）から93年の約4060万人（同34.0%）と，18年間で1.6倍に増えた（仲野 [2000] 57頁）。

こうした環境のなかで，労働組合は労働条件の切下げを受け入れざるをえない譲歩交渉へと追い込まれていった。譲歩交渉の始まりは，1970年代中葉に

財政危機に陥った北東部の地方自治体であったが,象徴的出来事は79年のクライスラー社の経営危機のときであった。クライスラーを緊急支援することと引換えに,民主党カーター政権は賃金削減やレイオフなどを推し進め,自動車産業のパターン交渉が崩壊した。その後,多くの組合は,賃金やフリンジ・ベネフィットの削減,一定期間の賃金凍結,生計費昇給の減額,新規採用者に対する低賃率表の導入,有給休暇の削減,外部業務委託といった条件悪化を飲むことを余儀なくされた(Lichtenstein [1999] p.96, 秋元 [1992] 17頁)[12]。

2　政府による反労働組合政策の展開

1980年代,労働運動は労使関係においてだけでなく政治においても厳しい攻撃に直面した。レーガン政権は,新自由主義的政策をかかげ,最低賃金の据え置きや失業保険受給者への課税,州による受給資格要件の引上げへの誘導などを実施した。同時にレーガン政権では露骨な反労働組合政策が行われた。

政権の労働組合に対する敵対姿勢が明らかになったのが,1981年8月に起きた連邦航空管制官組合(PATCO)のストライキであった。管制官たちはストレスの高い職場で働き,多くが健康上の理由で50歳を前に仕事を辞めるため,労働時間短縮や退職後の職業訓練の提供などを求めて,約1万3000人がストライキを行った(ただ彼らは連邦政府職員であり,ストライキ権は認められておらず「違法スト」であった)。これに対して,レーガンは48時間以内の職場復帰を命じ,戻らなかった1万1000人以上の管制官を解雇し,組合指導者を違法ストの罪で起訴し,連邦最高裁判所は4000万ドルにのぼる賠償金の支払いを命じた。PATCOは前年の大統領選挙で共和党候補のレーガンを支持した数少ない労働組合であったにもかかわらず,レーガンは彼らの要求に妥協することなく,政府の姿勢が労働者の側ではなく反労働組合的経営者と同じ立場に立ったことを示した。

アメリカには,全国労働関係法の規定に基づき,労使紛争の調停や不当労働行為の申し立てに関する尋問や調査・裁定を行う全国労働関係委員会(NLRB)が存在する。その委員は5名(任期5年)で大統領によって任命される。大統領は自らの政党と同じ立場の人物を選ぶ傾向があるが,レーガンは共和党系のなかでも反組合主義的立場を明確にしていた人物を任命し,NLRBの裁定が使用者に有利なものとなった。さらに,労働組合側からの不当労働行為の審査請求も未処理で放置される事態となっていた(Sockell and Delaney [1987], 仲野

[2000] 44〜50 頁)。こうして 1980 年代は，労働行政に関しても労働組合に不利な状況となった。

アメリカにおいて，労働組合は一定の交渉単位においてすべての労働者を代表する排他的交渉権を有するが，そうした権限をもつ組織として法的に認証されるには，一定範囲での労働者の多数派の支持を得ていることを選挙によって証明しなければならない。この選挙を管轄するのが前述の NLRB であり，NLRB 代表選挙と呼ばれる。この枠組みを規定した 1935 年ワグナー法は，労働者の代表選出過程に使用者が介入することを厳しく制限していた。しかし，第 2 次世界大戦後に労働政策が保守化されるなかで，使用者の代表選挙中の「言論の自由」が保証されることとなり，選挙期間中ほぼ自由に組合組織化に反対する活動を行うことができるようになった[13]。そのため，戦後，NLRB 代表選挙は使用者に有利で，労働者側には不利なものとなっていて，1980 年代の NLRB の反労働組合化により，代表選挙を通じた労働組合結成はいっそう困難となり，それまで増加傾向にあった実施選挙数も減少に転じた。

選挙実施数は 1975 年の 8687 件から 80 年の 8198 件まで漸減していたが，その後 85 年の 4616 件，90 年の 4210 件へと急減した。また選挙数が減った分，組合勝率自体は劇的な落ち込みはなかったが，1975 年の 50% 以降，80 年の 45.7%，85 年の 42.4%，95 年の 47.4% と 50% を下回り続けた[14]。

3　組織化の停滞と政治への期待

こうした状況のもとで，労働組合は団体交渉での譲歩だけでなく組織活動においても深刻な困難に直面する。前述のとおり組合結成には NLRB 代表選挙での勝利が必要であったが，工場移転の脅しのもとで労働者の票を労働組合代表に集めるのは困難であった。1985 年の 1 年間に，民間部門で NLRB 選挙を通じて労働組合を結成することができたのは，労働者の 0.1% のみであり，代表選挙を通じての組織化は事実上停止したのであった (Fantasia and Voss [2004] pp. 122-126)。

また，組織拡大という課題それ自体を放棄する姿勢も垣間見られた。少し遡るが，1972 年に AFL-CIO 会長のミーニーは，以下のように発言している。「なぜ組織されたがらない人のことを心配するのか？　今ではメンバーの数も気にしない。なぜなら私にとってそんなことはどうでもよいからである」(Nissen [1999] pp. 14-15)。ここには，組織率が低く，労働者が組合の外で困難

に直面していても，自らの課題と考えない姿勢が示されている。こうした態度は，その組織がある程度職場内で力をもっている時期には，問題はあるとしても持続できたかもしれない。しかし，その基盤が掘り崩されている時代には続けられるものではなかった。そこで彼らが組織拡大の可能性を求めたのが，労働法の改正であった。

1979年ミーニーの後継としてAFL-CIO会長となったレーン・カークランドは，労働組合が危機的状況にあることを認め，大衆的デモを公式に支持し，民主党に積極的にアプローチするなど，一定の方針転換を図った（松井[2011]）。ただ彼のもとでAFL-CIOは，組織化停滞の主要因を労働組合結成に不利な法制度に求めていた。そのため，民主党が強くなり法改正がなされるまでは，組合復活の努力は無駄になると認識していた（Lichtenstein [2002] pp. 245-250）。そうしたなかで，AFL-CIOは1993年に登場した民主党クリントン政権に対して労働法改正を期待した。このときにめざされたのは，経営側に妥協して全国労働関係法第8条a項(2)の会社組合禁止条項の修正（会社組合の容認）を受け入れる代わりに，選挙を通さず署名で組合結成を可能にするカード・チェック方式を実現することであった。しかし，1994年中間選挙で共和党が勝利したことにより，この可能性は消えることとなった[15]。

こうして労働運動が淡い期待をもった労働法改正の希望も潰えた。しかしその背後において，一部労働組合では，AFL-CIO幹部の姿勢とは異なる再活性化をめざした試みが進められていたのであった。

4 労働運動再活性化をめざして

労働運動が組織拡大を意識的に追求する方向へと変化していく象徴的な出来事が，1995年のAFL-CIO会長選挙でのジョン・スウィーニーの勝利であった。1955年の結成以来，会長選出が初めて選挙によってなされた。この選挙では現職のカークランドが辞意を表明し，その後継者としてトム・ドナヒューが立候補していたが，改革勢力である「ニュー・ボイス」派からスウィーニーも立候補し選挙となった。彼らは，未組織労働者の組織化に組合の資源を向ける必要性を訴え，それまで2〜3％であった組織化への予算配分を30％にまで引き上げ，未来の世代の活動家の育成に資源を向け，社会的組織との連携を図ることを訴えた（Fantasia and Voss [2004] pp. 131-133）。

1990年代には，いくつかの組合でも改革派が指導部を掌握し，積極性を回

復させる事例もみられた。腐敗した組合の代名詞的な存在であった全米トラック運転手労働組合（チームスターズ）内部では1990年代に民主化を求める動きが高まり，91年の会長選挙では改革派のロン・ケアリらが勝利した。その後1997年には，宅配便会社のUPS社がフルタイム労働者をパートタイム労働者にしようとした際に，18万5000人の組合員が参加する大規模なストライキを実施し，勝利した（Moody［1999］）。チームスターズ以外でも人員削減や外部委託といった経営者側の攻勢に対抗して大きなストライキが取り組まれたが，こうした動きは一部に限られており，全体として退潮傾向を止めることにはならなかった[16]。ただ，同時期に，既存の労働組合の活動や制度上の制約を越えた形で労働運動の再活性化をめざした「社会運動ユニオニズム」と呼ばれる動きが進められていた（高須［2005］，山田［2014］19～46頁）。こうした試みには，NLRB選挙によらない未組織・移民労働者の組織化，地域組織との共闘関係と新たな労働組織の登場といった特徴が存在する。

　1995年のAFL-CIOの指導部交代に先んじて，80年代後半から全米サービス従業員組合（SEIU）や全米縫製繊維産業労働組合／ホテル・レストラン従業員組合（UNITE-HERE）などでの大規模な組織化キャンペーンが進められていた。SEIUは，後にAFL-CIO会長となるスウィーニーが1980年に会長に就任して以降，組織化への資金や人的資源を増やし，広く社会運動の経験をもつ活動家を組合スタッフとして採用して運動を進めた（Fantasia and Voss［2004］pp.98-106）。SEIUは，1980年代後半以降，清掃労働者（ジャニター）を対象とした有名な組織化キャンペーン「ジャニターに正義を」や，ロサンゼルス郡での訪問看護ヘルパーの組織化に取り組み，大きな成果を上げてきた（Waldinge et al.［1998］，高須［2005］，ウェザーズ［2010］，佐藤［2014］）。

　これらの活動は，NLRB選挙を経ない形で進められた。その代表的なものが，活動を職場の外に広げて地域的共闘関係をつくり，社会的に企業にプレッシャーを与え，組合認証を勝ち取る企業キャンペーンである。SEIUの「ジャニターに正義を」はこの先駆的な成功例であった[17]。これは，1985年にピッツバーグとデンバーで開始され，88年にはロサンゼルス市でも着手された。この運動は，資本関係などを徹底して分析し，街頭や組織化の対象となるビル前でのデモンストレーションや座り込みを行い，メディアへ訴えることで会社への圧力をかけた。1990年6月にはロサンゼルス市内を行進中の労働者や支持者に対して警察が襲撃し，多くの負傷者を出す事態となった。この事件がメディ

アを通じて広く報道されるなかでジャニターに対する支援も集まり，賃上げや労働協約，医療保険などを勝ち取る勝利へとつながった。

　かつて移民労働者たちは組織化不可能と考えられてきたが，近年の組織化キャンペーンの主たる対象は移民労働者であった（Milkman［2006］p.126）。低賃金職種における移民労働者の構成比率は産業によっては30％を超えており，彼らを組織化しない限り，これらの職種や産業での組織拡大は実現しない状況になっていた。こうしたなかで1990年代に，いくつかの組合は積極的に移民労働者の獲得に乗り出した。なかでも大規模なものとして注目されるのは，先のSEIU以外では全米ホテル・レストラン従業員組合（HERE）による全米縫製繊維産業労働組合（UNITE）のクリーニング工場労働者，国際建設労働組合（LIUNA）の建設関連労働者などがあげられる[18]。

　また近年の労働運動は，コミュニティを基盤にした活動や地域的課題における地元組織との連携を意識的に追求してきた。リビング・ウェイジ運動はその代表的な試みである[19]。リビング・ウェイジ条例は，1994年に最初にボルチモア市で成立し，その後多くの市やカウンティで導入され，2001年には60を超える地域で実現した。

　このように近年さまざまな形で労働運動の再活性化の努力がなされてきたが，実際の組合結成はそのハードルが高い。とくに，レストランや小売などの小規模・個人経営の職場で働く移民労働者を対象とした活動では，労働組合の結成は難しい。そのため，ワーカー・センターと呼ばれる新たな労働者支援団体が主体となった取組みが進んでいる[20]。ワーカー・センターは，1980年代以降に登場し，2005年5月時点で137組織にまで増加した（Fine［2006］p.3）。その活動は，建設，農業，ビル清掃，家事，在宅介護，レストラン，スーパーマーケット，衣料産業の労働者などを対象に，法律サービスの提供，英語クラスの実施，雇用促進活動，市民権獲得支援，医療保険，金銭的援助などである（Ness［1998］，Fine［2006］pp.72-99）。

おわりに

　アメリカ労働運動は，ニューディール期に労働者の団結権・団体交渉権が法認されるなかで，社会政策立法への関与，不熟練・半熟練労働者の組織化を進め，政治的・社会的影響力と組織率を向上させてきた。1930年代の労働運動

は「ソーシャル・ユニオニズム」とも称されるように，組合員だけでなく進歩的利害の代表として行動することをめざしていた。第2次世界大戦期に労働運動は，コーポラティズム構想を提示し，政策決定や産業意思決定に関与する体制を追求した。しかし戦後は，労働者の生活問題を解決する手段として団体交渉に軸足を移していった。1940年代末から50年代にかけて成立した賃金調整方式とフリンジ・ベネフィットの枠組みは，労働者の生活安定化に寄与したものの普遍的広がりをもたなかった。それゆえ労働運動は普遍的利害の代表者から組織労働者の個別利害を代表する利益集団となり，その特徴は「ビジネス・ユニオニズム」と称された。1960〜70年代にかけて労働運動は，職場における一定の規制力をもちつつも，公民権運動などの社会運動との協力関係を失い，進歩的勢力の中軸から外れ，社会的影響力も低下させた。

20世紀も終盤になると，産業構造の変化や経済のグローバル化，新自由主義政策の展開により，組織率の低下，組合の規制力の減退に直面した。1980年代後半から90年代以降，こうした後退傾向を逆転させるべく，さまざまな試みが進められた。「社会運動ユニオニズム」はその代表的な動きである。ただ，そうした活動も労働運動の衰退傾向を完全に止められているわけではなく，問題も指摘されている（鈴木［2005］［2010］）。それゆえに現時点で，社会運動ユニオニズムをアメリカ労働運動史の新たな画期ととらえることはできないが，労働運動が再び一定の存在感を示すことをめざす活動は続けられている。

注

1) バル・ハーバーはフロリダ州マイアミ近郊のリゾート地で，アメリカ労働総同盟・産業別組合会議（AFL-CIO）の冬季執行委員会がこの地で開催されていた（Brecher and Costello［1998］p.30, 邦訳37頁）。
2) 近年の労働研究に関する簡潔なレビューはCornfield［2014］を参照。
3) Higgins［1945］pp.149-150. 社会保障法に関しては，1934年に設置された法案立案のための政府委員会の諮問会議にAFL会長のウィリアム・グリーンをはじめ，いくつかの州の労働総同盟や労働組合代表者が参加し，一般組合員からはより包括的な失業保険制度を求める声があることも法案審議過程で示された（佐藤［2013］27〜41頁）。1938年に制定された最低賃金と週最高労働時間を規定した公正労働基準法に対してもAFLとCIOは基本的に賛成した（Hart［1989］）。
4) この方式は，1942年6月にNWLBが発した賃金決定であり，鉄鋼労働者組織委員会（SWOC）とベスレヘムやリパブリック，ヤングスタウン，インランドといった小規模鉄鋼会社との賃金交渉がもつれた際にNWLBが行った調停の基準がもとになったため，リトル・スティール方式と呼ばれている（Lichtenstein［1982］p.72）。
5) 中島［2007b］。ただNWLBの賃金政策は，実際には企業内での賃金格差是正にそれほど大きな効果をもっていなかった（佐藤［2003］186〜194頁）。

6) 1943年に成立したスミス・コナリー法は，クローズド・ショップを求めるストライキを違法にするなどのストライキ関連の規定とともに，労働組合が組合費から候補者への寄付を行うことを禁止した（クローズド・ショップは第13章参照）。そのため，CIO は，法の制約を免れるために，CIO-PAC を創設し，組合員個々人からの自主的な寄付を集めて選挙活動に用いた。

7) 長沼 [2004] 173〜200頁。AFL も，CIO のオペレーション・ディクシーに触発されて，南部組織化の活動を始めた。

8) CIO は1949年大会で，役員が共産党やその他の全体主義的団体に所属してはならないと決議し，その後「共産党系」とされた11組合が CIO からパージされ，約90万人の組合員を失った（野村 [2013] 240頁）。

9) 1960年代から70年代にかけて，公民権運動やコミュニティ団体との協力関係を築いた数少ない労働組合に全米農業労働者組合（UFW）がある。セザール・チャベスに率いられ，カリフォルニアを中心に非正規滞在移民も含めメキシコ系・ラテン系を中心とした移民労働者の組織化に取り組んだ。UFW には，大学生などの若年活動家，公民権運動活動家，ベトナム反戦活動家などが参加しており，ここに参加した活動家たちが現在のカリフォルニアの労働運動の主な担い手となった（Chen and Wong [1998] pp. 217-219, 邦訳 228〜230頁，Ganz et al. [2004] pp. 164-165, 村田 [2007]）。

10) 現在の労働省労働統計局の区分では，週35時間労働以下をパートタイム労働者，それ以上をフルタイム労働者と規定している。また，非典型労働者（コンティンジェント・ワーカー）は，1980年代に新たに登場してきた不安定な雇用形態を指す概念として用いられ，独立請負，オンコール，派遣，請負という4つの形態が存在する（BLS [2005]）。

11) サービス業労働者は，非農業部門労働力比率で1960年の13.6％から80年の17.7％，90年の25.5％へと増え，実数では80年から95年までに約1490万人増加した（Bennett and Kaufman [2002] p. 11, 仲野 [2000] 33頁）。

12) 1980年代の経営側からの労働条件切下げ攻勢に対して，USW や UMW，UFCW，UAW などはストライキで対抗した。しかし，こうした闘いも全体の帰趨を覆すことはできなかった（Nash [2000], Johnston [2001]）。

13) 中島 [2014a]。使用者は，代表選挙期間中，ミーティングや掲示，個別面接等，自由に反組合的な意見を従業員に伝えることができた。また，組合が勝利した場合に工場閉鎖を示唆することも可能であった。使用者が，代表選挙期間中に反組合戦術を用いた比率は，1986〜87年調査で71％，94年調査で87％であった（Bronfenbrenner and Juravich [1998] pp. 21-28）。

14) この数値は，NLRB [各年版] を参照。

15) 労働運動はその後も労働法の改正を追求し続けた。2000年代にも使用者の労働組合組織化活動への介入に対する罰則の導入などとともに，NLRB にカード・チェックによる組合認証権限を付与する従業員自由選択法をめざしてきたが，実現はしていない（Quinn and Leschak [2009], Nissen [2009] p. 66）。

16) ストライキ発生件数は，1990年代には年平均36.7件で，80年代の83.1件より後退している。労働省労働統計局のデータを参照（http://www.bls.gov/wsp/〈accessed February 14, 2016〉）。

17) Hurd and Rouse [1989] pp. 70-75, Piore [1994], Brody [2004]。イギリス人映画監督ケン・ローチが作成した映画『ブレッド＆ローズ』（原題 Bread and Roses, 2000年）は，このキャンペーンをもとに移民労働者の運動を描いたものであった。

18) 移民組織化については，Slaughter [1999], Milkman [2000], Ness [2005], 高須 [2005] を参照。1996年から2003年にかけて，アメリカ生まれの組合員が1480万人から1400万人へと減少しているのに対して，外国生まれでは1996年の140万人から2003年の180万人へと増大しており，移民組織化が実際に進んでいることがわかる（Migration Policy Institute [2004]）。

19) リビング・ウェイジ運動とは，最低賃金が最低限度の生活を送るにも事欠くほどの低い水準であるため，地域レベルでの賃金水準引上げをめざす運動である（高須 [2005], Luce [2007]）。

リビング・ウェイジ条例は，自治体の公共サービスを請け負ったり，補助金や減税等の優遇措置を受ける企業などに，従業員に対してまっとうな水準の賃金を支払うことを求めるものである。
20) 日本の研究者では「労働 NPO」と表現されることもある（遠藤［2012］）。

参考文献

秋元樹［1992］『アメリカ労働運動の新潮流——80 年代から 21 世紀を見る』日本経済評論社。
安藤次男［1990］『アメリカ自由主義とニューディール——1940 年代におけるリベラル派の分裂と再編』法律文化社。
ウェザーズ，チャールズ［2010］『アメリカの労働組合運動——保守化傾向に抗する組合の活性化』昭和堂。
遠藤公嗣編［2012］『個人加盟ユニオンと労働 NPO——排除された労働者の権利擁護』ミネルヴァ書房。
熊沢誠［1970］『寡占体制と労働組合——アメリカ自動車工業の資本と労働』新評論。
佐藤千登勢［2003］『軍需産業と女性労働——第二次世界大戦下の日米比較』彩流社。
佐藤千登勢［2013］『アメリカ型福祉国家の形成——1935 年社会保障法とニューディール』筑波大学出版会。
佐藤千登勢［2014］『アメリカの福祉改革とジェンダー——「福祉から就労へ」は成功したのか？』彩流社。
神野圭介［2004］「アメリカ企業社会の形成」渡辺治編『変貌する〈企業社会〉日本』旬報社。
鈴木玲［2005］「社会運動的労働運動とは何か——先行研究に基づいた概念と形成条件の検討」『大原社会問題研究所雑誌』第 562・563 号。
鈴木玲［2010］「社会運動ユニオニズムの可能性と限界」法政大学大原社会問題研究所・鈴木玲編『新自由主義と労働』御茶の水書房。
砂田一郎［2006］『現代アメリカのリベラリズム——ADA とその政策的立場の変容』有斐閣。
高須裕彦［2005］「アメリカの社会運動ユニオニズム——ロサンゼルスの新しい労働運動に見る」『大原社会問題研究所雑誌』第 562・563 号。
田中勇［1984］「ニューディール政治連合の形成について」『宇都宮大学教養部研究報告 第 1 部』第 17 号。
津田真澂［1972］『アメリカ労働運動史』総合労働研究所。
中島醸［2007a］「アメリカ労働運動の高揚と変質——ニューディール期から第二次世界大戦後にかけて（上）」『労働法律旬報』第 1642 号。
中島醸［2007b］「アメリカ労働運動の高揚と変質（下）」『労働法律旬報』第 1643 号。
中島醸［2014a］「労使関係と労働組合代表選挙——ワグナー法からタフト・ハートレイ法まで」『アメリカ研究』第 48 号。
中島醸［2014b］『アメリカ国家像の再構成——ニューディール・リベラル派とロバート・ワグナーの国家構想』勁草書房。
仲野組子［2000］『アメリカの非正規雇用——リストラ先進国の労働実態』桜井書店。
長沼秀世［2004］『アメリカの社会運動——CIO 史の研究』彩流社。
西川賢［2008］『ニューディール期民主党の変容——政党組織・集票構造・利益誘導』慶應義塾大学出版会。
ノイズ，マット［2005］「ビジネス・ユニオニズムとその危機」国際労働研究センター編『社会運動ユニオニズム』緑風出版。
野村達朗［2013］『アメリカ労働民衆の歴史——働く人びとの物語』ミネルヴァ書房。
松井孝太［2011］「現代アメリカ政治における労働運動の変容と民主党」『国家学会雑誌』第 124 巻第 11・12 号。

南修平［2015］『アメリカを創る男たち——ニューヨーク建設労働者の生活世界と「愛国主義」』名古屋大学出版会。
村田勝幸［2007］『〈アメリカ人〉の境界とラティーノ・エスニシティ——「非合法移民問題」の社会文化史』東京大学出版会。
山田信行［2014］『社会運動ユニオニズム——グローバル化と労働運動の再生』ミネルヴァ書房。
労働政策研究・研修機構編［2010］『欧米における非正規雇用の現状と課題——独仏英米をとりあげて』（JILPT 資料シリーズ）第 79 号。
Bell, D. [1960] *The End of Ideology: On the Exhaustion of Political Ideas in the Fifties*, Harvard University Press.
Bennett, J. T. and B. E. Kaufman [2002] *The Future of Private Sector Unionism in the United States*, M. E. Sharpe.
Boyle, K. [1995] *The UAW and the Heyday of American Liberalism, 1945-1968*, Cornell University Press.
Brecher, J. and T. Costello [1998] "A 'New Labor Movement' in the Shell of the Old?" G. Mantsios ed., *A New Labor Movement for the New Century*, Garland. （戸塚秀夫監訳［2001］「旧い殻の中の『新しい労働運動』か」『新世紀の労働運動——アメリカの実験』緑風出版）。
Brody, D. [2004] "Labor vs. the Law: How the Wagner Act Became a Management Tool," *New Labor Forum*, Vol. 13, No. 1.
Bronfenbrenner, K. and T. Juravich [1998] "It Takes More than House Calls: Organizing to Win with a Comprehensive Union-Building Strategy," K. Bronfenbrenner et al. eds., *Organizing to Win*, ILR Press.
Buffa, D. W. [1984] *Union Power and American Democracy: The UAW and the Democratic Party, 1935-72*, University of Michigan Press.
Chen, M. and K. Wong [1998] "The Challenge of Diversity and Inclusion in the AFL-CIO," Gregory Mantsios ed., *A New Labor Movement for the New Century*, Garland. （戸塚秀夫監訳［2001］「AFL-CIO における多様性と包括性の追求」『新世紀の労働運動』緑風出版）。
Cornfield, D. [2014] "Literature Review: The Role of US Unions in the Civic Integration of Immigrant Workers," a research contribution for the book, L. Adler, M. Tapia, and L. Turner eds., *Mobilizing against Inequality*, ILR Press. 〈https://www.ilr.cornell.edu/sites/ilr.cornell.edu/files/Mobilizing-against-Inequality-Literature-Review-US.pdf〉 (accessed on November 11, 2015).
Derickson, A. [1994] "Health Security for All?: Social Unionism and Universal Health Insurance, 1935-1958," *Journal of American History*, Vol. 80.
Fantasia, R. and K. Voss [2004] *Hard Work: Remaking the American Labor Movement*, University of California Press.
Fine, J. [2006] *Worker Centers: Organizing Communities at the Edge of the Dream*, ILR Press.
Fraser, S. [1991] *Labor Will Rule: Sidney Hillman and the Rise of American Labor*, Free Press.
Gaer, J. [1944] *The First Round: The Story of the CIO Political Action Committee*, Duell, Sloan, and Pearce.
Ganz, M., K. Voss, T. Sharpe, C. Somers, and G. Strauss [2004] "Against the Tide: Projects and Pathways of the New Generation of Union Leaders, 1984-2001," R. Milkman and K. Voss eds., *Rebuilding Labor*, Cornell University Press.
Hacker, J. S. [2002] *The Divided Welfare State: The Battle over Public and Private Social Benefits in the United States*, Cambridge University Press.
Hart, V. [1989] "Minimum-Wage Policy and Constitutional Inequality: The Paradox of the Fair Labor Standards Act of 1938," *Journal of Policy History*, Vol. 1, No. 3.
Higgins, G. G. [1945] *Voluntarism in Organized Labor in the United States, 1930-1940*, Catholic

University of America Press.
Hill, H. [1999] "Lichtenstein's Fictions Revisited Race and the New Labor History," *New Politics*, Vol. 7, No. 2.
Hurd, R. W. and W. Rouse [1989] "Progressive Union Organizing: The SEIU Justice for Janitors Campaign," *Review of Radical Political Economics*, Vol. 21, No. 3.
Johnston, P. [2001] "Organize for What?: The Resurgence of Labor as a Citizenship Movement," L. Turner, H. C. Katz, and R. W. Hurd eds., *Rekindling the Movement*, ILR Press.
Lichtenstein, N. [1982] *Labor's War at Home: The CIO in World War II*, Cambridge University Press.
Lichtenstein, N. [1985] "UAW Bargaining Strategy and Shop-Floor Conflict: 1946-1970," *Industrial Relations*, Vol. 24, No. 3.
Lichtenstein, N. [1989a] "From Corporatism to Collective Bargaining," S. Fraser and G. Gerstle eds., *The Rise and Fall of the New Deal Order, 1930-1980*, Princeton University Press.
Lichtenstein, N. [1989b] "Labor in the Truman Era: Origins of the 'Private Welfare State'," M. J. Lacey, ed., *The Truman Presidency*, Cambridge University Press.
Lichtenstein, N. [1995] *The Most Dangerous Man in Detroit: Walter Reuther and the Fate of American Labor*, BasicBooks.
Lichtenstein, N. [1999] "American Trade Unions and the 'Labor Question': Past and Present," Century Foundation, *What's Next for Organized Labor?*, The Century Foundation Press.
Lichtenstein, N. [2002] *State of the Union: A Century of American Labor*, Princeton University Press.
Luce, S. [2007] "The U. S. Living Wage Movement: Building Coalitions from the Local Level in a Global Economy," L. Turner and D. B. Cornfield eds., *Labor in the New Urban Battlegrounds*, ILR Press.
Mayer, G. [2004] "Union Membership Trends in the United States," CRS Report for Congress, August 31.
Migration Policy Institute [2004] "Immigrant Union Members: Numbers and Trends," *Immigration Facts*, No. 7.
Milkman, R. [2006] *L. A. Story: Immigrant Workers and the Future of the U. S. Labor Movement*, Russel Sage Foundation.
Milkman, R. ed. [2000] *Organizing Immigrants: The Challenge for Unions in Contemporary California*, ILR Press.
Mills, C. W. [1951] *White Collar: The American Middle Classes*, Oxford University Press.（杉政孝訳［1957］『ホワイト・カラー──中流階級の生活探求』東京創元社）。
Moody, K. [1999] "The Dynamics of Change," R. M. Tillman and M. S. Cummings eds., *The Transformation of U. S. Unions*, Lynne Rienner.
Moody, K. [2007] *US Labor in Trouble and Transition: The Failure of Reform from Above, the Promise of Revival from Below*, Verso.
Nash, Jr., B. [2000] "Labor Law and the State: The Crises of Unions in the 1980s," PhD. Dissertation, Virginia Polytechnic Institute and State University.
National Labor Relations Board (NLRB)［各年版］*Annual Report of the National Labor Relations Board*, Government Printing Office.
Ness, I. [1998] "Organizing Immigrant Communities: UNITE's Workers Center Strategy," K. Bronfenbrenner *et al.* eds., *Organizing to Win*, ILR Press.
Ness, I. [2005] *Immigrants, Unions, and the New U. S. Labor Market*, Temple University Press.
Nissen, B. [1990] "A Post-World War II 'Social Accord?'," B. Nissen ed., *U. S. Labor Relations*,

1945-1989, Garland.

Nissen, B. [2009] "Would the Employee Free Choice Act Effectively Protect the Right to Unionize?" *Labor Studies Journal*, Vol. 34, No. 1.

Nissen, B. ed. [1999] *Which Direction for Organized Labor?*, Wayne State University Press.

Piore, M. J. [1994] "Unions: A Reorientation to Survive," C. Kerr and P. D. Staudohar eds., *Labor Economics and Industrial Relations*, Harvard University Press.

Quinn, R. and J. Leschak [2009] "The Employee Free Choice Act: The Biggest Change in Labor Law in 60 Years," *Regional Labor Review*, Fall.

Shister, J. [1956] "Unresolved Problems and New Paths for American Labor," *Industrial and Labor Relations Review*, Vol. 9.

Slaughter, J. [1999] "The New AFL-CIO: No Salvation from on High for the Working Stiff," R. M. Tillman and M. S. Cummings eds.,*The Transformation of U. S. Unions*, Lynne Rienner Publishers.

Sockell, D. and J. T. Delaney [1987] "Union Organizing and the Reagan NLRB," *Contemporary Policy Issues*, Vol. 5, No. 4.

Tomlins, C. L. [1985] *The States and the Unions: Labor Relations, Law, and the Organized Labor Movement in America, 1880-1960*, Cambridge University Press.

Turner, L. and R. W. Hurd [2001] "Building Social Movement Unionism: The Transformation of the American Labor Movement," L. Turner, H. C. Katz, and R. W. Hurd, *Rekindling the Movement*, ILR Press.

U. S. Bureau of Labor Statistics (BLS) [2005] "Contingent and Alternative Employment Arrangements, February 2005," Press Release, July 27 (http://www.bls.gov/news.release/conemp.nr0.htm ⟨accessed March 24, 2016⟩).

U. S. Bureau of Labor Statistics (BLS) [2016] "Union Members Summary," Economic News Release, January 28, 2016 (http://www.bls.gov/news.release/union2.nr0.htm ⟨accessed February 15, 2016⟩).

U. S. Census Bureau [1986] *Statistical Abstract of the United States: 1987*, GPO.

Waldinge, R. *et al.* [1998] "Helots No More: A Case Study of the Justice for Janitors Campaign in Los Angeles," K. Bronfenbrenner *et al.* eds., *Organizing to Win*, ILR Press.

Weinbaum, E. S. [1999] "Organizing Labor in an Era of Contingent Work and Globalization," B. Nissen ed., *Which Direction for Organized Labor?*, Wayne State University Press.

Zieger, R. H. [1994] *American Workers, American Unions*, 2nd ed., Johns Hopkins University Press.

Zieger, R. H. [1995] *The CIO: 1933-1955*, University of North Carolina Press.

第17章

〈希少性〉と〈余剰〉
—— 経済学は経済成長をどのようにとらえてきたか ——

本田浩邦

はじめに

　伝統的に経済学は，経済成長を資本蓄積，技術革新，人口成長率などの要因に分解することによってとらえてきた。しかし今日，持続的な技術革新のもとで，経済格差の拡大，技術的失業，さらには長期停滞の可能性までもが指摘され，従来の右肩上がりの経済成長のもとで多かれ少なかれ大多数の生活水準が改善されるというイメージは失われつつある。経済成長には，生産要素の投入と技術だけでは説明できない，オーソドクスな理論が想定してこなかった何らかの根本的な歪みがある。こうした歪みの存在についてこれまでの経済学は何らかの知見を残してはいないか，残していたとすればそれは何か，それが本章が明らかにしようとする問題である。

　伝統的に経済学は〈希少〉なものの取引を対象とし，経済がもつ現実の，あるいは潜在的な〈余剰〉は一時的，もしくは無視しうるものととらえられてきた。こうした状況に対して，1930年代の大恐慌は，ジョン・メイナード・ケインズが『一般理論』において「過剰のなかの貧困」に言及したように，〈希少性〉と〈余剰〉というこの古くからある原理的な問いに対する関心を呼び戻し，そのパラドキシカルな関係に注意を喚起した。しかしその後，この問題は十分に咀嚼されないまま，1950年代の安定的な経済拡大のもとで新古典派経済成長理論の骨格が形成される過程において再び経済学の表舞台からは姿を消した。とはいえ，この主題は死に絶えたわけではなく，その後も明示的あるいは暗黙裏に経済学の内容に現れ，忘れ去られていたかにみえるときでさえ表舞台の理論を背後から突き動かしてきた。

本章では,〈希少性〉と〈余剰〉といういわば経済学を形成する不即不離の「二重らせん構造」の視点から,新古典派,ケインズ,および「政治経済学」——マルクス経済学および制度派経済学を総称してここではそう呼ぶ——の資本蓄積に関する諸見解を考察し,それら諸理論をアメリカ経済思想の歴史的枠組みに位置づけることを試みたい。

1　新古典派経済学——〈希少性〉の経済学

1　生産関数の理論——ポール・H. ダグラス

　第1次世界大戦終結から大恐慌に至るまでの期間,アメリカの主流である新古典派経済学はいくぶん楽観的気分に支配されていた。19世紀末にジョン・ベイツ・クラークによって限界生産力理論——労働,資本,土地という生産要素が受け取る報酬は,それら各要素の限界生産性によって決定されるという理論——が定式化されたが,この頃までに経済学者たちはこの理論を称揚し,産業部門あるいは経済全体に適用させる必要があると考えた。シカゴ大学の経済学者ポール・H. ダグラスは,1920年代と30年代にこの課題に精力的に取り組んだ研究者であった。

　ダグラスの経済学における主要な貢献は,第1に,アメリカの実質賃金の長期的変化の実証,第2に,生産関数の理論と実証である。

　第1の点について,ダグラスは,第1次世界大戦後,アメリカの実質賃金は労働生産性の上昇に追いついてはいないものの,商品価格の急激な値下がりによって上昇し,労働者の生活水準は大幅に改善されたことを見出した。ダグラスは,1930年の著書 *Real Wages in the United States, 1890-1926*,および1931年の論文 "The Movement of Money and Real Wages in the United States, 1926-1928" で,この結論を長期のデータによって実証した。

　ダグラスにとって実質賃金の上昇という事実は経済理論の問題という以上に,政治的な意味あいがあった。つまりそれは,当時の労働者の貧困化と資本主義の崩壊を予見するオーソドクスなマルクス主義者たちの運動と一線を画した,今日でいう市場社会主義をめざす彼の政治運動の立場と不可分に結びついたものであったということである。ダグラスが中心になってまとめ,ドイツ社会民主党のカール・カウツキーも寄稿している,いかにも社会主義の宣伝冊子風の論文集に収められたダグラスの論文 "Lessons from the Last Decade" には次

のような記述がある。

「マルクスは，純粋経済的な原因によって資本主義が不可避的に崩壊すると予言する誤りを犯した。産業予備軍，労働者の貧困の増大，破局の度を強める恐慌から不可避的に大変動がもたらされるというマルクス主義者たちの予言は，主として労働価値論と，可変資本（賃金）が労働人口ほど急速に増加しないという暗黙の想定に基づいている。しかし事実として，アメリカ製造業の労働者1人当たりの物的生産性は1919年以来40％増加し，労働者の実質賃金は14年から少なくとも28％上昇している。（中略）雇主間の労働者獲得競争のため，賃金労働者の実質的な生活水準は大幅に上昇した」（Douglas［1929］pp. 29-30）。

ダグラスは，所得分配の面で資本主義経済は必ずしも不安定とはいえず，ましてやマルクス主義者が主張するような，資本主義はその発展に伴って不可避的に貧困化を招き，自滅的な崩壊に至るという展望は成り立たないと考えた。

ダグラスの第2の貢献は生産関数の理論を展開したことである。生産関数とは，生産要素の投入量と生産の結果生み出される産出量との関係を表す関数である。彼は，労働と資本の量的関係に限界生産力理論を当てはめ，労働，資本ストックおよび産出量の全体が産業あるいはマクロ経済レベルでどのように変化するかを詳細な実証研究で明らかにし，生産関数の具体的形状を導き出した。1934年に発表された『賃金の理論』はダグラスが7年にわたって積み重ねた研究の集大成であり，彼の主著である。ダグラスは，同書の序文において，生産関数の研究の課題を次のように説明している。

「われわれは理論で仮定されている限界生産力逓減曲線が，単なる想像上の神話なのか，あるいは現実のものなのかを知らなければならないし，現実のものだとすればその形状を知る必要がある。われわれは生産諸要素の供給関数についてさらに知り，また，現実の所得分配過程が，発見されている帰納的傾向とどの程度合致するのかを知らなければならない。本書はまさにそれを行おうとするものである」（Douglas［1934］p. ii）。

ダグラスは，アメリカ全体（1890～1922年），マサチューセッツ州（1890～1926年），オーストラリアのサウスウェルズ州（1901～27年）における製造業の産出，資本投入，賃金の時系列データを集め，産出量，労働者数，固定資本総額の変化を分析し，産出量の指数が他の2つの指数の間に常に位置することを見出した。数学者のチャールズ・コブとともにダグラスは，労働と資本の指

数の合計が1となる一次同次の方程式にそれをまとめ上げ、その係数を推計した。その結果が「コブ・ダグラス型生産関数」である。この生産関数は一般に次の形をとる。

$$P = bL^k C^{1-k}$$

ここでPは生産物、Lは賃金、Cは資本である。LとCが一定の比率bで増加する場合には、産出量もそれと同じ比率で増加する。その際、k（労働シェア）と$1-k$（利潤シェア）は固定的で、「資本産出比率」（国民所得に対する資本ストックの比率）も一定である（Douglas [1932] [1934]）。bとkを最小二乗法によって求めると、アメリカ全体については、それぞれ1.01、0.75が得られ、したがって$1-k$は0.25であった。

生産要素間の代替可能性をもつ生産関数を前提にしたダグラスのモデルにおいては、労働や資本設備が長期にわたって遊休状態にあり続けることはない。ダグラスは『賃金の理論』の2カ所で明示的にセイ法則の妥当性を認めていて、この生産関数によって〈余剰〉の存在しない均衡的な成長の予想が成り立つことが示された。

このように、ダグラスは限界生産力理論を基礎とし、生産の拡大（資本蓄積）の結果が全体として生産諸要素が相互の比率を保った安定的軌道を描くということを示そうとした。こうして、ダグラスによって、限界生産力理論の基本命題と、フィリップ・ウィクスティード、クヌート・ウィクセルらが描いた生産関数の理論に初めて実証的な基礎が据えられた。

2　ダグラス批判

(1)　独占的停滞の視点からの批判

ブルッキングス研究所のハロルド・モールトンらの研究グループは、1934年から35年にかけて精力的に大恐慌の実証分析に取り組んだ。一連の研究を通じて彼らは、大恐慌の原因を次のように説明した（Leven et al. [1934], Nourse and Associates [1934], Moulton [1935a] [1935b]）。

(1)　大恐慌の開始に先立つ1920年代に、実質賃金の伸びは生産性の上昇率に比して抑制され、所得分配の不平等化も進んだ。それらは最終需要を制限することによって投資を抑制した。その結果、資本蓄積はすでに1920年代において抑制された状態にあった。1920年代のブームにおいて、ア

メリカの消費財生産能力は消費者の吸収力を慢性的に超え，生産部門全体として20％の遊休能力が発生していた。
(2) 賃金抑制と不平等の原因は独占と不完全競争の支配である。拡張期における投資と生産能力の成長率は，貯蓄量にではなく消費需要に対応する。1920年代に所得を増やした階層はその貯蓄を停滞する生産部面への投資にではなく，株式市場に投入した。つまり過少消費と過剰貯蓄が投資の停滞とバブルをもたらした。過剰な貯蓄は証券市場に流入し，その結果，株価を1925年から29年に3倍にまでせり上げた。

モールトンらの研究は，アメリカの大恐慌の原因を1920年代の経済停滞とバブルの構造に求め，その両者を独占企業の価格政策と所得格差によって一挙に説明するというみごとな分析であった。モールトンらの分析は投資需要を消費需要からの派生的需要ととらえながらも，過剰な投資が消費水準の壁にぶつかるという，当時も広く信じられていた単純な過少消費説の見方の限界を超えて，独占と不完全競争が支配する経済における資本蓄積の停滞傾向をつかみだし，賃金と利潤の全体的な規定関係を，賃金を起点に位置づけ直したものということができる。

彼らの1935年の報告のなかに，ダグラスに対する批判がみられる。1922年から29年にかけての賃金報酬の伸びが生産総額の伸びを下回ったが，消費財価格の下落により実質賃金が維持されていた，というダグラスの主張について，モールトンらは，独占的産業の価格支持政策によって生産と投資が抑制されていたという事実を提示し，次のように記している。

「貯蓄と消費支出との間の不調整が資本財の相対的膨張を生み，次いで消費財の過剰生産——結局それは商品市場を破壊する——をもたらしたのではなかった。逆に，われわれの分析が示すように，消費需要の膨張率の抑制が資本集積を阻止し，他方において過剰貯蓄が金融市場の破壊を生み出したのである」(Moulton [1935b] p. 184)。

ダグラスが，1920年代の資本蓄積のうちに，利潤と賃金の比率の相対的安定性に基づく均衡的な成長を見出したのに対し，モールトンらはまさにその同じところに消費と投資との相互的な停滞を認めたのである。ダグラスは長期の資本蓄積に対して生産関数の形式で均衡論的な説明を与えたが，その対象それ自体が，何らかの作用によってすでに大きく歪みをきたしているというようには考えない。過剰な貯蓄や遊休生産設備が発生している可能性は無視された。

経済学的な通念においては，増加した貯蓄は投資拡大に向かうはずであり，貯蓄拡大をもたらす経済的不平等は否定されるべきではないとされてきた。しかしモールトンらは，貯蓄性向の増加が必ずしも投資を導くものではないとし，その障害要素として所得格差を位置づけた。彼らは，マルクスの表現を借りて，古典派経済学は「貨幣の資本への転化の失敗をみのがした」と端的に表現している。

独占的な経済構造が生み出す不平等の経済が経済構造を圧迫するこうした慢性的な歪み，偏奇は，「独占的停滞」と呼ぶべきものであり，ブルッキングス研究所の研究は，その後，シュタインドルを介して戦後のマルクス経済学に継承されることになる。

(2) コブ・ダグラス型の崩壊——トマ・ピケティによる実証的批判

ダグラスは戦後，イリノイ州選出の民主党上院議員となり，リベラル派の重鎮として1948年から66年まで政治活動を続けた（Douglas [1971], Biles [2002]）。晩年にダグラスはデューク大学のマーティン・ブロンフェンブレナーらの協力を得て再び生産関数の実証的な論文を発表した。そこで『賃金の理論』で展開した自らの生産関数の実証的妥当性を改めて確認し，「事態を正しく予見したのはマルクスやレーニンではなくオーウェンやフェビアン派である」と述べている（Douglas [1976]）。多年にわたる民主党議員としての活動の末に生産関数の研究に立ち戻り，社会民主主義に対する忠誠を改めて強調したことは，ダグラスのなかでシカゴ時代までの思想がその後も風化していなかったことを意味する。たしかに，かつてダグラスが自らの理論によって予見した経済成長のパターン，とりわけ利潤と賃金の比例的関係は，驚くべきことに，およそ60年間，1970年代まで維持された。

ところが皮肉なことに，ダグラスがそのように述べた頃からそのパターンは大きく揺らぐこととなった。フランスの経済学者トマ・ピケティは，この生産関数の議論に対して2つの点で実証的な批判を加えた。ピケティは，第1に，1970年代以降，主要先進国において，所得格差の拡大によって一般労働者の実質賃金が下落し，労働分配率が長期的に下落する傾向がみられる。第2に，資本産出比率（彼は「資本所得比率」と呼んでいる）は先進国，途上国を問わず第2次世界大戦後，傾向的に上昇している。つまり生産関数の諸係数はもはや安定性を失いつつあるというのである。ピケティは，ダグラスの理論について，「コブ・ダグラス型生産関数は，一定期間の分析への接近としては有益である

が，利潤と賃金の変化を調和的に説明し，富と所得の分配の不平等の問題，資本所得比率の変化を考慮しない」と述べている（Piketty [2014] p.218）。

冷戦のなかで軍事的肥大化を遂げ，経済面においても分配の公正を失いつつあったアメリカの既存の経済システムの延長線上に，社会民主主義の理想の実現を認めることは当時においてさえ妥当とはいえなかったであろう。ダグラスの経済観は，大きくいえば，サイモン・クズネッツの「逆U字型仮説[1]」などと同じように，アメリカ資本主義経済の発展が国民生活の経済的水準を押し上げ，所得分配の不平等が是正された20世紀前半の歴史的特徴を反映したものであったといえるであろう。

2 ジョン・メイナード・ケインズ

1 ケインズにおける〈余剰〉の経済学

〈希少性〉と〈余剰〉という枠組みにおいて，経済成長の多様な次元の存在を理解するための第2幕として，ケインズを取り上げよう。ケインズはイギリスの経済学者であり，大恐慌の最中，主流派経済学に対抗し資本主義経済の不安定性を強調したことによって知られている。ケインズが，19世紀以来の資本主義がもたらした生産性の増加が経済社会に与える積極的な可能性に理想主義的な魅力を感じていたことは，彼の初期の著作においてすでにみられる。彼のビジョンは，経済社会のきわめて長い歴史的時間軸に立った，いくぶん楽観的な経済見通しと，それとは必ずしも論理的に整合しない短期の政策的提案とがない交ぜになったものである。

1930年代の大恐慌に直面した当初，ケインズは，経済学がほとんどその考慮の外においたたぐいの潜在的な経済力の可能性について言及している。有名な『わが孫たちの経済的可能性』（1930年）では，「ほとんど数年のうちに——ということは，われわれがまだ生きているうちにということである——われわれは，農業，鉱業，製造業のあらゆる経営を，これまでの習慣となってきた労働力の4分の1で成し遂げることができるようになるだろう」といった記述がある（Keynes [1972] p.325）。この論文にはさらに次のような一節がある。

「……必要は，2つの種類に分かれる——われわれが仲間の人間の状態の如何にかかわらず感じるという意味で，絶対的な必要（absolute needs）と，その充足によって仲間たちのうえに立ち，優越感を与えられる場合に限っ

て感じるという意味での相対的な必要（relative needs），この2つである。第2の種類の必要，すなわち優越の欲求を満たすような必要は，実際に飽くことを知らぬものであろう。なぜならば，全般の水準が高まれば高まるほど，この種の必要はなおいっそう高くなるからである。しかしこのことは，絶対的な必要については当てはまらない——この種の必要が十分満たされたため，われわれが非経済的な目的に対してよりいっそうの精力をささげる道を選ぶに至るような時点が，おそらくわれわれの誰もが気づくよりもずっと早く到来するであろう」（Keynes［1972］p. 327）．

　これはしばしば引用される箇所であるが，ここでのケインズの認識は経済が潜在的に十分な生産力，すなわち〈余剰〉をもつというものであり，その視野は，レオナルド・ホブハウスら19世紀末のイギリス「新自由主義」（今日の「新自由主義」とは違って，人間の諸権利は政府の積極的な介入によって実現されなければならないとする立場）や現在の制度学派のそれとつながる．「技術的失業」を「われわれが労働の新たな用途を見つけ出すテンポを凌ぐほどの早さで，労働利用を節約する手段を発見したことに起因する失業を意味している」といい，失業のなかに労働の解放の可能性を見出しているくだりには，古い社会主義者の楽観的なトーンさえある．

2　ケインズ政策の限界

　ケインズはこの異端の信念を，『貨幣論』および『一般理論』を通じて，貯蓄と投資を均衡させるメカニズムの理論的解明の分析と結びつけることによって具体化しようとした．しかし結局，その試みはうまくいかなかった．ケインズのユートピア的なビジョンは1930年代の現実の前に脆くも潰え，徐々にトーンダウンする．『一般理論』の前後の経緯からは，壁にぶつかり試行錯誤を繰り返すケインズの姿が浮かび上がる．その躓きの石はケインズ政策自身のうちにあったといえる．

　なによりもまず，ケインズは有効需要政策を十分な具体性をもって描くことができなかった．ニューディールは，ビジネスの側からは民間事業への救いの手ではなく，労働組合と手を結んだ新たな規制を押しつける政策体系とみなされた．業界指導者や保守政治家たちはニューディールの介入主義そのものに強く抵抗した．ケインズは，支配層に受け入れられやすい論調で政府支出の拡大を促すことに心を砕いた．『一般理論』でケインズは，カール・マルクス，シ

ルビオ・ゲゼル,クリフォード・ダグラスを「地下世界」の経済学者と呼び,過少消費説に対しては強く反発してみせている。このことによってケインズは有効需要の不足をあくまで大衆的な購買力の引上げではなく新投資需要によって埋め合わせるものとして自らの政策を際だたせ,売り込もうとした。ケインズの政策スタンスは,理論的というよりは,むしろ当時の社会において現実的に受け入れられうる政策を作り上げたいという,ケインズ一流の政治的考慮によって支配されていたといえる[2]。

　しかし,こうした過少消費説に対するケインズの批判は,彼の政策的選択肢を狭く限定する役割を果した。大恐慌の政策的克服が思うように進展しない現実の前に,ケインズはより直接的な需要への刺激の必要を論じるようになる[3]。しかし,その具体的な内容という点においては,不明瞭なままにとどまった。1936年の『一般理論』では,その最終章において「投資の社会化」という議論が展開されるが,それは総投資の水準が完全雇用のもとでの貯蓄水準と一致するように政府に求めるという程度にとどまっている。公共事業は景気回復を刺激する要素であると考えられたが,それも具体的に推奨されたわけではなかった。こうしたことの半面,ケインズ理論の政策的な無規定性が,社会主義者から保守主義者までを含む広範な研究者,政策担当者がそれぞれの主張を投影する受け皿としてケインズ理論を支持する理由となったということは皮肉なことである[4]。

　さらにもう1つの躓きの石は,有効需要政策の実際の量的規模がケインズが必要と考えた量に比べてはるかに過少であったということである。ニューディール支出の規模が限られた主たる原因は,企業サイドからニューディールが不穏当で疎ましく思われたためである。ケインズの有効需要政策を大恐慌の現実に適用し,1929年水準の経済を回復させようと思っても,実際の財政乗数を当てはめると,政府のニューディール支出の規模はあまりに小さすぎることがわかった。プライス・フィッシュバックによれば,1929年比でみた33年の実質GNPの落ち込みは621億ドルで,同年の財政赤字はわずか20億ドルにすぎなかった。翌1934年にはそれぞれ493億ドルと50億ドル,さらに35年には341億ドルと45億ドルであった。彼は,「この程度の規模の財政赤字で1929年の経済水準を回復するためには,財政乗数は10以上でなければならなかった。しかし実際にはそれは約2前後にすぎなかった」と指摘している(Fishback [2007] p.392)。

3 〈希少性〉の超克

　フリードリヒ・ハイエクは，このケインズの理論を「余剰の経済学」（economics of abundance）と呼び，大恐慌の特殊事情を不当に一般化しようとするものと非難した（Hayek [1941]）。また，ジョーン・ロビンソンは「ケインズは，すでに生産能力が存在していて，その潜在的生産物のための有利な市場だけを必要としているような発達した経済での失業の問題を扱っているのだ」と述べている（Robinson [1947]）。ケインズの思想には，富の分配の不平等が克服されることによって開放されるというたぐいの潜在的な経済的領域がすでに社会に存在しているという認識が存在する。ロバート・チャノマスが的確に指摘しているように，『一般理論』が示した枠組みは，「ポスト希少性社会についての経済理論の基礎であり，それまではフェビアン派の哲学的・イデオロギー的議論に委ねられていたものである」（Chernomas [1984] p.1008）。

　しかし，ケインズが『わが孫たちの経済的可能性』で描いた長期の楽天的ビジョンは時とともに雲散霧消し，長期の経済的繁栄の可能性の議論は大恐慌と政策的貧弱さのはざまに滑り落ちていった。ロバート・ハイルブローナーは，『わが孫たちの経済的可能性』を，「希少性の科学としての経済学を，歴史上の遺物の座に追いやる」ものと特徴づけたうえで，次のように記している。

　「もちろん，それは未来への理論的小旅行にすぎず，だれもまじめには考えなかった。1930年には機械は不穏な音を立てており，だれもそんな見通しを楽しげな幻想といった程度にしか受け取らなかったが，ケインズ自身，世界を麻痺させている失業の本性を分析するという課題に直面するうちに，やがて見通しを失っていった」（Heilbroner [1964] p.254）。

3 新古典派経済成長理論

1 〈希少性〉の経済学の復位

　第2次世界大戦後，高雇用政策の確立と持続的な経済成長を背景に，再び経済学の主流は〈希少性〉の原理という古いパラダイムに舞い戻った。ケインズ理論の政策的側面は，不況克服ではなく，成長促進の道具として経済学の表舞台で珍重された一方で，ケインズが思索をめぐらせた長期の経済的繁栄の可能性は，持続的な経済成長の影で重要な位置を与えられることはなかった。生産性の増大と経済成長の関係は漠然とした相関関係においてとらえられ，モール

トンらブルッキング研究所が提起したその矛盾した複雑な関連が吟味されることはなく，〈余剰〉の概念，とくに生産性の増大が成長を阻害するという側面はせいぜい「投資の二重性」(エブセイ・ドーマー)[5]などの主題でマクロ経済成長の制約条件もしくは政策的留意点として扱われる程度となってしまった。

戦後，ニコラス・カルドアは，統計上の消費と投資が均衡し，国民所得に占める利潤と賃金の比率が長期的に安定しているとし，この国民所得の利潤と賃金の安定的比率を「様式化された事実」(stylized fact) と呼んだ。ドーマーは，経済全体の資本産出比率が一定の場合，貯蓄率の上昇による過剰投資を防ぐためには，経済成長率の上昇がなければならないとして，その関係を定式化し，所得の「必要成長率」に合致した水準からの貯蓄および投資の乖離が，結果的に，貯蓄超過の場合にはインフレーションを，そして貯蓄不足と過少投資の場合には失業をもたらすと説明した。ドーマーの描いた成長モデルはきわどい均衡という意味で「ナイフエッジ」と呼ばれるもので，資本主義経済の不安定性と政府介入の必要性を示唆するものであった。ドーマーらの理論は，このように大恐慌の記憶がさめやらぬ時代の経済危機の再発に対する強い警戒感に彩られていたといえる (Domar [1957])。

2　ロバート・ソロー

しかし，こうした戦後初期の経済学における均衡条件のリジッドな解釈は，資本主義のメカニズムをより柔軟なものと理解する経済学者からの反発を招いた。1950年代後半にマサチューセッツ工科大学の経済学者ロバート・ソローは，こうしたドーマーらの経済成長のモデルに対抗して，「資本と労働の代替性」を基礎にした新しい理論を打ち立てた。

ソローが考案したモデルは，ドーマーとは対照的に，資本蓄積の軌道における資本産出比率，労働シェア，貯蓄率といった変数の柔軟な変化を許容したものであった。生産における資本財と労働力の代替性とは，実質賃金の上昇は労働節約的な機械設備の導入を促し，逆に，資本財の価格の上昇は労働力の雇用を促進するというように，資本と労働の相互的な代替を誘発し，双方の収益性が均等化するまでその代替が続くというプロセスを意味する。いずれかの要素の成長率が変化すると，資本産出比率と賃金シェアも変化する。したがって，このモデルにおいては賃金シェアや資本産出比率といった変数が経済の変化に柔軟に対応するものと想定されるため，ドーマーのナイフエッジのような不安

定性は発生しない。

　「各要素の実質報酬率は労働の完全雇用を実現するように調整されるから，それらの労働量と資本量を生産関数のなかに入れてその時点の産出量を求めることができる。すると所与の貯蓄性向から，純産出量のうちどれだけが貯蓄され投資されるかがわかり，したがって今期の資本の純蓄積分がわかる。そこでそれを既存の資本ストックに加えれば，次の期に利用可能な資本量がわかることになり，このようにして過程のすべてが繰り返されていく」(Solow [1956] p. 68)。

　ソローのモデルは，コブ・ダグラス型生産関数やハロッド・ドーマー型が描く資本産出量一定の静態的で硬直的な経済成長のイメージとは異なり，利潤シェアが貯蓄の変化に柔軟に対応する動態的なものであった。貯蓄率と成長率は，ここではドーマーが示唆したほどリジッドには結びついていない。

　ソロー・モデルのもう1つの特徴は，外生的な技術進歩を想定し，それを加えた集計的生産関数をつくったという点にある。彼は次の式でそれを示した。

$$Y = A(t)f(K, L)$$

　$A(t)$は技術変化のパラメータであり，全体の産出量Yは，資本Kと労働Lの蓄積に技術変化の係数を乗じたものである。

　ソローは1957年の論文で，このモデルを1909年から49年までのアメリカの国民総生産に当てはめ，資本と技術のそれぞれの相対的寄与率を求めた。その結果は，労働者1人1時間当たりの総産出量はその間約2倍となり，この増加のうち「8分の7 (87.5％) が技術変化に帰し，残りの8分の1 (12.5％) が資本使用の増加による」という意外なものであった。技術がいかに経済成長に重要な意味をもつかが衝撃的な数字で示されたのである。

　資本や労働という投入量と無関係な部分は「残差」(residual) とされ，「技術進歩」すなわち知識の増大によると説明された (Solow [1957] p. 316)。産出量すなわち経済成長の内実は，こうして資本および労働という投入要素の増加に帰属させうる要素と，それ以外の残差項目に帰される要素とに区分された。そして残差部分は「全要素生産性」(TFP) と呼ばれた。ソローにとっての技術は私的に取得・利用し続けることができないという意味で「非占有型」で，社会的に生み出され，普遍的に共有されるものと想定されている。いわば公共財のようなものである。したがって，技術進歩は経済プロセスにとっては所与

という意味で「外生的」であり，$A(t)$は時間とともに高まっていくと単純に想定された。

3 ソロー・モデルに対する批判
(1) 「新しい経済成長理論」——収穫逓増からの批判

こうしてできあがったソローの理論は，ドーマーの理論に比べ，固定資本の増大や貯蓄率の変動など資本蓄積の柔軟な形態変化を許容し，ダイナミックな戦後経済の変化を射程に入れうる理論であるとして高く評価された。第2次世界大戦後，政府主導の技術革新や冷戦下における国家的なプロジェクトによるR&D（研究開発）が隆盛を極め，主要産業部門で独占的企業支配が台頭し，急速な技術進歩と所得と消費の水準の向上とが相まって高い成長率が生み出された。それらが国民の間の所得分配の状態を改善し，経済成長を大きく押し上げた。ソローのモデルは，この時代の変化を反映したものでもあった。

1980年代，国際的な成長率格差への関心から技術の収穫逓増的性格，集積的な産業立地の効果，経路依存的な特徴などに関する研究が広がった。「収穫逓増」とは，たとえばある規格の製品が広範に利用されればされるほど，規模の経済による低価格化，製品規格の標準化と他製品規格の排除，フィードバックによる品質改善，「ネットワーク外部性」などにより，その後も他の規格の製品を押しのけてよりいっそう利用されるという累積的な関係を意味する。

収穫逓増は，伝統的な経済理論の単一均衡および安定化の理論と原理的に激しく衝突する。ブライアン・アーサーは，現代の経済が依然として収穫逓減に従う部分がある一方，収穫逓増の部面が拡大しているとし，これまでの経済学の収穫逓減の想定は現実の理解をねじ曲げるものであり，収穫逓増により多くの均衡点が可能になると主張した（Arthur [1994]）。コンピュータ・サイエンスで有名なレイ・カーツワイルは，コンピュータ技術，ナノテクノロジー，ゲノム解析，人工知能など，技術進歩は指数関数的に速度を速め，「収穫加速」の法則に従うとさえ述べている（Kurzweil [1999] pp. 15-33）。

1984年にシカゴ大学のロバート・ルーカスが「収穫逓増」の重要性を強調し始め，ポール・デビッドのタイプライターのキーボードの普及に関する有名な論文 "Clio and the Economics of QWERTY" が *American Economic Review* に発表されたのは1985年であった。さらにポール・ローマーの1986年の論文 "Increasing Returns and Long-Run Growth" および90年の "Endogenous Technological Change"が発表されるや，経済成長理論を扱う経済学者の間で収穫逓増の問題が活発に議論され始めた。

ソロー・モデルの場合には，生産要素は従来の労働と資本といった投入要素と技術とに区分されるが，技術それ自体の進歩はモデルの外から与えられた外生的なものであった。これに対してローマーは次のような議論を展開した。技術や知識はすべての人が等しく享受するような非競合的で非排除的なものもあれば，それを所有するもののみが利用できる競合材，排除財であるものもある。一般的には技術と知識はある程度の期間占有され，そののちに共有される。企業の産出量は，企業の私的・個別的な技術への投資と社会的に共同で利用されうる知的ストックの両方に依存する生産関数をもつ。その意味で，企業は，R&D投資，新技術導入，組織改革を行う私的なインセンティブをもつ。その際，知識への投資も含め，企業の個々の投入物は収穫逓減に従うが，社会的には，技術の外部性によって規模に対する収穫逓増が起こる，これがローマーの論旨である。

ローマーは，技術の進歩が人的資本への投資と既存の技術のストックとの両方に依存することを次の式によって示した。

$$dA/dt = G(H, A)$$

ここでHは人的投資，Aは技術のストックである。技術革新は成長率を高め，投資とイノベーションを可能にする。技術は資本と労働にそれぞれ体現されるが，その生産性やスキルは，イノベーションや教育のレベルによって測ることができ，それによって各国の成長率の違いを説明することができる。

ローマーの議論には，技術進歩がもたらす収穫逓増が，経済学が想定してきた以上に大きなインパクトをもっていることについての直感的な洞察が含まれている。また，技術進歩の私的な性格を明示し，企業の知的財産権保護への欲求やパテント独占の弊害の意味を説き明かすことができるというメリットがある。

新しい経済成長理論の発展を克明にフォローした*Knowledge and the Wealth of Nations*の著者デイヴィッド・ウォルシュは，ローマーの理論的な立場を次のように記している。

「希少性は経済学の根本的な原理であるが，重要な原理はそれだけではない。知識の経済学とは余剰に関するものである。この数百年間，少なくと

も余剰は希少性に打ち勝ってきたのである」(Warsh [2006] p.298)。

(2) 需要サイドからの批判

技術革新による物理的な収穫逓増は，必ずしも経済的な付加価値でみた収穫逓増をもたらすものではないことに注意する必要がある。このようなことが起こる理由は，1つには技術革新の累積によって物理的な生産能力が増加する一方で，市場競争による価格競争圧力によって製品の付加価値が圧縮されるからである。〈余剰〉を生み出す生産体制は，競争の過程を通じて停滞傾向をもたらす。

さらに，もう1つの理由として，企業側の対応，とりわけ寡占的な部門での投資の抑制，稼働率の引下げといった要因が強く働いている。1967年から2016年までの製造業71業種，鉱業16業種，公益事業2業種の設備稼働率をみてみると，明らかに右下がりのトレンドを確認することができる。

マサチューセッツ工科大学の経済学者マーティン・ワイツマンは，早くから収穫逓増の問題に関心を示していた研究者であるが，収穫逓増が投資および消費を抑制することについて，次のような興味深い指摘を行った。

「個々の企業もしくは参入可能性のある企業は，他社の行動とは無関係に一方的な生産拡大によって市場を過剰供給の状態におくわけにはいかないことを理解している。したがって，全体として不完全雇用の経済がそのままバランスをとって拡大することになる。しかし収穫逓増のため，供給がそれ自身の需要をもたらすことを制約する。なぜなら，失業労働者は生産することを制止されているからである。既存の企業は需要が低迷しているので，失業者を雇うことはないであろう。あるいは失業者が結束して操業を続け，供給を拡大したとすれば，セイ法則が作動し始める以前に，市場は崩壊し，値崩れが起こるであろう」(Weitzman [1982] p.801)。

ここでは独占的競争が念頭に置かれているが，そうした経済が固有の歪みをもっていることについて，ワイツマンは「全体として不完全雇用の経済がそのままバランスをとって拡大する」と表現している。不完全な雇用と所得抑制が有効需要の不足を生み，それが投資停滞を慢性的に生み出す。独占が支配的な経済は，その規模がいかなる水準にあろうと，それは全体として萎縮し，あるいは部分的に肥大化し，偏奇をきたしたものにほかならないことをワイツマンは示唆している。これは，モールトンらブルッキングス研究所が指摘した独占的停滞そのものである。ソローやローマーの理論には，モールトンらがポー

ル・ダグラスに対して加えたものと同じ批判が当てはまる。すでにみたように，モールトンらは，資本蓄積率は最終的には消費水準によって規定されていると考え，経済成長の現実の水準は，独占が支配することによる消費能力の制約によって生じた投資停滞の結果であると考えた。ソローは，ダグラスと同様，セイ法則を前提し，有効需要の問題を方法的に度外視したことによって，こうした独占的な経済の基底にある歪みを看過している。技術革新と経済成長を無矛盾的にとらえるローマーも，この点では同じである。

全体として，有効需要の問題を抱え萎縮した経済を是正することはもはや市場それ自身によっては不可能であるというのが，収穫逓増に関わるワイツマンの結論である。

1980年代以降，技術進歩は，より強い経済成長ではなく，企業間の破壊的競争と技術的失業を生み出した。所得分配の不平等拡大による慢性的な需要制約によって，技術革新と経済成長の結びつきの経路が寸断された。新古典派経済学が技術進歩と経済成長の問題を所得分配や有効需要の問題と切り離し考察してきたことは，今日なお経済学の議論に弊害を及ぼしている。ソローとローマーの理論はともに，生産関数や生産性分析によってあくまで付加価値の側面から経済の変化をとらえたものにすぎない。付加価値でみた生産性と技術的・物理的な生産性とは概念的に異なり，技術革新がもたらす生産性の上昇が付加価値の上昇を伴うとは限らない。物理的な生産性が上昇しても，相応の需要がなければ価格が下落し，付加価値は十分に増えない。ここに，生産性の上昇と最終消費の水準の量的な整合性の問題が浮かび上がる。

4 政治経済学——現代マルクス経済学と制度学派

1 現代マルクス経済学——独占的停滞

第2次世界大戦終結までになされた正統派経済学によるマルクス派に対する批判は，およそ次の3つであった。①労働者が受け取る実質賃金はマルクスが描いたようには下落せず，むしろ維持ないし上昇している。②所得に占める賃金の割合（労働シェア）は，いわゆる剰余価値率の上昇に伴って減少するとされているが，実際には長期的な安定を示している。③資本蓄積と技術革新に伴って労働者1人当たりの資本量は増大し，いわゆる「資本の有機的構成」は高度化し，利潤率は低下するとされたが，理論的にその必然性は認めら

れず，実証的にも資本節約的投資が行われることによってそのような事実はみられない（Robinson [1947]）。

このとおり，この3つはすべてダグラスの実質賃金と生産関数の理論に含まれる論点であった。これらの批判に対して，戦後のマルクス経済学の側は，①長期安定的な実質賃金の上昇と，②労働シェアの安定という問題については，多かれ少なかれ統計的事実として承認する一方，それらに別の解釈を与えようとし，③資本の有機的高度化と利潤率の傾向的低下については，まったくバラバラの諸説に分裂した。

戦後，独占あるいは寡占経済の理論を基礎に，現代的な資本蓄積の停滞を描いたのは，ジョセフ・シュタインドルであり，さらに *Monthly Review* 誌のポール・スウィージーとポール・バランであった。彼らは共通に，マルクスが『資本論』で書き残した経済の独占化傾向および，わずかながら言及した「剰余価値の未実現」という命題と関連させて，独自の経済停滞の理論を作り上げようとした。

オーストリアの経済学者シュタインドルは，ミハウ・カレツキの独占度と有効需要の理論を基礎に大恐慌のプロセスを分析し，独占的な経済のもとでは稼働率が企業利潤率を規定するととらえ，大企業による稼働率の調整と投資の抑制が独占部門の高利潤を支えるとともに，経済全体の停滞傾向を生むと主張した。シュタインドルは，「活況期においてすら，過剰能力の存在が一般的であり，それは寡占産業の拡大と矛盾するものではない」とし，モールトンらブルッキングス研究所の研究を随所で参照し，売上粗利潤と純利潤の格差を浪費と過剰生産能力によって説明する独自の過少消費理論を構築した。

ロシアから亡命したスタンフォード大学のマルクス経済学者であるバランは，過少消費概念を現代的に彫琢することによって過剰蓄積の存在を説明しようとした。

バランは，「過少消費とは必ずしも達成された結果について述べられたものではなく，むしろ資本主義的過程で作用し，一定の時期においてはその結果を共同決定している1つの重要な傾向である」ととらえた。1959年の論文でバランは，カルドアとの対比で自己の見解を示している（Baran [1959]）。

「（カルドアは，）増大する独占の結果として利潤シェアが投資需要と資本家的消費を賄う点を超えて増加し，したがってシステムが成長構造を維持するための購買力を生み続けることができなくなるだろうという主張を否

定する」(p. 187)。「統計上実際に増大する利潤量は，経済的余剰の規模とその利用方法によって規定される。後者の2つは，産業組織の性格や支配的な独占度，税や売上コストを消費者に負担させる度合いなどに依存する」(p. 196)。

バランは，国際収支を例にあげ，そこでは収支がバランスしているという表面的な現象よりも，その所与のバランスが結びついている産出高の構造，所得水準，雇用量のあり方が問題とされるのと同じように，利潤と賃金シェアや資本産出比率の安定についても，その背後にある購買力と成長率を決定した諸要因を理解することこそが重要であると述べている。

バランは，消費を「有益な利用」と「浪費」とに区別する必要があると考えた。統計で現れる利潤量と経済的余剰との間にはギャップがある。そのギャップは具体的には，広告，モデルチェンジ，製品の差別化および計画的陳腐化，ロビイング，重役報酬，配当，減価償却などであり，いわば「制度化されたムダ」である。バランによれば，生産現場で生み出された価値（剰余価値）はその一部のみが利潤として実現するが，それには産業組織の性格，独占度の状態，税金および販売コストなどが消費者に転嫁される程度などが影響する。こうして本来は拡大すべきはずの利潤シェアは，利潤の一部がコストとなり，生産価格に上乗せされ，最終的には消費者の負担となるが，それらが価格に十分転嫁されないため，結果的に利潤シェアが現象的には安定する。

ダグラス，カルドア，ドーマーらが，国民所得中の利潤と賃金のシェアの安定および実質賃金の長期的上昇に斉一的で無矛盾的な資本蓄積の進行を見出したのとは対照的に，バランは，同じ現象のなかに，蓄積された経済的余剰を吸収し利潤として実現することの困難に直面する資本蓄積の矛盾に満ちた動態を読みとった。増大する生産性を有効に管理しえないという資本蓄積に関する解釈は，消費形態の複雑化と浪費の広がりという現代経済の新たな形質をもあぶり出すものとなった。

他方，スウィージーはすでに1942年の著書『資本主義発展の理論』で，貯蓄率の上昇が，資本産出比率が一定の場合に，過剰投資をもたらすと主張していたが，それに対して，ドーマーは48年の論文「資本蓄積の問題」で次のような批判を加えた。

「α [貯蓄率] の増加が，資本産出比率の増加につながるというスウィージーの主張が出てくるのは，r [経済成長率] が一定であるような特殊なケー

スとしてである。αの増加は，それだけでは，資本産出比率の上昇をもたらすための必要条件でもなければ十分条件でもない」(Domar [1957])。

ドーマーは，貯蓄率が上昇しても，経済成長率が高ければ過剰蓄積は起こらないとしてこのように述べた。ドーマーの理論の形成にスウィージー批判がどの程度の意味をもったかは不明であるが，ドーマーの理論がここでは過剰蓄積を否定し，経済成長の安定性を強調する理論としての役割を果たしている。

バランとスウィージーの『独占資本』(1966年) は，こうしたドーマーの批判に答えたものでもある。ここでバランとスウィージーは，独占資本の技術革新能力によって「必要成長率」を上回る潜在的な成長率の拡大がもたらされるが，それは部分的に浪費に回ると説明している。投資が抑制されることによって資本係数は上昇せず，また貯蓄率も表面的には定率で維持されることもありうる (Baran and Sweezy [1966] Ch. 4)。

一般に新古典派の成長理論モデルでは，設備稼働率は利潤率の増加関数とみなされる。したがって稼働率の低水準は，有効需要の低水準を表す。ところが，バランやスウィージーの投資理論において利潤率等式は，新古典派とは逆に，利潤率は設備稼働率の負の相関として把握される。そこでは独占的な生産および市場構造が前提されているため，個別的な投資の抑制による稼働率の低水準は，マクロ的な総供給関数を左にシフトさせ，供給価格と利潤率を引き上げる。

バランとスウィージーによれば，消費や投資需要によって実現されない過剰生産部分はさまざまな浪費の諸形態，軍需や政府購入といった「はけ口」によって一部が吸収され，さらに他の一部は利潤としてもはや現れることなく，過剰な生産能力の形態をとるとされる。こうした過剰生産能力の存在をも含め，経済的余剰がとる多様な形態に対して，彼らは「余剰」(surplus) という，マルクスの「剰余価値」(surplus value) とは異なる概念を与えた。独占資本は個別的には自らが生み出す余剰のはけ口をいずれかの領域において見出す限り過剰蓄積を緩和することができるが，資本主義のシステムには，そうした解決策に限界があり，慢性的な利潤の未実現と過剰生産能力によって特徴づけられる停滞傾向を抱え込むと考えられる。

バランとスウィージーの理論は，ベトナム戦争の時代に，アメリカの独占企業が余剰のはけ口を対外膨張に求めたことを告発したものとして，アメリカ国内のみならず世界各国で熱烈に支持された。また戦後アメリカの長期的な投資の低迷の基礎に，企業による意図的な稼働率や投資の抑制があることを浮き彫

りにしたものであった。

　しかし，のちにスウィージー自身が認めたように，彼らの描く過剰蓄積のイメージは，その後の金融的な肥大化のもとで総需要の構造が物理的な財やサービスの需要からかけ離れてゆく展開を十分に想定できなかった（Sweezy [1991]）。そうした経済領域が広がるにつれ，彼らの主張は不均衡の実相から遠ざかってしまったように思われる。また彼らの独占体制に対するリジッドなとらえ方は，競争的分野の拡大を視野に入れる柔軟性に乏しく，その後のハイテクや高付加価値サービス産業の展開を位置づけにくいものでもあった。こうした理論上のいくつかの不完全さによって，この学派の分析はしだいに影響力を失った。こうして競争的な過剰の発生メカニズムの解明は次の世代のマルクス主義の研究者たちの手にゆだねられた。

2　競争的過剰のメカニズム──ジェイムス・クロティとロバート・ブレナー

　1970年代のインフレと途上国の台頭，貿易と金融の自由化を背景に，企業間の競争が激化し，30年代以来ともいわれる過剰能力が国際的な規模で形成された。1980年代に，先進国の大企業は新自由主義的政策を求め，労働市場の規制緩和と賃金の抑制を推し進め，成長率の低下とグローバルな過剰能力に対応しようとした。銀行は，1980年代の国際的な資本規制の緩和を背景によりリスクの高い投資に向かった。これらと途上国の市場開放と成長戦略が相まって，破滅的な通貨危機が頻発し，金融不安定性が世界中に蔓延した。

　マサチューセッツ大学（アマースト校）の経済学者ジェイムス・クロティは，生産分野の慢性的な過剰能力は，シュタインドルやバランとスウィージーが想定したような，独占的な大企業が利潤維持のために協調して生産量を調整するというのではなく，むしろ生産性が上昇したために限界費用が上昇せず，費用一定もしくは低下さえみられる領域が増加したことによると分析した。すなわち，収穫逓増部門が相当の量で出現したことによるととらえたのである。過剰な生産能力はそれらの領域での激しい競争圧力によって生産と投資にブレーキがかからないことから生じている，とクロティは考えた。

　クロティは，新古典派経済学が，グローバルな過剰能力の存在をとらえることができないのは，限界費用が一定もしくは低下するという現実がこの学派の想定に反しているためであるとし，次のように主張している。

　「主要産業の実証研究によれば，生産水準が完全操業に達しない限り，通

常は限界費用が増大することはない。一般的に限界費用は一定を保つか，もしくは設備稼働率が上昇するにつれて，産出量とともに低下することさえある。したがって，主要産業において，野放図な競争のために価格が限界費用と一致するところまで抑えつけられれば，大量の企業倒産が生じる結果となるであろう」(Crotty [2002] p. 9)。

クロティの論文は直接にはグローバルな経済全体を念頭に置いたものであるが，その理論は戦後アメリカ経済の消費水準の向上と過剰＝投資停滞の複雑な関係に当てはめることができる。

戦後のアメリカにおける持続的な実質賃金の上昇は，必需品，奢侈品を問わず強い需要をもたらし，国民の消費は高度化をとげた。生活必需品の部門への投資が拡大し，電気，自動車など消費財の生産分野は多くの資本を呼び込み，経済の拡大を主導し，主要部門で独占的な産業支配の構造が生まれた。しかし1970年代までに企業間の競争は激化し，収益性は全般的に低下し始めた。各分野に成立した独占的企業も限界費用の低下によって競争的優位を失い，あるいは輸入品との競争によって慢性的な過剰能力と低水準の収益に悩まされるようになった。市場からの企業の退出は進み，低収益に耐性をもった企業のみがわずかながら生き残り，アメリカ全体として収益性の低い生活必需品生産のかなりの部分を海外に移転し，あるいは輸入に依存するという体質が定着した。大多数の企業は，消費の高度化に伴って拡大する市場，すなわち消費財，資本財を問わず，付加価値の高い製品分野やサービスの分野に向かい，その結果，停滞部門と高収益部門との産業の二重化が生じた。

このように，消費の高度化，投資の拡大，生産性の持続的上昇という3つの要因が相まって，収益性の全般的な低迷と過剰能力をもたらした。そして，この一連の展開の最も根元的な理由を，クロティは限界費用低下に求めたのである。現在でもなおこの研究グループの分析には，現代的な資本蓄積の抱える矛盾を告発する独特の説明力があるいえる。

さらに，カリフォルニア大学ロサンゼルス校の歴史学者ロバート・ブレナーもまた，過剰生産能力の累積的拡大と今日の成長率の鈍化を結びつけて論じている。ブレナーは次のように分析している。

「1965年から73年の間に世界経済を長期ブームから長期下降へと追い込んだ主要な原因となったのは，先進資本主義諸国における製造業の利潤率低下である。アメリカでも，またより一般的に主要な資本主義諸国でも，

利潤率を押し下げるうえで根本的に重要な役割を果たしたのは，製造業の過剰生産能力と過剰生産を招く国際競争の激化であった」(Brenner [2002] p.44)。

国際的な製造業の競争激化のため，各企業はコストを製品価格に転嫁できず，価格上昇は相対的に抑制された。ブレナーは，クロティと同様，製造業の生産性上昇率の低下が製造業の収益性の低下と利潤圧縮をもたらしたのではなく，むしろその逆に，製造業の生産性が向上したことによるものととらえている。ブレナーは次のようにいう。

「生産性上昇率の低下が収益性低下の原因になったとは考えられない。その理由は単純である。すなわち，収益性低下の大半は製造業部門で起こったのであるが，その製造業部門において，収益性が低下したその期間に生産性の伸びが実際には向上したからである。製造業部門における生産性は，1965年から73年の間に年平均3.3%上昇したが，これに比べて，50年から65年の間には年平均2.9%の上昇であった」(p.50)。

生産性上昇に起因する収益性の低下にもかかわらず，さらに企業を破滅的な投資に駆り立てたものはバブル頼みの経済体質であった。

「製造業部門では，競争力にせよ国際的な売上高にせよ，そして，何よりも収益性の点で大幅な落ち込みがみられたが，それにもかかわらず，バブルによる資産効果が引き続きアメリカ経済を前へ前へと駆り立てていた。今では株式市場のブームがアメリカにとっても，また国際的にも，間違いなく繁栄へのかぎであった」(p.227)。

3 制度派経済学

(1) 〈余剰〉と〈希少性〉の概念

人間の経済的生活の基本的なニーズが過不足なく満たされている状態を「充足」(adequacy) というとすると，充足の水準を満たしてあまりある財とサービスを「過剰」「余剰」「剰余」「過多」「豊富」などと言い表すことができる。英語でいうと abundance, excess, surplus, plenty, exuberance などであろう。後者を〈余剰〉として一括りにすると，その存在形態は，財とサービスが実際に供給された商品の形態で市場に流通もしくは在庫として「過剰商品」として存在する場合と，供給は実際にはなされず未稼働な設備の状態にある「過剰生産能力」である場合，さらに供給する能力は潜在的にのみ存在し，具体的な設

備の形態はとっていない「未実現の過剰生産能力」の場合とがあるであろう。

　それに対して，〈希少性〉とは，必要や欲求が充足されていない状態を指す。欲望を無限と想定する経済学において〈希少性〉は必然的であるともいえる。〈希少性〉を表す言葉は，「希少」「過少」「不足」「欠乏」などであり，英語では scarcity, shortage, deficiency, lack などである。〈希少性〉も，生産能力が存在しながらも市場から一時的にある財やサービスが入手困難になる場合と，投資そのものがなされず生産能力そのものが存在しない場合とがある。

　経済学は人間の必要を漠然ととらえてきたか，あるいは資本主義のシステムが掘り起こす需要のすべてを必要とみなしてきた。ジョルジュ・バタイユはそもそも「必要なものが何であるかは不確実」と述べているが，アブラハム・マズローのような「低次元」から「高次元」までのいくつかの段階に分類する試みもある。すでにみたように，ケインズは人間の基本的な必要を表す「絶対的必要」とそれを上回る「相対的必要」という区分を与えたが，社会の歴史的・文化的な成熟度に応じてそうした必要を定義することは可能であろう[6]。

　しかし，不完全競争や寡占の理論においては，市場での〈希少性〉を生み出すために寡占企業が生産制限，投資制限，さまざまな販売促進行動を行うことをみてきた。これらによって「相対的必要」の内容は変化する。生産設備稼働率の低下，つまり生産設備の〈余剰〉は，〈希少性〉を創出する行動の結果としてもたらされるのであり，需要の内容が自然的なものから，人工的なものへ歪められることによって，「相対的必要」の質も量も大きく変化する。〈希少性〉と〈余剰〉はコインの裏表である。現代の制度派経済学は，膨れあがる〈過剰〉のもとでいかに〈希少性〉が創出されるかを明快に説明している。

(2)　完全雇用による〈余剰〉の「制度化」——W. ダガーと J. ピーチ

　テキサス大学の経済学者ウィリアム・ダガーとニューメキシコ州立大学のジェイムス・ピーチは，共同で *Economic Abundance* を著し，〈余剰〉(abundance) の利用は，非経済的な制度的要因によって妨げられていると強調している。

　「ほとんどの正統派経済学は，余剰を人々の手の届かないところに追いやる非経済的諸関係についてなんら意味のあることを語らず，狭い希少性の研究に没頭するのみである。希少性の研究に余剰のでる幕はない。(中略) 経済学は余剰を対象とすべきである。経済学は希少性を不可避とし，余剰を不可能とする前提を放棄すべきである。それらの命題は真ではない。社

会は明確な社会的実践によって希少性にとらわれ，余剰を剥奪されている。そうした実践は人間の選択の結果であり，自然の制約ではない」(Dugger and Peach [2009] p. 169)。

今日の資本主義経済は〈希少性〉を制度化するシステムにほかならないというのが彼らの議論の眼目である。正統派経済学は〈余剰〉を不可能なものと宣言することによってそのシステムを支えている。ダガーとピーチにとって，〈希少性〉は失業と低賃金の結果であり，原因でもある。人々はさまざまな差別によって十分な賃金と雇用を得ることができないという構造的制約を抱えている。貧富の差，階級差別，人種差別，性差別，民族差別などがそれであり，そのことによって多くの人々が十分な雇用にアクセスすることを妨げられ，充足を得ることができないでいる。この原因が克服できれば，〈希少性〉の問題を解決することは可能であると彼らは考えた。「余剰（abundance）のために必要なことは，AFDC（要扶養児童家族扶助）のような福祉給付ではなく，WPA（雇用促進局）である」とダガーとピーチは主張する（p. 160）。人々があまねく就労することによって，つまりワークフェアやワークシェアによって余剰が実現し，その公平な分配が可能となると彼らは主張した。

(3) 消費促進による〈余剰〉の解消——ブランデン・シーハン

こうした〈余剰〉を潜在的な可能性ととらえる見解に対して，さまざまな経済的・制度的諸要因によって現実に〈余剰〉が生み出される歩調に合わせて，浪費を拡大させるべきだという主張が存在する。

イギリスの経済学者ブランデン・シーハンは，マーケティングの制度化の役割を強調している。シーハンによれば，ある研究者が調べたところでは，ある地方のスーパー1店舗に，「360種類のシャンプー，285種類のビスケット，275種類の朝食用シリアル，175種類のティーバッグ，150種類の口紅，116種類のスキンクリーム」が取りそろえられていたという。

「豊かな人々がかつてなく巨大な所有と経験を蓄積することによって，自らの支出が経済システムの潜在能力の成長よりも遅いペースでしか成長しないのではないかということが慢性的な脅威となる。したがって経済システムにとって何よりも重要なことは，豊かな消費者がますます消費するよう説得することである。もっと具体的にいえば，重要な課題は，すでに豊かな人々に今後とも質量ともに消費し続けるよう訴え，利潤を無制限に追求する企業の欲望を満たすことである」(Sheehan [2010] p. 32)。

消費を拡大し，潜在的な余剰を実現すべきであるというシーハンの理解は，すでに浪費が蔓延している経済においては不可思議な主張に聞こえるが，彼の意見は大多数の人々の消費需要がいまだに満たされてはいない状態を是正しようとしたものといえる。

　ダガーとピーチの議論を突き詰めていけば，人々はますます長い時間働き続けなければならず，シーハンのそれでいえば，ますますムダな消費を制度化しなければならない。しかし，ダガーとピーチやシーハンの解決策は戦後社会の人々が生産者であると同時に消費者として行ってきた現実の経済プロセスの延長そのものである。しかもそうした解決策を推し進めたとしても，企業はさらに過剰と浪費の構造のうえで新たな〈希少性〉と〈余剰〉とを作り出そうとするであろう。問題は，〈希少性〉の創出のメカニズム自体にどこかで歯止めをかけなければならないということになる。

(4)　イヴァン・イリッチの「ラディカルな独占」

　〈希少性〉の創出とは具体的にはどのようなことを指すのであろうか。思想家イヴァン・イリッチは，「ラディカルな独占」という概念を用いてこのことを説明している。

　「個人の資性や社会の富や環境的な資源を自律的な方法で用いることができないという現代特有の現象は，生活のあらゆる局面に影響を与え，そのような生活では，専門家の手で工作された商品が，文化的に形成された使用価値にもののみごとに取って代わっている。市場の外で個人的，社会的な充足を経験する機会は，このようにして破壊されてしまうのである。たとえば，私がロサンゼルスに住んでいるために，あるいは摩天楼の35階に勤務しているために，足の使用価値が失われるならば，わたしは貧しいのだ」(Illich [1978] pp. 8-9)。

　つまり高層ビルで生活をしたり仕事をしている人にとって，エレベーターがなければ貧しいし，あっても貧しいのである。自然や文化的な存在の意義を商品や制度が否定することによって，不足の状況が社会的に選択の余地のないものとして作り出されることとなる。これをイリッチは「ラディカルな独占」と呼んだ。わずかな距離を移動するだけのために自動車が必要であったり，最低限の生活を営むためにも莫大な教育費，住居費，保険料，通信費が必要とされるといった事情は，われわれの社会生活が構造的に〈希少性〉の構造に支配され，「ラディカルな独占」に支配されていることを意味する。どのような技術

進歩によっても必要は満たされず，たえず不足を感じる。技術進歩はあるが，労働者として受け取る報酬は市場競争によって切り詰められたぎりぎりの水準のものである。制度的に必要となる支出項目が現れ，生活が充たされることはない。

このように制度的に生み出される必要が必需項目に含まれるようになり，それが当然必要であると誰もが認識するようになると，人間の「相対的必要」あるいは「絶対的必要」は変容を被り，再定義されなければならなくなる。

おわりに

アメリカにおける純投資（粗投資から減価償却を差し引いたもの）は，20世紀を通じて国内総生産比でみた割合を長期的に低下させている。このことは，一面では，技術革新によって少ない投資で国民経済が必要とする財とサービスを供給しうるほどに経済全体の潜在的供給力が徐々に高まっていることを意味する。しかしその半面，経済格差が拡大するもとで多くの人々が食料，住居，教育，医療，エネルギーなどの分野で十分な経済的ニーズを満たすことができない状態がある。アメリカや日本といった技術革新の最先端の国々において，教育や医療，一部では生活の基本的ニーズすら満たせないのは，技術革新がなお不足しているためではなく，両者を結びつける経路が断線しているためである。

大多数の人々の所得の伸びが抑えられることによって，基礎的な生活手段に対する需要が制約され，そのためある領域では投資の停滞が生まれ，他の領域ではさまざまな形で〈希少性〉が生み出されている。〈希少性〉と〈余剰〉とは寡占部門と競争部門とで棲み分けられるのではなく，同一平面上に存在する。

こうした生産性と成長の関連をめぐる問題は古くて新しく，あまりにありふれているがゆえに，正面から問題にされることもほとんどなかった。ケインズをはじめ多くの研究者がこの問題に挑んだ。戦後，〈希少性〉と〈余剰〉の研究に意識的に取り組んだのはマルクス派や制度派であった。そして現在その研究は社会学の分野に広がり，消費文明批判として展開されてきたことをみた。ケインズが思い描いた数時間の労働で豊かに暮らせる社会は，いまだに空想的な次元にとどまっている。

注

1) クズネッツが示唆した，資本主義は一般にその発展の初期段階において不平等を強めるが，ある程度の発展を遂げたのちには平等化が進むという仮説を指す．不平等が拡大し減少するその形状から，のちにそのようにいわれるようになった．
2) ケインズは，実業家たちが公共事業に怯えて投資を削減するかもしれないことを恐れたと指摘する研究者もある（Backhouse and Bateman [2011] p. 97）．ダッドリー・ディラードはこの問題でのケインズについて次のようにコメントした．「ケインズの，過少消費よりもむしろ過少投資を強調する態度は，彼が経済改革に対し保守的な態度をとったということを強調したこととと関連している．彼は，投資を増加する必要があるのは消費力には限界があるためであり，しかもこの消費力の制限は少なくとも部分的には資本主義社会の所得の集中に基づいて生ずるものであることは認めている．ジョン・A. ホブソンのような社会主義的傾向をもった過少消費説論者は経済組織を立てなおすことによって消費性向を増加させることに失業の解決策があるものと信じているが，ケインズは現在の社会機構とこれに随伴する所得の分配状態を受け入れながら，消費需要の不足を投資需要を増加させることによって補う方法を奨励するのである」（Dillard [1948] p. 279）．ディラードは，ケインズが「経済改革に対し保守的な態度をとった」とはいわず，「保守的な態度をとったということを強調した」と微妙な言い回しで，ケインズの複雑な心境を表現している．
3) ケインズが『一般理論』刊行後，過少消費説に接近したことについて，ケインズと同時代人でコロンビア大学のジョセフ・ドーフマンは，「1930年代後半までにケインズがホブソンの見解と完全に和解していた」と記している（Dorfman [1959] p. 549n）．
4) ロジャー・バックハウスとブラッドリー・ベイトマンは，「ケインズ経済学には，いわゆる『中道』を表現するという計り知れない利点があった」と記している（Backhouse and Bateman [2011] p. 35）．両大戦間期から第2次世界大戦後の数十年間，需要管理政策が徐々に世界を席巻する過程において，人々はケインズを社会主義の計画経済と資本主義の間の任意の場所に位置づけることができた．
5) 投資は乗数過程を通じて総需要を拡大させるが，同時に供給面では生産力を創出するという二重の性格をもつ．
6) 現実には，最低限の必要は「初任給」（starting pay, entry level salaries）や「最低賃金」（minimum wage）といった賃金体系によって切り詰められた形で決定され，公的扶助の給付水準がさらにそれを下回って規定されている．

参考文献

Arthur, Brian [1994] *Increasing Returns and Path Dependence in the Economy*, University of Michigan Press.（有賀裕二訳 [2003]『収益逓増と経路依存――複雑系の経済学』多賀出版）．

Backhouse, Roger E. and Bradley W. Bateman [2011] *Capitalist Revolutionary: John Maynard Keynes*, Harvard University Press.（西沢保監訳，栗林寛幸訳 [2014]『資本主義の革命家 ケインズ』作品社）．

Baran, Paul [1959] "Reflections on Underconsumption," Paul Baran, *The Longer View: Essays Toward a Critique of Political Economy*, 1969, Monthly Review Press.（都留重人編 [1959]「過少消費説に対する省察」『現代資本主義の再検討』岩波書店）．

Baran, Paul and Paul Sweezy [1966] *Monopoly Capital*, Monthly Review Press.（小原敬士訳 [1967]『独占資本』岩波書店）．

Biles, Roger [2002] *Crusading Liberal: Paul H. Douglas of Illinois*, Northern Illinois University Press.

Brenner, Robert [2002] *The Boom and the Bubble: The U. S. in the World Economy*, Verso.（石

倉雅男・渡辺雅男訳［2005］『ブームとバブル——世界経済のなかのアメリカ』こぶし書房）．
Chernomas, Robert [1984] "Keynes on Post-Scarcity Society," *Journal of Economic Issues*, Vol. 18, No. 4.
Crotty, James [2002] "Why Do Global Markets Suffer from Chronic Excess Capacity?: Insights from Keynes, Schumpeter and Marx," Working Paper, Political Economy Research Institute of the Economics Department at the University of Massachusetts.
Dillard, Dudley [1948] *The Economics of John Maynard Keynes: The Theory of a Monetary Economy*, Prentice Hall.（岡本好弘訳［1973］『J. M. ケインズの経済学』東洋経済新報社）．
Domar, Evsey [1957] *Essays in the Theory of Economic Growth*, Oxford University Press.（宇野健吾訳［1959］『経済成長の理論』東洋経済新報社）．
Dorfman, Joseph [1959] *The Economic Mind in American Civilization*, Vol. 5, 1918-1933, Viking Press.
Douglas, Paul H. [1929] "Lessons from the Last Decade," Harry W. Laidler and Norman Thomas eds., *The Socialism of Our Times*, The Vanguard Press.
Douglas, Paul H. [1930] *Real Wages in the United States: 1890-1926*, Houghton Mifflin.
Douglas, Paul H. [1931] *The Movement of Money and Real Wages in the United States, 1926-1928*, University of Chicago Studies.
Douglas, Paul H. [1932] *The Coming of a New Party*, McGraw-Hill.
Douglas, Paul H. [1934] *The Theory of Wages*, Augustus M. Kelly.（辻村江太郎・續幸子訳［2000］『賃金の理論（上・下）』日本労働研究機構）．
Douglas, Paul H. [1971] *In the Fullness of Time: The Memories of Paul H. Douglas*, Harcourt Brace Jovanovich.
Douglas, Paul H. [1976] "The Cobb-Douglas Production Function Once Again: Its Testing, and Some New Empirical Values," *Journal of Political Economy*, Vol. 84, No. 5.
Dugger, William M. and James T. Peach [2009] *Economic Abundance: An Introduction*, M. E. Sharpe.
Fishback, Price [2007] "The New Deal," P. Fishback ed., *Government and the American Economy*, University of Chicago Press.
Hayek, Friedrich [1941] *The Pure Theory of Capital*, Macmillan.（江頭進訳［2012］『資本の純粋理論』〔『ハイエク全集』II-9〕春秋社）．
Heilbroner, Robert L. [1964] *The Worldly Philosophers: The Lives, Times and Ideas of the Great Economic Thinkers*, Simon & Schuster/Touchstone.（八木甫・松原隆一郎・浮田聡・奥井智之・堀岡治男訳［2001］『入門経済思想史 世俗の思想家たち』筑摩書房）．
Illich, Ivan [1978] *The Right to Useful Unemployment: And its Professional Enemies*, Marion Boyars.（大久保直幹訳［1979］『エネルギーと公正』晶文社）．
Keynes, John M. [1972 (1930)] "Economic Possibilities for Our Grandchildren," *The Collected Workings of John Maynard Keynes*, IX, Macmillan.（宮崎義一訳［1981］「わが子孫たちの経済的可能性」『ケインズ全集 第9巻 説得論集』東洋経済新報社）．
Keynes, John M. [1973 (1936)] *The General Theory of Employment, Interest and Money*, The Collected Workings of John Maynard Keynes, VII, Macmillan.（塩野谷祐一訳［1983］『ケインズ全集 第7巻 雇用・利子および貨幣の一般理論』東洋経済新報社）．
Kurzweil, Ray [1999] The Age of Spiritual Machines: When Computers Exceed Human Intelligence, Viking Press.（田中三彦・田中茂彦訳［2001］『スピリチュアル・マシーン——コンピュータに魂が宿るとき』翔泳社）．
Leven, Maurice, Harold G. Moulton, and Clark Warburton [1934] *America's Capacity to Consume*, The Brookings Institution.

Maurice, Leven, Harold G. Moulton, and Clark Warburton [1934] *America's Capacity to Consume*, The Brookings Institution.

Moulton, Harold G. [1935a] *Income and Economic Progress*, The Brookings Institution.（世界経済調査会訳［1944］『アメリカの国民所得と経済進歩』）.

Moulton, Harold G. [1935b] *The Formation of Capital*, The Brookings Institution.（甲斐太郎訳［1943］『アメリカの資本形成』博文館）.

Nourse, Edwin G. and Associates [1934] *America's Capacity to Produce*, The Brookings Institution.（武石勉訳［1942］『アメリカの生産能力』博文館）.

Piketty, Thomas [2014] *Capital in the Twenty-First Century*, Harvard Belknup.（山形浩生・守岡桜・森本正史訳［2014］『21世紀の資本』みすず書房）.

Polanyi, Karl [2001（1944）] *The Great Transformation: The Political and Economic Origins of Our Time*, Beacon Press.（吉沢英成・野口建彦・長尾史郎・杉村芳美訳［1975］『大転換――市場社会の形成と崩壊』東洋経済新報社）.

Robinson, Joan [1947] *An Essay on Marxian Economics*, 2nd ed., Macmillan.（戸田武雄・赤谷良雄訳［1951］『マルクス経済学』有斐閣）.

Romer, Paul [1986] "Increasing Returns and Long-Run Growth," *Journal of Political Economy*, Vol. 94, No. 5.

Romer, Paul [1990] "Endogenous Technological Change," *Journal of Political Economy*, Vol. 98, No. 5.

Sheehan, Brendan [2010] *The Economics of Abundance: Affluent Consumption and the Global Economy*, Edward Elgar Publishing.

Solow, Robert M. [1956] "A Contribution to the Theory of Economic Growth," *Quarterly Journal of Economics*, Vol. 70, No. 1.（福岡正夫・神谷傳造・川又邦雄訳［1970］「経済成長理論への一寄与」『資本 成長 技術進歩』竹内書店新社）.

Solow, Robert M. [1957] "Technical Change and the Aggregate Production Function," *Review of Economics and Statistics*, Vol. 39, No. 3.（福岡正夫・神谷傳造・川又邦雄訳［1970］「技術の変化と集計的生産関数」『資本 成長 技術進歩』竹内書店新社）.

Solow, Robert M. [1987] *Growth Theory and After*, The Nobel Foundation.（福岡正夫訳［2000］『成長理論（第2版）』岩波書店）.

Steindl, Joseph [1976（1952）] *Maturity and Stagnation in American Capitalism*, Monthly Review Press.（宮崎義一・笹原昭五・鮎沢成男訳［1962］『アメリカ資本主義の成熟と停滞――寡占と成長の理論』日本評論新社）.

Sweezy, Paul M. [1942] *The Theory of Capitalist Development: Principles of Marxian Political Economy*, Monthly Review Press.（都留重人訳［1967］『資本主義発展の理論』新評論）.

Sweezy, Paul M. [1981] *Four Lectures on Marxism*, Monthly Review Press.（柴田徳衛訳［1982］『マルクス主義と現代』岩波書店）.

Sweezy, Paul M. [1991] "Monopoly Capital After Twenty-Five Years," *Monthly Review*, Vol. 43, No. 7.

Sweezy, Paul M. and Harry Magdoff [1982] *The Deepening Crisis of U. S. Capitalism*, Monthly Review Press.（伊藤誠訳［1982］『アメリカ資本主義の危機』TBSブリタニカ）.

Warsh, David [2006] *Knowledge and the Wealth of Nations: A Story of Economic Discovery*, Norton.

Weitzman, Martin [1982] "Increasing Returns and the Foundations of Unemployment Theory," *Economic Journal*, Vol. 92, No. 368.

終 章

現代アメリカ経済史の歴史像

谷口明丈

はじめに

　本書の目的は，1929年に始まる世界大恐慌とそれに続くニューディール期を起点として，「問題大国」アメリカが抱える問題群のそれぞれの分野における今日（おおむね2007～08年の世界経済金融危機）までの歴史的展開を検討し，それらを総合することによってこの期間の歴史像，現代アメリカ経済史の歴史像を描くことにあった。終章では，各章の分析を通して現代アメリカ経済史の歴史像がどのようなものとして立ち現れてくるのか，その像を描くことによって本書の結論としたい。もちろん本書の執筆者あるいは読者が見る歴史像はそれぞれに異なるであろうが，それらを1つの像へと収束させるためにはよりいっそうの研究と議論が積み重ねられる必要がある[1]。

　ここでは，1929年大恐慌から今日に至る時期を次のように区分して描いてみたい。①ニューディール体制の成立，②ニューディール体制下の繁栄と危機，③新自由主義の時代。

　ニューディールの画期性は各章での論考と提出された事実によって疑いのないものだと考えられるが，しかし，1929年大恐慌からニューディール期に至る歴史過程を，それ以前の歴史からの断絶と単純に捉えることはできないようである。本題に入る前にその点についてあらかじめ検討しておこう。

　この問題で参照されるべき1つの立場は，「競争的経営者資本主義」を論じる第11章のそれであろう。それによれば，19世紀後半からのアメリカ資本主義のミクロ基礎の変化は，1920年代にすでに，専門経営者によって経営されるビッグ・ビジネス（巨大企業）と大量の半熟練労働者というニューディール

期以降のアメリカ経済史の主役を生み出しており，ニューディールは後者の組織化を可能にするとともに，政府にプレーヤーの一員として積極的な役割を負わせたことに意義があったということになる。その限りでは，大恐慌とニューディールは「長い20世紀」（Arrighi [1994]）を区分するポイントということになり，それを調整様式の転換点とみるレギュラシオン学派の時期区分とも重なってくる[2]。

また，金融的側面においても，世紀末の熱狂から1907年恐慌を経て13年の連邦準備法制定に至る過程は，29年大恐慌を準備する過程であったとはいえ，同時にニューディール金融政策の前提条件の形成過程でもあったといえよう。

そのようなスタンスからみると，反トラスト政策の起源は19世紀後半からの独占（トラスト）形成期に求めざるをえないし，大企業対中小企業という二重構造問題もこの時期から本格的な展開をみせ，反トラスト政策によってとりあえず対応が図られてきたといえる。

環境保護運動が1890年頃からの革新主義期に現れた自然保護運動と，都市工業化に伴う工場内外における公害問題に源泉があったことも，この時期と現在の連続性を示唆しているように思われる。

ニューディール期が現在のアメリカの貿易政策の起点といえるとしても，大統領権限の誕生に着目すると，それは19世紀後半とりわけ19世紀末以降の議会からの権限委譲の流れを受けての事象であり，そのことを抜きにして，近年アメリカで起きている事態（大統領権限の失効やその脆弱性）は理解し難いということになる。

社会福祉の分野では，20世紀初頭の革新主義の時代に，経済的に困窮している高齢者や母子家庭を対象にした公的扶助がいくつかの先進的な州や地方自治体で導入された。また，同じ頃，大企業を中心に企業年金や失業給付制度を設立する動きがあった。歴史的にみると，こうした分権的な社会福祉制度や企業レベルでの自発的な取り組みに，アメリカの福祉国家としての萌芽があったと考えることができる。

ローン・シャークは本質的に近代産業社会の産物であり，雇用時の所得の上昇と，病気，負傷，ストライキ，ロックアウト，季節的失業，レイオフ，工場閉鎖などによる所得の中断，その両方が少額ローンの市場を要請し，多くの問題を生じさせることになる。革新主義時代には，それらの問題解決のための諸方策が模索されることになった。

以上のように，2つの時期の連続性を示す事実は少なからず存在するが，本書が示すように両時期のコントラストは強烈である。それにもかかわらず両時期が長い1つの時代の連続した2つの段階であるというためには，本書とは別の研究が必要であろう。

本題に戻ろう。

1 ニューディール体制の成立

1929年10月24日のニューヨーク株式市場の大暴落に始まる大恐慌から33年の3月4日に大統領に就任したローズヴェルトのニューディール期，39年の第2次世界大戦開戦から45年終戦までの戦時期，そしてトルーマン大統領による戦後体制の確立期を，ここではニューディール体制の成立期とし，1つの時代として扱うことにする。

ここでいうニューディール体制とは，英語では New Deal Order[3] と表現されるもので，国際的には冷戦下での国際通貨と自由貿易の枠組みとしてのブレトンウッズ体制（IMFとGATT），国内的には連邦政府が「最大限の雇用と生産と購買力を維持することに」責任をもつとした1946年の雇用法，労働組合をビジネス・ユニオニズムへと向かわせることになる47年のタフト・ハートレー法，連邦準備制度理事会（FRB）が財務省から自立してインフレーションの管理や価格メカニズムの維持に責任をもつことになった51年の「アコード」などの，ビッグ・ビジネスを中心とした戦後の繁栄の基礎条件をなす政治的，経済的，社会的枠組みである。そしてそれは，1929年大恐慌に始まる歴史的過程の帰結と考えられるものである。その本質は，ビッグ・ビジネスと労働組合を中心とする経営と労働に連邦政府が介入することによって経済を組織化することにあった。

1 ニューディール——現代アメリカ経済史の起点

1929年の大恐慌からローズヴェルトによるニューディール政策の実施，39年の第2次世界大戦開戦に至る時期をここでは考えてみよう。

今日における政策形成プロセスの原型は，ローズヴェルトのニューディール期に成立したと考えられるが，その背後には「連邦政府こそが国の経済・社会問題を解決できる」というニューディール・コンセンサスが存在した。このコ

ンセンサスが中央集権化した連邦政府の行動主義を促進したのである。未曽有の危機に直面したローズヴェルト政権が経済・社会問題の解決のために積極的に打ち出した諸政策とその帰結は，「われわれの時代の起源（The Origins of Our Time）」（Katznelson［2013］）であったということができる。

　ニューディール初期の産業政策の柱であった全国産業復興法（NIRA）は，産業ごとに公正競争規約という一種のカルテル協定を作成させ，最低価格や生産量などの調整によって産業の安定化を図ると同時に，労働者の団結権・団体交渉権および最低労働条件を規定して，賃金上昇による購買力の増強を実現しようとした。これは，公益のための協同の理念のもとに，市場に代わって政府が計画的に産業システムの維持を図ろうとするものであった。

　19世紀の末から1929年の大恐慌勃発に至るアメリカの経済発展は，一方で，所有者に代わって専門経営者が支配する経営者企業を生み出し，支配的な企業システムへと成長させてきた。他方で，従来支配的であった熟練労働者に代わって，大量生産産業に従事する大量の未組織の半熟練労働者を生み出してきた。繁栄のミクロ基礎はたしかに形成されてきていた。しかし，持続的な繁栄を実現するためには，経営と労働に加えて第3のプレーヤーとして政府が参加する必要があった。ニューディールによって，まさにその道が開かれたのである。政府の政策決定プロセスは，業界団体や労働組合などの有力な利益集団と担当行政機関，担当委員会の有力議員が形成する「鉄の三角形」によって寡占的に支配されることになった。いわゆる「ニューディール連合」が形成されたのである。ニューディール体制が諸利益集団の利害を調整する「ブローカー国家」と呼ばれるゆえんである。ただ注意しなければいけないのは，ニューディール連合は当初は広範な社会層を包含する連合をめざしていたということである。しかし，ニューディールの進展，戦時体制そして戦後体制の確立期を経ることによって，その連合は，ビッグ・ビジネスと労働組合そして政府による「ケインズ連合」と呼びうるものに変質していくことになる。

　ニューディールのもう1つの歴史的意義は「金融封じ込めによる安定的経済体制の確立」にあった。1933年証券法，グラス・スティーガル法，1935年銀行法などの一連の立法は戦後，ビッグ・ビジネスと労働組合の利害を中心とするケインズ的な経済政策実施の立法的基盤となったのである。FRBもウォール・ストリート支配からの解放，および財務省からの独立を意図してガバナンス構造の大胆な改革構想を実現しようと奮闘し，その設立目的を経済の安定と

成長に対する貢献に置くに至った。1934年互恵通商協定法によって保護主義から自由貿易主義への転換を図ったのも，金融ではなく産業の利害に基づくものであり，この流れは，ブレトンウッズ協定による戦後の安定的な国際経済体制の創設へと繋がっていくのである。

ニューディールによって，労使関係を含む産業のあり方，金融資本との関係だけではなく，経済・社会の多くの領域で以後の政策展開の起点が置かれることになる。

農業においては，1938年に制定された生産調整と価格支持を柱とする農業調整法の骨格は，第2次世界大戦中のみならず大戦後も長く保持され，1954年農業法以降その弱体化が進むとはいえ，アメリカの農業政策の基盤となった。

貿易政策においても，現在の貿易促進権限（TPA）に繋がる形態の大統領権限が誕生したのはニューディール期の1934年であり，すでに述べたように，アメリカがかつての高関税政策から低関税化へと貿易自由化への第一歩を踏み出したのも同時期である。ニューディール期が現在のアメリカの貿易政策の起点といえる。

ニューディール期の反トラスト政策は，NIRAが公正競争の促進と不況カルテルの容認という2つの側面をあわせもち，従来の反トラスト政策の放棄とも受け取られかねないものであったため混乱の様相を示したが，証券法，公益事業持株会社法，ロビンソン・パットマン法などの法整備と反トラスト局の設置，臨時全国経済委員会の設置などによって厳しい独占規制の姿勢は維持されたといってよく，戦後の政策の基礎をなすものとなった。

1930年代の金融規制（銀行法，証券法，証券取引所法など）と金融市場に対して継続的に流動性を供給する管理通貨制度の構築は，先に述べた「金融封じ込め」という側面をもつと同時に長期的な金融資産の累積を可能にし，ファンド資本主義へと繋がる金融システムの起点をつくったといえる。

消費者信用もこの時期に制度化されたといえる。商業銀行は中間層を新たな顧客としたが，より低所得の勤労者層を取り込むには至らず，低所得層は信用組合あるいは認可ローン業者から少額ローンを受けることになった。非合法の存在に頼らざるをえない人々に，合法的なローン獲得への道が開かれたのである。

アメリカで連邦政府によって全国的な社会保障制度が設立されるのは，1935年に社会保障法が成立してからであり，大恐慌というきわめて例外的で特異な

状況のもとで作り出され，深刻な不況がもたらした苦境から国民をいかに救済すべきであるかという発想に基づいて形づくられたものであった。

ニューディール期は，アメリカ労働運動にとって大きな画期であった。1935年に全国労働関係法（NLRA）が制定され，労働組合は「産業社会」における正当性を確認され，それまで不十分な形でしか承認されていなかった労働者の団結権と団体交渉権が実質的に保障される体制がつくられたのである。この時期の労働運動は不熟練・半熟練労働者の組織化を進めるとともに，広範な社会的課題に関心をもち，広い階層の利害も代表する政治活動を行っていた。

中小企業は，政策決定過程に強い政治力を発揮できる集団を形成することができず，さまざまな側面で大企業との格差に直面しながら有効な便益獲得の手段を備えないまま，第2次世界大戦を迎えることになる。一般的にはニューディールの画期性を認めるとしても，中小企業にとってはそれを感じられる政策的転換を得ることはできなかった。

環境エネルギー政策という点からは，ニューディール期には，河川流域開発が大不況脱出への対策として大規模に実施されたが，画期的な政策がこの時期に実行されたということはなかった。

2 戦時期

1939年に始まるアメリカの戦時体制は29年大恐慌に続く長期不況からの脱却を実現し，ビッグ・ビジネスに経済力をより集中させることによってその蓄積基盤を強固にした。労働組合運動の主流は政労使からなる政府機関に参加し，戦争への協力を通じて「市民権」を得るとともにその勢力を大幅に拡大した。ニューディール期に進められた政府が経営と労働に介入することによって経済を組織化する方向がいっそう強化され，戦後の経済体制の基礎をつくると同時に，孤立主義的な外交姿勢を脱却し，戦後に連なる国際秩序の方向が定められることになった。また，戦時中に開発された高度な軍事技術や管理手法は戦後民間に転用され，戦時期の官軍民の交流は戦後の軍産複合体の形成に繋がっていった。

3 戦後体制の確立——ニューディール体制の確立

国際的にはブレトンウッズ体制（IMFとGATT）による国際通貨と自由貿易の枠組みと冷戦構造，国内的には1946年の雇用法と，47年のタフト・ハート

レー法，51年の「アコード」など，これらは戦時期に強固な蓄積基盤を確立していたビッグ・ビジネスを中心とする戦後の繁栄の基礎条件をなすものであり，ニューディール期に始まった社会経済システムの再構築の試みの歴史的帰結点であった。この時期にいわゆる「ニューディール体制」が確立したといえる。しかし，この体制はビッグ・ビジネスや労働組合を中心とする有力な利益団体に主導される「ケインズ連合」の利益が優先される体制へと収斂し，そこから排除される多くの人々が存在したことを忘れることはできない。ともあれ，この体制のもとでアメリカは未曽有の繁栄の時代を迎えることになる。

2 ニューディール体制下の繁栄と危機

　ニューディール体制のもとでアメリカは繁栄へと向かった。ビッグ・ビジネスは，きわめて高い収益性を実現するとともに，労働組合との間にその果実を分配する協約を結び，投資と消費両面において需要を拡大し，政府は財政政策，金融政策によって成長の維持を図るというメカニズムが好循環を作り出し，"黄金の60年代"を迎えることになる。しかし，その繁栄にも陰りが見え始める。公民権運動が高まり，「貧困の再発見」がなされ，公害問題が噴出し，ベトナム戦争への介入が本格化した。「大砲もバターも」の追求は財政悪化を進めることになった。さらに，ヨーロッパ諸国や日本が復興するに伴ってアメリカの産業はしだいにその優位性を失い，アメリカの貿易黒字は縮小し，国際収支の危機，いわゆるドル危機をもたらすことになった。1973年には石油ショックが発生し，経済はインフレと不況が同時進行するスタグフレーションの様相を帯びることになる。ニューディール体制は大きく揺さぶられ，この事態を従来のケインズ的政策では解決できず，インフレは1979年の第2次石油ショックで加速した。ニューディール体制は危機に瀕することになった。

1　"黄金の60年代"へ

　金融的支配から自立した専門経営者によって経営され，圧倒的な技術的優位性と寡占的な支配力を有したアメリカのビッグ・ビジネスは，厳しい反トラスト政策のもとにもかかわらず，多角化と多国籍企業化による成長戦略を展開しつつきわめて高い収益性を実現した。同時に，団体交渉型とも呼びうる制度化された労使関係のもとで，労働組合との間に，物価上昇分と生産性の上昇分を

分配する協約を結び，投資と消費両面において需要を拡大し，政府は「ニュー・エコノミクス」の考えに基づいて財政政策，金融政策さらには自由貿易政策によって成長の維持を図る，というメカニズムが好循環を作り出した。その結果，ケネディ・ジョンソン政権下で未曾有の繁栄がもたらされ，"黄金の60年代"と呼ばれることになる。高度な大衆消費社会（「ゆたかな社会」）が実現されたのである。アメリカ的会社主義を体現するホワイトカラー層と組織化された労働者（ブルーカラー）が分厚いミドル・クラス（中間層）を形成し，消費社会の担い手となった。「アメリカの夢」が現実のものとなった。それはまさにチャンドラーのいう「競争的経営者資本主義」の勝利であるかのようにみえた。もちろん，この繁栄が，米ソ「冷戦」を背景に，軍事ケインズ主義ともいわれるほどの大規模な軍事支出に依存していたことも忘れるべきではない。

だが，"黄金の60年代"は同時に，「ゆたかな社会」の負の側面が露呈し始めた時期でもあった。「ゆたかな社会」から排除された人々，置き忘れられた人々が声を上げ始め，「発見」されたのである。それは「ケインズ連合」の枠外にあった人々といえる。ニューディール体制へのリベラルの側からの批判が起こったのである。公民権運動の高まりはその最たるものであり，それは南部民主党の解体をもたらし，地域政治の集合体としてのアメリカ政治の最終的な消滅に帰結するのである。これを契機に，「保守主義対リベラリズム」というイデオロギー的対立軸に沿った政治の再編が進行していく。

また，「貧困の再発見」がなされ，ジョンソン大統領は1964年には「偉大な社会」の実現を求めて「貧困との戦い」を宣言し，経済的繁栄の恩恵が行き渡る社会の実現を唱えた。この間，拠出に基づき「権利」として受給する社会保険と，「福祉」としての公的扶助という二層構造を明確にしながら，アメリカの社会保障制度は急速に規模を拡大したのである。また，ベトナム戦争への介入が本格化し，「大砲もバターも」求めることとなり，財政の悪化が進むことになった。

大衆消費社会は新たな問題も生み出していた。その１つが公害問題であり，カリフォルニア州を先頭に環境保護運動が台頭することになる。その大きな到達点が連邦議会による1970年のマスキー法の制定であった。同年には環境保護庁も新設され，アメリカは環境保護問題の先進国となった。さらに，GM車の安全性問題に端を発した消費者運動の高まりなどもあって，ビッグ・ビジネスは厳しい社会的批判にさらされることになる。

「ゆたかな社会」における人々の旺盛な消費意欲を満たす手段が消費者信用であった。郊外中間層には低利の消費者信用の選択肢が与えられ，将来の所得で現在消費するという習慣が一般化した。同時に，その恩恵を被ることができなかった都市低所得層が存在し，「貧しい人ほど多く支払う」という状況にあえいでいた。

　この時期，家計が保有する貯蓄が着実に増大し，また，その堆積した資金は，福祉国家として整備が進められた年金制度や保険制度のもとで，年金基金や保険会社などの「機関投資家」に大量に流入し，その資金運用が重要な意味をもつようになり，「株式市場の機関化現象」が注目されるようになった。

　ビジネス・ユニオニズムへと傾斜していく労働運動は，一方で安定的な労使関係をもたらし，繁栄の時代の基礎を形成したといえるが，公民権運動，環境保護運動，ベトナム反戦運動などの「社会問題」から乖離したばかりでなく，その官僚制的な統制は末端の反発を招き，職場でのモラールの低下や山猫ストの頻発をもたらすことになるのである。

　1953年に設立された中小企業庁を中心とするアメリカの中小企業政策は，マイノリティを中心に多様な就業機会を創出するというある種の社会政策的な性格を強めていった。

2　ニューディール体制の危機

　1960年代後半には生産性上昇率の鈍化，インフレへの懸念，国際収支の悪化が顕在化し，とくにベトナム戦争による軍事支出の増大と社会保障費の増大は財政の悪化とインフレを，前者はさらに直接国際収支の悪化をももたらし，ドル危機へと繋がることになった。

　ニクソン大統領は1971年8月15日にドルと金との交換停止を発表しドル防衛策を打ち出すとともに，90日間の賃金物価の凍結を含む新経済政策を発表し，インフレの抑制と景気浮揚を図った。しかし国際通貨体制の動揺は収まらず，1973年2月には変動相場制への移行を余儀なくされた。10月には石油ショックに見舞われ，アメリカはインフレと不況が同時進行するスタグフレーションの泥沼にはまり込むことになる。フォード，カーター両政権の最大の課題はこのスタグフレーションの克服であった。しかし，一時的な景気の回復はあったものの，それに成功することはできず，1979年の第2次石油ショックによって追い打ちをかけられることになった。

1970年代に入るとアメリカ産業の競争力の低下は覆い難いものとなっていた。鉄鋼，自動車，電気，化学といった成熟産業（オールド・エコノミー）が苦境に陥ったばかりでなく，コンピュータや半導体のような産業も曲がり角にさしかかっていた。経営者企業と「競争的経営者資本主義」の技術的基礎をなしていた大量生産システムは「時代遅れ」となり，経営の側が競争の激化に対応してシステムを変更しようとすると，労使関係は「敵対的」なものとなった。多角化の進展は事業部の数を急増させて，階層制管理機構を肥大化させ，ミドルおよびトップの経営者を現場から引き離すことになった。管理のために財務中心の経営が追求され，長期的視点に立った研究・開発がおろそかとなり，事業部ごとに短期的な利益の増大を追求する傾向が強まった。また，生産性の上昇を上回る賃金の引上げはインフレ圧力となり，インフレはアメリカ企業の競争力を低下させるとともに，ドルの信用も低下させた。

　アメリカ企業の多国籍企業化の進展は，資本の流出と商品の逆輸入の増加をもたらし，事態の悪化に拍車をかけた。1970年代には，製造業を中心に日米間の貿易摩擦が深刻になり，また，ヨーロッパ多国籍企業のアメリカへの進出が始まった。人々の間に自由貿易への懐疑が生まれつつあった。

　1973年の変動相場制への移行と74年の金利平衡税の撤廃は，多国籍企業を基軸とする国際資本移動を国際経済取引の中軸へと押し上げる制度的改革であった。それは，アメリカの金融制度改革と連動し，金融自由化の波が証券化となって，1980年代以降，急速に展開し，90年代には，商業銀行の行動に決定的な変化を引き起こすことになる。また，1970年代以降，MMMF（マネー・マーケット・ミューチュアル・ファンド）などの金融革新を通じて，商業銀行と投資銀行の制度的な分離がしだいに形骸化され，金融市場の自由化・グローバル化・IT化が進展していった。

　アメリカ経済が急速なパフォーマンスの悪化に見舞われたことにより，社会保障制度にもさまざまな影響が及んだ。老齢遺族障害年金保険（OASDI）は加入率が9割を超えて「聖域化」が進んだが，その一方で，給付を決定するインフレ率が拠出を決定する賃金上昇率を上回り，年金財政は危機的な状況に向かっていった。さらに失業率の上昇が，こうした事態を深刻化させた。同時に，要扶養児童家族扶助（AFDC）をはじめとする福祉を受給している人々に対する社会的な批判は，景気の悪化に伴い強まっていった。

　石油ショックはエネルギー多消費型のアメリカに強い衝撃を与えた。1977

年に発足したカーター政権は初めてエネルギー消費抑制を基調とするエネルギー政策を掲げ，消費抑制と再生可能エネルギーを育成する現代的エネルギー政策の「原型」ないし「出発点」を形づくった。

　この時期，ニューディール体制を支え，少数のアクター間の閉鎖的・安定的な関係により漸進的な政策形成を可能にした「鉄の三角形」による多元的な政策形成プロセスは，「委員会による政府」の解体と党内民主化，予備選の導入，アドボカシー団体の台頭によってしだいに機能しなくなり，政策決定プロセスの流動化を招くことになった。同時にアメリカ社会の傍流でしかなかった保守主義が，ニューディール体制の打倒をめざす本格的な政治運動に変貌することになる。

3　新自由主義の時代

　ここでは，1981年のレーガン政権誕生から2008年のリーマン・ショックまでを「新自由主義の時代」として一括して扱う。レーガンによって開始されたニューディール体制からの脱却は，新自由主義的な規制緩和と市場主義の政策理念のもとで，情報革命の進展と社会主義の崩壊を含むグローバリゼーションの深化を背景に進展した。ブッシュ（父）政権に代わったクリントン政権のもとでアメリカ経済は，高成長，低失業率，低インフレの3拍子そろった「インフレなき持続的成長」を実現したかのような状況となり，アメリカ経済は景気循環を克服し，安定した繁栄が持続する構造をもつに至ったとする「ニュー・エコノミー論」が登場するほどであった。2001年のITバブルの崩壊はニュー・エコノミー論が幻想であったことを示したが，そのバブル崩壊と9.11同時多発テロ後の経済危機からの脱却過程における金融緩和は，ファンド資本主義を跋扈させ，再びバブル，今度は住宅バブルをもたらし，リーマン・ショックへと導くことになる。100年に一度の危機といわれる世界経済金融危機は再び，新自由主義的な規制緩和と市場主義の破綻を示したといえる。

1　転換——ニューディール体制との決別

　レーガン大統領の登場は，ニューディール期以降のアメリカの政治経済のあり方に大きな転換をもたらすものであった。「強いアメリカ」の再生を掲げるレーガン大統領は，就任当初の1981年2月に「経済再建計画」を発表し，「小

さな政府」をめざすとともに，財政支出の削減，個人所得税の引下げ，企業投資税控除の拡大，政府規制の大幅緩和，インフレ抑制のための金融政策など，レーガノミクスと総称される一連の政策体系を打ち出した。彼の経済政策は，マネタリズムとサプライサイド経済学に基づく新自由主義的なもので，これまでのケインズ主義あるいは新古典派総合的な経済政策との決別を意味するものであった。それは，1970年代に展開された保守主義運動の集大成であり，ニューディール体制からの脱却をめざすものであった。

　第2次石油ショック不況は大胆な減税やインフレの抑制によって克服され，1983～84年は急速に景気回復への方向が強まり，のちのブッシュ（父）政権の90年半ばまで景気拡大が続き，平時としては戦後最長の記録をつくった。

　しかし，1980年代のアメリカ産業はリストラクチャリングの時代にあったといってよい。まず，従業員の大幅な削減を伴う経営の合理化が推し進められた。それは，業務の外部委託（アウトソーシング），情報化の進展による中間管理職の削減などを通じて，ホワイトカラーにも波及した。また，不採算部門・不要部門を売却すると同時に，買収・合併などを通じて中核事業に経営資源を集中することが図られた。さらに，ヨーロッパと日本の多国籍企業が国際競争力を強化したのに対抗して，アメリカ多国籍企業は世界的規模のリストラクチャリングを展開した。それはM&A&Dを駆使して不採算部門を合理化し，事業構成を再編成するものであった。この動きは，レーガン政権が国際的な競争に対処するため，規制緩和とともに反トラスト政策を大幅に後退させたこともあって，1980年代後半のM&Aブームの一因となった。このリストラクチャリングによってアメリカ多国籍企業はより競争力のある事業分野にシフトしていったが，その過程で逆にヨーロッパと日本の多国籍企業はアメリカ国内市場に進出する足掛かりを得たのである。

　労働組合はリストラクチャリングの進展と組織率の低下のなかで譲歩を余儀なくされ，日本的な生産管理や労務管理手法の導入（ジャパナイゼーション）などとも相まって，従来の労使関係を維持することが困難となり，急速に力を失っていった。レーガン政権の反労働組合政策はこれに拍車をかけた。かつて繁栄を謳歌した組織労働者とホワイトカラーを中核とするミドル・クラスは没落し始めた。多国籍企業のみを利するかのような自由貿易主義に対する懐疑は消費者保護，環境保護，人権の視点も加えて強まりをみせていった。

　このようなリストラクチャリングの背景にはビッグ・ビジネスのコーポレー

ト・ガバナンス構造の変化があった。1980年代の敵対的買収の横行は，経営者革命後の経営者支配型ガバナンス構造を大きく変化させる契機となった。経営者は，敵対的買収を免れるために株価の維持・上昇に注意を払わざるえなくなったのである。また，1990年には全上場株式の50％以上を保有するに至る機関投資家が，株主提案権の行使などを通じて経営へ直接影響を及ぼそうとし始めた。さらに経営者は，資金調達を容易にするために株価を高く維持する必要もあり，株主の利益と株価を意識した経営をしなければならなくなっていた。経営者へのストック・オプションの供与はこの傾向に拍車をかけることになる。「株主反革命」と呼びうる事態が進展していた。ビッグ・ビジネスの経営者は，コーポレート・リベラルの立場を捨て去り，株主価値の最大化を経営の目的とし，あるいはそれを標榜しつつ，自らはスター経営者として高額の報酬の獲得を追求する立場へと移行したように思われる。リストラクチャリングの断行は彼らの能力を証明することとなった。

　レーガン政権のもとで，"双子の赤字"が深刻になった。とくに財政赤字は毎年2000億ドルを超える規模になっていた。財政赤字の拡大は，供給サイドの効果が実現しなかったのに加えて，期待したよりも税収が伸び悩み，高金利で国債利払い費がかさんだためであった。軍事支出の増大と社会保障支出の拡大も，これに拍車をかけた。このような膨大な財政赤字は貯蓄不足を拡大し，それが実質金利高とドル高をもたらした。

　さらに1985年には，基軸通貨国のアメリカが巨大な純債務国に陥る事態となった。国際競争力の低下と産業の空洞化がアメリカ経済に重くのしかかってきた。貿易赤字の拡大は，高金利・ドル高というパイプを通じて財政赤字と不可分の因果関係にあった。ブッシュ（父）政権はレーガンの基本戦略を受け継いだが，双子の赤字を克服できず，1992年の大統領選でクリントンに敗北することになる。

　レーガンは，福祉や環境問題においても従来とは反対の方向へ舵を切った。彼は，景気が良くなれば，いわゆるトリクル・ダウンにより低所得層の生活も向上すると考えており，社会福祉政策によって貧困をなくそうという考え方そのものが問題であると主張した。さまざまな党派的な対立を乗り越えて福祉削減を目的に成立したのが，1988年の家族支援法だった。これは困窮者への現金給付から就労支援へと方向転換を図るもので，クリントン政権の福祉改革もこの方向を引き継ぐものとなった。また，レーガン政権は1970年代に成立し

た環境保護政策とエネルギー政策に強力に反対する政策を体系的に打ち出し，積極的な環境エネルギー政策に対抗する「抵抗派」の「原型」となった。

1980年代後半のアメリカ経済は，証券市場・金融市場のマネーゲームと株式ブームに沸いた。金融オプションなどの金融派生商品（デリバティブ）がコンピュータを駆使したプログラム売買を促進し，広く株式・債券市場を活性化した。そして，高度な金融工学とコンピュータの普及が金融のグローバリゼーションをもたらし，オプション市場と先物市場は爆発的な成長をみせた。まさにファンド資本主義の展開といってよく，ニューディール期に形成された金融システムの構造にも大きな変化を与えていった。従来の商業銀行を基礎とした金融システムに対して，それ以外の金融機関が多様な金融市場を基礎にして資金仲介を行う「シャドー・バンキング」と呼ばれる新たな金融仲介構造が構築されていくことになる。

1980年代以降，急速に進展した金融市場における証券化は，金融規制の内実を掘り崩して金融の自由化を助長した。他方で，証券化は銀行自体が証券化商品に投資する機会を増加させ，銀行経営をより大きなリスクにさらすことになった。ハイリスク・ハイリターンのジャンク・ボンド投資に起因するS&L（貯蓄貸付組合）危機や，途上国の債務危機に連動した商業銀行の倒産の増加によって，金融システムの不安定性は増幅していった。しかし，金融システムの動揺にもかかわらず，連邦準備制度の統治機構に大きな変更は行われなかった。

2 新自由主義とニュー・エコノミー

1980年代以降に急速に進行する情報革命は，産業のインフラストラクチャーを大きく変革した。通信のデジタル化とインターネットの普及は世界的な規模での大量で瞬時の情報の流れを実現し，通信技術とコンピュータによる制御は人と物の正確で大量の輸送を実現した。さらに金融自由化と情報技術は，大量の資金が瞬時に世界的に移動することを可能とすることになった。このような条件のもとで，企業が国境の壁を乗り越えて世界市場で事業を展開することが容易となった。1989年のベルリンの壁の崩壊後に急速に進んだ社会主義体制の資本主義化・市場経済化も世界市場を拡大し，グローバリゼーションを深化させた。中国，インドなどの新興国の台頭がこれに続くことになる。世界市場をめぐる激しい競争が展開されることになったのである。

情報革命とグローバリゼーションの進展のなかで，アメリカの産業と企業は

大きな変貌を遂げた。以前から顕著な傾向にあった経済のサービス化がいっそう進展し（巻末の統計資料 図5），とくに情報・通信サービスの成長が著しい。1990年代に入ると，情報技術（IT）産業のGNP，雇用，生産性への寄与率が急速に高まったといわれており，インターネットの急速な普及はこの傾向に拍車をかけている。IT産業の発展は，無数のベンチャー企業を発生させ，シリコン・バレーにみられるような産業集積を形成するとともに，大企業・中小企業・ベンチャー企業からなる「三重構造」と呼びうる産業構造を生み出すこととなった。これらの企業は，オールド・エコノミーに典型的にみられた統合企業ではなく得意な機能に特化した専業企業の企業モデルをとるものが多く，情報ネットワークを基盤にして他の専業企業と業務上のネットワークを形成し，相互に競争すると同時に協調関係も築きながら，革新的な事業活動を行ってきた。そのなかから，インテル，マイクロソフト，ヤフー，アマゾンなどの寡占的な多国籍企業が生み出されてきた。同時にこの産業での雇用と報酬のあり方は多様であり，所得格差の増大をもたらす要因の1つとなっている。

1990年代のアメリカ経済は不況で幕を開け，財政赤字の拡大，公共投資の遅れ，所得格差の広がり，生産性・実質賃金の伸び悩みなどが顕在化していた。しかし，情報・通信関連の設備投資の進展などによって，まもなく拡大基調に乗り始めた。

クリントン大統領は，政権発足当初から国内優先の経済政策を強く打ち出した。クリントンは"ニュー・デモクラッツ"を標榜しており，伝統的な民主党の「大きな政府」ではなく，「より効率的な政府」を掲げた。クリントンは短期的景気刺激策とともに雇用創出，競争力強化，財政赤字の削減などを柱とするいわゆる「クリントノミクス」を打ち出し，「情報スーパーハイウェイ構想」，通信産業の規制緩和などを推進するとともに，政府職員や防衛費の削減，ガソリン税や法人税の引上げを実施した。また，最高限界税率を引き上げて高所得者層に増税するとともに，勤労者所得控除制度を拡充することも進めた。1998年度には，69年以来29年ぶりで財政黒字を実現した。このような財政収支の好転は長期金利を引き下げ，民間の設備投資を押し上げることによって景気拡大に寄与することになる。

しかし，政策の目玉として進めた医療改革が頓挫し，1994年に共和党の上下両院多数派議会が成立すると，党派的かつ開放的な政策形成プロセス，すなわち流動化した多元主義が本格的に始動することになる。

この時期，世界の資本主義体制は，グローバルな相互依存と一体化を深めていた。その原動力となったアメリカでは，ブッシュ（父）が合意した北米自由貿易協定（NAFTA）が1994年に発効し，クリントンはレーガン政権から続いたウルグアイ・ラウンドも合意にこぎつけ，300以上もの二国間協定を各国と締結しながら貿易と資本取引の拡大を進めた。それが，アメリカのニュー・エコノミーとアジア経済の拡大を支えたのである。しかし，このような動きへの批判が高まりをみせるとともに，非関税障壁の問題がクローズアップされ始めた。反トラスト政策＝競争政策も，一国の枠に収まらない広がりのなかで多国籍企業の行動に影響を及ぼし始めていた。

　1990年代後半に入ると，アメリカ経済は，高成長，低失業率，低インフレの3拍子そろったまさに「インフレなき持続的成長」を実現したかのような状況となった。その結果，アメリカ経済は景気循環を克服し，安定した繁栄が持続する構造をもつに至ったとするニュー・エコノミー論が登場した。1980年代以降に進んだリストラクチャリング，伝統的な労使関係の解体，M&Aを駆使した多国籍企業によるグローバル事業の展開，情報革命によるIT投資の活発化とIT企業の勃興によって主要企業の収益性が改善され，このような状況がもたらされた。こうして，2001年のバブル崩壊まで10年の長きにわたる景気上昇が実現したのである。

　たしかに，「IT革命」による情報化投資は企業の生産性を上昇させたが，それは好況期における人員削減と非正規雇用の増大をもたらし，労働コストを抑制することになった。そのため，インフレ圧力も抑え込まれることになったのである。さらに，中国やインドなどの新興国からの低価格の製品とサービスの輸入の増大が，デフレ圧力となった。企業のリストラクチャリング，ダウンサイジング，アウトソーシングの展開によって，景気拡大の背後で経営の合理化が進展し，所得格差が構造的に拡大していた。

　このような状況は証券市場に活況をもたらし，やがてバブルの様相を見せ始める。IT関連株に対する株式市場の投機的な過大評価は，これらのIT企業が予測された売上高の成長を得ることができないことが明らかになると暴落した。情報通信・IT関連企業の業績悪化や経営破綻が広がり，「ITバブル」は崩壊した。

　ITバブルの背景には商業銀行や投資銀行の「ファンド」化現象が進み，シャドー・バンキングと呼ばれる新しい金融形態が形成されてきたことがあった。

1999年にはグラム・リーチ・ブライリー法（金融サービス近代化法）によって，これまでの商業銀行と投資銀行の分離規制は撤廃されることになった。この金融規制の緩和と金融のグローバル化による競争環境の変化に対応する形で，1990年代以降，巨大な金融機関相互のM&Aが促進され，いわゆる「巨大複合金融機関」（LCFI）と呼ばれる新しい金融機関が生み出されていくことになった。このような金融環境の変化は，従来の商業銀行や投資銀行などの枠組みを越えた金融機関間の競争を激化させ，より高い金融的収益を実現するために，各金融機関の資産運用手法の高度化・多様化を推進することになった。さまざまな形をとって膨大な資金が市場に流れ込んできたのである。

2001年から02年にかけてのITバブルの崩壊は，1990年代後半のニュー・エコノミーの破綻を象徴するものであり，その政策理念ともいうべき，新自由主義的な規制緩和論と市場主義の破綻をも意味するものであった。

3　リーマン・ショックへの道

ITバブル崩壊のさなかに誕生したブッシュ（子）政権は，減税による小さな政府の実現，さらには年金，医療，住宅など，これまでは社会政策の対象とされていた分野における個人所有を促進する「オーナーシップ社会」構想を掲げ，保守主義改革の完成をめざした。しかし，就任早々の2001年3月から景気後退が始まり，同年9月に起きた同時多発テロにより経済不安が高まった。このような経済不安は景気が上向いたのちもアフガニスタン戦争，イラク戦争のなかで続き，とくに戦闘終結後のイラク情勢の泥沼化は，ブッシュ（子）政権に膨大な財政赤字の拡大をもたらすことになる。2002年度から財政赤字に転落し，08年度には赤字幅が4590億ドルにまで拡大した。

ITバブルの崩壊はニュー・エコノミーの幻想を打ち砕いたが，情報通信技術産業を中心にグーグル，フェイスブック，ツイッターといった専業企業が急速に成長して多国籍企業として世界的に展開するとともに，従来型の多国籍企業もオフショア・アウトソーシング戦略によって競争優位性を獲得し，アメリカ産業は依然としてその活力を維持しているように思われた。アメリカ多国籍企業は，国内の製造部門のアジア・シフトを進めながら，マーケティングやソフトウェア・サービス部門に事業の重点を置いた。その結果，国内のIT製造部門は衰退し，IT労働者は雇用環境を悪化させ，賃金低下を招いた。他方で，ソフトウェア・サービスに特化したアメリカのIT専業企業は，高収益と高い

株価を実現してきた。こうしたなかで，中国をはじめ新興諸国の台頭が，アメリカの多国籍企業の相対的な地位を低下させているのも事実である。

バブル崩壊と 9.11 同時多発テロ以降の不況に対処するためアラン・グリーンスパン FRB 議長は利下げを繰り返し，商業銀行や投資銀行はサブプライム・ローン担保証券などの収益性の高い証券化商品へ投資を行う投資ファンドへと変貌した。アメリカの住宅金融は地方の小規模な金融市場から抜け出し，アメリカの巨大な証券市場の一角に組み込まれ，世界的に拡大していくことになったのである。こうして住宅バブルが発生し，2008 年のリーマン・ショックから世界経済金融危機へと導くことになる。

100 年に一度の危機といわれる世界経済金融危機は再び，新自由主義的な規制緩和と市場主義の限界を示し，レーガン政権に始まる新自由主義の時代の終焉を告げたといえる。そしてそれは，1929 年世界大恐慌の再来といえた。ハロルド・モールトンらがその原因を 1920 年代の経済停滞とバブル構造に求めたように，この大恐慌が始まる前には，今日と同様に経済社会の格差構造が定着し，金融の自由化から金融の投機的現象が起こっていた。まさに，歴史は繰り返されたのである。

4 展　望

オバマ政権の任期が終了したこの時点で，この政権の 8 年間を総括する必要があるが，本書の分析の範囲ではそれをなすことは困難である。ここでは，本書の分析から展望しうるリーマン・ショック後の見通しについて簡単にまとめておこう。

オバマ政権のリーマン・ショック後の経済危機への対応策は，2009 年 2 月 17 日に成立した「アメリカ復興・再投資法」であり，減税，雇用対策，公共事業などに巨額の資金が投入され，その後も継続的に支援措置がとられることになる。他方で，金融危機への対応としては，ブッシュ政権を引き継いで多額の公的資金が投入されるとともに，2010 年のドッド・フランク法などによって金融規制も強化されていくことになる。しかし，同時に中央銀行（FRB）そのものが「ファンド・システム」に組み込まれ，中央銀行信用を背景にした巨大なファンドとして，大量の国債や証券化商品に投資をせざるをえない状況が展開していくことになった。

危機克服のため党派政治の克服を訴えて当選したオバマ政権は，序章で列挙したような「問題大国」アメリカが抱えるさまざまな解決困難な問題に直面していたが，ローズヴェルト政権の「ニューディール連合」のように広範な階層の支持を結集することができず，むしろいっそうの分極化を進行させることになったようにみえる。ここでは，歴史は繰り返されなかったのである。

　現在，多様なビジネスモデルが激しく競争するなか，支配的な企業システムのモデルは市場によっても社会によってもまだ選択されておらず，ホワイトカラーと組織労働者を中核としたミドル・クラスは没落しつつあり，低所得層の困難はますます厳しいものとなっている。多様な労働のあり方が未来の担い手を見出すのを困難にしているようにもみえる。繁栄の基礎であった経営者企業と「競争的経営者資本主義」の衰退のあと，新たな企業システムと資本主義のモデルが見出せていない。そのような状況のなかで政治は，依拠すべき集団を見出せず，あるいは結集できず，決められない政治の泥沼にはまり込んでいたということであろうか。

　そして，ドナルド・トランプが次期大統領に選出された。

注

1) 本文には各章からの直接的な引用も含まれるが，煩雑になるので注記はしないこととする。各章の相互参照は巻末の索引を利用して行っていただきたい。
2) 内包的蓄積体制における競争的調整様式から独占的調整様式への転換。この点については，とりあえず山田 [1991] を参照。
3) たとえば，Fraser and Gerstle [1989] の書名にある *The Rise and Fall of the New Deal Order* というような表現。

参考文献

山田鋭夫 [1991]『レギュラシオン・アプローチ——21世紀の経済学』藤原書店。
Arrighi, Giovanni [1994] *The Long Twentieth Century: Money, Power, and the Origins of Our Times*, Verso.（土佐弘之監訳 [2009]『長い20世紀——資本，権力，そして現代の系譜』作品社）.
Fraser, Steve and Gary Gerstle eds. [1989] *The Rise and Fall of the New Deal Order, 1930-1980*, Princeton University Press.
Katznelson, Ira [2013] *Fear Itself: The New Deal and the Origins of Our Time*, Liveright Publishing.

統 計 資 料

　載録した統計資料は，本書が対象とするニューディール期から現代に至る期間にアメリカ経済がどのように歩んだかを，読者に視覚的なイメージを提供することを狙いとしている。このため各統計はこの期間の連続的なデータのあるものを選択し，また数値だけではなく各種のグラフで示している。本書の各章では詳細なデータを提示する一方で，ここに掲載した統計資料の参照を求めていることもある。なお，グラフの元になっている数値データについては，典拠として示した統計集やウェブサイトから容易に入手できるので，必要に応じて参照されたい。

〔掲載図一覧〕
　図1　居住者人口および移民入国者（1920～98年）
　図2　実質GDPおよび1人当たり実質GDP（1925～2010年）
　図3　実質GDP前年比変化率（1930～2010年）
　図4　工業生産指数（1925～2010年）
　図5　国民所得の産業別構成（1929～2002年）
　図6　商業・金融・サービス産業の国民所得（1929～97年）
　図7　商品・サービス貿易（1930～2002年）
　図8　商品・サービス貿易の対GDP比率（1920～2001年）
　図9　貯蓄率（1929～2010年）
　図10　貿易収支および経常収支（1930～98年）
　図11　消費者物価指数およびGDPインプリシット・デフレーター前年同月比（1925～2010年）
　図12　労働組合員数および組織率（1920～99年）
　図13　失業者数および失業率（1920～2000年）
　図14　銀行倒産件数（1934～2015年）
　図15　3カ月物TBレートおよび長期国債利回り（1934～2010年）
　図16　公定歩合の変更およびフェデラル・ファンド金利（1934～2015年）
　図17　ニューヨーク金市場価格（1930～2010年）
　図18　ドル為替レート（対ポンド・円）（1920～2015年）
　図19　源泉別エネルギー消費（1920～2001年）
　図20　都市間貨物輸送形態（1939～96年）
　図21　都市間旅客輸送形態（1939～96年）
　図22　農業人口，農場数，農業雇用者数（1920～99年）
　図23　農産物貿易（再輸出入を除く）（1925～99年）
　図24　連邦財政収支の対GDP比率（1929～2010年）
　図25　連邦政府債務の対GDP比率（1939～2010年）
　図26　連邦・州・地方政府の源泉別歳入構成（1902～95年）
　図27　連邦個人所得税および連邦法人税の最高限界税率（1910～2010年）

図28　国防費およびその対連邦財政支出・GDP比率（1915～95年）.
図29　アメリカ・フランス・日本における最上位1％階層の所得割合（1913～2015年）
図30　アメリカ・フランス・日本における最上位10％階層の所得割合（1917～2015年）

〔典拠文献・ウェブサイト〕

Carter, Susan B. *et al.* eds. [2006] *Historical Statistics of the United States,* Millennial Edition, 5 vols., Cambridge University Press.

Federal Deposit Insurance Corporation [2016] Failures of all Institutions for the United States and Other Areas, retrieved from ALFRED, Federal Reserve Bank of St. Louis website.

Federal Reserve Bank of St. Louis and U. S. Office of Management and Budget [2016a] Federal Surplus or Deficit [-] as Percent of Gross Domestic Product, retrieved from FRED, Federal Reserve Bank of St. Louis website.

Federal Reserve Bank of St. Louis and U. S. Office of Management and Budget [2016b] Gross Federal Debt as Percent of Gross Domestic Product, retrieved from FRED, Federal Reserve Bank of St. Louis website.

Johnston, Louis and Samuel H. Williamson [2016] "What Was the U. S. GDP Then?," retrieved from MeasuringWorth website.

Officer, Lawrence H. [2016] "Exchange Rates Between the United States Dollar and Forty-one Currencies," retrieved from MeasuringWorth website.

Officer, Lawrence H. and Samuel H. Williamson [2016a] "The Annual Consumer Price Index for the United States, 1774-2015," retrieved from MeasuringWorth website.

Officer, Lawrence H. and Samuel H. Williamson [2016b] "The Price of Gold, 1257 - Present," retrieved from MeasuringWorth website.

Tax Foundation [2016] Tax Foundation website.

Piketty, Thomas and Emmanuel Saez [2016] World Wealth and Income Database. 〈URL: http://www.wid.world/#Database:〉

U. S. Board of Governors of the Federal Reserve System [2016a] Discount Rate Changes: Historical Dates of Changes and Rates, retrieved from FRED, Federal Reserve Bank of St. Louis website.

U. S. Board of Governors of the Federal Reserve System [2016b] Effective Federal Funds Rate, retrieved from FRED, Federal Reserve Bank of St. Louis website.

U. S. Board of Governors of the Federal Reserve System [2016c] 3-Month Treasury Bill: Secondary Market Rate, retrieved from ALFRED, Federal Reserve Bank of St. Louis website.

U. S. Board of Governors of the Federal Reserve System [2016d] Industrial Production Index, retrieved from FRED, Federal Reserve Bank of St. Louis website.

U. S. Board of Governors of the Federal Reserve System [2016e] Long-Term U. S. Government Securities, retrieved from ALFRED, Federal Reserve Bank of St. Louis website.

U. S. Department of Commerce [1987, 2012] Survey of Current Business, retrieved from Bureau of Economic Analysis website.

U. S. Department of Commerce [2016a] Gross Domestic Product: Implicit Price Deflator, retrieved from FRED, Federal Reserve Bank of St. Louis website.

U. S. Department of Commerce [2016b] National Economic Accounts, retrieved from Bureau of Economic Analysis website.

U. S. Department of Labor [2016] Consumer Price Index History Table 24, retrieve from Bureau of Labor Statistics website.

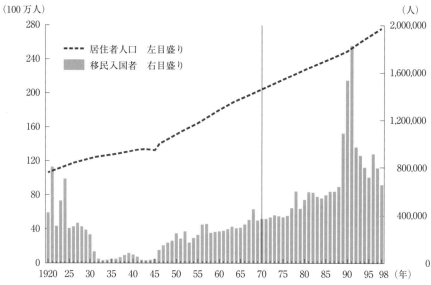

図1　居住者人口および移民入国者（1920〜98年）

出所）　Carter *et al.* eds. [2006] Vol. 1, Chapter Aa.

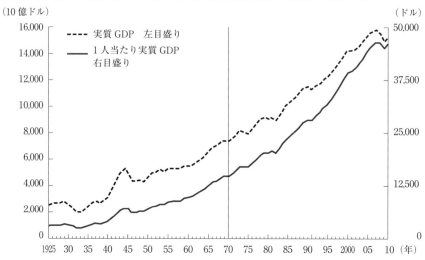

図2　実質GDPおよび1人当たり実質GDP（1925〜2010年）

注）　実質GDPは，2009年ドル。
出所）　Johnston and Williamson [2016].

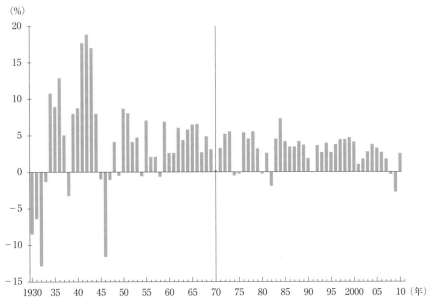

図3 実質GDP前年比変化率（1930～2010年）

注） 網掛部分は，景気後退期を示す。
出所） U. S. Department of Commerce [2016b].

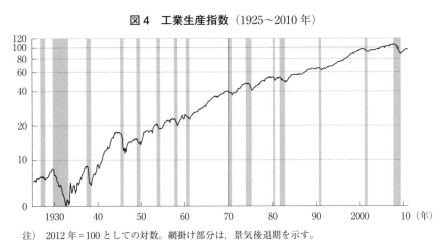

図4 工業生産指数（1925～2010年）

注） 2012年＝100 としての対数。網掛け部分は，景気後退期を示す。
出所） U. S. Board of Governors of the Federal Reserve System [2016d].

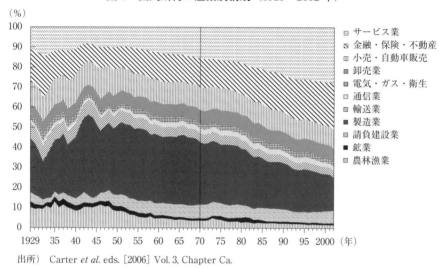

図5 国民所得の産業別構成（1929〜2002年）

出所）Carter *et al.* eds. [2006] Vol. 3, Chapter Ca.

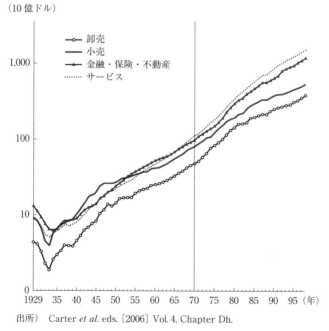

図6 商業・金融・サービス産業の国民所得（1929〜97年）

出所）Carter *et al.* eds. [2006] Vol. 4, Chapter Dh.

図7 商品・サービス貿易（1930〜2002年）

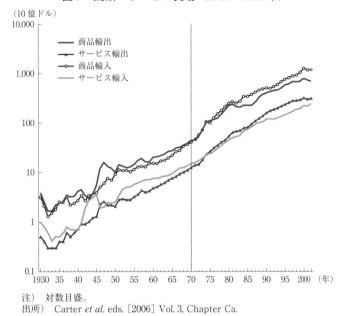

注）対数目盛。
出所）Carter *et al.* eds. [2006] Vol. 3, Chapter Ca.

図8 商品・サービス貿易の対GDP比率（1920〜2001年）

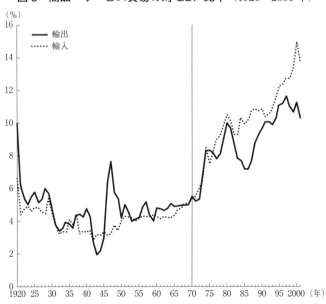

出所）Carter *et al.* eds. [2006] Vol. 3, Chapter Ca, Ee.

統計資料　499

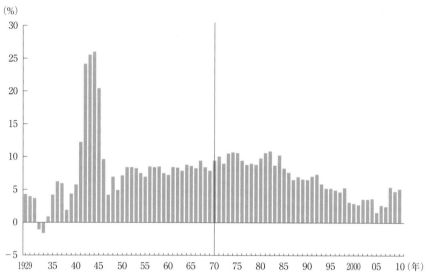

図 9　貯蓄率（1929〜2010 年）

注）国民所得統計における可処分個人所得に占める貯蓄の割合を示す。
出所）U. S. Department of Commerce [2012] pp. 203-204.

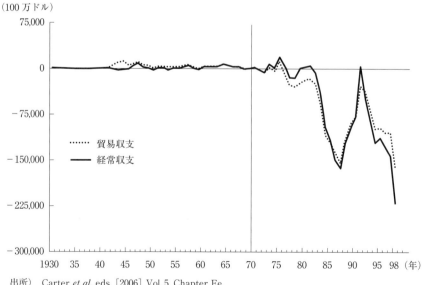

図 10　貿易収支および経常収支（1930〜98 年）

出所）Carter *et al.* eds. [2006] Vol. 5, Chapter Ee.

図 11　消費者物価指数および GDP インプリシット・デフレーター前年同月比（1925～2010 年）

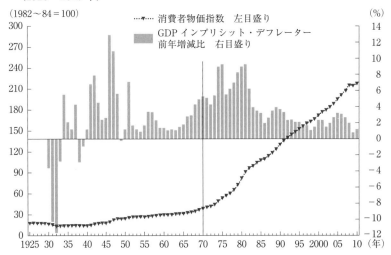

注）　消費者物価指数は，1982～84 年＝100。GDP インプリシット・デフレーターは，1930-2010 年を示す。
出所）　（消費者物価指数）U. S. Department of Labor [2016]；(GDP インプリシット・デフレーター）U. S. Department of Commerce [2016a].

図 12　労働組合員数および組織率（1920～99 年）

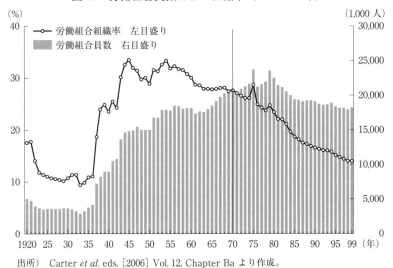

出所）　Carter et al. eds. [2006] Vol. 12, Chapter Ba より作成。

図13　失業者数および失業率（1920〜2000年）

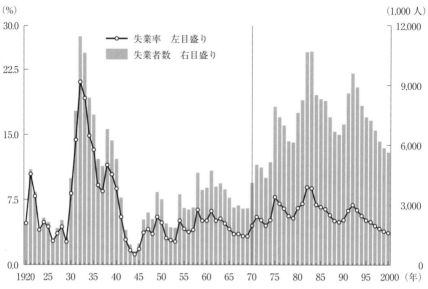

出所）Carter *et al.* eds. [2006] Vol. 2, Chapter Ba より作成。

図14　銀行倒産件数（1934〜2015年）

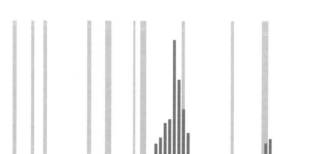

注）網掛け部分は，景気後退期を示す。
出所）Federal Deposit Insurance Corporation [2016].

図15　3カ月物TBレートおよび長期国債利回り（1934～2010年）

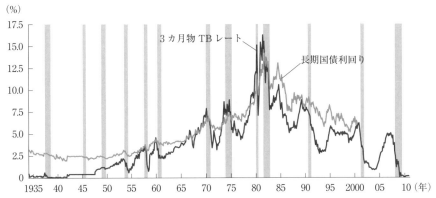

注）　3カ月物TBは，各月1月1日のレートを，長期国債（1934～2000年）は，月別平均利回りを示す。網掛け部分は，景気後退期を示す。
出所）　U. S. Board of Governors of the Federal Reserve System [2016c, 2016e]．

図16　公定歩合の変更およびフェデラル・ファンド金利（1934～2015年）

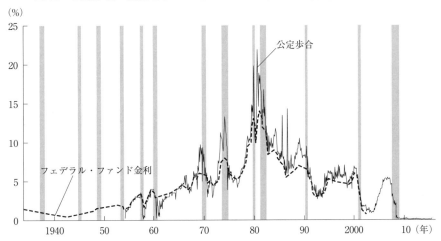

注）　実線はニューヨーク連邦準備銀行公定歩合（1975～2002年は最初に変更した連邦準備銀行のレート），破線は（1954年以降）フェデラル・ファンド金利を示す。網掛け部分は景気後退期を示す。
出所）　U. S. Board of Governors of the Federal Reserve System [2016a, 2016b]．

図17 ニューヨーク金市場価格（1930～2010年）

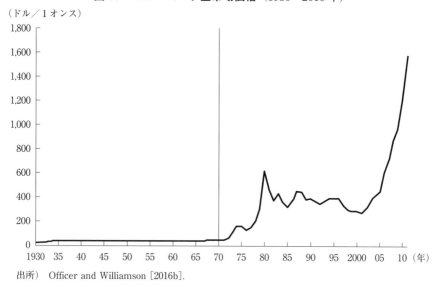

出所） Officer and Williamson [2016b].

図18 ドル為替レート（対ポンド・円）（1920～2015年）

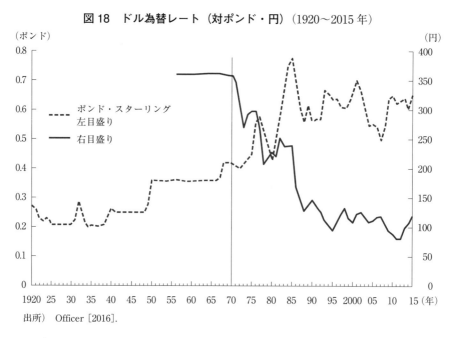

出所） Officer [2016].

図19　源泉別エネルギー消費（1920〜2001年）

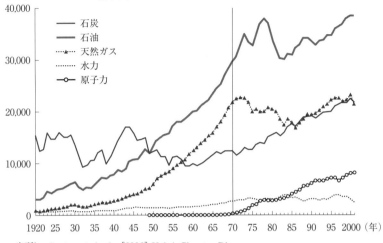

出所）　Carter *et al.* eds.［2006］Vol. 4, Chapter Db.

図20　都市間貨物輸送形態（1939〜96年）

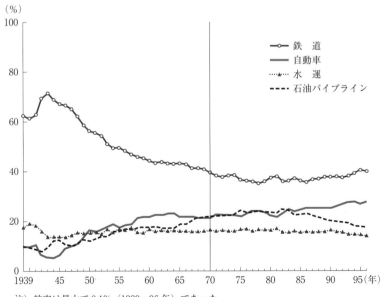

注）　航空は最大で0.4％（1989〜96年）であった。
出所）　Carter *et al.* eds.［2006］Vol. 4, Chapter Df.

統計資料　　505

図21　都市間旅客輸送形態（1939〜96年）

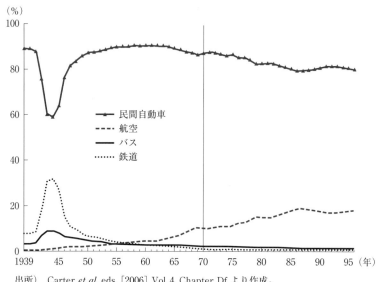

出所）　Carter et al. eds. [2006] Vol. 4, Chapter Df より作成。

図22　農業人口，農場数，農業雇用者数（1920〜99年）

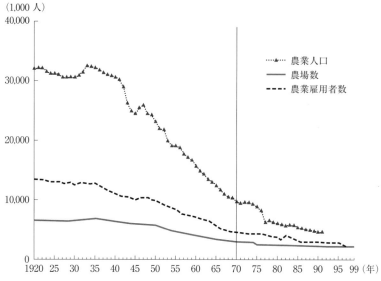

注）　農業人口は1920〜91年，農業雇用者数は1920〜96年について示す。
出所）　Carter et al. eds. [2006] Vol. 4, Chapter Da より作成。

図 23 農産物貿易（再輸出入を除く）(1925～99 年)

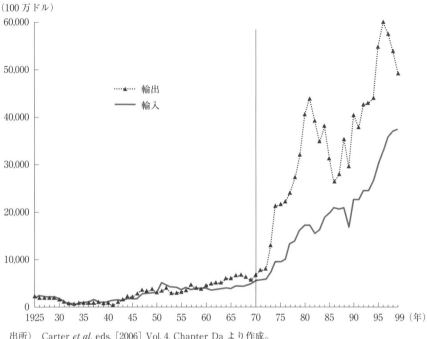

出所) Carter *et al.* eds. [2006] Vol. 4, Chapter Da より作成。

図 24 連邦財政収支の対 GDP 比率 (1929～2010 年)

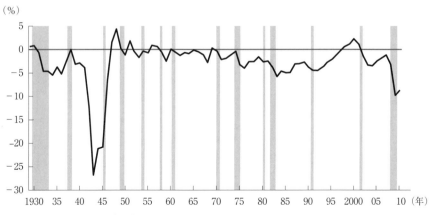

注) 網掛け部分は景気後退期を示す。
出所) Federal Reserve Bank of St. Louis and U. S. Office of Management and Budget [2016a].

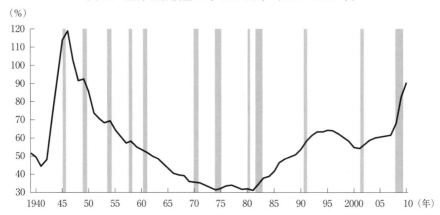

図 25 連邦政府債務の対 GDP 比率（1939〜2010 年）

注）網掛け部分は景気後退期を示す。
出所）Federal Reserve Bank of St. Louis and U. S. Office of Management and Budget [2016b].

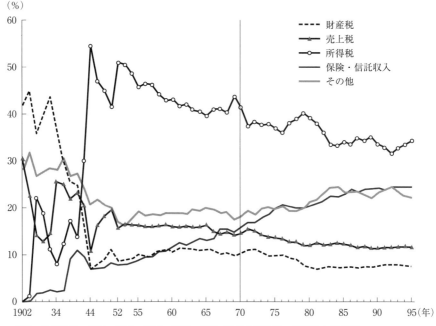

図 26 連邦・州・地方政府の源泉別歳入構成（1902〜95 年）

注）横軸目は，1902, 1913, 1922, 1927, 1932-52 は 2 年間隔，以降は 1 年間隔。
出所）Carter et al. eds. [2006] Vol. 5, Chapter Ea.

図 27　連邦個人所得税および連邦法人税の最高限界税率（1910～2010 年）

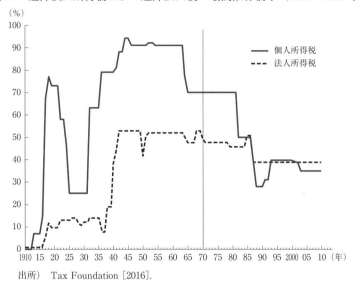

出所）　Tax Foundation [2016].

図 28　国防費およびその対連邦財政支出・GDP 比率（1915～95 年）

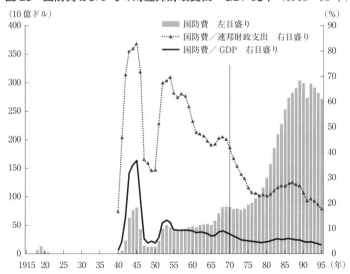

注）　国防費の連邦財政支出および GDP の割合は 1940～45 年について示す。
出所）　Carter *et al.* eds. [2006] Vol. 5, Chapter Ed.

統計資料　509

図29　アメリカ・フランス・日本における最上位1%階層の所得割合（1913～2015年）

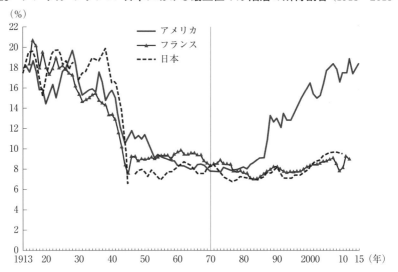

注）　フランスは1919～2012年の，日本は1946年を除く1913～2010年のデータを示す。
出所）　Piketty and Saez［2016］．

図30　アメリカ・フランス・日本における最上位10%階層の所得割合（1917～2015年）

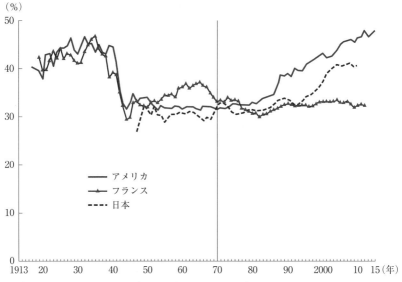

注）　フランスは1919～2012年の，日本は1947～2010年のデータを示す。
出所）　Piketty and Saez［2016］．

年　　表

年	月　　日	事　項
1788	6月21日	合衆国憲法発効
1812	6月18日	1812年戦争（米英戦争）（〜1814）
1861	4月12日	南北戦争（〜1865）
1869	12月28日	フィラデルフィアで労働騎士団結成
1882	1月2日	スタンダード石油，トラストを組織
	5月6日	中国人排斥法
1884	11月4日	大統領選挙。クリーヴランド（民主）当選
1886	5月1日	ヘイマーケット事件（「メーデー」の起源）
	12月8日	アメリカ労働総同盟（AFL）結成
1888	10月1日	最初の連邦労働法（鉄道労働者に適用）
	11月6日	大統領選挙。ハリソン（共和）当選
1889	2月11日	農務省，独立の省に昇格
1890	7月2日	シャーマン反トラスト法
	10月1日	マッキンレー関税法（平均関税率49.5%に）
1891	3月3日	一般改正法
	3月3日	森林保存法（国立公園の設置へ）
1892	5月28日	シエラ・クラブ（カリフォルニア州サンフランシスコ市に本部を置く自然保護団体）創設
	7月1日	カーネギー製鋼ホームステッド・ストライキ（〜11月20日）
	11月8日	大統領選挙。クリーヴランド（民主）当選
1894	4月	ニューヨーク・プロビデント・ローン協会設立
	6月21日	プルマン・ストライキはじまる（〜7月2日）
1895	1月	全国製造業者連盟（NAM）設立
1896	11月3日	大統領選挙。マッキンレー（共和）当選
1897	7月	ディングレー関税法（関税率57%に）
1900	3月14日	金本位法
	11月6日	大統領選挙。マッキンレー再選
1901	2月21日	U.S.スチール社設立
	9月6日	マッキンレー大統領暗殺，セオドア・ローズヴェルトが大統領就任
1903	2月14日	株式会社局の設置（独占企業の調査を行う）
	2月14日	商務・労働省設置
1904	11月8日	大統領選挙。ローズヴェルト再選
1905		全米オーデュボン協会創設
	7月	世界産業労働者同盟（IWW），シカゴで発足
1907	4月19日	ラッセル・セージ財団設立
	10月22日	ニッカーボッカー信託会社支払い停止（1907年恐慌へ）
1908	5月30日	オルドリッチ・ブリーランド法成立（全国通貨委員会〔NMC〕を設置し，中央銀行制度創設の検討開始）
	11月3日	大統領選挙。タフト（共和）当選
1909	4月9日	ペイン・オルドリッチ関税法（関税率38%に引下げ）

511

年	月　日	事　項
	7月	全米救済ローン協会連盟設立
	8月25日	第1回全米国土保全会議，シアトルで開催
1910	3月	フィデリティ貯蓄信託会社設立
1912	1月12日	ローレンスの虐殺（「ブレッド・アンド・バター・ストライキ」）
	2月	連邦議会下院銀行通貨委員会がマネー・トラスト調査開始
	2月19日	ニューヨーク家財ローン協会設立
	4月22日	全米商工会議所（USCC）設立
	8月1日	公衆衛生局に名称変更（「公衆衛生および海兵病院サービス」から）
	11月5日	大統領選挙。ウィルソン（民主）当選
1913	2月25日	連邦個人所得税の導入
	2月28日	プジョー委員会（銀行通貨委員会），金融独占に関する報告書を提出
	3月4日	労働省設置（商務労働省から分離）
	12月23日	連邦準備法
1914	4月20日	ラドローの虐殺（コロラド燃料製鉄会社）
	5月	全国貿易協議会（NFTC）設立
	7月28日	第1次世界大戦はじまる
	9月26日	連邦取引委員会法
	10月15日	クレイトン法
	11月16日	連邦準備銀行の運営はじまる
1916	4月19日	全米少額ローン業者協会設立
	8月11日	倉庫法（ウィルソンの農民政策進む）
	9月1日	連邦児童労働法（キーティング・オーウェン法），州際通商から児童労働による製品を排除（18年6月3日，違憲判決）
	9月3日	アダムソン8時間労働法
	11月7日	大統領選挙。ウィルソン再選
	12月29日	牧畜自営農地法
1917		アメリカ，債務国から債権国に転ず
	2月5日	移民法（アジアからの移民を制限）
	4月6日	第1次世界大戦にアメリカ参戦
1918	4月8日	戦時労働評議会（NWLB，労使紛争の最終調停機関）設置
	4月10日	ウェッブ・ポメリン法（輸出業者の組合設立を認可）
	11月11日	第1次世界大戦終結
1919	1月28日	パリ講和会議開催
	1月29日	憲法修正第18条（禁酒法）発効
	8月31日	労働者党（共産党），シカゴで設立
	9月22日	鉄鋼業大ストライキ（～20年1月）
	10月29日	第1回国際労働機関（ILO）総会がワシントンで開催
1920	3月	アメリカン・ファーム・ビューロー連合（AFBF）設立
	6月10日	水力発電法により連邦電力委員会設置
	11月2日	大統領選挙。ハーディング（共和）当選
1921	5月19日	移民割当法
	11月12日	ワシントン海軍軍縮会議開催（～22年2月6日）
1922	9月21日	フォードニー・マッカンバー関税法（農産物を保護）
1923	3月4日	農業信用法（連邦中期信用制度を導入）

年	月　日	事　項
	3月5日	モンタナ州とネヴァダ州，最初の老齢年金法を制定
	8月2日	ハーディング急死，クーリッジが大統領就任
1924	5月26日	新移民法（移民割当法，排日移民法）
	11月4日	大統領選挙。クーリッジ当選
1925	4月	イギリス旧平価で金本位に復帰
1926	9月5日	フォード，週5日制8時間労働を導入
1928	11月6日	大統領選挙。圧倒的得票でフーヴァー（共和）当選
1929	10月24日	暗黒の木曜日，ニューヨーク株式市場の株価大暴落。大恐慌はじまる
1930	6月17日	スムート・ホーリー関税法（関税率40％に）
	12月11日	合衆国銀行（ニューヨークの州法銀行）の倒産
1931	6月20日	フーヴァー・モラトリアム宣言
	7月13日	全ドイツ銀行の支払停止宣言
	9月21日	イギリス金兌換停止
1932	2月2日	復興金融公社（RFC）設立
	3月23日	ノリス＝ラ・ガーディア法（反差し止め法）成立
	7月22日	連邦住宅貸付銀行法（不動産担保貸付救済を目標とする）
	11月8日	大統領選挙。フランクリン・ローズヴェルト（民主）当選
1933	3月	司法省内に反トラスト局の設置
	3月6日	全国銀行休日宣言の布告
	3月9日	100日議会開始（〜6月16日），ニューディール政策の開始
	3月9日	緊急銀行救済法
	3月31日	民間資源保全部隊（CCC）設置（失業者を植林事業に動員）
	4月19日	アメリカ金本位制離脱
	5月12日	連邦緊急救済法（連邦緊急救済局〔FERA〕に5億ドル支出）
	5月12日	農業調整法（AAA）（農業調整局による作付制限を実施）
	5月18日	テネシー川流域開発公社法
	5月27日	1933年証券法
	6月6日	全国雇用制度法
	6月12日	ロンドン経済会議が招集される
	6月16日	農業信用貸付法（農民に短期・中期の資金貸付）
	6月16日	全国産業復興法（NIRA）成立し，全国復興局（NRA）と公共事業局（PWA）設置
	6月16日	1933年銀行法（グラス・スティーガル法）
	8月5日	全国労働委員会（NLB）設置（委員長ワグナー上院議員）
	11月8日	民間事業局（CWA）設置
1934	1月1日	連邦預金保険公社の業務開始
	1月30日	金準備法（ドル切下げ，財務省が唯一の金保有者となる）
	1月31日	農場抵当再融資法（連邦農場抵当公社〔FFMC〕設立し，資金貸付）
	2月	ワシントン輸出入銀行の創設
	2月19日	全国復興局（NRA）設置（NIRAの公正競争規約を監視）
	6月6日	1934年証券取引所法
	6月7日	会社破産法
	6月12日	互恵通商協定法（大統領に関税の50％引下げ権限を付与）
	6月26日	連邦信用組合法

年	月　日	事　項
1935	6月27日	全国住宅法
	8月22日	アメリカ自由同盟結成（反ニューディールを掲げる）
	4月8日	緊急救済支出法（州の救済活動に連邦が直接援助）
	4月27日	土壌保全法（農務省内に土壌保全局設置）
	5月6日	雇用促進局（WPA）設置
	5月11日	農村電化局（REA）設置
	5月27日	最高裁，NIRA に違憲判決
	7月5日	全国労働関係法（通称ワグナー法）
	8月14日	社会保障法
	8月23日	1935年銀行法
	8月28日	公益事業持株会社法
	11月9日	産業別組合会議（CIO），AFL内の8組合によって結成
1936	6月19日	ロビンソン・パットマン法（クレイトン法第2条改正により追加，価格差別を禁じる）
	11月3日	ローズヴェルト，大統領に再選
	12月	UAW，GMのフリント工場で座り込みスト
1937	3月1日	1934年の互恵通商協定法，40年6月まで延長
	8月	1937年恐慌，景気後退深刻になる
	8月20日	ボンネビル電力管理庁設置（コロラド川流域開発事業の開始が決まる）
	9月1日	ワグナー・スティーガル全国住宅建設法（スラム一掃と低所得者向け住宅建設のため住宅建設局設置）
	12月	AFL，CIOの10組合を追放。この年，スト多発
1938	2月16日	新農業調整法（AAA）成立，連邦作物保険公社（FCIC）設立
	3月	株式市場の景気，最悪になる
	6月16日	臨時全国経済調査委員会（TNEC）設置（企業独占を調査）
	6月21日	緊急救済支出法
	6月23日	民間航空法（民間航空局を設置し航空料金を規制）
	6月25日	公正労働基準法（最低賃金・最高労働時間を定める）
	11月8日	中間選挙，反ニューディール派議員が多数当選
	11月18日	CIO，AFLから脱退し，産業別労働組合会議に名称変更
1939	8月3日	信託証書法（信託証書の様式やその発行者の権利・義務を規定）
	9月1日	ドイツ軍がポーランドに侵入，第2次世界大戦はじまる
1940	8月22日	投資会社法
	11月5日	大統領選挙，ローズヴェルト3選
1941	3月19日	国防調停委員会（NDMB）設置
	5月27日	ローズヴェルト，無制限国家非常事態宣言を発表
	8月14日	ローズヴェルト，チャーチルと会談の後，大西洋憲章を発表
	12月7日	真珠湾攻撃
	12月8日	対日宣戦布告，太平洋戦争はじまる
1942	1月12日	全国戦時労働委員会（NWLB）設置
	1月16日	戦時生産局（WPB）設置
	1月30日	緊急物価統制法
	3月17日	AFLとCIO，戦時中のスト不実施の声明
	4月18日	戦時人的資源委員会（WMC）設置

年	月　日	事　項
	6月13日	戦争情報局設置
1943	5月27日	戦時動員局設置
	6月25日	スミス・コナリー法（戦時ストライキ禁止法）
	12月24日	アイゼンハワー，ヨーロッパ連合軍最高司令官に任命される
1944	6月6日	連合軍，ノルマンディー上陸
	7月1日	ブレトン・ウッズで国際通貨会議（～22日）。国際通貨基金（IMF）・国際復興開発銀行（IBRD）設立へ
	11月7日	大統領選挙，ローズヴェルト4選
1945	4月12日	ローズヴェルト死去，トルーマンが大統領就任
	5月7日	ドイツ，無条件降伏
	8月2日	立法府再編成法
	8月15日	第2次世界大戦終了，戦時人的資源委員会が規制を解除
	10月24日	国際連合憲章発効
1946	2月20日	雇用法（大統領経済諮問委員会を設置）
	2月21日	経済安定局設置
	12月31日	トルーマン，戦争状態終結宣言
1947	6月5日	ヨーロッパ経済援助計画（マーシャル・プラン）発表
	6月10日	カリフォルニア州大気汚染防止法
	6月23日	タフト・ハートレー法（労使関係法）成立
	7月26日	国家安全保障法成立，陸海空3軍を統合する国防総省設置
1948	1月1日	関税および貿易に関する一般協定（GATT）発効
	4月3日	対外援助法（マーシャル・プランの実施）
	5月25日	GMとUAW，労働協約（COLA，AIF条項を含む）を締結
	8月16日	インフレ防止法成立（連邦準備制度理事会に割賦信用規制の権限を付与）
	11月2日	大統領選挙，トルーマン再選
1949		AFL-CIO，「共産主義者に支配された」11全国組合を排除（50年にかけて）
	1月14日	司法省，AT&Tを反トラスト法違反で告訴
	8月24日	北大西洋条約機構（NATO）成立
	10月21日	農業法成立，農産物価格支持率を80％に引上げ
1950	2月20日	マッカーシー上院議員，国防省に共産主義者がいると演説。マッカーシー旋風のはじまり
	6月25日	朝鮮戦争勃発
	12月16日	トルーマン，国家非常事態宣言
	12月29日	セラー・キーフォーヴァー法（合併規制の対象に資産の取得も追加）
1951	2月26日	憲法修正第22条（大統領の3選禁止）発効
	3月4日	FRBと財務省の「アコード」が成立
1952	11月4日	大統領選挙，アイゼンハワー（共和）当選
1953	3月12日	価格安定局，賃金・物価統制を解除
	7月27日	朝鮮休戦協定調印
	7月30日	中小企業法（中小企業庁〔SBA〕設置）
1954	5月17日	ブラウン事件判決（最高裁，公立学校における人種分離教育に違憲判決）
	7月10日	農産物貿易開発援助法
	8月28日	1954年農業法
	8月30日	原子力エネルギー法成立

年	月 日	事 項
1955	6月21日	互恵通商協定法，58年6月末まで延長
	7月14日	連邦で最初の大気汚染防止法制定
	12月	AFL-CIO 合併
1956	8月25日	大統領年金法発効
	8月28日	農業法修正
	11月6日	大統領選挙，アイゼンハワー再選
1957	3月25日	ヨーロッパ経済共同体（EEC）設立
1958	8月21日	中小企業投資法
1959	7月15日	戦後最大の鉄鋼ストはじまる（〜11月7日）
1960	11月8日	大統領選挙，ケネディ（民主），ニクソンに僅差で勝利
1962	7月25日	児童扶助から要扶養児童家族扶助（AFDC）へと名称変更
	9月27日	レーチェル・カーソン『沈黙の春』出版
	10月11日	通商拡大法
	10月22日	キューバ危機。28日，危機回避
1963	6月10日	均等賃金法
	8月28日	人種差別反対のワシントン大行進
	11月22日	ケネディ大統領，テキサス州ダラスで暗殺される。ジョンソンが大統領就任
	12月17日	1963年大気汚染防止法
1964	5月4日	ケネディ・ラウンド（〜67）
	5月22日	ジョンソン，ミシガン大学卒業式の演説で「偉大な社会」計画を発表
	7月2日	1964年の公民権法成立
	7月7日	1964年農業法
	8月2日	トンキン湾事件。アメリカ，ベトナム戦争に本格介入
	8月20日	経済機会法
	8月31日	フードスタンプ法
	9月2日	金利平衡税法
	9月25日	GMに対する自動車労働組合のスト（〜11月7日）
	11月3日	大統領選挙，ジョンソン再選（共和党保守派のゴールドウォーターが歴史的大敗）
1965	7月30日	メディケア・メディケイド法
	10月3日	改正移民法（割当制限撤廃）
	10月20日	自動車大気汚染防止法
	11月27日	ワシントンで数万人規模のベトナム平和行進
1966	1月1日	ニューヨーク地下鉄スト（〜13日）
	7月7日	航空大手5社，地上勤務労組ストのため運航停止（〜8月19日）
1967	7月28日	ジョンソン大統領が全米市民暴動諮問委員会（カーナー委員会）任命
	10月16日	ベトナム反戦週間はじまる（〜23日）
	11月	イギリス，ポンド切下げ
	11月21日	大気質法
1968	4月4日	キング牧師暗殺
	5月16日	AFL-CIO，全米自動車労組の資格停止を通告，労働戦線分裂
	5月29日	消費者信用保護法
	7月	カリフォルニア州「1968年純正大気法」

年	月　日	事　項
	7月1日	核兵器不拡散条約調印
	11月5日	大統領選挙，ニクソン（共和）当選
1969	12月	国家環境政策法
1970	12月2日	環境保護庁設置
	12月17日	1970年大気汚染防止改正法（「マスキー法」）
1971	4月28日	職業安全健康法
	6月	パブリック・シチズン設立
	8月15日	金・ドル交換停止（ニクソン・ショック）
	12月18日	スミソニアン合意（協定）
1972	2月21日	ニクソン訪中
	6月17日	ウォーターゲート事件
	11月7日	大統領選挙，ニクソン再選
	12月31日	全国消費者金融委員会報告書
1973	1月27日	ベトナム，パリ和平調停調印。ニクソン，ベトナム戦争終結宣言
	2月	ブレトン・ウッズ体制崩壊（変動為替相場制へ）
	8月10日	農業・消費者保護法
	9月	東京ラウンド（～79）
	10月	第1次石油ショック
1974	1月29日	金利平衡税法の廃止（資本移動規制の撤廃）
	8月9日	ニクソン大統領辞任，フォード副大統領昇任（～76）
	10月28日	均等信用機会法
1975		勤労所得税額控除（EITC）導入
	3月29日	1975年減税法
1976	9月30日	ハート・スコット・ロディノ法（クレイトン法の一部改正）
	11月2日	大統領選挙，現職のフォードを破り，カーター（民主）当選
1977	10月12日	コミュニティ再投資法
1978	10月15日	1978年全国エネルギー法
	11月9日	天然ガス政策法
	12月18日	ミネアポリス・マーケット国法銀行対ファースト・オブ・オマハ・サービス社判決（高利禁止法の緩和）
1979		第2次石油ショック
	6月	モラル・マジョリティ（道徳的多数派）設立
	12月	クライスラー社経営危機の救済
1980	3月31日	預金取扱金融機関規制緩和・通貨管理法
	4月2日	原油超過利潤税
	11月4日	大統領選挙，現職のカーターを破り，レーガン（共和）当選
1981	2月	レーガン，「経済再建計画」（レーガノミクス）演説
1982	6月	中小企業技術革新制度（SBIR）開始
	10月15日	預金金融機関法
1984		カリフォルニア州で最初にCSO（信用サービス機関）規制法成立
	10月30日	1984年通商関税法
	11月6日	大統領選挙，圧倒的勝利でレーガン再選
1985		純債務国に転落（65年ぶり）
	9月22日	プラザ合意

年	月　日	事　項
	12月12日	グラム・ラドマン・ホリングス法
	12月23日	1985年食料安全保障法
1986	9月	GATTウルグアイ・ラウンド開始（～94）
1987	10月19日	ブラック・マンデー
1988	8月23日	1988年包括通商・競争力強化法
	10月13日	家族支援法
	11月8日	大統領選挙，現職副大統領のジョージ・H. W. ブッシュ（共和）当選
1989	11月9日	ベルリンの壁崩壊
	12月2日	米ソ首脳，マルタ会談で冷戦終結宣言
1990	10月3日	ドイツの再統一
	11月5日	1990年包括財政調整法
	11月15日	大気汚染防止改正法
1991	1月17日	湾岸戦争，多国籍軍がイラク空爆開始
	12月25日	ソビエト連邦の崩壊
1992	6月3日	リオ・サミットで地球温暖化問題が取り上げられる
	8月12日	北米自由貿易協定（NAFTA，94年発効）
	10月24日	エネルギー政策法
	11月3日	大統領選挙，現職のブッシュを破り，クリントン（民主）当選
1993	8月5日	1993年包括財政調整法
1994	3月21日	気候変動枠組み条約発効
	9月29日	州際銀行業務効率化法（リーグル・ニール法）
	11月8日	共和党が上下両院で勝利
	12月20日	メキシコ通貨危機（～95）
1995	1月1日	世界貿易機関（WTO）設立
	7月1日	全米鉄鋼労組，全米ゴム労組組織統合
1996	2月8日	電気通信法
	4月4日	1996年農業法
	8月22日	個人責任及び就労機会調整法（福祉改革法）
	9月30日	信用修復機関法
	11月5日	大統領選挙，クリントン再選
1997	7月2日	アジア通貨危機
	8月	UPS社ストライキ
1998	8月17日	ロシア通貨・財政危機
1999	11月12日	グラム・リーチ・ブライリー法（金融サービス近代化法）
2000	3月10日	IT（ドットコム）バブルの崩壊
	5月24日	対中恒久最恵国待遇法案が下院議会で成立
	11月7日	大統領選挙，現職副大統領アル・ゴアを破り，ジョージ・W. ブッシュ（共和）当選
2001	3月28日	京都議定書離脱宣言
	9月11日	アメリカ同時多発テロ
	12月11日	中国のWTO加盟
2002	8月6日	2002年通商法
2003	3月20日	イラク戦争勃発
2004	11月2日	大統領選挙，激戦の末に，ブッシュ再選

年	月　日	事　項
2005	4月14日	鉄鋼労組，合同化学・エネルギー労組と組織統合，全米最大の組織に
2007	2月	西部気候イニシアティブ（WCI）を立ち上げ
	8月	サブプライム金融危機はじまる
2008	9月15日	リーマン・ブラザーズの倒産（世界経済金融危機へ）
	10月3日	緊急経済安定化法の成立
	11月4日	大統領選挙，オバマ（民主）当選
2009	1月1日	地域的温暖化ガス抑制イニシアティブ（RGGI）開始
	2月17日	アメリカ復興・再投資法
	4月30日	クライスラー社，破産法11条の適用を申請
	5月22日	クレジット・カード法
	6月1日	GM，破産法11条の適用を申請
2010	7月21日	ドッド・フランク法
	12月	税軽減・失業保険再認可及び雇用創出法
2011	6月21日	消費者金融保護局（CFPB）創設
2012	1月2日	アメリカ納税者救済法
	2月22日	中間層税軽減及び雇用創出法
	11月6日	大統領選挙，オバマ再選
2013	1月1日	カリフォルニア州がキャップ・アンド・トレード（排出権取引）を開始
2016	11月8日	大統領選挙，ドナルド・トランプ（共和）当選

あとがき

　この本がこのような形でできあがるまでに5年以上の歳月が費やされることとなった。このあいだに，アメリカの，そして世界の歴史は当初予想もしなかった方向へと進んでいった。

　私たちが本書に結実することになる研究のアイディアを発想したのは，2008年のリーマン・ショックに始まる世界経済金融危機とその直後のオバマ政権の誕生に触発されてのことであった。これらの事態を理解するためにも，私たちがこれまで積み重ねてきた研究を整理し，それがどのような歴史的な展開の帰結として生じたのかということを明らかにしてみたいと思ったのである。編者の提起を受けて，2011年10月29日に京都で開催されたアメリカ経済史学会の全国大会の統一論題として「現代アメリカ経済史を構想する——時代区分と論点」というテーマが設定された。これを出発点に，以後，連続企画として同一のテーマで2013年12月14日開催の例会まで，2回の全国大会と5回の例会，最初の大会をいれると計8回の研究会がもたれ，18名の会員がそれぞれの専門分野について報告をすることとなった。この連続企画での報告と議論が，本書の基礎を成している。

　2014年7月に作成した本書の出版計画書には次のような一文ある。

　「本書はニューディール期から今日に至るアメリカ経済の歴史的展開がいかなる内容と意味を持っているのかを検討し，それを現代アメリカ経済史として構想してみようとする試みである。そのために，アメリカ経済史学会の多数のメンバーの協力を仰ぎ，それぞれが専門とする分野の歴史的過程の分析の結果と，そのエッセンスとして時代区分と論点の提起を得，それらを総合することによって現代アメリカ経済史の歴史像を描こうとするものである。そのことによって鈴木圭介編『アメリカ経済史Ⅱ：1860年代－1920年代』（東京大学出版会，1988年）に接続する，あるいはその再検討を迫る研究成果を刊行すると共に，現在のアメリカ経済史研究の到達点を開示することを目的とする」。

この目的がどの程度達成されたのかは読者の判断を待ちたいが，先の18名のうちの12名と新たに5名の会員が加わって本書の執筆陣が構成されることになった。

当初，私たちは「時代区分と論点」の提起ということに力点を置いて本書を構想していたが，各人の研究はアメリカが直面している深刻な問題の解明に繋がるものであり，むしろ，アメリカが抱える問題を前面に出してその背景を歴史的に明らかにすることのほうが，現在のアメリカを総合的に描けるのではないかと考えるに至った。「問題大国」アメリカの出現というサブタイトルは，そのような意味を込めてつけられている。

17名の執筆陣が問題群を縦軸に時代区分を横軸にして現代アメリカ経済史の歴史像を描く作業を進めていくのは，簡単ではなかった。17名が一堂に会して議論をすること自体が困難であったが，可能な限り多数の執筆者が集まって議論をするために，論文執筆の進捗にあわせて2015年の5月から翌16年10月まで計6回の研究会がもたれた。

さらに，執筆者のうち9名が以下に示す4つの学会でパネル・部会を組織し，アメリカ経済史の研究者はもとより，各国の経済史，さらに他領域の研究者と意見交換をする機会を設けた。それぞれの学会の参加者と，討論者，コメンテーターの武田，鳩澤，坂出の3氏，司会の安部氏からは貴重な意見をいただいた。お礼を申し上げたい。

(1) 「現代アメリカ経済史を構想する──暫定的総括」アメリカ経済史学会例会（2015年12月5日，明治大学）報告者：谷口，須藤

(2) 「格差社会アメリカを再考する──経済・歴史研究者からの問い」アメリカ学会，部会A（2016年6月5日，東京女子大学）報告者：大橋，佐藤，中島，討論者：本田

(3) 「現代アメリカ経済史を構想する──時代区分と論点」社会経済史学会，パネル②（2016年6月12日，北海道大学）報告者：萩原，須藤，谷口，討論者：武田晴人（東京大学名誉教授），鳩澤歩（大阪大学），司会：安部悦生（明治大学）

(4) 「『問題大国』アメリカの経済政策──経済政策の多様化と政治的行き詰まりはどのように生まれたのか」政治経済学・経済史学会，パネルE（2016年10月23日，立教大学）報告者：藤木，小林，小山，コメンテーター：坂出健（京都大学）

本書の刊行作業が最終段階に入っていた11月8日，ドナルド・トランプがアメリカ大統領選挙に勝利したことは衝撃的であった。まさに本書の想定外の事態であり，このことを本書が描こうとした歴史像とどのように結びつけて理解したらよいのか，その答えを出すためには別の作業が必要であろう。ここでは，やや感想めいたことを3点だけ述べておきたい。

　まず第1に，トランプの当選をもたらしたのは，直接には，本書でいうオールド・エコノミーからの死に絶える前の最後の反撃であった，ということである。かつてアメリカの黄金時代の主役であり，今や忘れ去られた人々となったラスト・ベルトで暮らす労働者らの喪失感，アメリカの夢への幻滅がもたらす怒りが，かつての盟友，民主党への痛打となった。しかし，本書の分析からは，彼らの願いがそのまま叶えられることはないといわざるをえない。

　第2に，トランプ当選の背後にはラスト・ベルトに限定されない，社会全体にじわじわと浸透してきた貧困とそれに起因する沈没感があるように思う。本書では格差社会という言葉で表現しているが，この問題に既存の政党は真剣に取り組んでこなかった。むしろ個々のイシューをめぐってイデオロギー的な対立に明け暮れ，それらを結びつけて広範な人々の連合を作り上げようとはせず，「決められない政治」に陥ってしまったと考えられる。

　第3に「トランプ現象」はニューディール体制の崩壊，それに続く新自由主義の破綻という歴史的文脈の中で起きた現象であり，2008年の世界経済金融危機を経て，新たな社会経済システムを構築するための試行錯誤の過程で起きたことである。現在，われわれは何も確固としたものを摑んでいるわけではなく，今後も，何が起こっても不思議でない時代を生きていくことになるのであろう。

　本書が，われわれの時代を理解し，よりよく生きるために参照されることがあれば，これ以上の喜びはない。

　本書の刊行にあたり，有斐閣書籍編集第2部の柴田守さんにたいへんお世話になった。出版事情がきびしい中で，本書の意義を理解して刊行への道筋を付けていただき，その後，困難な編集作業を忍耐強くかつ着実に進めていただいた。お礼を申し上げる。

　最後に，鈴木圭介先生のご遺族にお礼を申し上げたい。出版の途上で，先生が後進のために残された資金の提供を申し出ていただいた。本書がそれに値す

るのかと躊躇する気持ちもあったが，ありがたくお受けすることにした。これによって余裕をもった本づくりができることとなった。先生が亡くなられてからすでに19年の歳月が流れようとしている。本書が先生のご遺志にお応えするものになっていることを願うばかりである。本書を先生に捧げ，感謝の意を表したい。

　2017年3月

編　者

事項索引

◎ アルファベット

ABS（asset-backed securities） →資産担保証券
AFDC（Aid to Families with Dependent Children） →要扶養児童家族扶助
AIF（annual improvement factor） →年次改善要素
AMLF（asset-backed commercial paper money market mutual fund liquidity facility） →資産担保CP・MMMF流動性ファシリティ
ARRA（American Recovery and Reinvestment Act of 2009） →アメリカ復興・再投資法
B to B　330
B to C　330
CAB（credit access business）　281
CAP（common agricultural policy） →共通農業政策
COLA（Cost of Living Adjustment） →生計費調整条項
CP市場　251
CSO（credit service organizations） →信用サービス機関
DIDMCA（Depository Institutions Deregulation and Monetary Control Act of 1980） →預金取扱金融機関規制緩和・通貨管理法
DRAM　302, 327
EEP（Export Enhancement Program） →輸出振興計画
EITC（earned income tax credit） →勤労所得税額控除
ERISA法（Employee Retirement Income Security Act） →従業員退職所得保障法
eビジネス　317, 329-332, 337, 338, 340
FTA（free trade agreement） →自由貿易協定
GATT（General Agreement on Tariffs and Trade；関税および貿易に関する一般協定）　27, 57, 142, 144, 146, 147, 154, 162-169, 172, 179, 180, 320, 475, 478
GATT ウルグアイ・ラウンド　62, 147, 152, 167, 172, 488
GATT ウルグアイ・ラウンド農業合意　147, 148, 154
GATT ケネディ・ラウンド　164, 165
GATT スタンダード・コード　166, 180
GATT 東京ラウンド　165, 166, 168
GM-UAW（全国労働）協約　355, 356, 423
GNP　30, 31, 305, 452, 487
HI（Hospital Insurance） →病院保険
HVP（high-value agricultural products） →高付加価値生産物
IBM互換機　326, 327
ICT（information and communication technology） →情報通信技術
IoT（internet of things）　308
IPO（新規株式公開）　241
IT（information technology） →情報技術
IT-BPO（IT-ビジネス・プロセス・アウトソーシング）　335
ITバブル　49, 53, 63, 65, 67, 227, 229, 240, 306, 308-310, 483, 488, 489
ITT（インターナショナル・テレフォン・アンド・テレグラフ）事件　198
JIT（just-in-time） →ジャスト・イン・タイム
JOBS（Job Opportunities and Basic Skills） →就労機会と基本的技能プログラム
LBO（leveraged buy-out） →レバレッジド・バイアウト
LCFI（large and complex financial institutions） →巨大複合金融機関
LPS（limited partnership） →リミテッド・パートナーシップ
M&A →合併・買収
M&A&D（merger, acquisition and divestiture）　323-325, 484
M&Aファンド　243
MBS（mortgage-backed securities） →不動産担保証券
ME（マイクロ・エレクトロニクス）　63, 154, 322, 340
MESBIC（minolity enterprise small business investment company） →マイノリティ中小企業投資会社
MMIFF（money market investor funding facility）　251

525

MMMF (money market mutual funds)　239, 243, 251, 482
NAFTA (North America Free Trade Agreement)　→北米自由貿易協定
NIRA (National Industrial Recovery Act)　→全国産業復興法
NLRA (National Labor Relations Act)　→全国労働関係法
No.1 No.2 戦略　383
NTBFs (new technology based firms)　368, 384-387, 390
NTCs (Non-Trade Concerns)　→非貿易的関心事項
OASDI (Old-Age, Survivors, and Disability Insurance)　→老齢遺族障害年金保険
OASI (Old-Age and Survivors Insurance)　→老齢遺族年金保険
PL480 (Public Law 480)　→公法480号
RGGI (Regional Greenhouse Gas Initiative)　→地域温室効果ガス・イニシアティブ
S&L (savings and loan association)　→貯蓄貸付組合
SBIC (small business investment company)　→中小企業投資会社
SBIR (Small Business Inovation Research)　→中小企業技術革新制度
SMI (Supplementary Medical Insurance)　→補足の医療保険
SNS (ソーシャル・ネットワーキング・サービス)　306, 330, 338
SPS 協定 (Agreement on the Application of Sanitary and Phytosanitary Measures)　→衛生植物検疫措置協定
SRI (Socially Responsible Investment)　→社会的責任投資
SSI (Supplemental Security Income)　→補足的保障所得制度
TAA (Trade Adjustment Assistance)　→貿易調整支援
TANF (Temporary Assistance for Needy Families)　→貧困家庭一時扶助
TBT (Technical Barriers to Trade) 協定　→貿易の技術的障害に関する協定
TPA (Trade Promotion Authority)　→貿易促進権限
TPP (Trans-Pacific Partnership)　→環太平洋経済連携協定
TRIPS 協定 (Agreement of Trade-Related Aspects of Intellectual Property Rights)　→知的所有権の貿易関連の側面に関する協定
TTIP (Transatlantic Trade and Investment Partnership)　→環大西洋貿易投資協定
WCI (Western Climate Initiative)　→西部気候イニシアティブ
WIN (Work Incentive Program)　→就労奨励プログラム
WTO ドーハ・ラウンド　180

◎ あ　行

アイディアの政治　76, 85, 87, 88
アウトソーシング (outsourcing；外部委託，海外調達)　63, 303, 307, 322, 324, 336, 341, 484, 488
アーキテクチャ　326, 327
アグリビジネス　142, 146, 147, 149-151, 153, 154
アコード　6, 29, 212, 218-221, 231, 475, 479
アジア NIES (新興工業経済地域)　322, 328
アジア通貨危機　49, 227
アドボカシー団体　81, 82, 86, 88, 97, 483
アファーマティブ・アクション　381
アフガニスタン戦争　52, 53, 55, 489
アメリカ・クリーン・エネルギー保障法案 (American Clean Energy and Security Act of 2009)　122
「アメリカとの契約」　48, 84, 93, 409
アメリカ納税者救済法 (American Taxpayer Relief Act of 2012)　39
アメリカ復興・再投資法 (ARRA)　38, 119, 490
アメリカン・システム　289
アンダーバンクト　258, 277
暗黙の契約　299, 303
イーガン法 (Egan Act)　264
イギリス特恵関税圏　24
移行経済諸国　334
イシュー・ネットワーク　82
偉大な社会　53, 59, 221, 404, 480
一般改正法 (General Revision Act)　103
『一般理論』(ケインズ)　444, 451-453, 470
イデオロギー対立　77, 81, 85, 87-91, 93, 480
イノベーションのジレンマ　383
イラク戦争　49, 52, 53, 55, 94, 489
医療保険 (——改革)　38, 92, 94, 191, 355, 362,

394, 399, 409, 419-421, 423-426, 437
インターネット　305, 306, 308, 311, 317, 328-332, 337-340, 486, 487
インターネット企業（internetworked enterprises）317, 329, 330, 337, 338, 340
インターネット販売　331, 332
インフレ（インフレーション）　4, 45-47, 49-60, 62-67, 84, 91, 110, 143, 218-225, 227, 231, 232, 276, 302, 357, 387, 400, 401, 413, 454, 463, 475, 479, 481-484, 488
インフレ・スパイラル　56
インフレ目標　224, 225
ウィルダネス地域　106
ウィルダネス保存法（Wilderness Act of 1964）106, 109
ウェルフェア・キャピタリズム（厚生資本主義）292, 312
ウォーターゲート事件　46, 198
ヴォランタリズム　419
ヴォルカー・ルール　41
ウォール・ストリート　6, 16, 19, 23, 36, 190, 210, 211, 213, 215, 231, 232, 251, 476
ウォール・ストリート改革および消費者保護法（Dodd-Frank Wall Street Reform and Consumer Protection Act of 2010）→ドッド・フランク法
ウォール・ストリート・ルール　299, 309
ウルグアイ・ラウンド　→GATT ウルグアイ・ラウンド
運用リベラリズム　86, 87
衛生植物検疫措置協定（SPS 協定）　172
英米戦争　159
エコ・パーク・ダム論争　106, 126
エコロジー　105
エスケイプ・クローズ　163, 165
エネルギー政策　4, 5, 102, 103, 107, 110, 111, 113, 117, 119, 124, 126, 483, 486
エネルギー政策法（1992 年）（Energy Policy Act of 1992）　118
エネルギー政策法（2005 年）（Energy Policy Act of 2005）　117, 205
エネルギー多消費社会　4, 102, 110
エレクトロニクス産業　320, 335
エンロン・ショック　240
黄金の 60 年代　45, 48, 53, 55, 57-59, 479, 480
大きすぎて潰せない（TBTF; Too Big To Fail）

210, 231, 246, 254
大きな政府　45, 46, 62, 77, 487
オーナーシップ社会　93, 94, 489
オフショア・アウトソーシング（offshore outsourcing；オフショアリング）　9, 176, 316, 317, 335, 336, 339-341, 489
オープン・アーキテクチャ戦略　326, 327
オープン・アクセス命令　118
オープン・ショップ（open shop）　364
オペレーション・ツイスト（operation twist）29, 59
オペレーション・ディクシー　424, 426, 439
オールド・エコノミー（成熟産業）　8, 288, 301, 305, 307, 308, 311, 482, 487, 523
オンライン融資モデル　279, 281

◎か　行

海外法人所得税　32, 33
解決不能な紛争　76, 77
会社組合（company union）　293, 294, 350, 435
会社主義　8, 288, 291, 298-301, 303, 310-312, 480
階層制管理機構　291, 298, 302, 323, 331, 482
外部委託　303, 335, 436, 484
価格競争力　140, 145, 150, 370
化学産業　112, 290, 301, 320
価格支持　5, 130-141, 147-149, 152-154, 448, 477
格差社会　8, 288, 310, 312
革新主義　7, 103, 185, 203, 259, 261, 265, 282, 395, 474
加工税　133, 134
貸付真実法（Truth-in-Lending Act of 1968）274, 275
カジノ資本主義　2, 255
過少消費　448, 452, 460, 470
過剰生産　17, 30, 131, 132, 213, 322, 325, 448, 462, 465
過剰生産能力　5, 130, 460, 462, 464-466
過剰蓄積　460, 462, 463
過剰のなかの貧困　11, 444
寡占（――化，――的）　23, 58, 79, 195, 197, 228, 250, 290, 292, 300, 317, 327, 337, 424, 425, 458, 460, 479, 487
　ガリバー型――　326
　協調的――　301, 310, 312
寡占企業　30, 197, 325-328, 466
寡占体制　298, 301, 367, 369

事項索引　527

寡占的支配　79, 337
河川流域開発　104, 478
家族支援法（Family Support Act of 1988）　406, 407, 413, 485
家族農場　131, 153
学校給食計画　153
合衆国憲法（Constitution of the United States）　159, 188
割　賦　265, 267-270, 272, 273
合併のためのガイドライン　197, 200, 201
合併・買収（M&A）　63, 206, 241, 275, 290, 303, 304, 308, 309, 318, 320, 335, 383, 484, 485, 488, 489
株式の分散　291, 299
株　主　243, 291, 299, 309, 320, 323, 324, 341, 383, 390, 485
株主価値　309-311, 485
株主主権　311
株主提案権　309, 485
株主反革命　309, 485
株主利益　237, 292, 485
貨幣退蔵（currency hoarding）　19, 21, 29
『貨幣論』（ケインズ）　451
カルテル　187, 189, 191, 195, 196, 293, 370, 371, 476, 477
カルテル規制　369
環境NPO　126
環境エネルギー政策　4, 5, 102, 107, 111, 113, 117, 123-125, 478, 486
環境技術　109, 308
環境基準　166, 169, 171-173, 178, 180
環境防衛基金　105, 126
環境保護運動　4, 5, 102-105, 107, 124, 474, 480, 481
環境保護主義　126
環境保護政策　5, 102, 103, 107-110, 112, 113, 117, 124, 126
環境保護団体　105
関税法　160, 161, 179
関税法（1789年）（Tariff Act of 1789）　159
関税法（1828年）（Tariff Act of 1828）　159
完全雇用　26, 29, 30, 45, 58, 59, 218, 227, 421, 422, 452, 455, 466
完全雇用財政均衡　30, 31
環大西洋貿易投資協定（TTIP）　175, 177
環太平洋経済連携協定（TPP）　5, 157, 173-177, 179, 180
管理通貨制度　7, 213, 231, 236, 237, 242, 243, 245, 246, 254, 477
消えゆく手（バニシング・ハンド）　317
機械化　130, 132, 135, 142, 153, 289
議会改革　81, 86
機会の平等　47
機関化現象　237, 238, 242, 243, 481
機関投資家　7, 236-239, 242-245, 247, 248, 251, 254, 255, 299, 303, 309, 323, 324, 383, 481, 485
企業システム　243, 290, 293, 311, 476, 491
企業年金　394, 395, 414, 423, 424, 474
企業年金基金　238
企業モデル　317, 325, 328-332, 337-340, 487
気候変動枠組み条約　116
基軸通貨　16, 61, 221, 485
技術革新　11, 63, 108, 121, 289, 320, 325, 330, 444, 456-459, 462, 469
技術進歩　68, 355, 455-457, 459, 468, 469
規制緩和　8, 45, 46, 92, 111-113, 168, 199, 201-204, 239, 275, 278, 283, 323, 328, 385, 405, 463, 483, 484, 487, 489, 490
機能別管理機構　290, 295, 296
基本農産物　133, 134
逆U字型仮説　450
キャップ・アンド・トレード制度　116, 122-124
キャップ制　407
協商国　15, 16
強制的技術革新（technology forcing）　108
競争政策　10, 165, 488
競争の過剰　463
共通農業政策（CAP）　139
京都議定書　116, 117, 124, 126
京都議定書離脱　102, 124
巨大企業　→ビック・ビジネス
巨大複合金融機関（LCFI）　227, 232, 249, 250, 489
金価格　31-33
均衡予算・緊急赤字抑制法（Balanced Budget and Emergency Deficit Control Act of 1985, Balanced Budget and Emergency Deficit Control Reaffirmation Act of 1987；グラム・ラドマン・ホリングス法）　50, 61
緊急銀行法　22
緊急経済安定化法（Emergency Economic Stabilization Act of 2008）　38, 68

金恐慌　21, 42
銀行休業　21, 22
銀行恐慌　21
銀行主導型バブル　229
銀行法（1933 年）（Banking Act of 1933）→グラス・スティーガル法（1933 年）
銀行法（1935 年）（Banking Act of 1935）　23, 214, 215, 238, 476
銀行名義借りモデル　279
金兌換停止　19, 21, 222
均等信用機会法（Equal Credit Opportunity Act）　274
金・ドル交換停止（ニクソン・ショック）　34, 64, 198, 204, 222, 232, 246
金の二重価格制　32
金プール諸国　32
金本位制　14, 16, 20-22, 24, 26, 27, 31, 41, 57, 213
金本位制離脱　3, 17, 22, 24, 25, 231
金融革新　227, 239, 254, 482
金融危機　2, 3, 6, 14, 15, 18, 20, 26, 31, 37-41, 46, 54, 57, 65-67, 71, 94, 151, 210, 211, 213, 227-229, 232, 237, 240-242, 245, 247, 251, 253, 254, 473, 483, 490
金融規制　7, 216, 225, 236, 238, 240, 248-252, 254, 477, 486, 489, 490
金融恐慌　14, 21, 24, 42, 226, 242
金融サービス近代化法（Financial Services Modernization Act of 1999；グラム・リーチ・ブライリー法）　36, 41, 50, 61, 228, 239, 249, 255, 489
金融資本　18-20, 23, 26, 477
金融資本主義　254, 309
金融自由化　8, 36, 52, 225, 227, 228, 232, 259, 267, 276, 282, 283, 305, 311, 482, 486
金融（市場）主導型経済システム　7, 62, 232, 236, 242, 250, 254
金融主導型資本主義　229
金融仲介機関　7, 228, 229, 236, 250
金融独占（マネー・トラスト）　27
金融のグローバル化　62, 245, 246, 249, 289
金融の自由化　2, 3, 7, 40, 210, 225, 232, 247, 254, 309, 463, 486, 490
金融の肥大化　7, 236, 255
金融派生商品　→デリバティブ
金利平価税　33, 34, 482
金利輸出説（interest export doctrine）　276

勤労者貸付会社　261, 266, 282
勤労所得税額控除（EITC）　408, 411, 413
苦情処理　349, 351, 427
クラウド技術　317, 338
グラス・スティーガル法（1932 年）（Glass Steagall Act of 1932）　20, 21
グラス・スティーガル法（1933 年）（Glass Steagall Act of 1933；銀行法 1933 年）　20, 21, 23, 41, 42, 189, 228, 231, 232, 238, 242, 249, 309, 476
クラフト・ユニオン（craft union）　9, 345, 363
グラム・ラドマン・ホリングス法（Gramm-Rudman-Hollings Act of 1985 and 1987）　→均衡予算・緊急赤字抑制法
グラム・リーチ・ブライリー法（Gramm-Leach-Bliley Act of 1999）　→金融サービス近代化法
クリントノミクス　62, 487
グリーンフィールド（新規）投資　335
クレイトン法（Clayton Act）　184, 186, 190, 193, 198, 205, 323, 370
グレイン・フェッド（穀物給与飼育）　137
クレジット・アンシュタルト　18
クレジットカード　267, 277, 284
クレジット・クランチ（信用収縮）　64
クレジット・スコア　277
クローズド・ショップ（closed shop）　352, 424, 439
軍産複合体　55, 58, 478
軍事ケインズ主義　28, 32, 34, 480
経営者革命　8, 291, 309, 485
経営者企業（managerial enterprises）　288-290, 293, 299-302, 310, 311, 320, 476, 482, 491
経営者支配　8, 9, 291, 299, 300, 346
経営者資本主義　243, 316, 317, 319-321, 340
　競争的――（competitive managerial capitalism）　8, 288, 289, 294, 299, 301, 303, 310-312, 473, 480, 482, 491
　協調的――（cooperative managerial capitalism）　312
経済機会法（Economic Opportunity Act of 1964）　59, 381
経済的ナショナリズム　61
堅固な南部（solid South）　79, 81
ケインズ（的）　11, 23, 28, 29, 31, 58, 68, 84, 168, 444, 445, 450-453, 466, 469, 470, 476, 479
ケインズ革命　28

事項索引　529

ケインズ主義　27, 28, 32, 35, 40, 45, 46, 58, 60, 91, 92, 98, 329, 480, 484
ケインズ政策　27, 29, 30, 451
ケインズ税制　27-29
ケインズ理論　452, 453
ケインズ連合　2, 3, 7, 8, 31, 40, 288, 476, 479, 480
結果の平等　47
限界消費性向　29
限界生産力理論　445-447
健康保険　310, 333
原子力発電　112, 117
原子力ルネサンス　118
減税法（Tax Reduction Act of 1975）　65
減反計画　140, 141
賢明な政府論　40
原油先物価格（WTI）　66
原油超過利潤税　111
原油平衡税　111
公営質屋　262
公益事業持株会社法（Public Utility Holding Company Act of 1935）　189, 190, 196, 205, 232, 238, 477
公開市場操作　21, 29, 51, 211, 212, 214, 219, 223
公害問題　106, 474, 479, 480
公正競争規約　187-189, 293, 371, 476
厚生資本主義　→ウェルフェア・キャピタリズム
公正信用報告法（Fair Credit Reporting Act）　274
公正な信用アクセス　8, 259, 283
公正労働基準法　438
高速増殖炉　112, 118, 126
高速通信網　317, 338
公定歩合　50, 51, 61, 64, 212, 214, 219, 230
公的信用制度　243, 253
高付加価値生産物（HVP）　147, 150
公法480号（PL480）　→農産物貿易開発援助法
公民権運動　8, 59, 79, 80, 82, 142, 167, 226, 259, 283, 382, 404, 428-430, 438, 439, 479-481
公民権法（Civil Rights Act of 1964）　59, 80, 83, 268, 429
強欲資本主義　251
高利貸し　259, 260, 278
高利禁止法（Usury Laws）　7, 8, 259, 260, 263, 266, 275-280, 282-284
国際関係重視派　50, 68
国際競争力　2, 10, 61, 160, 204, 228, 301, 322, 324, 325, 340, 358, 374, 383, 484, 485
国際金融仲介業　34
国際資本取引　34-36
国際連合憲章　319
国法銀行　14, 15, 212, 276, 279, 280
穀物メジャー　151
国有林　103, 105, 106
互恵通商協定法（1934年）（Reciprocal Trade Agreements Act of 1934）　25, 26, 161, 162, 476
互恵通商協定法（1945年）（Reciprocal Trade Agreements Act of 1945）　26, 379
互恵通商協定法（1962年）（Reciprocal Trade Agreements Act of 1962）　33
コージェネレーション　111
個人資本主義（personal capitalism）　312
個人責任および就労機会調整法（Personal Responsibility and Work Opportunity Reconciliation Act of 1996）　→福祉改革法
国家環境政策法（National Environmental Policy Act）　109
国家的病　60
国境障壁　139
国境措置　147, 154
固定支払い　148, 149, 154
固定相場制　26, 32, 34, 35, 64, 195, 222
古典循環　67
コブ・ダグラス型生産関数　447, 449, 455
個別化した多元主義（individualized pluralism）　74
個別的労働関係　361
コーポラティズム　418, 420-422, 438
コーポレート・ガバナンス（構造）　237, 240, 291, 292, 300, 484
　経営者支配型——　8, 288, 301, 303, 309-311, 484
コーポレート・リベラリズム　292
コーポレート・リベラル　309, 485
コミュニティ再投資法（Community Reinvestment Act）　274
雇用のフレキシビリティ　332
雇用法（Employment Act）　294, 475, 478
ゴールド・ラッシュ　31, 32, 34
コルレス制度　289
コロラド川流域開発事業　104, 106
コングロマリット　58, 195-198, 204, 295, 296,

303, 304, 320
コングロマリット型合併（conglomerate mergers）198, 323, 341
コンティンジェント・ワーカー（contingent worker） →非正規雇用（労働者）, 非典型雇用（労働者）
コンピュータ　61, 62, 302, 305, 320, 322, 325, 326, 329, 331, 456, 482, 486
コンピュータ産業　302, 322, 325-327, 340

◎ さ 行

最恵国待遇　25, 93, 146
債権国　15-17, 26
最後の貸し手（LLR）機能　211, 213, 214, 217, 226, 230, 253
財政赤字　10, 21, 39, 50-53, 55, 59, 61-64, 84, 92, 93, 96, 145, 148, 149, 221, 222, 232, 406, 407, 413, 452, 485, 487, 489
再生可能エネルギー（renewable energy）　103, 111, 112, 117-120, 122, 124-126, 483
財政乗数　452
財政の崖（fiscal cliff）　40, 53
裁定取引（アービトラージ）　241, 247
債務国　15, 61, 222, 485
債務の罠　277
債務不履行　36, 37, 53, 273
裁量的財政支出政策　29
サブプライム関連商品　37
サブプライム危機　15, 37, 49, 57, 66, 240, 245, 251, 252, 254
サブプライム問題　54
サブプライム・ローン　37, 57, 65, 66, 227, 228, 230, 490
サプライサイド経済学（エコノミクス）　46, 60, 84, 484
サプライチェーン・マネジメント　303
三角戦略（triangulation）　93
産業育成政策　367, 388, 389
産業革命　159, 289
　第１次――　312
　第２次――　290, 311, 312
産業協議会　421, 422
産業社会（industrial society）　260, 349, 363, 474, 478
産業政策　9, 293, 334, 379, 388, 389, 476
産業調整援助政策　388, 389

産業別（労働）組合　9, 298, 345, 349, 350, 353, 354, 356, 418
産業民主主義（industrial democracy）　349, 362, 420
三重構造　9, 10, 367, 368, 386-388, 390, 487
酸性雨対策　114, 116
シェール・オイル　122
シェール革命　118, 121, 122, 124
シェール・ガス　5, 121, 122
視覚障害者扶助　396, 398, 404
シカゴ学派　167, 195, 196, 199, 200, 204, 221, 243
事業部制　295, 298, 300, 318, 324
資源保全運動　4, 103, 104
自己資本比率規制　248
資産運用機関　236, 245, 255
資産担保CP・MMMF流動性ファシリティ（AMLF）251
資産担保証券（ABS）　250
支持価格（水準）　137, 140, 145
支持基盤強化戦略（base strategy）　93
市場開放重視派　50, 68
市場原理　3, 45, 46, 210, 390
市場構造　6, 192, 195, 196, 200, 322, 462
市場行動　195
市場志向型農政　140
市場支配力　192, 195, 198, 293
市場主義　328, 483, 489, 490
市場の失敗　45, 67
市場メカニズム　110, 147, 148, 195
市場ユニオニズム　429
システミック・リスク（systemic risk）　210, 217, 230, 231, 283
自然失業率　64
自然保護運動　103-105, 124, 126, 474
下請構造　375
質屋　262, 263, 278, 282, 284
失業給付制度　395, 397, 474
失業保険　38, 164, 396, 397, 419, 425, 433, 438
実質賃金　62, 168, 355, 445-449, 454, 459-461, 464, 487
自動車産業　27, 107, 109, 112, 114, 290, 301, 304, 307, 312, 322, 354-356, 423, 433
自動車大気汚染防止法（連邦）（Motor Vehicle Air Pollution Control Act of 1965）　107
自動車排ガス　105, 107-109, 112, 114, 116, 124
児童扶助　10, 396, 398, 403

事項索引　531

児童扶養強制履行制度　407, 410
ジニ係数　310
支払猶予令　24
『資本主義発展の理論』（スウィージー）　461
資本蓄積　147, 251, 444, 445, 447, 448, 454, 456, 459-461, 464
資本取引の自由化　34-36, 328
「資本と労働の代替性」（ソロー）　454
『資本論』（マルクス）　460
社会運動　5, 11, 82, 97, 104, 418, 425, 428, 429, 436, 438
社会運動ユニオニズム　11, 418, 436, 438
社会的責任投資（SRI）　251
社会保障制度　7, 10, 84, 394-397, 399, 412, 413, 420-424, 426, 477, 480, 482
社会保障法（Social Security Act of 1935）　395-402, 404, 413, 419, 425, 438, 477
ジャスト・イン・タイム（JIT）　303
シャドー・バンキング　227, 237, 240, 248, 249, 252, 283, 486, 488
ジャニターに正義を　436
ジャパナイゼーション　303-305, 484
シャーマン法（Sherman Act）　184-186, 190-194, 199, 203, 205, 206, 369, 370, 376
ジャンク・ボンド　225, 486
収穫逓増　456-459, 463
自由貸付法（Liberty Loan Act of 1917）　15
従業員退職所得保障法（ERISA法）　414
従業員代表制（employee representation plan）　292, 350
自由競争（free competition）　35, 45, 47, 184, 185, 388
州際銀行業務および支店業務効率化法（Interstate Banking and Branching Efficiency Act of 1994）→リーグル・ニール法
州際通商法（Interstate Commerce Act）　203, 205, 206
終身雇用慣行　310
住宅バブル　54, 66, 67, 227, 229, 309, 483, 490
住宅モーゲージ　250, 276
集団的労働関係（collective labor relations）　9, 345
自由貿易　146, 180, 320, 475, 478, 482
自由貿易協定（FTA）　170, 176, 180
自由貿易主義　25, 180, 477, 484
自由貿易政策　480

自由貿易世界　6
自由貿易体制　154
就労機会と基本的技能プログラム（JOBS）　406, 407
就労奨励プログラム（WIN）　406
熟練労働者　266, 292-294, 345, 364, 418, 476
純正大気法（カリフォルニア州）（Pure Air Act of 1968）　108
障害者企業融資制度　382
少額ローン　7, 260, 261, 263-267, 275, 277-279, 282, 284, 474, 477
商業銀行　7, 15, 23, 30, 34, 36, 41, 225, 227-229, 238-240, 242, 245, 248-250, 252, 254, 258, 265, 266, 276, 279, 282, 291, 324, 341, 477, 482, 486, 488-490
証券化　36, 37, 41, 66, 225, 227, 228, 245, 247, 250, 482, 486
証券化商品　36, 38, 225, 237, 248, 250, 252, 254, 486, 490
条件付き政党政府　85
証券取引所法（Securities Exchange Act of 1934）　23, 188, 189, 205, 236, 238, 477
証券法（Securities Act of 1933）　23, 188, 189, 205, 232, 236, 238, 476, 477
証拠金取引　18, 245
消費者運動　167, 480
消費者信用　7, 226, 258, 259, 265-269, 274, 275, 280, 282, 284, 477, 481
消費者信用保護法（Consumer Credit Protection Act of 1968）　274
傷病手当制度　292
情報革命　1, 8, 288, 289, 305, 307, 311, 483, 486, 488
情報技術（IT）　63, 202, 239, 245, 246, 254, 303, 305, 308, 311, 325, 328, 329, 338, 339, 358, 482, 486, 488
情報技術（IT）革命　52, 53, 55, 57, 62, 63, 227, 329, 340, 488
情報技術（IT）産業　2, 9, 305, 306, 311, 316, 325, 327, 328, 337, 340, 408, 487
情報技術（IT）多国籍企業　9, 316, 335-337, 339, 340
情報スーパーハイウェイ構想　62, 487
情報通信技術（ICT）　312, 329, 383, 489
情報配信サービス　317, 337-339
譲歩交渉（concession bargaining）　63, 349, 357,

532

432
剰余価値（surplus value） 459-462
条理の原則（rule of reason） 185, 192, 194
職業別労働組合 349
食品安全 6, 158, 166, 170, 176, 178
食品安全基準 172, 177, 178
食料安全保障法（Food Security Act of 1985） 145, 147
食料スタンプ →フード・スタンプ
女性解放運動 428
女性所有企業振興法（Women's Business Ownership Act of 1988） 382
所得格差 2, 4, 9, 11, 46, 55, 62, 63, 97, 168, 310, 340, 448, 449, 487, 488
所得源泉地課税 32
ジョブ・コンシャス・ユニオニズム（job conscious unionism） 345, 363
所有経営者 291, 292
所有権に基づく経営 324
所有と経営の分離 243
シリコン・バレー 306, 384, 487
飼　料 137, 146, 153
飼料穀物 137-141, 148, 149, 152-154
シングル・マザー 403, 407, 410, 412, 413
新古典派経済学 58, 445, 459, 463
新古典派経済成長理論 444, 453
新古典派総合 58, 484
震災手形 24
シンジケート・システム 289
新自由主義（ネオリベラリズム） 3, 7, 11, 34-36, 40, 46, 89, 111, 147, 167, 168, 186, 201, 210, 212, 221, 222, 232, 243, 328, 329, 340, 358, 433, 438, 463, 473, 483, 484, 486, 489, 490, 523
伸縮関税条項 161, 162, 179
信託証書法（Trust Indenture Act of 1939） 238
人的資本 457
信用革命 265
信用組合 229, 261, 263, 264, 266, 273, 274, 283, 477
信用サービス機関（CSO） 280, 281
信用サービス機関モデル 279, 280
信用修復機関法（Credit Repair Organizations Act of 1996） 280
信用創造 31, 224, 245
信用履歴 277, 280
垂直的合併（vertical mergers） 197, 320, 323

垂直的統合 290, 312, 335
水平的合併（horizontal mergers） 197, 290, 320, 323
水平的結合 312
スタグフレーション 4, 51, 54, 56, 57, 60, 64, 65, 67, 167, 404, 479, 481
スター経営者 309-311, 485
スタンダード・コード →GATTスタンダード・コード
スティーガル修正法（Steagall Amendment of 1941; Steagall Commodity Credit Act of 1941） 134
ストック・オプション 309, 485
ストライキ（strike） 260, 298, 302, 345, 348, 349, 351-353, 357, 358, 363, 364, 420, 422-425, 427, 430, 433, 436, 439
　航空管制官の── 353
スーパー・リージョナル銀行 228
スマイリー対シティバンク事件判決（1996年） 279
スマートフォン 306, 317, 338
スミス・コナリー法（Smith-Connally Anti-Strike Act; 戦時労働争議法） 421, 439
スミソニアン合意 221
スムート・ホーリー法（1930年）（Smoot-Hawley Tariff Act of 1930） 24, 25, 160-162, 164, 179
スモッグ 106, 107
スリーマイル島原発事故 117
生活賃金（living wage） 362
生活の質 5, 105
正規雇用 332, 333
税軽減・失業保険再認可・雇用創出法（2010年）（Tax Relief, Unemployment Insurance Reauthorization and Job Creation Act of 2010） 39
生計費調整条項（COLA） 298, 354, 356, 400, 401, 423, 424
政策アイディア 74, 76, 87, 88, 91
政策アジェンダ 90
政策金利 51
政策形成プロセス 4, 71, 73, 74, 76-79, 82, 85, 87, 88, 90-93, 95-97, 475, 483, 487
政策パラダイム 87, 88, 91, 92
「生産関数の理論」（ダグラス） 445-447, 460
生産調整 5, 130-142, 146-149, 152, 153, 477
政治経済学 135, 445, 459, 522

事項索引　533

政治的イデオロギー　74
政治的分極化　72-74, 77, 85-87, 97
政治的論争　72, 77
成熟産業　→オールド・エコノミー
製造請負企業　335, 339
成長循環　67
成長戦略　294-296, 298, 299, 317, 463, 479
政党再編成（論）　74, 76, 77
制度化されたムダ　461
制度化した多元主義（institutionalized pluralism）　4, 73, 74, 77, 79, 82, 91-93, 95
制度派経済学　445, 465, 466
製品別管理機構　295, 296
西部気候イニシアティブ（WCI）　123
政府の失敗　4, 45, 60, 67
セイ法則　447, 458, 459
生命保険会社　236, 238, 239, 244, 324
世界経済（金融）危機　2, 3, 6, 14, 15, 34, 36, 37, 39, 41, 42, 210, 473, 483, 490, 521, 523
世界同時不況　57, 66
石油産業　191, 290, 312
石油ショック　5, 45, 49, 51, 54-57, 60, 64-66, 110, 111, 144, 301, 322, 479, 481, 482
　第2次――　49, 51, 56, 60, 65, 145, 479, 481, 484
設備稼働率　458, 462, 464, 466
セニョリティ（先任権）　427, 429, 430
ゼネスト　422
セーフガード　165
セーフティネット　10, 11, 149, 394, 395, 412
セラー・キーフォーヴァー法（Celler-Kefauver Antimerger Act of 1950）　193, 205
専業企業　9, 302, 316, 317, 322, 325-328, 337, 340, 487, 489
全国エネルギー法（National Energy Act of 1978）　110, 112
全国銀行休業　21
全国産業復興法（NIRA）　56, 187-190, 203, 205, 293, 294, 350, 371, 476, 477
全国住宅法（National Housing Act of 1934）　266
全国労働関係法（NLRA）　→ワグナー法
戦時動員体制　294, 351
戦時労働政策　353
戦時労働争議法（War Labor Disputes Act）　→スミス・コナリー法

全世界所得課税　32
専門経営者　289, 291-293, 300, 346, 473, 476, 479
全要素生産性（TFP）　455
戦略的提携（strategic alliance）　324
戦略任務別軍事経費　28
争点拡大　86-88
組織化キャンペーン　436, 437
組織労働者　310, 311, 358, 367, 377, 438, 484, 491
ソーシャル・ユニオニズム　11, 420, 438

◎ た　行

大気汚染　5, 104-109, 112-114, 116, 126
大気汚染防止改正法（連邦，1970年）（Clean Air Act Amendments of 1970）　→マスキー法
大気汚染防止改正法（連邦，1990年）（Clean Air Act Amendments of 1990）　109, 113, 114, 116
大気汚染防止法（カリフォルニア州）（Air Pollution Control Act of 1947）　106
大気汚染防止法（連邦，1955年）（Air Pollution Control Act of 1955）　107
大気汚染防止法（連邦，1963年）（Clean Air Act of 1963）　107
大気質法（連邦）（Air Quality Act of 1967）　108
耐久消費財革命　265
大恐慌（1929年）　1-3, 5, 6, 9, 11, 14, 15, 17, 23-26, 39-42, 56, 57, 132, 160, 178, 186, 187, 189, 190, 195, 203, 210-213, 216, 231, 240, 242, 265, 282, 292, 293, 311, 346, 349, 370, 371, 395, 396, 419, 444, 445, 447, 448, 450, 452-454, 460, 473-477, 490
第三次産業　359, 360
第三の道　62
大衆消費社会　290, 480
退職年金プラン　244
大統領権限（ファスト・トラック）　5, 6, 157-163, 165, 169-180, 474, 477
大統領産業競争力委員会報告書（1985年）　302
大統領選挙　39, 46, 47, 50, 54, 58-60, 62, 64, 65, 113, 133, 222, 380-382, 404, 408, 431, 433, 523
大統領令（Executive Order）　179
代表の論理　89
太陽光発電　119, 120, 124, 126
大量生産　290, 293-295, 316, 331, 418, 419, 476
大量生産システム　53, 63, 289, 302, 482

大量販売　290, 295, 331
大量流通企業　331, 332
ダウンサイジング（小型化）　63, 302, 326, 488
多角化　58, 295, 298, 302, 304, 317, 318, 323-325, 479, 482
多角化企業　295, 316
多角化戦略　295, 312, 317, 320
多国籍企業　8, 9, 33, 35, 36, 57, 58, 142, 147, 161, 167, 168, 172, 179, 196, 197, 204, 221, 227, 297, 298, 302, 312, 316-319, 321, 322, 324-326, 333-337, 339, 340, 362, 479, 482, 484, 487-489
タフト・ハートレー法（Taft-Hartley Act）　347, 352, 353, 358, 424, 426, 475, 478
団結権　187, 293, 294, 350, 418, 422, 427, 437, 476, 478
単税自律的関税　162
団体交渉　63, 294, 298, 345-347, 349-351, 353, 355, 356, 358, 361, 363, 364, 421, 423, 425, 427, 429, 434, 479
団体交渉型労使関係　297, 298, 479
団体交渉権　187, 293, 294, 350, 364, 418, 422, 427, 437, 476, 478
地域温室効果ガス・イニシアティブ（RGGI）　123
小さな政府　45, 46, 60, 77, 83, 84, 89, 90, 93, 94, 253, 406, 483, 489
チェックオフ（union dues check-off）　355
　強制的——　352
チェーンストア　370, 371, 376
チェーンストア課税法案　371
地球温暖化問題　102
畜産　136, 137, 139, 149, 152, 153
知的財産権　167, 457
知的所有権の貿易関連の側面に関する協定（TRIPS協定）　167
チャーガ・プレート　267
チャネル・コンフリクト　331
中間管理職（ミドル・マネジャー）　298, 303, 383, 484
中間選挙　39, 46-48, 84, 92, 94, 95, 117, 174, 379, 409, 424, 425, 435
中間層　→ミドル・クラス
中間層重視の経済学（middle-class economics）　40
中間層税軽減・雇用創出法（Middle Class Tax Relief and Job Creation Act of 2012）　39

中級管理者層　291
中小企業　2, 8-10, 367-382, 384-390, 474, 478, 487
中小企業技術革新制度（SBIR）　385
中小企業雇用法（Small Business Jobs Act of 2010）　387
中小企業政策　9, 10, 367, 368, 372, 373, 376-380, 382, 385-390, 481
中小企業専管機関　376, 378, 379
中小企業団体　372, 375, 387
中小企業投資会社（SBIC）　377, 380-382, 384, 385
中小企業投資法（Small Business Investment Act of 1958）　381
中小企業法（Small Business Act）　369
中小企業法（1950年）（Small Business Act of 1950）　377-379
中小企業法（1953年）（Small Business Act of 1953）　379, 388
中小企業法（1958年）（Small Business Act Amendments of 1958）　380
中小企業擁護派　371, 377, 379-381
超小型演算処理装置（MPU）　327
朝鮮戦争　28, 29, 49, 52, 54, 55, 60, 219, 377, 378
直接支払い　134, 140, 141, 154
直接投資　9, 32, 33, 57, 221, 295-297, 318, 319, 321, 325, 333, 334
貯蓄貸付組合（S&L）　49, 54, 225, 229, 486
賃金ガイドライン（wage guideline）　351
賃金調整方式　423, 438
賃金奴隷制（wage slavery）　362
通商拡大法（1962年）（Trade Expansion Act of 1962）　33, 164
通商関税法（Trade and Tariff Act of 1984）　50
通商法　26
通商法（1974年）（Trade Act of 1974）　165
通商法（2002年）（Trade Act of 2002）　94, 173
通信法（Communications Act of 1934）　201, 204, 205
強いアメリカ　47, 51, 60, 84, 199, 406, 483
低公害車（LEV：low emission vehicle）規制　114
低所得層　2, 7, 8, 258, 259, 267, 268, 275, 276, 278, 282, 283, 311, 333, 403, 477, 481, 485, 491
ティー・パーティ運動　39, 94
締約国会議　4, 116, 117

事項索引　535

テイラー・ルール 52
鉄鋼（産）業 14, 159, 191, 290, 301, 304, 307, 322, 423
鉄の三角形（iron triangle） 79, 82, 476, 483
デトロイト協定 423
テネシー川流域開発公社法（Tennessee Valley Authority Act） 56
デビットカード 277, 284
デファクト・スタンダード 326
デフォルト 67, 95
デフレ（デフレーション） 29, 41, 220, 290, 397, 488
デリバティブ（金融派生商品） 41, 61, 227, 239, 243-245, 247, 309, 486
電機産業 290, 301, 304, 308, 419
電気自動車 114
電気通信法（Telecommunications Act of 1996） 201, 204, 205
電子商取引 317, 329, 330, 357
伝統的保守主義 83, 84
天然ガス 1, 5, 110-113, 121, 122, 124, 125
天然ガス対策法（Natural Gas Policy Act） 111
天然ガス発電 111, 119
電力危機 119
電力自由化 118, 119, 124
統一少額ローン法（Uniform Small Loan Law） 263, 264, 266, 267, 275, 278, 284
同意判決 199, 202, 323
統合企業 9, 316-318, 320-323, 325, 326, 330-332, 335, 337, 339, 340, 487
投資会社 228, 229, 236, 238, 239, 242, 324, 377, 380, 382
投資会社法（Investment Company Act of 1940） 238
投資銀行 14, 36-38, 41, 66, 190, 191, 227, 238-240, 242, 250, 252, 254, 265, 291, 309, 482, 488-490
投資信託 7, 228, 229, 299
投資の社会化 452
投資の二重性 454
投資ビークル 248
投資ファンド 240-243, 246, 248, 250-252, 254, 490
投資持株会社 242
同時多発テロ（2001年） 49, 53, 66, 94, 227, 483, 489, 490

当然違法の原則（per se illegal） 185, 192, 194
統治の論理 89
党派政治 71, 74, 85, 88, 90, 91, 96, 97, 491
独占規制 184, 186, 187, 189, 191, 197, 200, 201, 204, 206, 477
『独占資本』（バランとスウィージー） 462
独占的停滞 447, 449, 458, 459
土壌保全および国内作付割当法（1936年）（Soil Conservation and Domestic Allotment Act of 1936） 134
土地生産性 131
ドッド・フランク法（2010年）（ウォール・ストリート改革および消費者保護法） 41, 210, 214, 226, 240, 251, 254, 258, 490
トップ・マネジメント 291, 292, 299, 303, 309, 320
トリクル・ダウン 405, 485
取締役 211-213, 215, 216, 233, 300, 309
　内部—— 300
　社外—— 300, 309
　代表—— 210, 214
取締役会 212-217, 220, 223, 233, 300, 309
取引制限（restraint of trade） 184, 192-194, 205, 206
ドル危機 27, 31-34, 142, 479, 481

◎ な 行

ナイフエッジ 454
内部労働市場 291, 292, 300, 303
長い20世紀 289, 474
ナロー・バンク（狭義の銀行） 225
南北戦争 76, 159, 289, 312
ニクソン・ショック →金・ドル交換停止
ニクソン・ドクトリン 414
二重構造 10, 126, 368, 369, 372, 373, 386, 396, 474
二大政党制 72, 88, 89
ニュー・エコノミー（論） 8, 62, 63, 227, 239, 288, 301, 305, 311, 329, 408, 483, 486, 488, 489
ニュー・エコノミクス 46, 55, 58, 59, 480
ニューディール 1-7, 10, 11, 22, 25, 36, 44, 46, 47, 56, 60, 74, 76-78, 87, 95, 96, 104, 130, 134, 135, 152, 153, 157-159, 161, 180, 186-188, 190-192, 202, 203, 213, 232, 236-238, 248, 249, 253-255, 259, 265-267, 276, 282, 283, 289, 293, 294, 300, 329, 345, 348-350, 352, 362, 367, 371, 372, 395,

396, 405, 412, 418-420, 425, 431, 437, 451, 452, 473-479, 483, 486, 521
ニューディール・コンセンサス　78, 82, 87, 97, 475
ニューディール体制　55, 76-79, 82-84, 238, 371, 372, 473, 475, 476, 478-481, 483, 484, 523
ニューディール連合　372, 419, 476, 491
ニュー・デモクラッツ（New Democrats）　62, 92, 487
ニュー・フリーダム　185
ニュー・フロンティア　58
ニューヨーク株式市場　15, 475
ニュー・ルック戦略　28
ニール・レポート　197, 200, 207
認可ローン業者（licensed lenders）　266, 477
ネオリベラリズム　→新自由主義
ネットワーク　67, 81, 82, 306, 307, 317, 327-329, 487
ネットワーク外部性　456
ネットワーク関係　327, 328
ネットワーク効果　328
ネットワーク生産　327
年金（制度）　93, 236, 238, 244, 292, 298, 308, 310, 333, 355, 394-397, 399-403, 413, 414, 423-425, 474, 481, 482, 489
年金基金　7, 36, 229, 236, 238, 239, 242, 244, 245, 253, 255, 299, 309, 324, 385, 481
年次改善要素（AIF）　298, 423
農業自由化　5, 147, 152, 153
農業・消費者保護法（Agriculture and Consumer Protection Act of 1973）　135, 141, 142
農業所得　132, 135, 148, 154
農業調整法　56
農業調整法（1933年）（Agricultural Adjustment Act of 1933）　133, 134, 136, 153
農業調整法（1938年）（Agricultural Adjustment Act of 1938）　134, 136, 477
農業特例　142, 144, 146, 147, 153
農業不況　132, 145, 152
農業法（1949年）（Agricultural Act of 1949）　134, 136
農業法（1954年）（Agricultural Act of 1954）　135-137, 152, 477
農業法（1964年）（Agricultural Act of 1964）　139
農業法（1965年）（Food and Agricultural Act of 1965）　140
農業法（1996年）（Federal Agriculture Improvement and Reform Act of 1996）　147-149, 151, 153
農業法（2002年）（Farm Security and Rural Investment Act of 2002）　148, 149
農産物価格　65, 130-134, 141, 142, 146-148
農産物の輸出依存度　2
農産物貿易開発援助法（Agricultural Trade Development and Assistance Act of 1954; PL480; 公法480号）　138, 139, 148, 152-154
農産物輸出　130, 138, 142-145, 147, 150-152, 154
納税回避（tax haven）　33
農民層分解　131, 153
農薬　130, 149, 153
ノーストライキ宣言（no-strike pledge）　351

◎　は　行

バイオ・テクノロジー　151
排ガスゼロ車（ZEV：zero emission vehicle）規制　114
排出権取引　116
排他的交渉代表　349, 353, 363, 364
ハイテク・ベンチャー　10, 367, 368, 383
ハイパワード・マネー　30
破壊的イノベーション　368, 384, 390
パーソナル・ローン　265, 266, 282
パターン・セッティング（pattern setting）　356
パターン・バーゲニング　423, 424
パックス・アメリカーナ　8, 57, 288
ハート・スコット・ロディノ法（Hart-Scott-Rodino Antitrust Improvements Act of 1976）　198, 205
バニシング・ハンド（vanishing hand）　→消えゆく手
ハーバード学派　192, 195, 197, 200, 201, 203
パラレル・バンキング　283
パリティ価格　133-135, 139-141
パリティ基準　132, 141
バルク　145, 147, 150, 152, 154
パレート効率性　68
半熟練労働者　11, 292, 293, 418, 437, 473, 476, 478
反ダンピング　165
反トラスト政策　6, 184, 186, 187, 194, 195, 197, 199-206, 367, 474, 477, 479, 484, 488

事項索引　537

反トラスト訴訟　191, 194, 196, 198, 204
反トラスト法（Antitrust Law）　6, 10, 184-190, 192-198, 200-202, 204-206, 312, 323, 370, 371, 376, 388
汎用コンピュータ　325, 326
反ローン・シャーク運動　262, 263
非関税障壁　5, 6, 154, 157, 158, 165, 166, 170, 177, 178, 180, 488
　新しい——　158, 166, 177, 178
悲惨指数（misery index）　54, 55, 60, 65
ビジネスモデル　9, 250, 254, 279-281, 290, 307, 308, 311, 312, 491
ビジネス・ユニオニズム　9, 11, 345, 353, 354, 357, 358, 362, 417, 418, 421, 427, 438, 475, 481
『ビジブル・ハンド』（チャンドラー）　316, 331, 340
ビジブル・ハンド　317
非正規雇用（労働者）　2, 332, 333, 362, 397, 488
非典型雇用（労働者）　310, 362, 432, 439
ビッグ・ビジネス（巨大企業）　2, 6, 8, 9, 184, 187, 202-204, 206, 288-300, 303, 309, 312, 317, 323, 341, 367, 369, 373, 473, 475, 476, 478-480, 484, 485
非貿易的関心事項（NTCs）　166, 167, 169, 172, 177, 178, 180
病院保険（HI）　399, 401
標準化　166, 266, 326, 327, 456
ピラミッド・システム　242
ビルズ・オンリー政策　29
貧困家庭一時扶助（TANF）　10, 410-413
貧困層　8, 273, 276, 278, 283, 398, 430
貧困との戦い　59, 404, 414, 480
貧困の再発見　479, 480
貧困問題　2, 403
ファイナンス・カンパニー　265, 266
ファスト・トラック（fast track）　→大統領権限
ファンド化現象　237
ファンドシステム　237, 242, 246, 248
ファンド資本主義（fund capitalism）　7, 62, 227, 236-238, 240, 242, 243, 245, 246, 248, 251-255, 477, 483, 486
ファンド・マネジャー　237, 247
フィードロット　153
風力発電　119, 120, 125, 126
フェアディール　425, 426
フェデラル・ファンド（FF）レート　37, 50

フェビアン派　449, 453
フォアマン　353, 358
フォード−UAW協約　423
フォードニー・マッカンバー法（Fordney-McCumber Tariff of 1922）　160-162
付加給付（fringe benefits）　→フリンジ・ベネフィット
福祉改革　395, 407-410, 412, 413, 485
福祉改革法（個人責任および就労機会調整法）　10, 63, 409, 410, 413
福祉国家　10, 58, 97, 238, 358, 372, 394, 395, 425, 429, 474, 481
不熟練労働者　292
不足払い　132, 140, 141, 148, 149, 152-154
双子の赤字　52, 61, 485
不動産担保証券（MBS）　250, 252
不動産バブル　66
不当労働行為（unfair labor practices）　294, 350, 352, 363, 418, 433
フード・スタンプ（食料スタンプ）　148, 153, 404, 408, 412
プライス・リーダー　300
ブラウン事件　59
プラザ合意　51
プラットフォーム・エコノミー（platform economy）　339
フランチャイズ　194, 341
不良資産救済措置プログラム（TARP：Troubled Asset Relief Program）　38, 41
フリンジ・バンキング　7, 8, 227, 258, 259, 278, 282-284
フリンジ・ベネフィット（付加給付）　298, 333, 355, 357, 423, 425, 427, 433, 438
ブルーカラー　299, 312, 335, 340, 357, 360, 361, 373, 427, 480
フルコスト原則　300
フルライン　317
フレキシブル資本主義　332
ブレトンウッズ　25, 26
ブレトンウッズ会議　319
ブレトンウッズ協定　26, 27, 477
ブレトンウッズ体制　9, 64, 146, 211, 475, 478
フレーミング　86, 87, 91, 92
ブローカー国家　476
プロジェクト・マネーワイズ　273
ブロック経済化　146

フロート制 →変動（為替）相場制
分割政治　48
ペイ・アズ・ユー・ゴー原則　407
ペイデイ・ローン（payday loans）　8, 258, 277, 284
ヘッジファンド　49, 243-245, 251, 252, 254, 309
ベトナム戦争　32-34, 46, 49, 52, 53, 55, 59, 64, 68, 221, 320, 414, 431, 462, 479-481
ベトナム反戦運動　428, 481
ベルリン・マンデート　117
ベンチャー（企業）　2, 9, 10, 121, 242, 306, 367, 368, 383-365, 389, 487
ベンチャー支援策　367, 384, 389
変動（為替）相場制（フロート制）　34-36, 195, 204, 221-223, 226, 227, 232, 239, 246, 481, 482
貿易赤字　50, 51, 61, 92, 144, 176, 221, 222, 485
貿易収支　2, 57, 64, 142, 144, 176, 221, 324
貿易促進権限（TPA）　5, 94, 95, 97, 157, 172-174, 180, 477
貿易調整支援（TAA）　164, 170, 172-174
貿易の技術的障害に関する協定（ＴＢＴ協定）　180
包括財政調整法（1981 年）(Omnibus Budget Reconciliation Act of 1981)　405
包括財政調整法（1990 年）(Omnibus Budget Reconciliation Act of 1990)　53, 61
包括財政調整法（1993 年）(Omnibus Budget Reconciliation Act of 1993)　62, 63, 407
包括通商・競争力強化法（Omnibus Foreign Trade and Competitiveness Act of 1988)　50, 92
包括的経済計画　62
俸給経営者（salaried managers）　290, 291, 320, 323, 331
法人資本主義　7, 237
北米産業分類システム（North American Industry Classification System)　368
北米自由貿易協定（NAFTA）　62, 151, 154, 158, 169-172, 176, 179, 180, 488
保険会社　36, 38, 236, 238, 239, 242, 244, 324, 481
保護主義　17, 24-26, 106, 107, 126, 146, 147, 179, 180, 476
保守主義　4, 74, 76, 77, 81-84, 86-89, 91-94, 97, 429, 452, 480, 483, 489
保守主義運動　82-84, 95, 484
保守主義シンクタンク　83

補正的財政政策　22
補足的医療保険（SMI）　399
補足的保障所得制度（SSI）　404
ホープナウ（HOPE NOW）　37
ホワイトカラー　2, 8, 97, 266, 288, 291, 293, 298, 300, 301, 303, 310-312, 332, 335-337, 340, 357, 362, 373, 383, 480, 484, 491

◎ ま　行

マイノリティ　10, 126, 362, 381, 382, 404, 405, 413, 419, 430, 481
マイノリティ企業　380-382, 385, 387, 389
マイノリティ中小企業投資会社（MESBIC）　382
マクファーデン法（McFadden Act of 1927)　228
マクロ・プルーデンス　210, 230, 231, 233
マーシャル・プラン　319, 425, 431
マスキー法（Muskie Act；大気汚染防止改正法〔連邦、1970 年〕）　102, 108, 109, 113, 114, 126, 480
マーチャント・バンカー　15
マネー・サプライ（マネー・ストック）　35, 50, 56, 61, 222-224
マネー・センター銀行　228
マネタリスト　45, 60, 68, 222-225, 232
マネタリズム　46, 84, 98, 223, 224, 232, 484
マネタリー・ベース　30
マネー・マネジャー資本主義　244
マルクス経済学　445, 449, 459, 460
マルクス主義　363, 429, 445, 446, 463
ミクロ基礎（micro foundation）　8, 288, 289, 310-312, 316, 473, 476
ミドル・クラス（中間層）　2, 7, 11, 39, 86, 93, 97, 259, 265-268, 282, 283, 299, 310, 311, 357, 374, 477, 480, 481, 484, 491
ミドル・マネジメント　8, 288, 291, 303, 320
ミドル・マネジャー →中間管理職
ミューチュアル・ファンド　236, 239, 244, 245, 253, 482
メイン・ストリーム金融　7, 227, 258, 259, 276, 278, 282, 283
メインフレーム・メーカー　326
メキシコ通貨危機　227
メディケア　89, 399, 401, 404
メディケイド　404, 407, 408, 412
目標価格（target price）　135, 141, 145, 148, 149,

事項索引　539

152, 154
モーゲージ 36-38, 250, 267, 276
モーゲージ担保証券 36
持株会社 189, 190, 196, 199, 205, 231, 232, 242, 249, 312, 369
モバイル通信網 317, 338
モリス・プラン銀行（Morris Plan banks） 261, 265

◎ や 行

山猫ストライキ（wildcat strike） 302, 351, 424, 481
融合主義（fusionism） 83
有効需要政策 451, 452
融資単価 133, 140, 141, 145, 146
輸出振興計画（EEP） 146, 149, 150
輸出補助金 138, 145-148, 152, 154
ゆたかな社会 7, 267-269, 283, 301, 480, 481
ユニオン・ショップ条項（union-shop arrangement） 355
ユニバーサル・バンク 228
輸入数量制限 146-148, 154
ユーロ・カレンシー 231
ユーロダラー 221, 232, 233
「様式化された事実」（stylized fact）（カルドア） 454
要扶養児童家族扶助（AFDC） 10, 63, 395, 402-411, 413, 467, 482
預金金融機関法（Depository Institutions Act of 1982; Garn-St Germain Act） 239
預金取扱金融機関規制緩和・通貨管理法（DIDMCA） 276
余剰農産物 134, 138, 139, 153
「余剰の経済学」（economics of abundance） 453
ヨーロッパ統合 221

◎ ら 行

ラスト・ベルト（Rust Belt） 2, 523
「ラディカルな独占」（イリッチ） 468
ランティエ化 232
利益集団 4, 11, 74, 78, 79, 82, 89, 372, 417, 421, 428, 438, 476
利益集団自由主義 79
利益団体 79, 82, 89, 97
リーグル・ニール法（Riegle-Neal Act of 1994; 州際銀行業務および支店業務効率化法） 228,

239, 249
リストラクチャリング 63, 303-305, 307, 308, 311, 322-325, 340, 484, 485, 488
リトル・スティール方式 420, 438
リバタリアニズム（リバタリアン） 83, 84
リビング・ウェイジ運動 437, 439, 440
リベラリズム 46, 74, 76, 77, 81-83, 86-89, 92, 93, 97, 210, 292, 405, 451, 480
リベラル（派） 4, 72, 76, 79, 81, 85, 87, 89-91, 94, 309, 403, 404, 420, 425, 426, 449, 480, 485
リーマン・ショック 4, 6, 7, 15, 41, 54, 66, 67, 119, 210, 211, 230, 237, 240, 246, 251, 254, 308, 334, 412, 483, 489, 490, 521
リミテッド・パートナーシップ（LPS） 385
流動化した多元主義 4, 73, 74, 76, 77, 79, 85, 90, 91, 93, 95-98, 487
リーン生産方式 303, 304
累進課税 28, 29, 371
冷戦（構造） 1, 9, 27, 28, 32, 47, 52, 138, 168, 319, 320, 328, 333, 340, 345, 349, 358, 377, 389, 406, 408, 422, 425, 431, 450, 456, 475, 478, 480
レイムダック 94
レガシー・コスト 308
レーガノミクス 60, 61, 84, 91, 92, 405, 406, 484
レーガン革命 47
レギュラシオン学派 474
レギュレーションQ 276
劣化国家 71
レバレッジ 242, 244-246, 250, 255
レバレッジド・バイアウト（LBO） 309, 323, 324
レポ市場 251
連邦住宅局保証（FHA Secure） 37
連邦準備局総裁 24
連邦準備制度 6, 7, 14, 15, 23, 29, 37, 38, 40, 49-51, 210-217, 219-227, 229-233, 237, 241, 245, 486
連邦準備法（Federal Reserve Act） 15, 20, 211-213, 215, 226, 276, 474
連邦信用組合法（Federal Credit Union Act of 1934） 266
連邦取引委員会法（Federal Trade Commission Act of 1914） 184-186, 188, 189, 205
連邦預金保険 23, 213, 216, 260
労使関係（industrial relations） 8, 9, 53, 63, 288, 292, 294, 297, 298, 301-303, 310, 311, 322, 324, 345-347, 349-354, 356-359, 362-364, 414, 417,

418, 420-423, 426, 427, 433, 477, 479, 481, 482, 484, 488
労使関係論　356-358, 362-364
労使憲章　422
労働 NPO　440
労働運動　9-11, 417-422, 424-429, 431-433, 435-439, 478, 481
労働基準　158, 163, 164, 166, 167, 169, 171-173, 177, 178, 180
労働協約　298, 345, 354-356, 364, 437
労働組合　2, 11, 23, 63, 78, 82, 87, 169, 172, 175, 186, 206, 266, 293, 297, 298, 303, 310, 345-358, 360, 361, 363, 364, 367, 371, 375, 381, 417-424, 427-439, 451, 475, 476, 478, 479, 484
労働組合員数　346, 347, 358
労働組合組織率　346, 347, 358, 417, 432
労働時間規制立法　419
労働争議　9, 345, 346, 349, 350, 364, 421
老齢遺族障害年金保険（OASDI）　399-403, 413, 482
老齢遺族年金保険（OASI）　395, 397, 399
老齢年金保険　396, 397, 403
老齢扶助　396, 398, 403, 404
ローズタウン・ストライキ（Lordstown strike）　357
ロックアウト（lock out）　260, 345, 348, 363, 474
ロック・イン効果　328
ログ・ローリング　159, 160
ロビンソン・パットマン法（Robinson-Patman Act）　10, 190, 197, 205, 370, 477
炉辺談話　22
ローン・シャーク（loan shark; 非合法高利貸し）　7, 259-261, 263, 264, 266, 282, 284, 474
　賃金控除型——　260, 261, 264
ロンドン世界経済会議　25, 26
ロンドン自由金市場　31, 32

◎ わ 行

「わが子孫たちの経済的可能性」（ケインズ）　450, 453
ワーカー・センター　437
ワーキング・プア　63, 408, 412
ワグナー法（Wagner Act: NLRA; 全国労働関係法）　188, 294, 297, 350, 352, 353, 358, 363, 418-420, 433-435, 478
ワークフェア　407, 467
ワシントン・コンセンサス　52, 68
ワシントン大行進　59, 429, 430

人名・会社名・団体名索引

◎ アルファベット

A&P 社（Great Atlantic & Pacific Tea Co.）→グレート・アトランティック・アンド・パシフィック・ティー社

AASLB（American Association of Small Loan Brokers）→全米少額ローン業者協会

ACTWU（Amalgamated Clothing and Textile Workers Union）→合同衣服繊維労働組合

ACWA（Amalgamated Clothing Workers of America）→アメリカ合同男子服労働組合

ADM 社（Archer Daniels Midland Co.） 150

AFBF（American Farm Bureau Federation）→ファーム・ビューロー

AFL（American Federation of Labor）→アメリカ労働総同盟

AFL-CIO（American Federation of Labor and Congress of Industrial Organizations）→アメリカ労働総同盟・産業別組合会議

AFSCME（American Federation of State, County and Municipal Employees）→アメリカ州郡自治体従業員組合連合

ALCOA 社（Alcoa Inc.）→アルコア社

AMD 社（Advanced Micro Devices, Inc.） 337, 338

AOL 社（America Online, Inc.）→アメリカ・オンライン社

AT&T 社（The American Telephone & Telegraph Co.）→アメリカン・テレフォンアンド・テレグラフ社

BIS（Bank for International Settlements）→国際決済銀行

BNFL（British Nuclear Fuels Limited）→イギリス核燃料会社

CAC（Consumer Advisory Council）→消費者諮問委員会

CBS 社（CBS Broadcasting, Inc.） 98, 304, 305

CCC（Commodity Credit Corp.）→商品金融公社

CDC 社（Control Data Corp.） 325

CEA（Council of Economic Advisers）→大統領経済諮問委員会

CEN（Comité Européen de Normalisation）→欧州標準化委員会

CENEL（Comité Européen de Coordination des Normes Electriques）→電気・電子認証システム機関

CFPB（Consumer Financial Protection Bureau）→消費者金融保護局

CIO（Congress of Industrial Organizations）→産業別組合会議

CIO-PAC（CIO Political Action Committee）→政治行動委員会

DEC 社（Digital Equipment Corp.） 325, 339, 340

e トレード社（E* Trade Financial Corp.） 330

FDIC（Federal Deposit Insurance Corp.）→連邦預金保険公社

FiSCA（Financial Service Centers of America）→アメリカ金融サービスセンター

FOMC（Federal Open Market Committee）→連邦公開市場委員会

FRB（Board of Governors of the Federal Reserve System）→連邦準備制度理事会

FTC（Federal Trade Commission）→連邦取引委員会

G&W 社（Gulf and Western Corp.; Gulf and Western Industries, Inc.） 296

GE 社（General Electric Co.）→ゼネラル・エレクトリック社

GMAC（General Motors Acceptance Corp.）→GM アクセプタンス社

GM 社（General Motors Co.）→ゼネラル・モーターズ社

GM アクセプタンス社（GMAC） 265, 308

GM ローズタウン工場 357

GTE 社（General Telephone & Electric Corp.） 360

GTE シルバニア社（GTE Sylvania） 194

HERE（Hotel Employees and Restaurant Employees Union）→ホテル・レストラン従業員組合

HIS 社（Honeywell Information Systems） 325

HP 社（Hewlett-Packard Co.）→ヒューレッ

542

ト・パッカード社
IAM（International Association of Machinists and Aerospace Workers）→国際機械工労働組合
IBM 社（International Business Machines Corp.）200, 202, 204, 302, 305, 306, 323, 325-327, 338-340, 360
IBRD（International Bank for Reconstruction and Development）→国際復興開発銀行（世界銀行）
ICC（Interstate Commerce Commission）→州際通商委員会
IEC（International Electrotechnical Commission）→国際電気標準会議
ILGWU（International Ladies Garment Workers' Union）→国際婦人服労働組合
IMF（International Monetary Fund）→国際通貨基金
ISG（International Steel Group）→インターナショナル・スチール・グループ
ISO（International Organization for Standardization）→国際標準化機構
ITC（International Trade Commission）→国際貿易委員会
ITO（International Trade Organization）→国際貿易機関
ITT 社（International Telephone & Telegraph Corp.）→インターナショナル・テレフォン・アンド・テレグラフ社
JP モルガン・チェース銀行（JPMorgan Chase Bank）228
K マート社（Kmart Corp.）360
LIUNA（Labourers' International Union of North America）→国際建設労働組合
LNM・イスパット・グループ 307
LNPL（Labor's Non-Partisan League）→労働無党派連盟
LTV 社（Ling-Temco-Vought; LTV Corp.）296
LTV スチール社（LTV Steel Co.）307
MIT（Massachusetts Institute of Technology）364
NAM（National Association of Manufacturers）→全国製造業者連盟
NASDAQ（National Association of Securities Dealers Automated Quotations）→ナスダック

NATO（North Atlantic Treaty Organization）→北大西洋条約機構
NBER（National Bureau of Economic Research）→全米経済研究所
NCCF（National Commission on Consumer Finance）→全国消費者金融委員会
NCR 社（National Cash Register Corp.）325
NDMB（National Defense Mediation Board）→国防調停委員会
NEC（日本電気株式会社）326
NFIB（National Federation of Independent Business）→全国独立事業者連盟
NFTC（National Foreign Trade Council）→全国貿易協議会
NLRB（National Labor Relations Board）→全国労働関係委員会
NRA（National Recovery Administration）→全国復興局
NWLB（National War Labor Board）→戦時労働委員会
NWRO（National Welfare Rights Organization）→全米福祉権団体
OCAW（Oil, Chemical and Atomic Workers Union）→石油・化学・原子力産業国際労働組合
PATCO（Professional Air Traffic Controllers Organization）→連邦航空管制官組合
RCA 社（Radio Corporation of America）194
RFC（Reconstruction Finance Corp.）→復興金融公社
SBA（Small Business Administration）→中小企業庁
SBDC（Small Business Development Center）→中小企業振興センター
SDPA（Small Defense Plants Administration）→中小国防工場庁
SEC（Securities and Exchange Commission）→証券取引委員会
SEIU（Service Employees International Union）→全米サービス従業員組合
SWOC（Steel Workers Organizing Committee）→鉄鋼労働者組織委員会
SWPC（Smaller War Plants Corp.）→中小戦時工場公社
TBAC（Trade Benefits America Coalition）→貿易利益アメリカ連合

TNEC（Temporary National Economic Committee）→臨時全国経済委員会
UAW（United Auto Workers）→全米自動車労働組合
UCLA 校（University of California, Los Angeles）364
UC バークレー校（University of California, Berkeley）364
UFCW（United Food and Commercial Workers）→全米食品商業労働者組合
UFW（United Farm Workers of America）→全米農業労働者組合
UMW（United Mine Workers of America）→全米鉱山労働組合
UNCTAD（United Nations Conference on Trade and Development）→国連貿易開発会議
UNISYS 社（United Information System; Unisys Corp.）→ユニシス社
UNITE（Union of Needletrades, Industrial, and Textile Employees）→全米縫製繊維産業労働組合
UNITE-HERE（Union of Needletrades, Industrial, and Textile Employees and Hotel Employees and Restaurant Employees Union）→全米縫製繊維産業労働組合・ホテルレストラン従業員組合
UPS 社（United Parcel Service, Inc.）→ユナイテッド・パーセル・サービス社
USCC（U. S. Chamber of Commerce）→全米商工会議所
USTR（United States Trade Representative）→アメリカ通商代表部
USW（United Steelworkers）→全米鉄鋼労働組合
USX（USX Corp.）→US スチール社
US スチール社（United States Steel Corp.）186, 192, 290, 294, 304, 307, 312, 360, 369
US ラバー社（United States Rubber Co.）318
WPA（Works Progress Administration）→雇用促進局
WTO（World Trade Organization）→世界貿易機関

◎ ア 行

アイケングリーン（Barry J. Eichengreen）213
アイゼンハワー（Dwight D. Eisenhower）27-30, 47, 49, 54, 55, 58, 64, 378-381
アウトドア・レクリエーション資源検討委員会（Outdoor Recreation Resources Review Commission）105
アウトバック・ステーキハウス社（Outback Steakhouse）385
アクム・スチール社（Acme Steel Co.）307
アーサー（W. Brian Arthur）456
アストンマーティン社（Aston Martin Lagonda Ltd.）307
アップル社（Apple Computer, Inc.; Apple Inc.）306, 337, 338, 384
アドバンス・アメリカ・キャッシュ・アドバンスセンター社（Advance America, Cash Advance Centers, Inc.）279-281
アーノルド・シュウィン社（Arnold, Schwinn & Co.）193, 194
アマゾン（ドット・コム）社（Amazon.com, Inc.）306, 330, 331, 337, 338, 340, 487
アメリカ・オンライン社（AOL）306, 330, 338, 384
アメリカ共産党（Communist Party USA）351
アメリカ金融サービスセンター（FiSCA）284
アメリカ合同男子服労働組合（ACWA）418, 419, 421
アメリカ・コミュニティ金融サービス協会（Community Financial Services Association of America）284
アメリカ州郡自治体従業員組合連合（AFSCME）430
アメリカ自由同盟（American Liberty League）188, 190
アメリカ通商代表部（USTR）172, 173
アメリカ労働総同盟（AFL）292, 294, 350, 352, 354, 418-420, 422, 424, 425, 428, 438, 439
アメリカ労働総同盟・産業別組合会議（AFL-CIO）164, 167, 170, 175, 176, 180, 298, 352, 353, 356, 359, 428-431, 434-436, 438
アメリカ労働党（American Labor Party）419
アメリカン・エキスプレス社（American Express Co.）170
アメリカン・タバコ社（American Tobacco Co.）290, 369
アメリカン・テレフォン・アンド・テレグラフ社（AT&T）199-202, 204, 305, 306, 338, 360
アメリカン・ファーム・ビューロー連合（AFBF）

544

→ファーム・ビューロー
アモコ社（Amoco Corp.）306
アリギ（Giovanni Arrighi）289
アルコア社（ALCOA）191, 192, 318
アルバレス（Aída M. Álvarez）388
アルファベット社（Alphabet Inc.）306
アルミニウム・カンパニー・オブ・アメリカ社
　　→アルコア社
アーロンソン（Susan A. Aaronson）158
イギリス核燃料会社（BNFL）305
いすゞ自動車　307
イーストマン（George Eastman）290
イーストマン・コダック社（Eastman Kodak Co.）
　　170, 306
イーベイ社（eBay Inc.）337, 338
イメルト（Jeffrey R. Immelt）308
イリッチ（Ivan Illich）468
イリノイ大学（University of Illinois）364
イングランド銀行（Bank of England）233
インターナショナル・スチール・グループ（ISG）
　　307
インサル（Samuel Insull）189, 196
インターナショナル・テレフォン・アンド・テレ
　　グラフ社（ITT）198, 296, 360
インターナショナル・ハーベスター社（International Harvester Co.）290, 297
インターナショナル・ビジネス・マシーンズ社
　　（IBM）　→IBM社
インテル社（Intel Corp.）202, 204, 302, 306, 327, 337, 338, 340, 384, 487
インランド・スチール社（Inland Steel Co.）438
ヴァルガ（Evgenii Samoilovich Varga）17-19
ウィクスティード（Philip H. Wicksteed）447
ウィクセル（Johan Gustaf Knut Wicksell）447
ウィスコンシン大学（University of Wisconsin）
　　364
ウィリアムズ（Andrew T. Williams）255
ウィリアムソン（John Williamson）68
ウィルキンス（Mira Wilkins）318
ウィルソン（Thomas Woodrow Wilson）185, 186
ウィルダネス協会（Wilderness Society）106
ウェスタン・エレクトリック社（Western Electric Co.）199
ウェスティングハウス・エレクトリック社（Westinghouse Electric Corp.）297, 304

ウェルズ・ファーゴ銀行（Wells Fargo & Co.）
　　228, 306
ウェルチ（Jack Welch）304, 308, 383
ウォルグリーン社（Walgreen Co.）360
ウォルシュ（David L. Warsh）457
ウォルマート社（Wal-Mart Stores, Inc.）306, 360
ウォーレス（Henry A. Wallace）425
ウーバー社（Uber Technologies, Inc.）339
エアB&B社（Airbnb, Inc.）339
エクソン社（EXXON Corp.）306, 360
エクソン・モービル社（Exxon Mobil Corp.）
　　306
エクルズ（Marriner S. Eccles）24, 213, 215, 218, 219
エジソン（Thomas A. Edison）290
エネルギー情報局（Energy Information Administration）122
エミンガー（Otmar Emminger）223
エンロン社（Enron Corp.）119
オーウェン（Robert Owen）449
欧州標準化委員会（CEN）166
オークン（Arthur M. Okun）54
オゾン移動対策委員会（Ozone Transport Commission）114
オートバイテル・ドット・コム社（Autobytel Inc.）330
オバマ（Barack H. Obama）22, 38-41, 46-48, 53, 54, 67, 75, 76, 91, 94, 95, 97, 119, 120, 122, 157, 173, 174, 176, 179, 180, 387, 388, 490, 491
オブライエン（William S. O'Brien）273
オマホニー（Joseph C. O'Mahoney）377
オラクル社（Oracle Corp.）306, 337, 338
オルドリッチ（Nelson W. Aldrich）211
オルニー（Martha L. Olney）265
オンライン融資業者同盟（Online Lenders Alliance）284

◎ カ 行

カウツキー（Karl J. Kautsky）445
カーギル社（Cargill, Inc.）150, 153
カークランド（J. Lane Kirkland）435
カーシー（Thomas M. Carsey）86
カーソン（Rachel L. Carson）105
カーター（James E. Carter, Jr.）48, 49, 51, 52, 54, 60, 65, 75, 102, 103, 110-112, 118, 124, 168,

人名・会社名・団体名索引　　545

223, 400, 433, 481, 483
合衆国銀行（The Bank of United States）18, 19
カーツワイル（Ray Kurzweil）456
カーナー委員会（Kerner Commission）→全米市民暴動諮問委員会
カーネギー（Andrew Carnegie）290
カーネル（Samuel Kernell）73, 74
株式会社局（Bureau of Corporations）185, 186
カプロビッツ（David Caplovitz）269
ガランボス（Louis Galambos）293
カルダー（Lendol Calder）258, 284
カルドア（Nicholas Kaldor）454, 460, 461
カレツキ（Michał Kalecki）460
環境諮問委員会（Council on Environmental Quality）109
環境防衛基金（Environmental Defense Fund）105, 126
環境保護庁（Environmental Protection Agency）109, 112, 113, 116, 480
関税委員会（Tariff Commission）160, 161, 179
カンター（Michael Kantor）172
北大西洋条約機構（NATO）320
救済ローン協会（Remedial Loan Society）261, 264, 282
共和党（Republican Party）14, 22, 39, 40, 45-48, 52-54, 57, 58, 60, 62, 64, 72, 75, 77, 79, 80, 83-85, 89-98, 103, 117, 126, 133, 135, 142, 162, 170-172, 174, 180, 198, 376, 378-380, 387, 401, 404, 409, 410, 424, 433, 435, 487
ギルダー（George F. Gilder）405
キング（Martin Luther King, Jr.）430
ギングリッチ（Newt Gingrich）48, 84, 85, 92, 93, 409
キンドルバーガー（Charles P. Kindleberger）34
グーグル社（Google Inc.）306, 330, 337, 338, 340, 489
クズネッツ（Simon Smith Kuznets）450, 470
クライスラー社（Chrysler Corp.）301, 307, 308, 356, 433
クラーク，ゴードン（Gordon L. Clark）255
クラーク，ジョン・ベイツ（John Bates Clark）445
クラーク，ジョン・モーリス（John Maurice Clark）351
グラス（Carter Glass）215

クラム（William L. Crum）21
クリステンセン（Clayton M. Christensen）383, 390
グリーン（William Green）422, 428, 438
グリーンスパン（Alan Greenspan）67, 224, 227, 229, 231, 232, 246, 401, 490
クリントン，ヒラリー（Hillary D. R. Clinton）409
クリントン，ビル（William J. Clinton）47-49, 52-55, 57, 62, 63, 67, 75, 76, 84, 85, 91-93, 117, 148, 170, 171, 179, 201-203, 229, 387, 388, 401, 402, 407-411, 413, 435, 483, 485, 487
グリーンピース（Greenpeace）170
クレーゲル（Jan A. Kregel）255
グレート・アトランティック・アンド・パシフィック・ティー社（A&P社）360, 371, 376
クローガー社（Kroger Co.）360
グロスマン（Matt Grossmann）89, 90
クロティ（James R. Crotty）463-465
ケアリ（Ron R. Carey）436
ケアンズ・グループ（Cairns Group）147, 154
経営協議会（Business Council）294, 312
ケイトー研究所（Cato Institute）83
ケインズ（John Maynard Keynes）11, 23, 28, 29, 68, 444, 445, 450-453, 466, 469, 470
ゲゼル（Silvio Gesell）452
ケネディ（John F. Kennedy）27-34, 42, 45, 48, 49, 53-55, 57-59, 164, 165, 399, 403, 404, 427, 480
ゴア（Al Gore, Jr.）62, 172
公衆衛生局（Public Health Service）104
合同衣服繊維労働組合（ACTWU）432
コカ・コーラ社（Coca-Cola Co.）306
国際機械工労働組合（IAM）432
国際決済銀行（BIS）231, 233, 248
国際建設労働組合（LIUNA）437
国際通貨基金（IMF）3, 26, 27, 31, 32, 42, 52, 57, 146, 221, 223, 226, 227, 319, 328, 475, 478
国際電気標準会議（IEC）166
国際標準化機構（ISO）166
国際婦人服労働組合（ILGWU）418, 419, 432
国際復興開発銀行（世界銀行；IBRD）26, 27, 52, 146, 223, 227, 319, 328
国際貿易委員会（ITC）179
国際貿易機関（ITO）163, 164
国防調停委員会（NDMB）420

国連環境開発会議（United Nations Conference on Environment and Development）116
国連貿易開発会議（UNCTAD）197
コストコ社（Costco Wholesale Corp.）385
コナリー（John B. Connally, Jr.）222
コブ（Charles W. Cobb）446
コヘイン（Robert O. Keohane）88
雇用機会均等委員会（Equal Employment Opportunity Commission）361
雇用促進局（WPA）396, 467
ゴールドウォーター（Barry M. Goldwater）83
ゴールドスタイン（Judith L. Goldstein）88
ゴールドマン・サックス社（Goldman Sachs Group Inc.）309
コンチネンタルTV社（Continental Television, Inc.）194
コンチネンタル・イリノイ銀行（Continental Illinois National Bank and Trust Co.）231
コントレラス-スウィート（Maria Contreras-Sweet）388
コンパック社（Compaq Computer Corp.）306, 326, 327, 340

◎ サ 行

サイキ（Patricia F. Saiki）387
財務省（Department of the Treasury）6, 7, 23, 27, 29, 30, 33, 49, 210-212, 218-222, 231, 233, 475, 476
サクセニアン（AnnaLee Saxenian）327
サッチャー（Margaret H. Thatcher）328
サーブ社（Saab Automobile AB）307
サリナス（Carlos Salinas de Gortari）170
産業別組合会議（CIO）294, 350, 352-354, 418-422, 424-426, 428, 438, 439
産業別組織委員会（Committee for Industrial Organization）418
サンダース（Bernie Sanders）97, 211
サン・マイクロシステムズ社（Sun Microsystems Inc.）306
シアーズ・ローバック社（Sears, Roebuck & Co.; Sears Holdings）306, 360
シェブロン社（Chevron Corp.）306
シエラ・クラブ（Sierra Club）103, 105, 106, 170, 176, 177
シェーン（Scott A. Shane）386
ジーガー（Robert H. Zieger）430

シスコシステムズ社（Cisco Systems, Inc.）306, 327, 338
自然資源防衛評議会（Natural Resources Defense Council）105
シティバンク（Citibank, N. A.; Citigroup Inc.）228
シーハン（Brendan Sheehan）467, 468
シフ（Jacob H. Schiff）262
シマンテック／ベリタス社（Symantec Corp./ Veritas Technologies Corp.）337, 338
シーメンス社（Siemens AG）305, 338
ジャガー社（Jaguar Cars）307
シャットシュナイダー（Elmar E. Schattschneider）77
上海GM社（上海GM汽車）307
州際通商委員会（ICC）179, 206
シュタインドル（Josef Steindl）449, 460, 463
シュレジンガー（Arthur M. Schlesinger, Sr.）352
上院銀行通貨委員会（U. S. Senate, Committee on Banking and Currency）24, 269
証券取引委員会（SEC）23, 188-190, 205, 242
消費者金融保護局（CFPB）258, 277, 278, 283
消費者諮問委員会（CAC）226
商品金融公社（CCC）133, 146
商務省（Department of Commerce）49, 50, 206, 294, 377-380
商務省労働統計局（Bureau of Labor Statistics）269
商務労働省（Department of Commerce and Labor）185, 206
ショーマット銀行（Shawmut Bank）231
ジョーンズ（Homer Jones）223, 224
ジョンストン（Eric A. Johnston）422
ジョンソン（Lyndon B. Johnson）33, 34, 45, 48, 49, 52-55, 57-59, 68, 75, 78, 80, 105, 197, 221, 268, 306, 399, 404, 414, 431, 480
ジョンソン・エンド・ジョンソン社（Johnson & Johnson）306
シンガー社（Singer Corp.）297
進歩党（Progressive Party）425, 426
スウィージー（Paul M. Sweezy）460-463
スウィーニー（John J. Sweeney）435, 436
スクラントン（Philip Scranton）373
スコッチポル（Theda Skocpol）82
スズキ（スズキ株式会社）307

人名・会社名・団体名索引　547

スタンダード・オイル社（Standard Oil Co.）192, 203, 290, 318, 369
スタンダード・オイル・オブ・ニュージャージー社（Standard Oil Co. of New Jersey）369
ストレンジ（Susan Strange）255
スナイダー（John W. Snyder）218, 219
スーパーヴァリュー社（SuperValu Inc.）360
スパークマン（John J. Sparkman）377, 378, 380
スプロール（Allan Sproul）218, 219
スムート（Reed Smoot）24
スリクター（Sumner H. Slichter）352
政治行動委員会（CIO-PAC）421
世界銀行（World Bank）→国際復興開発銀行
世界貿易機関（WTO）93, 132, 147, 152, 154, 172, 180, 328
石油・化学・原子力産業国際労働組合（OCAW）170
セージ，ラッセル（Russell Sage）261
セージ，マーガレット（Margaret Olivia Slocum Sage）261
ゼネラル・エレクトリック社（GE）170, 270, 290, 297, 301, 302, 304, 306, 308, 318, 360, 383
ゼネラル・モーターズ社（GM）114, 167, 188, 265, 298, 301, 304, 306-308, 318, 351, 354, 356, 357, 360, 422-424, 480
セリグマン（Edwin R. A. Seligman）265
繊維アパレル労働組合 →全米縫製繊維産業労働組合
戦時労働委員会（NWLB）351, 364, 420
全国消費者金融委員会（NCCF）274, 275, 282
全国製造業者連盟（NAM）161, 168, 170, 175
全国独立事業者連盟（NFIB）387
全国復興局（NRA）187-189
全国貿易協議会（NFTC）161, 175
全国労働関係委員会（NLRB）346, 433, 434, 436, 439
全国労働関係局 →全国労働関係委員会
全米オーデュボン協会（National Audubon Society）103, 105
全米救済ローン協会連盟（National Federation of Remedial Loan Associations）262-264
全米経済研究所（NBER）44
全米鉱山労働組合（UMW）418, 419, 439
全米小切手換金業者協会（National Check Cashers Association）284

全米サービス従業員組合（SEIU）436, 437
全米自動車労働組合（UAW）170, 298, 304, 354, 355, 419, 423-426, 429-431, 439
全米市民暴動諮問委員会（National Advisory Commission on Civil Disorders）268
全米少額ローン業者協会（AASLB）264, 266
全米商工会議所（USCC）161, 168, 170, 175, 351, 422
全米食品商業労働者組合（UFCW）432, 439
全米鉄鋼労働組合（USW）170, 430, 432, 439
全米トラック運転手労働組合（International Brotherhood of Teamsters）170, 436
全米農業労働者組合（UFW）439
全米パーソナル・ファイナンス・カンパニー協会（American Association of Personal Finance Companies）266
全米福祉権団体（NWRO）404
全米縫製繊維産業労働組合（UNITE）170, 437
全米縫製繊維産業労働組合・ホテルレストラン従業員組合（UNITE-HERE）436
ソフトドリンク協会（National Soft Drink Association/American Beverage Association）151
ソロー（Robert M. Solow）454-456, 458, 459

◎ タ 行

大宇自動車 307
大気資源委員会（Air Resources Board）107, 108
大統領経済諮問委員会（CEA）27, 30, 49, 51, 58, 68, 222, 229
大統領産業競争力委員会（President's Commission on Industrial Competitiveness）302
第二合衆国銀行（Second Bank of the United States）211
ダイムラー・クライスラー社（Daimler Chrysler AG）307
ダイムラー・ベンツ社（Daimler-Benz AG）114, 307, 308
ダイモン（James Dimon）211
ダウ（Dow Chemical Co.）151
ダガー（William M. Dugger）466-468
ダグラス，クリフォード（Clifford H. Douglas）452
ダグラス，ポール（Paul H. Douglas）445-450, 459-461
ターゲット社（Target Corp.）360

ダッドリー（Leonard Dudley）　34
ターナー（Donald F. Turner）　197
ダーマン（Richard G. Darman）　68
チェック・イントゥ・キャッシュ社（Check Into Cash, Inc.）　278
地球の友（Friends of the Earth）　170
地質調査局（U. S. Geological Survey）　122
チームスターズ　→全米トラック運輸手労働組合
チャノマス（Robert J. Chernomas）　453
チャベス（Julio César Chávez）　439
チャンドラー（Alfred D. Chandler, Jr.）　8, 288, 290, 312, 316, 320, 331, 340, 480
中小企業委員会（U. S. Senate Select Committee on Small Business）　375, 377
中小企業振興センター（SBDC）　381
中小企業庁（SBA）　10, 367-369, 377-382, 384, 385, 387, 388, 481
中小国防工場庁（SDPA）　378, 379
中小戦時工場公社（SWPC）　375, 376, 378
貯蓄金融機関監督局（Office of Thrift Supervision）　280
ツイッター社（Twitter, Inc.）　306, 489
通貨監督庁（Office of the Comptroller of the Currency）　280
ディクソン（Paul Dickson）　284
ティー・パーティ（Tea Party）　39, 94
ディラード（Dudley Dillard）　470
テキサス・インスツルメンツ社（Texas Instruments, Inc.）　337, 338
デジャルダン（Alphonse Desjardins）　263
デスラー（I. M. Destler）　158
鉄鋼労働者組織委員会（SWOC）　438
テネコ社（Tenneco Inc.）　296
テネシー川流域開発公社（Tennessee Valley Authority）　104
デビッド（Paul A. David）　456
デュポン社（E. I. du Pont de Nemours and Co.）　188, 290, 318
デル・コンピュータ社（Dell Computer Corp.; Dell Inc.）　306, 337, 338
電気・電子認証システム機関（CENEL）　166
ドイツ連邦銀行（Deutsche Bundesbank）　223
東芝（株式会社東芝）　305, 338
ドナヒュー（Tomas J. Donohue）　435
ド・フォレスト（Robert E. de Forest）　262
ドーフマン（Joseph Dorfman）　470

ドーマー（Evsey D. Domar）　454-456, 461, 462
トムソン・ファイナンシャル（Thomson Financial）　304
トランプ（Donald J. Trump）　97, 124, 179, 180, 491
トルーマン（Harry S. Truman）　27, 47, 49, 52, 54, 55, 218, 219, 377, 424, 425, 475
トールマン（Daniel H. Tolman）　261, 263
ドレフアス社（Louis Dreyfus Holding B.V.）　150

◎ ナ 行

ナショナル・シティ・バンク（National City Bank of New York）　189, 265, 266
ナスダック（NASDAQ）　63, 244, 306
ニクソン（Richard M. Nixon）　47-49, 51, 52, 54, 64, 65, 75, 108, 110, 198, 221, 222, 382, 414, 431, 481
西澤昭夫　368
ニューカマー（Mabel Newcomer）　300
ニューヨーク家財ローン協会（Chattel Loan Society of New York）　263, 264
ニューヨーク手形交換所（New York Clearing House）　19
ニューヨーク・プロビデント・ローン協会（Provident Loan Society of New York）　261, 262
ニューヨーク連邦準備銀行（連銀）（Federal Reserve Bank of New York）　18, 211, 213, 214, 218, 219, 222, 223
ニール（Phil C. Neal）　197
ヌーコア社（Nucor Corp.）　307
ネーダー（Ralph Nader）　167, 171
農務省（Department of Agriculture）　134, 151, 153

◎ ハ 行

バイアコム社（Viacom, Inc.）　305
ハイエク（Friedrich A. Hayek）　167, 222, 453
パイオニア・ハイブレッド社（Pioneer Hi-Bred International, Inc.）　151
配管工組合（United Association of Plumbers and Steamfitters of the United States and Canada）　364
ハイルブローナー（Robert L. Heilbroner）　453
ハウスホールド・ファイナンス社（Household Finance Corp.）　260, 263

人名・会社名・団体名索引　549

バークシャー・ハザウェー社（Berkshire Hathaway Inc.）306
バクスター（William F. Baxter）200, 201
バーゲングレン（Roy F. Bergengren）264, 266
バジョット（Walter Bagehot）20
バタイユ（Georges A. M. V. Bataille）466
バックハウス（Roger E. Backhouse）470
パッセル（Peter Passell）34
パットマン（Wright Patman）371, 377, 378
バーナンキ（Ben Bernanke）40, 53, 67, 229
バーバー（Michael J. Barber）72
パブリック・シチズン（Public Citizen）167, 170, 171, 176, 180
ハーマン（Edward S. Herman）299
ハム（Arthur H. Ham）261-263
バラン（Paul Baran）460-466
バーリ（Adolf A. Berle）291
バリント（Peter J. Balint）158
ハリントン（Michael Harrington）403
ハル（Cordell Hull）25, 27, 162
バンク・オブ・アメリカ（Bank of America）38, 228
バーンズ（Arthur F. Burns）222, 223
バーンズ・アンド・ノーブル社（Barnes & Noble, Inc.）331, 332
反トラスト局（Antitrust Division）190, 195, 197, 198, 200-202, 204, 477
ハンフリー（Hubert H. Humphrey, Jr.）431
ピオーレ（Michael J. Piore）362, 363
ピケティ（Thomas Piketty）2, 449
ビジネス・ラウンドテーブル（Business Round Table）168, 170, 171, 175
日立製作所（株式会社日立製作所）326, 338
ピーチ（James T. Peach）466-468
ビッグ・スリー（Big three）114, 308, 356
ヒューレット・パッカード社（HP）339
ヒルズ（Carla A. Hills）68
ヒルマン（Sidney Hillman）421
ビンガマン（Anne K. Bingaman）202
ファイザー社（Pfizer Inc.）306
ファイリーン（Edward A. Filene）266
ファーガソン（Niall Ferguson）71
ファースト・ナショナル銀行（First National Bank of New York）19
ファーネス（Betty Furness）273
ファーマーズ・ユニオン（Farmers Union）149

ファーム・ビューロー（AFBF）136, 139, 140, 149, 150, 153, 175
フィアット社（FIAT S. p. A.）308
フィデリティ貯蓄信託会社（Fidelity Savings and Trust Company）261
フィッシュバック（Price V. Fishback）452
フェイスブック社（Facebook, Inc.）306, 330, 338, 487, 489
フェデックス社（FedEx Corp.）385
フェデレイティド・デパートメントストア社（Federated Department Stores, Inc.）267, 268
フェデレイティド引受会社（Federated Acceptance Corp.）268
フェルドシュテイン（Martin Feldstein）51, 68
フォード（Gerald Rudolph Ford, Jr.）48, 49, 54, 65, 75, 110, 224, 481
フォード社（Ford Motor Co.）307, 308, 356, 360, 423, 424
ブキャナン（Patrick J. Buchanan）171
ブーシェ（Heather Boushey）412
富士重工業（富士重工業株式会社）307
富士通（富士通株式会社）325, 338
復興金融公社（RFC）20, 21, 42, 372, 376-379
ブッシュ（父）（George H. W. Bush）45-49, 52-55, 57, 60-62, 67, 75, 113, 116, 118, 170, 171, 201, 387, 483-485, 488
ブッシュ（子）（George W. Bush）22, 37-41, 47-49, 52-54, 75, 76, 91, 93, 94, 117, 118, 172, 173, 180, 402, 483, 489, 490
フーバー（Herbert C. Hoover）20, 21, 24, 161
ブラインダー（Alan S. Blinder）229, 230
ブラウン・シュー社（Brown Shoe Co.）193
ブラック（Robert P. Black）223
ブラックフォード（Mansel G Blackford）374
プラット（Joseph A. Pratt）293
フランス銀行（Bank of France）216, 217, 233
フリードマン（Milton Friedman）167, 195, 221-224
プリンストン大学（Princeton University）364
ブレトンウッズ会議（Bretton Woods Conference）319
ブレナー（Robert P. Brenner）463-465
プロクター・アンド・ギャンブル社（Procter & Gamble Co.）170
ブロックスマイア（Edward W. Proxmire）269, 275, 284

プロビデント・ローン協会（Provident Loan Society of New York）261, 262
ブロンフェンブレナー（Martin Bronfenbrenner）449
ヘイズ（Samuel P. Hays）126
ベイトマン（Bradley W. Bateman）470
ベイナー（John A. Boehner）90
ペコラ委員会（Pecora Commission）23
ベスレヘム・スチール社（Bethlehem Steel Corp.）307, 360, 438
ヘッツェル（Robert L. Hetzel）224
ベネフィッシャル・ローン協会（Beneficial Loan Society）264
ヘラー（Walter W. Heller）27, 30, 31, 68, 403
ベライゾン社（Verizon Communications Inc.）338, 360
ヘリテージ財団（Heritage Foundation）83
ベル，グラハム（Alexander Graham Bell）199
ベル，ダニエル（Daniel Bell）429
ホイットニー（Richard Whitney）189
貿易利益アメリカ連合（TBAC）175
ボースキン（Michael J. Boskin）68
ポズナー（Richard A. Posner）193, 196, 200
ボーダーズ・グループ（Borders Group）332
ホテル・レストラン従業員組合（HERE）437
ホドソン（Clarence Hodson）264, 265
ホプキンス（David N. Hopkins）89, 90
ホブソン（John A. Hobson）470
ホブハウス（Leonard T. Hobhouse）451
ホーム・デポ社（Home Depot, Inc.）360
ホーリー（James P. Hawley）255
ホール（Peter A. Hall）87, 88
ボルカー（Paul A. Volcker, Jr.）222-224, 231, 232
ボルボ社（AB Volvo）307
ボワイエ（Robert Boyer）255
黄完晟（Hwang Wanshung）368
ボンネビル電力管理庁（Bonneville Power Administration）104

◎ マ 行

マイクロソフト社（Microsoft Corp.）202, 204, 305, 306, 327, 337, 338, 340, 487
マクガバン（George S. McGovern）431
マケイブ（Thomas B. McCabe）218, 219
マコーミック（Cyrus H. McCormick）290

マスキー（Edmund S. Muskie）107
マズロー（Abraham H. Maslow）466
マーチン（William M. Martin, Jr.）219, 223
マッカーシー（Eugene J. McCarthy）431
マッカーティ（Nolan M. McCarty）72
マッキンレー（William McKinley）14
マッケイ（Frank J. Mackey）260
マツダ（マツダ株式会社）114, 307
マラソン・オイル社（Marathon Oil Corp.）312
マルクス（Karl H. Marx）18, 19, 446, 449, 451, 459, 460, 462
マルホランド（John Mulholland）261
マレー，ジェームス（James E. Murray）376
マレー，チャールズ（Charles A. Murray）405
マレー，フィリップ（Philip Murray）420-422, 428
ミシガン大学（University of Michigan）364
ミッタル・スチール社（Mittal Steel Co.）307
ミッチェル，ウィリアム（William D. Mitchell）379
ミッチェル，ウェズリー（Wesley C. Mitchell）44
ミッチェル・エナジー社（Mitchell Energy & Development Corp.）121
ミーニー（George Meany）164, 354, 420, 429, 431, 434, 435
ミラー（George W. Miller）223
ミルズ（Charles Wright Mills）428, 429
ミルスタイン（Ira M. Millstein）275
民主党（Democratic Party）22, 27, 39, 45, 47, 48, 52-54, 58, 60, 62, 72, 74, 75, 77, 79-81, 83-85, 89-97, 103, 110, 117, 133, 142, 162, 170-174, 179, 180, 269, 350, 371, 377-380, 387, 401, 403, 404, 409, 418, 419, 424-427, 431, 433, 435, 449, 480, 487
　南部── 72, 77, 79, 139, 480
ミーンズ（Gardiner C. Means）291
ミンスキー（Hyman P. Minsky）237, 244, 255
メイシーズ社（R. H. Macy & Co.）267
メイバンク（Burnet R. Maybank）377
メイヤー（Frank S. Meyer）83
メエテス（Thomas E. Mertes）158
メリル・リンチ社（Merrill Lynch & Co., Inc.）331
メルク社（Merck & Co.）306
モーゲンソー（Henry Morgenthau, Jr.）27, 218

人名・会社名・団体名索引　551

モスバッカー（Robert A. Mosbacher）　68
モトローラ社（Motorola, Inc.）　270, 272, 338
モービル社（Mobil Oil Corp.）　306, 360
モリス（Arthur, J. Morris）　261
モルガン（John Pierpont Morgan）　14, 27, 262
モルガン（子）（John Pierpont Morgan, Jr.）　23, 189
モルガン金融帝国（JP Morgan Chase & Co.）　211
モルガン・スタンレー社（Morgan Stanley）　331
モールトン（Harold G. Moulton）　447-449, 453, 458-460, 490

◎ ヤ 行

ヤフー社（Yahoo! Inc.）　306, 330, 337, 338, 340, 487
ヤングズタウン社（Youngstown Iron Sheet and Tube Co.）　438
ユシーム（Michael Useem）　255
ユナイテッド・パーセル・サービス社（UPS）　360, 436
ユニシス社（UNISYS）　325, 338

◎ ラ 行

ラスコブ（John J. Raskob）　188
ラッセル・セージ財団（Russell Sage Foundation）　261-265
ラッファー（Arthur B. Laffer）　68
ラングロワ（Richard N. Langlois）　317, 341
ランドルフ（A. Philip Randolph）　430
ランドローバー社（Land Rover）　307
リーガン（Donald T. Regan）　51
リットン・インダストリーズ社（Litton Industries, Inc.）　296
リパブリック・スチール社（Republic Steel Corp.）　438
臨時全国経済委員会（TNEC）　191, 477
ルーカス（Robert E. Lucas, Jr.）　377, 456
ルーサー（Walter P. Reuther）　354, 422, 425, 430
レイノルズ（Jackson E. Reynolds）　19
レイマン（Geoffrey C. Layman）　86
レーガン（Ronald W. Reagan）　3, 4, 40, 45-47, 49-54, 57, 60-62, 65, 67, 68, 75, 76, 83, 84, 91, 92, 103, 111-113, 118, 124, 126, 168, 199-202, 204, 224, 323, 328, 353, 401, 405, 406, 413, 432, 433, 483-485, 487, 490
レーニン（Vladimir Iliich Lenin）　35, 449
連邦公開市場委員会（FOMC）　23, 51, 52, 214, 217, 219, 223, 224, 227
連邦航空管制官組合（PATCO）　433
連邦巡回区控訴裁判所（U. S. Court of Appeals for the Federal Circuit）　191, 192, 206, 280
連邦諮問委員会（Federal Advisory Council）　226
連邦住宅局（Federal Housing Administration）　37, 266, 282
連邦準備局（Federal Reserve Board）　24, 211-215
連邦準備銀行（Federal Reserve Bank）　18, 20, 21, 23, 29, 30, 40, 50, 144, 210, 211, 214-216, 218
連邦準備制度理事会（FRB）　6, 7, 23, 29, 30, 37, 40, 49, 51, 53, 64, 66-68, 211-220, 222-224, 226, 227, 229-231, 233, 237, 240, 246, 252, 475, 476, 490
連邦信用組合庁（National Credit Union Administration）　273
連邦取引委員会（FTC）　23, 184-186, 188, 189, 195, 198, 199, 201, 202, 204-207, 269, 284, 370
連邦預金保険公社（FDIC）　23, 213, 280
ロウィ（Theodore J. Lowi）　78, 79
労使関係研究協会（Industrial Relations Research Association）　364
労働・雇用関係協会（Labor and Employment Relations Association）　364
労働無党派連盟（LNPL）　419
ローズヴェルト，セオドア（Theodore Roosevelt）　103, 185
ローズヴェルト，フランクリン（Franklin D. Roosevelt）　3, 5, 21-23, 25, 26, 40, 47, 56, 77, 78, 130, 133, 134, 161, 162, 177, 179, 187-191, 196, 203, 220, 293, 350, 372, 377, 395, 396, 419-421, 425, 475, 476, 491
ロックフェラー（John D. Rockefeller）　290
ローチ（Ken Loach）　439
ロード（David W. Rohde）　85
ロビンソン（Joan, v. Robinson）　453
ローブ（Solomon Loeb）　262
ローマー（Paul M. Romer）　456-459
ロムニー（W. Mitt Romney）　39

◎ ワ 行

ワイアートン・スチール社（Weirton Steel Corp.） 307
ワイツマン（Martin L. Weitzman） 458, 459
ワグナー（Robert F. Wagner） 420
ワグナー委員会（Wagner Committee） 216, 219
ワコビア銀行（Wachovia Corp.） 228
ワシントン輸出入銀行（Export-Import Bank of Washington） 26
ワッサム（Clarence W. Wassam） 261

■ 編者紹介

谷口　明丈（たにぐち　あきたけ）
　　　東北大学名誉教授，中央大学企業研究所客員研究員

須藤　功（すとう　いさお）
　　　明治大学政治経済学部教授

現代アメリカ経済史
「問題大国」の出現

American Economic History, 1929-2008: The Emergence of a Troubled Superpower

2017 年 5 月 15 日　初版第 1 刷発行
2024 年 6 月 25 日　初版第 2 刷発行

編　者	谷　口　明　丈
	須　藤　　　功
発行者	江　草　貞　治
発行所	株式会社　有　斐　閣

　　　郵便番号 101-0051
　　　東京都千代田区神田神保町 2-17
　　　https://www.yuhikaku.co.jp/

印刷・大日本法令印刷株式会社／製本・大口製本印刷株式会社
Ⓒ 2017, Akitake Taniguchi, Isao Suto. Printed in Japan
落丁・乱丁本はお取替えいたします。
★定価はカバーに表示してあります。

ISBN 978-4-641-16492-5

[JCOPY]　本書の無断複写（コピー）は，著作権法上での例外を除き，禁じられています。複写される場合は，そのつど事前に，（一社）出版者著作権管理機構（電話03-5244-5088, FAX03-5244-5089, e-mail:info@jcopy.or.jp）の許諾を得てください。